Der Souveräne Malteser-Ritter-Orden in Österreich

Der Souveräne Malteser-Ritter-Orden in Österreich

Im Auftrag des Großpriorates von Österreich

herausgegeben von
Christian Steeb und Birgit Strimitzer

Leykam

Gedruckt mit dankenswerter Unterstützung
des Bundesministeriums für Wissenschaft und Verkehr in Wien
des Bundesministeriums für Inneres
der Abteilung Kultur und Wissenschaft des Amtes der NÖ Landesregierung
der Abteilung für Wissenschaft und Forschung der Steiermärkischen Landesregierung
der Abteilung Wissenschaft und Weiterbildung des Amtes der Vorarlberger Landesregierung
des Referats Wissenschafts- und Forschungsförderung der Magistratsabteilung 18 der Stadt Wien
des Alfred-Schachner-Gedächtnisfonds

Schutzumschlag: Der 74. Großmeister des Souveränen Malteser-Ritter-Ordens, Bailli Frá Giovanni Battista Ceschi a Santa Croce
Umschlaggestaltung: TR-creativ, Graz

© by Leykam Buchverlagsgesellschaft m.b.H., Graz 1999
Druck: Universitätsdruckerei Klampfer, Weiz
ISBN 3-7011-7407-5

Inhalt

Vorwort der Herausgeber 8
Grußwort S. D. des Fürstgroßpriors 10
Grußwort S. Exz. des Botschafters des SMRO in Österreich 12

Herwig Ebner
Von der Gründung des Johanniterordens bis zum Ende des
Ordensstaates auf Rhodos 1522 13

Herwig Ebner
Überblick über den Ordensbesitz in den ehemaligen habsburgischen
Erblanden von den Anfängen bis zur frühen Neuzeit 39

Robert L. Dauber
Militia und Türkenabwehr der Johanniter/Malteser-Ritter zu Lande
und zu Wasser 51

Christian Steeb
Ferdinand Ernst Freiherr von und zu Stadl (1684–1743). Das Leben eines
Ordensritters im Spiegel zeitgenössischer Dokumente 74

Helmut Watzlawick
Die friedlichen Fahrten eines Deutschordensritters auf den
Kriegsschiffen des Malteser-Ritter-Ordens 93

Dieter A. Binder/Christian Steeb
Karl Borromäus Graf von Harrach (1761–1829). Freimaurer – Malteser –
Arzt – Deutschordensritter 121

Thomas Pohl
Der Verlust von Malta 1798 und die daraus resultierenden Folgen
für den Orden in Böhmen und Österreich 135

Birgit Strimitzer
Der Souveräne Malteser-Ritter-Orden in Österreich vom Wiener
Kongreß bis zur Jahrhundertwende. „Né à Jérusalem, illustré à Rhodes,
éclipsé à Malte, il mourrait à Vienne, s'il n'était utile à la Mediterranée…" 162

Georg Reichlin-Meldegg
Das Sanitätswesen des Ordens im 19. Jahrhundert und die
Entwicklung der Hilfszüge unter Dr. Jaromir Freiherr von Mundy 190

Peter Broucek
Die humanitären Leistungen der Mitglieder des Großpriorates von
Böhmen und Österreich während des Ersten Weltkrieges 207

Anton F. Gatnar
Der Souveräne Malteser-Ritter-Orden im Großpriorat von
Böhmen und Österreich von 1918 bis 1937 230

Daniel Kapp
Der Orden von 1938 bis 1945. Zwischen Anpassung und Auflösung 241

Ludwig Hoffmann-Rumerstein
Der Souveräne Malteser-Ritter-Orden von 1945 bis heute 250

Herbert Schambeck
Malteserritter aus Politik, Beamtenschaft und Wissenschaft
der Republik Österreich 272

Heribert Franz Köck
Der Souveräne Malteser-Ritter-Orden als Völkerrechtssubjekt 282

Robert Prantner
Die völkerrechtliche Bedeutung der diplomatischen Beziehungen
des Ordens und das Engagement seines diplomatischen Personals
in historischer und zukünftiger Sicht 307

Gerhart Feucht/Brigitte E. Leidwein
Die Hospitalität im Souveränen Malteser-Ritter-Orden 323

Katharina Stourzh
Die Geschichte und Entwicklung des Malteser Hospitaldienstes
Austria (MHDA) 361

Leon Sireisky
Die Spiritualität im Souveränen Malteser-Ritter-Orden 379

Erik Hilzensauer
Die Ordensheraldik der Johanniter und Malteser 391

Georg Ludwigstorff
Die Entwicklung der Ordenszeichen 415

Andreas Löbbecke
Ordenstracht und Uniform 427

Christian Steeb/Richard Steeb
Von der historischen Entwicklung der Aufnahmeerfordernisse im
Johanniter/Malteser-Ritter-Orden bis zu den heute im Großpriorat
von Österreich gültigen Bedingungen 444

Maximilian Deym
Orden im Zwielicht. Die „falschen" Orden vom Heiligen Johannes 466

Hansjörg Weidenhoffer
Zeugnisse der Baukunst des Ordens in Österreich 493

Elisabeth Schöggl-Ernst
Die Archivbestände der österreichischen Kommenden im Staatlichen
Zentralarchiv Prag 528

Die Großmeister (und Luogotenenti) des Ordens 548
Die Großpriore bzw. Fürstgroßpriore von Böhmen und Österreich 550
Abbildungsnachweis 552
Autorenverzeichnis 555

Der Souveräne Malteser-Ritter-Orden in Österreich

Der Souveräne Malteser-Ritter-Orden feiert 1999 sein 900-jähriges Bestehen. Ein feierliches Jubiläum, das für das Großpriorat von Österreich der Anlaß war, sich in Form des nun vorliegenden Forschungsbandes mit der Geschichte des Ordens, und hier speziell mit der des Großpriorates von Böhmen und Österreich, wissenschaftlich auseinanderzusetzen.
In Form von wissenschaftlichen Beiträgen namhafter in- und ausländischer Forscher verschiedenster Fakultäten wird ein umfassendes Bild der ununterbrochenen Tradition dieses Ordens in Österreich in vielen verschiedenen Facetten gezeichnet. Die historische Bandbreite der Beiträge reicht von den Kreuzzügen, dem Erwerb der ersten Ordensbesitzungen in Österreich über die Türkenabwehr bis zu den Napoleonischen Kriegen. Im Zusammenhang mit der Entwicklung des Sanitätswesens gegen Ende des 19. Jahrhunderts werden erstmals auch die Leistungen des Ordens und seiner Mitglieder während des Ersten Weltkriegs sowie die gerade für den Malteser-Ritter-Orden ungemein schwierige Periode der Zwischenkriegszeit umfassend behandelt. Bislang unpublizierte Akten aus der NS-Zeit – der Orden wurde 1938 unter kommissarische Leitung gestellt – runden das historische Bild dieser heute – dank des verdienstvollen Einsatzes ihrer Mitglieder – weltumfassenden Sanitäts- und Rettungsorganisation mit ihren alten Traditionen ab. Ergänzt werden die historischen Beiträge durch Untersuchungen zu Ordensuniformen, den gebräuchlichen Ordensdekorationen, den heute leider in immer größerer Anzahl auftretenden „falschen Orden", der Ordensheraldik und den Hilfswerken des Ordens. Abhandlungen zur Spiritualität und Hospitalität sowie zu den bis heute in Österreich erhaltenen Zeugnissen der Baukunst des Ordens sowie Studien über den völkerrechtlichen Status und die diplomatischen Vertretungen dieses souveränen Staates ohne Land, dessen Traditionen in mehr als 80 Ländern der Welt im Dienst am „Herren Kranken" weiter hochgehalten werden, runden die Darstellung ab.

Den Herausgebern ist es bewußt, daß es unmöglich ist, allen Details der 900-jährigen Ordensgeschichte gerecht zu werden, dennoch aber soll dieser Band Historikern und Wissenschaftlern anderer Fakultäten einen Anreiz geben, sich vermehrt mit diesem so vielfältigen Thema auseinanderzusetzen.
Anhand zahlreicher bislang unpublizierter Quellen, Bilder und Fotografien aus Ordens- und Privatbesitz soll dieser Forschungsband zu einem neuen Bild des

Souveränen Malteser-Ritter-Ordens in Österreich beitragen. Die gewonnenen Erkenntnisse sollen einen weiteren, auf Quellenstudien beruhenden Beitrag zur Geschichte des Souveränen Malteser-Ritter-Ordens in Österreich vorlegen und zeigen, daß die bewegte Historie des Ordens immer auch ein Spiegelbild politischer und sozial-wissenschaftlicher Konstellationen in Europa war bzw. ist.

Unser Dank gilt allen voran dem Fürstgroßprior von Österreich, Bailli Frá Wilhelm Prinz von und zu Liechtenstein, sowie dem Kanzler des Souveränen Malteser-Ritter-Ordens, Dipl.-Ing. Richard Freiherrn von Steeb, für ihre Bemühungen um das Zustandekommen des vorliegenden Forschungsbandes. Gleiches gilt für MR Dr. Gerhart Feucht, der viele Stunden mit den Autoren im Archiv und der Bibliothek des Ordens in Wien verbrachte und zahlreiche wertvolle Hinweise beigesteuert hat.
Wir gedenken an dieser Stelle auch dem verdienstvollen Wirken von Univ. Prof. Dr. Peter Leisching, dessen Forschungsbeitrag durch seinen plötzlichen Tod leider nicht mehr vollendet werden konnte.

Gedankt sei den Firmen, die durch die Schaltung eines Inserates dieses Vorhaben wesentlich mitgetragen haben, sowie den zahlreichen privaten Leihgebern, die uns ihre Schätze großzügig überlassen und einer Publikation derselben zugestimmt haben.
Für ihre Kooperation sei in Wien dem Haus-, Hof- und Staatsarchiv, dem Allgemeinen Verwaltungsarchiv, dem Kriegsarchiv, dem Hofkammerarchiv, der Portraitsammlung der Österreichischen Nationalbibliothek, dem Zentralarchiv des Deutschen Ordens sowie dem Archiv der Universität Wien gedankt. Dieser Dank gilt auch dem Steiermärkischen Landesarchiv in Graz sowie dem Staatlichen Zentralarchiv Prag (Státní Ústřední Archiv v Praze).
Zu großem Dank für ihre unermüdliche Hilfe und Unterstützung sind wir auch den beiden Sekretärinnen im Kanzleramt des Großpriorates von Österreich, Frau Birgitta Leonhard und Frau Elisabeth Angster, verpflichtet. Dies gilt im besonderen Maße auch für Dr. Alena Třísková vom Kanzleramt des Ordens in Prag, die durch ihre hilfreiche Dolmetschertätigkeit eine Erfassung der Archivalien des Ordens zu den österreichischen Kommenden im Staatlichen Zentralarchiv Prag wesentlich erleichtert hat.
Zuletzt noch ein herzlicher Dank den Mitarbeitern des Leykam Buchverlags für die gute Zusammenarbeit.

Die Herausgeber

Seit dem 12. Jahrhundert ist die Geschichte unseres Landes eng mit dem Johanniter- bzw. späteren Malteser-Ritter-Orden verbunden. In der Frühzeit sind im heutigen Österreich viele Johanniterkirchen mit kleinen Hospizen und auch bedeutende Kommenden entstanden, die im 12. und 13. Jahrhundert den Einsatz des Ordens im Hl. Land ermöglicht haben. Nicht nur die großen Spitäler in Jerusalem, Rhodos und Malta zeugten von der Tätigkeit unseres Ordens für die bedürftigen, kranken und armen Menschen, sondern auch die vielen kleinen Pilgerhospize entlang der Pilgerwege in Europa. So ist der Johanniter/Malteser-Ritter-Orden zuerst zur Pflege hilfsbedürftiger Menschen und erst in zweiter Linie zum Kampf gegen die Ungläubigen gegründet worden. Dieser Kampf gegen die Türken erreichte einen Höhepunkt in der Belagerung von Malta 1565, bei der die Ritter mit ihren Hilfstruppen die weit überlegenen Angreifer zurückschlugen und damit die türkische Expansion auf Jahre beschränkten. In den folgenden zwei Jahrhunderten kämpften die Ritter des Ordens vorwiegend zur See, einzelne, über die auch im vorliegenden Buch berichtet wird, auch in der kaiserlichen Armee.

Nach der Besetzung Maltas durch Napoleon mußte der Orden seine militärische Tätigkeit aufgeben und widmete sich ab diesem Zeitpunkt ausschließlich seiner ursprünglichen Bestimmung, den bedürftigen und kranken Menschen zu helfen, um ihre Einsamkeit und Ausgeschlossenheit aus dem sozialen Leben zu lindern und ihnen geistige und religiöse Anstöße zu geben. All diese Hilfsleistungen werden getragen von der christlichen Nächstenliebe.

Das Aufgabengebiet des Souveränen Malteser-Ritter-Ordens ist auch heute – nach 900 Jahren – noch unermeßlich groß, da Not, Armut und Krankheit unverändert in unserer Welt vorherrschen. Gemäß den Worten des seligen Gerard, des Gründers des Ordens, wird auch im neuen Jahrtausend der folgende Satz Leitbild und Ansporn sein:

„Unsere Bruderschaft wird unvergänglich sein, weil der Boden, auf dem diese Pflanze wurzelt, das Elend der Welt ist, und weil – so Gott will – es immer Menschen geben wird, die daran arbeiten, dieses Leid geringer, dieses Elend erträglicher zu machen."

Es ist sicher ein sehr seltenes Ereignis, daß eine Organisation das 900-jährige Jubiläum ihres Bestehens und ihrer fast ununterbrochenen Tätigkeit feiern kann. Zu diesem bemerkenswerten Anlaß hat sich das Großpriorat von Österreich des Souveränen Malteser-Ritter-Ordens selbst ein Geschenk gemacht. Für die Umsetzung der Idee, ein wissenschaftliches Buch herauszubringen, das die Geschichte des Ordens in Österreich behandelt, möchte ich an dieser Stelle den beiden Herausgebern, Dr. Birgit Strimitzer und Dr. Christian Freiherrn von Steeb, sehr herzlich danken. Weiters gebührt auch allen Autoren der zahlreichen wissenschaftlichen Beiträge sowie den Sponsoren mein aufrichtigster Dank.

Bailli Frá Wilhelm von und zu Liechtenstein
Fürstgroßprior von Österreich des Souveränen Malteser-Ritter-Ordens

Der im Jahre 1099 gegründete Orden vom Hospital des Heiligen Johannes von Jerusalem, heute besser bekannt als der Souveräne Malteser-Ritter-Orden, ist der älteste Ritterorden, der nicht nur 900 Jahre seit seiner Gründung, sich immer dem Wandel der Zeiten anpassend, überlebt hat, sondern sich heute einer nie vorher gewesenen Verbreitung sowie weltweiter Anerkennung erfreut.

Ein Zeichen dieser Anerkennung und der Wertschätzung der großen Verdienste des Ordens ist die immer zunehmende Bereitschaft vieler Staaten diplomatische Beziehungen aufzunehmen und damit dem Orden den Status effektiver Souveränität zuzuerkennen.

Dieser Forschungsband, der anläßlich des 900-jährigen Jubiläums erscheint, ist eine wertvolle Ergänzung anderer vorausgegangener Publikationen. Durch die Beiträge zahlreicher in- und ausländischer Autoren werden die vielfältigen karitativ-humanitären, ritterlichen, rechtlichen und diplomatischen sowie spirituellen und religiösen Aspekte des Ordens in seiner historischen Entwicklung beleuchtet.

    Gioacchino Barone Malfatti di Montetretto
    Botschafter des Souveränen Malteser-Ritter-Ordens in Österreich

Herwig Ebner

Von der Gründung des Johanniterordens bis zum Ende des Ordensstaates auf Rhodos 1522

Die wechselvolle Geschichte des Johanniterordens zählt zu den bedeutendsten Abschnitten der Geschichte des europäischen Mittelalters und des Vorderen Orients. Beeindruckend sind die Leistungen des Ordens auf karitativem und militärischem Gebiet, bedeutsam war die internationale, das ganze römisch-christliche Europa umfassende Struktur des Ordens. Wenig zahlreich sind bislang noch die gedruckten Quellen.[1] Umfangreich ist dagegen die Literatur zur Ordensgeschichte.[2]

Die Ordensgeschichte läßt sich für das Mittelalter und die frühe Neuzeit – bedingt durch militärisch-politische Ereignisse – zeitlich in vier Abschnitte gliedern:
1. Von der Gründung des Ordens bis zur Aufgabe Akkons am 8. Mai 1291.
2. Der Aufenthalt der Johanniter auf Zypern 1291/92 bis 1309/10.
3. Die Johanniter als Territorialmacht auf Rhodos und der Aufbau einer Seestreitmacht 1309/10 bis 1522.
4. Von der Niederlassung auf Malta 1530 bis zum Verlust 1798.

In der Folge soll vor allem der Zeit von der Gründung bis 1522 in gemessener Kürze das Augenmerk geschenkt werden.

Neben dieser vierteiligen zeitlichen Gliederung, die auch in der Verlegung des Ordenssitzes ihren Ausdruck findet – bis 1187 Jerusalem, 1190–1206 Burg Margat, bis 1288 Akkon, 1292 Limassol (Zypern), 1310–1522 Rhodos, nach mehrmaliger Verlegung auf der Apenninenhalbinsel, ab 1530 Malta – ist aber auch eine solche nach dem inneren Wandel möglich, dem der Orden im Laufe der Jahrhunderte unterworfen war. Allerdings sind dabei die zeitlichen Zäsuren nicht so klar. Territorial bzw. regional unterschiedliche zeitliche Ansätze sind ebenso erkennbar wie zeitliche Überschneidungen.

Zunächst versah eine Bruderschaft den Hospitaldienst.[3] Die Sorge galt den Pilgern, Armen und Kranken im Spital zu Jerusalem und in den vielen zumeist an Pilgerstraßen im Heiligen Land und in Europa bzw. in Pilgerhäfen des Mittelmeeres errichteten Hospizen.[4] In der ersten Hälfte des 12. Jahrhunderts wurde an der Formulierung einer Regel gearbeitet. Erst seit 1154 darf von einem Orden der Hospitaller gesprochen werden. Die Bezeichnung „Johanniter" ist für das 12. Jahrhundert noch nicht passend.[5] Seit den 1130er Jahren erfolgte durch den vermehrten Zuzug Adeliger – häufig nicht erbberechtigter Adelssöhne – aus Europa und durch Übernahme von Burgen im Königreich Jerusalem, im Fürstentum Antiochia und in der Grafschaft Tripoli sowie von Wehrbauten zur Grenzsicherung besonders auf der Südosteuropäischen und Iberischen Halbinsel gegen die Muslime, aber auch durch den Pilgerschutz im Heiligen Land allmählich die Militarisierung. Bernhard von Clairvaux hatte mit seiner Werbeschrift „De laude novae militiae" (1128) diese Militarisierung geistig vorbereitet, indem er den Gott dienenden Ordensritter als Ideal lobend herausstellte und derart theologische Bedenken gegen diese neue Form der Vita religiosa zerstreute. Mit dieser theologischen Rechtfertigung eröffnete sich den europäischen Rittern als Mönchsrittern ein neues Betätigungsfeld.[6]

1163/69 war der Hospitaliterorden zum Ritterorden geworden.[7] Die ursprünglich städtisch-bürgerliche Laiengemeinschaft war über eine geistliche schließlich zu einer adelig-ritterlichen Institution geworden. Bedingt durch diesen Wandel änderte sich auch der Titel des Ordens in „Ordo militiae Sancti Joannis Baptistae hospitalis Hierosolymitani". Voraussetzung für die Aufnahme als Ritterbruder war zunächst nur die legitime Abstammung von einer ritterbürtig-adeligen Familie. Für die früheste Zeit gibt es keine Hinweise auf etwaige Aufnahmebestimmungen.[8] Mit zunehmender Militarisierung wurde die Prüfung der Nobilität der neu eintretenden Kandidaten immer strenger. Es mußten zumindest die Großeltern nachweislich adelig sein. Die „französische Zunge" forderte später acht adelige Vorfahren in vier Generationen, die „deutsche Zunge" sogar sechzehn adelige Ahnen in sechs Generationen. Außerdem waren Pferde und Rüstungen aus Eigenmitteln zu bestreiten. Nach der Ausbildung in europäischen Kommenden übersiedelten die Kandidaten zur Weiterbildung und abermaligen Prüfung nach Jerusalem bzw. Rhodos; dann erfolgte der Ritterschlag. Nach oft jahrzehntelanger Dienstzeit im Orient konnte der Ritter mit dem Titel eines „Kommendators" nach Europa zurückkehren, um dort eine Kommende als Altersversorgung zu übernehmen.[9] Eine untergeordnete Rolle spielten die nichtadeligen „servientes" oder „Dienenden Brüder" im Hospital- oder Waffendienst und die Ordenspriester. Bis zum Anfang des 13. Jahrhunderts bildeten die Ritter keine abgeschlossene Gruppe; auch „Dienende Brüder" konnten zu Rittern erhoben werden. Die Gruppe der Ordenspriester war durch die Übernahme zahlreicher Kirchen entstanden. 1240 sollen dem Orden 3.500 Kirchen gehört haben, die seelsorglich betreut werden mußten.[10]

Seit dem Fall von Akkon 1291 und der Übersiedlung des Ritterordens nach Zypern sowie nach der Besitzergreifung der Insel Rhodos wandelte sich der

Orden von einer Landstreitmacht zur bedeutenden Seestreitmacht vor allem im östlichen Mittelmeer. Auf Rhodos setzte ab 1310 die Herrschaftsbildung, also der Prozeß der Territorialisierung ein, der auch Teile Griechenlands (Thessalien, Morea/Peloponnes), mehrere Inseln des Dodekanes – vor allem Kos – und Stützpunkte an der Küste Kleinasiens – wie Smyrna/Izmir (1345–1403) und ab 1403 Halikarnassos/Bodrum – einschloß. Im 14. Jahrhundert setzte sodann in europäischen Ordensniederlassungen die Klerikalisierung ein. Die Zahl der Ritterbrüder ging zugunsten der Priesterbrüder zurück. So waren im Priorat France damals unter 180 Johanniterbrüdern nur mehr fünf Ritter; in der Normandie unter 17 Brüdern 13 Priester und kein Ritter.[11] Ähnliches stellte Christian Tenner während des 14. Jahrhunderts für die Ballei Franken fest. Die Zahl der Ordenspriester im Würzburger Ordenshaus stieg von drei im Jahr 1259 auf acht im Jahr 1336.[12] Im Großpriorat Deutschland waren 1495 von insgesamt 363 Ordensmitgliedern 322 Ordenspriester und nur 40 Ritterbrüder.[13] Es scheint, daß die Ritterbrüder in den sich verfestigenden Territorial- bzw. Nationalstaaten nicht mehr gerne gesehen waren; die Hospitalität wurde nicht mehr sehr gepflegt, weil vor allem städtische Kommunen, ursprünglich Gönner und Förderer des Ordens, und Bruderschaften die Armen- und Krankenpflege übernommen hatten.[14] Das Interesse des Johanniterordens, der auch unter dem Nachlassen der Spendenfreudigkeit litt, richtete sich nun vornehmlich auf Einkünfte aus der Landwirtschaft (Naturalabgaben, Zehente) und aus Gerechtsamen.[15]

Zuletzt erfolgte – in Ansätzen seit dem 13. Jahrhundert merkbar – besonders seit Ende des 15. Jahrhunderts in und von Frankreich aus die aristokratische Laisierung, die im 18. Jahrhundert ihren Höhepunkt erreichte.

Nach diesem allgemeinen Überblick über den strukturellen Wandel sollen Einzelprobleme angesprochen werden. R. Hiestand ist zu danken, daß er durch eine quellennahe und kritisch verfaßte Studie die Frühzeit des Ordens wesentlich erhellt und die Legenden um dessen Anfänge entwirrt hat. Er spürte dem Verhältnis der Johanniter/Hospitaliter zu ähnlichen Einrichtungen in Jerusalem vor dem Ersten Kreuzzug nach.[16] Schon Papst Gregor d. Große beauftragte 603 den Abt Probus zu Jerusalem, ein Hospiz für Pilger aus dem Westen einzurichten; ein weiteres Hospiz sollte auf dem Sinai geschaffen werden. Um 870 wird von einem Hospital Karls d. Großen mit Bibliothek und Grundbesitz in Jerusalem berichtet. Quellenmangel läßt die Frage einer etwaigen Kontinuität von der Spätantike oder der karolingischen Zeit zur Institution des 12. Jahrhunderts nicht zu, wenngleich diese Kontinuität bis zu neuesten Publikationen immer wieder betont bzw. vermutet wird. Es gibt keine Hinweise, die an die Weiterführung eines lateinischen Hospizes in Jerusalem denken lassen könnten. Auch die oft geäußerte Ansicht, daß es um 1070/80 einer Bruderschaft amalfitanischer Kaufleute gestattet worden sei, die Anfang des 9. Jahrhunderts errichtete, dann von den Muslimen zerstörte Kirche wieder aufzubauen und ihr einen Konvent nebst einem dem Hl. Johannes „dem Almosenier" geweihte Kirche sowie ein Nonnenkloster (S. Maria Magdalena) anzugliedern, ist kritisch zu hinterfragen.[17] Unstritig ist, daß in der zweiten Hälfte des 11. Jahrhunderts mit wachsenden Pilgerzahlen die Aufnahmekapazität der Klöster erschöpft und die Neu- oder Wiederbegründung eines Hospitals für lateinische Pilger notwendig geworden war.[18] Eine derartige Gründung erfolgte durch die Amalfitaner. Diese Gründung (von der Ordenshistoriographie der Johanniter bewußt verschwiegen) verdient Aufmerksamkeit, weil aus diesem Hospital der Johanniterorden hervorgegangen ist. Doch auch andere mittelalterliche Historiographen lassen hinsichtlich der Gründung kein einheitliches Bild entstehen. Einmal ist bei Amatus von Monte Cassino und in einer anonymen amalfitanischen Chronik von einem oder mehreren Hospitälern die Rede, zum anderen berichtet Wilhelm von Tyrus von zwei Klöstern und einem Hospital.[19]

Als Gründer des Hospizes erscheint bei Amatus der reiche amalfitanische Bürger Mauro di Pantaleone, der vor 1071 zwei Spitäler – in Antiochia und in Jerusalem – errichten ließ; letzteres soll er mittels Spenden unterhalten haben. Die anonyme Chronik schreibt die Gründung der karitativen Institution in Jerusalem der Gemeinschaft der Bürger von Amalfi zu.[20] Wilhelm von Tyrus berichtet vorerst von einem Kloster, das wegen seiner Mönche und wegen der Sorge um Pilger aus dem Westen zum Marienpatrozinium den Zusatz de Latina erhalten hatte. Dann erwähnt er vor 1081/82 das Nonnenkloster S. Maria Magdalena, das weiblichen Pilgern Unterkunft bot, und letztlich führt er auch ein besonderes Hospital an, das innerhalb des gesamten Gebäudekomplexes für gesunde und kranke Pilger erbaut worden war. Hiestand erkennt in diesen scheinbar unterschiedlichen Angaben der Quellen keinen Widerspruch.[21] Um 1080 gab es demnach mindestens zwei amalfitanische Institutionen vornehmlich als Pilgerherbergen.[22] Als 1099 die Kreuzfahrer Jerusalem erobert hatten, fanden sie die amalfitanische Gründung bereits vor, allerdings gehörte das Hospital damals nicht mehr zur Latina bzw. zu S. Maria Magdalena.[23] 1099 war jedenfalls nicht das Gründungsjahr des Hospitals.[24]

Seit 1099/1100 war das Hospital eine unabhängige Rechtsperson, die auch Schenkungen entgegennehmen durfte. Aufgrund des Privilegs Papst Paschalis II. für die Latina von 1112 wird deutlich, daß das Hospital von Gerard eingerichtet worden war; Gerard wird „institutor" des „xenodochium" genannt. Während die Latina als Benediktinerkloster – mit Mönchen aus Monte Cassino – erscheint, fehlt für das Hospital der Hinweis auf eine Regel der dort lebenden Brüder.[25] Es muß eine Laiengemeinschaft gewesen sein. Papst Paschalis II. bestätigte im Juli 1112 den Besitzstand der Latina, jenen des Hospitals aber erst im Februar 1113.[26] Hiestand vermutet, daß das Privileg für das Hospital eine Antwort auf dasjenige für die Latina darstellt, die wegen der zwar richtigen aber

Gründung des Johanniterordens

Frá Gerard

unvollständigen Formulierung in der Papsturkunde für das Hospital alte Ansprüche gegen dieses hatte geltend machen können.[27] Das Privileg Paschalis II. ist aber noch in anderer Hinsicht von Bedeutung. Gerard wird als „institutor" des Hospitals genannt. Die Ordensgeschichtsschreibung sah im „institutor" den Gründer (fundator) und recte nicht jenen, der das Hospital als erster eingerichtet und geleitet hatte. Gerard stand – wie sein Nachfolger – etwa vierzig Jahre dem Hospital vor. Über Gerards Herkunft und Persönlichkeit ist wenig bekannt. Amalfi und die Provence haben ihn für sich reklamiert. Er wurde mit dem südfranzösischen Heiligen Gerard von Martigues gleichgesetzt, ebenso mit Abt Gerhard von Allerheiligen zu Schaffhausen. Vieles spricht für einen Italiener, möglicherweise einen Amalfitaner.[28]

Im Zusammenhang mit der Frage nach der Kontinuität zwischen dem amalfitanischen Hospital und jenem des 12. Jahrhunderts muß das Patrozinium beachtet werden. Das Hospital hatte den hl. Johannes zum Patron, wobei fraglich ist, um welchen Johannes es sich handelte. Im amalfitanischen Spital soll es einen Altar zu Ehren des alexandrinischen Patriarchen Johannes des Barmherzigen (7. Jh.) gegeben haben. Spätere Quellen – sogar päpstliche – nennen Johannes den Täufer als Spitalspatron. Gab es etwa einen Patroziniumswechsel? Hiestand weist auf die in der Ostkirche weitverbreitete Deesis-Darstellung hin, die Maria und Johannes den Täufer vereinigt zeigt, und auch darauf, daß beide Patrone der Kathedrale von Amalfi sind.[29] Johannes der Täufer war von Anfang an der alleinige Patron des Hospitals; für die Latina war es die hl. Maria.[30] Fraglich ist auch, ob das Hospital oder das Heilige Grab Empfänger von Schenkungen war oder gar beide. Anfang des 12. Jahrhunderts waren Spital und Grabeskirche noch nicht vollständig voneinander getrennt; Stiftungen erfolgten anfangs für beide Institutionen gemeinsam. Die Trennung wird erst um die Mitte des 12. Jahrhunderts erkennbar.

Fassen wir die bisherigen Ergebnisse, die Hiestand in seiner akribisch verfaßten Studie erzielte, zusammen, so ist festzuhalten, daß das von den Jerusalem erobernden Kreuzfahrern 1099 angetroffene Hospital nach 1099 seine Funktion unter dem bisherigen Leiter fortführte. Es gab weder einen Wechsel in der inneren Struktur, noch in der Lebensform und auch nicht beim Patrozinium. Gerard hat als Leiter die Existenzgrundlage des Hospitals ebenso gesichert wie dessen Rechtsstellung. Der Besitz wurde durch Schenkungen vor allem seitens des Königtums und dessen Vasallen vermehrt, das Hospital 1112 von der Zehentgabe an die Bischöfe befreit.[31]

Die Bezeichnung des Hospitals war noch nicht genau festgelegt. 1110 ist vom „Hospitale Iherosolimitanum et pauperes Christi" die Rede, 1112 hieß es „Hospitale fratrum pauperum, quod es Iherusalem". Dabei ist unklar, ob mit den pauperes die Brüder des Hospitals, die das Armutsgelübde abgelegt hatten, oder die von ihnen betreuten armen Pilger gemeint waren. 1113 wurde dem Hospital seitens des Papstes außer der Zusicherung des päpstlichen Schutzes auch die freie Wahl des Vorstehers und die Zehentexemtion zugestanden.[32] Es handelt sich dabei – wie häufig vermutet – um die erste päpstliche Privilegierung des Jerusalemer Hospitals. Dieses Privileg Paschalis' II. gilt allgemein als die eigentliche Gründungsurkunde des Johanniterordens. Nach Hiestand wurde aber der Inhalt dieser Papsturkunde von 1113 bislang überschätzt. Es handelt sich um ein gewöhnliches Schutzprivileg, das weder Exemtion noch Sonderrechte gewährte.[33] Mit dem Privileg wurde kein neuer Orden begründet; von einer Exemtion aus dem Diözesanverband war – anders als bei S. Maria Latina 1112 – nicht die Rede.[34] Das Hospital unterstand nach seiner Verselbständigung 1113 weiterhin dem Patriarchen von Jerusalem. Wichtig ist, daß 1113 Xenodochien des Jerusalemer Spitals in Asti, Bari, Messina, Otranto, Pisa, Taranto und zu Saint-Gilles (Provence) genannt werden, deren Erwerb durch das Hospital unbekannt ist. Es können nur Vermutungen angestellt werden, so etwa, ob es sich bei den auf der Apenninenhalbinsel gelegenen Hospizen um solche des amalfitanischen Spitals zu Jerusalem vor dem Ersten Kreuzzug handelte, oder um Gründungen, die nach 1099 an das Hospital in Jerusalem gelangt waren. Auffallend ist, daß diese Hospize in wichtigen italienischen Einschiffungshäfen für Kreuzfahrer und Jerusalempilger lagen. Als Gerard am 3. September 1120 starb, war das Hospital eine allseits anerkannte Institution im Dienst an Armen, Kranken und Pilgern. Es hatte im Heiligen Land und im Lateinischen Europa beträchtlichen Besitz erworben, es besaß das Recht der freien Wahl seines Vorstehers und es genoß Zehentexemtion. Die Streulage des Besitzes, den sich die Hospitaliter von den Königen von Jerusalem häufig bestätigen ließen (1110, 1119, 1129, 1154, 1173)[35] und die oft weiten Entfernungen zwischen dem Mutterhaus in Jerusalem und den Filialhospitälern brachten große verwaltungstechnische Anforderungen. Die Spitalsbruderschaft unterstand der bischöflichen Diözesangerichtsbarkeit.

Nachfolger Gerards wurde Raymund du Puy, dessen Herkunft gleichfalls ungewiß ist. In seiner rund vierzigjährigen Amtszeit von 1121 bis etwa 1160 wandelte sich der Charakter des Hospitals: Eine eigene Regel wurde erstellt, die kirchliche Rechtsstellung erweitert, und überdies wurden seit etwa 1136/37 militärische Aufgaben übernommen.[36]

Das alte Hospital Gerards, wohl anstelle der Erlöserkirche nahe der Heiliggrabkirche erbaut, hatte als Spitalsbruderschaft, beeinflußt von der Armutsbewegung des 11. Jahrhunderts, keine genau festgelegte innere Organisation und besaß als Laiengemeinschaft auch keine fixierte Regel. Die Annahme eines Wechsels von der anfänglich etwa beachteten Benediktiner- zur Augustinerregel ist hinfällig.[37] Die unter Raymund du Puy erstellte Regel beruht wesentlich auf der Augusti-

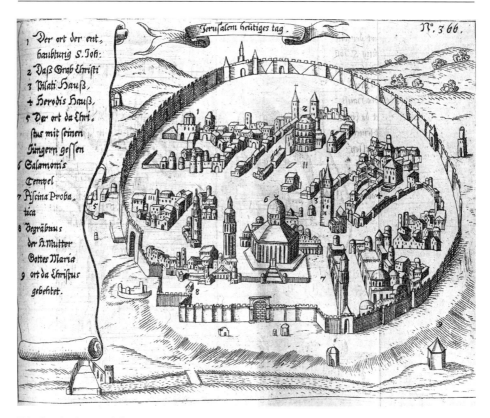

Idealtypische Ansicht von Jerusalem

nerregel mit Einzelbestimmungen der Benediktiner.[38] Parallelen zur Templerregel sind vorhanden, ohne daß aber an eine Filiation zu denken erlaubt wäre.[39] Die Regel des Hospitals enthielt Vorschriften für das gemeinsame Leben und Strafen für Regelverstöße. Die karitativen Pflichten an Pilgern und Armen, weniger an Kranken, werden betont. Dem entspricht der Name des Hospitals „Haus der Armen des Hospitals zu Jerusalem". Auch sonst werden die Kranken wenig erwähnt, obgleich das Siegel des Hospitals, das der Meister führte, auf sie Bezug nimmt. Die Umschrift lautet „IHERVSALEM HOSPITALI". Das Siegelbild zeigt eine Kirche (Hospital?), darüber das Ordenskreuz; unten liegt ein Kranker auf dem Bett, zwei Hände schwenken Weihrauchurnen, in der Mitte steht eine Lampe als Ewiges Licht. Auf dem Dach der Kirche sind vier Säulen mit je einem aufgesetzten Krug zu sehen.[40]

Die Datierung der Regel ist umstritten. Für die früheste Zeit – bis nach der Ordensgründung – lassen sich Satzungen wegen dürftigen Quellenbestandes kaum rekonstruieren. Entscheidend ist, seit wann im Hospital Kleriker aufgenommen wurden.[41] Delaville nahm das Jahr 1153 als terminus ante quem an; dann wurde die Auffassung vertreten, daß erst das feierliche Privileg Papst Anastasius IV. vom 21. Oktober 1154 dem Hospital das Recht auf eigene Kleriker auf Lebenszeit gewährt habe, d. h. die Regel müßte zwischen 1155 und 1160 entstanden sein.[42] Seit 1126 werden immer wieder Priester und Kleriker erwähnt. Hiestand entschied sich nach kritischer Auseinandersetzung mit den in der Literatur geäußerten Datierungsvorschlägen für das Jahr 1153 als „terminus ante quem" „ohne damit freilich ein genaues Datum für die Erstellung der Regel gewonnen zu haben".[43] Sicher waren schon früh Kleriker im Jerusalemer Hospital tätig. Die Priester kamen anfangs – so 1126 – wohl aus der Latina, als das Hospital noch mit diesem Kloster verbunden war. Mit der Trennung der beiden Institutionen kam der Wandel, zumal das Hospital nach Gründung und Erwerb weiterer Hospitäler und Gebiete selbst die geistliche Sorge für die eigenen Brüder und die Armen übernommen hatte. Papst Innozenz II. erlaubte nach dem 2. Laterankonzil den Johannitern, Priester für ein oder zwei Jahre einzustellen, die ihren Lebensunterhalt aus Pfründen bestreiten sollten.[44] Auch Gastpriester und Gastkapläne waren für das Hospital tätig. Der Ausbau einer eigenen Hospital-Geistlichkeit erwies sich aber als unbedingt nötig.

Mit Raymund du Puy begannen 1135 auch die päpstlichen Privilegierungen für das Hospital. Seine Brüder wurden von Papst Innozenz II. von der Exkommunikation befreit, sie waren nicht länger dem Interdikt der Ordinarien unterworfen. „Erst mit der Befreiung von der kirchlichen Strafgewalt durch Innozenz II. waren die Johanniter in einem entscheidenden Punkt aus der Diözesanhierarchie herausgelöst. Mit ihr beginnt im Jahre 1135 die Geschichte des Hospitals als einer exemten Institution der Kirche".[45] Zur schon früher von den Bischöfen garantierten finanziellen Freiheit kam nunmehr die vom Papsttum zugestandene jurisdiktionelle. Allerdings verlief die Entwicklung im Ausbau der Rechte nicht geradlinig. Manches päpstliche Zugeständnis fehlte bei folgenden Privilegierungen. So wurden im Privileg Papst Eugens III. von 1153 gewährte Berechtigungen von 1137 nicht mehr genannt, die Zehentexemtion eingeschränkt usw. 1154 erhielt das Hospital abermals neue Freiheiten und Gerechtsame, so die Eximierung von der Strafgewalt der Diözesanbischöfe, das Recht auf eigene Priester, die Erlaubnis zur Aufnahme freier Laien, das Verbot des Austritts aus dem Orden und des Übertritts in andere Orden, die Regelung der Weihe eigener Altäre, Kirchen und Kleriker. Nahezu alle neuen Bestimmungen waren dem päpstlichen Privileg für die Templer von 1139 entnommen worden. Abweichend von den Templern ist jedoch unter anderem die Pflicht der Hospitaliter, ihre eigenen Priester von zuständigen Diözesanbischöfen weihen zu lassen; bei den Templern durfte jeder katholische Bischof die Weihe vornehmen.

Auch finanziell wurden die Hospitaliter vor allem durch die von den Päpsten geförderte Spendenfreudigkeit gestärkt. In den 40er Jahren des 12. Jahrhunderts hatte das Hospital über päpstliche Privilegien institutionell, jurisdiktionell und finanziell die Exemtion erreicht, wogegen die Bischöfe an der Kurie in Rom vorstellig wurden, aber erfolglos blieben, da sich die Hospitaliter bereits die Mehrheit des Kardinalskollegiums mit Geld gekauft hatten.[46] 1179 hatten sich die Ortsbischöfe nochmals gegen alle ritterlichen Orden gewandt, deren Privilegien für sie untragbar geworden waren. In der Zehentfrage und bei den Ordensniederlassungen hatten sie einen Teilerfolg errungen, nicht aber bei den entscheidenden Fragen der Strafgewalt der Ordinarien und der Weihe der Ordenspriester. Gemildert wurden die Entscheidungen dadurch, daß die Johanniter bei der Weihefrage vorerst an den Diözesanbischof verwiesen wurden; erst bei dessen Weigerung durften sie jeden anderen Bischof zur Weihe bemühen. Der Streit zwischen Hospitalitern und dem Patriarchen von Jerusalem, der sich vor allem benachteiligt gesehen hatte, schwelte seit 1135. Doch die Päpste förderten den Orden nicht, um sich eine stets verfügbare militärisch-polizeiliche Hilfstruppe zu schaffen. Vielmehr sahen sie in Johannitern und Templern jene Orden, die sich um das Heilige Land sorgten und damit dem Kreuzzugsgedanken dienten. Der Patriarch von Jerusalem fürchtete die Vorbildwirkung, die von den privilegierten Johannitern auf andere Klöster und Xenodochien ausgehen konnte. Immerhin waren die Johanniter als kirchenrechtlich festgefügte Organisation mit dem Jerusalemer Spital als Zentrum anerkannt. Von 1154 an darf von einem Orden gesprochen werden.[47] Als solcher übernahm er in der Folge zu seinen karitativen Pflichten zunehmend auch militärische. 1126 wird erstmals ein „constabularius hospitalis" urkundlich erwähnt.[48] Es handelte sich um einen Verwaltungsbeamten des Hospitals! 1141/1144 soll der erste adelige Ritterbruder genannt worden sein. Auch das Testament König Alfons I. von Aragón, der 1131 sein Reich den Templern, Johannitern und dem Heiligen Grab vermacht hatte, ist nicht als Beweis für eine erfolgte Militarisierung des Johanniterordens heranzuziehen.[49]

Bedeutsamer ist dagegen die 1136 erfolgte Übertragung von Beitdschibrin in Südpalästina an das Hospital durch König Fulko.[50] Mit dieser Schenkung wurde der Beginn der militärischen Tätigkeit des Johanniterordens angesetzt. Dieser Auffassung widerspricht Hiestand zurecht, weil der Text der Schenkungsurkunde keine militärischen Absichten erkennen läßt.[51] Vielmehr ging es dem König von Jerusalem um die Binnenkolonisation mittels Wehrdörfern, deren bäuerliche Bewohner bei Bedarf zu einem raschen militärischen Einsatz zur Verfügung standen. Die militärische Verpflichtung lag also nicht bei den Brüdern des Hospitals als Grundherren; sie widmeten sich weiterhin den Armen. Mit dem Erwerb dieser neuen Ländereien sollten dem Orden über die schon von verschiedenen Seiten geleisteten Geldzahlungen hinaus neue Einkünfte für die kari-

Gründung des Johanniterordens 23

tative Tätigkeit erschlossen werden. Mit dem Erwerb von Beitdschibrin war aber das Hospital als Institution und nicht als Personenverband in die Militärorganisation des Königreichs Jerusalem einbezogen worden wie andere geistliche Institutionen auch. Seit 1142 fielen dem Hospital in der Grafschaft Tripolis im Landesinneren Burgen und Städte wie Raphania und Montferrand samt allen feudalen Herrschaftsrechten zu, desgleichen 1147 die Burgfestung Krak des Chevaliers.[52] Graf Raimund war „confrater" des Hospitals geworden, er versprach sogar, mit den Muslimen ohne Wissen der Johanniter keinen Waffenstillstand zu schließen. Ähnliches geschah im Fürstentum Antiochia,[53] und als 1147 König Balduin III. von Jerusalem die Schenkung eines „Casale Altum" beurkundete, war sehr zum Mißfallen des Papsttums an die Stelle der karitativen Aufgabe die militärische getreten, und zwar nicht nur zur Abwehr muslimischer Angriffe, sondern auch mit dem Ziel, den christlichen Herrschaftsbereich besonders nach Osten und Süden offensiv auszuweiten. Das Hospital sollte die Kampfkraft der Kreuzfahrerstaaten verstärken. Gleichzeitig war zu befürchten, daß sich eine derart privilegierte, an Grundbesitz reiche und mit strategisch wichtig gelegenen Burgen begabte Institution der weltlichen Herrschaft entziehen und deren Forderungen nicht nachkommen könnte. Deshalb wurden bei Besitzübertragungen Sicherungsklauseln in die Urkunden eingefügt.[54]

Die Kreuzzugspropaganda Bernhards von Clairvaux schloß auch die Johanniter schon vor dem Zweiten Kreuzzug ein. Und nach dem mißglückten Feldzug gegen Damaskus wurden auch sie des militärischen Versagens beschuldigt. Eine militärische Beteiligung der Johanniter im Königreich Jerusalem wird anläßlich der Eroberung von Askalon 1153 deutlich, bei der sie dem König zum Verbleiben rieten. Wahrscheinlich hatten sie ein militärisches Aufgebot gestellt.

Aber erst in den Statuten von Roger des Moulins 1182 werden nebenbei auch bewaffnete Brüder genannt, bei denen es sich um Johanniter gehandelt haben könnte.[55] Schon Ende der 1130er Jahre wurde als Zweck der Spenden an das Hospital der Unterhalt von „servientes" angeführt, die als Söldner zum Schutz der Jerusalempilger verpflichtet waren.[56] Mitte des zwölften Jahrhunderts erscheinen die Hospitaliter dreigeteilt. Es gab karitativ tätige Brüder, geistlich wirkende Kleriker und Söldner („servientes") für militärische Aufgaben, wobei bei letzteren fraglich ist, ob es sich im Einzelfall um Mitglieder des Ordens handelte. Nach langem Zögern anerkannten auch die Päpste sowohl die karitative als auch die militärische Funktion des Ordens vor allem bei der Verteidigung des Heiligen Landes.[57] Mit dem militärischen Pilgerschutz und mit der Übernahme von Burgen besonders seit den 1160er Jahren bis zur Mitte des 13. Jahrhunderts – insgesamt waren es 25, davon 10 im Königreich Jerusalem, 15 in Syrien – war die militärische Aktivität des Ordens offenkundig geworden; deren ausdrückliches Verbot hätte zu einer Minderung der Kampfkraft der Kreuzfahrerstaaten geführt. Wie die Templer, so wurden auch die Johanniter von der römischen Kurie letztlich als Garanten militärischer Stärke im Heiligen Land gesehen. Das Königreich Jerusalem war zu einem erfolgreichen Widerstand gegen die Muslime nicht mehr in der Lage.[58] Es besteht nach Hiestand kein Zweifel, daß die Johanniter auch wegen des großen Burgenbesitzes 1163/1169 endgültig zum geistlichen Ritterorden geworden waren. Er verweist auf die ähnliche Entwicklung der Hospitaliter auf der Pyrenäenhalbinsel, wo – anders als bei den Templern – vor 1136/38 keine militärische Aktivität des Ordens eindeutig schriftlich nachzuweisen ist, wenngleich auch dort die Militarisierung um die Mitte des 12. Jahrhunderts bereits im Gange war und seit den 1160er Jahren urkundlichen Niederschlag fand. Die „servientes" waren wohl nicht mehr Gastritter, sondern bereits Knappen.[59]

Die Militarisierung des Ordens seit den 1130er Jahren war nicht bewußt herbeigeführt worden, aber vielleicht nach dem Vorbild der Templer langsam und nicht ohne ordensinterne Kritik besonders nach 1172 erfolgt.[60] Sie war, abgesehen von den veränderten politischen Verhältnissen in den Kreuzfahrerstaaten, vor allem durch die Zwänge der Feudalität bedingt, denen sich auch die zu reichen Grundherren gewordenen Hospitaliter, die nur Christus als ihren Lehensherrn anerkennen und ihm gehorsam sein sollten, nicht entziehen konnten. Damit gewannen die Johanniter, schon 1148 zur „curia regia" gehörig, im Königreich Jerusalem während des 13. Jahrhunderts derart an Prestige, daß sie – wie die großen weltlichen Herren – die Politik des Königreichs entscheidend mitbestimmen konnten. Dieser Prestigezuwachs äußert sich auch darin, daß die königliche Kanzlei für den Meister des Hospitals den Titel „venerabilis magister" verwendete. 1157 scheint Meister Raymund erstmals mit der Gottesgnadenformel („Dei gratia") auf.[61] Diese ist Ausdruck der durch die päpstliche Exemtion erlangten und auch staatsrechtlich anerkannten unabhängigen Stellung. Hiestand sieht in dieser Stabilisierung des Titels ein Merkmal für die innere Festigung des Hospitals.[62] Ferner gibt er zurecht zu bedenken, daß die Hospitaliter ursprünglich bürgerlich-städtisch und nicht ritterlich-feudal geprägt waren. Die „servientes" als Söldner (Gastritter) des Hospitals – adelig-ritterlicher Herkunft – wurden, um die militärische Bereitschaft und Schlagkraft auf Dauer zu sichern, bewogen, Mitglieder des Ordens zu werden. Auch dieser Umstand war der Militarisierung günstig und förderte den Übergang des Ordens zu einer adelig-ritterlichen Institution, die wiederum – vom Adel mit Land beschenkt – an militärischer Kraft zunahm. Hiestand ist zuzustimmen, wenn er entgegen der auch in der neuesten Literatur vertretenen Ansicht, die Johanniter hätten als der älteste Ritterorden zu gelten, widerspricht. Die Johanniter sind nicht seit 1113 ein Orden, sondern erst seit der Neuausfertigung der „Christianae fidei religio" von 1154.[63] Die Johanniter sind nicht als Ritterorden gegründet worden und unterscheiden sich derart von den anderen militärischen geistlichen Orden. Sie waren kirchlich kein Orden und anfangs auch ständisch keine adelig-ritterliche Institution, sondern eine karitativ, sozial offene Gemeinschaft. Erst in einem langen Prozeß wandelte sich diese zu einer Institution, die karitative und militärische Aufgaben erfüllte, wobei letzteren schließlich – nicht ohne Widerstand – der Vorrang eingeräumt wurde. Das militärisch-ritterliche Element wurde seit den 1130er und 1140er Jahren gegenüber den „bürgerlichen" Hospitalbrüdern bestimmend.[64] Die Militarisierung des Ordens vor allem im Mittelmeerraum wird auch an Zahlen deutlich.[65]

Bei einem – wenn auch gerafften – Überblick über die mittelalterliche Geschichte des Johanniterordens muß auch seiner Widersacher gedacht werden. Abgesehen von den Muslimen gab es in der christlichen Gemeinschaft verschiedener Gründe wegen Gegner. Hinzuweisen ist auf die Spannungen zwischen dem Spital zu Jerusalem und dem dortigen Patriarchen.[66] Obwohl der Orden seit 1154 exemt und von der Diözesanorganisation fast vollständig gelöst war, mußte er in der Realität manche Beschränkungen hinnehmen. Päpstliche Richter hatten vielfach – wie im Königreich Sizilien – Streitigkeiten zwischen dem Diözesanbischof und dem Orden zu schlichten.[67] Gegensätze gab es auch zwischen Johannitern und Templern hinsichtlich Macht und Landbesitz. Sie arteten teils in blutigen Kämpfen und Straßenschlachten – wie zu Akkon 1256 – aus. Ein wesentlicher Grund dieses Gegensatzes lag in den unterschiedlichen Auffassungen der beiden Orden über das Verhältnis zu den benachbarten muslimischen Staaten, wobei auch Einflüsse seitens europäischer Mächte besonders deutlich werden. Während die Johanniter materieller Gründe wegen für eine Allianz mit Ägypten eintraten, bevorzugten die Templer eine solche mit Damaskus. Um 1240 wurde die johannitisch-ägyptische Allianz von Kaiser Friedrich II. gefördert, während die antikaiserlich eingestellte, lokale baronale Oligarchie in den Templern Unterstützung fand. Der Antagonismus zwischen Kaiser und Papst wurde mitbestimmend für die Bündnispolitik der beiden Ritterorden im Heiligen Land.[68] Wesentlich wurde auch die politische Einflußnahme seitens der „Italiener". Die guelfische Partei der lokalen Barone, vertreten durch „Italiener", kooperierte mit den Herrschern zu Antiochia. Sie fand Unterstützung bei den Seestädten Venedig und Pisa sowie beim Templerorden. Die ghibellinische Partei unter der Führung Genuas formierte sich aus kleinen italienischen Kommunen und solchen Kataloniens sowie aus einheimischen Bruderschaften und den Johannitern. Es ging diesen Parteien vor allem um die Durchsetzung bzw. Wahrung unterschiedlicher italienischer Handelsmachtinteressen. Johanniter und Templer wurden in diese Kämpfe involviert; sie bemühten sich aber immer wieder als Vermittler um den Ausgleich der Interessensgegensätze. Das Königreich Jerusalem, das im 13. Jahrhundert nur mehr ein Fünftel jener Fläche besaß, über die es im 12. Jahrhundert gebot, konnte kaum mehr in die Konflikte eingreifen. Der christliche Adel hatte mit den Landverlusten in Palästina wertvolle Einkünfte verloren. Er verkaufte ihm noch verbliebene Besitztümer an die Ritterorden. Derart hatten sich die Grundbesitzverhältnisse in Palästina zugunsten der Ritterorden verschoben. Dem Kreuzfahreradel drohte der finanzielle Bankrott.[69]

Streit gab es auch zwischen Johannitern und dem Deutschen Orden, so etwa um den Spitalsbesitz in Jerusalem und in Deutschland, wo letzterer seit dem 13. Jahrhundert gegenüber dem romanisch (französisch) geprägten Johanniterorden bevorzugt wurde. Auch bei der deutschen Ostsiedlung zeigte sich die Rivalität, und oftmals mußten die Johanniter in der Krankenpflege und Seelsorge dem Deutschen Orden weichen.[70] Pfarrechte boten Anlaß zu Streit zwischen Bischöfen und städtischen Kommunen, die oftmals Bettelorden bevorzugten. Politisch-militärische Gründe boten häufig Anlaß für teils starke Spannungen zwischen dem Johanniterorden und weltlichen Machthabern, so etwa auf der Pyrenäenhalbinsel, in Südosteuropa, in England und im 15. Jahrhundert auch mit dem Kaisertum.[71] In England, wohin die Johanniter schon 1110 gerufen worden waren und sich besonders in Süd- und Mittelengland niedergelassen hatten, war der Orden, der um 1300 36 Kommenden unterhielt, nie zu größerer Bedeutung gelangt. Die Abhängigkeit vom Königtum war stark; dem König mußte der Vasalleneid geleistet werden. Die Kommenden, deren Haupteinnahmen aus der Schafzucht rührten, mußten die Pensionen für Hofbeamte bezahlen. Auf mehreren Kommenden lebten Pfründner, die vom Orden lebenslang versorgt werden mußten. 1338 lebten im Großpriorat England 34 Ritter, 57 Dienende Brüder und 59 Priesterbrüder, denen – unterstützt von 126 Weltklerikern – die Obsorge über 118 Kirchen, Kapellen und Bruderschaften anvertraut war. Die 1382 vom Großpriorat Deutschland abgelöste Ballei Brandenburg, die 1312 zahlreiche Templerkommenden übernommen hatte, geriet in starke Abhängigkeit vom markgräflich-brandenburgischen Landesherrn, dem der „Herrenmeister" den Vasalleneid leisten mußte.

Wirtschaftliche, besonders handelspolitische und territoriale Rivalitäten brachten im 14. Jahrhundert den Ordensstaat auf Rhodos in Konflikt mit italienischen Seestädten, vor allem mit der Republik Venedig.[72] Wegen dieser zahlreichen Antagonismen erbaten die Johanniter häufig kaiserlichen, königlichen und päpstlichen Schutz.

Oftmals lähmten auch interne Konflikte die Aktivitäten des Ordens, so etwa in der zweiten Hälfte des 12. Jahrhunderts, als durch eine überzogene Expansionspolitik unter dem autokratisch, ohne Kapitel regierenden Großmeister Gilbert von Assailly der Orden stark verschuldete, und die Ursachen für diesen Mißstand von einer durch das Papsttum unterstützten konservativen Gruppe in der Militarisierung, dem gesteigerten Burgenerwerb und in einem fehlgeschlagenen

Ägyptenfeldzug gesehen wurden. Ein Schisma scheint die Folge gewesen zu sein. Das Siegel des Gegenmeisters blieb erhalten.[73] Papst Alexander III., der die Johanniter 1180 wegen des Waffentragens außerhalb eines Kreuzzuges ermahnt hatte, bestätigte letztlich Gilberts Rücktritt. In der Folge war der Ordensmeister bei wichtigen Entscheidungen (z.B. Burgenerwerb) an die Zustimmung des Ordenskapitels gebunden.[74]

Einige Bemerkungen zum Thema Frauen im Johanniterorden: Der Spitalsbruderschaft in Jerusalem gehörten von Anfang an, jedenfalls schon vor 1113, Männer und Frauen an, die gemeinsam mit Geistlichen und Laien die kirchlichen Reformideen mittrugen. Die Frauen pflegten als Schwestern weibliche Kranke und Pilgerinnen.[75] Die Frauen blieben vorerst im Laienstand. Erst nach 1180 gab es auch nach der Augustinerregel lebende und mit karitativen Aufgaben betraute klösterliche Gemeinschaften von Johanniterinnen. Zu Akkon ist 1216/19 ein Frauenhaus des Ordens (S. Maria Magdalena) bezeugt, von einer Spitalarbeit der dortigen Schwestern jedoch nichts bekannt.[76] Der älteste Frauenkonvent war in Europa 1170 im englischen Buckland entstanden; er umfaßte etwa 50 Nonnen. Auf der Kommende Abrin (Großpriorat Toulouse) lebten 1271 je drei Dienende Brüder und Schwestern.[77] Besonders zahlreich waren die Klöster der Johanniterinnen im 14. Jahrhundert in Spanien (besonders Aragon), Portugal, Italien (besonders zu Florenz, Pisa, Verona) in den Niederlanden (etwa die Kommende Kerkenverwe mit 12 Nonnen), in der Schweiz und zu Prag. Im Großpriorat Deutschland, so in der Grafschaft Oldenburg, bestanden zwei Frauenkonvente mit acht bzw. sechs Nonnen. Die Johanniterschwestern waren oft von höherer adeliger Herkunft als die Brüder, aber sie verrichteten seltener Spitalsdienst.[78] Frauen arbeiteten auch auf den Ordensdomänen gemeinsam mit Dienenden Brüdern, männlichen Donaten und bäuerlichen Muslimen.[79]

Der umfangreiche Besitz des Johanniterordens im Heiligen Land – kurzzeitig soll er dort 431 Ortschaften besessen haben –, auf Inseln des östlichen Mittelmeeres (besonders Rhodos) und in Europa war Basis und Rückgrat der Ordensmacht. Deshalb stand er unter besonderem Schutz.[80] Trotz aller Privilegierungen und Schutzversprechen war der Besitz jedoch häufig gefährdet.[81] Daher erwies sich die Heranbildung eigener Juristen, die seit Papst Innozenz IV. mit päpstlicher Genehmigung an der Pariser Universität erfolgte, als nötig. Diese Rechtskundigen sollten an den Fürstenhöfen und an der Kurie, wo der Orden besonders seit dem 14. Jahrhundert eine diplomatische Vertretung unterhielt, für die rechtlichen Anliegen des Ordens sorgen. Gleiches war auch bei den Gerichtshöfen in den einzelnen Territorialstaaten nötig.[82]

Das Spital zu Jerusalem hatte schon bald nach 1099 – anfangs noch gemeinsam mit der Heilig-Grab-Kirche – Landbesitz von Pilgern oder durch andere fromme Stiftungen empfangen. Die meisten hochadeligen Stifter waren im 12. und

13. Jahrhundert Teilnehmer an Kreuzzügen oder hatten als Pilger im Jerusalemer Spital Aufnahme gefunden.[83] Die Schenkungsgüter in Europa unterstanden dem Großmeister in Jerusalem; sie waren ursprünglich frei von jeder feudalen Bindung. Der Besitz lag vor allem in den normannischen Gebieten Nordfrankreichs[84], in der Provence, in England[85] und auf der Pyrenäenhalbinsel[86], in Deutschland (besonders in West- und Süddeutschland sowie in Friesland), in Österreich und in Skandinavien (Dänemark, Südschweden), in Italien und auf Sizilien[87] sowie in Ungarn und in Siebenbürgen. Einige Beispiele von Stiftungen sollen den Besitzerwerb veranschaulichen. 1131 hatte König Alfons I. v. Aragón seine Königreiche dem Hospital der Armen zu Jerusalem, dem Heiligen Grab und den Templern vermacht.[88] Das aragonesische Königtum war 1312 über die geplante Zusammenlegung des Johanniter- und Templerbesitzes nicht erfreut, weil dadurch die privilegierten Johanniter stärker der Königsmacht entzogen wurden. Die königliche Klage bei der Kurie in Rom hatte Erfolg. In der Bulle vom 16. Mai 1312 wurde der Templerbesitz in Spanien von der Übertragung an die Johanniter ausgenommen. Im Königreich Valencia mußten sie zugunsten eines spanischen Ritterordens auf allen Besitz verzichten. Ähnlich waren die Verhältnisse zu Beginn des 13. Jahrhunderts in Kastilien. Insgesamt hatte der Johanniterorden auf der Pyrenäenhalbinsel im Spätmittelalter an Besitz vor allem zugunsten einheimischer Ritterorden, aber auch an militärischen Funktionen verloren.[89] In Frankreich hatte seit 1230/40 ein Rückgang der Landschenkungen an die Johanniter eingesetzt. Erst die Übernahme der Templergüter gegen eine hohe Ablösesumme durch den französischen König 1317 ließ den Ordensbesitz wieder wachsen. König Bela III. von Ungarn gab vor Antritt seiner Pilgerreise ins Heilige Land den Auftrag, Besitz zu kaufen, der bei seiner Rückkehr nach Ungarn dem Orden zufallen sollte. Auch König Andreas II. von Ungarn hatte schon vor seiner Königszeit den Orden an der Grenze gegen die Kumanen in Transylvanien mit Land begabt und Bauern im Severiner Banat angesiedelt. Später holte er die Johanniter in seine Nähe nach Stuhlweißenburg und Ofen. König Bela IV. übertrug 1247 dem Orden die Sicherung der Südgrenze Ungarns gegen Tartaren und Mongolen.[90]

Nicht immer wurde Besitz über fromme Stiftungen erworben. Oft hatten im Heiligen Land wie in Europa auch Käufe seitens des Ordens zur Bildung von Kommenden geführt.[91] Zur Blütezeit des Ordens gab es etwa 600 Kommenden.[92]

Die Zunahme des Landbesitzes erforderte oftmals eine Veränderung der Verwaltungsstruktur. So hatte sich um 1157 Spanien von St. Gilles (Provence) gelöst, das 1113 zum ersten Zentrum des Ordens im Abendland geworden war und von dem aus der anfangs rasch wachsende Besitz in Frankreich, Spanien, Niederlothringen und England verwaltet wurde.[93] Um 1178/79 war das (Groß-) Priorat Frankreich mit dem Sitz in Paris entstanden. Die Zusammenfassung der

Ordensbesitzungen in territorial umgrenzte Verwaltungseinheiten erfolgte zwischen 1315 und 1330.[94]

Noch wenig bekannt ist über die persönlichen und besitzrechtlichen Verhältnisse der bäuerlichen Hintersassen während des Mittelalters. Territoriale Unterschiede werden deutlich. Günstig gestellt waren die als Kolonisten angesetzten Bauern in den Wehrdörfern Südpalästinas und in den Rodungsgebieten Südfrankreichs. Als der Orden im frühen 13. Jahrhundert auf den mährischen Gütern aufsiedeln durfte, wurden den Neusiedlern Freiheiten und günstige Besitzrechte zugesichert. Die in Neukastilien in den 1230er und 1240er Jahren angesiedelten etwa 1500 Kolonisten erhielten drei zinsfreie Jahre versprochen. Jenen Siedlern, denen der Orden die Sierra de los Manegros übertragen hatte, wurde das Land zu freiem Erbgut gegeben.[95] Nachweislich lange hielt der Orden an Eigenleuten fest.[96]

Nach der kurzen Darstellung von Einzelproblemen aus der frühen Ordensgeschichte soll abschließend die Geschichte des Ordens von 1291 bis 1522 bzw. 1530 dargestellt werden. Nach dem Fall von Akkon am 18. Mai 1291 sammelten sich die zahlenmäßig stark geschwächten Johanniter zunächst im befreundeten Königreich Zypern.[97] Zu Limassol, dem neuen Ordenssitz, wurde vom Generalkapitel die Reform des Ordens beschlossen. Eine noch kleine Ordensflotte beteiligte sich von Zypern aus 1293 an der Verteidigung des christlichen Königreiches Armenien. 1302 beschloß das Generalkapitel, daß auf der Insel ständig 80 Ordensritter stationiert sein sollten. Mit übernommenem Templerbesitz entstand nach 1312 die Großkomturei in Kolossi.[98] Politische Verhältnisse veranlaßten den Orden schon bald, Zypern zu verlassen. Am 27. Mai 1306 wurde mit Vignolo de Vignoli der Vertrag über den Erwerb von Rhodos und mehrerer Inseln in der Ägäis geschlossen. Noch im gleichen Jahr erfolgten Landung und Inbesitznahme der Insel. Am 5. September 1307 bestätigte der Papst diesen Besitzerwerb. Papst Clemens V., ein Freund und Gönner des Ordens, forderte am 17. Dezember 1307 alle Prälaten des Abendlandes auf, die Johanniter zu schützen. Die totale Inbesitznahme der Insel zog sich in die Länge. Erst am 15. August 1309 wurde die Stadt Rhodos erobert. Seither führten die Johanniter auch den Titel Rhodiser bzw. Rhodiserritter. 1310 erfolgte die offizielle Verlegung des Ordenssitzes von Limassol nach Rhodos, wo schon 1311 das erste Hospital eröffnet wurde; das zweite folgte 1478.[99]

Unter dem Großmeister Foulques de Villaret begann der Orden auf Rhodos mit dem Aufbau eines „Territoriums", eines eigenständigen „Ritterstaates" unter Führung des fürstengleich herrschenden Großmeisters, der in der Folge im luxuriösen, prächtigen Palast residierte. Die Stadt Rhodos wurde zu einer mächtigen Festung ausgebaut[100], die Insel mit einem System von Nebenresidenzen überzogen, die – wie die zahlreichen Kastelle (u.a. Lindos, Feraklos, Kamiros) – Versorgungs- und Verteidigungsfunktion zu erfüllen hatten.[101]

Rhodos entwickelte sich zu einem bedeutenden Handelshafen, zu einem wichtigen Stützpunkt für Pilgerfahrten und Kreuzzüge.[102] Aufgrund ihrer finanziellen und militärischen Potenz erlangten die Johanniter von Rhodos aus große Bedeutung in der Mittelmeerpolitik und in den Kreuzzügen gegen die Muslime. Gesteigert wurde die Macht des Ordens vor allem auch durch die Übertragung des Templer-Besitzes durch Papst Clemens V. am 2. Mai 1312, der damit diesen Besitz vor dem Zugriff der französischen Krone retten wollte.[103] Rhodos wurde auch zum Ort der Bewährung, als 1329 das Generalkapitel zu Montpellier beschloß, daß Würden und die Übernahme von Kommenden an einen mehrjährigen Aufenthalt in Rhodos geknüpft sein sollten. Ob diese Forderung real umgesetzt werden konnte, ist ungewiß, für die „österreichischen" Kommenden nur vereinzelt bezeugt.

Von Rhodos aus wurde 1345 Smyrna (Izmir) erobert. Die Forderung des Papstes vom 14. Oktober 1355, den Ordenssitz dorthin zu verlegen, um dem muslimischen Gegner näher zu sein, wurde vom Orden negiert. Schon 1403 mußte Smyrna wieder aufgegeben werden. Dafür setzten sich die Johanniter 1402 zu St. Peter im ruinösen Halikarnassos (Bodrum) an der Südwestküste Kleinasiens fest und ließen dort eine starke Festung bauen.[104] Nahe gegenüber war die Kommende Kos stets mit 25 Ordensrittern besetzt.

Die Insellage des Ordensterritoriums Rhodos zwang zum Aufbau einer effektiven Seestreitmacht, um Feldzüge gegen die Muslime in Kleinasien und entlang der Küste Syriens aber auch gegen Ägypten unternehmen zu können. 1365 nahm die Ordensflotte am Kreuzzug gegen Alexandria teil, das am 9. Oktober 1365 erobert wurde. Interne Spannungen im Orden folgten, die 1383 den Höhepunkt erreichten, als Riccardo Caracciolo in Rom zum Gegengroßmeister des 1377 auf Rhodos gewählten Großmeisters Juan Fernandeo de Heredia erklärt worden war.[105] Seit 1440 – besonders um 1465 – griffen die Mameluken erfolglos das unterdessen stark befestigte Rhodos an. 1453 mußte ein Angriff der osmanischen Türken abgewehrt werden. Durch die Einteilung der Insel in Burgbezirke – jeder Ordensburg wurden bestimmte Dörfer als Fluchtorte zugewiesen –, aber auch durch den Bau neuer Befestigungen konnte die Abwehrkraft gestärkt werden. Unter dem Großmeister Pierre d'Aubusson wurden der Angriff bzw. die vom 23. Mai bis 2. August 1480 seitens Sultan Mohammeds II. geführte Belagerung abgewiesen.[106] Die Verluste der Muslime waren groß. 1482 hatte der Sohn Mohammeds II., Prinz Dschem, auf der Flucht vor seinem Bruder Bajazet II. bei den Johannitern Zuflucht gefunden.[107]

Erst die Belagerung von Rhodos durch die Osmanen unter Sultan Soliman II. vom 26. Juli bis 20. Dezember 1522 zwang den Orden, die Insel und damit den Ordensstaat aufzugeben. Der Abzug der Johanniter erfolgte in der Nacht zum 1. Jänner 1524. Über Kreta wurde Messina auf Sizilien erreicht. Auf Vermittlung von Papst Clemens VII., als Julius von Medici ehemals Johanniterordensritter, wurde kurzzeitig Viterbo Residenz des Großmeisters. Nach kurzen Aufenthalten in Nizza und zu Villefranche in Savoyen wurde der Orden von Kaiser Karl V. am 23. März 1530 mit den Inseln Malta, Gozo und Comino sowie mit der nordafrikanischen Stadt Tripolis belehnt. Am 26. Oktober 1530 besetzten die Johanniter-Rhodiser Malta. Abermals begannen sie mit dem Aufbau eines kleinen, jedoch politisch bedeutsamen und als Seemacht respektierten, ja gefürchteten Territorialstaats, der am 9. Juni 1798 mit der Besetzung der Insel durch die Franzosen sein Ende fand.

Anmerkungen

1 Vgl. Delaville Le Roulx, J.: Cartulaire général de l´ordre des Hospitaliers de Saint-Jean de Jérusalem (1100–1310). 4 Bde. Paris 1894–1906; Ergänzungen bei Larragueta, Garcia S. A.: El Gran priorado de Navarra de la ordre de San Juan de Jerusalem. Siglos XII-XIII. 2. Bd. 1957; Nachträge zu den Papsturkunden des 12. Jahrhunderts. In: Hiestand, R.: Vorarbeiten zum Oriens pontificius 2. Papsturkunden für Templer und Johanniter. Göttingen 1984 (= Abhandlungen der Akademie der Wissenschaften in Göttingen. Philosophisch-historische Klasse. 3. Folge. 135); Ders.: Vorarbeiten zum Oriens pontificius 2. Papsturkunden für Templer und Johanniter. Göttingen 1972 (= Abhandlungen der Akademie der Wissenschaften in Göttingen. Philosophisch-historische Klasse. 3. Folge. 77); Mizzi, J.: Catalogue of the Records of the Order of St. John of Jerusalem in the Royal Malta Library. Archivès 1759–1934 Malta. Vol. XII. 1968; The Cartulary of the Knights of St. John of Jerusalem in England. Part. 2. Prima Camera: Essex. Ed. by M. Gervers. Oxford 1996 (= Records of Social and Economic History. N.S. 23); Luttrell, A.: The Earliest Documents on the Hospitaller Corso at Rhodes: 1413 and 1416. In: Intercultural contacts in the Medieval Mediterranean. Ed. by B. Arbel. London 1996; Nicholson, H.: Templars, Hospitallers and Teutonic Knights. Images of the Military Orders 1128–1191. Leicester 1993. (Enthält eine moderne Diskussion zu den drei Ritterorden).

2 Vgl. Mizzi, J.: A Bibliography of the Order of St John of Jerusalem (1925–1969). In: The Order of St. John in Malta. XIII. Council of Europe Exhibition 1970, S. 108–204; Mayer, H. E.: Bibliographie zur Geschichte der Kreuzzüge. 2. Aufl. Hannover 1960, Nr. 3478f. u. ergänzt in: Historische Zeitschrift. Sonderband 3 (1969), S. 641–731; Barber, M. (Ed.): The Military Orders. Fighting for Faith and Caring for the Sick. Aldershot 1994. (darin u.a. Luttrell, A.: The Hospitallers' Medical Tradition 1291–1530, S. 64–81); Bradford, E.: Kreuz und Schwert. Die Chronik des Johanniter/Malteser-Ritterordens. München 1983; Ders.: Johanniter und Malteser. Die Geschichte des Ritterordens. Neuaufl. 1996; Forey, A.: The Military Orders. From the Twelfth to the Early Fourteenth Centuries. Toronto 1992; Hiestand, R.: Die Anfänge der Johanniter. In: Die geistlichen Ritterorden Europas. Hrsg. v. J. Fleckenstein u. M. Hellmann. Sigmaringen 1980, S. 31–80 (= Vorträge und Forschungen XXVI); Jähnig, B.: Die drei großen geistlichen Ritterorden in ihrer Frühzeit. In: Jahrbücher Preußischer Kulturbesitz 21 (1985), S. 85–111; Karmon, Y.: Die Johanniter und Malteser. Ritter und Samariter. Die Wandlungen des

Ordens vom Heiligen Johannes. München 1987; Luttrell, A.: „The Earliest Hospitallers". In: Montjoie. Studies in Crusade History in Honour of Hans Eberhard Mayer. Ed. by B. Kedar, J. Riley-Smith and R. Hiestand. Aldershot 1997, S. 37–41; Ders.: The Hospitallers. Historical Activities 1299–1400 (1430). In: Annales de l´Ordre Souverain Militaire de Malte 24 (1966), S. 126–129; 25 (1967), S. 145–150; 26 (1968), S. 57–69; Riley-Smith, J.: The Knights of St John in Jerusalem and Cyprus c. 1050–1310. London 1967 (umfangreiche Bibliographie S. 511–530); Rödel, W. G.: Das Großpriorat Deutschland des Johanniter-Ordens im Übergang vom Mittelalter zur Reformation. 2. Aufl. Köln 1972; Waldstein-Wartenberg, Berthold: Die Vasallen Christi. Kulturgeschichte des Johanniterordens im Mittelalter. Köln, Wien 1988 (umfangreiches Quellen- und Literaturverzeichnis S. 415–432); Ders.: Rechtsgeschichte des Malteserordens. Wien, München 1969. Vgl. die kritische Auseinandersetzung bei Hiestand, Anfänge, S. 45, Anm. 66; S. 50, Anm. 101a; 105, S. 51, Anm. 110a; S. 54, Anm. 128; S. 71, Anm. 217; S. 78, Anm. 258; Phillips, J.: Defenders of the Holy Land. Relations between the Latin East and the West 1119–1187. Oxford 1996; Prutz, H.: Die geistlichen Ritterorden. Berlin 1908 [Nachdruck Berlin 1968]; Actes du colloque du Barroux 1983: „Des hospitaliers de Saint-Jean de Jérusalem, de Chypre, Rhodes hier aux chevaliers de Malte, aujourd´hui". Paris 1985; Luttrell, A.: The Hospitallers' Early Written Records. In: The Crusades and their Sources. Ed. by John France and William G. Zajac. Aldershot 1998, S. 135–154; Wiest, E.: Die Anfänge der Johanniter im Königreich Sizilien bis 1220. In: Von Schwaben bis Jerusalem. Hrsg. v. S. Lorenz und U. Schmidt. Sigmaringen 1995, S. 167–186. (= Veröffentlichungen des Alemannischen Instituts. 61); Brandes, J. D.: Korsaren Christi. Johanniter und Malteser. Die Herren des Mittelmeers. Sigmaringen 1997; Waldstein-Wartenberg, Berthold: Der Johanniterorden in der Levante im 12. und 13. Jahrhundert. In: Schriftenreihe des Maltesermuseums Mailberg. 4. Bd. (o. J.), S. 7–16; Heutger, N.: Die geistlichen Ritterorden in Niedersachsen. Braunschweig 1997 (= Forschungen zur Niedersächsischen Ordensgeschichte. 1); Castell-Castell, P., Graf zu: Ein Beitrag zur Geschichte der bayerischen Johanniter. 1990; King, E.: The Grand Priory of Order of the Hospital of St John of Jerusalem in England. London 1924. Speziell für den Johanniterorden in Österreich Dauber, R. L.: Der Johanniter-Malteser-Orden in Österreich und Mitteleuropa. 2 Bde. Wien 1996/98; Staehle, E.: Johanniter und Templer. Gnas 1998; Planta, P. C., v.: Adel, Deutscher Orden und Königtum im Elsaß des 13. Jahrhunderts. Unter Berücksichtigung der Johanniter. Frankfurt am Main 1997.

3   Vgl. Zwehl, K. H., v. : Über die Caritas im Johanniter-Malteserorden seit seiner Gründung. Essen 1928.

4   Vgl. Zum Problem Johanniter und Krankenpflege, die nicht unbedingte Aufgabe des Ordens war, Luttrell, A.: The Hospitallers' Medical Tradition 1291–1530. In: Barber, M. (Ed.): The Military Orders, S. 74, 76ff., 79; ferner Mundry, J.: Charity and Social Work in Toulouse 1100–1250. In: Traditio 22 (1966); Edgington, S.: Medical Care in the Hospital of St. John in Jerusalem. In: The Military Orders. Bd.II. Welfare and Warfare. Ed. by H. Nicholson. Aldershot 1998.

5   Vgl. Hiestand, Vorarbeiten (1972) S. 8, Anm. 2; Waldstein-Wartenberg, Rechtsgeschichte S. 43; Cartulaire I, n 21, S. 70.

6   Vgl. Hehn, E.- D.: Kirche und Krieg im 12. Jahrhundert. Stuttgart 1980, S. 109–120 (= Monographien zur Geschichte des Mittelalters. 19); Forey, A. J.: The Militarisation of the Hospital of St. John. In: Studia monastica 26 (1984), S. 75–89; Sire, H. J. A.: The Character of the Hospitalliter Properties in Spain in the Middle Ages. In: Barber, M. (Ed.): The Military Orders, 1994, S. 21–27; allerdings verlor der Johanniterorden im spätmittelalterlichen Spanien zunehmend militärische Funktionen zugunsten der von den Königen in der Grenzfrontverteidigung bevorzugten einheimischen Ritterorden. Vgl. Elm, K.: Die Bedeutung historischer Legitima-

tion für Entstehung, Funktion und Bestand des mittelalterlichen Ordenswesens. In: Wunderli, P. (Hrsg.): Herkunft und Ursprung. Sigmaringen 1994, bes. S. 74–90; Ders.: Die Spiritualität der geistlichen Ritterorden des Mittelalters. In: „Militia Christi" e Crociata nei secoli XI–XII. Milano 1992 (= Miscellanea del Centro di studi medioevali 30, Scienze storiche. 48).

7 Vgl. Hiestand, Anfänge S. 75. Nach J. Sarnowsky war die Umwandlung vom Hospital- zum Ritterorden durch eine Statutenänderung nach 1180 abgeschlossen. Zit. n. Sarnowsky, J.: Geistliche Ritterorden. In: Dinzelbacher, P./Hogg, J. L. (Hrsg.): Kulturgeschichte der christlichen Orden in Einzeldarstellungen. Stuttgart 1997, S. 329–348 (= Kröners Taschenausgabe. 450).

8 Vgl. Cartulaire I, n 70.

9 Vgl. Karmon, S. 34. Überdies mußte der Aufzunehmende verschiedene Fragen beantworten, so etwa, ob er bereits einem anderen Orden angehöre, ob er eine Tat zulasten des Spitals begangen habe und ob er Unfreier eines Herrn sei. Letztere Frage war noch im Statut von 1555 enthalten, in jenem von 1583 nicht mehr. Ferner war das „passagium" zu leisten, ursprünglich eine Zahlung für die Überfahrt ins Heilige Land. 1428 wurde für die Aufnahme ein Mindestalter von 14 Jahren vorgeschrieben und eine Aufnahmetaxe von einer Mark Silber festgelegt. Vgl. Cartulaire II, n 2213; ebda, III, n 3039, Art. 19; ebda, II, n 1293.

10 Waldstein-Wartenberg, Rechtsgeschichte S. 77.

11 Vgl. Miguet, M.: Templiers et Hospitaliers en Normandie. Paris 1995 (= Memoires de la section d'archéologie et d'histoire de l'art. 6)..

12 Vgl. Tenner, Ch.: Die Ritterordensspitäler im süddeutschen Raum (Ballei Franken). München [Phil. Diss.] 1969, S. 126ff.; Engel, W.: Die Krise der Ballei Franken des Johanniterordens zur Mitte des 14. Jahrhunderts. In: Zeitschrift für bayerische Landesgeschichte 18 (1955), S. 280ff.

13 Rödel, Großpriorat, S. 411.

14 Vgl. Tenner, Ritterordensspitäler, S. 37, 126–129.

15 Rödel, Großpriorat, S. 140f.; Tenner, Ritterordensspitäler, S. 129.

16 Hiestand, Anfänge, S. 31–80.

17 Vgl. D'Amato, C.: L'origine dell'Ordine ospedaliero dei S. Giovanni di Gerusalemme. Amalfi 1975.

18 Vgl. Schmugge, L.: Die Anfänge des organisierten Pilgerverkehrs im Mittelalter. In: Quellen und Forschungen aus italienischen Archiven und Bibliotheken 64 (1984), S. 1–83, bes. S. 52f.

19 Vgl. Hiestand, Anfänge, S. 34; Wilhelm von Tyrus: Historia rerum in partibus transmarinis gestarum XVIII, 4–5. In: Recueils des historiens des Croisades. Historiens occidentaux I., 18. Paris 1884 [Nachdruck 1967], S. 822ff., 824f. Neben dem Hospital zu Jerusalem gab es von 1130 bis 1187 auch eine von einem deutschen Ehepaar geleitete Herberge vornehmlich für deutsche Pilger. Sie wurde 1143 der Gerichtsbarkeit der Johanniter unterstellt, die auch den Prior mit päpstlicher Erlaubnis ernennen durften; Cartulaire I, n 154.

20 Vgl. Schwarz, U.: Amalfi im frühen Mittelalter 9.–11. Jahrhundert. 1978 (= Bibliothek des Deutschen Historischen Instituts in Rom. 49); Schaube, A.: Handelsgeschichte der romanischen Völker des Mittelmeergebiets bis zum Ende der Kreuzzüge. 1906, S. 35ff; Über die guten Beziehungen der Amalfitaner zu den Fatimiden vgl. Waldstein-Wartenberg, Rechtsgeschichte, S. 14.

21 Vgl. Hiestand, Anfänge, S. 36.

22 Vgl. Waldstein-Wartenberg, Rechtsgeschichte, S. 14; Mayer, H. E.: Geschichte der Kreuzzüge. 8. Aufl. Stuttgart 1995, S. 78f. (= Urban Taschenbuch. 86).

23 Citarello, A. O.: The Relations of Amalfi with the Arab World before the Crusades. In: Speculum 42 (1967), S. 299–312.

24 Zum mittelalterlichen Spitalwesen vgl. allgemein Reicke, S.: Das deutsche Spital und sein Recht im Mittelalter. Stuttgart 1932 [Nachdruck Amsterdam 1970]; Meiffert, F.: Caritas und Krankenwesen bis zum Ausgang des Mittelalters. 1927, bes. zum Hospital in Jerusalem S. 164–186; Zwehl, K. H., v.: Nachrichten über die Armen- und Krankenfürsorge des Ordens vom Hospital des hl. Johannes von Jerusalem. 1911; Windemuth, M.- L: Das Hospital als Träger der Armenfürsorge im Mittelalter. Stuttgart 1995, bes. S. 66–74. (= Sudhoffs Archiv. Beihefte 36).
25 Cartulaire I, n 30.
26 Vgl. Cartulaire I, n 30; Hiestand, Anfänge, S. 50.
27 Vgl. Mayer, H. E.: Zur Geschichte der Johanniter im 12. Jahrhundert. In: Deutsches Archiv zur Erforschung des Mittelalters 47/1 (1991), S. 138–159.
28 Vgl. Hiestand, Anfänge, S. 42, Anm. 55, S. 43.
29 Hiestand, Anfänge, S. 43, 45, 47. Johannes der Täufer wurde auch als Patron der „milites Christi" verehrt und seit karolingischer Zeit als Beschützer im Krieg. Vgl. Sierck, M.: Festtag und Politik. Köln 1995, S. 239 (= Beihefte zum Archiv für Kulturgeschichte. 38).
30 Vgl. Seward, D.: The Monks of War. London 1972, S. 20f.
31 Vgl. Cartulaire I, n 25.
32 Cartulaire I, n 30. Vgl. Prutz, H.: Die exemte Stellung des Hospitaliterordens. In: Sitzungsberichte der Bayerischen Akademie der Wissenschaften. München 1904, S. 95–187.
33 Hiestand, Anfänge, S. 50; über die verschiedenen Meinungen ebda. Anm. 104.
34 Vgl. Prutz, Die exemte Stellung, S. 95ff.; Cartulaire I, n 30.
35 Diese Bestätigungen standen jeweils in Zusammenhang mit der Wahl eines neuen Patriarchen; vgl. Mayer, Zur Geschichte der Johanniter, S. 143f., 152f.
36 Hiestand, Anfänge, S. 47f., 66, 71 meint, daß es sich 1136 noch um besoldete „servientes" und noch nicht um „fratres" gehandelt haben dürfte. Hiestand, Anfänge, S. 75, Anm. 241 hält die Unterscheidung zwischen „servientes" als „Gastritter" und „servientes" als „Knappen" für überaus bedeutsam. Vgl. Kollias, E.: The Knights of Rhodos. Athens 1991, S. 14.
37 Vgl. Cartulaire I, n 70; Hiestand, Anfänge, S. 55f., 57ff.
38 Vgl. Delaville, Les Hospitaliers, S. 46; Ders.: Les status de l'Ordre des l'Hôpital de St.-Jean de Jérusalem. In: Bibliothèque de l'Ècole des Chartres 48 (1887), S. 341–356; King, E. J.: The Rule, Statutes and Customs of the Hospitallers 1099–1310. 1934; Lagleder, G.: Die Ordensregel der Johanniter/Malteser. Saint Odilien 1983.
39 Zum Abschluß der Ordensbildung bei den Templern 1139 vgl. Mayer, Geschichte der Kreuzzüge, S. 77.
40 Zur ersten Nennung von „infirmi" durch Papst Eugen III. (1139–1143) vgl. Cartulaire I, n 130; dazu Hiestand, Anfänge, S. 56, Anm. 138.
41 Vgl. Hiestand, Anfänge, S. 57.
42 Cartulaire I, n 226.
43 Hiestand, Anfänge, S. 58.
44 Cartulaire I, n 130.
45 Hiestand, Anfänge, S. 59.
46 Nach Gerhoch von Reichersberg sollen es 3.000 Mark Silber gewesen sein; vgl. Mayer, Zur Geschichte der Johanniter, S. 143f., 152f.
47 Vgl. Hiestand, Anfänge, S. 47f.
48 Cartulaire I, n 77.
49 Cartulaire I, n 95. Vgl. Lourie, E.: The Will of Alfonso I „el batallador", King of Aragon and Navarre. A reassessment. In: Speculum 50 (1975), S. 635–651.
50 Vgl. Mayer, Geschichte der Kreuzzüge, S. 88.

Gründung des Johanniterordens 35

51 Hiestand, Anfänge, S. 67.
52 Cartulaire I, n 144, 160.
53 Ebda, I, n 183.
54 Ebda, I n 311.
55 Ebda, I, n 627.
56 Ebda, I, n 130.
57 Ebda, I, n 527. Zu den Burgen im Heiligen Land (bes. zu den Johanniterburgen) vgl. Wienand, A. (Hrsg.): Der Johanniter-Orden. Der Malteser-Orden. Der ritterliche Orden des hl. Johannes vom Spital zu Jerusalem. Köln 1970, S. 116–143; Müller-Wiener, W.: Burgen der Kreuzritter, München, Berlin 1966; Rihaoui, A.: The Krak of the Knights 1982; Kennedy, H.: Crusader Castles, Cambridge (USA) 1994; Fedden, R./Thomson, J.: Crusader Castles. London 1957 (dt. Übers.: Kreuzfahrer-Burgen im Hl. Land. Wiesbaden 1959); Bedeutende Johanniter-Festungsburgen waren u.a. noch Akkar (erworben 1170), Castel Rouge (erworben 1177/78), Margat (erworben 1186), und Belvoir (erbaut 1168).
58 Cartulaire I, n 628.
59 Vgl ebda, I, n 181; Hiestand, Anfänge, S. 74f.
60 Vgl. Riley-Smith, The Knights, S. 54; Hehl, E.-D.: Kirche und Krieg im 12. Jahrhundert. Stuttgart 1980, S. 110, Anm. 476 (= Monographien zur Geschichte des Mittelalters. 19).
61 Cartulaire I, n 257.
62 Hiestand, Anfänge, S. 77.
63 Ebda, S. 79f.
64 Ebda, S. 80.
65 Vgl. Cartulaire IV, n 4574; Waldstein-Wartenberg, Kulturgeschichte, S. 201; Karmon, S. 132.
66 Vgl. Mayer, Zur Geschichte der Johanniter, S. 151, 159.
67 Vgl. Wiest, S. 178–181; Hiestand, Anfänge, S. 62ff; Waldstein-Wartenberg, Kulturgeschichte, S. 32.
68 Vgl. Prawer, J.: Military Orders and Crusader Politics in the second half of the XIIIth Century. In: Die geistlichen Ritterorden. Hrsg. v. J. Fleckenstein und M. Hellmann. Sigmaringen 1980, S. 217–229 (= Vorträge und Forschungen. XXVI); Phillips, Defendors, S. 255.
69 Vgl. Prawer, S. 225. Zur Förderung durch die Staufer vgl. Cleve, H.: Kaiser Friedrich II. und die Ritterorden. In: Deutsches Archiv zur Erforschung des Mittelalters 49 (1993), S. 39–73 und Wiest, S. 182–186. Vgl. Jacoby, D.: Les communes italiennes et les ordres militaires à Acre: aspects juridiques, territoriaux et militaires (1104–1187, 1191–1291). In: Ders.: Trade, Commodities and Shipping in the Medieval Mediterranean. Aldershot 1997, chap. VI.
70 Die französische Prägung des Ordens wird auch daran deutlich, daß von den 45 Großmeistern zwischen etwa 1100/1120 und 1521/1534 35 „Franzosen" waren; 12 von diesen stammten aus der Provence. Von den zehn „Nichtfranzosen" kamen vier aus Italien, drei aus Spanien, je einer aus England und Portugal. Bei einem ist die Herkunft unbekannt. Zudem wurde das Französische als Umgangssprache innerhalb des Ordens gepflegt. Vgl. Boockmann, H.: Der Deutsche Orden. München 1981, S. 26; Tenner, S. 37f., 129.
71 Vgl. z. B. Luttrell, A.: The Aragonese Crown and the Knights Hospitallers of Rhodes 1291–1325. In: English Historical Review LXXVI (1961). Wie sehr der Johanniterorden in Spanien gegenüber einheimischen Orden zurückgedrängt worden war, wird letztlich daran ersichtlich, daß ihm zu Anfang des 18. Jahrhunderts 23 Komtureien, dem spanischen Christusorden aber 454 Komtureien unterstanden. Vgl. Wright, L. P.: The Military Orders in Sixteenth and Seventeenth Century Spanish Societies. In: Past & Present 43 (1979), S. 34–70.
72 Vgl. Luttrell, A.: Venice and the Knights Hospitallers of Rhodes in the Fourteenth Century. In: Papers of the Britisch School of Rome XXVI (1958).

73 Vgl. Mayer, Zur Geschichte der Johanniter, S. 149f.
74 Vgl. Forey, A.: Constitutional Conflict and Change in the Hospital of St John during the Twelfth and Thirteenth Centuries. In: Journal of Ecclesiastical History 33 (1982), S. 20–27.
75 Vgl. Waldstein-Wartenberg, Kulturgeschichte, S. 39f.; Prutz, Die geistlichen Ritterorden, S. 315; Tommasi, F.: Männer- und Frauenklöster der Ritterorden im Heiligen Land. XII.–XIV. Jahrhundert. In: Elm, K./Parisse, L. (Hrsg.): Doppelklöster und andere Formen der Symbiose männlicher und weiblicher Religiosen im Mittelalter. Berlin 1992.
76 Vgl. Waldstein-Wartenberg, Kulturgeschichte, S. 116f., 135. Vgl. Luttrell, A.: The Spiritual Life of the Hospitallers of Rhodes. In: Die Spiritualität der Ritterorden im Mittelalter. Hrsg. v. Z. Nowak. Toruń 1993.
77 Vgl. Waldstein-Wartenberg, Kulturgeschichte, S. 114ff., 196, 270.
78 Zur heiligmäßig lebenden Adeligen St. Flor aus Beaulieu nahe Cahors und Johanniterinnen vgl. Grossel, Marie-Geneviève: Sainteté et devotion feminine dans l'Ordre de l'Hopital de Saint Jean de Jérusalem. In: Ritterorden im Mittelalter. Hrsg. v. D. Buschinger und W. Spiewok. Greifswald 1996, S. 71–82 (= Greifswalder Beiträge zum Mittelalter. 67).
79 Vgl. Waldstein-Wartenberg, Kulturgeschichte, S. 267–273; Dauber II, S. 369; Fröhlich, R. M.: Die Eigenleute des Johanniterhauses Bubikon. Zürich 1993, S. 26 (= Zürcher Studien zur Rechtsgeschichte. 25).
80 Im regnum Teutonicum war die Rechtsstellung des Ordens durch das Privileg Kaiser Friedrichs I. vom 15. Oktober 1158 bestimmt worden (Monumenta Germaniae Historica, Diplomata X/2 Friderici I., n 2228). Außer dem Königsschutz genoß der Orden Abgabe- und Zollfreiheit; vorbehalten blieb die kaiserliche Gerichtsbarkeit. 1378 verlieh Kaiser Karl IV. dem Orden weitreichende weltliche Immunität, vor allem das Asylrecht. Die Kommenden des Großpriorats Deutschland verfügten über die niedere, gelegentlich auch über die hohe Gerichtsbarkeit. Vgl. Waldstein-Wartenberg, Kulturgeschichte, S. 255.
81 1269 wurde ein holsteinischer Adeliger von Albertus Magnus exkommuniziert, weil er in Pommern in Johanniterbesitz eingedrungen war. Vgl. Bartlett, R.: Die Geburt Europas aus dem Geist der Gewalt. München 1996, S. 51.
82 Vgl. Luttrell, A.: Fourteenth Century Hospitaller Lawyers. In: Traditio 21 (1965), S. 449–456 u. Brundage, J.: The Lawyers of the Military Orders. In: The Military Orders. Ed. by M. Barber. 1994, S. 346–357, bes. S. 355, Anm. 28; S. 354; Vgl. Phillips, S. 151f., 172.
83 Vgl. Waldstein-Wartenberg, Kulturgeschichte, S. 27f.; Fröhlich, Eigenleute, S. 39. Zur Schenkung Herzog Heinrichs d. Löwen vgl. Arnold von Lübeck, Chronica Slavorum. Monumenta Germaniae Historica, Scriptores 21, S. 121.
84 Vgl. Miguet, M.: Templiers et Hospitaliers en Normandie. Paris 1995.
85 Vgl. King, E.: The Grand Priory of Order of the Hospital of St John of Jerusalem in England. London 1924; Burton, J.: Monastic and religious orders in Britain 1100–1300. Cambridge 1994, S. 81–84, 265–268.
86 Vgl. Sire, H. J. A.: The Character of the Hospitaller Properties in Spain in the Middle Ages. In: Barber, M. (Ed.): The Military Orders. 1994, S. 21–27.
87 Vgl. Wiest, Die Anfänge der Johanniter im Königreich Sizilien bis 1220, S. 167–186.
88 Vgl. Forey, A. J.: The Military Orders and the Spanish Reconquest in the Twelfth and Thirteenth Centuries. In: Traditio 40 (1989), S. 197–234; Ders.: The Military Orders from the Twelfth to the Early Fourteenth Centuries. London 1992.
89 Vgl. Hiestand, Vorarbeiten (1974), S. 203–417.
90 Vgl. Phillips, S. 214; Buturać, J.: Gli ordini religiosi in Croazia. In: Croatia sacra. Roma 1943, S. 239f.; Köpeczi, B./Barta, G. (Hrsg.): Kurze Geschichte Siebenbürgens. Budapest 1990, S. 219; Pop, I.-A.: Romanians and Hungarians from the 9th to the 14th Century. Gluj-Napoca

1996, S. 170f. (= Bibliotheca Rerum Transilvaniae. XIII); Zimmermann, H.: Siebenbürgen und seine Hospites Theutonici. Köln 1996, S. 167 (= Schriftenreihe zur Landeskunde Siebenbürgens. 20).

91 Vgl. Schubert, E. (Hrsg.): Geschichte Niedersachsens. Hannover 1997, S. 486.

92 Karmon, S. 148.

93 Vgl. Hiestand, Vorarbeiten (1974), S. 47, 99.

94 Vgl. Waldstein-Wartenberg, Kulturgeschichte, S. 321.

95 Vgl. Bartlett, Geburt, S. 155, 163.

96 Vgl. Fröhlich, R. M.: Die Eigenleute des Johanniterhauses Bubikon.

97 Vgl. Edbury, P. W.: The Kingdom of Cyprus and the Crusades 1191–1374. Cambridge 1991, S. 111f.; Ders.: The State of Research. Cyprus under the Lusignans and Venetians 1991–1998. In: Journal of Medieval History 25/1 (1999), S. 57–65; Stickel, E.: Der Fall von Akkon. Untersuchungen zum Abklingen des Kreuzzugsgedankens am Ende des 13. Jahrhunderts. Bern 1975.

98 Vgl. Sinclair, K.: The Hospital, Hospice and Church of the Healthy belonging to the Knights of St. John of Jerusalem on Cyprus. In: Medium Aevum 49 (1980).

99 Vgl. Luttrell, A.: The Fourteenth Century Capitula Rodi. In: Thesaurismata 19 (1982), S. 204–211. Edition der frühest bekannten Statuten für die Stadt Rhodos ca. Mitte 14. Jahrhundert; aufschlußreich hinsichtlich des Status der griechischen „burgenses", die an der Verwaltung der Stadt beteiligt waren; wichtig die Bestimmung, daß der Sohn eines lateinischen Vaters und einer griechischen Mutter als Lateiner zu gelten habe. Karassava-Tsilingiri, F.: The Fifteenth-Century Hospital of Rhodes. In: Barber, M. (Ed.): The Military Orders. Aldershot 1994, S. 89f.

100 Die Verteidigungsabschnitte der Festungsmauern waren den „Zungen" zugeordnet. 1295 gab es sieben „Zungen", die jeweils mehrere Priorate umfaßten, seit 1461 acht „langues" (1. Provence, 2. Auvergne, 3. Frankreich, 4. Italien, 5. England, 6. Deutschland, 7. Kastilien und Portugal, 8. Aragón und Katalonien); vgl. Setton, K. M.: A History of the Crusades. 6 Bde. Philadelphia 1969–1988; Ders.: The Papacy and the Levante (1204–1571). 4 Bde. Philadelphia 1976–1984, bes. Bd 2 (1978), S. 346, Anm. 1. Die „Zungen" standen untereinander in starker Konkurrenz. Vgl. Sarnowsky, J.: Der Konvent auf Rhodos und die Zungen (linguae) im Johanniterorden (1421–1476). In: Ritterorden und Region: Politische, soziale und wirtschaftliche Verbindungen im Mittelalter. Hrsg. v. Z. Nowak. Toruń 1995, S. 43–65. Der Titel „Großmeister" wurde seit 1267 geführt.

101 Zum Ordensstaat Rhodos vgl. Waldstein-Wartenberg, Kulturgeschichte, S. 284–313; Wienand, A.: Der Orden auf Rhodos. In: Wienand, A. (Hrsg.): Der Johanniter-Orden. Der Malteser-Orden. Köln 1970, S. 145–193; Kraack, D.: Die Johanniterinsel Rhodos als Residenz. Heidenkampf in ritterlich-höfischem Ambiente. In: Zeremoniell und Raum. Hrsg. v. W. Paravicini. Sigmaringen 1997, S. 214–235 (= Residenzenforschung. 6); Loose, M.: Der Johanniterstaat in der Ägäis. 1993 (= Schriften der Genossenschaft des Johanniter-Ordens. 19); Luttrell, A.: Latin Greece, the Hospitallers and the Crusades 1291–1440. London 1982; Ders.: The Hospitallers of Rhodos and their Mediterranian World. Aldershot 1992; Ders.: The Hospitalers of Rhodes between Tuscany and Jerusalem 1306–1431. In: Review Mabillon 64 (1992), S. 130f.; Fiorini, S./Luttrell, A.: The Italian Hospitallers at Rhodos 1437–1462. In: Review Mabillon 68 (1996), S. 220ff.; Waldstein-Wartenberg, Berthold: Die mittelalterlichen Bauten von Rhodos auf der Grundlage von Beschreibungen zeitgenössischer Reisender. In: Annales de l'Ordre Souverain Militaire de Malte 35 (1977), S. 51–64; Kollias, E.: The City of Rhodes and the Palace of the Grand Master. Athens 1988; Koder, J.: Artikel „Rhodos". In: Lexikon des Mittelalters VII. München 1994, Sp. 795–797.

102 Vgl. Müller, U.: Georg von Ehingen, „Reisen nach der Ritterschaft?" Eine Autobiographie des 15. Jahrhunderts. Innsbruck 1982, S. 111–121. (= Innsbrucker Beiträge zur Kulturwissenschaft. Germanist. Reihe. 15); Schwarzenberg, C., v.: What a Pilgrim saw at Rhodes. In: Annales de l'Ordre Souverain Militaire de Malte 26 (1968), S. 104 (betr. Joh. Lobkowitz 1493); Flynn, V. J.: The intellectual life of fifteenth-century Rhodes. In: Traditio 2 (1944), S. 239–255. Vgl. Schaube, A.: Handelsgeschichte der romanischen Völker des Mittelmeergebietes bis zum Ende der Kreuzzüge. München, Berlin 1906, S. 141, 198, 202ff; Favreau-Lilie, M.-L.: The Military Orders. In: Journal of Medieval History 19 (1993), S. 201–227, bes. 224f.

103 Zur Haltung der Johanniter als Zeugen im Templerprozeß vgl. Gilmour-Bryson, A.: The Trial of the Templars in Cyprus. London 1998, S. 8, Anm. 34; S. 15 (= The Medieval Mediterranean. 17).

104 Vgl. Waldstein-Wartenberg, Kulturgeschichte, S. 159; Luttrell, A.: The Later History of the Maussolleion and its Utilization in the Hospitaller Castle at Bodrum. In: Jutland Archaeological Society Publications 15, Bd. 2/2. Kopenhagen 1985, S. 114–215.

105 Vgl. Brandes, J.-D.: Korsaren Christi. Johanniter und Malteser des Mittelmeeres. Sigmaringen 1997.

106 Vgl. Brockmann, E.: The two sieges of Rhodos 1480–1522. London 1969; Vatin, N.: L'Ordre de Saint Jean de Jérusalem, l'empire Ottoman et la Méditerranée orientale entre les deux sièges de Rhodes (1480–1522). Löwen 1994; Waldstein-Wartenberg, Kulturgeschichte, S. 153ff., 162ff.

107 Über den Empfang des Prinzen zu Rhodos vgl. Kraack, S. 284–313.

Herwig Ebner

Überblick über den Ordensbesitz in den ehemaligen habsburgischen Erblanden von den Anfängen bis zur frühen Neuzeit

Im folgenden ist nicht beabsichtigt, die einzelnen Ordensniederlassungen der Johanniter in den ehemaligen habsburgischen Erblanden im Detail zu beschreiben.[1] Vielmehr sollen allgemeine Tatsachen bzw. Ergebnisse überblicksmäßig dargestellt werden.

Die Lage des Ordensbesitzes

Es fällt auf, daß es in Nordtirol und im erzbischöflich-salzburgischen Territorium einschließlich der erzstiftisch-salzburgischen Außenbesitzungen keine Johanniter-Kommenden gab. Die Niederlassung in der erzbischöflich-salzburgischen Stadt Friesach wurde 1214 nach kurzem Bestehen zugunsten des Deutschen Ordens aufgegeben.

Die Kommenden wurden durchwegs in günstiger Verkehrslage an Pilger- und Handelsstraßen, an wichtigen Straßenkreuzungen und in Paßfußorten errichtet: Mailberg an der Straße von der Donau nach Böhmen, Fürstenfeld an der Ungarnstraße, Heilenstein an der Einmündung der Kärntner Straße ins Drautal, Melling bei Marburg nahe einem wichtigen Drauübergang, Feldkirch an der Arlberg- bzw. Splügenpaßstraße, während Taufers im Münstertal wichtig für Reisende über das Stilfserjoch bzw. über den Ofen- oder Reschenpaß war. Die Verlagerung des Verkehrs bzw. das Nachlassen der Handels- oder Pilgerfrequenz auf Fernstraßen führte zum Bedeutungsverlust von Kommenden. So hatte Feldkirch an der Arlbergpaßroute seit dem 14., vor allem aber im 15. Jahrhundert seine günstige Position eingebüßt, nachdem sich der Verkehr auf andere West-Ost-Verbindungen verlagert hatte. Andererseits konnte das Aufleben des Verkehrs auf bestimmten Routen die Gründung von Ordenshospizen, wie zu Spital bei Weitra oder zu Spital am Wechsel, begünstigen. Daß Pilgerhospitäler den Johannitern mit der Pflicht zur Straßenüberwachung übertragen wurden, zeigt sich an jenem von Patriarch Wolfger von Aquileia zu Camarcio (S. Nicoló di Ruda) gestifteten Hospital.

Manche Kommenden waren in guter strategischer Position vor allem in gefährdeten Grenzgebieten entstanden, so Mailberg, Ebenfurth, Fürstenfeld, Melling oder Heilenstein. Die Kommende Unterlaa diente der Sicherung der Residenzstadt Wien. Einige Kommenden hatten in oder unmittelbar bei Burgen ihren Sitz (Mailberg, Pulst, Unterlaa) oder waren wie zu Fürstenfeld bzw. Feldkirch als massive Bauten in den Wehrbering der Städte einbezogen. Einige der südösterreichischen Kommenden wurden seit dem 15. Jahrhundert zu Festungen ausgebaut. Die Vermutung, daß sich in diesen wehrhaften Kommenden die Zahl der Ritterbrüder erhöht habe, läßt sich nicht erhärten.

Die Kommenden Fürstenfeld und Feldkirch stehen in Zusammenhang mit den Stadtgründungen.

Kommenden lagen auch vor Städten, so Melling östlich vor der Stadt Marburg an der Drau und Unterlaa sowie die Niederlassung St. Johann, die dann nach Pulst verlegt wurde, vor St. Veit an der Glan.

Hausbesitz von Kommenden, zumeist Absteigen für Komture, ist für Graz, Wien (seit 1452 Mailbergerhof, Wien 1, Annagasse 7), St. Veit an der Glan (für den Komtur zu Pulst) aber auch für Krems an der Donau (1244), Marburg (1403), Eggenburg (1291) und Radkersburg nachzuweisen. Bemerkenswert ist, daß es mit Ausnahme von Wien in keiner habsburgischen Residenzstadt Niederlassungen der Johanniter gab.

Mitunter lagen die Ordensniederlassungen in Pfarrorten bzw. bei Pfarren, die als Ordenspfarren einer Kommende inkorporiert waren, so etwa zu Groß-Harras oder Hohenau an der March, wo bei den Ordenspfarrkirchen kurzzeitig kleine Kommenden bestanden. Nach deren Auflösung wurden die „Pfarrer-Komture" wieder zu Ordenspfarrpriestern.

Hinsichtlich der topographischen Lage des Ordensbesitzes ergeben sich deutliche Besitzkonzentrationen im Umfeld der alten, dem 12. Jahrhundert zugehörenden Kommenden Mailberg und Fürstenfeld. Bei allen Kommenden-Besitztümern handelt es sich um eher kleine und verstreut liegende Besitzeinheiten bzw. um geistliche sowie weltliche Gerechtigkeiten (Dorfherrschaft, Patronats- und Zehentrechte usw.).

Kommendenbesitz und Einkünfte

Größerer Grundbesitz, einschließlich des ertragreichen Weingartenbesitzes, ermöglichte zusammen mit guter Wirtschaftslage und Wirtschaftsführung die Erfüllung aller religiösen und hospitalitären Pflichten sowie pünktliche Abgabenleistung an die Ordenszentrale, so die Zahlung des 1182 eingeführten Responsiums.

Der Grundbesitz der Kommenden war, verglichen mit anderen geistlichen Grundherrschaften, eher klein. Die Kommende Fürstenfeld hatte im 15. Jahrhundert 187 bäuerliche Holden und war damit nach Mailberg die zweitgrößte Kommende in Ostösterreich. Zu Beginn der Neuzeit verfügte sie über 20 Ämter, vor allem zwischen den Flüssen Feistritz und Lafnitz. Mailberg war die älteste aber auch die wirtschaftlich bedeutendste Kommende in den habsburgischen Ländern. Zu ihr gehörten Pfarren, Kirchen, Spitäler, Burgen, Landbesitz und Nutzungsrechte. Der Komturei Melling unterstanden 1527 insgesamt 21 Untertanen in drei Orten (Dörfl bei Melling, Mahrenberg, Kötsch). Die Kommende Heilenstein verfügte 1527 über 35 Untertanen, die Gült der Kommende Rechberg im Jauntal betrug 1516 für den steirischen Besitz 40 Pfund; 1542 waren es 19 Huben. Ebenso gering waren die von den Kommenden eigenbewirtschafteten Gründe; überwiegend waren sie zur Leihe gegen Zins (meist Geldzinse) an Bauern vergeben bzw. an Bürger verpachtet. So war 1465 der Wiener Bürger Hans Thanhauser Pfandinhaber der Johanniterburg in Unterlaa. Der Komtur von Melling hatte die Komturei Melling verpachtet. Das vor allem vom Adel aber auch von Bürgern gestiftete Gut betraf stets bereits urbares, also sofort ertragabwerfendes und nicht erst noch zu rodendes Land. Nachteilig auf die Besitzentwicklung der Kommenden wirkte sich neben Wirtschaftskrisen und Naturkatastrophen vor allem das Erlahmen der Spenden- bzw. Stiftungsfreudigkeit nach dem Fall Akkons 1291 aus. Da bürgerliche Stiftungen häufig den mit den Kommenden verbundenen Pfarrkirchen zugute kamen, bildete sich bei diesen – wie bei der St. Johannes-Pfarrkirche in Fürstenfeld während des 14. Jahrhunderts – ein Sondervermögen innerhalb des Kommendenvermögens aus, das von einem Zechmeister verwaltet wurde.

Ordensbrüder – Ritter und Priester – schufen sich auch zum Nachteil des Ordens Privatvermögen, teilweise nahmen sie – wie zu Feldkirch – vom Ordenshaus Schenkungsgut jeweils auf ein Jahr zu Lehen gegen Wachsgaben an das Hospital und gegen Geld an den ritterlichen Stifter. Überschüsse aus dem Lehngut mußten mit Ordensbrüdern geteilt werden, fielen nach deren Tod aber der Kommende zu. 1228 gestattete Wulfing von Stubenberg zwei Ordensangehörigen, ihre Lehngüter bei Kapfenberg und Mautern im Liesingtal der Kommende Fürstenfeld zu übertragen. Die Übernahme von Templerbesitz nach 1312 durch den Johanniterorden ist nicht bezeugt.

Auch Eigenleute wurden an Kommenden geschenkt, z. B. 1260 an jene zu Feldkirch unter der Bedingung, daß der ritterliche Schenker die Eigenleute auf Lebenszeit nutzen durfte.

Zum Kommendenbesitz gehörten auch Fleischbänke, Bäckereien, Mühlen, Eisenhämmer und Tavernen.

Zu den Gerechtigkeiten zählten Zehente, Patronatsrechte, Dorfgerichte, Wildbann und Fischrechte.

Stifter und Förderer des Ordens

Die Reihe der Wohltäter des Ordens, die durch Stiftung von Grundbesitz, Patronats- und Zehentrechten sowie andere Gerechtsame das Errichten und Fortbestehen von Kommenden ermöglichten, ist lang. Sie umfaßt Könige – wie Ottokar II. von Böhmen –, Herzöge von Österreich und Steier sowie Kärntens und Erzbischöfe von Salzburg ebenso, wie im 12. und 13. Jahrhundert die zahlreichen von der Kreuzzugsidee beseelten Adeligen – Grafen und Ministeriale – und Bürger, wie Elisabeth Wartenauer zu Wien, die 1418 das dortige Pilgerhaus stiftete, oder den angesehenen Wiener Bürger Paltram vor dem Freithof, der 1272 seinen befestigten Gutshof zu Unterlaa dem Orden für die Pflege von Armen übertragen hatte. Aus der Vielzahl zumeist kleiner Schenkungsgüter erklärt sich der zu den Kommenden gehörige Streubesitz.

Ritter- und Priesterkommenden

In den habsburgischen Erblanden gab es keine „reinen" Ritter- und Priesterkommenden, wohl aber fällt auf, daß gegen Ende des Mittelalters wie in Gesamteuropa die Ritterbrüder an Zahl zurückgingen, daß sie aber in Zeiten militärischer Bedrohung häufiger als Komture eingesetzt wurden. Die Priesterbrüder überwogen an Zahl; sie hatten auch die zahlreichen inkorporierten Ordenspfarren zu betreuen. Verschiedentlich, wie zu Feldkirch, Stroheim bei Eferding, scheinen Kommenden als Priesterkommenden gegründet worden zu sein. Öfterer Statuswechsel zwischen Priester- und Ritterkommende ist nachzuweisen; er war abhängig davon, ob der jeweilige Komtur Ritter- oder Priesterbruder war. Von den 21 bezeugten Komturen der Kommende Fürstenfeld von 1232 bis 1509 waren viele Priesterbrüder, die als Pfarrer an der Stadtpfarrkirche St. Johannes tätig gewesen sind. Es ist anzunehmen, daß Komture, die als Großprioratsstatthalter in Österreich, Steiermark, Kärnten und Krain fungierten, Ritterbrüder waren bzw. sein mußten. Es scheint, daß Komture, die Ritterbrüder waren, den Titel „Meister" oder „Kommendator" führten, die Priesterbrüder den Titel „Prior". Mailberg soll anfangs eine der wenigen Ritterkommenden des Großpriorats Böhmen gewesen sein. Bis zu Beginn der Neuzeit hatten vier von acht Feldkircher Komturen aus der Familie Montfort-Werdenberg höchste Ordensämter in Deutschland inne.

In Fürstenfeld bestand 1435 eine höhere Bruderschaft für Ritter, eine niedere zur Erfüllung religiöser Pflichten.

Für die nach der Schweiz und Südwestdeutschland orientierte Kommende Feldkirch, die keine Kontakte zu österreichischen Kommenden hatte, zählten im 14. Jahrhundert mehr adelige als nichtadelige Konventualen. Einheimische Ordensbrüder waren gegenüber Fremden aus St. Gallen und Württemberg in der

Minderzahl. Auffallend ist, daß in der Gründungsurkunde des Ordenshauses zu Feldkirch keine religiösen Motive für die Stiftung Graf Hugos von Montfort genannt werden.

Hospitäler der Johanniter

Der Johanniterorden war von Anfang an expressis verbis nicht wesentlich ein Orden für die Krankenpflege. Er wuchs erst in diese hinein und konnte schon im 12. Jahrhundert bemerkenswerte Ergebnisse aufweisen. Die Ordenshospitäler mußten für alle offen sein; das galt vor allem für jene im Heiligen Land, auf Rhodos, wo Einheimische und Fremde Aufnahme fanden, und in Malta, wo auch kriegsgefangene Muslime und Sklaven betreut wurden. Diese Offenheit galt auch für die kontinentaleuropäischen Ordenshospitäler; sie bildete einen wesentlichen Unterschied zu den städtischen Bürgerspitälern.

Nahezu bei allen, vor allem bei den größeren Kommenden gab es Hospitäler, die entweder in einem eigenen Gebäude oder in der dazu ausgebauten Spitalskirche untergebracht waren. Die wesentlichsten Um- und Ausbauten zu hospitalitären Zwecken erfolgten vom 13. bis zum 15. Jahrhundert, also in einem für die europäischen Niederlassungen des Ordens mitunter schwierigen Zeitabschnitt. Dazu kamen die von den Kommenden dislozierten Spitäler, so Spital bei Weitra, Spital am Wechsel oder Klösterle im Arlberggebiet.

Anders als im Heiligen Land waren die europäischen Hospitäler eher klein. Zu Unterlaa wurden im 14. Jahrhundert sechs Kranke betreut, in Feldkirch standen neun Gästebetten den Kranken zur Verfügung. Von den Gesamteinnahmen der Feldkircher Kommende wurden zwei Prozent an Arme verteilt und für Lepröse verwendet. 1495 wohnten im Ordensbruderhaus neun Personen; 1532 standen 12 Räume und 18 Betten zur Verfügung. Auffallend im Inventar ist das Silbergeschirr, das allgemein bei den Ordensspitälern medizinischen Zwecken diente. Seit 1400 waren Johanniterhaus und Johanniterkirche mit dem Stiftergrab bürgerliches Stadtspital Feldkirchs. In Fürstenfeld waren 1307 ein Priester und seine beiden Helfer in der Spitalspflege tätig. Zu Enns, wo es nur einen Johanniter gab, wurden die Kranken im Siechenhaus von einem Ehepaar gepflegt, das der Bruderschaft des Ordens angehörte.

Seit dem 14. Jahrhundert hat der Orden in den habsburgischen Erbländern keine Spitäler mehr errichtet, wohl aber Siechenhäuser in den Städten.

Beziehungen der „österreichischen" Kommenden zum Heiligen Land bzw. zum Ordensstaat auf Rhodos

Über die Kontakte der „österreichischen" Kommenden zum Johanniterorden im östlichen Mittelmeer und im Heiligen Land ist relativ wenig bekannt.

Seit 1182 waren von den Kommenden jährlich die Responsionen an den Ordensgroßmeister zu leisten. Feldkirch reichte diese Zahlungen an das Priorat Deutschland, von diesem wurde das Geld großteils nach Rhodos weitergeleitet. Von einigen Ordensbrüdern sind Beziehungen zu Rhodos bekannt. Frater Stephan Kluber, seit 1385 Komtur zu Unterlaa, war im Jahr 1400 in Rhodos, kehrte zurück und reiste nochmals auf die Insel des östlichen Mittelmeeres. 1365 wurde Frater Johannes Rinderschickh von Ebenfurth für zehn Jahre wegen guter Amtsführung in anderen Kommenden unmittelbar der Jurisdiktion des Großmeisters unterstellt. Er durfte zwei Ritterbrüder nach erfolgtem Ritterschlag in den Orden aufnehmen und mit zwei Ritterbrüdern samt Pferden und Waffen mit Zustimmung des Großpriors von Böhmen und Österreich nach Rhodos reisen, um am Kampf gegen Ägypten teilzunehmen. Die Wiener Kommende mußte Kreuzfahrer für das Heilige Land ausrüsten. Während der Belagerung von Rhodos war der Montforter Frater Rudolf von Werdenberg-Sargans Großbailli in der Ordensregierung und an der Verteidigung von Rhodos beteiligt. Der Feldkircher Ordensritter Frater Hugo XIV. von Montfort-Bregenz (1370–1444) war zweimal in Rhodos und einmal in Jerusalem. Er nahm sogar auf Ordensgaleeren am Seekrieg vor Syrien und Palästina teil. Nach Europa zurückgekehrt, wurden ihm als Truelohn mehrere Kommenden übertragen. 1411 war er Obristenmeister (Prior) von Deutschland und besaß als Ausstattung die schweizerischen Kommenden Bubikon und Tobel sowie 1416 vielleicht auch das Ordenshaus in Feldkirch. Die Kommende Mailberg hatte wegen der Hussitenkriege nach 1420 die Responsionszahlungen an die Ordensregierung in Rhodos eingestellt und wurde deshalb 1452 vor den Großmeister nach Rhodos zitiert. Dort versprach der Komtur als Ersatz 6.000 Mann mit 1.200 Pferden für den Krieg gegen die Türken in Ungarn auszurüsten. Graf Hugo I. von Montfort-Werdenberg fuhr 1332 mit französischen Rittern von Marseille nach Rhodos, wo er im Kampf fiel. Der Komtur Anton von Langheim († 4.XII.1499) hatte, von Rhodos kommend, die Feldkircher Kommende übernommen; er führte den Beinamen „von Rhodos". Der Stifter der Feldkircher Kommende, Graf Hugo I. von Montfort-Bregenz, hatte schon 1217 ein Kreuzzugsgelübde abgelegt. Unklar ist, ob er dieses erfüllte oder ob die Stiftung des Johanniterhauses in Feldkirch 1218 möglicherweise eine Entschädigung für die Nichterfüllung des Gelübdes war. Die Stadtpfarrkirche St. Nikolaus in Feldkirch bewahrt ein aus Jerusalem mitgebrachtes Heiligtum.

Als die Kommende Pulst 1315 Grundbesitz zur Besserung des „Tisches" erhielt, geschah dies unter Bedingungen: Sollte eine Fahrt ins Heilige Land erfolgen, waren die Güter zu verkaufen, der Erlös dem höchsten Meister in den deutschen Landen zu übergeben, der das Geld dem Heiligen Grab in Jerusalem zur Hilfe weiterreichen sollte. Das von der Kommende Fürstenfeld 1362 über Ablässe eingenommene Geld dürfte nach Rhodos geschickt worden sein. Andere Einkünfte der Fürstenfelder Kommende wurden als Passagegebühr nach Zypern und Rhodos verwendet, desgleichen – wie von der Kommende Mailberg auch – als Responsion an den Ordenssitz auf Rhodos.

Die Rechtsstellung des Johanniterordens in den ehemaligen habsburgischen Erbländern

Die Kommenden (besonders Mailberg) standen seit Kaiser Friedrich I. unter kaiserlichem Schutz. Päpste – wie Innozenz III. – bestätigten den Besitz Mailbergs. Mehrfach besaßen Komture die Landstandschaft, so jene von Mailberg, Fürstenfeld, Pulst, Taufers, Tarsch und St. Peter in Krain. Ordensrechtlich unterstanden die besonders seit der Mitte des 13. Jahrhunderts ausgebildeten Kommenden folgenden Großprioraten: Feldkirch dem Großpriorat Deutschland, Taufers und Tarsch jenem von Venedig, alle anderen dem Großpriorat für Böhmen und Österreich, das zu Anfang des 14. Jahrhunderts entstanden war. Dem Meister zu Mailberg waren mehrere Kommenden als „membra" unterstellt, so jene zu Wien, Unterlaa, Ebenfurth und Stroheim bei Eferding sowie solche in Mähren. In der ersten Hälfte des 14. Jahrhunderts gehörten acht Niederlassungen zu Mailberg. Auch die Kommende St. Peter in Krain wurde zumeist von den Meistern zu Mailberg verwaltet, die auch Beziehungen zu Pulst und Heilenstein unterhielten. Es wird vermutet, daß die große Zahl der Mailberg zugeordneten Niederlassungen auf die Einrichtung einer Ballei Mailberg hindeuten könnte, die mit Sonderrechten gegenüber dem übergeordneten Priorat hätte ausgestattet werden können.

Vielfach führten auch das Machtstreben einzelner Komture und die Notwendigkeit besserer Verwaltung zur Zusammenfassung mehrerer Kommenden. Die Kommende Fürstenfeld erscheint zeitweise in enger Beziehung zu den Niederlassungen in Melling, Heilenstein und St. Peter in Krain. Melling war seit dem 16. Jahrhundert landrechtlich mit den Komturen von Fürstenfeld verbunden, ordensrechtlich jedoch selbständig. Einige seiner Komture waren als Ritterbrüder Statthalter des Ordens in Österreich, Steiermark, Kärnten und Krain.

Die Kommende Feldkirch war Ende des 13./Anfang des 14. Jahrhunderts und 1495 nachweislich ein „membrum" der Kommende Tobel (Schweiz), galt aber als selbständige Verwaltungs- und Wirtschaftseinheit. Komture Tobels leiteten zeitweise auch die Feldkircher Kommende. Als nach 1460 der Thurgau mit Tobel schweizerisch geworden war, lehnte der Rat der habsburgischen Stadt Feldkirch die personale Verbindung der beiden Kommenden – allerdings vergeblich – ab.

Das Verhältnis Johanniterorden – Bischöfe

Das Verhältnis war wesentlich durch den Streit um die Exemtion der Johanniter-Niederlassungen belastet. Als am 18. Jänner 1263 Herzog Ulrich von Kärnten die Kirche zu Pulst, über die er das Patronatsrecht besaß, schenkte, wurde die Einwilligung des Gurker Bischofs nicht erwähnt. Es könnte schon damals einen Jurisdiktionsstreit gegeben haben. Erst am 18. Dezember 1276 willigte der Bischof ein. Dennoch dauerten die Jurisdiktionsstreitigkeiten zwischen Pulst und dem Bischof bis ins 18. Jahrhundert. 1348 hatte König Karl IV. die strittige Gerichtsbarkeit über die Tarscher Kommende dem Churer Bischof zurückgegeben. Verschiedentlich waren im 14. Jahrhundert mehrere inkorporierte Ordenspfarren, wie jene der Kommende Feldkirch, aus dem Diözesanverband ausgeschieden. Die zur Kommende Fürstenfeld gehörenden Pfarren waren gleichfalls von der bischöflichen Gewalt eximiert; sie unterstanden dem Papst; die Pfarrvikare wurden von den Komturen unter Mitsprache der Ordensoberen eingesetzt. Spannungen bestanden auch zwischen der Fürstenfelder Kommende und dem Hauptpfarrer von Riegersburg wegen der Stadtpfarrkirche in Fürstenfeld.

Das Verhältnis Johanniterorden – Stadtgemeinde

Die Beispiele Feldkirch und Fürstenfeld zeigen die ambivalenten, teils äußerst gespannten Beziehungen zwischen beiden Institutionen. Schon im 13. Jahrhundert klagten die Ordensbrüder zu Feldkirch beim Papst über häufige Gewalttaten und mangelhafte Rechtspflege. Seit dem 14. Jahrhundert wurde die Kommende von der Feldkircher Bürgerschaft als Fremdkörper empfunden, obwohl diese starke religiöse, kulturelle und wirtschaftliche Ausstrahlung hatte. Nach dem Schweizer Krieg von 1499 blieb die Kommende mit Tobel (Schweiz) verbunden. Die Entfremdung zwischen Bürgerschaft und den Feldkircher Ordensbrüdern nahm zu. Die Stadt stellte Forderungen an die Kommende: Der Komtur sollte dem städtischen Rat Rechnung legen; das Ordenshaus sollte wie alle Einwohner Feldkirchs Wachgeld bezahlen. Die Kommende Fürstenfeld hatte bereits um 1265 unter Gewalttaten zu leiden. Über bischöflichen Auftrag sollte der Pfarrer von Riegersburg 29 genannte Fürstenfelder Bürger als Schädiger der Kommende nach Wien vor das Gericht laden bzw. sollten sie sich in Prag vor König Ottokar II. als Landesfürsten verantworten. Ursache für die Spannungen war wesentlich die wirtschaftliche Konkurrenz seitens der Kommende. Nach dem Streit von 1332 bis 1334 wandten sich die Fürstenfelder Bürger von der Kommende ab. Sie baten Herzog Rudolf IV. um Erlaubnis zur Ansiedlung von Augustiner Eremiten. 1362 stimmte der Herzog zu; die Augustiner erhielten ihr Kloster in angemessener Entfernung von der Kommende, doch auch in einem Wehreck der Stadt. Für den mit der Neuansiedlung erfolgten Einkünfteentgang wurde die Kommende entschädigt. Sie hatte aber fortan ihren militärischen Beitrag zur Stadtverteidigung zu leisten; im Kriegsfall sollte sie dem landesfürstlichen Stadthauptmann bzw. dem militärischen Befehlshaber unterstellt werden. Rechtlich genoß die Kommende Freiung vom Stadtgericht. Nur bei Schwerverbrechen durfte der Stadt- und Landrichter eingreifen und über Diener und Knechte der Kommende richten.

Der Johanniterorden und sein Verhältnis zum spätmittelalterlichen Territorialstaat

Die Babenberger waren als Landesfürsten dem Johanniterorden wohlgesinnt. Herzog Leopold VI. hatte ihn nach Wien gerufen. Der Hl. Johannes der Täufer wurde von den Herzögen sehr verehrt; ihm war die Kirche am Hof, die Hauskapelle im Herzogshof zu Wien geweiht, desgleichen die Capella speciosa in der Babenbergerresidenz Klosterneuburg. Herzog Friedrich II. erlaubte seinem leiblichen Bruder Livpold von Blumau, der Ordenskommende Fürstenfeld das Dorf Altenmarkt zu schenken.

Mit dem Herrschaftsantritt der Habsburger änderte sich das für die Johanniter günstige Verhältnis zum Landesherrn. Das Nachlassen des Kreuzzugsgedankens besonders nach dem Fall von Akkon 1291, die von der Kirche geförderte Propaganda gegen die Johanniter, denen Mitschuld am Verlust des Heiligen Landes sowie Raffgier und Überheblichkeit angelastet wurde, dazu der Aufbau des Ordensstaates auf Rhodos, wirkten negativ auf das landesfürstliche Verhalten gegenüber dem Orden. Der als „reich" gebrandmarkte, überterritorial wirkende Ritterorden wurde europaweit als Gefahr für den sich ausbildenden Fürstenstaat gesehen. Deshalb ließen die Habsburger – wie die Meinhardiner auch – dem Orden nur wenig Raum für Aktivitäten. Vielmehr nahm der landesfürstliche Druck auf den Orden stetig zu. Die Johanniter wurden zur Steuerleistung herangezogen, sie waren zur Heeresfolge und zu Kriegsabgaben verpflichtet. Schließlich hatte Kaiser Friedrich III. 1469 unter anderem mit der Gründung des St. Georg-Ritter-Ordens dem Johanniter-Orden Schaden zufügen wollen, indem er ersterem die Kommende Mailberg zusprach. Der Papst gestattete den Übertritt vom Johanniter- in den Georgs-Orden. Daß sich die Johanniter gegen diese vereinnahmende Politik seitens der Habsburger zu wehren gewillt waren, beweist die Teilnahme des Pulster Komturs an der Verschwörung gegen Herzog Albrecht I. 1292. Das überaus strenge Strafgericht, dem der Komtur zum Opfer fiel, dürfte im Orden schockierend gewirkt haben. Der Ordensstaat auf Rhodos konnte sich dem allgemeinen Trend zur politischen Entmachtung der europäischen Niederlassungen nicht wirkungsvoll widersetzen; er konnte den Kommenden keine wirksame Hilfe bieten.

Anmerkungen:

1 Vgl. Dauber, R. L.: Der Johanniter-Malteser-Orden in Österreich und Mitteleuropa. 2 Bde. Wien 1996/98. Weitere, meist neuere Literatur zum Ordensbesitz in Österreich: Niederösterreich: Weltin, M.: Die Anfänge der Johanniterkommende Mailberg [Weinviertel, NÖ] und Stroheim [im sog. Schaunbergerland bei Eferding, OÖ]. In: Landesgeschichte und Archivwissenschaft. Linz 1996 (= Mitteilungen des Oberösterreichischen Landesarchivs. 18); Geschichte des Souveränen Malteser-Ritter-Ordens. Wiss. bearb. von Berthold Waldstein-Wartenberg, Schriftenreihe des Maltesermuseums Mailberg. Bd. 1, o. J. – Wien: Czeike, F.: Historisches Lexikon der Stadt Wien. 3. Bd. Wien 1994 u. 4. Bd. Wien 1995. – Steiermark: Pirchegger, H.: Beiträge zur Besitz- und Rechtsgeschichte steirischer Stifte. Der älteste Besitz der Johanniter in Steiermark. In: Zeitschrift des Historischen Vereines für Steiermark, Bd XXXIX. (1948), S. 9–13; Ders.: Geschichte der Stadt und des Bezirkes Fürstenfeld. Fürstenfeld 1952, S. 148ff; Ernst, Elisabeth: Styriaca in Prag. Die Bestände der Malteser-Ritterordenskommende Fürstenfeld im Staatlichen Zentralarchiv Prag. In: Mitteilungen des Steiermärkischen Landesarchivs 46 (1996), S. 117–125. – Melling (Melje): Pirchegger, H.: Die Untersteiermark. München 1960 (= Buchreihe der Südostdeutschen Historischen Kommission. 10); Hönisch, J., Ritter von: Die Johanniterkommende Melling nächst Marburg. In: Grazer Zeitung 1885, Nrr. 156/157 – Heilenstein (Polzeda): Mlinaric, J.: Mateska Kommenda na Polzeli. In: Kronika Casopis za Slovensko Krajevno Zgodovino 28 (1980). – Vorarlberg: Burmeister, K. H.: Das Johanniterhaus zu Feldkirch am Ende des Mittelalters. In: Jahrbuch des Vorarlberger Landesmuseumsvereines. Bregenz 1970; Ders.: Die Komture des Johanniterhauses zu Feldkirch. In: Montfort 21 (1969), S. 185–227; Ders.: Die Grafen von Montfort. Geschichte, Recht, Kultur. Festgabe zum 60. Geburtstag. Hrsg. von A. Niederstätter. Konstanz 1996 (= Forschungen zur Geschichte Vorarlbergs. NF 2); Somweber, E.: Vom alten Spital und Pfründenhaus in Feldkirch. In: Montfort 24 (1972), S. 431–462; Ders.: Die Urkunde von 1218. In: Montfort 20 (1969), S. 239–253; Steccanella, A.: Ein frühes Inventar der Feldkircher Stadtpfarrkirche. In: Montfort 50 (1998), S. 91–113; Fetz, H./Spiegel, Ch.: Geschichte der Stadt Feldkirch. Bd. 1. Sigmaringen 1987, S. 92ff. – Oberösterreich: Waldstein-Wartenberg, Berthold: Das Hospiz im Frauenturm von Enns und der Konvent der Johanniter in Mailberg. In: Mitteilungen des Musealvereines Lauriacum-Enns. NF 26 (1988), S. 73–82. – Kärnten: Fräss-Ehrfeld, Claudia: Geschichte Kärntens. Bd. I. Das Mittelalter. Klagenfurt 1984; Jaksch, A., v.: Die Einführung des Johanniter-Ordens in Kärnten und dessen Commende und Pfarre Pulst daselbst. In: Archiv für Österreichische Geschichte 76 (1890), S. 349–404; Wadl, W.: Friesachs historische Entwicklung. In: Die profanen Bau- und Kunstdenkmäler der Stadt Friesach. Wien 1991, S. 24ff. (= Österreichische Kunsttopographie. LI).

Kommenden des Johanniterordens in den ehemaligen habsburgischen Erblanden

Name/Ort	Gründungsdatum

Herzogtum unter der Enns (Niederösterreich)

Mailberg	gegr. bald nach 1146/vor 1156
Kommende Großharras	1255
Kommende Hohenau	vor 1266
Spital bei Weitra	nach 1185/vor 1227
Wien (St. Johann der Täufer)	1207 bzw. 1217
Unterlaa	1272 bzw. 1275
Ebenfurth	1268 (erster Komtur 1342 gen.)

Herzogtum ob der Enns (Oberösterreich)

Stroheim (Ordenspfarre)	vermutlich zw. 1260 u. 1273
Enns-Frauenturm	1328 (um 1380 abgek.)

Herzogtum Steiermark

Fürstenfeld	nach 1170/vor 1197 gen. als Kommende 1232
Spital am Wechsel	
Melling (Melje)	um 1200, ca. 1217
Heilenstein (Polzela), (ehem. Reichsgrafschaft Cilli)	gen. 1323

Herzogtum Kärnten

Friesach	vor 1214
St. Johann vor St. Veit a. d. Glan	vor 1228
Pulst	(vor) 1263
Rechberg im Jauntal, (Kommende urkundl. nicht zu belegen)	gen. 1516

Herzogtum Krain	
St. Peter bei Kamnik	Anfang 13. Jhdt. gen. 1297/1298

Grafschaft Tirol (bes. Südtirol)

Taufers	vor 1264
Laatsch	vor 1218
Tarsch	1228

Land vor dem Arlberg (Vorarlberg)

Feldkirch	1218
Klösterle	
Stuben	

Robert L. Dauber

Militia und Türkenabwehr der Johanniter/Malteser-Ritter zu Lande und zu Wasser

Der Souveräne Malteser-Ritter-Orden (SMRO) ist heute im geschichtlichen Bewußtsein einer breiteren Öffentlichkeit[1], aber auch Fachhistorikern[2] in erster Linie durch Publikationen über einzelne glänzende militärische Waffentaten gegen die Osmanen bekannt. Umso erstaunlicher ist es, daß es bisher kaum eine allgemeine systematische Abhandlung über die Johanniter und Malteser als Militia und als Ritter- und Militärorden gibt. Noch weniger existieren Spezialarbeiten dieser Militia für Österreich und Mitteleuropa in der Abwehr gegen die Türken. Auch vereinzelte Publikationen über militärische Spezialthemen, wie über die Marine[3] oder die Festungen[4] des Ordens, ändern daran ebenso wenig wie chronologische Abhandlungen der Ordensgeschichte mit ihren Waffentaten. Die Folge dieses Mankos in der Literatur sind häufig wiederholte Mißverständnisse über die Grundlagen der Militia des Johanniter/Malteser-Ritter-Ordens, über seine kämpfenden Mitglieder und ein verschwommenes systematisches Wissen über dieses Gebiet. So werden etwa in der österreichischen Geschichtsschreibung jene kaiserlichen Feldmarschälle, Generäle und Truppenführer in den Türkenkriegen, die Profeßritter und damit geistlichen Standes[5] waren, zumeist nicht einmal mit den ihnen zustehenden Titeln eines Baillis, Komturs oder Fraters (Frá) erwähnt, sondern einfach in ihren militärischen Rängen. Dies wäre bei einem militärisch streitbaren Bischof oder Ritter des im Hl. Römischen Reich bekannteren Deutschen Ordens kaum geschehen. Kein Wunder also, wenn sich Militärhistoriker, und natürlich auch eine breitere geschichtsinteressierte Öffentlichkeit, der Bedeutung der Johanniter/Malteser-Ritter in den österreichischen Türkenkriegen nicht bewußt sind.[6]

Wenn wir hier also die Militia des Johanniter/Malteser-Ritter-Ordens systematisch behandeln, betreten wir neues, weitgehend kaum erforschtes Gebiet. Der bisher behandelte Stoff wird daher in drei Themenkreise gegliedert: In einen allgemeinen Einführungsteil über die Militia des Ordens, in personelle, organisatorische und strategische Aspekte der Militia des Ordensstaates zu Lande und zu Wasser und schließlich in die Beteiligung von Malteser-Rittern an den österreichischen Türkenkriegen.

geführten Kommende Mailberg im Grenzland der damaligen Markgrafschaft Österreich zurück. Noch zu Lebzeiten des Meisters Frater Raymond du Puy wurden in der Ordensregel die militärischen Pflichten der Ritterbrüder verankert und ihnen eine erste einheitliche Uniform, der schwarze Mantel mit dem achtspitzigen weißen Johanniter-Kreuz, zugeordnet. Diese wurde später unter dem Großmeister Frater Nicolas de Lorgue (1277/78–1284) durch ein päpstliches Privileg für den Kriegseinsatz durch einen roten Überwurf (soubreveste, Sopraweste) mit einem diese deckenden, weißen griechischen Kreuz ersetzt. Dieses Signum des weißen Balkenkreuzes auf rotem Grund zierte auch die Standarten, die Schilder, die Wappen, die Seeflaggen etc. der Johanniter und bildet heute noch das Wappen bzw. die Flagge des Souveränen Malteser-Ritter-Ordens.[12] Das weiße achtspitzige Malteser Kreuz steht heute für die religiösen und hospitalitären Verpflichtungen der Ordensmitglieder und für die diesbezüglichen Werke und auch die Gliederungen des Johanniter/Malteser-Ritter-Ordens.

Vom Zeitpunkt der Aufnahme ihrer organisierten Kampftätigkeit an bis zum Verlust von Akkon 1291 und der Vertreibung aus dem Heiligen Land spielten die Johanniter eine entscheidende militärische Rolle in dessen Verteidigung. Schon dort traten die Johanniter als Schöpfer besonders großer und starker Burgen hervor, eine Besonderheit des Ordens, die sich später in der Konstruktion der größten Seefestungen ihrer Zeit, den Ordensfestungen von Rhodos und Malta, fortsetzen sollte. Gleichzeitig waren Johanniter im Rahmen der lokalen europäischen Lehenssysteme auch maßgeblich an der iberischen Reconquista gegen die Mauren, an der Abwehr der Mongoleneinfälle in Ost- und Mitteleuropa und an der Sicherung, Besiedlung und Erschließung mittelosteuropäischer Grenzgebiete beteiligt. Nach dem Verlust des Heiligen Landes und von Akkon 1291 begann sich der Orden, von seiner Zufluchtsinsel Zypern aus, verstärkt mit der militärischen Schiffahrt gegen die Muslime zu beschäftigen.[13] Diese blieb während der rodhischen Zeit und bis zum Verlust von Malta die militärische Haupttätigkeit des Ordens, ohne daß er aber deshalb seine ritterliche Reitertruppe, seinen Festungsbau oder auch seine religiösen und hospitalitären Tätigkeiten vernachlässigte.

Die hohe Materialqualität der Flotte, die hohe persönliche Motivation der Johanniter/Malteser-Ritter und die militärische Kampfkraft der permanent in Dienst stehenden Ordensflotte waren im Mittelmeer bekannt, bei den christlichen Allianzflotten geschätzt und bei den Osmanen gefürchtet. Durch die strategischen Bedrohungen der osmanischen West- und Meeresflanke am Balkan und in den angrenzenden Seegebieten durch die Flotte des Ordens konnte wiederholt eine strategische Diversion der nach Mitteleuropa zielenden türkischen Expansion erreicht werden. Der Wegfall der Seemacht des Ordens im Mittelmeer ab 1798 war dann auch eine der entscheidenden Ursachen für das Wiederaufflammen der bis in das vierte Jahrzehnt des 19. Jahrhunderts andauernden

Korsarenkriegsführung und Piraterie der nordafrikanischen, islamischen Barbareskenstaaten im Mittelmeer.

Besonderheiten der Militia und der Kampftruppen des Johanniter/Malteser-Ritter-Ordens

Das grundsätzlich Neue, das die Johanniter in die abendländische Geschichte einbrachten, war die Verbindung eines Krankenpflegeordens der katholischen Kirche mit militärischer Kampftätigkeit. Die Ordensmitglieder unter Waffen waren Mönche und Kämpfer zugleich.[14] Sie wurden damit zum Beispiel für andere geistliche und hospitalitäre Ritterorden, wie etwa den Deutschen Orden, oder die iberischen geistlichen Ritterorden.[15] Neu war bei den Johannitern auch, daß sie aus allen Nationen (Zungen) der christlichen Kulturkreise Europas stammten und im Orden ein stehendes multinationales Heer bildeten. Neu war auch, daß alle diese Zungen ab dem 14. Jahrhundert schließlich verfassungsrechtlich durch gewählte Vertreter in die Ordensregierung bzw. Militärführung eingebunden waren. Neu war bei den Johannitern wie auch bei den Templern weiters, daß ihre Ritter, im Gegensatz zu den ansonsten feudal zersplitterten und stark individualisierten weltlichen Lehenstruppen des Mittelalters, unter einer einheitlichen geistigen und religiösen Motivation, einer einheitlichen Führung, unter einheitlichen Ordensstandarten, Seeflaggen, Wappen, Schildern, Uniformen und mit einem hohen Maß an Corpsgeist und militärischer Disziplin kämpften. Diese Disziplin war nicht nur durch das mönchische Leben, das sich bis 1522 in einem eigenen Klosterbezirk, dem Collacchium, abspielte, sondern auch durch das religiöse Gehorsamsgelübde und zahlreiche, später im Code Rohan zusammengefaßte, strenge, auch in militärische Details gehende Ordensregeln gewährleistet. Hinzu kam ein wohl einmaliges und überragendes, in allen Ländern der damaligen christlichen Welt auf den vielen hunderten Kommenden und den Prioraten des Ordens basierendes, multinationales, personelles, materielles, finanzielles und logistisches Nachschubsystem. Teil desselben waren seine Flotte und seine Niederlassungen in zahlreichen Häfen, auf die sich der Orden dank zahlreicher Schenkungen stützen konnte.[16] Der Nachwuchs an Ordensrittern und Dienenden Brüdern unter Waffen rekrutierte sich überwiegend aus den jüngeren Mitgliedern der ritterlich-adeligen und soldatischen Familien ganz Europas. Seine Mitglieder wetteiferten untereinander im militärischen Einsatz. Im Fall von Verwundungen standen den Ordensmitgliedern die dem Orden gehörenden, großen und modernsten Spitäler ihrer Zeit zur Verfügung. Nach Rückkehr von den jeweiligen Zentralsitzen und den Kriegen des Ordens im Mittelmeer in ihre Heimatländer erwartete die Ordensbrüder eine ausreichende Versorgung, und sie übernahmen meist lokale Aufgaben in den europäischen Kommenden. Im Fall des Todes auf dem Schlachtfeld erlangten die Ordensmitglieder auf Grund besonderer päpstlicher Privilegien den sogenannten Kreuzzugsbullen, den Status von Märtyrern.[17] Kein Wunder, daß die Johanniter zu motivierten und tragenden Säulen der Verteidigung des Heiligen Landes und später der Seegrenzen des christlichen Abendlandes gegen die angreifenden islamischen Mächte wurden und es bis 1798 blieben.

Personelle Aspekte der Kampftruppe des Johanniter/Malteser-Ritter-Ordens

Die ureigenste militärische Kampftruppe des Ordens bestand bis weit in die Neuzeit im Kern aus den ordensinternen Zweigen der Ritterbrüder und den Dienenden Brüdern unter Waffen. Diese Ordensmitglieder wurden zu allen Zeiten durch Kriegsdienstverpflichtete (Lehensnehmer) sowie durch bezahlte Hilfstruppen ergänzt. Nicht zu vergessen ist die Tatsache, daß am Zentralkonvent, im Ritterheer und später auf jedem größeren Schiff des Ordens auch Geistliche Brüder des Ordens (Konventualkapläne) für die Seelsorge anwesend und damit auch in militärische Dienste und Risken einbezogen waren.

Die Ritterbrüder stammten zum größten Teil aus dem schlachtentscheidenden Berufsstand des Mittelalters, den Rittern. Ritter wurde in der Regel, wer aufgrund der Voraussetzung der Ritterbürtigkeit und militärischer Leistungen von einem anderen Ritter (auch Ordensritter) zum Ritter geschlagen wurde, oder auch, wer auf Grund außerordentlicher militärischer Leistungen auch ohne Ritterbürtigkeit den Ritterschlag erhielt.[18] Solche Ritterschläge erfolgten nicht nur, aber insbesondere im Heiligen Land, häufig auf dem Schlachtfeld unter dem unmittelbaren Eindruck militärischer Leistungen. Auch die (Groß)Meister schlugen im Laufe der Ordensgeschichte zahlreiche auch nicht aus dem Ritterstand (Adel) stammende Dienende Brüder auf Grund ihrer militärischen Leistungen zu Rittern und führten sie derart in den Stand der Ritterbrüder des Ordens über.[19] Um in den Ordenszweig der Ritterbrüder des Johanniter-Ordens aufgenommen zu werden, mußte der Aufzunehmende zuvor die Ritterwürde auf die eine oder andere geschilderte Weise erlangt haben.[20] Auch heute noch wird in der traditionsbeladenen, feierlichen Aufnahmezeremonie eines Profeßritters in den Malteser-Ritter-Orden zwischen der Feststellung der Rittereigenschaft (Adel) und der Aufnahme in den religiösen Orden deutlich unterschieden.

Die Dienenden Brüder (unter Waffen, im Dienst und im Spital) waren, wie die Geistlichen Brüder, ein eigener, und zwar der dritte Ordenszweig.[21] Sie waren, ebenso wie die Kapläne, Vollmitglieder des Ordens, wirkten an allen Ordensfunktionen einschließlich der Großmeisterwahl, bei Generalkapiteln und in der Ordensregierung mit und nahmen nach Ordensrecht auch militärische Kommandofunktionen ein. Sie hatten auch eine Reihe von Kommenden zur Verfügung. Die Ritterbürtigkeit (Adel) war keine Voraussetzung für ihre Aufnahme.

Entgegen einem häufig publizierten Mißverständnis waren die Dienenden Brüder unter Waffen (Fratres Servientes, frères sergeants) jedoch nicht die Diener oder Waffenknechte der Ordensritter. Sie dienten Christo. Die notwendige dienende militärische Hilfsfunktion für Ordensritter und Servientes wurde durch eigene Waffenknechte und Schildknappen (ecuyers, scutiferi, scudieri, armigeri) wahrgenommen.[22] Die Dienenden Brüder unter Waffen bildeten im Ordensheer eine, auch in den weltlichen Heeren des Hochmittelalters Entsprechung findende (sergeants à cheval, servientes equites), eigene militärische Klasse.[23] Sie waren eine Art von „Halbrittern", deren Rüstung und Ausrüstung weitgehend jener der Ritterbrüder ähnelte, und deren Ordensuniform (Soubreveste, Sopraweste) vollständig jener der ersteren glich. Sie bildeten häufig eigene Reitercorps mit Hilfstruppen (Turcopolen), die mit der späteren leichten Kavallerie verglichen werden können.

Wenn es die taktische Lage erforderte, ritten die Dienenden Brüder auch in der Hauptschlachtlinie der Ritterbrüder mit.[24] Im Hochmittelalter war nach Ordensrecht ein Dienender Bruder unter Waffen Befehlshaber der genannten leichten Ordenskavallerie. Wegen der zahlreichen, aus türkischen Städten stammenden berittenen Söldner, den Turcopolen, wurde dieser als Turcopolier bezeichnet. Er hatte ab dem 15. Jahrhundert Sitz und Stimme im obersten Ordensrat, und diese gewählte Regierungswürde stand vom 14. Jahrhundert bis zum Untergang der alten Englischen Zunge im 16. Jahrhundert den Ordensmitgliedern dieser Zunge zu. Im Hochmittelalter war die Zahl der Dienenden Brüder unter Waffen bedeutend, sie nahm nach dem Verlust des Heiligen Landes ab, stärker noch im 16. Jahrhundert und verschwand im 17. Jahrhundert fast zur Gänze.[25] Die Gründe hiefür lagen in der Beschränkung der materiellen Basis – der Einnahmen der Kommenden – des Ordens in Europa durch Hussitenkriege, Reformation und Nationalisierungen von Ordensgütern.[26] Berühmteste Militärs des Ordens stammten jedoch auch noch in der Neuzeit aus dem Ordenszweig der Fratres Servientes des Ordens, etwa der französische Flottenführer und Seeheld und später zum Ritterbruder erhobene, „Chevalier" Paul de Seaumur oder der in die Weltliteratur eingegangene Seekapitän des Ordens, Frater Alonso de Contreras, welcher, ebenfalls zum Ritterbruder befördert, im Großpriorat von Böhmen und Österreich in der ersten Hälfte des 16. Jahrhunderts als Procurator (Statthalter) des Ordens und als Visitator tätig war.[27]

Das Vorgesagte bezüglich der Dienenden Brüder unter Waffen wird etwa durch die Generalkapitelbeschlüsse auf Zypern vom Jahre 1302 veranschaulicht und bestätigt, nach welchen von insgesamt 80 Brüdern unter Waffen am Ordenssitz 65 Brüder aus den Ritterbrüdern und 15 aus den Dienenden Brüdern unter Waffen stammen sollten.[28] Die Zunge von Deutschland, unter Einschluß auch der österreichischen Länder, hatte Anwesenheitspflicht und -recht für 7 Brüder unter Waffen, entweder Ritterbrüdern oder Dienenden Brüdern unter Waffen!

Das gleiche Generalkapitel gibt uns auch Auskunft über die Rüstung der beiden Ordenszweige: Den Ritterbrüdern standen 2 Reittiere und 2 Waffenknechte, den Dienenden Brüdern unter Waffen 2 Reittiere und ein Waffenknecht zu Lasten des Ordens zu.[29] Alle kämpfenden Ordensbrüder hatten im übrigen ihre eigenen Rüstungen und Reittiere aus Europa mitzubringen und sie dem Ordensmarschall zur Verfügung des Ordens zu überlassen, wenn sie nach Europa zurückreisten.[30] Dies war eine nicht unerhebliche finanzielle Bürde für die betroffenen Ordensbrüder bzw. Kommenden und Priorate. So etwa gestattete der damalige Großmeister Frater Roger de Pins laut einer auf Rhodos ausgestellten Urkunde vom 15. Juni 1365 dem Österreicher und Komtur von Fürstenfeld, Unterlaa und Ebenfurth, Frater Johannes Rinderschinckh, mit zwei Ordensbrüdern aus diesen Kommenden, mit Pferden und Waffen nach Rhodos zu reisen. Schon in einer vorangegangenen Urkunde hatte der Großmeister dem Komtur erlaubt, zwei neue Ritterbrüder in den Orden aufzunehmen, die entweder durch letzteren oder durch andere vorher zum Ritter geschlagen worden waren.

Wenn wir uns den Gesamtorden der Johanniter bis zum Ende des Mittelalters europaweit ansehen, so darf die Tatsache nicht aus dem Auge verloren werden, daß der Großteil des Ordens nicht aus kämpfenden Ordensmitgliedern, sondern aus Geistlichen und Dienenden Brüdern (im Amt, im Spital) bestand. Diese lebten wiederum zum größten Teil nicht am Zentralsitz des Ordens, sondern auf den zahlreichen Kommenden des Ordens in ganz Europa und betreuten damit die wirtschaftlichen und logistischen Basen des Ordens.[31]

Damit wird auch die oft übersehene Tatsache unterstrichen, daß auch die militärischen Ordensbrüder, Ritter und Dienende unter Waffen, ebenso wie die Geistlichen Brüder oder die Diendenden Brüder im Spital, entweder am jeweiligen Zentralsitz des Ordens, an dessen Konvent, lebten, oder aber, und das mehrheitlich, außerhalb des souveränen Ordensgebietes in ihren europäischen Heimatländern in den dortigen Kommenden, wo sie der lokalen Lehens- und Rechtsstruktur unterworfen waren.[32] Somit war auch ein wesentlicher Unterschied im militärischen Einsatz der Ritterbrüder und Dienenden Brüder unter Waffen entweder am Zentralsitz des Ordens oder in ihren Heimatländern gegeben.

Zentrale und dezentrale militärische Tätigkeit der Ordensbrüder unter Waffen

Das einzelne Ordensmitglied unter Waffen (Ritter oder Servient) leistete also seinen vorgeschriebenen militärischen Dienst zeitweise entweder am Zentralsitz des Ordens oder dezentral im Rahmen der europäischen Ordenskommenden und der dortigen Lehens- und Militärverpflichtungen. Dies galt natürlich auch für die aus den österreichischen Länder und die aus dem Reich stammenden Ordensbrüder. Das Leben eines ambitionierten Ordensmitgliedes bestand also, insbesondere in der Neuzeit und als Berufsoffizier, häufig aus Reisen zwischen dem Hauptkonvent und seinem Heimatland, um da oder dort seinen Militärdienst zu leisten. Besonders im 17. und im 18. Jahrhundert pendelten einzelne Malteser-Ritter und Berufsoffiziere, unter ihnen vor allem französische Ordensmitglieder, im Interesse ihrer beiderseitigen Karrieren häufig zwischen ihren Heimatländern und dem Ordensstaat hin und her.[33] Dies bedingte naturgemäß eine jeweils notwendige Beurlaubung. Diese Situation soll in einem Fall König Ludwig XIV., der einen bewährten Offizier und Ordensritter ungern nach Malta ziehen ließ, zu dem Ausruf veranlaßt haben: „Ja, sind die Malteser-Ritter nun meine Untertanen oder jene des Großmeisters!?", womit er eine sicherlich interessante Frage berührte. Im allgemeinen stieß aber die Wanderlust der Offiziere, die gleichzeitig Malteser-Ritter waren, auf wenig Probleme, da sie durch eine doppelte Karriere auch ihr militärisches Fachwissen und ihre Erfahrung zum allseitigen Nutzen bereicherten und der Orden im übrigen gegenüber christlichen Staaten militärisch neutral war.

Da nach Ordensrecht für die einzelnen Ordensmitglieder die Voraussetzung für den Erhalt einer Kommende, eines eigenen wirtschaftlichen Nutzungsgutes, in der Ableistung einer bestimmten Anzahl von Karawanen (Dienstverpflichtungen) am zentralen Konvent bestand, kann davon ausgegangen werden, daß sich im Mittelalter praktisch auch die meisten österreichischen Komture eine gewisse Zeit lang am Hauptkonvent aufgehalten haben.[34] Die auch für Österreich und das Reich brennend gewordene Frage der Türkenkriege führte dann, aufgrund vorangegangener Verhandlungen zwischen dem Kaiser und dem Orden, im Jahre 1597 zu einer Sonderregelung für die Ordensmitglieder der Deutschen Zunge und damit auch für jene aus Österreich, der zufolge eine Karawane auf Malta (6 Monate) durch einen viermonatigen Dienst im Türkenheer des Kaisers ersetzt werden konnte. Dies führte in den folgenden Jahrzehnten einerseits zu einer relativ geringen Präsenz von Österreichern auf Malta, andererseits zu einer Verstärkung der Präsenz von Ordensrittern als Truppenführer im kaiserlichen Heer gegen die Türken.

Mitglieder der Deutschen Zunge in militärischen Zentralfunktionen

Den militärischen Oberbefehl über die Ordenstruppen übte der Großmeister des Ordens aus. Ihm zur Seite standen im Heiligen Land militärische Fachleute wie der Marschall, der Turcopolier und andere, die anfangs aus allen Zungen gewählt wurden. Ab der Erwerbung von Rhodos im Jahre 1309 gingen diese militärischen Funktionen bald in mit einer bestimmten Zunge verbundene Regierungsfunktionen im Rahmen des obersten Ordensrates über. Die effektiven militärischen Kommandofunktionen wurden ab diesem Zeitpunkt durch gesonderte, vom Ordensrat gewählte militärische Befehlshaber ausgeübt, wie etwa den „Capitano delle galeere", den Flottenbefehlshaber, oder den „Luogotenente generale in terra", den Oberbefehlshaber der Landstreitkräfte.

Unter den militärischen „Ministerämtern" (Konventualbaillis) des Ordensstaates besetzte die Deutsche Zunge, und damit auch die Österreicher, ab 1428 das militärische „Minister-Amt" des Großbaillis, welches rangmäßig an 7. Stelle der acht Konventualbaillis stand. Das der Zunge von Deutschland zustehende Regierungsamt des Großbailli umfaßte während der Zeit auf Rhodos die militärische Inspektion der Außenfestung St. Peter im Halikarnass (Bodrum), in der Zeit von Malta die militärische Inspektion der Festungen von Cittá Notabile (Mdina) und Gozo. In der militärischen Verwaltungspraxis des Ordens ab dem 16. Jahrhundert war der Großbailli dann auch regelmäßiges Mitglied der sogenannten Kriegs- und Festungs-Kongregation, einem ständigen Militärplanungs- und -verwaltungskörper des Ordens. Der aus der Deutschen Zunge stammende Großbailli zog naturgemäß weitere deutsche und österreichische Ordensbrüder in sein hohes Verwaltungsamt. Unter den gewählten Großbaillis aus oder in Verbindung mit (alt)österreichischen Gebieten finden wir eine Reihe von Österreichern und Böhmen, die hier nicht vollständig aufgelistet werden können, aber in der Literatur nachgewiesen sind.[35] Unter ihnen seien beispielsweise nur einige Österreicher wie etwa die Fratres Johann Joseph, Karl Leopold und Johann Ferdinand von Herberstein, Frá Karl Joseph von Dietrichstein, die Fratres Oktavian Nikolaus und Philipp Joseph Franz Rochus von Sinzendorf sowie Frá Anton von Colloredo-Wallsee erwähnt. Fast alle diese Ordensritter, die auf Malta wichtige Militärfunktionen einnahmen, spielten dann auch bedeutende Rollen im österreichischen Heer.

Weniger bekannt und bisher kaum publiziert sind die wegen der oftmaligen Abwesenheit der Großbaillis wichtigen Stellvertreter derselben.[36] Unter ihnen seien als Beispiele hier nur Frá Karl Tettauer von Tettau (1590), der Komtur von Mailberg, und Frá Andreas von Sturmfeder (1607), der Komtur von Feldkirch erwähnt.

Zu den wichtigsten militärischen Kommandofunktionen des Ordensstaates gehörte jene des (General)Kapitäns der Galeeren, des Flottenbefehlshabers. Stellvertretend für viele andere Generalkapitäne aus dem Großpriorat von Böhmen und Österreich seien hier nur Frá Johann Joseph von Herberstein, Frá Franz Sigismund von Thun und Frá Wenzel von Harrach genannt. Noch zahlreicher scheinen Ordensritter aus dem Großpriorat von Böhmen und Österreich als Kapitäne einzelner Galeeren auf, unter ihnen beispielsweise etwa Frá Bartholomäus von Montfort, Frá Christoph Simon von Thun, Frá Leopold von Tattenbach-Rheinstein, Frá Julius Ernst von Saurau und Frá Anton von Königsegg.[37]

In anderen militärischen Kommandofunktionen stachen etwa als Abschnittskommandant von Rhodos der Komtur von Wien, Frá Christoph Waldner, während der Belagerung von Rhodos 1522, und Frá Leopold von Kollonitsch sowie der Johanniter-Ritter aus der evangelischen Ballei Brandenburg, Georg Friedrich Graf zu Waldeck-Pyrmont, während des 25-jährigen Krieges von Candia (Kreta, 1645–69) hervor. Fast alle der vorgenannten, zumeist österreichischen Malteser-Ritter, die im Orden auf Rhodos und Malta wichtige militärische Kommandofunktionen bekleideten, waren vorher oder nachher auch hohe Militärs in österreichischen bzw. des Hl. Römischen Reiches Diensten.

Österreichische Ordensritter in den Streitkräften des Johanniter/Malteser-Ritter-Ordens und dessen strategische Bedeutung für die österreichische Türkenabwehr

Die Militärdienste gegen die islamischen Mächte zu Lande und zu Wasser, welche die Ordensmitglieder – einschließlich der Österreicher – am Zentralsitz des Ordens, seinem Konvent, leisteten, waren zur Zeit der türkischen Expansion Dienste im Rahmen der insularen, souveränen Ordensstaaten von Rhodos und Malta von 1309 bis 1798 entscheidend. Die Existenz und das militärische Wirken dieser maritimen Ordensstaaten der Johanniter hatte aus der Sicht der europäischen christlichen Völkerfamilie vor allem eine wichtige strategische Verteidigungsfunktion an der gefährdeten, vorgeschobenen Südgrenze des von den Osmanen bedrohten Europa. Aus heutiger Sicht kann man sich die massive Existenzbedrohung des christlichen Zentral-, Süd- und Südosteuropa und insbesondere auch der österreichischen Länder nur mehr schwer vorstellen. Um einen zeitentsprechenden Gegenwartsvergleich zu wagen, könnte in diesem Zusammenhang auf die zeitlich näherliegende stalinistische Teilokkupation und Bedrohung eben dieses Raumes verwiesen werden. Oder, wie Rolf Bauer es ausdrückt: „Man muß die Türkenkriege des 16. Jahrhunderts als Teil einer sehr weiten europäischen Auseinandersetzung sehen, die – unter Berücksichtigung des geographischen Horizonts jener Zeit – etwas weltkriegsartiges an sich hatte".[38] In diesem epochalen Verteidigungskampf Süd- und Südosteuropas führte die Flotte des Johanniter/Malteser-Ritter-Ordens einen fünf Jahrhunderte andauernden, fast ununterbrochenen Kreuzer-, Handels-, Zufuhr- und Abnützungskrieg zur See gegen die osmanischen Kriegs- und Handelsflotten.[39] Der hierbei erzielte, bisher in der Geschichtsschreibung kaum beachtete Effekt dieses strategischen Dauerkrieges ist in seiner Summe wahrscheinlich wesentlich höher anzusetzen als die bekannteren, einzelnen großen Abwehrerfolge des Ordens. Dies umso mehr, als erst im 17. Jahrhundert ständig einsatzfähige Kriegsflotten der christlichen Staaten eingeführt wurden. Daß dieser Seekrieg des Ordens durch die Verwendung von Korsaren unter der Flagge des Ordens zeitweise abenteuerliche Formen – im übrigen auf Seiten aller beteiligten Seemächte – annahm, ändert

wenig an seinen faktischen Erfolgen bei der Eindämmung der osmanischen Expansion zur See.
Im Rahmen einer zweiten strategischen Konzeption gegen die Türken wirkten die Streitkräfte des Ordensstaates zu Wasser und zu Lande auch in den Türkenkriegen des Reiches und Österreichs immer wieder als strategische Flankenbedrohung der gegen Österreich zielenden osmanischen Offensivkräfte an den Westküsten des Balkans, oft auch in Allianz mit anderen christlichen Staaten. Wie bereits erwähnt wurde dadurch ein Diversionseffekt und eine teilweise Zersplitterung der gegen Zentraleuropa zielenden türkischen Militärmacht auf dem Balkan erzielt.
Als nur einige wenige hervorstechende Beispiele derartigen strategischen Zusammenwirkens zwischen den Streitkräften des Ordens und jenen Österreichs seien hier folgende genannt:
Noch bevor die vordringenden Osmanen österreichische Länder direkt bedrohten, hatten die Flotte und die Truppen des Johanniter-Ordens an dem unglücklich endenden Kreuzzug von Nicopolis 1396 maßgeblichen Anteil. Die Niederlage in dieser Entscheidungsschlacht und ihre Folgen zeigten schon früh die strategische Bedeutung einer schon weit im Südosten Europas einsetzenden Verteidigung gegen die Türken. Eine solche wurde jedenfalls durch den Ordensstaat von Rhodos durch mehr als zwei Jahrhunderte ausgeübt. Im Zuge einer solchen versuchte der Orden auch mehrmals mit teilweiser Unterstützung der Päpste auf dem Peloponnes, wo er bereits seit 1204 vereinzelten Lehensbesitz hatte, größere Herrschafts- und Schutzgebiete zu formieren und somit dort die christliche Verteidigung zu konsolidieren. In den Entscheidungsjahren nach der ersten Türkenbelagerung von Wien 1529 griff der Orden alleine, auch aus Gründen der strategischen Zersplitterung der osmanischen gegen Österreich gerichteten Kräfte, in einer amphibischen Operation die damals bedeutende türkische Hafenstadt Modone (Modon) an der Südspitze des Peloponnes an, konnte sie erobern, mußte sie aber wegen des Herannahens bedeutender Verstärkungen wieder aufgeben. Im Jahre 1532, dem Jahr des großen Türkenaufmarsches vor den österreichischen Grenzen in West-Ungarn beteiligte sich die Flotte des Ordens im Rahmen einer christlichen Flottenallianz an der Eroberung der osmanischen Seefestungen von Patras, Corone (Koroni) am Südpeloponnes, welches dem Orden zur Verwaltung übergeben wurde, und der Insel Chios in der Ägäis. Eine im Anschluß daran auftauchende osmanische Belagerungsflotte vor Corone wurde durch die maltesische Flotte in Schach gehalten und gebunden, bevor sie nach zwei Jahren schließlich Erfolg hatte und Corone zurückeroberte. In den folgenden Jahren war die Malteser Flotte regelmäßig an den defensiven Flottenoperationen des Andrea Doria in der Adria und an den Küsten Westgriechenlands beteiligt, was die osmanische Militärflanke auf dem Balkan beunruhigte. 1537 und 1538, als die Türken bei Valona (Vlora) in Albanien ein mächtiges,

durch eine große Flotte unterstütztes, gegen Südeuropa gerichtetes und die Adria bedrohendes Expeditionskorps ausrüsteten, beteiligte sich der Malteser-Ritter-Orden mit seiner Galeerenflotte an einer christlichen Flottenallianz, an dem taktischen Treffen bei Preveza und am Entsatz der Seefestung Castelnuova (Novigrad) im Golf von Cattaro (Boka Kotorska). 1565 wurde die vom Malteser-Ritter-Orden und seinen Verbündeten erfolgreich abgewehrte „Große Belagerung von Malta" das Signal des historisch langsam wirksam werdenden Wendepunktes der osmanischen Siegesserie im Mittelmeer. Dieser Abwehrerfolg des Ordens wurde von modernen Historikern auch als das „Stalingrad des 16. Jahrhunderts für die Türken" bezeichnet. Wie groß damals die Gefährdung der österreichischen Länder auch durch die türkische Flotte bereits war, zeigte 1566 deren Eindringen – trotz venezianischer Gegnerschaft – bis in die obere Adria, die Plünderung der Küsten bei Triest und Fiume (Rijeka) sowie die Bedrohung der österreichischen Truppen in Ungarn im Jahr des Angriffs der Türken auf Ungarn, und der Belagerung sowie des Falles der Festung Szigeth. 1571 war der Malteser-Ritter-Orden an der Seeschlacht bei Lepanto sowohl durch seine, an einem Entscheidungspunkt der Schlacht wirksam werdende Galeereneskader als auch durch Admiralstabsoffiziere unter Don Juan d'Austria sowie durch mehrere Galeerenkapitäne, -offiziere und Ordensritter auf anderen verbündeten christlichen Schiffen beteiligt. 1572 nahm die Malteser Flotte an der Wiedereroberung der altvenezianischen Festung von Navarino vecchio (Pylos) und an Flottendemonstrationen am Westpeloponnes teil. Während des „langen Türkenkrieges" Österreichs 1592 bis 1606 verstärken die Johanniter ihre Flotte mehrfach, nahmen wiederholt an christlich-alliierten Flottenoperationen und insbesondere an der Eroberung der Festung Castelnuovo di Morea (Burg Passavá bei Githion am Südpeloponnes) teil. 1603 wurden durch eine amphibische Angriffsmacht der Malteser alleine die beiden starken türkischen Seefestungen Patras und Lepanto (Navpaktos) am Golf von Korinth erobert, weitgehend zerstört und 1610 in den benachbarten Gewässern mehrere große türkische Kriegsschiffe erobert. Im Jahre 1611 wurden von der Ordensflotte und den Streitkräften alleine die große türkische Stadt Korinth, wichtiger Schlüssel zum Peloponnes, eingenommen und geplündert. 1620 wurde der Großmeister des Johanniter/Malteser-Ritter-Ordens, nicht zuletzt wegen der Erfolge der Ordensflotte in den Türkenkriegen, vom Kaiser in den Reichsfürstenrang erhoben. 1625 erobert die Malteser Flotte auf sich allein gestellt die türkische See- und Inselfestung Santa Maura (Levkas) an der westbalkanischen Küste. 1683, im Jahr der zweiten Türkenbelagerung von Wien, operierte die aus sieben Galeeren bestehende Malteser Flotte in der Ägäis und nahm ab dem folgenden Jahr, im Rahmen der mit Kaiser Leopold II. abgeschlossenen christlichen Allianz, durch sechs Jahre hindurch, bis 1699 an der Wiedereroberung des gesamten Peloponnes durch Venedig teil. 1686 und 1687 hatte die Malteser Flotte unter dem Kommando des österreichischen Generalkapitäns der Galeeren, Frá Johann Joseph von Herberstein, an der Wiedereroberung der beiden türkischen Festungen Navarino (Pylos) und Napoli di Romania (Nauplion) Anteil. Ebenfalls unter Herberstein operierte die Malteser Flotte 1687 an den albanischen und westgriechischen Küsten und band dadurch erhebliche osmanische Truppenkontingente auf dem Balkan. In den folgenden Jahren bis zum Frieden von Karlowitz (1699) beteiligte sich die Malteser Flotte unter dem Kommando des Österreichers Frá Sigismund von Thun an der Eroberung der Insel Chios in der Ägäis und an der Verteidigung der bereits eroberten Festungen auf dem Peloponnes gegen türkische Gegenangriffe zu Lande und zur See. Im Türkenkrieg 1715 bis 1718, in den auch Österreich involviert war, eroberte die Malteser Flotte die Seefestung von Antirio (Antirhion) im Golf von Korinth, beteiligte sich an der Verteidigung von Korfu, an einem Seegefecht vor den Küsten des Peloponnes sowie an der Eroberung der türkischen, süddalmatinischen Hafenstadt Ulcinj. Während des österreichischen Türkenkrieges 1736–39 entsandte der Malteser-Orden über Ersuchen Kaiser Karl VI. ein Kontingent uniformierter Malteser-Ritter und Seeleute über Triest an die Donau, welche unter dem Kommando der beiden Ordensritter Renato de Leaumont und Campitelli die kaiserliche Flotte auf der Donau bemannten und auf dieser mit großem Einsatz und großen Verlusten kämpften.

Was hier in Kürze so abstrakt für mehrere Jahrhunderte zu lesen ist, bedeutete in der Praxis des nie unterbrochenen militärischen Alltags für den Malteser Orden, seine Mitglieder, die maltesischen Soldaten und Seeleute einen ständigen und großen Aderlaß an Blut und Menschenleben sowie an Geld und immer wieder zu ersetzendem Material. Einige wenige Beispiele von aus dem Großpriorat Böhmen-Österreich stammenden, am Hauptsitz des Ordens und auf seiner Flotte gefallenen Ordensrittern sind:

Frá Christoph Waldner (1522), Frá Florian Stezel von Otmut aus Mähren (1565), Frá N. von Retz (1565), Frá Georg von Hasenburg (1565), Frá Georg Leopold von Ramschissel (1611) u.a. Hinzu kamen zahlreiche Verwundungen österreichischer Ritterbrüder. Welch besondere Schicksale auch österreichischen Malteser-Rittern widerfahren konnten, zeigt die Geschichte des Ordensritters und späteren österreichischen Offiziers Frá Leopold von Strassoldo, der bei einer Kreuzfahrt der Ordensflotte gegen die Barbareskenstaaten gefangengenommen und als Sklave dem Sultan in Konstantinopel geschenkt und schließlich von letzterem bei passender Gelegenheit als „Geschenk" an Maria Theresia übersandt wurde.[40] Die finanziellen Lasten der Türkenkriege für den Malteser-Ritter-Orden, aber auch für seine hospitalitär-soziale Fürsorge demonstriert an einem kleinen Beispiel etwa auch die Tatsache, daß noch mehr als fünf Jahrzehnte nach dem oben genannten Krieg 1736–39 in den Ausgaben der Ordensmarine bedeutende Rentenzahlungen für die Verwundeten, Witwen und

Hinterbliebenen der maltesischen Seeleute, die am österreichischen Türkenkrieg an der Donau 1736–39 teilgenommen hatten, ausgewiesen sind.[41]

Johanniter/Malteser-Ritter in der österreichischen Türkenverteidigung

Die Türken begannen im Laufe des 14. Jahrhunderts in Südosteuropa, im 15. Jahrhundert in die österreichischen Länder einzudringen. Nach den vernichtenden Niederlagen eines bulgarisch-serbischen Heeres 1363 bei Adrianopel und eines serbischen Heeres 1383 am Amselfeld (Kosovo Polje) standen die Osmanen an der Donau und an den Grenzen des ungarischen Königreiches. Dieses übernahm in den folgenden eineinhalb Jahrhunderten die nicht hoch genug anzusetzende Hauptlast der Verteidigung des christlichen Abendlandes am Balkan. Schon seit der Kreuzzugszeit war der Johanniter-Orden von den ungarischen Königen mit zahlreichen wichtigen Grenzburgen in Ungarn belehnt worden. 1318 kamen die bis dahin den Templern gehörenden Burgen des Großpriorates von Vrana (vor allem auch die Sperrfestung Clissa bei Spalato/Split) hinzu. In den im 14. Jahrhundert in Ungarn, einschließlich Kroatien, einsetzenden Türkenverteidigungskriegen spielten die Johanniter mit ihren wichtigen Burgen und als Großlehensträger der ungarischen Krone eine bedeutende Rolle. In dem gesamteuropäischen, unter Führung des ungarischen Königs stehenden, letztlich gescheiterten Kreuzzug von Nicopolis 1396 nahmen nicht nur bedeutende Truppen- und Flottenkontingente des Ordensstaates von Rhodos, sondern unter anderem auch zahlreiche ungarische, fränkische und österreichische Johanniter-Ritter teil. Im Anschluß an die vernichtende christliche Niederlage und bis zu ihrer eigenen gegen die Tartaren verlorenen Schlacht bei Ankara 1402 drangen osmanische Streifscharen erstmalig weit nach Nordungarn und bis ins Vorfeld der österreichischen Grenzen ein. Als nach dem ebenfalls gescheiterten ungarischen Kreuzzug von Varna 1444 die Hauptstadt des byzantinisch-orthodoxen Restreiches, das christliche Bollwerk Konstantinopel, 1453 an die Türken fiel, begannen die Osmanen wieder nach Ungarn einzudringen. In dieser Phase entsandte der Großprior der Johanniter von Böhmen-Österreich, Frater Jodocus von Rosenberg, gleichzeitig Bischof von Breslau, im Jahre 1454 rund 1.200 Reiter und 6.000 Fußsoldaten zur Türkenabwehr nach Ungarn. Ab 1469 begann, zumeist aus dem türkischen und weitgehend islamisierten Paschalik Bosnien kommend, eine Reihe von Osmaneneinfällen in Krain, im Kärntner und steirischen Unterland sowie in Niederösterreich. Diese Einfälle fanden durch mehr als zwei weitere Jahrhunderte nicht nur in Zeiten offiziell erklärter Kriege, sondern auch in Friedenszeiten im Rahmen sogenanner „Tschetten" statt. Diese Überfälle bedeuteten keinen Friedensbruch, da die Reiterhorden keine Artillerie mit sich führten, und die Truppe eine gewisse Stärke nicht überschritt. Damit waren auch die zuvor erwähnten altösterreichischen Länder und ihre Bewohner einer schier endlosen Kette unerhörter Greuel, Brandschatzungen, Plünderungen und Sklavenraub ausgesetzt, unter ihnen auch die im Südosten Österreichs gelegenen Ordenskommenden Ebenfurth, Fürstenfeld, Melling, Heillenstein, St. Peter im Krain und Pulst in Kärnten mit ihren im freien Land liegenden Besitzungen, Dörfern und Pachtbauern. Ab Ende des 15. Jahrhunderts begannen daher auch die in den habsburgischen Ländern gelegenen Ordenskommenden mit dem festungsartigen Ausbau ihrer Komtureien, wie etwa in Mailberg, in Heilenstein (heute Polzela, Slowenien), und in Pulst (Kärnten, Wehrkirche und -anlage). In städtischen Kommenden, wie etwa in Ebenfurth und Fürstenfeld, wurden die Komtureien in die damals verstärkten Stadtmauern und in die Stadtverteidigung miteinbezogen. Als 1526 in der Schlacht bei Mohacs nicht nur das alte Ungarn unter den Osmanen zerbrach und aufgeteilt wurde, ging auch das bis dahin wichtigen Schutz ausübende Großpriorat von Ungarn mit seinen zahlreichen Burgen und Ordensbesitzungen im wesentlichen unter. Nach Mohacs ging die Hauptlast der Türkenabwehr für drei Jahrhunderte auf die österreichischen Habsburger und ihre Länder über. In der Praxis hieß das, daß auch die Malteser in den österreichischen und übrigen habsburgischen Ländern sowohl personell als vor allem auch finanziell durch Steuerabgaben und sogar zahlreiche Zwangsverpfändungen durch Jahrhunderte zu den Lasten der österreichischen Türkenkriege mit beitragen mußten.[42] In den für den Johanniter-Orden schwierigen Jahren vom Verlust von Rhodos 1522 an bis zur Belehnung mit Malta 1530 verfolgte Erzherzog Ferdinand, der spätere Kaiser Ferdinand I., den Plan, den Sitz und Zentralkonvent des Malteser-Ordens nach Ungarisch-Kroatien, in die alte Ordensfestung Vrana, zu verlegen und so die Verteidigung dieser Länder bedeutend zu verstärken.

In der 1529 erfolgten ersten Türkenbelagerung von Wien kommandierte ein Johanniter, Frater Reinprecht von Ebersdorf, der später zum Grafen von Thierstein erhoben wurde, zwei Truppenkontingente und den Verteidigungsabschnitt zwischen Stubentor und Werdertor. Seine Grabplatte sieht man noch heute in der Kommendenkirche von Mailberg (Abb. S. 398). Unter dem Entsatzkontingent aus dem Reich befand sich auch der Generalprior von Deutschland, Frater Johann von Hattstein, mit Johanniter Rittern und Truppen. 1532, im Jahr des großen Angriffs der Türken auf Ungarn, zogen unter der Ägide des den Kriegszug wesentlich mitfinanzierenden Papstes Clemens VII., eines Johanniters, des früheren Priors von Capua, auch zahlreiche Johanniter aus ganz Europa, vor allem aus Frankreich, nach Ungarn. Unter ihnen befanden sich etwa auch so schillernde Persönlichkeiten wie der spätere französische Admiral und Ordensbotschafter sowie erste Erbauer von Rio de Janeiro, Frater François de Villegagnon.[43] 1537 und 1538 wurden die alten Johanniter-Festungen von Vrana und Clissa in Dalmatien belagert, erstere auch erobert. In Clissa begannen sich unter dem Malteser-Ritter Frater Peter von Krussitsch, der bei der Verteidigung schließlich starb, aus den slawisch-katholischen Flüchtlingen die Uskoken zu formen. Diese mußten später nach Zengg (Senj) an der adriatischen Küste weiterflüchten. Von dort aus bildeten sie durch fast ein Jahrhundert hindurch, oft unter Führung von Malteser-Rittern[44], einen wesentlichen Faktor im Kampf gegen die Türken und ihre vermeintlichen Verbündeten zu Lande und vor allem zur See. Über Druck Venedigs mußten die Uskoken vom Kaiser und damit auch König von Kroatien nach dem sogenannten Uskokenkrieg von Zengg in das kroatische Hinterland abgesiedelt werden (1617). Dort stellten sie schon bald danach wieder einen bedeutenden Teil in der Verteidigung der Militärgrenze gegen die Osmanen dar und waren auch hier wieder häufig in Kontakt mit kommandierenden Malteser-Rittern.[45] In dem 1556 gegründeten Hofkriegsrat in Wien und dem 1578 gegründeten Innerösterreichischen Hofkriegsrat in Graz spielten von den Anfängen bis zum Ende der beiden Institutionen im 19. Jahrhundert auch regelmäßig Malteser-Ritter als Präsidenten oder Mitglieder desselben eine entscheidende Rolle. Als bekanntere Beispiele sei nur erwähnt: Als Präsident Frater Wilhelm Leopold von Tattenbach-Rheinstein (†1661), und als Mitglieder Frater Franz Sigismund von Thun-Hohenstein (†1702) sowie Frater Karl Leopold von Herberstein (†1726).[46]

Bereits im Jahre 1566 fungierte der im Schiffahrtswesen erfahrene ehemalige (General-)Kapitän der Galeeren, Frater Philipp Flach von Schwarzenberg, als Obristleutnant der kaiserlichen Armada auf der Donau gegen die Türken, und ab 1581 beriet er den Kaiser in einem Schriftwechsel über Verbesserungsmaßnahmen für das Wiener Schiffahrtsarsenal und für die kaiserliche Kriegsschiffahrt auf der Donau. In den Jahren vor 1579 nahm der Komtur von Pulst, Frater Georg Schober, mit zwei Reitern an einem Kriegszug gegen die Türken unter Khevenhüller zur Entlastung der kroatischen Grenze teil. An diese Tat erinnert ein erst kürzlich renoviertes, mit der Jahreszahl 1579 versehenes Fresko in der Kommendenkirche von Pulst in Kärnten, das den gerüsteten Frater Georg mit einem zweiten, mit dem Malteserkreuz geschmückten Reiter, gegen die Türken antrabend, zeigt.

Aufgrund vorangegangener diplomatischer Verhandlungen mit Österreich und im Wunsche, den Türkenkrieg des Kaisers zu unterstützen, führte der Malteser-Ritter-Orden ab 1597 unter anderem die schon oben erwähnte wichtige Sonderregelung ein, derzufolge ein viermonatiger Dienst im Türkenheer des Kaisers für die Deutsche Zunge und damit auch für die böhmisch-österreichischen Ordensritter einer Karawane auf Malta (sechs Monate) gleichgestellt wurde. Damit setzte eine personelle Verdichtung der Teilnahme von Malteser-Rittern an den österreichischen Türkenkriegen ein. So kämpften dort unter der Fahne des Kaisers in den folgenden Jahren etwa beispielsweise der spätere Komtur von Mailberg, Frater Karl Tettauer von Tettau, der aus Deutschland stammende Ordens-

Tätigkeit des Ordensstaates von Malta und seiner Ritterbrüder mit der Waffe in der Hand gegen die Türken ebenfalls ihr Ende.

Ungeachtetet dessen setzte sich die militärische Tradition der Mitglieder des Großpriorates von Böhmen und Österreich des Malteser-Ritter-Ordens im österreichischen Heer noch ein halbes Jahrhundert fort. Unter diesen Profeßrittern sticht insbesondere Bailli Frá Friedrich Erzherzog von Österreich, Vizeadmiral und Oberbefehlshaber der österreichisch-venezianischen Flotte hervor. Ihm war es beschieden, als Kommandant einer österreichischen Fregatte sogar noch einmal – diesmal allerdings in Allianz mit den Türken – gegen den aufständischen und panislamischen Pascha von Ägypten, Mehmet Ali, an den Küsten des Heiligen Landes, vor Akkon und Saida, zu kämpfen und an der Eroberung dieser beiden Häfen wesentlich mitzuwirken.[51] Unter den übrigen Malteser-Rittern im österreichischen Heer des Vormärz, die allerdings keine Kämpfe gegen die Osmanen mehr führten, sind hier der Feldmarschall und Großprior von Böhmen und Österreich Bailli Frá Franz von Khevenhüller-Metsch, die Generalmajore Frá Peter Prokop von Morzin und Frá Ludwig von Pergen sowie der Feldzeugmeister Frá Sigismund von Reischach zu erwähnen.

Für diese Malteser-Ritter, Komture und Berufsoffiziere hatte sich im österreichischen Kaiserreich und im Priorat von Böhmen und Österreich im Vormärz wenig gegenüber dem Ancien Regime geändert. Sie waren als Komture feudale Grundherren geblieben und regierten über die Ländereien des Ordens (Kommenden) in den habsburgischen Ländern. Diese soziale Situation änderte sich mit der Bauernbefreiung und Grundentlastung nach 1848 für die Komture einschneidend. Die Kommenden waren von da an auf ihre Komtureien, den Waldbesitz und den eigenbewirtschafteten Grund reduziert. Wohl als eine Folge davon verminderte sich der Zustrom von Berufsoffizieren zum Orden merklich. Hinzu kam, daß der Malteser-Ritter-Orden und sein damals bedeutendstes Großpriorat, nämlich das von Böhmen und Österreich, nach dem Verlust des Ordensstaates von Malta und nach dem Ende der militärischen Tätigkeit gegen die Osmanen nach 1815 begonnen hatte, innere Reformen durchzuführen, welche die religiöse und hospitalitäre Basis wieder mehr stärken sollten. Im Zuge dieser Bestrebungen wurde, nach bereits geleisteten freiwilligen Sanitäts-Hilfsleistungen in den vorangegangenen österreichischen Kriegen, im Jahre 1876 mit dem österreichischen Kriegsministerium eine Vereinbarung unterzeichnet, derzufolge das Großpriorat im Rahmen der österreichischen Heeresorganisation einen Freiwilligen Sanitätsdienst im Kriege mit mehreren Sanitätszügen und anderen Sanitätseinrichtungen aufstellen und finanzieren sollte. Diese hospitalitäre Tätigkeit führte das Großpriorat Österreich im Rahmen der Heeresverwaltung auch tatsächlich bis lange nach dem Ersten Weltkrieg durch und verblutete sich daran in durchaus ritterlichem Sinn auch finanziell.

Für den Orden war nun auch im Großpriorat von Böhmen und Österreich an die Stelle des mit der Waffe in der Hand gegen den Mohammedaner kämpfenden Johanniters wie in der Frühzeit des Ordens wieder der Ordensbruder in den Vordergrund getreten, der aus religiösen Gründen den aufwendigen Kampf gegen das Elend der Welt in seiner vielfältigen Form ohne Ansehung von Herkunft, Rasse und Religion verstärkt aufnahm. Für diesen nie endenden Kampf blieben und bleiben auch die eingangs dargestellten traditionellen geistigen Grundlagen eines spezifischen melitensischen Rittertums eine bis heute gültige Basis.

Anmerkungen:

1 In den letzten Jahrzehnten sind die international und in mehreren Sprachen publizierten Bücher des ehemaligen britischen Marineoffiziers und bis zu seinem Tod auch in Malta lebenden Autors Ernle Bradford meinungsbildend gewesen. Vgl. Bradford, Ernle: Der Schild Europas. Der Kampf der Malteserritter gegen die Türken 1565. Berlin 1961; Ders.: Kreuz und Schwert. Der Johanniter/Malteser-Ritterorden. Berlin 1972.

2 Chronologisch, nicht systematisch aufgebaute historische Grundlagenwerke, die von ordenseigenen und anderen Historikern verfaßt wurden, sind etwa: Bosio, Giacomo: Dell'Istoria della Sacra religione e illustrissima militia di San Giovanni di Gerosolimitano. Venezia 1695; Pozzo, Bartolomeo, dal: Historia della Sacra Religione Militare di San Giovanni Gerosolimitano detta di Malta [...]. Verona 1703; Aubert de Vertot d'Auboeuf, René: Histoire des Chevaliers de St. Jean de Jerusalem. Paris 1726.

3 Dauber, Robert L.: Die Marine des Johanniter-Malteser-Ritter-Ordens. 500 Jahre Seekrieg zur Verteidigung Europas. Graz 1989; Wismayer, Joseph M.: The Fleet of the Order of St. John 1530–1798. Valetta 1994.

4 Hoppen, Alison: The Fortifications of Malta by the Order of St. John (1530–1798). Edinburgh 1979; Spiteri, Stephen C.: Fortresses of the Cross. Hospitaller Military Architecture (1136–1798). Malta 1994.

5 Annuaire de l'Ordre Souverain Militaire Hospitalier de Saint-Jean de Jerusalem de Rhodes et de Malte 1997/1998 (1997), S. XXXI.

6 Dauber, Robert L.: Johanniter-Malteser-Ritter unter kaiserlichen Fahnen. [unveröffentlichte Studie].

7 Codice del Sacro Militare Ordine Gerosolimitano. Riordinato per Comandamento del Sacro Genere Capitolo celebrato nell'Anno MCCLXXVI. Sotto gli auspici di sua Altezza Eminentissima il Gran Maestro Frá Emanuele de Rohan. Malta 1782, [i. d. F. zit. Code Rohan] Kapitel I, Titel I, Abs. 2.

8 Ebda, Abs. 1. u. 2.

9 Verfassung des Souveränen Malteser-Ritter-Ordens: Hospital-Orden vom Hl. Johannes von Jerusalem. genannt von Rhodos genannt von Malta. Rom 1961, Artikel I., Par. I., S. 7.

10 Annuaire, 1997, S. XXII.

11 Fischer, Peter/Köck, Heribert: Allgemeines Völkerrecht. 2. Auflage. Eisenstadt 1983, S. 161.

12 Zur heraldischen Verwandtschaft dieses Wappen-, Standarten- und Uniformzeichens mit etwa dem Stadtwappen von Wien und Pavia sowie mit dem Landeswappen und der Fahne von Savoyen und Dänemark vgl. Dauber, Robert L.: Der Johanniter-Malteser-Orden in Österreich und Mitteleuropa. 850 Jahre gemeinsamer Geschichte. Bd. I. Hochmittelalter (12. Jhdt. bis 1291). Wien 1996, S. 181f.

13 Dauber, Die Marine, S. 207f.
14 Annuaire, 1997, S. XXXI.
15 Vgl. Schwenk, Bernd: Aus der Frühzeit der geistlichen Ritterorden in Spanien. In: Fleckenstein, Josef/Hellmann, Manfred (Hrsg.): Die Geistlichen Ritterorden Europas. Sigmaringen 1980, S. 109–140 (= Vorträge und Forschungen Bd. XXVI.).
16 Dauber, Die Marine, S. 207f.
17 Die letzte der regelmäßig von den Päpsten erteilten, jeweils für mehrere Jahre gültigen Kreuzzugsbullen wurde noch am 16. Juli 1795 für die bevorstehenden Karawanen zur See erteilt. Vgl. Archives of Malta, [i.d. F. zit. AOM] Valetta, Arch. 276, fol. 24v.
18 Histoire Militaire de France. Bd. I. Des origines à 1715. Sous la direction de Philippe Contamine par Anne Blanchard. 1. éd. Paris 1992, S. 89f.
19 Vgl. Steiger, Arnold (Hrsg): Das Leben des Capitán Alonso de Contreras, von ihm selbst erzählt. Zürich 1961 (= Manesse Bibliothek der Weltliteratur).
20 Als Beispiel dafür sei hier auf die Person des im Text erwähnten Frater Johannes Rinderschinckh hingewiesen.
21 Code Rohan, II. Kapitel, I. Absatz.
22 Histoire Militaire de France, S. 89f.
23 Ebda, S. 89f.
24 Ebda.
25 Code Rohan, II. Kap., I. Absatz.
26 Rödel, Walter G.: Das Großpriorat Deutschland des Johanniter-Ordens im Übergang vom Mittelalter zur Reformation an Hand der Generalvisitationsberichte von 1494/95 und 1540/41. Köln [Phil. Diss.] 1966, S. 39f.
27 Státní Ústřední Archiv v Praze [Staatliches Zentralarchiv Prag] [i.d. F. zit. StZA], Ordensarchiv, Inv. No. 1212/13/14.
28 King, E. J.: The Rule Statutes and Customs of the Hospitallers 1099–1310. London 1934, S. 124.
29 Ebda.
30 Ebda, S. 49f. u. 98f.
31 Waldstein-Wartenberg, Berthold: Die Vasallen Christi. Kulturgeschichte des Johanniterordens im Mittelalter. Wien, Graz, Köln 1988, S. 47.
32 Dauber, Der Johanniter-Malteser-Orden, Bd. I, S. 19f.
33 Vgl. dazu die bereits oben genannte Biographie des Alonso de Contreras.
34 Eine erste zusammenfassende Auflistung bei Dauber, Robert L.: Der Johanniter-Malteser-Orden in Österreich und Mitteleuropa. 850 Jahre gemeinsamer Geschichte. Bd. II. Spätmittelalter und frühe Neuzeit (1291–1618). Wien 1996, S. 577.
35 Vgl. Wienand, Adam (Hrsg): Der Johanniter-Orden. Der Malteser-Orden. Der ritterliche Orden des hl. Johannes vom Spital zu Jerusalem. Seine Aufgaben, seine Geschichte. 2. Aufl. Köln 1977, S. 624f.
36 Vgl. Dauber, Der Johanniter-Malteser-Orden, Bd. II., S. 577f.
37 Vgl. Dauber, Die Marine, S. 83f.
38 Bauer, Rolf: Österreich. Ein Jahrtausend Geschichte im Herzen Europas. München 1980, S. 12f.
39 Dauber, Marine, S. 283f. Vgl. den dort befindlichen 1. Operationskalender der Ordensmarine 1165 bis 1789.
40 Privatarchiv Georges Englebert (†), Wien.
41 AOM, 1895, fol. 110v.
42 Dauber, Der Johanniter-Malteser-Orden, Bd. II, S. 490 u. 500.

43 Vgl. Dauber, Robert L.: A Knight of Malta in Brazil. Ambassador and Admiral Comm. Frá François de Villegagnon (1510–1571). A Biography. Valletta 1995.
44 Salles, Felix, de: Annales de l'Ordre de Malte ou des Hospitaliers de Saint-Jean-de-Jérusalem […]. Vienne 1889 (= Ordres Religieux de Chevalerie), S. 278.
45 Frick, Karl R. H.: Vergessene Flotten. Flotten und Flottenbaupläne des Hl. Römischen Reiches vom 15. Jahrhundert bis 1632. Graz 1990, S. 43f.
46 Ebda.
47 Springer, Elisabeth: Kaiser Rudolf II., Papst Clemens VIII. und die bosnischen Christen. Taten und Untaten des Cav. (Frá) Francesco Antonio Bertucci in kaiserlichen Diensten 1594–1602. In: Mitteilungen des Österreichischen Staatsarchives 33 (1980), S. 77–105.
48 Lamm, Friedrich: Leopold Graf Kollonitsch. In: Schriftenreihe des Malteser Museums Mailberg. Bd. 6. Mailberg o. J., S. 14f.
49 Ebda.
50 Vgl. Dauber, Die Marine, S. 259.
51 Dauber, Robert L.: Erzherzog Friedrich von Österreich. Admiral und Ordensritter. Graz 1993, S. 83f., 159f.

Christian Steeb

Ferdinand Ernst Freiherr von und zu Stadl (1684–1743)
Das Leben eines Ordensritters im Spiegel zeitgenössischer Dokumente

Bei der Quelle, die hier in erster Linie Verwendung fand, handelt es sich um die Chronik der Familie Stadl, welche in der ersten Hälfte des 18. Jahrhunderts durch Franz Leopold Freiherr von und zu Stadl verfaßt wurde.[1] Die Geschichte der Familie behandeln, in Form von exakten Abschriften von Originaldokumenten aus dem Familienarchiv, insgesamt vier Bände, die sich heute in Privatbesitz befinden.[2] Der verdiente Autor selber hat sich – über die Geschichte der eigenen Familie hinaus – auch in insgesamt neun Bänden und einem Nachtragsband von 1732 bis 1741 mit der Adelsgeschichte seiner Heimat, der Steiermark, beschäftigt. Diese wunderschönen, mit vielen Wappen-, Siegel und Epitaphiendarstellungen geschmückten Bände, die unter dem Titel „Hell glänzender Ehrenspiegel des Herzogthumbs Steyer" bekannt sind, werden heute unter der Signatur HS 28 vom Steiermärkischen Landesarchiv in Graz verwahrt.

Am 20. Juli 1684 wurde dem kaiserlichen Geheimen Rat, Kammerherrn und Obristen Johann Rudolph Freiherrn von und zu Stadl, Herrn auf Stadl, der Riegersburg, Freiberg, Lichtenegg, Kornberg und Johnsdorf und seiner zweiten Frau[3] Maria Clara, geborenen Gräfin Galler von Schwanberg, im Schloß Stadl bei St. Ruprecht an der Raab ein Sohn geboren.[4] Die Paten des Kindes, welches die Namen Ferdinand Ernst erhielt, waren Franz Adam Graf von Dietrichstein und dessen Frau Maria Rosina, geborene Gräfin von und zu Trauttmansdorff. Das Sakrament der Taufe spendete der damalige Pfarrer zu St. Ruprecht an der Raab, Balthasar Tampp, in der Kapelle des Schlosses Stadl.[5]
Über die Jugend und Erziehung des späteren Ordensritters läßt sich leider nicht viel sagen, außer daß er im Kreise zahlreicher Geschwister aufwuchs.[6]
Geht man jedoch davon aus, daß Stadls jüngerer Bruder, der am 7. Mai 1692 geborene Georg Siegmund[7], bis zum Jahr 1711 das Jesuitenkolleg in Parma besuchte und danach im Rahmen der damals üblichen Kavalierstour zusammen mit dem gleichaltrigen Carl Grafen von Saurau unter Aufsicht eines Hofmeisters

durch ganz Italien und dann noch durch Deutschland reiste, so wird wohl auch die sorgfältige Erziehung Ferdinand Ernsts der des jüngeren Bruders um nichts nachgestanden haben.[8]

Nach dem Tode des Vaters, der in Graz am 28. Mai 1696 im Alter von 56 Jahren verstorben war, muß für Ferdinand Ernst und seine Geschwister das Jahr 1698 für die eigene Zukunft von besonderer Bedeutung gewesen sein. In eben demselben Jahr übernahm nämlich sein zehn Jahre älterer Bruder Johann (Hans) Carl Joseph als ältester Sohn – und damit auch als Erbe – das väterliche Fideikommiß von seiner bis dahin zur Vormündin bestellt gewesenen Mutter.[9] Johann Carl heiratete überdies 1698 Maria Cäcilia Gräfin von und zu Trauttmansdorff.

Während die ältesten Söhne des grundbesitzenden Adels durch die Einrichtung der Fideikommisse[10] generell als Nutznießer der Familienbesitzungen für die Zukunft versorgt und diese bei einigem wirtschaftlichen Geschick auch für ihre Nachkommen zu erhalten imstande waren, erwies sich das Schicksal ihrer jüngeren Brüder oftmals – da keineswegs finanziell abgesichert – als schwieriger. Den nachgeborenen Söhnen des Adels der damaligen Zeit – und dies trifft noch bis in das 19. Jahrhundert zu – stand zu ihrer Versorgung eigentlich nur eine geistliche Laufbahn, eine Militärkarriere, was damals noch den Erwerb einer Offizierscharge bedeutete, oder eben der Eintritt in einen der hohes soziales Prestige und Ansehen genießenden Ritterorden offen. Hier boten sich wiederum zwei Möglichkeiten: Man hatte die Möglichkeit sich für den Eintritt in den Deutschen- oder den Malteser-Ritter-Orden zu entscheiden. Warum sich Ferdinand Ernst Freiherr von und zu Stadl bzw. seine Familie für den Eintritt in letzteren entschloß, ist nicht bekannt. An sich jedoch überrascht dieser der Tradition der Familie widersprechende Schritt, denn sein Onkel, Gottfried Freiherr von und zu Stadl, war erst am 15. Mai 1677 in der Grazer Leechkirche in die Ballei Österreich des Deutschen-Ritter-Ordens aufgenommen worden.[11]

Vielleicht durch den Bruder seiner Mutter, seinen Onkel Seyfried Graf Galler von Schwanberg – der selbst Malteser war – dazu beeinflußt, entschloß sich Ferdinand Ernst, wie bereits gesagt, für den Eintritt in den Malteser-Ritter-Orden.[12] Der Chronist der Familie berichtet darüber folgendes:

„Herr Ferdinandt Ernst Freyherr Von, und zu Stadl ist des Löblich Sanct Joannis Hierosolimitani Rütterlichen ordens gebrauch nach von Herrn Seyfridt Füersten Von Eggenberg, Hörzogen von Cromau, Und güersteten Reichsgraffen zu Gradisca, Ihro Röm: Kays. Und König: May: Leopoldi Primi Würcklich gehaimber Rath Und Herrn Johann Joseph Graffen Von Wildenstain Ihro Röm: Kay: Und König: May: Leopoldi Primi gehaimber Rath in gegenwarth des Herrn Ferdinand Graffen Von Herberstain[13] Sancti Joannis Hierosolimitani Rüttern, Und Groß-Creuz zu Malta wie auch Ihro

Röm: Kay: Und König: May: Leopoldi Primi I[nner] Ö[sterreichischer] Vice Kriegs President, Und gehaimber Rath auf Vorhaltung nachstehender Articuln vor einen Sancti Joannis Hirosolimitani Rütter-ordens aufgenommen worden."[14]

Dies entsprach durchaus den gängigen Vorschriften des Ordens. Die Aufnahme in den Orden konnte, falls ein Krieg oder ähnliches die zuvorige Einholung der Zustimmung des Großpriors oder die Versammlung des zuständigen Provinzialkapitels unmöglich machte, auch durch einen katholischen Fürsten des Hl. Römischen Reiches erfolgen, der zusammen mit vier aus dem Adel stammenden Zeugen die Richtigkeit der in der jeweiligen Zunge des Ordens vorgeschriebenen Probe des Kandidaten zu beeiden hatte.[15] Normalerweise erfolgte die Aufnahme jedoch erst nach Zustimmung durch den Großprior der jeweiligen Zunge und mit dem Konsens von mindestens drei Kommendatoren des Ordens.

Wir erfahren über den weiteren Lebensweg des nunmehrigen Ordensmitgliedes folgendes:

„Nachdeme Herr Ferdinandt Ernst Freyherr Von, und zu Stadl in den Löbl. Sancti Joannis Hierolymitani-Orden zu Malta aufgenuhmen, und seine nöthige Proben über abgelegten Aydt Ihro Füerstlich gnaden Von Eggenberg, und Herrn Johann Joseph Graffen Von Wildenstain vor Richtig angenohmen worden, hat Er daß Ordens-Creuz zu tragen überkummen und ist in Ain Tausendt, Sechß Hundertt, Neun, und Neunzigsten Jahr umb Seine Caravanien[16], und Residenzen zu machen über Venedig, Florenz, Rom, und Neapel, alwo Er Sich embarquirt nacher Malta abgeraiset, und auf denen Maltesischen Gallern wider den Türcken vier Caravannen vollzogen, auf zwey Jahr Padrone[17], oder Luogotenente[18] der Gallera Capitana gewesen, welches daß vornehmbste Schiff ist, so mit Caravana ausslauffet, und des Herrn Groß-Maister Stöll vertröttet […]."[19]

Nach dieser ersten Zeit auf Malta im Kreise der Gemeinschaft der Ordensritter scheint sich Stadl bald endgültig entschlossen zu haben, sein Leben den Vorschriften und Maximen des Ordens gemäß weiterführen zu wollen.
Aus dem Jahr 1702 hat sich das unten ebenfalls im Original wiedergegebene Dokument erhalten, welches auch darüber Auskunft gibt, warum man an den Fürsten von Eggenberg mit der Bitte, die vorgeschriebene Ahnenprobe Stadls zu bezeugen, herangetreten war. Zusätzlich mußte auf deren Richtigkeit durch die vorgeschriebene Anzahl von vier aus dem Adel stammenden Zeugen, die natürlich namentlich genannt werden, „sub fide nobilis" ein feierlicher Eid abgelegt werden. Dieses Dokument folgt nun der Authenzität halber in einer Abschrift des Originals unter Beibehaltung der Schreibung der damaligen Zeit:

Ferdinand Ernst Freiherr von und zu Stadl (1684–1743)
Stadl IV, fol.14.

„Aufschwörung
Herrn Ferdinandt Ernst Freyherr Von, und zu Stadl,
zu dem Hochlöblichen Sancti Joannis Hyerosolimitani Rütter ordens zu Malta,
in 1702ten Jahr.

Wür Johann Seyfriedt Herzog zu Crumau, und Füerst zu Eggenberg des Heylligen Röm. Reichs güersteter graff zu gradisca, und Graff zu Adelsperg, Herr auf Radkerspurg, Strass, Ehrenhausen, Ober Wildon, Haasberg, Raitsch, Lochitsch, Gösting, Stibing, und Waldtstain, Obrister Erb-Landtmarschall in Öesterreich, Unter, und Ob der Enns, Obrister Erb Kammerer in Steyer, Obrister Erbschänck in Crain, und der Wündischen Marckh, Ritter des goldenen Flusses[20], dero Röm: Kay: Mäy: Würklich gehaimben Rath und Cammerer. Entbietten denen Hochwürdigen, hoch- und Wohlgebohrenen, wohlgebohrenen, Wohl Edlgeborenen Unseren besonders lieben Herren, und Freundten dem Groß Ballei dessen, Luogotenenten, dann der gesambten Löblichen zungen der Teutschen Nation, und Ihro Excellenz Herrn Groß-Prioren, Herren Commendatoribus, und Rittern des Hochlöblichen Ritterlichen ordens Sancti Joannis Hyerosolimitani zu Maltha, Unsere willige Dienst, Freundtschafft, grueß, und gunst, auch was Wür Sonsten liebes, und guettes Vermögen zu Vor, und füegen denenselben hiemit freundtlich zu wüssen, daß unß der Wohlgebohrene Herr Ferdinandt Ernst Freyherr Von Stadel Schrüfftlichen zu vernehmen gegeben, was Maßen Er durch inspiration des Heylligen Geistes, dann auch aus Sonderbahrer lieb zu adelichen und Rütterlichen fürnehmen mit Rath seiner lieben Herren befreundten entschlossen Seye, sich in den weith berühmten Rütterlichen Orden Sancti Joannis Hyerosolimitani zu begeben, und darinnen Sein Leben mit Ruhm, und Ehren zu führen, und zu vollenden, dessentwegen Er dann auch damit Er zu diesem Berueff Würcklichen gelangen möge, willens, und Vorhabens Sey, alles daß Jenige, was des ordens gebrauch, Herkommen, Recht, und gerechtgkeiten, auch die Stabilimenten in sich hielten würklich zu Praestiren, besonders aber Er anjezo in diesem Vorhaben begriffen wie Er den alten löblichen gebrauch Sein Adeliche Her- und ankunfft von seinen adelichen, und Rüttermäßigen geschlecht, Standt, und geburth von Vatter, und Mutter herrührend, und erhaischender maßen zu könfftiger Seiner Nothdurfft darthuen, und ausführen möchte; Wobey nun zwar Sonsten üeblichen Herkommens wäre, daß dergleichen zeugnussen vor Einen Löblichen Provincial Capitul, oder Assemblea abgelegt, und vollführet werden Sollten, alldieweilen aber Sein Zeugen, womit Er Sein her- und ankunfft erwiesen hat, mehren Thails in Steyermarckh, als woher er gebüertig, gesessen, und wegen weithen entlegenheit nacher Prag, woselbst Sich Ihro Excellenz der Hochwürdige, Hoch- und Wohlgebohrene herr Franz Sigmundt Graff Von Thurn[21], Herr auf Erlä, Schönstain, und

Königswaldt, Sancti Joannis Hyerosolimitani Ordens Groß Prior, durch Böheimb, Pohlen, und Öesterreich, Comendator zu Kleinolß, Gräbing, und Wienn, der Röm: Kai: May: Würcklicher gehaimber Rath, und General Feldt Marschall der zeit befünden, und vor demselben wegen abgang der Ordens Cavalliers, so in gegenwärtigen Kriegs Operationen hin, und her distrahirt, kein Provincial Capitul noch Assemblea angestöllet werden kann, sich mit Stöllen, noch Er Sonsten zu Prag mit einen genuegsamen Numero sothanner zeugen aufkummen könnte, als hat Uns derselbe inständigen Fleißes erbetten lassen, Wür wollten die Uns zu Beweisung seiner von dem Vatter, und Mutter herrüehrenden Adelichen, und Rüttermäßigen her- und ankunfft vorgestölten Herren Zeugen, und zwar benänthlich die Hoch- und Wohlgebohrene Herren Herren Georg Sigmundt des H. Röm: Reichs Graffen zu Trauttmannsdorff, und Weinsperg, Freyherren auf Gleichenberg, Meggau, Burgau, Tazenbach, Herren auf Liniz, Leitomischl, und Oberthall dero Röm: Kay: May: Würcklich gehaimber Rath, und Cammerern, und Herrn Rudolph Graffen Von Schrattenbach, Freyherrn zu Hegenberg, und Osterwitz, Herrn auf Pragwaldt, Hochenegg, Lemberg, und Ochsenstein, Obristen Erblandt Fürschneider in Steyer, der Röm: Kay: May: Würcklichen gehaimben Rath, und Cammerern dann Herrn Max Sigmundt Graffen Von Herberstain, Freyherrn auf Neyberg, und guettenhaag, Herrn auf Authall, Pusterwaldt, und Hainfelden, Erb-Cammerer, und Erb Truchsässen in Kärnthen, dero Röm: Kay: May: Würcklichen gehaimben Rath, und Cammerern, Hoff Marschall ambts Verwalter, und einer Löblichen Landtschafft in Steyer Praesidenten und Herrn Johann Joseph Graffen Von Wildenstain, Freyherrn auf Wildtbach, und Kallsdorff, Herrn zu Tschäkäthurn, und Libach, der Röm: Kay: May. I: Ö: Gehaimben Rath, Cammerern, und einer Löblichen Landtschafft in Steyer der zeit Verordneten Endtlichen darüber verhören, und Ihme nachgehends dieser Ihrer aussagen glaubwürdigen Scheine an hochgedachten Groß Ballei dessen Luogotenenten, dann der gesambten Löblichen zungen der Teutschen Nation, und Ihro Exzellenz Herrn herrn Grand Priorn /: titul :/ mittheilen lassen, alldieweilen durch dergleichen extra ordinari Mittel Vorhin anderen recipienten mehr in dergleichen fählen zu Ihrer intention geholfen worden; welches Sein lobwürdig, und billichmässiges ansuechen Wür Ihm keinesweegs abschlagen können, Sonderen bedeute Herren zeugen willig, und gerne vernohmen, welche dann Sambt, und besonders mit auf gereckten füngeren Rechter Handt ein leiblichen Eydt zu Gott, Seiner hochgebenedeyten unbefleckten Mutter, und allen lieben Heylligen, wie auch bey Ihren gräfflichen Threu, und Ehren geschworen, und darmit bezeuget, und dargethann, daß Ihnen des obbenendten Herrn Ferdinandt Ernst Freyherrn Von Stadl gegenwärtig vorgelegte, und von Ihnen Herren Zeugen in augenschein genohmene proben am Stam, Schildt, Helm, und Wappen sowohl von Vatter, als der Mutter Mann, und Weiblichen geschlechts insgesambt, und Sonders gar wohl bekannt, Sye auch woll wissen, und anderst Nie gehört, noch verstanden haben, als daß Selbe alte, adeliche, Rüttermässige geschlecher Seynd, und von Männiglich darfür gehalten worden. In Specie aber Seye Ihren wohl wissend, das mehrgedachter Herr Ferdinandt Enst Freyherr Von Stadel von Herrn Johann Rudolph Freyherrn Von Stadel und Frauen Maria Clara gräffin Gällerin Ehelich gebohren, gedachter Herr Johann Rudoph Freyherr Von Stadl, Seye von Herrn Ferdinandt Freyherrn Von Stadl und Frauen Susanna Catherina Löblin Freyin in wehrender Ehe gezeuget worden, besagt Herr Ferdinandt Freyherr Von Stadl wäre von Herrn Johann Andree Freyherrn Von Stadl, und Jacobina Freyin Von Khainach ehelichen herkommen, Erstgemelter Herr Johann Andree Freyherr Von Stadel Seye von Herrn Franzen Von Stadel, und Frauen Susanna Freyin von Scherffenberg in der Ehe gebohren worden, genandte Frau Jacobina Freyin Von Khainach, Seye von Herrn Mathia Freyherrn Von Khainach, und Frauen Ester von Trauttmannsdorff Ehelich hergesprossen, vorbesagte Frau Susanna Catherina Löblin Freyin Seye von Herrn Johann Christoph Löbel Freyherrn zu Grienburg, und Frauen Anna Maria Freyin Von Herberstain Ehelich gebohren, Er Herr Johann Christoph Löbel Freyherr zu Grienburg Seye von Herrn Johann Löbel Freyherrn, und Frauen Felicita Teufflin in der Ehe erworben, und gedachte Frau Anna Maria Freyin Von Herberstain Seye von Herrn Adam Freyherrn Von Herberstain, und Frauen Magdalena Catharina Khunin Freyin Ehelich erzeiget worden.

Nun Seye Seyn Frau Muetter Maria Clara gräffin gällerin von Herrn Johann Christian graffen gäller Von Schwamberg, und Frauen Theresia Maria gräffin Bräunerin, Ehelich erworben, erstgedachter Herr Johann Christian Graff Gäller Freyherr zu Schwamberg Seye von Herrn Johann Christoph gäller Freyherrn zu Schwamberg, und Frauen Ester Freyin Von Herberstain Ehelichen entsprungen.

Er Herr Johann Christoph Gäller Freyherr Von Schwamberg aber Seye von Herrn Christoph Gäller Freyherrn Von Schwamberg, und Frauen Apolonia Rauchenberg Von Hainfelden Ehelichen gebohren, besagte Frau Ester Von Herberstain Freyin Seye von Herrn Johann Friderich Freyherrn Von Herberstain, und Frauen Ursula gräffin Von Thurn Ehelichen herkommen. Vorberührte Frau Theresia Maria gräffin Bräunerin Seye von Herrn Maximilan Bräuner Freyherrn, und Anna Regina gräffin Von Wagensperg hergesprossen, Er Herr Maximilian Bräuner Freyherr aber von Herrn Jacob Bräuner Freyherrn, und Frauen Renata Von Preysing, in der Ehe gebohren, vorgemelte Frau Anna Regina gräffin Von Wagensperg Seye von Herrn Johann Sigmundt graffen Von Wagensperg, und Frauen Felicita Höfferin Ehelichen erzeuget worden.

Und daß Solche in hie obgemeldter ordnung beschriebene Stammen, als vom Vatter Stadl, Scherffenberg, Khainach, Trauttmannsdorff, Löbel, Teuffel, Herberstain, und Khainach. Gegen über aber der Mutter Gällerin, Rauchenbergin, Preysing, Wagensperg und Höferin, als Sein Herren Ferdinandt Ernst Freyherrn Von Stadl leibliche Eltern, und Vor-Eltern Sammentlich nicht anderst, als von guetten alten Adelichen, und Rüttermässigen Herkommen, Ihre Schildt, Helm, Wappen, und Nahmen Jederzeit erkennt, und vor Männiglichen darfür gehalten, und geachtet worden, auch noch werden, wie dann auch daß mehrgedachter Herr Ferdinandt Freyherr Von Stadel in der uralten Römischen, und allein Seeligmachenden Catholischen Religion, und allen adelichen gutten Tugendten auferzogen worden, und Sich Jederzeit Ehrlich, Redlich, und aufrichtig, Tugendtsamb, und mit einem Worth also verhalten habe, daß Er dessen bey Männiglichen Ruhm, und lob erlanget, Seye auch bis Dato einigen Orden, oder Sonsten Jemanden, mit Pflicht, oder ayd Dienst, oder Schulden nicht verbundten.

Sintemahlen nun diese adelich, und Rittermäßige geschlechts Proben von Uns in Solennissima forma, wie obgehöret worden, beschechen, und Durch die hier ernante Herren Zeugen, deren Solches alles wissend, durch ein Cörperliches jurament becräfftiget worden, Wür auch darüber umb erthaillung einer authentischen Urkundt dessen gebührend ersuechet, und gebeten worden.

Alß haben wür in diese bitt zu willigen, und Solche Urkundt in forma authentica hiemit auszuförtigen kein bedäncken getragen, und ist demnach an mehr Hochgedachten Groß Ballei dessen Luogotenenten, dann die gesambte Löbliche zungen der Teutschen Nation, und Ihro Excellenz den obermelt, und wohl intitulirten Herrn Groß Priorn, durch Böhaimb, Pohlen, und Öesterreich /: Titl. :/ und die Jenige, denen diese unsere authentische Urkundt weithers vorgezeigt werden möchte, unser freundliches bitten, und günstiges ansuechen, Sye wollen derselben Vollständigen glauben beymessen, und offtgemelten Herrn Ferdinandt Ernst Freyherrn Von Stadel in wahrhaffter befündung Seines uralten, und bekandten Rütterlich, und adelichen geschlechts, und Herkommens nicht nur allein umb dessen, Sonderen auch umb Seines Ehrlichen, Tugendtsamb, und Ruehmlichen wollverhaltens, wie auch umb unseretwillen alle geneigte Beförderung erzeigen, damit derselbe Seyn intention erlangen, und mithin in dem Hochlöbl: Rütterlichen orden Sancti Joannis Hyerosolimitani, als worzue Er Sich von Gott beruffen zu Seyn, befündet würcklich aufgenohmen, und dadurch diesen unser Fürstlichen bekanndtnus, und respective Vorschrüfft in dem Werck fruchtbar, und ersprüeßlich genüessen möge, welche uns sowohl, als Ihme angenehme willfährigkeit Wür umb Hochgedachten Groß Ballei, dessen Luogotenenten, dann die gesambte Löbliche zungen der Teutschen Nation, und Ihro Excellenz dem obermelt, und wohl intitulirten Herrn Grand Priorn und dem Hochlöblichen Rütterlichen orden Jederzeit freundtlich, und mit günstigen gutten willen widerumben beschulden wollen.

Zu mehrerer Urkundt dessen allen haben Wür diesen hierüber verfasten offenen Brieff, und respective Vorschrüfft mit Unserer Selbst eigenen Handt Unterschrüfft becräfftiget, und mit unseren Hörzoglichen, und Füerstlichen insigel corrboriren lassen, beynebens auch dem Wohl Edl, und gestrenngen Herrn Johann Adam Niclas, der Röm: Kay: May: I. Ö. Regierungs Secretarium hierzue requiriret, daß er demselben, als Kay: Notarius publicus ausgefördtiget, so beschechen alhier zu Gräz in unseren Füerstlichen Hoff, den ailfften February des Sieben zöchen hundert, und anderten Jahrs

      L: S: Johann Seyfridt Fürst zu Eggenberg"

Die Zeugen der Probe Stadls, Georg Siegmund Graf von und zu Trauttmansdorff, Rudolph Graf von Schrattenbach, Max Siegmund Graf von Herberstein und Johann Joseph Graf von Wildenstein, hatten überdies in Anwesenheit des Fürsten Eggenberg folgende Fragen über die Person und das Herkommen des Ferdinand Ernst Freiherrn von und zu Stadl zu beantworten und danach die Richtigkeit seiner vorgelegten Ahnenprobe zu beschwören. Dies geschah auf folgende Weise:

      „Articul.

Über Welche die Vorbenendten Herrn herrn Commisarien in aufnehmung des Herrn Ferdinandt Freyherrn Von, und zu Stadl eines Sancti Joannis Hierusolymitani-Ordens-Rüttern Schwören Müessen.

Nachdeme die Vier Herrn Commissarien die Ihnen zuegestölten Proben übersehen, sollen Sye auf hernach folgende puncta zu schwören Ihnen belieben lassen.

1mo Ob Einer von diesen Erböttenen Herrn Commisarien den Praetendenten mit Schwager- oder gevatterschafft verbunden Seye?

R[espondant]: keiner.

2do Ob Sye den Praetendenten Ferdinandt Ernst Freyherrn Von Stadl Recht kennen, wissen wo er gebohren, was Er vor ein alter Sein kennet, Und wessen Er ein Sohn Seye?

R: Sie erkennen, Und wissen, daß wahr sey wie es der Praetendent Ferdinandt Ernst Freyherr Von Stadl vorgibt.

3tio Ob der Praetendent Ferdinandt Ernst Freyherr Von Stadl, so Seine Proben vorstölt, entspringe von Ungläubigen Christlichen Stammen, ohne Deszendenz der Juden, Mohren, Türcken, Und anderen dergleichen Ungläubiggen?

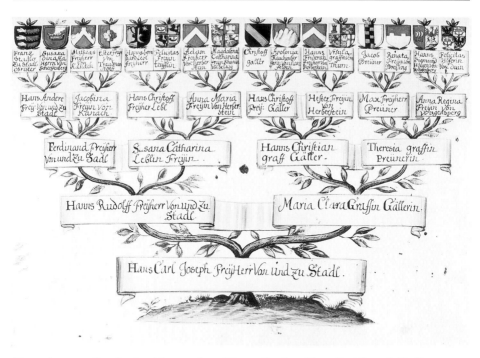

Stammbaum auf sechzehn Ahnen seines älteren Bruders Hans Carl Joseph Freiherrn von und zu Stadl
Stadl III, fol. 181.

R: Hätten nie anderst gehört.
4to Ob der Praetendent Ferdinandt Ernst Freyherr Von Stadl ein Wahrer Römischer Catholischer Christ Sey? Und so Er Villeicht ein Ketzer[22] gewesen, wie lang daß er solche Kezerey widerruffet, Und verlassen?
R: Sey ein wahrer Christ.
5to Ob der Praetendent Ferdinandt Ernst Freyherr Von Stadl von gesunden Verstand? Auch guetten Leibs Beschaffenheit, daß Er zu denen Waffen tauglich, Und ob er villeicht ein, oder anderen freundtlichen Tottschlag, oder sonst Angeheimer Laster begangen habe? Was also Von Seinen geführten Leben gehört worden, und Wissenschafft vorhanden Sey?
R: Seye tauglich, sonst nichts anders gehört.
6to Ob der Praetendent Ferdinandt Ernst Freyherr Von Stadl villeicht einem anderen Orden zuegetan, Und in Selbigen profession gemacht habe oder ob er Sich etwan in der Stille verhayrath, den Ehestandt würklich vollzogen, oder sonst ein grosse Summa Geldes schuldig Sey.
R: Haben davon nichts gehört.

7mo Ob des Praetendenten Vatter, und Muetter, oder Voreltern, wie Sein Stamm Baumb vorweist des Hochlöbliche Malteser-Ordens Güetter Unrechtmäßig besüezet, oder noch noch würcklich verhalten.
R: Habe nie nichts gehört.
8vo Ob der Praetendent Ferdinandt Ernst Freyherr Von Stadl Sein Vatter Muetter öhn, Und ähnl, Urähn, Und Uhrähnl von Ehelichen Eheböth entsprossen, ohne Makul der Bastarden, oder sündl-Hündlung das geringste gehört worden?
R: Seye nichts widriges gehört worden.
9no Ob der Praetendent, Und dessen beschworne Voreltern in denen Stammbaum von Ersten bis zu lezten Ehrliche adelich Rüttersleuth sowoll mit Nahmen, Wappen, Schild Und Helmen, wie Sye gegenwärtig beschrieben, Und gemahlen gewessen Seyn, Vor solche Verehrt, Jedermänniglich gehalten, Und erhalten worden, ohne das Sye etwas begangen, so ein Mackul der wahren Rütterschafft benannt werden könnte?
R: Der Stamm-Baum Seye wahrhafftig, so Wire Ihnen wissend, nichts anders gehört.
10mo Ob die Helm, Schildt, Veldter, Und Zierrath des vorgebrachten gemahlenen Stammbaumbs also, Und in Sich Selbsten warhafftig Seye, allezeit dergleichen adelichen Geschlechtern gewessen, Und davor gehalten worden, auch von den Geschlechtern also gebraucht, Von welchen der Praetendent Ferdinandt Ernst Freyherr Von Stadl erzeugt, Und entsprossen?
Wür N: N: Innsgesambt, Und ein Jeder von daß insonderheit bezeugen der Wahrheit zu seyen, Und Schwören zu Gott dem Allmächtigen, Seiner Glorwürdigen Unbefleckten Muetter, Und allen Heylligen Gottes, daß demnach Wür des Herrn Ferdinandt Ernst Freyherr Von Stadl Stammbaumb, Und Geschlecht examinirt, sodann befunden, auch guette, Und genugsambe wissenschafft haben, daß derselbe Seine acht Agnaten von beiden Bandten her genügsamb zu erwiesen Und folglich von solchen Geschlecht, Und Familia Seye, welche Inn- und ausser Landt von Jedermänniglich In, Und allezeit für Stüfft und Rüttermässg erkennet: Und gehalten werden. So wahr Unß Gott helff, Und Sein heylliges Evangelium."[23]

Erhalten hat sich vom 2. Mai 1702 auch eine Bestätigung der Bezahlung der vorgeschriebenen Passagegebühr, die durch einen Verwandten, den Pater Johann Ernst Galler, für den abwesenden jungen Mann bezahlt wurde. Es handelte sich dabei um den Betrag von 75 Spanischen Doppeltalern.[24]
Ganz so einfach scheint die Sache dennoch nicht gewesen zu sein, denn nachdem gegen die üblicherweise angewandte Vorschrift das zuständige Provinzialkapitel des Ordens nicht konsultiert worden war, erfolgte im Auftrag der Deutschen Zunge des Ordens nochmals im Jänner des darauffolgenden Jahres durch

Geleitbrief des Großmeisters vom 30. Juni 1708

den Komtur zu Groß-Tinz Frá Johann Ferdinand Graf von Herberstein in Graz eine Prüfung der Richtigkeit der Abstammung Stadls und sämtlicher dazu vorgelegter Dokumente.[25]

Nachdem auch diese Überprüfung – wie erwartet – keinen Anlaß zu irgendwelchen Zweifeln hatte aufkommen lassen, wurden darüber, nach zusätzlicher notarieller Beglaubigung, auch wieder Bailli Frá Karl Leopold Graf von Herberstein und Frá Gundackar Poppo Graf von Dietrichstein informiert.[26] Auch darüber wurde eine notarielle Beglaubigung angefertigt, die der Notar und Doktor der Rechte Otto Christoph von Frizenstein in Graz am 19. Jänner 1703 unterfertigte.[27]

Laut einem weiteren Notariatsakt aus Prag vom 4. Oktober 1703 bestätigten schließlich der Rezeptor des Großpriorates von Böhmen und Österreich, Bailli Frá Karl Leopold Graf von Herberstein[28], und der damalige Kommendator zu Klein-Öls, Frá Gundackar Poppo Graf von Dietrichstein[29], den ordnungsgemäßen Empfang der Passagegebühr und bezeugten durch ihre Unterschrift weiters einen ordnungsgemäßen Taufschein Stadls, der allem Anschein nach dem Konvent in Malta nicht vorgelegt worden war, empfangen und gesehen zu haben.[30]

Von Ferdinand Ernst Freiherr von und zu Stadl selbst und seinem Leben auf Malta ist zu dieser Zeit wenig zu erfahren, außer, daß der Chronist der Familie angibt: „Er ware auch ricevito Delle Gallere, in ain Tausendt, Siebenhundert, und Neunten Jahre, Ist er hinwiderumb von Malta über Neapel, und Rom, nachher grätz gerayßet, zu welcher Seiner Rayss einen Pass-Brieff Frater Don Raymundus de Perellos & Rocafull dises Sancti Joannis Hierosolymitani-Ordens damahligen Groß-Maisters zu Malta erthaillet."[31]

Der erwähnte Paß des damaligen Großmeisters des Ordens in italienischer Sprache, datiert vom 30. Juni 1708, weist Stadl allen weltlichen Autoritäten gegenüber als Mitglied des Ordens aus, dessen Reise weder unterbrochen, verhindert noch verzögert werden dürfe und den man vor allem unbeschadet passieren lassen müßte.[32]

Über den eigentlichen Zweck der Reise, die möglicherweise über Graz hinaus auch bis nach Prag, dem nominellen Sitz des Großpriorates, geführt hat, bleiben wir im Unklaren. Im erwähnten Geleitbrief ist lediglich davon die Rede, daß Stadl verschiedene seiner Interessen zu vertreten beabsichtigte. Der Chronist der Familie schrieb über den weiteren Lebensweg des Ordensritters:

„Anno 1710 ist Herr Ferdinand Ernst Freiherr von und zu Stadl fürwiderumb von Grätz aus über Venedig, Rom und Neapel nacher Malta zurück geraist alwo er in die Drey und dreyssig Jahr sich aufgehalten, und des löblichen Malteser-Orden Groß Creuz und Commendator zu Groß Tintz, Troppau[33] und Mackaw in Schlösien gewest.[34]

Er ist wayllandt Ihro Röm. Kayl. und Königl. Cathol. Mays. Carl des Sechsten Erzherzögen zu Österreich etc. nicht münder Ihro Röm. Kayl. und Königl. Mays. jetzt regirenden Römischen Kaiserin, zu Ungarn und Böhaimb Königin, Erzherzogin zu Österreich durch viele Jahre Minister, auch, als Abgesandter[35] von dem löbl. Sancti Joannis Hierusolymitani Orden zu Malta; Ingleichen des dazumahlen Regirenden Groß-Maisters Emminenz Siniscalus[36], und vornehmbster Minister alwo Er in allen vornehmen affairen gebrauchet worden, und bey disen löbl. Orden in grossen ansehen gewehsen. Und ist in ain Tausend, Sieben Hundert drey und vierzigsten Jahr, den neun und zwanzigsten December, nach Sieben und ain halb Monath lang gelittener Gicht in der Residenz Statt Malta gestorben alwo er auch in der Ordens-Kirchen aldorten begraben worden [...]".[37]

In einem „Clag Brieff" aus Malta vom 31. Dezember 1743 informierte das ebenfalls aus der Steiermark stammende Ordensmitglied Freiherr von Glojach[38] die Familie des Ordensritters von dessen erfolgtem Ableben. Wie in solchen Fällen

Ferdinand Ernst Freiherr von und zu Stadl (1684–1743)
Stadl IV, 12.

üblich folgen Angaben über die Zeit der Krankheit und auch die Versicherung darüber, daß der Verstorbene nach dem Empfang der Hl. Sakramente verstorben sei.
Ob das hier wiedergegebene Schriftstück vom Ordensritter selbst oder aber vom Chronisten der Familie stammt, läßt sich heute nicht mehr mit Sicherheit sagen,

dennoch soll es hier als typisch für eine Laufbahn im Orden zur damaligen Zeit wiedergegeben werden:

„Beschreibung
Was einem Cavaglier, Der sich in den Sanct Joannes Hierusolymitani Ritter ordens zu Malta will einverleiben lassen, was er zu wüssen höchst Nothwendig habe, auf das Er desto Ehunder in Solchen orden Fortkummen möge:

Erstlich ist zu wissen, Daß er die Residenz in Malta /: zu einer Haubt Nothdurfft mit der Zeit die Ordens Gnaden genüßen zu können :/ vor Sechzöchen Jahren nicht anfangen kann, obschon Einer würklüch zu Malta befündet, und muß der neu angenommene Ordens Ritter ain halbes Jahr in Convent Sein, bevor er Profession thun kann, und hat derenthalben das Priorat Böchaimb ain Special Privilegium, süntemahlen alle andere Zungen oder Nationen ain ganzes Jahr da Seyn Müssen.[39]

Alsdann bittet der Noviz den Groß-Maister und daß Consilium, daß er daerffe Proffession ablegen; Nachdem nun dieses dem Noviz-Maißter übergeben wird, examinirt Er die Aufführung des Novizen, übergibt darüber seine Mainung ab, und nach Verhalt derselben erfolgt die Verwilligung zur Profession abzulegen, Wann aber Einer nicht so gleich die Profession ablegen will, so Stehet es ihme auch frey, selbige zu differiren, aber nichts desto weniger wird Er doch vor ein Ordens-Ritter erkennet, und ist aber dazue schuldig bevor Er Fünf und Zwainzig Jahr erreichet in minorenitate Profession zu Thun, wan er solches übersehet, so ist das Preve ohngültig, und laufet die Aufnehmung in den Orden nur von den Tag an seiner Hineinkunfft.

Andertens ist zu wissen, daß solang Einer nicht Professio abgelegt hat, daß Solcher weder Pensiones, noch Commenden überkummen kann, welches, obwohlen es bey anderen Nationen aus sonderbahren Ursachen, und Considerationen in widerspiell beschechen, oder noch beschicht, so ist es doch bey der Teutschen Nation niemahls practicirt worden, und selbige dergleichen praejudicia nicht hat einschleichen lassen.

Drittens damit sich ein Jeder Ritter zur Pension capace machet, mueß Er drey Jahr Residenz machen.

Viertens, daß Er ein Commenda erhalte, Mueß Er Fünf Jahr Residenz halten, und Fünff Caravanien verrichten, Er Mueß aber diese zu halten entweders in Malta, oder Sonst in Ordens-Diensten Sein, als zum exempl in den Groß-Priorat Ricevitor[40], oder Procurator des Ordens, desgleichen wird erfordert, wann ain Ordens-Ritter Groß-Kreutz werden will, daß Er zöchen Jahr Residenz gehalten habe, die verrichtende Ordens-Dienst werden auch anstatt der Residenz angenuhmen, und considerirt.

Fünfftens ist zu wissen, daß ain Ordens-Ritter nach abgelegter Profession vermög der drey vota nicht mehr testiren möge, und also mit Seinem Vermögen nicht zu disponiren hat, wann Er aber bey dem Groß-Maister Sich umb die Erlaubnus bewerbet, so wird Ihm zur Gnade verwilliget von seinem Patriomoniale ganz, von den überkummenen guetern aber den Fünfften Thail zu vertestiren, Jedoch Mueß er zwey legata, oder recognitiones, Eines dem Groß-Maister, daß andere dem gesambten Orden vermachen, wann Er nach überkummener solcher Erlaubnus kein Testament errichtet, und intestatus Stirbt, alsdann ist der orden der völlige Erb aller seiner guetter, und wann Er auch ein Testament nach überkummener erlaubnus hünterlasset, und die zwey legata vor dem Groß-Maister, und dem gesambten orden aber auslassete, darin nichts Specificiret, so ist daß Testament ohngültig.

Wann Einer Schuldten Hünterlasset, so werden solche Schulden nur von den Fünfften Thaill des Verstorbenen hünterlassenen Patrimonial-Mittlen bezahlet, süntemahlen der Orden hieran nichts guetmachett, und von dergleychen wissen will."[41]

Zur Familie der Freiherrn von und zu Stadl ist abschließend noch zu sagen, daß sie am 25. Mai 1888 mit dem Tod des Freiherrn Ottokar im Mannesstamme erlosch.[42]

Die wenigen erhaltenen Zeugnisse lassen jedoch ihre einstige Bedeutung auch über die Grenzen der Steiermark hinaus bis heute ermessen.

Anmerkungen:

1 Zur Geschichte der Familie Stadl siehe: Zahn, Josef, von/Anthony von Siegenfeld, Alfred, Ritter (Hrsg): Steiermärkisches Wappen-Buch von Zacharias Bartsch 1567. Faksimile-Ausgabe mit historischen und heraldischen Anmerkungen. Graz 1893, S. 122f.; Pirchegger, Hans: Landesfürst und Adel in Steiermark während des Mittelalters. 2. Tl. Graz 1955, S. 286–294 (= Forschungen zur Verfassungs- und Verwaltungsgeschichte der Steiermark. XIII); Frank, Karl Friedrich, von: Standeserhebungen und Gnadenakte für das Deutsche Reich und die Österreichischen Erblande bis 1806 […]. 5. Bd. Senftenegg 1974, S. 36f.

2 Den Besitzern sei an dieser Stelle für die Erlaubnis zur Benützung der Bücher in dieser Form gedankt.

3 Johann Rudolf Frhr. von und zu Stadl (1640–1696) war in erster Ehe, die 1669 geschieden wurde, mit der damals bereits zweifach verwitweten Katharina Elisabeth Freiin von Wechsler verheiratet. Die damalige Herrin der Riegersburg und verwitwete Frfr. Galler von Schwanberg ist als die „Gallerin" in die Sage eingegangen. Sie starb am 12. Februar 1672.

4 Zur Geschichte der Galler siehe: Zahn/Anthony-Siegenfeld, S. 25f.; Frank, 2. Bd. 1970, S. 61f.; Genealogisches Handbuch des Adels. Bd. 67. Limburg a. d. Lahn 1978, S. 26f. (= Adelslexikon Bd. IV).

5 Tampp war im Jahr 1703, aus welchem die Taufbestätigung stammt, Dechant zu St. Jakob in Leibnitz. Vgl. Stadl, Franz Leopold, Freiherr von und zu: Familienchronik. IV, fol. 42f.

6 Aus der zweiten Ehe des Vaters stammten vier Söhne und fünf Töchter. Von letzteren starben zwei in jungen Jahren. Am Grabstein der Mutter in der Schloßkapelle zu Kornberg ist auch ein Sohn, Hans Jakob, genannt, der vermutlich ebenfalls noch als Kind gestorben war. Vgl. Stadl III, fol. 133.

7 Nedopil, Leopold: Deutsche Adelsproben aus dem Deutschen Ordens-Central-Archive. 2. Bd. Wien 1868, S. 315/6370 nennt ihn Georg Sigismund.

8 Georg Siegmund Frhr. von und zu Stadl ersuchte 1713 um die Aufnahme in den Deutschen-Ritter-Orden. Nach Ableistung des vorgeschriebenen Noviziates aufgenommen, diente er danach als Leutnant im Kürassier-Regiment Hautoy und nahm als solcher unter dem Kommando des Prinzen Eugen von Savoyen an den Kämpfen bei Peterwardein und an der Belagerung und Einnahme von Temesvár teil. Zu Rekrutierungen für sein Regiment nach Fürstenfeld zurückgekehrt, starb er dort am 27. Dezember 1716. Georg Siegmund Freiherr von und zu Stadl wurde in der Kapelle des Schlosses Kornberg bei Feldbach beigesetzt. Zu seiner Ahnenprobe vgl. Nedopil, S. 316/6372 u. 6373.

9 Maria Clara Freifrau von und zu Stadl, geborene Gräfin Galler von Schwanberg, starb ebenfalls in Graz am 28. Juni 1711 und wurde in Kornberg begraben. Vgl. Stadl III, fol. 142.

10 Die Grundidee, die der Errichtung von Fideikommissen zugrunde lag, deren Einrichtung aus Spanien kam und seit dem 17. Jahrhundert auch in den habsburgischen Erbländern praktiziert wurde, war den mühsam im Verlauf von einigen Generationen einer Familie erworbenen Grundbesitz vor Besitzaufsplitterungen, als Folge von Erbteilungen, zu schützen. Fideikommisse konnten im Bedarfsfall außerdem mit Zustimmung des Landesfürsten und der Agnaten mit bis zu einem Drittel des gerichtlichen Schätzwertes belastet werden.

11 Gottfried Freiherr von und zu Stadl starb in Judenburg im Jahre 1681 und wurde in der Kirche der Kommende Laibach des Deutschen Ordens begraben.

12 Vgl. Nedopil, S. 316/6371.

13 Johann Ferdinand Graf von Herberstein (1663–1721), in den Orden aufgenommen im Jahre 1672, 1709 Großkreuz und Bailli der Deutschen Zunge zu Malta, Komtur zu St. Joseph und Pulst, Geheimer Rat und Kämmerer, Innerösterreichischer Hofkriegsrat Vizepräsident und General-Feldmarschall, errichtete 1711 die von seinem Onkel Johann Joseph Graf von Herberstein gestiftete Kommende zu St. Joseph in Karlstadt. Er starb 1721 in Graz. Vgl. Archiv des Souveränen Malteser-Ritter-Ordens Wien, [i. d. F. zit. ASMRO], Hönisch, [Johann, Ritter von]: Monumenta Historica Equitum Ordinis Sancti Joannis Hierosolymitani. Graz 1871, fol. 125; Wissgrill, Franz Karl: Schauplatz des landsässigen Nieder-Österreichischen Adels vom Herren- und Ritterstande von dem XI. Jahrhundert an, bis auf jetzige Zeiten. 4. Bd. Wien 1800, S. 302.

14 Stadl IV, fol. 29v.

15 Vgl. Osterhausen, Christian, von: Vortrefflichkeit des Welt-berühmten Maltheser- oder Johanniter-Ordens von Jerusalem/Und was zu vollkommener Erkäntnuß und Wissenschafft desselben vonnöthen. Augsburg 1702, S. 42f.

16 Unter Karawanen sind militärische Einsätze von Ordensrittern zu verstehen. Die sogenannten „Carovanisti" waren ausschließlich junge Ordensmitglieder im Alter zwischen achtzehn und vierzig Jahren. Um zur Teilnahme zugelassen zu werden, war die vorhergehende Ableistung des sechs Monate dauernden Noviziats im Orden die Voraussetzung. Pflicht wurde die Teilnahme an militärischen Einsätzen des Ordens erst im Jahre 1583. Das Generalkapitel des Ordens von 1583 verpflichtete neue Mitglieder zur Teilnahme an drei Karawanen, deren Zahl 1597 bzw. 1603 auf vier Karawanendienste mit der Dauer von sechs Monaten zur See erweitert wurden. Vgl. Dauber, Robert L.: Die Marine des Johanniter-Malteser-Ritter-Ordens. 500 Jahre Seekrieg zur Verteidigung Europas. Graz 1989, S. 88f.

17 Padrone (Patròn) einer Galeere war der Erste Offizier und Stellvertreter des jeweiligen Kapitäns, dem zugleich auch die gesamte Mannschaft und die Soldaten an Bord unterstanden.
18 Ein Luogotenente (Leutnant) mußte zumindest zwei Jahre als Fähnrich (Insegne) gefahren sein. Sie wurden auch als Erster und Zweiter Leutnant (Luogotenenti) bezeichnet. Der Secondo Capitano sowie die beiden Luogotenenti lösten sich im Dienst alle vier Stunden in der Wachführung des Schiffes ab.
19 Stadl IV, fol. 32.
20 Damit ist der Orden vom Goldenen Vlies gemeint. Johann Seyfried Herzog zu Krummau und Fürst zu Eggenberg etc. (1644–1713) war seit 1697 Ritter dieses Ordens. Vgl. Catalogue de l'Exposition: La Toison d'or. Cinq Siècles d'art et d'histoire. Bruges 1962, S. 48; Steeb, Christian: Der Orden vom Goldenen Vlies. In: Österreichs Orden vom Mittelalter bis zur Gegenwart. Hrsg. von Johann Stolzer u. Christian Steeb. Graz 1996, S. 68–89.
21 Hierbei handelt es sich um einen Schreibfehler im Original, denn Großprior von Böhmen und Österreich war im Jahre 1702 Franz Sigismund Graf von Thun und Hohenstein. Zu seiner Biographie siehe: Salles, Felix, de: Annales de l'Ordre de Malte ou des Hospitaliers de Saint-Jean-de-Jérusalem [...] Vienne 1889, S. 283 (= Ordres Religieux de Chevallerie); Dauber, Ordensmarine, S. 258.
22 Wie so viele andere alte Familien des landständischen Adels waren auch zahlreiche Mitglieder der Familie Stadl im 16. Jahrhundert Protestanten. Noch der Urgroßvater von Ferdinand Ernst, Hans Andreas Freiherr von und zu Stadl, findet sich unter den Unterzeichnern des Horner Bundbriefes vom 3. Oktober 1608. Als die rigorosen Maßnahmen der Gegenreformation einsetzten, war er deshalb gezwungen seinen gesamten Besitz in der Steiermark an seinen katholischen Vetter Gottfried zu verkaufen. Er zog daraufhin mit seiner Familie nach Krems. Von den evangelischen Ständen Österreichs unter der Enns zum Obristen ernannt, fiel er, trotz seiner nicht verweigerten Huldigung für Ferdinand II. im Jahre 1620, bald darauf gänzlich in kaiserliche Ungnade. Dies führte dazu, daß seine mittlerweile erworbenen Herrschaften konfisziert wurden und er selbst geächtet wurde. Völlig verarmt starb er schließlich am 11. Februar 1628 in Krems. Vgl. Stadl I, fol. 269. Zur Haltung der Stände siehe: Reingraber, Gustav: Adel und Reformation. Beiträge zur Geschichte des protestantischen Adels im Lande unter der Enns während des 16. und 17. Jahrhunderts. Wien 1976, S. 15f. (= Forschungen zur Landeskunde von Niederösterreich. 21).
23 Stadl IV, fol. 25f.
24 Ebda, fol. 44.
25 Ebda, fol. 49.
26 Ebda, fol. 50.
27 Ebda, fol. 52.
28 Karl Leopold Graf von Herberstein-Pusterwald (1660–1726) wurde schon 1665 Mitglied des Ordens, dann kais. Kämmerer und Hofkriegsrat, General-Feldmarschalleutnant, Groß-Baillli, Komtur von Troppau, Striegau und Lossen, 1705 Komtur zu Wien und Mailberg, seit 23. April 1721 Großprior von Böhmen und Österreich. Er starb am 5. März 1726 in Wien und ist in der Malteser-Ordens-Kirche in Prag begraben. Vgl. ASMRO, Hönisch, fol. 122f.; Wissgrill, 4. Bd. 1800, S. 260; de Salles, S. 286.
29 Gundackar Poppo Graf von Dietrichstein (1672–1737), Komtur von Klein-Öls, Brunn und Ober-Karlowitz, ließ das Palais auf der Prager Kleinseite errichten. Er war kaiserlicher Geheimer Rat, Kämmerer und Statthalter in Böhmen, 1717 Obersthofmeister der Erzherzogin Josepha von Österreich, seit 1726 Großprior von Böhmen und Österreich. Dietrichstein starb in Prag am 9. Oktober 1737. Vgl. ASMRO, Hönisch, fol. 75; Wissgrill, 2. Bd. 1795, S. 228; de Salles, S. 287.

30 Stadl IV, fol. 53–55.
31 Frá Raimund Perellos war von 1697 bis 1720 Großmeister des Ordens auf Malta.
32 Stadl IV, fol. 59f. Unterzeichnet wurde dieses Geleitschreiben von Frá Don Ferdinandus Contreras. Das Original befindet sich im Steiermärkischen Landesarchiv in Graz, Archiv Stadl, Schuber 1, Heft 1.
33 Vgl. dazu: Ritschny, Alois/Häusler, Franz Josef: Geschichte der Kommende St. Johann in Troppau. In: Geschichte der Malteser-Ritter-Ordens-Kommende St. Johann in Schlesien 1100–1931. Troppau o. J., S. 87–114.
34 Daß Stadl Komtur zu Groß-Tintz, Troppau und Mackau geworden war, verhalf ihm lediglich zu einem Teil der dort erwirtschafteten Erträge der genannten Kommenden.
35 Vgl. Matsch, Erwin: Geschichte des Auswärtigen Dienstes von Österreich (-Ungarn) 1720–1920. Wien, Köln, Graz 1980, S. 115.
36 Der Seneschall (Siniscalco) war der Obersthofmeister des großmeisterlichen Hofes, der neben zeremoniellen auch weitreichende militärische Befugnisse innehatte. Vgl. Osterhausen, S. 195f.
37 Stadl IV, fol. 61.
38 Hierbei wird es sich vermutlich um Johann Leopold Freiherrn von Glojach gehandelt haben. Dieser wurde 1702 als Justizritter in den Orden aufgenommen, 1740 folgte er Stadl als Komtur zu Troppau und bekleidete seit dem 3. Juli 1758 die Würde eines Statthalters der Großballei der Deutschen Zunge zu Malta. Er starb in Malta 1767. Vgl. Hönisch, fol. 100; Ritschny/Häusler, S. 101. Zur Familie Glojach siehe: Zahn/Anthony-Siegenfeld, S. 30f.; Frank, 2. Bd. 1970, S. 98f.
39 Osterhausen, S. 48f. schreibt dazu: „Die Böhmen seynd schuldig/es 6 Monat/in dem Convent zumachen/thäten aber auch besser/daß sie es/gleich andern/ ein ganzes Jahr continuirten/denn man zu einer/also hochwichtigen Sache/ sich zu resolviren, und vieler Sachen Erfahrung zuerlangen/gar wol eines Jahres unnd mehr/vonnöthen hat/ist aber gleichwol/eines gegen das ander gehalten/besser 6 Monat in dem Convent (da man allezeit etwas/in Ordens Sachen siehet und lernet) als ein Jahr in dem Priorat, solches Novitiat zumachen/und ohne einige Kentnuß/künfftiger Schuldigkeit/sich in die Profession, unbesunner Weise/zustürzen […]." Dauber, S. 88 gibt dazu an: „Jedes Ordensmitglied mußte im allgemeinen eine bestimmte, im Laufe der Jahrhunderte immer länger gewordene Zeit am Zentralsitz des Ordens, am Konvent, zubringen, und wurde in dieser Zeit zu Diensten im Hospital und in den Seestreitkräften des Ordens herangezogen."
40 Unter Ricevitori sind die Einnehmer der Priorate zu verstehen. Vgl. Osterhausen, S. 116f.
41 Stadl IV, fol. 28–31.
42 Zahn/Anthony-Siegenfeld, S. 123.

Helmut Watzlawick

Die friedlichen Fahrten eines Deutschordensritters auf den Kriegsschiffen des Malteser-Ritter-Ordens

Dramatis persona

Im Tagebuch des österreichischen Kommerzienrates Karl Graf von Zinzendorf sind den zehn Monaten seiner Dienstzeit beim Malteser-Orden vom 11. Juni 1765 bis zum 6. April 1766 über 200 Seiten gewidmet.[1] Diese noch wenig bekannte Quelle zur Geschichte des Ordens im 18. Jahrhunderts bietet uns ein lebendiges Bild des täglichen Lebens der Malteser-Ritter zu Lande und auf See, welches der am Beginn einer durchaus zivilen Beamtenkarriere stehende Zinzendorf im Alter von 27 Jahren entdeckte. Mit einem Anflug von Selbstironie beschrieb er die Leiden eines Binnenländers auf hoher See und die Freuden des Garnisonslebens in La Valetta, die meist erfolglose Jagd auf Piratenschiffe der Barbareskenstaaten und die erholenden Landbesuche der Schiffsoffiziere, die die Eintönigkeit der Seefahrt unterbrachen. Der Verfasser notierte die Ereignisse und Wetterverhältnisse eines jeden Tages, die Namen von über dreihundert Personen, die er in Malta und auf seinen Seereisen kennenlernte,[2] die tägliche Position der Schiffe, auf denen er diente, die Typen und Reiserouten aller Schiffe, denen er begegnete,[3] die Bücher, die er las, die Briefe, die er schrieb und erhielt.

Ehe wir uns dem Inhalt des französisch geschriebenen Tagebuches widmen, soll sein Verfasser kurz vorgestellt werden. Der in Sachsen geborene Johann Heinrich Karl Graf und Herr von Zinzendorf und Pottendorf (1739–1813) entstammte einer alten, niederösterreichischen Familie, die ihres protestantischen Glaubens wegen nach dem Dreißigjährigen Krieg ausgewandert war. Er war ein Neffe des Gründers der protestantischen „Brüdergemeinde" der Herrnhuter, Nikolaus Ludwig von Zinzendorf, und der jüngste Bruder des mit dem Staatskanzler Kaunitz befreundeten Präsidenten der österreichischen Hofrechenkammer, Ludwig Graf von Zinzendorf. Nach seinem Studium in Jena kam er nach Wien, wo er 1762 Beamter des niederösterreichischen Kommerzkonsesses wurde. Die Konversion zum Katholizismus im Jahre 1764 öffnete ihm den Weg zu einer höheren Laufbahn. Der Wiener Hof schätzte seine Sprachkenntnisse und wirtschaftlichen Interessen und sandte ihn nach dem Ende des Siebenjährigen Krieges auf Studienreisen in benachbarte Länder, von denen man sich Anregungen zur Förderung des Handels der Monarchie erhoffte. Auf eine erste Mission nach Danzig 1763 folgten 1764–1776 Reisen in fast alle Regionen Europas (Schweiz, Frankreich, Italien, Spanien, Portugal, England, Schottland, Irland, Holland, die österreichischen Niederlande, Polen, Rußland, Schweden, Dänemark, alle Staaten des Deutschen Reiches, alle Provinzen der österreichischen Monarchie). 1776 wurde Zinzendorf zum ersten Gouverneur von Triest ernannt, 1782 wurde er Präsident der Hofrechenkammer, 1792 Mitglied des Staatsrates, 1802 Minister für innere Angelegenheiten, 1808–1809 Leiter der Ministerkonferenz.

Die 56 Bände seines vom Kindesalter an bis zum Tod geführten Tagebuches bilden ein einzigartiges Zeugnis der europäischen Kultur- und Wirtschaftsgeschichte der zweiten Hälfte des 18. Jahrhunderts, eine oft zitierte, aber noch weitgehend unveröffentlichte Quelle, die erst seit wenigen Jahren zum Gegenstand eines wissenschaftlichen Editionsprojektes geworden ist, welches vorrangig die europäischen Reisejahre behandelt.[4]

Die zwei Jahrzehnte umfassenden Reisen Zinzendorfs dienten nicht nur den Interessen der österreichischen Monarchie, zwei längere Auslandsaufenthalte waren einem privaten Ziel gewidmet, welches dem jüngsten Sohn einer verschuldeten Familie finanzielle Sicherheit bieten sollte. Sogleich nach seiner Konversion intervenierte sein Bruder Ludwig beim Kaiserpaar für seine Aufnahme im Deutschen Orden, dessen Hochmeister seit 1761 Herzog Karl von Lothringen, der Bruder des Kaisers Franz I. war. Auf Empfehlung Maria Theresias wurde Zinzendorf im März 1765 in die österreichische Ballei des Deutschen Ordens aufgenommen. Der nächste Schritt in der Laufbahn des militärisch wenig begabten Ordensaspiranten sah die Teilnahme an mehreren Feldzügen gegen Ungläubige vor, denen ein Noviziatsjahr am Sitz des Hochmeisters in Brüssel folgen sollte. Auf Vorschlag seines Bruders entschloß sich Zinzendorf, eine bereits geplante Italienreise zu unterbrechen und die Feldzüge durch die Teilnahme an „Karawanen" des Malteser-Ordens, d.h. Expeditionen zum Schutz der christlichen Schiffahrt im Mittelmeer, zu ersetzen. Diese Lösung bot zudem den Vorteil, daß er gleichzeitig Informationen über Seehäfen des Mittelmeeres sammeln konnte. Die Genehmigung des Wiener Hofes und der beiden Orden erreichte ihn in Rom.[5] Der Hochmeister des Deutschen Ordens bewilligte ihm außerdem einen zweijährigen Aufschub des Noviziatsjahres.[6]

Solch ein Austausch von Ordensaspiranten scheint im 18. Jahrhundert keine Ausnahme gewesen zu sein – seit dem Frieden von Passarowitz 1718 und der unglücklichen Teilnahme am Russisch-Türkischen Krieg (1737–1739) herrschte Friede an der Grenze zum Türkischen Reich, und die Teilnahme an den Karawanen des Malteser-Ordens bot daher den künftigen Deutschordens-Rittern eine

leicht erreichbare Absolvierung der vorgeschriebenen Feldzüge. Kurz vor der Maltareise Zinzendorfs hatte schon ein anderer Aspirant des Deutschen Ordens, ein Graf Thun,[7] an Karawanen des Malteser-Ordens teilgenommen. Dieser Vorgänger hatte allerdings in Malta wegen unbezahlter Schulden keine guten Erinnerungen hinterlassen.
Die weiteren Stufen von Zinzendorfs Laufbahn im Deutschen Orden seien hier noch kurz erwähnt: Nach dem Noviziat in Brüssel erhielt er 1770 den Ritterschlag, wurde 1773 Komtur von Möttling und Tschernembl in Unterkrain, 1781 der Kärntner Kommenden Friesach und Sandhof, 1783 der südsteirischen Kommende Groß-Sonntag, 1787 der Kommende Laibach. 1801 wurde er zum Landkomtur der österreichischen Ballei des Deutschen Ordens ernannt.

Zinzendorfs Ankunft in Malta

Schon vor seiner Fahrt nach Malta hatte Zinzendorf von österreichischen, französischen und italienischen Ordens-Rittern viel über die Institutionen des Ordens erfahren. In Rom war er Gast des Botschafters des Ordens, Baron Le Tonnelier de Breteuil, in Neapel betreute ihn der ricevitore (Finanzverwalter, receveur) des Ordens, Prinz Pignatelli. Zinzendorf trat seine Seereise nach Malta von Neapel aus an, wo er sich am 1. Juni 1765 auf der französischen Pinke[8] „Sainte Elisabeth", in Gesellschaft des Malteser-Ritters Franconi[9] einschiffte. Sein Anteil an den Reisekosten betrug 60 neapolitanische Dukaten (ca. 105 Wiener Gulden). Die ihm von seiner allerersten Seereise, von Antibes nach Genua im Dezember 1764, wohlbekannte Plage der Seekrankheit suchte ihn auch diesmal arg heim, vor allem auf der durch widrige Strömungen erschwerten Durchfahrt durch den „Faro", die Meerenge von Messina. Am 11. Juni konnte der leidende Reisende endlich im Großen Hafen von La Valetta Fuß an Land setzen. Die Disziplin der täglichen Tagebucheintragungen, die er selbst bei mühseligen Landreisen befolgt hatte, wurde auf dieser Fahrt unterbrochen, erst am 12. Juni konnte er den Ablauf der elf hervorgehenden Tage zu Papier bringen.
Welche Situation fand Zinzendorf bei seiner Ankunft in Malta vor? Zu dieser Zeit hatte der Archipel ca. 100.000 Einwohner.[10] Die gewaltigen Mauerlangen der Städte La Valetta, Senglea und Borgo (Vittoriosa), die alten Forts von St. Elmo an der Spitze von La Valetta, S. Michele in Senglea, S. Angelo an der Spitze des Borgo, die Forts S. Giuliano und Manoel im Westen der Stadt präsentierten sich in ihrer heutigen Gestalt. Durch den zweiten Mauerring der „Floriana", der La Valetta auf der Landseite schützte, war ein breites Glacis mit Parkanlagen entstanden, in dem wohlhabende Ordensritter Villen errichteten. In den Hafenbecken drängten sich die Schiffe der maltesischen Flotte und zahlreiche Schiffe anderer Nationen, die Zuflucht vor Stürmen und Piraten suchten und zur Bedeutung Maltas als Warenumschlagplatz des westlichen Mittelmeers

beitrugen. Der Große Hafen vor den Mauern von La Valetta diente den Linienschiffen des Ordens, die Galeeren ankerten im Hafenbecken zwischen Senglea und Borgo, kleinere Schiffe in den nördlich von La Valetta gelegenen Buchten von Marsa Muscietto und S. Giulian. Auf der Insel Manoel in der Marsa Muscietto lag das Lazarett, in dem die aus dem Orient kommenden Reisenden die vorgeschriebene Quarantänezeit verbringen mußten.

Nach wie vor hatte sich der Ordensstaat dem Schutz der christlichen Schiffahrt im Mittelmeer und insbesonders dem Kampf gegen die Piraten der Barbareskenstaaten Marokko, Algier, Libyen und Tunesien verschrieben. Angesichts der im Mittelmeer sehr präsenten Kriegsflotten Frankreichs, Englands und Spaniens hatten die nordafrikanischen Korsaren ihre Angriffe auf weniger gut beschützte Schiffe anderer Staaten konzentriert. Österreichische, toskanische und sardische Handelsschiffe waren besonders auf die Patrouillen der Ordensflotte angewiesen.[11] Ephemere Friedensabkommen der Barbareskenstaaten boten wenig Schutz, da sie durch einen Flaggenwechsel der Korsaren umgangen werden konnten, denen marokkanische Häfen eine geeignete Operationsbasis lieferten.[12] Im Jahr 1766 umfaßte die Kriegsflotte des Ordens (die „Marine der Religion") die beiden Linienschiffe[13] „S. Zaccaria" und „S. Vincenzo", mindestens vier Kriegsgaleeren[14] und drei Galeoten[15] sowie zahlreiche kleinere Schiffe. Bei einem Besuch der Werft in Bormola (heute Cospicua), im März 1766, sah Zinzendorf die beinahe fertiggestellte Fregatte[16] des Großmeisters „Santa Maria" und den Baubeginn des Linienschiffes „S. Giovanni", welches das 1765 abgewrackte gleichnamige Flaggschiff des Ordens ersetzen sollte. Der Bau eines weiteren Linienschiffes, „S. Gioacchino" hatte noch nicht begonnen. Masten- und Bauholz mußten von weit entfernten Häfen importiert werden.[17] Am 7. Juli 1765 bewunderte Zinzendorf das großartige Schauspiel der Ausfahrt aller Galeeren und Galeoten aus La Valetta, mit insgesamt 3.000 Mann Besatzung und 82 Rittern.

In den großen Konflikten der christlichen Mächte befolgte der Orden eine Politik strikter Neutralität, war aber seit dem Spanischen Erbfolgekrieg immer mehr in die außenpolitische Abhängigkeit von Frankreich geraten, welches mit drei von acht Zungen (Nationen), 258 von insgesamt 660 Kommenden und zwei Drittel der Ritterschaft[18] seiner Vorherrschaft Nachdruck verleihen konnte und den Malteser-Orden vor allem als eine Art Marineschule der eigenen Seeoffiziere betrachtete. Die seit Ludwig XIV. bestehende französische Allianz mit der Türkei beeinträchtigte zudem die Handlungsfreiheit des Ordens im Kampf gegen türkische Korsaren.

Der 84 Jahre alte Großmeister des Malteser-Ordens, der Portugiese Emmanuel Pinto de Fonseca (1681–1773), hatte dieses Amt seit einem Vierteljahrhundert inne. Das Tagebuch Zinzendorfs bestätigt die Berichte anderer Reisender, die in Pinto einen prachtliebenden Rokokofürsten sahen, der es verstand, die Stellung des Ordensstaates im Konzert der Mächte trotz seiner abnehmenden maritimen Bedeutung zu wahren und in formalen Belangen sogar noch auszubauen.[19] Um die Einnahmen aus schlesischen Kommenden zu sichern, bemühte sich Pinto nach dem Österreichischen Erbfolgekrieg um gute Beziehungen mit Preußen.[20] Trotz außenpolitischer Bedenken verhandelte er mit Katharina II. über die Ausbildung von russischen Offizieren auf Ordensschiffen.[21] Andere Vorwürfe seiner Kritiker – mangelnde Moral, Verschwendungssucht, Hang zur Alchimie[22] – fanden bei Zinzendorf nur wenig Echo. Er wies allerdings wiederholt auf ehrgeizige Nachfolgekandidaten hin, die mit Ungeduld auf das Ableben des alten Großmeisters warteten.[23]

In La Valetta galten seine Antrittsbesuche zunächst dem Großmeister, der ihn sehr freundlich empfing, dem in Civita Vecchia (Mdina) residierenden Bischof von Malta,[24] dem Prior der Ordenskirche S. Giovanni, dem Großkanzler des Ordens (pilier der Zunge von Kastilien), dem portugiesischen Vizekanzler d'Aquila, dem Großkomtur oder Schatzmeister (pilier der Zunge der Provence), dem pilier der Zunge Italiens,[25] dem Generalleutnant der Segelschiffe,[26] dem pilier der deutschen Zunge[27] und seinem Stellvertreter, den Großprioren von Ungarn, der Lombardei und Navarras,[28] den diplomatischen Vertretern des deutschen Kaisers, des Papstes, der Toskana und Venedigs.[29] Die ersten Eindrücke Zinzendorfs waren nicht immer die besten – im Hause des deutschen Großpriors, in dem auch der Bailli Ximenes de Texada wohnte, herrschte eine „fürchterliche Unordnung", sein Stellvertreter wäre ein „großer Dummkopf", der Bailli Tencin „alt und häßlich", der Ritter Ferrette[30] hätte ein „Ochsengesicht", der Freimaurer Flachslanden[31] „die Manieren einer kleinen Hausfrau", Ritter Nuñez aus Altkastilien verhielte sich „wie ein Hofnarr".

Die in Malta dienenden Ritter hatten eine Eintrittsgebühr (droit de passage) zu entrichten, die die Kosten ihrer Unterbringung in den Herbergen der Zungen und ihrer Verpflegung an Land und auf See decken sollte. Zinzendorf mußte diese Gebühr anscheinend nicht bezahlen, hatte deshalb vielleicht kein Anrecht auf eine Wohnung in der Herberge der deutschen Zunge und bezog stattdessen auf eigene Kosten zwei Zimmer im Gasthof „Zum Falken", wo auch seine Diener wohnten.[32] Er mußte die Zimmer auf seine Kosten mit Möbeln ausstatten. Seine Barschaft war knapp bemessen, wurde aber zeitweilig durch Anweisungen aus Wien ergänzt. Er gewöhnte sich schnell an die lokalen Geldeinheiten (Goldunzen zu 30 Tari, silberne Scudi zu 12 Tari). Eine Aufwertung der maltesischen Währung vergrößerte seine finanziellen Probleme – am 4. Dezember 1765 erhöhte der Orden den Wechselkurs des Scudo, der nunmehr dem Wert eines Gulden entsprach; der französischen Louis d'or wurde um zwei Tari abgewertet. Unterwegs konnte er sich Geld bei den Geschäftspartnern seines Wiener Bankiers besorgen, oder die vom Schatzamt des Ordens auf die örtlichen Finanzverwalter ausgestellten Wechsel einlösen.

Was seine Verpflegung betraf, behandelte ihn der Großmeister als Gast des Ordens, der an der Tafel des Großkämmerers (chambrier major) im Palast speisen durfte, ein Privileg, das Zinzendorf mehrmals wöchentlich in Anspruch nahm. An den gemeinsamen Mahlzeiten der deutschen Herberge nahm er anscheinend niemals teil, wurde aber oft vom deutschen Großprior in dessen Villa im Vorort Floriana oder sein Landhaus in Casal Naxxar zum Essen geladen, wo er viele Mitglieder der deutschen Zunge traf (die Komture und Ritter von Truchseß, Stein, Ebinger, Schmidtmeyer, Malowetz, Thurn, Pfirdt). Kurz nach seiner Ankunft beschloß der Ordensrat als Sparmaßnahme, daß Ritter mit einem jährlichen Einkommen über 2.000 Gulden sowie Dienende und Geistliche Brüder mit Einkommen über 1.000 Gulden nicht mehr umsonst am „Tisch der Religion" speisen durften und ihre Verpflegung fortan selbst bezahlen sollten.

Seine Kleidung mußte Zinzendorf den Anforderungen des Aufenthaltes in Malta anpassen. Am Tag nach der Ankunft kaufte er einen Strohhut wie ihn der Bailli Tencin trug. Für offizielle Anlässe ließ er sich teure Kleidung aus hellgelber Nanking-Baumwolle anfertigen, kaufte beim Juwelier Le Brun Silberspangen für seinen Maltesermantel und bestellte für seine Diener eine neue Livrée. Für einen Besuch in Palermo (auf der vierten Karawane) besorgte er sich eine schwarze Kleidung mit einer Samtschärpe. Auf Landbesuchen tätigte er weitere Einkäufe, in Cagliari Wildkatzenfelle, in Toulon Parfüms, in Marseille Schuhe, Seidenstrümpfe und einen Mantelpelz. Kurz vor der Abreise aus Malta bestellte er noch schnell schwarze Samtkleidung.

Die Seelehrzeit eines Binnenländers

Die Teilnahme an vier „Karawanen", von einem bis zu drei Monaten Dauer, war Pflicht für alle Malteser-Ritter, die ihre Gelübde ablegen und höhere Ehren und Einkünfte aus Kommenden im Dienst des Ordens erreichen wollten. Eine Dienstzeit am „Konvent", dem Sitz des Ordens, von durchschnittlich fünf Jahren war für die Zuteilung einer Kommende erforderlich.[33] Die meisten Ritter wurden in ihrer Heimat bereits im Kindesalter in den Orden aufgenommen und traten den Dienst als Karawanisten auf Kriegsschiffen im Alter von 17 bis 18 Jahren an.

Das Tagebuch bestätigt, daß in der Mitte des 18. Jahrhunderts Kämpfe des Malteser-Ordens zur See zur Seltenheit geworden waren. Die Aufbringung feindlicher Schiffe galt jeweils als großes Ereignis.[34] Alle Schiffe, denen man auf See begegnete, wurden nach ihrer Fahrtroute und der eventuellen Sichtung von nordafrikanischen Korsaren befragt. Trotz der kriegerischen Akzente wie Alarme, Waffenübungen und Bedienung der Kanonen mußten sich viele Karawanen mit der bloßen Suche nach Piratenschiffen begnügen. In den Erzählungen anderer Ordensritter waren jedoch Seegefechte durchaus präsent. So erfuhr Zinzendorf von einem Teilnehmer den Hergang der französischer Expedition des Admirals Du Chaffault de Besné im Juni 1765 gegen die marokkanische Stadt Salé, Heimathafen vieler Korsaren, bei der zwei Schiffe mit über 300 Mann untergegangen waren.[35] Ein anderer Ritter erzählte ihm von seinen eigenen Erfahrungen auf den Schiffen des französischen Korsaren François de Thurot, der im Siebenjährigen Krieg 19 Monate lang die Küsten Skandinaviens, Schottlands und Irlands heimgesucht hatte.

Die ursprünglich kriegerischen Ziele der Karawanen mochten nicht mehr im Vordergrund stehen, ihre Bedeutung für die Marineschulung der jungen Ritter, die ihnen eine Offizierslaufbahn in Malta oder in ihren Herkunftsländern ermöglichen sollte, blieb aber bestehen. Bei ihrer Ausbildung unterschied der Orden zwischen den „festen" Karawanisten, die eine Marinelaufbahn anstrebten und möglichst immer demselben Schiff zugeteilt werden sollten, und den „zusätzlichen" Karawanisten, zu denen Zinzendorf gerechnet wurde. Er erwähnte bei seiner ersten Fahrt mit der „S. Zaccaria" neun Karawanisten, die mit ihm unterwegs waren.[36] Sie waren alle von ihren Dienern begleitet.

Die Route jeder Karawane wurde jeweils vom Ordensrat festgelegt, die Schiffskapitäne hatten aber anscheinend die Möglichkeit, diese Routen zu ändern, um Piraten zu verfolgen oder um schlechtem Wetter auszuweichen. Die Karawanen übernahmen auch administrative und zivile Aufgaben. Der Transport der Abgaben (Responsionen)[37] der Kommenden an den Orden nach Malta unterlag besonderen Risiken von Piratenangriffen und wurde den großen Kriegsschiffen des Ordens anvertraut. So notierte Zinzendorf die Übernahme der „effets de la Religion" in Barcelona (40.000 Piaster), in Toulon (130.000 écus und mehrere Silberkästen) und in Palma durch den provveditore der „S. Zaccaria". Viele Ritter nutzten die Karawanen als Transportgelegenheit zur Anreise nach Malta oder zur Rückkehr zum Kontinent. Unter den privaten Passagieren der Karawanen erwähnte Zinzendorf besonders den Bischof von Babylon,[38] dessen orientalische Antikensammlung sein Interesse erweckte.

Die Besuche der Kriegsschiffe in Hafenstädten Italiens, Frankreichs und Spaniens häuften und verlängerten sich. Die Schiffsoffiziere waren dort willkommene Gäste, die Abwechslung in die Routine des geselligen Lebens brachten. Die Unterkunft an Land war den Karawanisten eigentlich nicht gestattet, schien aber laut Tagebuch Zinzendorfs eher die Regel als eine Ausnahme zu sein. Abfahrtssignale (Kanonenschüsse) riefen die Karawanisten zum Schiff zurück; nach den Freuden des Landlebens konnte die feuchtfröhliche Rückkehr aufs Schiff zum Kentern der Barke führen. Manchmal mußte der Kapitän Nachzügler durch Suchkommandos an Bord holen lassen.

Wie geplant nahm Zinzendorf an vier Karawanen des Ordens teil: Die erste Karawane vom 28. Juni bis zum 5. Juli 1765 verbrachte er auf der Galeere „S. Luigi" des Ritters Raimondo di San Germano, einem jüngeren Bruder des sardischen Staatsministers Graf d'Aglié, die vor der Südküste Siziliens kreuzte. Die Galeere war von einer Feluke[39] begleitet, die Kundschafter- und Botendienste verrichtete. Zinzendorf trat diese Fahrt mit Mißbehagen an, da ihn die engen Verhältnisse an Bord und das sicht- und riechbare Elend der Rudersträflinge abschreckten. Den Ausschlag für seine Teilnahme gab wohl, daß die kurze Fahrt dennoch als Karawane zählen sollte. Der ständig seekranke Zinzendorf teilte sämtliche Pflichten der meist jüngeren Karawanisten wie z.B. die unbeliebten Nachtwachen an Bord, trug ihre Kleidung (rote Jacke mit gelben parements, weiße Hose) und war ihnen im Rang gleichgestellt. Mit Ironie beschrieb er seinen ersten Waffenalarm mit Kampfaufstellung an Bord, der durch das Auftauchen zweier großer Segelschiffe ausgelöst wurde; es handelte sich jedoch um Fregatten des Papstes, die erst vor wenigen Monaten Malta besucht hatten.[40] Bei einer Begegnung mit einem englischen Schiff spielte Zinzendorf den Dolmetscher, da er auf der „S. Luigi" der einzige war, der diese Sprache etwas beherrschte. Der lärmempfindliche Karawanist notierte, daß das Manövrieren auf englischen Schiffen mit viel weniger Geschrei ablief als auf maltesischen Schiffen. Nach der Rückkehr führten seine abfälligen Bemerkungen über die Galeere zu einem heftigen Streit mit seinem Kameraden Ligondés, der beinahe mit einem Duell geendet hätte.

Die zweite Karawane vom 27. Juli bis zum 27. August 1765 verbrachte Zinzendorf auf dem Linienschiff „S. Zaccaria", mit 460 Mann Besatzung (390 Matrosen) und 62 Kanonen,[41] befehligt vom Kapitän Louis des Roches. Die „S. Zaccaria" hatte für 75 Tage Verpflegung und für 50 Tage Wasser an Bord. Es handelte sich wohl um die erste Ausfahrt dieses 1765 erbauten Schiffes, welches an Bord eine Fregatine,[42] eine kleine, offene Schaluppe und einen Kaik[43] mitführte. Zinzendorf versäumte die mehrmals verzögerte Abfahrt des Schiffes, konnte es aber auf einer Barke drei Meilen außerhalb des Hafens einholen. Vor der Abreise hatte er sich Kaffee, Schokolade, Ratafialikör, Fruchtsäfte sowie eine Seekiste, einen Behälter für Gläser und eine Kassette für Schreibwaren besorgt. Unterwegs ergänzte er seine Ausrüstung durch weitere Käufe – sechs große Korbflaschen, ein Jagdmesser, Papier und Tintenfedern. An Bord wurde ihm ein Schlafplatz neben einer Luke der „Sainte Barbe"[44] zugewiesen. Bei Alarm mußte er sich die ganze Nacht an Deck aufhalten, mit Waffen und Patronen. Auf See entdeckte man einen Konstruktionsmangel, die übermäßige Wölbung des Schiffskörpers, die seine Stabilität beeinträchtigte und die Verlagerung des Ballasts von Kanonenkugeln notwendig machte. Das Schiff passierte die Südküste Siziliens, die Insel Pantelleria, die Küste Tunesiens, die Südküste Sardiniens und die Insel Menorca. Vom 10. bis zum 14. Oktober 1765 hielt das Schiff in Barcelona, wo die Karawanisten im Hause des ricevitore des Ordens wohnten. Die Rückfahrt führte über die Insel S. Pietro bei Sardinien.

Friedliche Fahrten eines Deutschordens-Ritters

Das Linienschiff San Zaccaria, welches zeitweise als Flaggschiff im Dienst stand

Die dritte Karawane vom 6. September bis zum 6. November 1765 sah ihn wiederum auf der „S. Zaccaria", unter dem Befehl des Kapitäns des Roches. Die Fahrt führte über Pantelleria nach Cagliari, die Westküste Sardiniens, Formentera, Alicante und Mallorca zur südfranzösischen Küste, dann über die sardischen Inseln Asinara und S. Pietro und die Südküste Siziliens zurück nach Malta. Sie wurde durch Besuche in den Häfen Cagliari (13.–14.9.), Alicante (5.–9.10.) und Palma de Mallorca (15.–17.10.) unterbrochen; zum Leidwesen der Karawanisten verzichtete der Kapitän auf eine ursprünglich geplante Landung in Toulon. In Cagliari mieteten Zinzendorf und mehrere Kameraden ein Haus am Hafen, in Alicante wohnten sie in einer Herberge. Als der Schiffskörper der „S. Zaccaria" im Hafen von Alicante von Algen und Schlamm befreit und kalfatert werden sollte, wurde das Schiff an den Strand gezogen, durch Verlagerung aller Kanonen auf die Seite gekippt und mit einem Rußgemisch abgerieben. Auf dieser Fahrt kam es zur einzigen Kriegshandlung, die Zinzendorf auf See miterlebte – man verfolgte zwei Tage lang (1.–2.10.) eine mit 12 Kanonen bewaffnete, algerische Schebeke,[45] die aber dem langsameren Linienschiff ent-

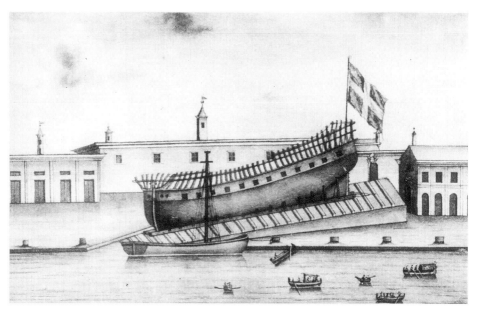
Eine Fregatte des Ordens auf dem Stapel

kommen konnte. Zinzendorf vermerkte, daß die „S. Zaccaria" während dieser Jagd 114 Schüsse abfeuerte und berechnete deren Kosten auf 416 Scudi. Viel gefährlicher erwies sich ein mehrtägiger Sturm vor der Küste Sardiniens, der den Vordermast brach und einige Segel zerriß. Das starke Rollen des Schiffes und die halbstündigen Alarmglockensignale verbreiteten große Angst und verhinderten jeden Schlaf. Die Karawanisten durften sich nachts im „Grand-chambre" (Offiziersmesse) im oberen Deck aufhalten, wo sie unter den Tischen lagerten. Nach der Rückkehr gab der Ritter des Roches, dem man Führungsmängel vorwarf, seinen Kapitänsposten auf.

Auch die vierte Karawane vom 8. Dezember 1765 bis zum 26. Februar 1766 fand auf der „S. Zaccaria" statt, diesmal unter dem Kommando des Kapitäns Henri-Joseph d'Isnard. Wiederum versäumte Zinzendorf die durch einen Kanonenschuß angekündigte Abfahrt und mußte auf einer Barke dem Schiff nacheilen. Er erhielt auf dieser vierten Expedition bereits die Verantwortung für zwei Kanonen der zweiten Batterie. Die „S. Zaccaria" passierte Syracus, umschiffte den Süden Siziliens, passierte die Egadischen Inseln, Ustica, Palermo, den Süden Sardiniens, Menorca und die südfranzösische Küste. Sie hielt unterwegs in Palermo (22.12.–2.1.), Cagliari (20.1.–23.1.) und Toulon (3.–14.2.) von wo aus die Karawanisten Marseille besuchten. In Palermo wohnte Zinzendorf bei seinem Bankier Grenier, in Toulon mit anderen Schiffsoffizieren in der Herberge

„Croix de Malte", in Marseille in den „Treize Cantons". Die Rückkehr nach Malta führte wieder über die Westküste Sardiniens und die Egadischen Inseln.

Auf den Karawanen erlernte Zinzendorf neben dem Gebrauch von Waffen bei Seegefechten auch nautische Disziplinen: Die Nomenklatur und Bedeutung aller Masten, Rahen, Segel und Taue, vor allem aber die langwierige Berechnung der Schiffsposition und des zurückgelegten Weges mit Hilfe englischer Tabellen, deren Werte er täglich präzis in seinem Tagebuch vermerkte. Mit dem ihm eigenen Lerneifer studierte er das Standardwerk von Pierre Bouguer, „Traité du navire, de sa construction et de ses mouvements" (Paris 1746) und den handschriftlichen „Traité du pilotage" eines länger dienenden Kameraden.[46] Das Erlernte hielt er in einem Memorandum über die „Science de la navigation" fest.

Schwimmkenntnisse galten bei der Besatzung der Ordensschiffe als besondere Fähigkeit.[47] Nach den Ängsten seiner ersten Schiffsreise, bei der seine Feluke nur knapp dem Schiffbruch entkam, nutzte Zinzendorf die Ruhezeit in Malta zu Schwimmlektionen mit einem Korkgürtel am Strand Renella vor Senglea. Sein Lehrer war der piemontesische Graf Masin, der „wie ein Fisch schwimmen konnte". Im Tagebuch kam er mehrmals auf die besonderen Vorteile von Schwimmkenntnissen zurück: In Palermo fiel der Provveditore der „S. Zaccaria", Ritter Corio, in den Hafen, konnte sich aber schwimmend retten. Ein Matrose, der auf hoher See über Bord fiel, war Nichtschwimmer und ertrank, obwohl man ihm den „Salva nos", den Vorgänger unseres Rettungsringes, zugeworfen hatte.

Aus den Notizen des Tagebuches erhalten wir einen lebendigen Überblick über die Kategorien, Ladungen und Routen der Schiffe vieler Nationen, denen Zinzendorf in den Häfen und auf hoher See begegnete. Durch die 10-tägige Reise von Neapel nach Malta war ihm der weit verbreitete Handelsschifftyp der Pinke bereits gut bekannt. Auf seinen Karawanen traf er mehrere französische Pinken, die Getreide aus der „Kornkammer" Sizilien und Waren aus Ägypten nach Marseille brachten oder die Insel Sardinien mit Gütern aus Genua und Livorno versorgten. Spanische Pinken betrieben die Küstenschiffahrt zwischen den katalanischen Häfen. Eine englische Pinke brachte Getreide aus Sizilien nach Spanien. In der Meerenge von Messina sah er Schebeken und Speronaras,[48] kleine Schiffe, die dem Waren- und Personenverkehr zwischen Sizilien, Neapel und Malta dienten. In Malta wurde er schnell mit den Linienschiffen, Fregatten, Galeeren und Galeoten der Kriegsflotte des Ordens vertraut.

Auf hoher See sah er häufig größere Handelsschiffe des Types „Senau" (senault)[49] aus England, Holland, Dänemark und Schweden. Sie konkurrierten mit französischen Schiffen um Getreide- und Öltransporte aus Palermo nach Cadix und Marseille, aus Venedig nach Lissabon, aus San Remo und Marseille nach Nordfrankreich. Die Senaus brachten auch Waren aus weit entfernten

Häfen, z.B. von Neufundland nach Livorno, von den amerikanischen Kolonien nach Marseille. In Cagliari sah Zinzendorf ein schwedisches Schiff auf dem Weg nach Smyrna, welches die Strecke von Stockholm zur Insel Sardinien in 35 Tagen zurückgelegt hatte. Schiffe aus England, Holland, Frankreich und der kleinen Republik Ragusa wetteiferten um den einträglichen Levantehandel und machten oft in Malta halt. Dank ihrer guten Beziehungen zu islamischen Ländern konnten die Ragusaner Personentransporte zwischen den Barbareskenstaaten und Ägypten durchführen. Französische und italienische Polacker[50] brachten Waren aus Algerien und der Adria nach Marseille und Livorno und belieferten auch Malta. Zinzendorf beschrieb die für Triest bestimmte, typische Ladung eines maltesischen Polackers:[51] Sodiumhaltige Algenasche für die Herstellung von Glas, Baumwolle, Orangen, Fruchtsirup und Wein.

Überrascht war Zinzendorf von der Linienschiffgröße der holländischen und dänischen Fleuten,[52] die Waren aus dem Mittelmeer nach Nordeuropa brachten. Nur zweimal sah er sonst Schiffe von ähnlicher Größe wie die „S. Zaccaria" – in Barcelona das spanische Linienschiff „Atalante" mit 70 Kanonen, in Toulon eine holländische Fregatte mit 50 Kanonen. In Toulon besuchte er die Werft, in der gerade die „Languedoc" gebaut wurde, die im amerikanischen Freiheitskrieg unter dem Kommando von Vizeadmiral d'Estaing eine große Rolle spielen sollte. In Marseille konnte er ein Modell des Schiffes „Le Bien-Aimé"[53] des berühmten Reeders Georges Roux aus Korsika bewundern, der England 1755 einen Privatkrieg erklärt hatte.

Besonders interessierte Zinzendorf das Grußzeremoniell zwischen Schiffen und beim Besuch von Hafenstädten. Es gab hierbei genaue Abstufungen: Fremde Linienschiffe wurden mit neun Kanonenschüssen begrüßt, auf die sie mit neun Schüssen antworteten. Als die Galeote des Großmeisters das größere Linienschiff „S. Zaccaria" kreuzte, grüßte sie mit vier Kanonenschüssen, auf die mit drei Schüssen geantwortet wurde. Die in Cagliari und Palermo residierenden Vizekönige wurden von der „S. Zaccaria" mit fünfzehn Schüssen begrüßt, auf die mit ebensovielen geantwortet wurde, bei der Abreise wurden elf Schüsse des Schiffes mit sieben beantwortet. Die Residenzstädte Cagliari und Palermo hatten Anrecht auf jeweils neun Schüsse, denen sieben antworteten. Andere Hafenstädte wie Palma, Alicante und Toulon wurden mit sieben Schüssen begrüßt, auf die drei Schüsse antworteten. Der Admiral von Toulon hatte Anrecht auf elf Schüsse und grüßte seinerseits mit dreien. Ein an Land residierender Ricevitore, oft zugleich diplomatischer Agent des Ordens, wurde auf der „S. Zaccaria" mit drei Begrüßungsrufen der Mannschaft und sieben Schüssen empfangen. Einen Sonderfall notierte Zinzendorf beim äußerst seltenen Besuch in Malta einer aus Triest nach Spanien segelnden österreichischen Fregatte (5. April 1766) – sie begrüßte den Hafen mit sieben Schüssen, erhielt aber keine Antwort, da sie nicht für den Seekrieg gerüstet war.

Zeitvertreib an Land und auf See

Von den zehn Monaten seiner maltesischen Dienstzeit verbrachte Zinzendorf etwa die Hälfte in La Valetta, die übrige Zeit auf den Karawanen des Ordens. Verschont von vielen zeremoniellen und administrativen Pflichten der Ordensritter führte Zinzendorf in La Valetta ein für seine Verhältnisse ungewöhnlich ruhiges Garnisonsleben. Auch auf See konnten bei gutem Wetter die Tage äußerst langsam verstreichen. Wie beschäftigte sich der sonst überaus arbeitsame junge Beamte während der vielen Ruhestunden, die ihm der Dienst beim Malteser-Orden bescherte?

Freunde

In den eintönigen Ablauf der Tage in La Valetta brachten vor allem gesellige Zusammenkünfte mit Freunden Abwechslung. Beinahe täglich traf er die italienischen Ritter Milano, Franconi und Mazzei,[54] den Elsäßer Flachslanden, den Böhmen Malowetz, den Franzosen Aime-Philippe de Marcellanges, den deutschen Komtur Hanna. Oft sah er den Kaufmann Poussielgue, der seine Geldgeschäfte besorgte und ihm Waren lieferte. Als dieser Konsul des Deutschen Reiches und der Toskana werden wollte, intervenierte Zinzendorf für ihn bei der Staatskanzlei in Wien.[55] Häufig besuchte Zinzendorf die Baillis Mirabeau,[56] Tencin[57] und Cavaniglia,[58] die ihm ihre Bibliotheken öffneten. Mit dem Grafen Masin aus Turin verbanden ihn wirtschaftliche Interessen, mit den französischen Kapitänen Dampierre[59] und Meaussé[60], dem Triestiner Bogio, dem Neapolitaner Mormilo[61] sprach er über die Zukunft der österreichischen und toskanischen Flotten. Mit dem literarisch ambitionierten Ritter Robin de la Tremblaye tauschte er Erinnerungen an Besuche bei Voltaire aus.

Die Beziehungen der jungen, temperamentvollen Ritter, die oft auf engstem Raum zusammenleben mußten, wurden zeitweilig durch heftige Zwiste gestört; Duelle waren keine Seltenheit. Bei Landbesuchen der Karawanisten ließ der Wettstreit um die Gunst schöner Damen Eifersucht und Mißgunst aufkommen. So fühlte sich der von Natur aus schüchterne Zinzendorf oft durch das galante Auftreten seiner neapolitanischen Konkurrenten d'Aquino und Balena zurückgedrängt. Spannungen anderer Art hielten den Luzerner Pfyffer[62] von der deutschen Herberge fern, der er eigentlich angehörte; Zinzendorf besuchte ihn in seinem schwer zugänglichen Landhaus in einer unwirtlichen Gegend bei Bormola, wo Pfyffer seine Einsamkeit mit einer Malteserin teilte. Ein anderer Schweizer, der Freiburger Claude-Joseph von Duding, schien sich mit den Rittern der deutschen Zunge besser zu verstehen – er war vom deutschen Großprior zum Verwalter seiner Kommende Heitersheim in Baden ernannt worden.

Musik

Einen erstaunlich breiten Raum nahm im Garnisonsleben der Ordensritter und im Tagebuch die Beschäftigung mit der Musik ein. Viele Ritter bevorzugten die Violine, einige spielten Cello, Viola, Cembalo, Spinett, Harfe oder Flöte. Zinzendorf erwähnte lobend die Auftritte seiner Freunde Franconi (Violine), Milano (Violine, Cello), Malowetz (Cello, Harfe), d'Aquino (Gambe), die Gesangskünste des Komturs Hanna und des Kapitäns d'Isnard. Es gab viele Gelegenheiten, gemeinsam zu musizieren. Eine in La Valetta lebende Italienerin („La Florentine") organisierte manchmal private Musikabende, die bei den jungen Rittern sehr beliebt waren. Häufig fanden musikalische Darbietungen im Hause der vom Vizekanzler d'Aquila verehrten Demoiselle Brunet in Casal Naxxar statt, von der man behauptete, sie sei eine Tochter des Ritters Charles-Ignace de Salles. Sie betätigte sich auch als Portraitmalerin und fand unter den jungen Rittern willige Modelle. Zinzendorf ließ sich von der Musikbegeisterung seiner Freunde anstecken, lieh sich ein Cembalo vom Kontur Hanna und nahm täglich Lektionen beim maestro di capella Don Gaetano. Auf die Fahrten mit der „S. Zaccaria" durfte er ein vom Ritter St. Sulpice geliehenes, kleines Spinett mitnehmen.

Spiele

In die zahlreichen Mußestunden der Ritter, die in Malta oft monatelang auf einen Schiffseinsatz warten mußten, brachten Spiele Abwechslung. Für die meist wenig bemittelten jüngeren Söhne adeliger Familien konnten Spielschulden eine schwere Belastung werden. Die vom Großmeister wiederholt ausgesprochenen Verbote des Glücksspiels[63] hatten anscheinend nur wenig Erfolg; im Tagebuch Zinzendorfs ist fast täglich von Reversi, Tric-trac, Trois-sept, Whist und sogar vom berüchtigten Glücksspiel Pharao die Rede. Man spielte in Privathäusern (z.B. beim Bailli Tencin) oder in Spielsalons, vor allem bei den „Drei Portugiesinnen". Zinzendorf hatte beim Kartenspiel nur wenig Glück – er spielte schlecht, verlor regelmäßig, achtete aber darauf, daß seine Einsätze klein blieben. Besser ging es ihm schon beim Billardspiel. Bei ruhigem Wetter wurde auch auf See gespielt – Zinzendorf erzählt von mehreren Partien Reversi, die ihm auf der „S. Zaccaria" aber ebensowenig Glück brachten wie in La Valetta. Besser verstand er sich auf das Schachspiel, für das er nur einen Partner fand, den alten Kapitän der „S. Zaccaria", Louis des Roches.

Theaterbesuche

In dem 1731 vom Großmeister Manoel de Vilhena erbauten Teatro Manoel[64] spielten zwei Truppen: Eine französische Komödientruppe und ein italienisches

Opernensemble. In der Oper traten neben den Kastraten auch die jungen Pagen des Großmeisters in Frauenrollen auf.[65] Gewöhnlich gab es zwei Aufführungen pro Woche, die Zinzendorf und seine Freunde nur selten versäumten. Von der Qualität der Darbietungen war er nicht sehr überzeugt – er kritisierte die Schauspieler und schlief bei einer Oper sogar ein. Nur selten erwähnte Zinzendorf den Inhalt der Aufführungen, z.B. die Oper „Demofoonte" von Johann Adolph Hasse, nach einem Libretto von Metastasio, die im November 1765 aufgeführt wurde. Das Theater diente hauptsächlich dem geselligen Zusammentreffen, man stritt über die Qualität der Aufführungen, tauschte Nachrichten und Einladungen aus, diskutierte über Seefahrten oder galante Abenteuer. Manchmal organisierte der Orden Benefizabende für die Schauspieler, so am 10. November 1765 für die Kastraten der italienischen Oper.

Die Landbesuche auf den Karawanen boten den schaulustigen Rittern reichlich Gelegenheit, Theater in anderen Städten kennenzulernen. In Barcelona, Palermo und Marseille gingen sie fast täglich ins Theater; oft sahen sie mehrere Darbietungen am selben Abend (in Marseille ließ man auf jedes Theaterstück eine opera buffa folgen; sogar Molieres „Bourgeois gentilhomme" wurde durch eine Karnevalsfarce ergänzt). In Palermo fanden im großen Opernhaus an jedem Abend die conversazione der vornehmen Gesellschaft statt, an der die Ritter während ihres Aufenthalts regelmäßig teilnahmen. Ob neben den geräuschvollen Gesprächen und Rundgängen durch die Logenränge auch Aufführungen stattfanden, darüber ist im Tagebuch nichts vermerkt. Allerdings konnten die Karawanisten in Palermo tagsüber die Auftritte berühmter Sänger bewundern – im Palast des Prinzen Buttera die Sopranistin Cecilia Grassi, die zukünftige Ehefrau von Bachs jüngstem Sohn,[66] in der Jesuitenkirche Tommaso Guarducci, einen der höchstbezahlten Oratoriensänger seiner Zeit. Im kleinen Theater von Palma mußten sich die Karawanisten mit einer Sainetta (spanisches Intermezzo im Stil der komischen Oper) zufrieden geben. Die in Gruppen auftretenden Ritter waren nicht immer ein ruhiges Publikum – in Marseille führten ihre lautstarken Kommentare zu einer Prügelei mit anderen Theaterbesuchern.

Kirchenfeste und Trauerfeiern

Während seines Aufenthaltes in La Valetta wurde Zinzendorf Zeuge mehrerer religiöser Feste und Zermonien, die er in seinem Tagebuch genau beschrieb. Bald nach seiner Ankunft erlebte er die Feiern des Namensheiligen des Ordens, St. Johannes. Sie begannen am Vorabend (23. Juni) mit einer Prozession und einem gewaltigen Strohfeuer vor dem Palast des Großmeisters, welches die Zuschauer mit erstickendem Rauch umhüllte; am Festtage selbst folgten weitere religiöse Zeremonien sowie ein Volksfest mit Wettrennen von Pferden und Eseln. Den Abend beschlossen Zinzendorf und seine Freunde mit einem Tanz in einem Privathause, an dem auch der Vizekanzler teilnahm. Besonders beeindruckten ihn die Osterfeiern des Ordens. Am Gründonnerstag wurde die Fußwaschung vom Großmeister und den Mitgliedern der Ordensregierung (Großkreuzen) im Palast vorgenommen. Für die eingeladenen Armen gab es einen großen, mit Broten gedeckten Tisch; auf Tellern sammelte man Geld, welches verteilt wurde. Hundert Sack Getreide standen für die Spitäler bereit. Im Hospital des Ordens fand ebenfalls eine Fußwaschung statt, die von der „auberge de France" organisiert wurde. Gruppenweise besuchten die Ritter die Darstellungen des Hl. Grabes in mehreren Kirchen. Am Karfreitag nahm der Großmeister mit allen Mitgliedern der Ordensregierung an der Messe in S. Giovanni teil. Er legte sich beim Kuß des Kreuzes flach auf die Erde, imitiert von den Baillis und Kaplänen, die mit ihrer weit geöffneten, roten cappa longa den Boden bedeckten. Den kirchlichen Feiern folgte abends ein Eselrennen. Am Ostersonntag wurden die Einwohner von La Valetta mit Kanonenschüssen geweckt und zur Messe gerufen. Eines der größten Feste des Ordensstaates versäumte Zinzendorf zu seinem Leidwesen, da er sich gerade auf einer Karawane befand – das am 8. September 1765 gefeierte 200-jährige Jubiläum der Belagerung von Malta.

Zinzendorf nahm in der Ordenskirche S. Giovanni an mehreren Trauerzeremonien teil, am Begräbnis des Ritters Loyac de Bachellerie, der dem Fleckfieber zum Opfer gefallen war (16.11.1765); an der zweitägigen Trauerfeier für Kaiser Franz I. Stephan (27.–28.11.1765), für die man die Kirche mit schwarzem Tuch auskleidete, an dem alle Wappen des Kaisers angebracht waren; an der Trauerfeier für den französischen Thronfolger Ludwig (4.3.1766), für die im Kirchenraum Skelette und Mumien ausgestellt wurden.

Ausflüge in Malta

Wie alle Besucher Maltas beschäftigte sich auch Zinzendorf eingehend mit den Sehenswürdigkeiten der Insel. Er besuchte die Appartements, den Waffensaal und die anatomische Sammlung im Palast des Großmeisters, die Kirche des Ordens (S. Giovanni), die Wälle von La Valetta und die Festungen der gegenüberliegenden Städte Borgo (Vittoriosa), Senglea und Bormola. Längere Ausflüge führten ihn zur alten Hauptstadt Citta Vecchia, wo er die Kathedrale St. Paul und die Katakomben besuchte, zum Garten des Großmeisters in S. Antonio und zu seinem Sommerpalast Verdalla mit dem nahen Orangenhain des Boschetto, nach Casalnovo, nach Casal Seithorn (Zeitun) und zum Hafen von Marsa Sirocco. Einladungen brachten ihn in die Landhäuser, die viele Ordensritter in Casal Naxxar, Casal Lia (Fleur de Lys), Casal Attar, Villa Colomba und Marsa Muscetto besaßen. Das gewöhnliche Transportmittel der Ritter im Inneren der Insel war die „birotche", ein von Maultieren gezogener offener Wagen. Er verspürte aber keine Neigung, den Norden der Insel mit seinen Salinen zu besuchen; auch die Insel Gozo, die er auf jeder Karawane umfuhr, war ihm keinen Ausflug wert.

Landbesuche der Karawanen

Ein späterer Kritiker des Ordens nannte die Karawanen „Spazierfahrten zu den Häfen Italiens und Siziliens, wo die Ritter die vorgeschriebene Dienstzeit mit Spielen, Feiern, Spektakeln und Festgelagen verbringen."[67] Die von Zinzendorf geschilderten Aufenthalte in Palermo, Alicante, Barcelona, Cagliari und Palma scheinen dieses Urteil wenigstens teilweise zu bestätigen. Als Beispiel möge hier das rege gesellschaftliche Programm der Schiffsoffiziere der „S. Zaccaria" während ihres 12-tägigen Aufenthaltes im Hafen von Palermo, vom 22. Dezember 1765 bis zum 2. Jänner 1766, erwähnt werden: Am ersten Tag wurden die Ritter im Palast der Gräfin Bertanna zur assemblée empfangen, an den beiden folgenden Tagen vom Vizekönig Siziliens,[68] am 25. Dezember – nach der Weihnachtsfeier in der Kathedrale von Palermo – vom Prinzen Castelnuovo, am 26. vom Erzbischof von Monreale, am 27. vom Erzbischof von Palermo,[69] am 28. von der Prinzessin Buttera, am 29. vom Prinzen Cefalù, am 30. und 31. von der Herzogin von Montalbo, am 1. Januar vom Vizekönig, am Abend der Abreise wiederum von der Herzogin Montalbo. Den Empfängen folgte oft von 9 Uhr abends bis Mitternacht eine conversazione in anderen Häusern oder im Theater von Palermo. Meist traf man dort dieselben Personen, die jeweils als Gast oder Gastgeber auftraten. Nachts wurde noch die Allee der marina vor den Stadtmauern aufgesucht, wo man in kleinen Hütten Erfrischungen erhielt und unter den schützenden Bäumen die galanten Unterhaltungen bis in den frühen Morgen fortsetzen konnte. Man schlief bis zur Mittagsstunde, besichtigte Sehenswürdigkeiten am frühen Nachmittag und nahm dann den geselligen Reigen der assemblées und conversazioni wieder auf.

In Barcelona, Alicante, Palma, Cagliari, Toulon und Marseille wurden die Karawanisten ebenfalls mit Einladungen verwöhnt. Sie waren Gäste des capitan general (Vizekönigs) von Katalonien,[70] des Vizekönigs von Sardinien,[71] des Gouverneurs der Provence,[72] des Kommandanten der Garnison von Toulon,[73] bei dem sie die Bekanntschaft des späteren Weltumseglers Antoine Bruny d'Entrecasteaux (1737–1793) machten. In allen Städten wurden sie natürlich auch von Malteser-Rittern bewirtet, vom Komtur de Ribas, ricevitore in Barcelona, vom Ritter Jarente-Senas-d'Orgeval, receveur in Marseille, vom Bailli Desprez in Palma.

Gruppenweise besuchten die Karawanisten bei Landgängen die Sehenswürdigkeiten der Hafenstädte. In Barcelona standen die Kathedrale, die Zitadelle, die Matrosenstadt Barcelonette, die Gärten und Grotten des Kapuzinerklosters, das Arsenal und der Anatomiesaal des Narrenhauses auf dem Programm. In Alicante besuchten sie die Kathedrale und mehrere Klöster und bewunderten die aus durchsichtigem Marmor bestehenden Fenster der Kirche Santa Faz. In Palma zeigte man ihnen die Fresken der Dominikanerkirche, auf denen alle seit 300 Jahren von der Inquisition hingerichteten Ketzer abgebildet waren; entsetzt betrachtete der ehemalige Protestant Zinzendorf diese grausige Bildersammlung. In Palermo wurden der Palast des Vizekönigs, das studium (Noviziat) der Jesuiten mit seiner Antikensammlung und das (leere) Arsenal besucht. Sehr kritisch beurteilte Zinzendorf den zur Schau getragenen Reichtum der Mönche, die in vornehmen Karossen durch die Stadt fuhren. Von Palermo aus wurden weitere Ausflüge unternommen – nach Monreale, zum nahen Monte Pellegrino mit seiner unterirdischen Kapelle.

„Cherchez la femme"

Das oft zitierte Wort des Reisenden Denon über die maltesischen Frauen, „die Stadtbewohnerinnen können weder dem Gold der Baillis noch den Seufzern der Karawanisten widerstehen,"[74] findet im Tagebuch Zinzendorfs vielfache Bestätigung. Vor allem die jüngeren Ritter trafen sich abends in den Salons von stadtbekannten Damen, die ihnen Erfrischungen servierten und Gelegenheit zum Musizieren und zum Glücksspiel boten. Die Florentinerin, die Venetianerin, die Colomba, die Fortuné, Mlle Thérèse, die Damen Gianni waren beliebte Gastgeberinnen. Die abergläubischen Kameraden Zinzendorfs suchten die „Schwedin" auf, die ihnen ihre Zukunft weissagte. Ein gewisses Fräulein Angiolina lehrte Zinzendorf mehrere maltesische Ausdrücke, deren Bedeutung er nur zögernd dem Tagebuch anvertraute. Enge Beziehungen der Ritter zu maltesischen Frauen wurden keineswegs geheimgehalten – beim Komtur Truchseß wurde man von der „Mlle Antoinette" empfangen, im Landhaus des Vizekanzlers von „Mlle Perturatto". Manchmal intervenierte der Orden mit diskreten Hinweisen – so trennte sich der Ritter des Villages auf Rat des Kapitäns Meaussée von seiner maltesischen Freundin. Oft erzählten die jungen Ritter von ihren Eroberungen in anderen Ländern – Franconi von der Gräfin Neipperg, die er in Venedig kennengelernt hatte, d'Aquino von der Mme de Prié in Wien, um die sich auch der Staatskanzler Kaunitz bemüht hatte. Vom Ritter Monti wurde berichtet, daß er wegen einer Liebschaft beinahe die Seeschlacht von Port Mahon[75] versäumt hätte.

Sehr empfänglich waren Zinzendorf und seine jüngeren Kameraden für den Charme der Damen, die sie bei Landbesuchen kennenlernten. In Palma de Mallorca bewunderten sie die hübsche Tochter des Marquis de Delpuch. Zinzendorf entdeckte, daß die den Kopf bedeckende Mantilla (robusillo) der Mallorquinerinnen der Kleidung der deutschen Herrnhuterinnen ähnelte; viele waren aber schon im „französischen" Stil des Kontinents gekleidet. In Cagliari verliebte

Karl Graf und Herr von Zinzendorf und Pottendorf (1739–1813)

sich der Ritter Jaucourt in die schöne Regentin, die die Karawanisten im négligé empfing, während Ritter Perteil sich nicht von Mlle Bousquet trennen mochte. In Palermo war Zinzendorf von der Marquise Ginestra ganz in ihren Bann geschlagen. Diese lebenslustige Dame, „lebendig wie Schießpulver", bevorzugte jedoch die Gesellschaft des Karawanisten Graf Balena, „ein Adonis aus Neapel", der Zinzendorf Qualen der Eifersucht ausstehen ließ. In Marseille erneuerte Zinzendorf die Bekanntschaft mit Mme Kik, der schönen Frau eines Schweizer Kaufmannes, um deren Gunst er sich bereits bei einem früheren Besuch sehr bemüht hatte. Der schüchterne Karawanist, der selbst nie die Grenzen platonischer Galanterie überschritt, mißbilligte heftig das Verhalten einiger Ritter, die das Theater von Marseille in der Gesellschaft von käuflichen Mädchen aufsuchten.

Freimaurerei

Durch seinen Freund Flachslanden, Mitglied der Straßburger Loge „La Candeur", wurde Zinzendorf in die Geheimnisse der königlichen Kunst eingeführt, die allen päpstlichen Verboten zu trotz auch auf Malta Fuß gefaßt hatte. Er mußte die Freimaurersymbole auswendig lernen und wurde wahrscheinlich am 25. März 1766 mit dem Grad eines Lehrlings aufgenommen. Bei einem späteren Besuch in Straßburg im Dezember 1766 wurde er von der Loge „La Candeur" als Bruder bestätigt.[76] Die maltesische Loge „Saint-Jean d'Ecosse du Secret et de l'Harmonie" war von Ordensrittern aus Marseille 1764 gegründet worden und konnte ihre Tätigkeit ungestört bis zum Jahre ihrer Auflösung 1771 ausüben. 1785 wurde sie von einem Prager Freimaurer, dem Ordensritter Johann Karl Graf Kolowrat-Krakowsky, wiedergegründet. Aus dem Tagebuch Zinzendorfs und anderen Quellen[77] kennen wir einige ihrer Mitglieder: Die Ritter Antoine de Ligondès, Antoine-François de Crose-Lincel, den zukünftigen Großmeister des Ordens Giovanni Battista Tommasi[78], den Ritter Charles-Abel de Loras[79], die Ritter Giulio Renato de Litta und Alfiero Lorenzo Grillet de Monthoux. Ein ungeliebter Seefahrtsgefährte Zinzendorfs, der im Tagebuch häufig genannte Graf d'Aquino, spielte eine geheimnisvolle Rolle in der Geschichte der sizilianischen Freimaurerei.[80] Er war ein jüngerer Bruder des Prinzen di Caramanico, 1773–1775 Großmeister der von ihm gegründeten Landesloge des Königreiches Neapel und künftiger Vizekönig von Sizilien (1785–1792). Als Cagliostro 1786 im Pariser „Halsbandprozeß" verhört wurde, behauptete er, Graf d'Aquino sei ihm von Großmeister Pinto während seiner Aufenthalte in Malta, Sizilien und Neapel als Betreuer zugeteilt worden.[81]

Großmeister Emanuele Pinto de Fonseca

Lektüre und Wirtschaftsstudien

Zinzendorf war ein vielseitig interessierter Leser, der in jeder größeren Stadt Bucheinkäufe tätigte. Bücher nahmen deshalb auch in seinem Reisegepäck viel Platz ein. Aus seinem Tagebuch kennen wir beinahe alle Werke, die er nicht nur während der Wartezeiten in Malta, sondern trotz häufigen Anfällen von Seekrankheit auch auf See las. Nur Stürme auf See und ein Übermaß an Einladungen an Land konnten ihn von der täglichen Lektüre abhalten.

Auf der Reise nach Malta las er „Entretiens de Phocion sur le rapport de la morale avec la politique" des Abbé de Mably (Paris 1763), „Voyage autour du monde", de G. Anson (Amsterdam 1749), die „Lettres chinoises" des marquis d'Argens sowie religiöse Schriften. In Malta lieh er sich Bücher aus den Privatbibliotheken der Ordensritter. Er las historische Schriften: „Histoire des Chevaliers Hospitaliers de Saint-Jean de Jérusalem" von René Aubert de Vertot (Paris 1726), „Histoire des révolutions de Gênes" von Louis-Georges Feudrix de Bréquigny (Paris 1750), „Histoire de France, depuis l'établissement de la monarchie jusqu'au règne de Louis XIV" von Paul-François Velly (Paris 1755–59); wirtschaftliche Werke: „Mémoire de sages et royales économies d'Etat de Sully; Elemens de Commerce" von François Véron de Forbonnais (Leyden-Paris 1754); literarische Werke: „Lettres sur la Russie" von Francesco Algarotti; die Briefe des Jean-Baptiste Rousseau. Unter den Büchern, die ihn auf die Karawanen begleiteten, seien erwähnt: „Oeuvres mêlées de St-Evremond, Lettres Juives" des marquis d'Argens; die Dramen von Thomas und Pierre Corneille und Racine, „L'esprit des Loix" von Montesquieu – ein Werk, dem er seine Oberflächlichkeit vorwarf. Er konnte sich in Malta und unterwegs ohne Schwierigkeiten einige verbotene Werke Voltaires besorgen: „Le Sermon des Cinquante" (1752), „Catéchisme de l'honnête homme" (1763), „L'Evangile de la raison" (1764), „La Philosophie de l'histoire" (1765). Aus dem Tagebuch könnte man schließen, daß die Bücherzensur in Malta nicht so streng gehandhabt wurde wie in anderen Staaten. Weder in den Herbergen von La Valetta noch auf See konnte der Besitz verbotener Bücher geheimgehalten werden. Zinzendorf erwähnte zwar strenge Gesundheitskontrollen bei jeder Ankunft in Malta, von einer Durchsuchung des Gepäcks nach verbotenen Werken ist im Tagebuch nicht die Rede.

Für Zinzendorf war die Dienstzeit in Malta eine notwendige, aber mit Sorge betrachtete Unterbrechung seiner noch jungen Karriere als Wirtschaftsspezialist der österreichischen Regierung. Er nutzte deshalb die Wartezeiten in La Valetta und ruhiges Wetter auf See zu weiteren Studien und zur Abfassung seiner Berichte an den Wiener Hof, für die ihm die Karawanen willkommenes Material lieferten. Den Karawanisten war der Besitz von sperrigen Möbeln an Bord verboten, er durfte aber einen auf Kosten des Schiffes angeschafften Arbeitstisch benutzen. So konnte er Memoranden über die Wirtschaftslage von Malta, Sardinien, Katalonien und Sizilen, über die Häfen Alicante, Palma, Marseille und Toulon nach Wien senden. Da er keine gute Landkarte von Malta finden konnte, ließ er sie von dem maltesischen Lotsen Pascoa zeichnen. Als eifriger Leser der Schriften des Marquis de Mirabeau, den er ein Jahr später in Paris traf, war Zinzendorf sehr erfreut, in Malta seinen Bruder kennenzulernen. Der Bailli de Mirabeau lieh ihm die Werke des Physiokraten sowie eigene Schriften über die Banken Englands, den Seehandel Frankreichs, Skandinaviens, Portugals und Spaniens.

In Malta besuchte Zinzendorf mehrere Wirtschaftsbetriebe, unter anderem die vom rührigen Grafen Masin gegründete Pulverfabrik, die aus Frankreich eingeführten Salpeter bester Qualität verarbeitete. Da die Baumwolle das wichtigste Exportprodukt der Insel war, galt einer seiner ersten Ausflüge den Baumwollfeldern in Casal Lia. Später besuchte er die Baumwollmanufaktur jenseits der Festungsmauer Cottonera, wo er 14 Webstühle und einen Kalander vorfand. Der Großmeister und Graf Masin bemühten sich um die Förderung der Seidenproduktion, vor allem die Herstellung von Seidenstrümpfen, von denen große Mengen exportiert wurden. Der Großmeister ließ Spinnversuche im Palast durchführen, Graf Masin hatte in seinem Kontor, bei der Kirche Santa Catarina, eine Seidenmanufaktur und Stoffdruckerei eingerichtet, in der französische und italienische Weber und Färber arbeiteten. Sein Versuch, Seidencocons an Ort und Stelle zu gewinnen, war zum Scheitern verurteilt, da die von ihm angelegte Maulbeerbaumpflanzung bei La Valetta den Staubwinden nicht standhalten konnte. Die Vorwürfe des Vizekanzlers, Graf Masin sei mit am Defizit des Staatshaushaltes schuld, hatten vielleicht einen Kern von Wahrheit.

Gesundheitssorgen

Zinzendorf war zierlich gebaut und hatte eine ziemlich schwache körperliche Konstitution. Umso erstaunlicher ist es, daß er weder im ungewohnten Klima von Malta noch bei den schwierigen hygienischen Bedingungen der langen Seefahrten wirklich krank wurde. Sein größtes Problem war die Seekrankheit, die ihm bis zur Rückkehr aufs Festland treu blieb, die aber auch erfahrene Seefahrer plagen konnte – auf seiner ersten Karawane litt die ganze Mannschaft der Galeere an diesem Übel. Er erwähnte mehrere kleinere Gesundheitsprobleme, die schnell geheilt wurden – Ausschläge durch Insektenstiche, Magenkoliken durch verdorbene Speisen, Zahnschmerzen, die er von einem in La Valetta tätigen französischen Dentisten behandeln ließ. Er berichtete allerdings auch über gefährliche Krankheitsausbrüche auf den Schiffen, so über eine Mumpsepidemie auf der ganzen Galeerenflotte, die 360 Mann erkranken ließ und 38 Tote forderte. Als einer seiner Kameraden auf der „S. Zaccaria" an Blattern erkrankte, wurde er während der ganzen Fahrt in einer Kammer isoliert.

Korrespondenz und Nachrichten

Die Tagebuchhinweise auf die Korrespondenz Zinzendorfs geben uns interessante Informationen über die Postrouten und Beförderungsdauer der Briefe von und nach Malta. Die meisten Briefe trafen aus italienischen Häfen mit den häufig verkehrenden Frachtbooten ein. So erhielt er am 19. November 1765 einen am 30. Mai abgesandten Brief von Jean-Jacques Rousseau, der ihm in mehreren Etappen gefolgt war. Ordensritter, die eine Reise zum Kontinent antraten, nahmen Post aus Malta mit. Auf den Karawanen ermöglichte die Begegnung mit anderen Schiffen die Weiterleitung von Briefen. Zinzendorf nutzte auch jeden Landaufenthalt zu Postsendungen nach Wien z.B. aus Cagliari über Livorno, aus Palma über Barcelona. Aus seiner umfangreichen Briefliste ist zu ersehen, daß er während seines Aufenthalts in Malta engen Kontakt mit Korrespondenten in Wien und Italien aufrecht erhalten konnte und rechtzeitig Nachrichten erhielt, die für seine weitere Karriere im Staatsdienst wichtig waren. Nach jeder Seefahrt erwarteten ihn in Malta die inzwischen eingetroffenen Briefe. Am 6. November 1766, nach zweimonatiger Seefahrt, fand er 16 Briefe vor. Der umständliche Postweg zu Lande und zur See hatte erstaunlich wenig Einfluß auf die Schnelligkeit der Beförderung. Am 7. Dezember 1765 erhielt Zinzendorf über Rom und Neapel Briefe, die aus Dresden am 3. November und aus Wien am 11. November an ihn gesandt worden waren. Seine Neujahrsgrüße an den Staatskanzler Kaunitz sandte Zinzendorf erst am 7. Dezember nach Wien.

Nachrichten erreichten Malta und die Karawanen oft zunächst als mündlich verbreitete Gerüchte. Die Berichte von der Erkrankung des Erzherzogs Leopold, vom Tod des Kaisers Franz I., des einstigen polnischen Königs Stanislaus I. Leszczynski, des dänischen Königs Friedrich V. sowie des französischen Dauphins stellten sich später als wahr heraus. Die Gerüchte vom Tod des Papstes Clemens XIII., vom Rücktritt des Staatskanzlers Kaunitz, vom Ausbruch des Russisch-Türkischen Krieges, von der geplanten österreichisch-englisch-preußischen Allianz gegen Frankreich erwiesen sich als falsch. Mit Vorliebe wurden die aus Frankreich eintreffenden Ritter nach Affären der Pariser Gesellschaft befragt. So erfuhren die Karawanisten, daß M. d'Herouville nicht Marineminister werden durfte, da er eine Kurtisane geheiratet hatte, und daß die galante Mme d'Esparbes den König Ludwig XV., den Herzog Choiseul und den Marschall Soubise zu ihren Liebhabern zählte. Selbst aus Wien drangen Gerüchte über die Liebschaften des Kaisers Joseph II. nach Malta.

Abreise aus Malta

Nach der vierten Karawane beantragte Zinzendorf bei den Kongregationen der Galeeren und der Segelschiffe die Ausstellung eines offiziellen Zeugnisses, welches er vom Großkanzler am 25. März 1766 mit dem Ordenssiegel auf schwarzem Wachs erhielt. Außerdem überreichte ihm der Großmeister ein persönliches Schreiben an den Hochmeister des Deutschen Ordens. Seiner Abreise aus Malta stand nichts mehr im Wege. Er mietete eine Speronara für die Überfahrt nach Neapel, verkaufte seine Möbel, gab dem Komtur Hanna das Cembalo zurück und ließ sein Gepäck auf das Boot bringen, welches im Hafen von S. Giulian ankerte. Am 2. April nahm er von seinen Malteser Freunden Abschied und begab sich zum Fort S. Giulian, wo er vergeblich auf die von widrigen Winden verhinderte Abreise wartete. Er übernachtete auf dem Steinboden der Kapelle des Forts und kehrte tags darauf nach La Valetta zurück. Erst in den Morgenstunden des 6. April konnte er sich endlich einschiffen. Von der für die Reise besorgten Malteser Pastete war inzwischen nicht viel übriggeblieben. Die Rückfahrt nach Neapel gestaltete sich viel schwieriger als die Anreise. Schlechtes Wetter hielt das Schiff in der Meerenge von Messina und dem Golf von S. Eufemia auf. Die gefürchtete Seekrankheit fand in ihm wiederum ein hilfloses Opfer. Es sollte vier Wochen dauern, ehe Zinzendorf am 3. Mai in Neapel landen konnte.

Anmerkungen:

1 Haus-, Hof- und Staatsarchiv, Wien [i. d. F. zit. HHStA], Kabinettsarchiv, Nachlaß Zinzendorf, Tagebücher, Band 1765 fol. 101–175, Band 1766 fol. 1–31.
2 Soweit wie möglich wurden die von Zinzendorf (oft in phonetisch ungenauer Schreibweise, z.B. „Remken" statt Remchingen) genannten Personen mit Hilfe von genealogischen Standardwerken identifiziert. Besonders sei hier auf den Nobiliaire universel de France. Hrsg. v. M. de Saint Allais hingewiesen, der im Annex von Bd. 20. (Paris 1875) eine Liste der französischen Malteserritter des 18. Jahrhunderts enthält.
3 Die hier versuchten, kurzen Beschreibungen der Schiffe basieren hauptsächlich auf Dauber, Robert L.: Die Marine des Johanniter-Malteser-Ritter-Ordens. 500 Jahre Seekrieg zur Verteidigung Europas. Graz 1989, S. 338–340 (Schiffstypenblatt) sowie auf Angaben des Tagebuches und auf lexikalischen Quellen.
4 Internationales Forschungsprojekt Zinzendorf, geleitet von o. Univ. Prof. Dr. Grete Klingenstein (Universität Graz).
5 Brief des Staatskanzlers Kaunitz vom 10. April 1765. Für diese und weitere Angaben über die Laufbahn Zinzendorfs im Deutschen Orden siehe Pettenegg, Eduard Gaston, Graf von: Ludwig und Karl Grafen und Herren von Zinzendorf. Wien 1879, S. 174–175, 181–183, 188, 202, 206, 257–262.
6 Reskript des Herzogs Karl von Lothringen vom 18. August 1765 an den Landkomtur der Ballei Österreich, Graf Karl von Colloredo. Zinzendorf trat sein Noviziat nach weiteren Aufschüben erst am 9. Juni 1769 an.

7   Wahrscheinlich Johann Dominik Joseph Graf von Thun-Hohenstein (1737–1772), dem Zinzendorf in Neapel begegnete.
8   Dreimaster mit (dreieckigen) Lateinersegeln, ca. 150 t, dem Fracht- und Personenverkehr dienend.
9   Wahrscheinlich der spätere Ordensgesandte in Neapel (1787–1789) Francesco Franconi.
10 Engel, Claire-Eliane: L' Ordre de Malte en Méditerranée (1530–1798). Monaco 1975, S. 75.
11 Zinzendorf erfuhr in Malta, daß ein österreichisches Handelsschiff aus Triest wegen des 1764 neu ausgebrochenen Krieges mit Algerien mit seiner Ladung 8 Monate lang in Palermo blockiert war.
12 Marokko schloß erst 1783 einen Friedensvertrag mit dem Kaiser und der Toskana.
13 Große Dreimaster, ca. 45 m lang, 12 m breit, mit je 64 Kanonen und 400 bis 500 Mann Besatzung.
14 Große Ruderschiffe mit zwei bis drei Masten, Lateinersegeln, 45–55 m Länge, mit 200–300 Ruderern.
15 Halbgaleeren mit einem oder zwei Masten, ca. 20 m lang.
16 Kleineres, dreimastiges Kriegsschiff mit 30 Kanonen.
17 Der maltesische Kaufmann Poussielgue importierte Schiffsladungen mit Mastenholz aus Skandinavien.
18 Engel, Claire-Eliane: Histoire de l'Ordre de Malte. Genève, Paris, Munich 1968, S. 253.
19 Z. B. die Anerkennung der Ordens-Diplomaten als gleichberechtigte Vertreter eines souveränen Staates.
20 Engel, Claire Eliane: Les chevaliers de Malte. Paris 1972, S. 179f.
21 HHStA, Kabinettsarchiv, Nachlaß Zinzendorf, Tagebücher, Band 1766, Tagebucheintragung vom 26. Februar 1766.
22 Cagliostro machte sich während eines Besuchs in Malta (ca. 1764) die alchimistischen Interessen des Großmeisters zunutze. Später behauptete er, ein uneheliches Kind Pintos zu sein.
23 Zinzendorf nannte unter ihnen die spanischen Baillis d'Os und Francisco Ximenes de Texada, der 1773 zum Nachfolger Pintos gewählt wurde, und den französischen Bailli Claude de Rouvroy de Saint-Simon. Er war ein Neffe des Herzogs und von 1775 bis 1777 Ordensbotschafter in Paris.
24 Bartholomaeus Rull (1702–1769), seit 1758 Bischof von Malta.
25 Der Admiral Luigi Crescimanni, Vorsitzender der Kongregationen der Segelschiffe und der Galeeren.
26 Don Antonio d'Abreu.
27 Johann Baptist Reinhard Freiherr von Schauenburg, 1755–1775 deutscher Großprior in der Ordensregierung, Großbailli für das Festungswesen, sein Stellvertreter war Gottfried Ignaz Edler von Ployer.
28 Franz Christoph Sebastian Freiherr von Remchingen, Giovanni Battista d'Aflitto, Don Antonio Escudero.
29 Der Bailli Johann Kaspar Fidelis Freiherr von und zu Schoenau, kaiserlicher Gesandter in Malta 1748–1775. Angelo Maria Durini, Inquisitor (Resident) des Papstes in Malta 1765–1766. Francesco Roselmini (Großprior von Capua), Gesandter der Toskana in Malta ca. 1765–1778. Zaccaria Gonzaga, diplomatischer Agent Venedigs.
30 Johann Jakob Freiherr von Pfirdt/Ferrette.
31 Johann Baptist Anton Freiherr von Flachslanden, Generalkapitän der Galeeren 1768–1770, Gesandter des Ordens in Bayern 1782–1786.

32 Der französische Reisende Dominique-Vivant Denon erwähnte noch eine zweite Herberge in La Valetta, die „Trois Rois". Vgl. Vivant Denon, Dominique: Voyage en Sicile. 1. Ausg. Paris 1788 [Nachdruck Paris 1993], S. 138.
33 Engel, L' Ordre de Malte en Méditerranée, S. 85.
34 Z. B. die im Tagebuch erwähnte Aufbringung einer tripolitanischen Galiote mit 36 Mann durch eine maltesische Galiote, am 21. August 1765. Dauber, S. 313 gibt das Datum mit dem 8. August an.
35 Vergé-Franceschi, Michel: Chronique maritime de la France d'Ancien Régime. Paris 1998, S. 649.
36 „Feste" Karawanisten: des Villages, Grimaudet de Rochebouet, de Telles, de Reinaud, de Bermudes; „zusätzliche Karawanisten": de Milano, de Campredon, de la Laurencie, de Marcellanges.
37 Die Responsionen beliefen sich auf 1/5 bis 1/3 der Einkünfte der Kommenden. Vgl. Engel, L'Ordre de Malte en Méditerranée, S. 141.
38 Bruno Baillet (Bruder Emmanuel, O. Carm. Discalc.), 1742–1773 Titularbischof von Babylon (Bagdad).
39 Einmastiges kleines Segelschiff mit Lateinersegeln, mit Rudern versehen.
40 Dauber, S. 313.
41 Vierundzwanzig 18-Pfünder auf dem untersten Deck, sechsundzwanzig 12-Pfünder auf dem mittleren Deck, zwölf 6-Pfünder auf dem erhöhten Heckdeck.
42 Einmastiges Ruderschiff mit Lateinersegel, ca. 10 m lang.
43 Einmastiges Frachtboot.
44 Schlafraum für Schiffsoffiziere im Heck des unteren Decks.
45 Ein in den arabischen Staaten entwickeltes, dreimastiges Segelruderschiff mit Bugspieß und Lateinersegeln. Die sehr wendigen und schnellen Schebeken waren ein von den nordafrikanischen Korsaren bevorzugter Schiffstypus.
46 Jean-François-Gabriel-Alphonse des Villages, Fähnrich der französischen Marine und fester Karawanist.
47 In der französischen Flotte konnten nur wenige Schiffsoffiziere schwimmen. Der Schwimmunterricht wurde erst 1773 als ungeliebter Gegenstand in der kurzlebigen Marineschule von Le Havre eingeführt. Vgl. Vergé-Franceschi, S. 667.
48 Zweimastiges, offenes Küstenfrachtboot mit gemischten Segeln (Lateiner- und rechteckigen Rahsegeln), der Name rührte vom Bugsporn des Schiffes „sperone" her. Vivant Denon, S. 135 beschrieb seine Fahrt nach Malta auf einer Speronara mit 6 Mann Besatzung und 6 Passagieren.
49 Eine zweimastige Brigg mit Rahsegeln und zusätzlichem Besansegel.
50 Kleine Dreimaster mit gemischten Segeln.
51 Die „Immacolata Concezione" unter dem Kommando des Kapitäns Lorenzo Stufrac.
52 Bewaffnete Dreimaster mit Rahtakelung, 60 bis 70 m lang. Die französische Compagnie des Indes benutzte große Fleuten für den Handel auf der Ostindienstrecke.
53 Eine Fregatte mit 40 Kanonen und 450 Mann Besatzung. Vgl. Vergé-Franceschi, S. 646.
54 Der spätere Komtur Francesco Mazzei, Gesandter der Toskana in Malta (1778–1791).
55 Poussielgue wurde Konsul des revolutionären Frankreichs und unterstützte 1798 die Besetzung Maltas durch Napoleon.
56 Jean-Antoine-Joseph Riqueti comte de Mirabeau, ehemaliger Generalkapitän der Galeeren (1762).
57 Jean-Ludovic Guérin de Tencin vermachte 1766 seine 10.000 Bände umfassende Bibliothek dem Orden.

58 Pietro Marcello di Cavaniglia, Bailli von Turin, der ebenfalls seine Bibliothek dem Orden hinterließ.
59 Der Fregattenkapitän Ritter Charles Picot de Dampierre, den Zinzendorf als Passagier der „S. Zaccaria" kennengelernt hatte, wollte in österreichische Dienste treten und die geplante österreichische Kriegsflotte befehligen. Zinzendorf intervenierte für ihn bei der Staatskanzlei, anscheinend ohne Erfolg.
60 Der Ritter und spätere Komtur Jean-Charles François de Meaussé wurde dem Wiener Hof vom Malteser-Orden als Kommandant der neuen Kriegsflotte vorgeschlagen. Er hielt sich 1768 mehrere Monate in Triest und Wien auf, konnte sich aber mit der Wiener Regierung nicht über die Bedingungen einigen. Vgl. Szabo, Franz: Kaunitz and enlightened absolutism 1753–1780. Cambridge 1994, S. 298.
61 Kapitän der „galera capitana", ein jüngerer Bruder des Herzogs von Castelpagano.
62 Wahrscheinlich Franz Ludwig Pfyffer von Altishoffen, 1763 Titularprior der Ballei Brandenburg.
63 Engel, Les chevaliers de Malte, S. 205.
64 Ebda, S. 209.
65 Frauen war die Bühne des Teatro Manoel anscheinend nicht untersagt – im Tagebuch ist auch vom Auftritt einer Tänzerin die Rede.
66 Cecilia Grassi sang in Italien und in England, wo sie 1774 Johann Christian Bach heiratete.
67 Carasi, L'ordre de Malte dévoilé (1790), zitiert bei Engel: L'Ordre de Malte en Méditerranée, S. 221.
68 Fogliano Sforza d'Aragon, marchese de Pellegrino, Vizekönig von Sizilien 1755–1768.
69 Francesco Maria Testa, Erzbischof von Monreale 1754–1773. Seraphinus Filangieri, Erzischof von Palermo 1762–1776.
70 Marqués de Las Minas.
71 Lodovico Costa della Trinità, Bailli des Malteser-Ritter-Ordens.
72 Honoré-Armand duc de Villars.
73 Der maréchal de camps de Coincy.
74 Denon, S. 138.
75 20. Mai 1756. Der Sieg der französischen Flotte über die Engländer führte zur Wiedereroberung Menorcas.
76 Beaurepaire, Pierre-Yves: L'autre et le frère. L'étranger et la Franc-maçonnerie en France au XVIIIe siècle. Paris 1998, S. 404.
77 Francovich, Carlo: Storia della massoneria in Italia. Florenz 1974, S. 458; Beaurepaire, S. 74, 369–374.
78 1788 venerabile (Meister vom Stuhl) der wiedergegründeten Loge.
79 Zukünftiger venerabile der Loge von Rom, die im Cagliostroprozeß eine große Rolle spielen sollte.
80 Francovich, S. 189f.
81 [Thilorier, Jean-Charles]: Mémoire pour le comte de Cagliostro, accusé, contre le procureur-général, accusateur [...]. Paris 1786, S. 13–15, 21.

Dieter A. Binder/Christian Steeb

Karl Borromäus Graf von Harrach (1761–1829)
Freimaurer – Malteser – Arzt – Deutschordensritter

Eine durch ihre selbstlose Wohltätigkeit herausragendsten Persönlichkeiten der Ära Metternich war Karl Borromäus Graf von Harrach. Vorbildlich, wie nur wenige seiner Zeit- und Standesgenossen, hat er sein ganzes Leben in den Dienst der Kranken- und Armenfürsorge gestellt. Daß jedoch sein Leben keineswegs von Anfang an diese Ausrichtung hatte, davon zeugt sein außergewöhnlicher Lebensweg an der Wende vom 18. zum 19. Jahrhundert, der hier näher beschrieben werden soll.

Der am 11. Mai des Jahres 1761 in Wien geborene und noch am selben Tag in der Schottenkirche vom Erzbischof von Wien getaufte[1] Karl Borromäus Graf von Harrach war ein Sohn des Ernst Guido Grafen von Harrach zu Rohrau, „Herr der Herrschaften Bruck an der Leyta, Stauff und Aschau in N[ieder]Österreich, Starkenbach, Schlukenau in Böhmen, dann Janowitz in Mähren, Erbland-Stallmeister in Oesterreich ob und unter der Enns, k. k. Kämmerer und geh. Rat […]" und der Maria Josepha, geborenen Gräfin von Dietrichstein.[2]

Der junge Mann aus bester Familie, der in Wien nach dem Studium der Rechte[3] durch den Staatsrat von Eger[4] auf den Staatsdienst vorbereitet wurde, erwies sich als derart begabt, daß er bereits am 13. Jänner 1783 zum Referendar in der böhmisch-österreichischen Hofkanzlei ernannt wurde.[5] Harrach, der dann unter anderem auch in der „Robotabolitionshofkomission" tätig war, wurde schon am 3. Februar 1785 „unter mildester Betrachtung seiner besitzenden Fähigkeit und Geschicklichkeit" von Kaiser Joseph II. zum Gubernialrat in Prag mit einem Gehalt von 2.000 Gulden ernannt und einige Tage später auch zur vorgeschriebenen Eidesleistung beim königlich böhmischen Gubernialpräsidenten und Oberst-Burggrafen in Prag, Franz Anton Graf von Nostitz, aufgefordert.[6]

Der schnelle Aufstieg des jungen Grafen ist überaus bemerkenswert und spricht für dessen Begabung und Persönlichkeit, stand doch Joseph II. gewöhnlich gerade den jungen Mitgliedern der alten Familien des Hochadels ablehnend und besonders kritisch gegenüber.

In Prag wurde Harrach am „14. Oktober des Jahres der Maurerei 5786 [1786]" Mitglied der St. Johannis Loge „Zur Wahrheit und Einigkeit"[7], die nach dem Freimaurerpatent Josephs II. 1785 aus dem Zusammenschluß der 1783 gegründeten Logen „Zur Wahrheit" und „Einigkeit" entstanden war. Das reiche florierende Prager Logenleben, das sich stark philantropisch engagierte, hatte zwar durch die Maßnahmen Josephs II. personelle Einbrüche hinnehmen müssen, erstarkte aber in den Jahren nach dem Freimaurerpatent wiederum recht rasch.[8] Gerade die Aristokraten der Prager Logen konzentrierten sich auf die Werbung neuer Mitglieder, wobei sie sich breit gestreuter gesellschaftlicher Veranstaltungen bedienten, um mit brauchbaren Suchenden ins Gespräch zu kommen. Kurz bevor Harrach das Licht in seiner Loge erhielt, fand im Prager Kanálka Garten ein Fest unter freimaurerischer Leitung statt, zu dem 500 Gäste geladen waren und das die Aufmerksamkeit der Gesellschaft weit über Prag hinaus auf sich zog. Spätestens zu diesem Zeitpunkt – es war am 25. Juni 1786 – dürfte der junge Graf mit der böhmischen Maurerei in Kontakt gekommen sein.[9] In Prag, das Wolfgang Amadeus Mozart auch als freimaurerische Begegnungsstätte liebte und zwischen 1787 und 1791 häufig besuchte, findet man jene Mischung, die Harrach und seinen späteren Mentor Karl Grafen und Herrn von Zinzendorf und Pottendorf (1739–1813)[10] auszeichnete: „Rationalist und gleichzeitig ein tief gläubiger Mensch."[11] Diese scheinbare Widersprüchlichkeit weist auch auf das Phänomen Freimaurer und Kirchenmann hin; die päpstliche Verurteilung von 1738 durch die Bulle „In eminenti" und auch deren Wiederholung 1751 wurde nämlich außerhalb des Kirchenstaates nicht ernsthaft rezipiert, so daß man bis in die Wirren der Französischen Revolution hinein häufig sogar auf Brüder, die dem geistlichen Stand angehörten, treffen konnte. Die Logen waren zu diesem Zeitpunkt äußerst populäre Treffpunkte der Gesellschaft, in denen teilweise die starren Standesgrenzen durchbrochen wurden.

Um diese Zeit muß der junge Mann in Wien in gesellschaftlichen Kontakt mit den Töchtern des erst 1785 durch Selbstmord aus dem Leben geschiedenen Hofbankiers Johann Graf von Fries (1719–1785) gekommen sein.[12] Der gesellschaftliche Verkehr Harrachs im eben erst fertiggestellten Palais Fries (heute Pallavicini), führte bald dazu, daß er sich in die jüngere Tochter des Bankiers, die 1769 geborene Sophie, verliebte.

So angesehen und geachtet auch deren Vater zeitlebens bei Hof als willfähiges Werkzeug des Kaisers in Fragen der Finanzierung schwieriger Projekte gewesen war, so umstritten scheint dessen gesellschaftliche Stellung in Wien geblieben zu sein. Johann Fries, der dem Patriziat von Mülhausen (Mulhouse) im Elsaß entstammte, war nämlich erst um die Mitte des 18. Jahrhunderts nach Wien gekommen, wo ihm durch die Protektion des Staatskanzlers Kaunitz, vor allem aber durch seine eigene Tüchtigkeit ein außergewöhnlich rascher gesellschaftlicher

Aufstieg beschieden war. Der soziale Aufstieg des Calvinisten Fries stellte sich in Form seiner Erhebung in den Ritter- und Freiherrnstand durch Maria Theresia sowie 1783 in den Grafen- und sogar Reichsgrafenstand „proprio motu", also aus alleinigem Antrieb des Monarchen, durch Kaiser Joseph II. ein. Die Familie des Bankiers, der für den alten und katholischen Hochadel der Monarchie nicht mehr als ein nützlicher, dennoch aber wenig geachteter „Aufsteiger" blieb, der noch dazu 1785 unter recht mysteriösen Umständen durch Selbstmord aus dem Leben geschieden war, hatte trotz des hinterlassenen immensen Vermögens um ihre gesellschaftliche Akzeptanz in Wien weiterhin zu kämpfen. Der älteren der beiden Töchter des Hofbankiers, der 1767 geborenen Victoire, war es gegen den Widerstand ihrer ehrgeizigen Mutter Anne Gräfin von Fries, geborene d'Escherny (1737–1807), gelungen, am 18. Juli 1788 den kursächsischen Gesandten am Wiener Hof Johann Hilmar Adolph Grafen von Schönfeldt (1743–1820) heiraten zu dürfen.

Es kann also kaum verwundern, daß die Eltern des einer der angesehensten und vornehmsten Hochadelsfamilien der Monarchie entstammenden Harrach sich gegen eine Ehe mit Sophie Gräfin von Fries entschieden wehrten, denn trotz ihrer Schönheit und der zu erwartenden beträchtlichen Mitgift gehörten die Fries zu der, seit dem Toleranzpatent Josephs II. stillschweigend geduldeten Minderheit der Reformierten in Wien.[13]

Da Harrach, der 1790 von Kaiser Leopold II. zum Kämmerer ernannt worden war, unter keinen Umständen die Einwilligung seiner Eltern zur von ihm ersehnten Heirat erhalten konnte, trat er – und dies ist wahrscheinlich wohl in erster Linie als Trotzreaktion zu werten – in den Malteser-Ritter-Orden ein.[14] Seine Aufnahme als Ehrenritter – die damals noch zukünftige Ehelosigkeit voraussetzte – wurde am 8. Dezember 1790 durch den 70. Großmeister des Malteser-Ritter-Ordens, Emanuel Prince de Rohan-Polduc, bestätigt.[15]

Sophie Gräfin von Fries, deren Pflichtteil aus dem väterlichen Vermögen immerhin 750.000 Gulden betragen hätte, flüchtete im Jahre 1791, nachdem sie ihre Mutter unbedingt mit dem nachgeborenen Prinzen eines regierenden Hauses verheiraten wollte, der als notorischer Spieler und Wüstling bekannt war, aus der Obhut ihrer Mutter nach Paris. Erst durch die Einschaltung der Polizeibehörden gelang es schließlich das Mädchen wieder nach Wien zurückzuholen. Nach einem neuerlichen Skandal nahm sie schließlich am 7. August 1794 in der Wiener Augustinerkirche Heinrich Wilhelm Grafen von Haugwitz, Freiherrn von Klein-Obisch (1770–1842) zum Mann, von dem sie sich jedoch nach der Geburt einiger Kinder schon im Jahre 1802 wieder trennte.[16]

Karl Graf von Harrach beendete jedenfalls – möglicherweise auch im Zusammenhang mit den zuvor geschilderten Tatsachen – seine so erfolgversprechende Laufbahn im Staatsdienst und begann daraufhin eine intensive Studien- und Reisetätigkeit, die ihn durch Deutschland (Dresden, Weimar, Jena, Göttingen,

Berlin) und Frankreich bis nach England führte, bevor er seine wahre Bestimmung erkannte und – nach Wien zurückgekehrt – mit dem Studium der Medizin begann.

Der Malteser-Ritter-Orden aber, dessen Mitglied Harrach geworden war, befand sich um diese Zeit selbst in einer höchst unglücklichen Lage. Nachdem Napoleon Bonaparte im Zuge seiner „Ägyptischen Expedition" 1798 Malta besetzt hatte, war der nunmehrige 71. Großmeister des Ordens, Ferdinand Freiherr von Hompesch, gezwungen worden die Insel zu verlassen. Mit einigen treu ergebenen Ordensmitgliedern floh er zunächst nach Triest, wo ihm Kaiser Franz II. Asyl gewährte. Während Großmeister Hompesch Triest bald als neuen provisorischen Sitz des Ordens ansah, kam es in St. Petersburg in Folge einer Zusammenkunft zahlreicher Mitglieder des Ordens, die vom 26. August bis zum 6. September 1798 dauerte, zu seiner formellen Absetzung.[17] Trotz der berechtigten Proteste des legitimen Großmeisters gegen diesen Schritt war er zu diesem Zeitpunkt seiner Autorität schon so sehr beraubt, daß sich Zar Paul I. von Rußland am 7. November 1798 in St. Petersburg feierlich inthronisieren und den Titel eines „Großmeisters des Ordens des hl. Johannes zu Jerusalem" annehmen konnte.[18] Die Schaffung eines zweiten Großpriorates in Rußland, dem zukünftig auch Ritter orthodoxen Glaubens angehören sollten, die Verhinderung der Rückkehr des Großmeisters nach Malta, welches mittlerweile von englischen Truppen besetzt worden war, aus rein strategischen Überlegungen sowie zunehmend von Rußland ausgehender politischer Druck auf den Kaiserhof in Wien führten schließlich dazu, daß Hompesch resignierend in einem Brief an den Kaiser vom 6. Juli 1799 seine Abdankung als Großmeister bekannt gab.[19] Die letzten Jahre seines Lebens waren von Armut und von zahllosen vergeblichen Versuchen wieder die Großmeisterwürde zu erlangen geprägt. Auch Zar Paul I. konnte sich seiner nicht „de jure" aber doch „de facto" erlangten Großmeisterwürde nicht lange erfreuen, denn schon am 11. März 1801 wurde er ermordet.
Zum neuen Großmeister des Ordens wurde daraufhin, nicht durch eine Wahl im Generalkapitel, sondern durch Papst Pius VII., unter Nichtbeachtung der Ansprüche von Hompesch, am 16. September 1802 der Bailli Bartholomäus Ruspoli ernannt, der jedoch diese den Statuten des Ordens widersprechende Ernennung nicht annahm. Seine Stellungnahme an Kardinal Caprara zugunsten von Hompesch blieb ohne Ergebnis.
Mit Wirkung vom 3. Februar 1803 ernannte daraufhin der Papst den Bailli Johannes Baptist Tommasi zum neuen Großmeister. Auch Tommasi, der schon unter Hompesch Ratsmitglied des Ordens gewesen war, gelang es in der Folge unglücklicherweise nicht, die schon am 25. März 1802 im Frieden von Amiens durch England eigentlich zugesicherte Rückgabe Maltas an den Orden durchzusetzen.[20]

Dies alles geschah, während Harrach sich mit größtem Eifer seinen medizinischen Studien widmete. Am 25. Juni des Jahres 1803 promovierte er in Wien zum Doktor der Medizin, und bereits am 10. August erfolgte seine Ernennung zum Magister der Geburtshilfe.[21] Seinem gedruckten Nachruf lassen sich darüber folgende Einzelheiten entnehmen: „Nicht sein Talent allein, auch sein Vermögen war von diesem Augenblicke an zum Wohle armer Kranker bestimmt; vom frühen Morgen bis in die späte Nacht in der Stadt, wie in den fernsten Vorstädten Wiens, in den dunkelsten Kammern der drückenden Armuth, selbst da, wo ansteckende Krankheiten herrschten, erschien er mit Rath und That, helfend und tröstend. Er hatte die Arzeneyen nicht nur verordnet, er hatte sie auch bezahlt, und die nöthige, stärkende Nahrung für die Kranken aus eigenen Mitteln bestritten. Nicht genug! Der wackere Menschenfreund sorgte auch dafür, daß es den durch seine Pflege gesund gewordenen Armen auch weiterhin an nöthigen Bedürfnissen nicht mangle, er verschaffte ihnen nicht nur Arbeit, sondern, nach Umständen, auch den Stoff und Werkzeuge dazu, so z. B. ließ er dem Schuhmacher das Leder verabreichen, bestellte zugleich bei ihm mehrere Paar Schuhe, um diese dann an andere Arme zu verschenken u.s.w. So half er ganzen Familien, so ermunterte er den Erwerbstand, und somit begründete er auch bestens den sittlichen Zustand unzähliger Individuen [...]."[22]

Die vielseitigen wissenschaftlichen Interessen des Grafen zogen zahlreiche Ehrungen nach sich. Am 28. April 1804 war er zum Ehrenmitglied der herzoglich Jenaischen Mineraliensozietät, am 7. März 1808 zum Mitglied der k. k. Landwirtschaftsgesellschaft, laut Beschluß der Sitzung vom 4. Jänner 1810 zum Ehrenmitglied der kaiserlich französischen Gesellschaft der Medizin ernannt worden. Die letzte der genannten Ehrungen verdankte Harrach vor allem seiner Pflege der zahlreichen Verletzten der Napoleonischen Kriege, die er ohne Rücksicht auf deren Nationalität – von allen Zeitgenossen einmütig bewundert – aufopfernd auf sich genommen hatte. Aus diesem Grund wird auch verständlich, wenn ihm der Präsident der französischen Gesellschaft der Medizin schreibt: „[...] daß man ihn schon lange zu den ihrigen gezählt hätte, allein der Krieg hätte die Ausstellung und Übersendung des entsprechenden Diploms bis zum 5. Mai 1814 verzögert."[23] Am 1. Juli 1815 wurde er unterstützendes Mitglied der Gesellschaft der Musikfreunde, am 1. Oktober 1819 Mitglied des Kaufmännischen Vereins in Wien, und noch 1828 erteilte ihm der Kaiser die Erlaubnis das Diplom der Societas Medica-Chirurgica Berolinensis anzunehmen, die ihn zum korrespondierenden Mitglied ernannt hatte.[24] Von 1814 an bis zu seinem Tode am 19. Oktober 1829 diente er überdies als unbezahlter Primararzt im Institute der Elisabethinerinnen in Wien, wobei er neben seiner medizinischen Tätigkeit sich vor allem auch der Betreuung von Strafgefangenen während ihrer Haft und nach ihrer Entlassung widmete.[25]

Aus der zuvor geschilderten verworrenen Situation, in der sich der Malteser-Ritter-Orden als Spielball der europäischen Mächte seit dem Verlust von Malta befand, werden auch die Beweggründe dafür deutlich, warum sich Karl Graf Harrach schon seit dem Jahre 1800 mit der ernsthaften Absicht trug, in den – zumindest in den Erblanden – noch unverändert bestehenden Deutschen-Ritter-Orden überzutreten.[26] Der formale Schritt Harrachs dazu erfolgte jedoch erst im Jahre 1804, als er durch den Landkomtur der Ballei Österreich des Deutschen-Ordens, Karl Graf und Herrn von Zinzendorf und Pottendorf, aufgefordert wurde, die Dokumente und Beglaubigungen der dazu vorgeschriebenen Ahnenprobe[27] vorzulegen.[28] Nach Abnahme der Ahnenprobe und der Erklärung, an drei Feldzügen des Ordens teilnehmen zu wollen,[29] trat Harrach sein Noviziat am 23. Mai 1805 an.[30] Der Hoch- und Deutschmeister, Erzherzog Anton Viktor (1804–1835), teilte dem Novizen, der während dieser Zeit weiterhin seinen medizinischen Verpflichtungen nachkam, Karl Graf von Zinzendorf als Novizenmeister zu.[31] Harrach legte schließlich am 29. Mai 1806 die Profeß als Ritter der Deutschen Ordens ab,[32] nachdem ihm Zinzendorf am 23. Mai ein blendendes Jahreszeugnis ausgestellt hatte.[33]

Harrachs Hinwendung zum Deutschen Orden muß sowohl im Hinblick auf die Familientradition, als auch in Verbindung mit dem Landkomtur der Ballei Österreich, Zinzendorf, gesehen werden. Die Verbindungen der Familie zum Orden reichten bereits Generationen zurück, so war von 1737 bis 1764 der Hofkriegsratspräsident Johann Joseph Philipp Graf von Harrach (1678–1764) Landkomtur der Ballei Österreich[34] und damit ein Vorgänger Zinzendorfs, der dieses Amt 1801 übernahm. Der Übertritt in den Deutschen Orden erfolgte zu einem äußerst kritischen Zeitpunkt; fast dreihundert Jahre war der Hochmeister des Ordens in die Verfassung des Reiches eingebunden, 1804 empfing Anton Viktor Erzherzog von Österreich als Hochmeister noch die Regalien vom Kaiser, da bis dahin das Lehensband seine Gültigkeit besaß.[35] Der Friede von Preßburg 1805 und Napoleons Tagesbefehl vom 24. April 1809 ermöglichten „den Territorialherren den Zugriff auf den Deutschordensbesitz im Reich und ließen im Zuge dieser Säkularisation die Ritter ihrer Pfründe verlustig gehen."[36] Lediglich in den habsburgischen Erblanden blieb der Orden unangetastet, wobei nunmehr dem Kaiser das Recht zukam, den Hochmeister zu ernennen. Dieser massive Einschnitt leitete auch im Bereich der Ballei Österreich einen dramatischen Niedergang ein, da an Neuaufnahmen nunmehr nicht zu denken war. 1835 – ehe die Revitalisierung des Ordens einsetzte – gab es neben dem Hochmeister Maximilian Joseph Erzherzog von Österreich-Este (1835–1863) nur noch vier Ritter.

Karl Graf von Zinzendorf, der 1770 zum Deutschordensritter geschlagen worden war, verbanden mit Harrach vielfältige gesellschaftliche Bezüge, nicht zuletzt aber vor allem die Zugehörigkeit zur Freimaurerei. 1766, drei Jahre bevor er als Novize in den Orden aufgenommen werden sollte, trat Zinzendorf

Karl Borromäus Graf von Harrach im Jahre 1821

in Malta, von wo aus er an Unternehmungen der Marine des Malteser-Ritter-Ordens gegen Piraten teilnahm, einer englischen Loge bei, wenig später in Straßburg auch einer französischen.[37] Zinzendorfs berufliche Kontakte und sein gesellschaftlicher Umgang waren geprägt von Männern, die führend die österreichische Freimaurerei des 18. Jahrhunderts mitgestalteten. Sein Weg in die Freimaurerei stand aber auch durchaus in einer familiären Tradition, da schon bei der ersten Wiener Loge „Aux Trois canons", die am 17. September 1742 gegründet worden war, sein Halbbruder Ludwig Graf von Zinzendorf (1721–1780), unter den ersten Suchenden war.[38] Dennoch sollte die Zugehörigkeit zu einer Loge als Bindeglied zwischen Harrach und Zinzendorf nicht überbewertet werden, denn für Wien wie für Prag galt in diesen Jahren: „Alles ist maçon."[39] Graf Louis wurde zum großen „Regisseur" im Leben seines jüngeren Bruders.[40] Seit 1761 beeinflußte er ihn entschieden; er löste ihn aus der herrnhuterischen Tradition, führte ihn in die Welt der Aufklärung ein und drängte ihn zur Konversion, um ihm den Eintritt in einen katholischen Ritterorden möglich zu machen. Schließlich vollzog Karl 1764 diesen Schritt, während er gleichzeitig eine steile Karriere machte: Innerhalb des Deutschen Ritterordens rückte er 1800/01 in die Leitung der Ballei Österreich ein, als deren Landkomtur er ab 1801 die weitgehende Zerschlagung des Ordens durch Napoleon I. miterleben mußte. Bereits in den Jahren davor war er engstens in die Verhandlungen über die Zukunft des Ordens angesichts des Vorrückens der französischen Macht involviert.[41] Trotz der schwierigen Situation des Gesamtordens gestattete der Hochmeister, Erzherzog Karl[42], 1802 die Neuaufnahme von Rittern. In der Ballei Österreich waren es zwei Grafen Harrach, die nach dieser Grundsatzentscheidung diesen Schritt setzten: 1803 wurde Aloys Leonhard Anton Graf von Harrach zu Rohrau, kaiserlicher Kämmerer und Obristleutnant des k. k. Chevaux-Legers-Regiments No. 3 Lobkowitz, Novize,[43] während 1805 sein Vetter Karl in diesen Stand trat. Als Erzherzog Karl als Hochmeister schließlich 1804 zurücktrat, nannte er unter den Männern, die sein besonderes Vertrauen in dieser Zeit im Orden genossen, Karl Graf von Zinzendorf, der einer der beiden Überbringer des Hochmeisterkreuzes, des Mantels, des Statutenbuches und der auszustellenden Reversalien an den neuen Hochmeister, Erzherzog Anton Viktor, war.[44] Diesem diente Zinzendorf im Bemühen, die Reste des Ordens gegen den Zugriff Napoleons zu verteidigen.

Karl Harrachs Eintritt in den Orden fußte nicht nur auf der Freundschaft mit Zinzendorf, sondern wurzelte wohl auch in der langen Tradition der Harrachs innerhalb des Ordens. Noch im Jahre 1800 stand der der älteren Linie der Familie entstammende Feldmarschallleutnant Aloys Reichsgraf von Harrach zu Rohrau (1728–1800)[45] als Landkomtur der Ballei Österreich vor; er war Inhaber der Komturei zu Wien, zu Graz am Lech und zu Linz. Seinem Kaiser diente er als Kämmerer und Erbstallmeister. Karl Graf von Zinzendorf hatte die Kommende Laibach inne, während Aloys Graf Auersperg Komtur zu Großsonntag war. Zu diesem Zeitpunkt zählten noch Leopold Graf Attems, Maximilian Graf Starhemberg, Adam Franz Anton Graf Brandis, Johann Franz Karl Graf Sinzendorf und Leopold Graf Sauer als Ritter zur Ballei Österreich. 1803 waren es unter dem Landkomtur Zinzendorf nur noch Auersperg, Brandis und Sinzendorf.[46]

Der Eintritt Karl Harrachs erfolgte also zu einem Zeitpunkt personeller Verknappung, wobei der Kreis der Confratres dem gewohnten gesellschaftlichen Umfeld entsprach.
Alle die hier angeführten Familien weisen in dieser Zeit überdies familiäre Bindungen zur österreichischen Freimaurerei auf,[47] wobei Leopold Graf Sauer sichtlich innerhalb des Ordens aktiv Mitglieder geworben hatte, und Freimaurer nicht nur in der Ritterschaft, sondern auch unter den Ordenspriestern und Beamten vermutet werden können.[48] So waren der Ökonomiedirektor der Grazer Kommende am Lech, Matthias Kargl,[49] und dessen Freund Fortunat Spöck, Kurat der Kirche am Lech, Meister der Grazer Loge.[50] Sauer selbst war 1780 in die Prager Loge „Zu den drei gekrönten Säulen" aufgenommen worden.[51] Karl Harrachs gesellschaftliche Kontakte über die Aristokratie hinaus weisen ebenfalls auch freimaurerische Bezüge auf.[52] Zweifellos dürfen derartige Bezüge nicht überbewertet werden, da Harrachs Kontakte zu Johann Wolfgang von Goethe primär anders zu erklären sind,[53] während man jedoch bei Johann-Baptist Alxinger neben dem schöngeistigen Ideenaustausch durchaus auch eine weitere Ebene annehmen darf.[54] Ähnliches kann auch zu den Kontakten mit Johann Peter Frank vermutet werden, der wie Alxinger der Loge „Zur wahren Eintracht" angehörte und als prominenter Arzt ein entsprechender Partner Harrachs war.[55] Harrachs wissenschaftlichen und literarischen Interessen[56] entsprangen auch die engen Kontakte zu Ignaz von Born (1742–1791), dem berühmten Meister vom Stuhl der „Wahren Eintracht",[57] dessen Logenbruder Aloys Blumauer (1755–1798),[58] beide zählten zu den Illuminaten innerhalb dieser Wiener Loge und der damit verbundenen „Akademie der Wissenschaften".[59] Teilweise überschnitt sich dieser Kreis mit jenem, der wie Harrach im Salon Karoline Pichlers verkehrte.[60]
Harrach lebte innerhalb des immer kleiner werdenden Ordens sein bisheriges Leben als Hauskomtur in Wien.[61] Neben seiner ausgeprägten medizinischen Tätigkeit kam er eng damit verknüpft seinen philanthropischen Neigungen nach. Trotzdem, so scheint es, blieb er bis zu seinem Tode – er starb am 19. Oktober 1829 in Wien an den Folgen seiner „Wassersucht"[62] – ein weltoffener Mensch, dessen engagiertes soziale Bemühen im Einklang mit seiner aristokratischen Herkunft stand. In seinem Testament bedachte er seinen Sekretär, den Lektor und Gesellschafter, den Bibliothekar, den Diener, den Kutscher, die Köchin, die Haushälterin und die Mägde mit Legaten, sein Vermögen stiftete er der Armenfürsorge.[63] Im Zuge der Testamentsvollstreckung wurden im Dezember 1829 vom Verlassenschaftsgericht „560 Boutellen (!) vorzüglichen Madeiras" versteigert.[64] Seine wissenschaftliche Bibliothek – primär Werke zu den unterschiedlichsten medizinischen Fächern – kaufte die Wiener Hofbibliothek an.[65] Seine umfangreiche Karikaturen-Sammlung, die er auf seinen Reisen angelegt hatte, schenkte er bereits früher seinem Bruder Johann Nepomuk Ernst Grafen von

Harrach (1756–1829), Ritter des Ordens vom Goldenen Vlies, der nach einer beachtlichen Karriere im Staatsdienste sich seit 1792 ganz dem Familienbesitz und dessen wirtschaftlichen Unternehmungen gewidmet hatte und als Kunstsammler und -förderer großes Ansehen genoß.[66] Im Gedächtnis seiner Zeitgenossen blieben neben seinen zahlreichen wohltätigen Werken Karl Graf Harrachs „unerschrockene freisinnige Denkungsart und sein kaustischer Witz" lebendig.[67]

Anmerkungen:

1 Österreichisches Staatsarchiv, Allgemeines Verwaltungsarchiv [i. d. F. zit. AVA], Familienarchiv [i. d. F. zit. FA], Harrach, Karton 696.

2 Schönfeld, Ignatz, Ritter v. (Hrsg): Adels-Schematismus des oesterreichischen Kaiserstaates. 2. Jg. Wien 1825, S. 83f.

3 Ein genauer Studienverlauf Harrachs konnte, da die Aktenüberlieferung aus dieser Zeit „nicht lückenlos" ist, nicht rekonstruiert werden. Mitteilung HR Dr. Kurt Mühlberger, Universitätsarchiv Wien, vom 25. Juni 1998. Herrn Hofrat Mühlberger ist für seine wohlwollende Unterstützung aufrichtig Dank zu sagen.

4 Friedrich (seit 1796 Frhr.) v. Eger (1734–1812). Vgl. Wurzbach, Constant, Ritter von: Biographisches Lexikon des Kaiserthums Oesterreich enthaltend die Lebensskizzen der denkwürdigen Personen, welche seit 1750 in den österreichischen Kronländern geboren, wurden oder darin gelebt und gewirkt haben. Bd. 3. Wien 1859, S. 432.

5 AVA, FA Harrach, Karton 696.

6 Ebda.

7 Ebda.

8 Frantis, Alfred: Viel Philantropie und Humanität, weniger Toleranz. Aus dem Freimaurer-Leben in Mitteleuropa des 18. Jahrhunderts. In: Quatuor Coronati Jahrbuch 21 (1984), S. 83-101. Zum hohen aristokratischen Anteil vgl. Abafi, Ludwig: Geschichte der Freimaurerei in Österreich-Ungarn. 5 Bde. Budapest 1890–1899.; Krivanec, Ernst: Die Anfänge der Freimaurerei in Österreich. In: Reinalter, Helmut (Hrsg): Freimaurerei und Geheimbünde im 18. Jahrhundert in Mitteleuropa. Frankfurt/Main 1983, S. 177–195; Reinalter, Helmut: Die Freimaurerei im 18. Jahrhundert in Österreich. In: Quatuor Coronati Jahrbuch 25 (1988), S. 71–86.

9 Zur böhmischen Maurerei dieser Zeit spannen sich auch familiäre Bezüge, wenngleich wenige Jahre zuvor ein Mitglied der Familie, Joseph Graf Harrach, nach Streitigkeiten als „unwürdiges Mitglied auf alle Zeiten ausgeschlossen" worden war. Abafi 3, S. 167.

10 Zu seiner Person siehe: Pettenegg, Eduard Gaston, Graf von: Ludwig und Karl, Grafen und Herren von Zinzendorf. Wien 1879; Wagner, Hans: Wien von Maria Theresia bis zur Franzosenzeit. Aus den Tagebüchern des Grafen Karl von Zinzendorf. Wien 1972 (= Jahresgabe der Wiener Bibliophilen Gesellschaft zu ihrem 60-jährigen Bestand); Lebeau, Christine: Ludwig et Karl v. Zinzendorf, administrateurs des finances; aristocratie et pourvoir dans la Monarchie Habsbourg 1748–1792. Lille 1993; Breunlich, Maria/Mader, Marieluise (Hrsg.): Karl Graf von Zinzendorf. Aus den Jugendtagebüchern 1747, 1752 bis 1763. Wien 1997 (= Veröffentlichungen der Kommission für Neuere Geschichte Österreichs. Bd. 84).

11 Mestán, Antonin: Abbé Dobrovsky als Mitglied der Gesellschaft der Wissenschaften und Freimaurer. In: Quatuor Coronati Jahrbuch 16 (1979), S. 229–242, hier S. 229.

12 Vgl. Steeb, Christian: Die Grafen von Fries. Eine Schweizer Familie und ihre wirtschaftspolitische und kulturhistorische Bedeutung für Österreich zwischen 1750 und 1830. Graz [Phil. Diss.] 1995.

13 Vgl. Karner, Peter: Die evangelische Gemeinde H. B. in Wien. Wien 1986 (= Forschungen und Beiträge zur Wiener Stadtgeschichte. 16).

14 Stekl, Hannes: Österreichs Aristokratie im Vormärz. Herrschaftsstil und Lebensform der Fürstenhäuser Liechtenstein und Schwarzenberg. Wien 1973 (= Sozial- und Wirstschaftshistorische Studien), führt dazu auf S. 128 aus: „Innerhalb der gesellschaftlichen Führungsschicht der Monarchie dominierte [...] die Zielvorstellung, den Rang seines Hauses nach Möglichkeit zu erhöhen, zumindest aber aufrechtzuerhalten und gegen neu aufsteigende Gruppen zu verteidigen".

15 Emanuel Prince de Rohan-Polduc war von 1775 bis 1797 der 70. Großmeister des Ordens. Im Archiv der Familie finden sich in diesem Zusammenhang auch einige liebenswürdige Zeilen des Großmeisters, der am 29. Jänner 1791 Harrach seine Genugtuung bekundete ihn als neues Mitglied des Ordens sehen zu können. Harrachs Großonkel, Wenzel Leopold Graf Harrach (1703–1734), Bailli des Ordens und General der Galeeren, war am 29. Juni 1734 als Oberst des Infantrie-Regiments Albusera in der Schlacht bei Parma gefallen. Vgl. Schönfeld, S. 85.

16 Sophie Gräfin von Haugwitz erwarb in der Folge die Herrschaft Swietlau (Svetlov) in Mähren, wo sie bis zu ihrem Tod am 27. April 1835 lebte.

17 Ebe, Joseph/Galea Michael: Ferdinand Freiherr von Hompesch 1744–1805. Letzter Großmeister des Johanniter/Malteserordens auf Malta. Paderborn 1985, S. 61f.

18 Zar Paul I. war bereits im Jahre 1797 durch Hompesch selbst zum Ordensprotektor ernannt worden. Als die katholischen deutschen Fürstenhäuser ihre Anerkennung der Wahl des orthodoxen Zaren, der außerdem verheiratet war, hinauszögerten, nahm die Wut des Zaren derart paranoide Züge an, daß alle Hofbeamten in St. Petersburg schwarze Mäntel mit dem weißen Ordenskreuz tragen mußten. Leidtragende dieser Situation waren besonders die russischen Diplomaten am Wiener Hof. Siehe dazu: Razumovsky, Maria: Die Rasumovskys. Eine Familie am Zarenhof. Wien 1998, S. 160ff.

19 Der damalige Großprior von Böhmen und Österreich, Joseph Graf von Colloredo-Wallsee, anerkannte auf Druck des Kaiserhauses zwar widerwillig den Zaren als Großmeister, tat jedoch gleichzeitig alles in seiner Macht stehende, um die Existenz des Ordens in Böhmen und Österreich unverändert zu erhalten. Vgl. Breycha-Vauthier, Arthur: Das Großpriorat von Böhmen-Österreich. In: Wienand, Adam (Hrsg): Der Johanniter-Orden. Der Malteser-Orden. Der ritterliche Orden des hl. Johannes vom Spital zu Jerusalem. Seine Aufgaben, seine Geschichte. 2. Aufl. Köln 1977, S. 344.

20 Großmeister Hompesch starb in größter Armut am 12. Mai 1805 in Montpellier.

21 Harrach schloß das Studium mit den Rigorosen am 5. April 1803 und 31. Mai 1803 ab und wurde am 25. Juni dieses Jahres zum Doktor der Medizin promoviert; am 10. August 1803 absolvierte er schließlich das Rigorosum für das Magisterium der Geburtshilfe. Universitätsarchiv, Wien [i. d. F. zit. UAW], Med. Dekanats-Tagebücher, Acta facultatis medicinae, Med. 1.14, 1803–1815; Catalogus Medicinae Doctorum, Med. 9.5, 1752–1821; Catalogus Abstetricum, Med. 9.4, 1751–1821.

22 AVA, FA Harrach, Karton 696, Nachruf. Unter anderem war Harrach als Arzt auch an der Medizinisch-chirurgischen Militärakademie (Josefsakademie) tätig, wie von ihm verfaßte Krankengeschichten aus dem Jahre 1806 belegen (UAW).

23 AVA, FA Harrach, Karton 696.

24 Ebda.

25 Harrach sorgte für die Verbreitung des Buches von John Mason Good „Über die Krankheiten der Gefängnisse und Armenhäuser (Wien 1798)", indem er es übersetzte und publizieren ließ. Vgl. Wurzbach 7 (1861), S. 383.
26 AVA, FA Harrach, Karton 696, Zinzendorf an Harrach, Wien 3. 10. 1804.
27 Im Gegensatz zur zumindest im Großpriorat von Böhmen und Österreich damals ident vorgeschriebenen Probe des Malteser-Ordens, legte der Deutsche-Orden besonders darauf Wert, daß die sechzehn altadeligen Ahnen seiner Aspiranten „deutschen Stammes" sein mußten. Zur Ahnenprobe des Deutschen-Ritter-Ordens vgl. Langer, Carl Edmund: Die Ahnen- und Adelsprobe, die Erwerbung, Bestätigung und der Verlust der Adelsrechte in Österreich. Wien 1862, S. 34–38 u. S. 165–176. Zur Ahnenprobe Harrachs im Deutschen Orden vgl. Zentralarchiv des Deutschen Ordens Wien [i. d. F. zit. DOZA], Ri 162, Deductio Genealogici (240 Beilagen).
28 DOZA, Ri 163, Aufnahmegesuch vom 31. August 1804; AVA, FA Harrach, Karton 696, Zinzendorf an Harrach, Wien 3. 10. 1804.
29 DOZA Ri 162, Erklärung vom 23. März 1805.
30 DOZA, HS 739, fol. 163. Am 24. November 1805 bestätigte der Novizenmeister das absolut korrekte Verhalten Harrachs während des ersten halben Jahres. DOZA Ri 162.
31 DOZA Ri 162, Zuteilungsbescheid vom 8. Mai 1805.
32 DOZA, HS 739, fol. 165.
33 DOZA, Ri 163.
34 Stenitzer, Peter: Die Deutschordensprovinz Österreich unter Johann Joseph Philipp Graf von Harrach. Wien [Phil. Diss.] 1992; Bott, Gerhard/Arnold, Udo (Hrsg.): 800 Jahre Deutscher Orden. Gütersloh, München 1990, S. 292.
35 Bott/Arnold, S. 147.
36 Bott/Arnold, S. 269.
37 Breunlich/Mader, S. 42.
38 Vgl. Abbildung des Logenprotokolls vom 17. September 1742. In: Freimaurer. So lange die Welt besteht. Wien 1992, S. 437, Nr. 25/2/1.
39 Brief Georg Forsters an Samuel Thomas Sömmering vom 17. August 1784, abgedr. in: Reinalter, Helmut: Ignaz von Born und die Illuminaten in Österreich. In: Reinalter, Helmut (Hrsg.): Der Illuminatenorden (1776–1785/87). Frankfurt/Main 1997, S. 363.
40 Breunlich/Mader, S. 31.
41 Täubl, Friedrich: Der Deutsche Orden im Zeitalter Napoleons. Bonn 1966, S. 45f.
42 Das Generalkapitel des Deutschen-Ritter-Ordens des Jahres 1801 in Wien stimmte der Bitte Kaiser Franz II. (I.) zu, seinen Bruder Erzherzog Karl (1771–1847) als Koadjutor in den Orden aufzunehmen. Von seiner Verpflichtung zum vorgeschriebenen Noviziat wurde er vorläufig dispensiert. Im Jahre 1804 legte Erzherzog Karl die Hochmeisterwürde zurück. Ihm folgte Erzherzog Anton Viktor (1779–1835) als Hochmeister.
43 Des Hohen Deutschen Ritter-Ordens Staats- und Standeskalender 1804. Mergentheim 1804, S. 9.
44 Täubl, S. 85.
45 Wurzbach 7, S. 368.
46 Des Hohen Deutschen Ritter-Ordens Staats- und Standeskalender 1800 und 1803. Mergentheim 1800 und 1803, jeweils S. 8f.
47 Zur Familie Sinzendorf vgl. Abafi 1, S. 91; 3, 295, 306; 4, 68, 203, 212; zu Auersperg ebda, 3, S. 166, 168, 202–205, 217, 344; 4, 264, 269f., 348f., 356, 363,375; zu Attems vgl. ebda, 4, S. 182, 368; weiters Schwaiger, Michael: Waren alle Menschen Brüder? Eine sozialhistorische Untersuchung über die Mitglieder der Freimaurerloge „Zu den vereinigten Herzen im Orient von Graz" in den Jahren 1785 und 1786. Graz [GeWi Dipl.] 1993, S. 36f.; zu Starhemberg vgl.

Abafi, 2, S. 183–186, 233; 3, 217, 313, 317; 4, 131, 181, 264–271, 314, 361; 5, 141f., 287; zu Sauer vgl. ebda, 2, S. 22; 3, 96, 106; 4, 5, 160, 313, 317, 364; 5, 84, 102, 115; zu Brand[e]is vgl. ebda, 2, S. 56, 105; 3, 93, 101,103; 5, 96. Die Schreibung Brandeis dürfte auf einem Irrtum von Abafi beruhen. Weiters zur Familie der Mutter - Dietrichstein vgl. Abafi 3, S. 91, 220, 271, 283–285, 297–299, 306, 351–353; 4, 62–64, 100, 111, 115, 134, 137, 143–145, 150–167, 175, 200, 202, 223f., 295, 304, 316; 5, 22, 53, 64, 73, 75, 316f.

48 Abafi 4, S. 354–368 führt ihn u.a. als Mitglied der Loge „Zu den vereinigten Herzen" in Graz, unter deren Mitgliedern eine Reihe von Geistlichen aufscheinen.

49 Mathias Kargl (um 1738–1812) war seit 1753 im Deutschen Orden tätig. Von 1777 an in Linz und Graz als Verwalter eingesetzt, war er ab 1785 nur mehr für Graz zuständig. Vgl. DOZA, Mitglieder- und Beamtenverzeichnis; Schwaiger, S. 80.

50 Der Krainer Spöck (um 1747–1813) war zunächst Franziskaner, ehe er als Weltpriester in den Dienst des Deutschen Ordens trat, dem er ab 1785 als Kurat in der Grazer Kommende diente. Zur selben Zeit figuriert er wie Kargl als Meister der Grazer Loge. Spöck trat als Wunderarzt auf und galt in allen Kreisen der Bevölkerung als äußerst geschickt. In seinem Testament setzte Kargl 1810 Spöck als Alleinerben ein, wobei der Erbe den Erblasser 1813 nur wenige Wochen überlebte. Spöcks Siegel – eine Pyramide – nimmt die Gestaltung seiner Grabplatte in der Ordenskirche in Graz vorweg. Schwaiger, S. 150f.; Abafi 4, S. 369.

51 Krivanec, Ernst: Die Freimaurerei in Prag zur Zeit der Strikten Observanz 1764–1780. Wien 1980, S. 99 (= Quatuor-Coronati-Berichte. 8). Zu Leopold Graf Sauer (1748–1802) vgl. Wurzbach 28 (1874), S. 278f.

52 Es scheinen die Namen Alxinger, Frank und Goethe auf, die ebenfalls dem Milieu zugeordnet werden können. Vgl. Karl Graf von Harrach. In: Österreichisches Biographisches Lexikon [i. d. F. zit. ÖBL], Hrsg. v. der Österreichischen Akademie der Wissenschaften unter der Leitung von Leo Santifaller, bearbeitet von Eva Obermayer-Marnach. Bd. II. Graz, Köln 1959, S. 191.

53 Er besuchte Goethe im Zuge seiner Deutschlandreise. Vgl. Wurzbach 7 (1861), S. 382.

54 Johann-Baptist von Alxinger (1755–1797) studierte Rechtswissenschaften, war ein prominenter Theatermann und Vertreter der aufgeklärten Literatur. Seit 1784 Mitglied der „Wahren Eintracht" publizierte er ausführlich im „Journal für Freymaurer". Er zählt zu den prominentesten österreichischen Illuminaten. Vgl. Österreichische Freimaurerlogen. Humanität und Toleranz im 18. Jahrhundert. 3. Aufl. Wien 1978, S. 89.

55 Johann Peter Frank (1745–1821) studierte Theologie und Philosophie (Dr. phil.), ehe er sich der Medizin zuwandte. Nach Professuren in Göttingen und Pavia und Funktionen innerhalb des Sanitätswesens (Lombardei) wurde er 1805 Vorstand des Allgemeinen Krankenhauses in Wien. Vgl. ÖBL, Bd. I. (1957), S. 344 u. Abafi 4, S. 315.

56 Im Kontakt mit Joseph Freiherrn von Hammer-Purgstall (1774–1856) übersetzte Harrach in den Jahren 1797 bis 1799 persische Oden. Wurzbach 7 (1861), S. 383.

57 Zu Born vgl. Reinalter, Helmut: Ignaz Edler von Born und die Illuminaten in Österreich. In: Reinalter, Helmut (Hrsg.), Der Illuminatenorden (1776–1785/97). Frankfurt/Main 1997, S. 351–391.

58 Zu Blumauer vgl. Reinalter, Born; Wagner, Hans (Hrsg.): Freimaurerei um Joseph II. Die Loge zur Wahren Eintracht. Wien 1980, S. 30.

59 Rosenstrauch-Königsberg, Edith: Eine freimaurerische Akademie der Wissenschaften in Wien, Duisburg 1979.

60 Karoline Pichler (1769–1843), selbst literarisch tätig, war der Mittelpunkt eines literarischen Salons in Wien, zu dessen Gästen Franz Grillparzer, Joseph Hammer-Purgstall, Nikolaus Lenau und Friedrich Schlegel zählten. Vgl. Pichler, Caroline, Denkwürdigkeiten, Wien 1844.

und auch heute noch unzulässig wäre, daß ein verheirateter russisch-orthodoxer Monarch das Ordensoberhaupt eines katholischen Laienordens würde.

Interessant ist auch die Reaktion der einzelnen Großpriorate: In einem Schreiben des Großpriors von Böhmen und Österreich, Joseph Graf von Colloredo-Wallsee, an den Kaiser kommt die Ablehnung der österreichischen Ritter Zar Paul I. gegenüber, wenn auch verborgen, deutlich zum Ausdruck. Diplomatisch wurde darauf hingewiesen, daß die Würde eines Großmeisters zu gering für den Zaren wäre, und, daß sie weder seinem Rang, noch seiner Macht und der Größe seiner Pläne entsprechen könnte. Auch berief sich Großprior Colloredo auf sein Gelübde Großmeister Hompesch gegenüber, das ihn an das unglückliche Oberhaupt des Ordens band. Ebenso verwies Colloredo auf den Papst, der hinsichtlich der Stellung der Ordens als religiöse Gemeinschaft seit jeher das Oberhaupt gewesen wäre und zum damaligen Zeitpunkt auch noch nichts entschieden hätte. Ferner gab der Großprior auch die noch nicht erfolgte Zustimmung der Landesfürsten, betreffend den Übergang der Goßmeisterwürde, zu bedenken. Besonders geschickt war der Einwand Colloredos, daß die Ordensstatuten unter der Bürgschaft der internationalen Staatengemeinschaft gestanden hätten und der Orden diesen politischen Vertrag einseitig gar nicht ändern könnte. Zum Schluß seines Manifestes an den Kaiser empfahl Colloredo günstigere Zeiten und Umstände abzuwarten und vorerst keine Statutenänderungen vorzunehmen.[19]

Unmittelbar auf das Manifest an den Kaiser folgte am 17. März 1799 ein Schreiben des böhmischen Großpriors Joseph Graf von Colloredo sowie des Bailli Grafen von Colloredo, des Komturs Grafen von Strassoldo und des Grafen Ludwig Montecuccoli an den russischen Zaren. Darin wurden eigentlich dieselben Einwände vorgebracht, die die österreichischen Ritter auch in ihrem Manifest an Kaiser Franz II. (I.) erwähnten, jedoch in etwas abgeschwächter Form und in den für die damaligen Zeit typischen, den russischen Zaren verherrlichenden Höflichkeitsfloskeln. Im Kern verwiesen die österreichischen Ritter jedoch auf ihren Treueeid gegenüber Großmeister Hompesch: „[…] il n'est pas notre pouvoir de rompre notre serment d'obéissance ou de déchirer nos chaines réligieuses" – und auf die völkerrechtliche Bedeutung der Souveränität des Ordens. Das Ende des Schreibens an den Zaren ließ aber bereits erkennen, daß sich auch der Großprior von Böhmen und Österreich mit dem neuen Ordensprotektor abzufinden bereit wäre, da, wie angeführt wurde, weder das Gewissen der Ritter noch die Ordensstatuten hinderlich gewesen wären, den „Wohltäter des Protektorats" nicht anzuerkennen.[20]

Ähnlich reagierten auch die Großpriorate von Bayern und Deutschland. Nach anfänglichem Zögern kam es zur Anerkennung des Zaren als neuen Großmeister durch die Großpriorate von Böhmen und Österreich, Bayern und Deutschland.[21] Die Anerkennung der Wahl durch Kaiser Franz II. (I.) läßt sich mit der Bünd-

Der Verlust von Malta 1798

Großprior Feldmarschall Joseph Graf von Colloredo-Wallsee

nispflicht Österreichs gegenüber Rußland im 2. Koalitionskrieg gegen das napoleonische Frankreich erklären. Österreich war somit seine Bündnispflicht wichtiger als die traditionelle Schutzmachtfunktion der casa Austria gegenüber dem Katholizismus.
In Folge bewirkte Österreich, das außenpolitisch russische Unterstützung brauchte, am 6. Juli 1798 die Demission von Großmeister Hompesch.[22]
Dieses Ereignis stellte den Tiefpunkt in der Ordensgeschichte dar. Neben dem Verlust der Insel Malta und der Einziehung der meisten Ordensgüter, wie 1792

in Frankreich, zwischen 1798 und 1880 in Italien, 1802 in Spanien und 1807 in Deutschland, bestand vor allem die Gefahr, daß sich aus dem einstigen souveränen Orden in wenigen Jahren ein reiner russischer Hausorden entwickeln hätte können.[23] Maria Razumovsky schreibt im Zusammenhang mit dem russischen Intermezzo in der Ordensgeschichte, daß Zar Pauls Wesen immer paranoider wurde und die Ordensangelegenheiten und die Beachtung seiner neuen Würde alle anderen politischen Gegenstände immer mehr verdrängten.[24] Der Zar ließ den Orden nun auch von einem eigenen Statthalter, Bailli Nikolaus Graf Soltykoff, regieren.

De facto, nicht aber de jure, vereinigte Zar Paul I. daher zwischen 1798 und 1801 in seiner Person zwei völlig verschiedene Gewalten, nämlich einerseits die der vererbten Macht der autokratischen Zaren und andererseits die des gewählten und an die Ordensverfassung gebundenen Großmeisters des Malteser-Ritter-Ordens.

Mit dem Tode Pauls I. im Jahre 1801 nahm die russische Vorherrschaft über den Orden allerdings ein baldiges Ende, da sein Nachfolger Zar Alexander I. die Großmeisterwürde nicht annahm und sich die dem Zaren unterstellten Ritter auf einen neuen Kandidaten nicht einigen konnten.[25] Vielmehr ersuchten sie Papst Pius VII. um Ernennung eines neuen Großmeisters.

Papst Pius VII. ernannte daraufhin Bailli Ruspoli zum neuen Großmeister, was dem russischen Zaren Alexander I. folgendermaßen mitgeteilt wurde: „[…] Itaque dilectum filium Bartholomeum Ruspoli a Prioratu Romae nominatum selegimus Magnam Hierosolymitani Ordinis Magistrum cujus praeclarae, atque eximiae virtutes Nobis perspectae sunt."[26] Allerdings knüpfte Bailli Ruspoli die Annahme seiner Ernennung zum Großmeister an Bedingungen, die mit den damaligen realpolitischen Gegebenheiten kollidierten. Vor allem die Bedingung, daß sich die englischen Truppen aus Malta zurückziehen hätten müssen, bevor der Großmeister Ruspoli von der Insel Besitz ergriffen hätte, verstieß gegen den Friedensvertrag von Amiens aus dem Jahre 1802. Da dieser Friedensvertrag nach der kurzen Herrschaft der Franzosen über Malta den Engländern die Oberhoheit über die Insel zusprach und weiters den Rückzug der Engländer vorsah, nachdem der Großmeister bzw. ein von ihm bevollmächtigter Kommissar von der Insel Besitz ergriffen hätte, war die Forderung Ruspolis unzulässig. So kam es, daß Bailli Ruspoli am 28. Dezember 1802 endgültig auf die ihm angebotene Großmeisterwürde verzichtete,[27] worauf der Papst den Bailli Giovanni Tommasi mittels Breve vom 9. Februar 1803 zum neuen Großmeister ernannte.[28]

Der Fortbestand des Großpriorates von Böhmen und Österreich

Das böhmisch-österreichische Großpriorat stellte eine Besonderheit dar, da es das einzige unter den Prioraten gewesen ist, das ohne Unterbrechung bestanden hat. In den anderen Staaten Europas wurden die Ordensbesitzungen in Folge der Napoleonischen Kriege eingezogen.²⁹ Ein Blick auf die wichtigsten Priorate veranschaulicht die dramatische Situation des Ordens an der Wende vom 18.

Großmeister Giovanni Tommasi (1803–1805)

zum 19. Jahrhundert: Schon Ende 1798 hatte König Karl IV. von Spanien den Ordensrittern seiner Länder jeglichen Kontakt mit dem vertriebenen Ordensoberhaupt verboten und die spanischen Priorate 1802 der Krone unterstellt. Der König von Württemberg ließ 1805 die auf seinen Territorien gelegenen Kom-

menden beschlagnahmen, wie auch Friedrich Wilhelm von Preußen im Jänner 1811 die Aufhebung der Ballei Brandenburg befohlen hatte. Allein im böhmisch-österreichischen Großpriorat sah die Lage etwas besser aus.[30]
Einen drastischen Einschnitt in die Rechte des Ordens bewirkte allerdings die Allerhöchste Entschließung vom 24. September 1811 durch Kaiser Franz I. von Österreich. Der Kaiser versuchte die geschwächte Position des Ordens zu nützen und ordnete darin an, daß „keine in Erledigung kommende Präbende ohne Rücksprache mit S[einer] Excellenz, dem Herrn Obersten Kanzler und ohne a[ller] h[öchste] Genehmigung weiter verliehen [werden] dürfe."[31] Dies stellte einen beträchtlichen Eingriff in die Ordensangelegenheiten dar, da der Erhalt einer Präbende für die meisten Ritter eine verläßliche Einkommensquelle bildete und so ihren Lebensunterhalt sicherte. Sinn dieses Präbendensystems war es, dem jeweiligen Nutznießer, der die Gelübde abgelegt hatte, eine standesgemäße Versorgung zu garantieren. Gleichzeitig war dadurch eine vorteilhafte wirtschaftliche Nutzung des Ordensbesitzes garantiert. Die zahlreichen Ordensbesitzungen (Kommenden, abgeleitet vom Lateinischen commendare = übergeben, anvertrauen), waren meist landwirtschaftliche Güter samt dazugehörigem Gutshof bzw. Schloß. Dadurch, daß der jeweilige Komtur – der Inhaber einer Kommende – nur einen Teil der Erträge seiner Kommende an den Orden weiterleiten mußte, war auch er selbst an einer möglichst wirtschaftlichen Verwaltung des Gutes interessiert. Zur Frage, inwieweit der Orden über die Einkünfte der Kommenden verfügen durfte, gibt ein Entwurf für eine Zentralverwaltung der sämtlichen Güter des Souveränen Johanniter-Ordens aus dem Jahre 1835 Aufschluß. Darin war bestimmt worden, daß „[…] es sich der Orden vorbehalten hatte, jedesmal nach Erfordernis der Zeit und Umstände zu bestimmen, was die Administratoren jährlich von den Einkünften dem Ordensschatze abzuführen haben. Vorderhand ist bestimmt, daß die jährlich an den Ordensschatz zu zahlende Abgabe den 4-ten und mindestens den 5-ten Teil des Einkommens der Commende betragen müsse."[32] Allerdings konnte durch besonderen Generalkapitelbeschluß auch die Hälfte, ja sogar das Ganze der Erträge vom Ordensschatz gefordert werden. In juristischer Hinsicht ist zu erwähnen, daß der Orden als solcher Eigentümer der Kommenden war und die einzelnen Ordensbrüder keinen Rechtsanspruch auf sie hatten. Auch die Administration als solche stand ihnen de jure nicht zu. Dies wurde im Statut I des Commun Tesoro begründet, denn der Orden überließ den Komturen die Kommenden nicht de jure zur Verwaltung, sondern bloß aus faktischen Gegebenheiten – zum Beispiel wegen der Entlegenheit der Orte oder der Verschiedenheit der Nationen.[33] Die Komture sind daher als bloße Nutznießer zu betrachten.[34] Zu erwähnen bleibt außerdem, daß die Vergabe der Kommenden nach dem Ancienitätsprinzip erfolgte. Dies bedeutet, daß nach dem jeweiligen Datum des Eintritts in den Orden Kommenden vergeben wurden. Eine Liste der Ordensritter vom 1. Jänner 1839 gibt Aufschluß über die Verteilung der

Kommenden sowie über das Verhältnis der eine Kommende innehabenden Ritter und der auf der „Warteliste" stehenden Ritter.[35] Von 26 Rittern des Großpriorates von Böhmen hatten an dem genannten Stichtag insgesamt 11 eine Kommende zur Verwaltung inne, 13 dagegen waren noch nicht in den Genuß einer Kommende gekommen. Von den 11 Rittern, die bereits über eine Kommende verfügten, mögen hier nur einige erwähnt werden: Der Großprior von Böhmen, Frá Karl Graf von Morzin, hatte die Großprioratsgüter Strakonitz, Warwaschau und Oberliebich inne. Auf Platz Nummer 2 befand sich Frá Franz Anton Graf von Hrzan mit der Ballei St. Joseph zu Doschitz und der Kommende Mailberg. Frá Franz Graf von Khevenhüller-Metsch war der Drittgereihte und verwaltete die Kommende St. Johann in Wien. Frá Siegmund Baron von Reischach war der 11. und damit letzte Ritter, der per 1. Jänner 1839 über eine Kommende verfügte. Ebenso gab es einen Konventualkaplan, der als Vorsteher des Ordenspriester-Konvents in Prag fungierte und auch eine eigene Kommende in Maria Pulst in Kärnten, Ebenfurt a. d. Leitha und Heilenstein bei Cilli besaß. Vergleiche mit ähnlichen Listen ergaben, daß die Reihung der Kommenden im allgemeinen immer dieselbe blieb und die Ritter jeweils bei Freiwerden der nächstbesseren Kommende nachrückten.[36]

Nach diesem zeitlichen Exkurs ins Jahr 1839, der der Veranschaulichung des Kommendensystems dienen sollte, nun wieder zurück in das Jahr 1811, das dem Malteserorden sein Recht auf freie Besetzung der Kommenden durch die kaiserliche Entschließung vom 24. September 1811 schmälerte.

Der Kaiser ordnete in der genannten Entschließung an, daß „keine in Erledigung gekommene Präbende ohne a[ller] h[öchste] Genehmigung verliehen werden dürfe." Der Kaiser behielt sich somit das Recht vor, auf die Besetzung der Kommenden Einfluß zu nehmen. Dieser kaiserliche Eingriff in die Rechte des Ordens ließ sich dadurch erklären, daß „[...] in den Jahren 1811 und 1813 der Zustand des souverainen Johanniter-Ordens dermaßen heruntergekommen war, daß man mit Grunde das nahestehende Erlöschen dieses hochverdienten Instituts besorgen konnte."[37] Auch wurde der Großprior in Folge der Entschließung aufgefordert, „[...] ein genaues Verzeichnis der in den k. k. Staaten gelegenen Ordens-Präbenden[38] jeder Kategorie mit Angabe der Individuen, welche im Genuße derselben sind," einzusenden.[39]

Allerdings zeigte die Praxis, daß der Kaiser die vom Orden gewünschten Vorrückungen genehmigte, wie dies beispielsweise eine Entschließung vom 2. Februar 1823 zeigt.[40] Diese Tatsache läßt den Widerspruch erkennen, in dem sich der Kaiser befand, denn bereits die Entschließung des Jahres 1811 hatte auf ein allmähliches Erlöschen des Ordens abgezielt, und der Niedergang des Ordens, der sich im Ausland bereits abzeichnete, sollte so in Österreich nachvollzogen werden.[41] Andererseits bewirkten ähnliche Entschließungen, die die

61 Besonders erwähnenswert scheint, daß der Orden auch noch in der Zweiten Republik als „Maria Theresien-Ordensstiftung" bestand, ja sogar noch 1966 die wenigen noch lebenden Ordensritter einen Ehrensold vom Nationalrat zuerkannt bekamen. Der Orden erlosch erst im Jahre 1986 mit dem Tod des letzten Ordensritters, des berühmten Marinefliegers Gottfried Freiherrn von Banfield. Vgl. Ludwigstorff, Georg: Der Militär-Maria Theresien-Orden. In: Österreichs Orden vom Mittelalter bis zur Gegenwart. Hrsg. von Johann Stolzer u. Christian Steeb. Graz 1996, S. 102f.
62 HKA, Kredit A., rote. Nr. 982, Fz. 26/3, Maria Theresien Orden 1813, Allerunterthänigster Vortrag des Obersten Kanzlers Graf Ugarte in Ansehung des Vermögens des Maltheserorden, S. 33.
63 Ebda.
64 HKA, Kredit A., rote Nr. 982, Fz. 26/3, Maria Theresien Orden Statuten aus dem Jahre 1811, S. 12.
65 Ludwigstorff, S. 97.
66 HKA, Kredit A., rote Nr. 982, Fz. 26/3, Maria Theresien Orden, Allerhöchste Entschließung von Kaiser Franz I., 20. März 1813.
67 Ebda.
68 Ebda.
69 Ebda.
70 PAW-W, Waldstein-Wartenberg, Berthold: Der Priesterkonvent in Prag. Wien [unpubl. Manuskript] o. J., o. S.
71 HKA, Kredit A., rote Nr. 982, Fz. 26/3, Maria Theresien Orden, Allerhöchste Entschließung von Kaiser Franz I., 20. März 1813.
72 AVA, Adelsgeneralien, Hofkanzlei IV D1, Johanniterorden, Karton 647, Übersicht des Inhaltes den Orden der Johanniter-Ritter betreffenden Akten, fol. 114.
73 HKA, Kredit A., rote Nr. 982, Fz. 26/3, Maria Theresien Orden, Allerhöchste Entschließung von Kaiser Franz I., 20. März 1813.
74 PAW-W. Waldstein-Wartenberg, Berthold: Kurze Geschichte des Großpriorates Böhmen. Wien [unpubl. Manuskript] o. J.
75 HKA, Kredit A., rote Nr. 982, Fz. 26/3, Maria Theresien Orden, Protokoll Nr. 7521 vom 29. September 1813.
76 Vgl. Strimitzer, S. 15.
77 HKA, Kredit A., rote. Nr. 983, Fz. 26/3, Maria Theresien Orden und Maltheserordensgegenstände 1814, Copia eines a. h. resolvierten Präsidialvortrages des Staats- und Konferenzministers, des Oberstkanzlers, Herren Grafen Ugarte, dato 1. October 1813 in Ansehung der Verwendung des Maltheserordenskonventes in Prag.
78 Ebda.
79 Ebda.
80 Ebda.
81 Ebda.
82 Ebda.
83 Ebda.
84 Ebda.
85 Ebda.
86 Ebda.
87 Ebda.
88 PAW-W, Waldstein-Wartenberg, Berthold: Der Priesterkonvent in Prag.

89 Vgl. HKA, Kredit A., rote Nr. 983, Fz. 26/3, Maria Theresien Orden und Maltheserordensgegenstände 1814, A. H. Resolution Kaiser Franz I. vom 21. October 1813.
90 Vgl. Waldstein-Wartenberg, Berthold, Graf: Die Ordensgesandtschaften in Wien. In: Annales de l'Ordre souverain militaire de Malte, Numéro IV. Octobre-Décembre 1967, S. 154.
91 AVA, Adelsgeneralien, Hofkanzlei IV D 1, Johanniterorden, Karton 647, Übersicht des Inhaltes des nachfolgenden chronologischen Auszuges aus den, den Orden der Johanniter-Ritter betreffenden Akten.
92 Ebda.
93 Ebda, Karton 643, Kommenden, ortsweise und A-B.

Birgit Strimitzer

Der Souveräne Malteser-Ritter-Orden in Österreich vom Wiener Kongreß bis zur Jahrhundertwende
„Né à Jérusalem, illustré à Rhodes, éclipsé à Malte, il mourrait à Vienne, s'il n'était utile à la Méditerranée ..."[1]

1798 hatte Napoleon Bonaparte durch die Besetzung Maltas im Rahmen seiner „Ägyptischen Expedition" dem Malteser-Ritter-Orden mit einem Schlag seine territoriale Basis entzogen.[2] Nachdem der Orden unter Großmeister Frá Ferdinand Freiherr von Hompesch Malta noch im selben Jahr verlassen mußte, schien der Ritterorden seinem Ende entgegenzugehen und in voller Auflösung begriffen zu sein.[3]

In der inneren Struktur des Ordens erfolgte ebenfalls am Ende des 18. Jahrhunderts – geistig durch die Ideen der Aufklärung[4], politisch durch das Gedankengut der Französischen Revolution – europaweit eine tiefe Zäsur. Darüberhinaus wurde durch die Konfiskation der Ordensbesitzungen in Frankreich und die Eroberungspolitik Napoleons dem Malteser-Ritter-Orden zusätzlich zur territorialen gleichzeitig auch die materielle Grundlage entrissen. Weit schwerwiegender als der Verlust der Insel Malta war aber der Verlust fast aller Großpriorate und Kommenden in Europa. Von den 25 Großprioraten waren bereits vier im 16. Jahrhundert verloren gegangen, nach 1798 blieben nur mehr einige wenige übrig. Auch in Österreich – dem einzigen Land Europas, wo die Ordensbesitzungen als Folge der Napoleonischen Kriege nicht eingezogen wurden[5] – wurden eindeutige Schritte unternommen, die Stellung des Malteser-Ritter-Ordens zu schwächen.[6] Parallel zum Rückgang der Ordensbesitzungen kann man feststellen, daß an der Wende vom 18. zum 19. Jahrhundert auch die Zahl der Ritter, durch verschiedenste Ursachen bedingt, nicht nur im Großpriorat von Böhmen und Österreich, sondern europaweit stark zurückgegangen war: So verzeichnete das Großpriorat Deutschland 1788 nur 27 Ritter und 7 Priester, Böhmen 14 Ritter und 2 Priester.[7]

Die folgende Tabelle soll die europaweite Entwicklung gegen Ende des 19. Jahrhunderts exkursorisch beleuchten: In den gewählten Vergleichsjahren 1880 und 1900 gab es in Europa vier Großpriorate und drei bzw. sechs Nationale Assoziationen.

In Europa:	1880	1900
1. Ordensritter mit Gelübde	40 Profeßritter	45 Profeßritter
	59 Justizritter[8]	39 Justizritter
2. Ordensmitglieder mit Versprechen	11 Justizdonate	16 Justizdonate
	43 Oboedienzpriester	58 Oboedienzpriester
3. Priester[9]	18 Konventualkapläne	13 Konventualkapläne
	43 Oboedienzkapläne	58 Oboedienzkapläne
	3 Weltpriester	9 Weltpriester
4. Ordensmitglieder der III. Klasse[10]	972 Ehren- u. Devotions-Ritter	1078 Ehren- u. Devotions-Ritter
	119 Ehrendamen	111 Ehrendamen
	1 Ehren- und Konventualkaplan	5 Ehren- und Konventualkapläne
	23 Magistralritter	37 Magistralritter
	2 Magistralkapläne	4 Magistralkapläne
	77 Donate	111 Donate

Die Situation im Großpriorat von Böhmen und Österreich am Ende des 19. Jahrhunderts kann im Detail für die Jahre 1880 und 1900 vergleichsweise wie folgt dargestellt werden:

	1880	1900
Profeßritter	15	17
Justizritter	23	13
Konventualkapläne	1	1
Oboedienzpriester	26	43
Justizdonate	4	9
Ehren- u. Devotions-Ritter	199	176
Magistralritter	7	5
Ehren- und Konventualkapläne	0	2
Ehrendamen	18	32

Die Überwindung dieser tiefen Krise, die im 19. Jahrhundert beinahe zur Auflösung geführt hätte, dauert relativ lang: Der Orden hatte nicht nur seine Territorien und rund 90 Prozent seiner Mitglieder verloren,[11] sondern bewegte sich in der ersten Hälfte des 19. Jahrhunderts auch inhaltlich – durch die permanente Suche nach einem neuen Ordensgebiet – in eine Sackgasse. Die innere Konsolidierung und erneute Ausbreitung des Ordens über ganz Europa erfolgte schließlich von der Peripherie aus – einerseits durch die Entwicklung der Klasse der Ehrenritter, andererseits durch die Konzentration auf die ureigenste Aufgabe – den Dienst am Nächsten.[12]

Bis zum Ende des 19. Jahrhunderts sprach man generell vom Großpriorat Böhmen.[13] Erst um 1880 erfolgte unter Fürstgroßprior Frá Othenio Graf Lichnowsky-Werdenberg die Umbennung in „Großpriorat von Böhmen und Österreich". In diese Zeit fiel auch die offizielle Umbennung des Ordens von der Bezeichnung „Souveräner Johanniter-Orden" in „Souveräner Malteser-Ritter-Orden – L'ordre souverain de St. Jean de Jérusalem".[14] Am 6. März 1899 teilte der am Wiener Hof akkreditierte Ordensbotschafter Bailli Frá Rudolf Graf zu Hardegg diese Abänderung des Namens dem k. u. k. österreichischen Außenministerium mit, in einer daran anschließenden Notes des Ministerpräsidenten vom 11. März 1899 wurde sie auch den staatlichen Behörden offiziell bekanntgegeben.[15]

Der Wiener Kongreß 1814/15 und die Ergebnisse für den Souveränen Malteser-Ritter-Orden

Im Jahre 1811 verfügte Kaiser Franz I., daß bei den prekären Verhältnissen des Malteser-Ritter-Ordens die Verleihung der in Erledigung kommenden Präbenden einzustellen sei. Kurz danach war die Frage der Aufhebung des Ordens zur Diskussion gestellt worden. Eine diesbezügliche Verfügung ist zwar unterblieben, dagegen wollte laut Entschließung vom 20. März 1813 der Kaiser, daß sämtliche seinerzeit heimfallende Vermögen für die Dotierung der dem Militärischen-Maria Theresien-Ordens heimfallenden Liegenschaften am besten zu benützen wären. Nach Ansicht des Justizministers bestand kein Zweifel, daß mit dieser Entschließung jede Dispositionsbefugnis über das Vermögen des Ordens in den Willen der Krone gestellt war.[16]

Der Wiener Kongreß, der eine Neuordnung Europas auf den Grundlagen der Restauration und der Legitimität zum Ziel hatte, blieb für den Malteser-Ritter-Orden trotz seiner Bemühungen quasi ergebnislos. Dem Orden fehlte es an der notwendigen Protektion, man machte ihm in den Verhandlungen, in denen es grundsätzlich um große politische Kombinationen bzw. Konstellationen ging, Hoffnungen auf Elba oder Korfu – was sich aber nicht erfüllte.[17]
Gleich den Belangen des Deutschen Ordens waren am Wiener Kongreß auch die staatsrechtlichen Grundlagen der Johanniter/Malteser Grundlagen der Verhandlungen, wobei folgende Feststellungen zu Protokoll gegeben wurden: „Auch hier liegt ein unbestreitbares EigenthumsRecht der Kirche und des unmittelbaren Reichsadels in Teutschland, in so fern es sich von der teutschen Zunge dieses hohen Ordens handelt, vor Jedermanns Augen. Auch hier fordert ein Institut, welches ein Alterthum von 700 Jahren aufzuweisen hat, dessen Bestimmung für ganz Europa groß, edel und wohlthätig ist, und welches früher so viele Thränen des Kummers und der Verzweiflung getrocknet hat, Respect für das Eigenthum.

Der Malteser-Ritter-Orden vom Wiener Kongreß bis zur Jahrhundertwende   165

Der Botschafter des Ordens am Kaiserhof und spätere Fürstgroßprior Bailli Frá Rudolf Graf zu Hardegg auf Glatz und im Machlande

Dieser hohe Orden existiert heute noch in dem größern Theile von Europa fort. In dem Königreiche Spanien ist er bereits restituirt, die Krone Frankreichs wird ihn wieder herstellen, oder neu dotiren. Seiner Wiederherstellung in Italien sieht er vertrauensvoll entgegen, und sollte es hiernach wohl möglich seyn, daß in Teutschland allein Grundsätze gegen ihn aufgestellt werden sollten, die mit den übrigen in Europa im Widerspruch stehen? [...] Wenn Jedermann seinen großen Verdiensten um die leidende Menschheit Gerechtigkeit wiederfahren läßt, so ist ganz gewiß voraus zu sehen, daß die gerechten Fürsten Teutschlands höchst willfährig seyn werden, auch diesen hohen Orden gänzlich zu restituiren. Hiedurch wird der Kirche und dem immediaten ReichsAdel ihr Eigenthum wieder gegeben, und dem teutschen Namen der Ruhm verschafft, sich bei den Bestimmungen dieses hohen Ordens um die leidende Menschheit mit andern Nationen von Europa auf gleiche Linie zu stellen [...]."[18]

Aus dem „Mémoire présenté par les Ministres plénipotentiaires de l'Ordre souverain de St. Jean de Jérusalem au Congrès de Vienne" vom 20. September 1814 geht hervor, daß die akkreditierten Vertreter des Malteser-Ritter-Ordens, Bailli Miari und Kommandeur Berlinghieri,[19] unter anderem folgende Punkte forderten: „[...] donner à l'Ordre de St. Jean de Jérusalem un emplacement convenable, lui restituer la partie de des biens qui en serait susceptible, et l'aider, au moins pour les premiéres années, des moyens nécessaires pour fournir aux dépenses de son établissement et à la reprise de ses croisières contre les pirates, il est certain qu'il pourra de nouveau rendre les mêmes services, les mêmes avantages, qu'il a rendus en d'autres temps et en d'autres lieux [...]."[20]

Unter ständiger Bezugnahme auf „la neutralité constitutionnelle de l'Ordre"[21] geben diese zuerst einen Überblick über die momentanen Besitzungen: „L'Ordre jouit dans ce moment des ses anciennes possessions en Sicile et en Sardaigne. Celles qui lui appartenaient dans le prieuré de Rome ont déjà été restituées, dans la presque-totalité. Il en a été de même dans les duchés de Parme et de Plaisance. Celles qu'il possède dans le grand-prieuré de Bohême sous la domination de l'Auguste Empereur d'Autriche, sont intactes. Voilá ce que l'Ordre possède en ce moment [...]", um dann konkret diejenigen Territorien anzusprechen, die sie im Namen des Ordens zurückfordern.[22]

Im Anschluß daran formulieren die Vertreter des Malteser-Ritter-Ordens den dringenden Wunsch nach dem zukünftigen Ordenssitz: „[...] Il faudrait qu'il ne fût pas trop éloigné du centre de la Méditerranée; il devrait avoir un port sûr et capable de contenir toute espèce de bâtimens [...] pour un arsenal et un autre pour un lazaret aussi utile que nécessaire, non seulement pour nous, mais pour l'humanité en général [...]."[23]

Erste Ergebnisse für den Souveränen Malteser-Ritter-Orden am Kongreß von Aachen 1818

Bereits am Kongreß von Verona machte man den Vorschlag, dem Orden eine der griechischen Inseln abzutreten, dem sich aber Papst Pius VII. widersetzte. Dem Orden war es in der Folge nicht mehr möglich, seine staatliche Sonderexistenz – die Souveränität – durch territorialen Besitz zu begründen; im Gegensatz zu allen Erwartungen verlor der Orden 1824 darüber hinaus durch einen Ministerialerlaß auch noch die auf Sizilien erworbenen Besitzungen und Rechte.[24] Kaiser Ferdinand II. von Österreich rief den Malteser-Ritter-Orden zunächst in den italienischen Staaten wieder ins Leben, und räumte dem neuerrichteten Priorat Lombardei und Venetien Venedig als Sitz ein.[25]

Clemens Wenzel Fürst von Metternich – der Vertreter des ancien régimes, dessen politische Prinzipien im vorrevolutionären Denken wurzelten und ihre Spannkraft aus der Abwehr liberaler, nationaler und sozialer Tendenzen zogen, war nach dem Wiener Kongreß führend an der Neuordnung Europas beteiligt und sicherte Österreich die Vormachtstellung im Deutschen Bund. Ihm war es gelungen, mit dem Wiener Kongreß nicht nur eine der längsten Friedensperioden einzuleiten und in fast allen Staaten Europas seine Politik eines starren Konservativismus durchzusetzen, sondern vor allem durch die Wahrung dieses europäischen Friedens auf Kosten innerstaatlicher Unterdrückung die österreichische Außenpolitik der folgenden Jahrzehnte maßgebend zu beeinflussen. Gestützt auf die Heilige Allianz verfolgte er sein politisches Ziel, die Erhaltung der staatlichen Ordnung, die Unterdrückung revolutionärer Ideen und die Sicherung des Gleichgewichts der Mächte. Im Jahre 1818 vertrat Metternich die Position des Malteser-Ritter-Ordens beim Kongreß in Aachen und stellte im Rahmen der Staatenkonferenz dessen Ansuchen zur Diskussion.[26] Das Ergebnis war, daß man den Orden vorerst nur mit einer eher kleinen Aufgabe – nämlich internationalen Sanitäts- und Polizeiaufgaben als „gendarmerie navale" – im Mittelmeer betraute.

Daß Metternich als Fürsprecher der Belange des Souveränen Malteser-Ritter-Ordens von großer Bedeutung war, spiegelt sich auch in zahlreichen erhaltenen Quellen wider: Am 7. Juli 1821 stellte der Ordensstatthalter Frá Antonio Busca[27], der nach dem Kongreß in Verona eine Politik der kleinen Schritte vollzog, nach seiner Wahl in einem Memoire an den Ordenskonvent beispielsweise fest: „Erhaltet vor allem eure Einigkeit, denn das ist, was uns Fürst Metternich immer wieder empfiehlt!"[28] Am 30. Mai 1826 meldete Busca dem Ordensgesandten Liechtenstein in Wien im Zusammenhang mit der Gefahr, der der Orden in Neapel ausgesetzt war: „Fürst Metternich allein hat den Orden gerettet. Ohne ihn würde von uns nicht mehr die Rede sein. Da das Glück diesem Minister wohl will, gehe ich vertrauensvoll seinen Weg."[29]

Luogotenente (Statthalter) Frá Antonio Busca (1821–1834)

Busca gelang es in der Folge auch, die französische Regierung zur Aufnahme diplomatischer Beziehungen zu bringen, was in einem Brief aus dem Jahre 1829, kurz nach der Übersiedlung des Ordens nach Ferrara, die Metternich ermöglicht hatte, deutlich zum Ausdruck kommt: „Seine kaiserliche Majestät und der Fürst Metternich haben uns am Leben erhalten, und von ihnen erhoffen wir uns eine bessere Zukunft."[30] Busca charakterisiert den Staatskanzler weiters als „unser Großkreuz", dem der Orden „sein Weiterbestehen und seine Unabhängigkeit zu danken habe."[31] – Staatskanzler Metternich erhielt schließlich anläßlich seines

80. Geburtstages im Jahre 1852 als Zeichen der Dankbarkeit[32] das Großkreuz[33] des Ordens.[34]

Nachdem politisch friedlichere Verhältnisse eingetreten waren, trat auch eine bemerkenswerte Änderung in der Behandlung des Malteser-Ritter-Ordens ein: Am 15. Dezember 1826 bemerkte die Staatskanzlei zur Frage, ob und inwiefern der Malteser-Ritter-Orden in seiner vollen Integrität in den österreichischen Staaten wieder herzustellen wäre, daß der Orden, obschon nicht in seiner früheren Integrität, faktisch besteht, jedoch das Wiederaufblühen „dieser ehrwürdigen wohlthätigen und für aristokratische Monarchien so nützlichen Anstalt seit der Restaurationsepoche günstigere Aussichten eröffnet"[35] habe, daß die Einrichtung derselben nur das Werk der Zeit und günstiger Umstände sein kann. Infolge dieses Vortrages besagte eine weitere kaiserliche Entschließung vom 14. Februar 1827: „Meine Entschließung, nach welcher die heimfällig werdenden Malteserordensgüter dem Maria-Theresien-Orden zufallen sollten, finde ich zurückzunehmen."[36] – Alle übrigen Beschränkungen, die in den Jahren 1811 und 1813 über den Orden verhängt worden waren, blieben jedoch aufrecht.[37]

Metternich vertrat die Ansicht, daß das Ansehen des Ordens gehoben werden müßte, was die Ausübung seiner Souveränität vor den Augen der Welt anschaulicher machen würde. Diese Stellungnahme hatte zur Folge, daß mit der kaiserlichen Entschließung vom 19. November 1836 dem Orden die Aufnahme von Mitgliedern und die freie Verleihung der Kommenden mit gewissen Einschränkungen gestattet wurde. Auch aus den Akten des Staatsrates geht hervor, daß der Standpunkt der kaiserlichen Entschließung vom 20. März 1813, womit der Kaiser die Ordnung aller Angelegenheiten in die Hand genommen hatte, insoweit festgehalten wurde, als nicht die kaiserliche Entschließung vom 19. November 1836 dem Orden bezüglich der Aufnahme neuer Mitglieder und der Verleihung von Kommenden einen Teil seiner Autonomie wiedergegeben hatte.[38] In seinem Resümee führt das Justizministerium aus, daß an der weltlichen Natur des Vermögens des Malteser-Ordens auch dann noch festgehalten wurde, als man bereits den Gedanken, den Deutschen- und den Malteser-Orden zu säkularisieren, aufgegeben hatte.

Das Bedürfnis, sich auf neue Rechtsgrundlagen zu stellen, wurde jedoch nur hinsichtlich des Deutschen Ordens, nicht aber für die Malteser, durch das Patent vom 28. Juni 1840 (JGS Nr. 451) befriedigt. Während ab diesem Zeitpunkt die Rechtsverhältnisse des Deutschen Ordens klar umrissen waren, wurde eine derartige Definition der rechtlichen Stellung des Malteser-Ritter-Ordens nicht getroffen. Aus diversen Entscheidungen im Bezug auf die Behandlung des Malteser-Ritter-Ordens lassen sich einige Punkte fixieren: Erstens wurde das Vermögen des Malteser-Ordens als ein weltliches betrachtet, womit auch die Entscheidung des Ministeriums für Kultus und Unterricht, die die Ordensfreie Verleihung der Kommenden unter der Bedingung gestattet, daß außer den Titularen der Kommenden sechs Ritter de justitia aufgenommen werden würden, die Wahl des Großpriors jedoch weiterhin einer Genehmigung bedürfe.

Ein Schreiben des Ordenskanzlers Graf von Mittrowsky vom 16. März 1832 an die Hofkanzlei, in dem er im Auftrag des Fürsten von Liechtenstein die unermüdlichen Aktivitäten des Souveränen Malteser-Ritter-Ordens, seinen Charakter „von souverainer Unabhängigkeit" zu bewahren angesprochen und um das placet regium der päpstlichen Bulle ersucht hat, lautet wie folgt: „[…] und Se[ine] Majestät haben alle Allerhöchstdenselben zu Gebote stehenden Mittel angewandt, um das völlige Erlöschen eines so verdienten Ordens zu verhindern. Mit Hülfe verschiedener kleiner Quellen ist es auch der Ordensregierung bis auf den heutigen Tag gelungen, zu Ferrara, ihrem dermaligen Sitze, einen Schein von Repräsentation zu erhalten. Viele der so erwähnten Quellen sind jedoch versiegt, und da die statutenmäßige Zusammenkunft der Ordens-Würdenträger nicht länger mit unzulänglichen Mitteln bestritten werden konnte; so blieben nur zwei Wege übrig, entweder die Auflösung des Ordens, oder die Einführung einer minder kostspieligen Regierungsform: der Johanniterorden, dem natürlichen Triebe der Selbsterhaltung folgend, hat den letzteren Weg eingeschlagen, und sich vom H[ei]l[i]g[en] Vater eine Modifikation der Ordensstatuten erbeten, wodurch die Verwaltung der Ordensangelegenheiten in der Person des Großmeisters=Stellvertreters concentrirt sind. Se[ine] Heiligkeit, welche, wie Se[ine] M[ajestät] der Kaiser, den Orden möglichst lang zu erhalten wünschen, willfahrten diesem Begehren, und erließen hierwegen die nöthige Bulle. Damit nun diese Bulle auch in den k. k. Staaten, wo sich noch die letzten Trümmer dieses europäischen Instituts befinden, ihre gesetzliche Kraft erlangen, hat mir der bevollmächtige Minister des Ordens eine beglaubigte Abschrift derselben mit der Bitte zugestellt, das placetum regium, und zwar sobald als möglich, zu erwirken […]."[44] – Unter dem Datum 10. Mai 1832 findet sich in den Akten der Hofkanzlei auch eine 21 Folien umfassende, detaillierte Abschrift mit dem Titel „Ideen zur Erhaltung des ritterlichen Johanniter=Ordens in den kaiserlich-österreichischen Staaten."[45]

Metternich erhielt am 16. Juli 1832 vom Papst ein beglaubigtes Breve bezüglich einer Modifikation der Ordensstatuten, am 22. August 1832 läßt der gerade in Baden bei Wien weilende Kaiser Franz I. am Akt vermerken: „Ich gestatte daß diesem päpstlichen Breve, das wie gewöhnlich beschränkte Placetum Regium ertheilt werde."[46] Über ein Ansuchen des Malteser-Ritter-Ordens wurde damit die Verwaltung der Ordensangelegenheiten in der Person des Großmeister-Stellvertreters konzentriert[47] mit allerhöchster Entschließung vom 16. Jänner 1838 weiters festgestellt, daß die Beschränkung der Aufnahme auf sechs Ritter de justitia nur für jene Gültigkeit hat, die wirklich zur Ordensprofeß zugelassen werden.[48]

Karl Graf von Morzin (1836–46 Großprior von Böhmen und Österreich)
Elfenbeinrelief, signiert N. Schrödl 1843

Ausführlich dokumentiert ist in den Akten der Hofkanzlei den Johanniter-Orden betreffend die Wahl des Großpriors Franz Graf von Khevenhüller-Metsch nach dem Tod des Grafen Karl von Morzin im Jahr 1847, die nach der Allerhöchsten Entschließung vom 19. November 1836 einer Allerhöchsten Genehmigung bedurfte.[49] Aus der Beschreibung geht auch hervor, daß Khevenhüller, dem in der am 10. Dezember 1846 abgehaltenen Assemble en Langue von den anwesenden Herren: Erzherzog Friedrich, Bailli Graf Edmund von Coudenhove, Bailli und Ordensreceveur Graf Karl von Morzin, den Komturen Graf Friedrich von Schönborn, Graf Ferdinand von Kolowrat, Graf Franz von Kolowrat, Graf Walter von Stadion, Graf Ludwig von Pergen, Graf Adolf von Podstatzky und den Profeßrittern Graf Joseph von Mittrowsky und Graf Alexander von Attems das einstimmige Vertrauen ausgesprochen wurde, „seit dem Jahre 1637 der achtzehnte Großprior im böhmischen Großpriorate des Johanniter-Ordens ist."[50]

Mit der Anerkennung des Fürstenstandes „Altezza Eminentissima"[51] für den Großmeister des Ordens[52] 1879 und der Verleihung des institutionellen österreichischen Fürstenstandes für den Großprior von Böhmen und Österreich,[53] Frá Othenio Graf Lichnowsky-Werdenberg, durch Kaiser Franz Joseph – der selbst seit dem 25. März 1879 Bailli-Großkreuz des Ordens war – per allerhöchster Entschließung vom 29. Dezember 1880 hat das Großpriorat Österreich-Böhmen seine frühere Integrität wieder erreicht und damit als einziges im gesamten Orden ununterbrochen bestanden.[54]

Nach einer inhaltlichen Neuorientierung kam es in der zweiten Hälfte des 19. Jahrhunderts nach der Wiederherstellung der anderen Priorate[55] und der erstmaligen Gründung von Nationalen Assoziationen erneut zu einer verstärkten karitativen Tätigkeit und der Errichtung von Hospitälern unter dem Zeichen des achtspitzigen Kreuzes.[56] Während man nämlich in den ersten Jahrzehnten des 19. Jahrhunderts noch mit aller Kraft versucht hatte, einen eigenen unabhängigen Ordensstaat zu gründen, wurde nach 1850 das Augenmerk auf die ureigensten Aufgaben, die Krankenpflege und die soziale Fürsorge, gelegt.[57] – In einem Allerhöchsten Handschreiben dankte Kaiser Franz Joseph I. in diesem Zusammenhang dem Großprior von Böhmen und Österreich, Frá Othenio Lichnowsky-Werdenberg, für „die ersprießliche und hingebungsvolle Tätigkeit des Ordens".

Die Ordensgesandtschaft in Wien im 19. Jahrhundert

Während die Botschaft zunächst nur von geringer Bedeutung war, wurde seit dem Westfälischen Frieden am Wiener Hof ein Gesandter des Malteser-Ritter-Ordens akkreditiert, der in seiner Funktion vorerst gleichzeitig Großprior von Böhmen und Gesandter war.[58] Bei der Auswahl der Gesandten legte man auf einen hohen militärischen Rang in der k. k. Armee großen Wert.[59] Nach der Vertreibung des Ordens von Malta trat auch in der Gesandtschaft in Wien – die viele Jahre hindurch die einzige Ordensgesandtschaft war[60] – kurzfristig eine Lücke auf – die Ordensregierung ersetzte Franz Graf Colloredo 1799 durch L. Ferrette, der jedoch keine Akkreditierung erhielt. Zar Paul I. ernannte am 2. Oktober 1799 Generalfeldmarschall Bailli Frá Vinzenz Graf Kolowrat zum Ordensgesandten am Hof in Wien. 1807 folgte ihm im Amt der regierende Großprior von Böhmen, Frá Josef Graf Colloredo, dessen Hauptaufgabe darin bestand, die Auflösung des Großpriorates zu verhindern und für die Aufnahme neuer Ritter Sorge zu tragen.[61] Im Jahre 1819 folgte ihm erneut sein Vorgänger, Vinzenz Graf Kolowrat, sowohl in der Funktion des Großpriors als auch des Gesandten. Nach dem Tod von Kolowrat 1824 wurde die Personalunion Gesandter-Großprior aufgegeben; die Kompetenzen waren jetzt getrennt: Karl Graf Neipperg wurde Großprior, Feldmarschalleutnant Fürst Alois von und zu Liechtenstein[62] Ordensgesandter. Wurde in dieser Zeit ein Gesandter während seiner Amtszeit zum Großprior gewählt, so trat er aus dem diplomatischen Dienst aus.[63] Die dem jeweiligen Gesandten rangmäßig unterstellten Legationssekretäre übten in dieser Zeit gleichzeitig auch die Funktion eines Kanzler des Großpriorates aus. Der erste nachweisbare Kanzler, der unter den bedeutenden Großprioren des 19. Jahrhunderts diente, war 1820 Theodor Josef Ritter von Neuhaus,[64] sein Nachfolger Karl Edmund von Langer.[65] Unter dem Großprior Guido Graf Thun-Hohenstein war der Justizdonat Richard Kerschel als Legationssekretär und Kanzler des Malteser Ritter Ordens tätig, ab 1897 bis 1902 schließlich der Justizritter Carl Graf Brandis.[66]

Den Akten des Wiener Kongresses ist in dieser Angelegenheit beispielsweise auch zu entnehmen, daß der „Gesandte mit seiner Gattin und den Kindern das Recht der Exterritorialität, namentlich hinsichtlich der aus seiner diplomatischen Eigenschaft entspringenden Rechtsverhältnissen, genießt."[67] Nach dem Hofdekret von 1834 unterstand der Gesandte, „wenn er österreichischer Staatsbürger ist, nicht bloß in Realsachen, sondern auch in persönlichen Rechtssachen der ordentlichen Zivilgerichtsbarkeit."[68]

In den Amtskalendern der Jahre 1805–1878 scheint der Vertreter des Malteser-Ritter-Ordens nie in der Hofrangliste auf, sondern wurde – was aus den Akten des Ministeriums des Äußeren hervorgeht – immer als Gesandter geführt. In einem Brief des Ministeriums des Äußeren an Graf Esterhàzy vom 14. Jänner 1859 heißt es diesbezüglich: „In dem Berichte WCXIX vom 22.XII.1850 haben E[uer] W[ohlgeboren] nähere Auskunft zu erhalten gewünscht, welche Stellung in Beziehung auf Etikette und Courtoisie dem Repräsentanten des Johanniter-Ordens am kaiserlichen Hofe, namentlich dem diplomatischen Corps angewiesen sei? In Erfüllung dieses Wunsches habe ich die Ehre E[uer] W[ohlgeboren] zu eröffnen, daß nachdem der kaiserliche Hof nie aufgehört hat, die Souveränität des Johanniter-Ordens anzuerkennen, der am österreichischen Hof accreditierte ausserordentliche Gesandte und bevollmächtigte Minister (dermalen Bailli Graf Coudenhove) dieselben Rechte und Immunitäten gleich allen anderen fremden Gesandten genießt und bei öffentlichen Gelegenheiten, namentlich bei Hoffesten den Rang einnimmt, der ihm vermöge des Datums der Übergabe seiner Creditien zukommt – daher nicht allein den Ministern, Residenten und Geschäftsträgern anderer Höfe im Range vorangeht, sondern eventuellenfalls, natürlich mit Ausschluß des unter allen Verhältnissen den ersten Rang behauptenden päpstlichen Nuntius und der etwaigen Botschafter, auch der Doyen des diplomatischen Corps werden könnte (was aber freilich in der Praxis, käme es einmal zu solcher Stellung, mit nicht geringen Abnormitäten verknüpft sein würde und leicht dazu führen könnte, das ganze mehr utensive und im Wege der Toleranz eingeschlichene, als ‚grundsatzmässig' festgelegtes Verhältnis ändern zu machen.)"[69] Die Enunziation des Ministeriums des Äußeren erfolgte am 3. November 1857: „Von meinem Standpunkt aus erübrigt sich mir nur noch eine Bemerkung hinzufügen, die sich auf die Souveränität des Johanniter-Ordens bezieht. Ist diese Souveränität auch mehr eine nominelle als reelle (da der Territorialbesitz, auf welchem sie haftet, im Laufe der Zeiten für den Orden verlorengegangen ist), so bleibt es doch nicht weniger wahr, daß sie selbst in Österreich fortwährend anerkannt worden ist und durch Annahme eines außerordentlichen Gesandten und bevollmächtigen Ministers am kaiserlichen Hof auch noch gegenwärtig völkerrechtliche Sanktion erhält."[70] Eine Stellungnahme dazu erfolgte in einem Majestätsgesuch des außerordentlichen Gesandten und bevollmächtigten Ministers des Johanniter-Ritter-Ordens, Bailli Graf Morzin, aus dem Jahr 1858: „Der Johanniter-Orden ist sowohl seiner ursprünglichen Bestimmung als seiner gegenwärtigen Verfassung nach kein geistlicher, sondern ein religiös militärischer Orden, dessen Souveränität zu allen Zeiten im österreichischen Kaiserstaate aufrechterhalten und von dessen glorreichen Regenten huldvollst anerkannt wurde, daß ein a.o. Gesandter und bevollmächtigter Minister am Allerhöchsten Hoflager fungiert."[71]

Die Rückkehr ins Heilige Land: Die Errichtung des Ordenshospizes in Tantur

Neben karitativen Aktivitäten des Großpriorates von Böhmen und Österreich in den Ländern der Krone – so wurde 1866 im Provinzkapitel in Wien beispielsweise der Antrag auf die Errichtung eines Ordenshospizes für verwundete Soldaten bzw. dessen Erhaltung durch eigene Mittel einstimmig angenommen[72] – war Theodor von Schröter, Oberleutnant eines deutschen Garderegiments 1857 im Auftrag des Statthalters des Souveränen Malteser-Ritter-Ordens, Bailli Frá Philipp Graf von Colloredo, im Heiligen Land, um die Möglichkeiten einer Rückkehr des Ordens auf historischen Boden zu prüfen.[73] Auf besonderen Wunsch seiner Majestät des Kaisers Franz Joseph I. wurde im Jahre 1870 die Gründung eines Ordenshospizes am Hügel von Tantur bei Jerusalem beschlossen.[74] In der Wiener Zeitung vom 21 Februar 1873 konnte man dazu folgende Meldung lesen: „Wien, 20. Februar. Se[ine] Majestät der Kaiser haben das Protectorat über das im Heiligen Lande nächst Jerusalem zu errichtende Maltheser-

Ordens Hospiz allergnädigst zu übernehmen geruht."[75] Bereits 1869 war Kaiser Franz Joseph auf dem Weg zur Eröffnung des Suezkanals in Jerusalem und zeigte sich vom Werk Cabogas tief beeindruckt. In einem eindringlichen kaiserlichen Handschreiben vom 9. Februar 1870 an den Großprior von Böhmen und Österreich, Franz Graf Kolowrat-Krakowsky[76], unterstrich er erneut die Wichtigkeit der Rückkehr des Ordens auf historischen Boden: „Lieber Graf Kolowrat! Während Meines Aufenthaltes in Jerusalem hatte ich Gelegenheit, das Mangelhafte der Hospize und Spitäler für katholische Pilger und Hilfsbedürftige wahrzunehmen und einen den Katholiken keineswegs günstigen Vergleich mit den Wohlthätigkeits-Anstalten anderer christlicher und nicht christlicher Genossenschaften zu ziehen. Diese Wahrnehmung, sowie die unmittelbar vor Meiner Ankunft dortselbst erfolgte Übernahme der Ruinen des Stammhauses des Hospitalier-Ordens in der Nähe des heiligen Grabes Seitens S[eine]r Kön[iglichen] Hoheit des Kronprinzen von Preussen zu Gunsten der protestantischen Johanniter ließ Mich bedauern, daß der Malteser-Orden in dem Lande seiner Stiftung, seiner ruhmreichsten Thaten und Verdienste um die leidende Menschheit seine pflicht- und rechtsmäßige Stellung aufgegeben habe

Bernhard Graf Caboga (1832–1882), der Erbauer von Tantur

Ceschi a Santa Croce, bemühten sich den Orden der Brüder des heiligen Johannes vor Gott für die Pflege der Kranken zu verpflichten, was der Patriarch von Jerusalem vorerst ablehnte. Gegen eine Entschädigung[91] wird die Pflege und Wartung des Hospizes am Hügel von Tantur 1879 schließlich an die Barmherzigen Brüder – Pater Othmar Mayer als Leiter der Anstalt, und Pater Philipp Wagner, als Arzt und Priester, kamen als erste ins Heilige Land.[92] – übergeben. Zur Übergabe und Installation reiste der Komtur des Ordens, Frá Karl Graf Thun-Hohenstein, mit Frá Giacomo Conte Gallo ins Heilige Land. Aus der Personalliste geht hervor, daß bei der Eröffnung des Hospizes der Provinzial Pater Emanuel Leitner, Frater Bernhard Dráb, der gleichzeitig die Stelle eines Priester und Guardians besetzte, Pater Dr. Stefano Signorini von Benevent[93] als Arzt, der Apotheker Frater Prosper Franke, ein wundärztlicher Gehilfe und Infirmarius, Frater Method Krejzierik und als Ökonom Frater Athanas Fiorioli tätig waren. Am 14. März 1881 stellt der k. k. Statthalter in Steiermark ein Ansuchen an den Minister für Cultur und Unterricht, Sigismund Freiherrn Conrad von Eybesfeld, um eine Fürsprache bei der Ordensprovinz in Graz die Entsendung von verläßlichen und tauglichen Conventualen nach Tantur betreffend.[94] – Ursprünglich war eine Entsendung aus allen Provinzen geplant, nach Rücksprache mit dem Ordensgeneral der Barmherzigen Brüder, Padre Alfieri, wurde schließlich eine Verwendung von Brüdern aus Österreich und Ungarn – und hier vornehmlich aus der Wiener und Grazer Ordensprovinz – vereinbart. Diese Brüder traten in Tantur nicht als Korporation auf, sondern lediglich als Gehilfen des Souveränen Malteser-Ritter-Ordens, wobei sie auch hier in steter Abhängigkeit vom Direktor der Ordensanstalt Grafen Caboga standen.[95] – Ein Großteil der Brüder mußte teils aus klimatischen, teils anderen in den Akten leider nicht näher definierten Gründen schon nach kurzer Zeit das Heilige Land wieder verlassen und ihrer Dienstleistung enthoben werden.[96]

Mit dem Tod Cabogas wurde das Hospiz am Tantur auf Anweisung des Großmeisters im Jänner 1882 kurzfristig geschlossen, im April d. J. wiedereröffnet.[97] Im Jahre 1890 trat der Großmeister des Souveränen Malteser-Ritter-Ordens mit dem Ordensgeneral der Barmherzigen Brüder bezüglich einer Übernahme der Verwaltung des Hospizes in neuerliche Verhandlungen, am 10. April d. J. wurde ein aus 15 Punkten bestehender Kontrakt abgeschlossen.[98]

Der „Geschichte des Klosters und des Spitals der Barmherzigen Brüder" ist eine detaillierte Baubeschreibung des Hospizes von Tantur zu entnehmen, die hier in der Folge gekürzt wiedergegeben werden soll: „Der Bau ist ein Steinbau und besaß anfänglich ebenerdig sechs niedrige Zimmer, im ersten Stockwerk fünf etwas höhere Zimmer. Der südliche und nördliche Teil des Hauses wurde später mit einem 2. Stockwerk versehen. Im südlichen Turm befindet sich eine fast vollständige Wohnung, bestehend aus einem Vorzimmer, einem Empfangs-,

Schlaf- und Waschzimmer. Trotz der hervorragenden Aussicht, die man von dieser Wohnung auf das Tote Meer, Bethlehem und Umgebung genießt, verliert diese Wohnung dadurch viel von ihrer Annehmlichkeit, weil man, um von einem Zimmer in das andere gelangen zu können, über unbequeme Stufen schreiten muß. An der Südseite ist die Küche und eine Vorratskammer angebaut. Von der Küche führt ein im Jahr 1895 errichteter Arkadengang zur Apotheke, von der man durch zwei Zimmer, die als Ambulatorium dienen, zum Krankensaal

Das Hospital in Tantur

gelangt. Derselbe hatte in den Jahren von 1894 und 1895 nur einen Belegraum von 6 Betten.[99] Neben der Kapelle befindet sich der im Jahre 1904 errichtete Keller, eine Remise, ein Holzlager und der Stall für zwei Lasttiere, die zumeist dem Arzt zur Verfügung stehen müssen [...]. Auf der äußeren Seite des Hofes erhebt sich ein 13 Meter hoher Turm, welcher im Jahre 1895 erbaut, fast einem Festungsturm gleicht, in welchem die Glocke wie auch eine große Uhr, ein Geschenk der Westfälischen Malteser, untergebracht sind [...]."[100]
Selbst Kronprinz Rudolf[101] schildert in seinem 1887 in Wien verlegten Werk „Jagden und Beobachtungen" seine Eindrücke vom Hospiz in Tantur: „[...] Eine Viertelstunde noch bergab fahrend, erreichten wir die Mauer des Gartens der

21 Ebda, S. 96.
22 Ebda, S. 98f.
23 Ebda, S. 102f. Die akkredidierten Gesandten berufen sich dabei auf [...] il faut que celui-ci y soit indépendant et libre comme autrefois; qu´il y jouisse de tous les droits et prérogatives de la souveraineté et de tous ses anciens privilèges" – vor allem aber auf die konstitutive Neutralität des Ordens.
24 Noé-Nordberg, S. 120.
25 Darüberhinaus erhielt der Orden Kirche und Kloster wieder sowie eine jährliche Subvention von 2.000 Gulden. Der König von Neapel folgte bald in dieser Idee und anerkannte den Orden in seinen Staaten und übergab ihm acht Kommenden als Eigentum. 1841 folgte Modena und stiftete zwei, Maria Luise Herzogin von Parma drei Kommenden. Die Stiftung Carl Albrechts von Sachsen aus dem Jahre 1848 bestand jedoch nur drei Jahre. 1834 schlug der Orden in Rom seinen endgültigen Sitz auf. Vgl. Noé-Nordberg, S. 120; vgl. Waldstein-Wartenberg, Wiedererrichtung des Großpriorates von Lombardo-Venezien, S. 109–112.
26 Réclamation de l'Ordre Souverain de Saint-Jean de Jérusalem, au Congrès d'Aix-la-Chapelle. o.O. 1818.
27 Zum besonderen Verhältnis zwischen Busca und Metternich siehe: Breycha-Vauthier, Arthur C.: Une période peu connue de l'Histoire de l'Ordre. Busca et Metternich (1821–34). In: Revue de l'Ordre souverain Militaire de Malte. 27 (1959), S. 105–112.
28 Breycha-Vauthier, Arthur: Metternich und der Malteserorden. [Kopie aus ASMRO], S. 7.
29 Ebda.
30 Zit. n. Rödel, Walter G./Wienand, Adam: Die Kommenden des Ordens im deutschen und böhmischen Großpriorat. In: Wienand, Adam (Hrsg.): Der Johanniter-Orden. Der Malteser-Orden. Der ritterliche Orden des hl. Johannes vom Spital zu Jerusalem. Seine Aufgaben, seine Geschichte. 2. Aufl. Köln 1977, S. 355.
31 Ebda.
32 Breycha-Vauthier, Metternich und der Malteserorden, S. 7.
33 In der Literatur wird auch von der Verleihung des Ehren- und Devotionskreuzes gesprochen.
34 Wienand, S. 355.
35 AVA, Hofkanzlei, Haupt-Staats-Archiv des Inneren IV D 1, Adelsakten Johanniterorden, Schachtel 647.
36 Ebda.
37 Beispielsweise die Sperre der Aufnahme neuer Ordensmitglieder, deren Vorrückung im Orden etc. Weiters war dem Orden die Dispositionsfähigkeit über sein Vermögen nicht rückerstattet worden.
38 Im Akt der Hofkanzlei wurde weiters die Frage aufgeworfen, ob der Orden eines Veräußerungskonsenses bedürfe, was in weiterer Folge bejaht wurde. In einiges Fällen hat die Hofkanzlei das von ihr beanspruchte Recht der Genehmigung bei Veräußerungen und Belastungen aus ihrer Eigenschaft als oberste Stiftungsbehörde abgeleitet.
39 Entscheidung des Ministeriums für Kultus und Unterricht, Zl. 20188/1875.
40 Des weiteren reflektierte das Justizministerium auf die jüngere Geschichte des Ordens und bemerkte, daß sowohl die einschlägigen Bestimmungen des Gesetzes vom 5. Mai 1874, Reichsgesetzblatt Nr. 50 nur geistliche Vermögen zum Gegenstand haben, und daß auch die vom Ministerium für Kultus und Unterricht angestellten Nachforschungen den Nachweis einer einheitlichen Praxis bei Behandlung des Vermögens nicht ergeben haben.
41 Wenn jenes Vermögen, das in den Verordnungen von 1886 und 1913 Gegenstand der Regelung ist, weder als Kirchenvermögen noch als weltliches Stiftungsvermögen zu qualifizieren ist, so gibt es gegenwärtig in Österreich keine gesetzlichen Normen, die die Ausübung einer

Aufsicht über dieses Ordensvermögen zulässig erscheinen ließen. Das Majestätsrecht, das ein persönliches Recht des Monarchen war, ist wie alle anderen Rechte mit der Etablierung der Republik erloschen.

42 Reichsgesetzblatt für die im Reichsrathe vertretenen Königreiche und Länder. VI. Stück vom 30. Jänner 1886.
43 AVA, Hofkanzlei, Haupt-Staats-Archiv des Inneren IV D 1, Adelsakten Johanniterorden, Schachtel 646.
44 Ebda, sub dato 16. März 1832.
45 Haus-, Hof- und Staatsarchiv, Wien [i. d. F. zit. HHStA], Administrative Registratur, Fach 46, Karton 56, Ideen zur Erhaltung des ritterlichen Johanniter-Ordens vom 10. Mai 1832.
46 Ebda, sub dato 22. August 1832. Am 10. September 1832 wird der Großprior Graf von Neipperg um die Übersendung des Originals des päpstlichen Breve bzw. um eine Mitteilung der Ordensstatuten aufgefordert; deren Übersendung geht wiederum am 7. April 1833 aus den Akten hervor.
47 AVA, Hofkanzlei, Haupt-Staats-Archiv des Inneren IV D 1, Adelsakten Johanniterorden, Schachtel 646.
48 Ebda, Nr. 106/836.
49 Die kaiserliche Bestätigung der Wahl Khevenhüllers zum Großprior erfolgte durch Kaiser Ferdinand manu proprio am 31. Jänner 1847.
50 AVA, Hofkanzlei, Haupt-Staats-Archiv des Inneren IV D 1, Adelsakten Johanniterorden, Schachtel 646.
51 Papst Urban VIII., der den Kardinälen im geheimen Consistorium vom 10. Juni 1630 den Titel „Eminenz und Eminentissimo" gewährte, hat denselben Titel auch den Großmeistern des Ordens vom Hl. Johannes von Jerusalem verliehen. Eine Bestätigung dieses Titels für den Großmeister Johann Baptist Ceschi a Santa Croce erfolgte durch Papst Leo XIII. am 12. Juni 1888 vgl. HHStA, Johanniter-Orden, Fach 46, Karton 118, I/29.
52 Ebda, Administrative Registratur, Fach 46, Karton 118, I/17, fol. 78: Abschrift einer allerhöchsten Entschließung datiert mit 27. Dezember 1880: „Ich verleihe dem Großmeister des souveränen Johanniterordens Johann Baptist Freiherr Ceschi a Santa Croce und seinen Nachfolgern im Großmeisterthum den Rang eines österreichischen Fürsten nach dem Datum dieser Meiner Entschließung mit dem Prädicate „fürstliche Gnaden" und bestimme, daß demselben für seine Person und seine Nachfolger bei jenen Gelegenheiten, wo dieselben in der Eigenschaft als Großmeister im Ordenskleide und in Begleitung zweier Justizritter zu Hofe kommen sollten, jene Ehrenbezeugungen zu erweisen sind, welche einem Kardinale am österreichischen Hofe zu Theil werden und welche in dem vorliegenden Antrage aufgeführt sind. Erscheint der gedachte Großmeister jedoch in einer andern Eigenschaft, zum Beispiel als geheimer Rath, als Kämmerer oder als Mitglied des Herrenhauses, über besondere Einladung oder in Folge einer allgemeinen Ansage bei einem Hof- oder kirchlichen Feste, oder bei einer sonstigen Gelegenheit, so hat derselbe nur den, ihm nach gegenwärtiger Entschließung in einer dieser Eigenschaften zukommenden Rang als österreichischer Fürst einzunehmen, gleichviel ob er im Ordenskleide erscheint oder nicht."
53 Der Großmeister genießt seit der Übernahme der Inseln Malta und Gozo als Oberhaupt des Ordens die Rechte eines Souveräns mit dem Titel Fürst. Durch Verleihung der Kaiser Rudolf II. 1607 und Ferdinand II. 1620 erhielt er den Reichsfürstenstand. Seit 1607 führt er auf kirchlicher Ebene den Rang eines Kardinals. Dem Großprior von Böhmen-Österreich wurde 1907 der Titel Durchlaucht bestätigt. Zum Hofrang des Großpriors bzw. zum strittigen Wunsch nach einem höheren Hofrang vgl. das Gutachten in ebda, Administrative Registratur, Fach 46, Karton 118, I/17, fol. 86ff. Das k. k. Oberstofmeisteramt als Hofrang-Behörde, das k. k. Oberst-

hofmarschall-Amt und das k. k. Ministerium des Innern als oberste Landesbehörde haben diese Angelegenheit in einem Memorandum erörtert und festgestellt, daß die vermeintlichen Ansprüche des Großpriors von Böhmen auf einen höheren Hofrang durchaus unbegründet sind vgl. ebda, fol. 68ff. Erörterungen zu den Rangverhältnissen vgl. ebda, fol. 8f., 16–19, 32f., 46f.

54 Vgl. Procházka, Roman, Frhr. v.: Österreichisches Ordenshandbuch. 2. Ausg. 4. Band. München 1979, S. 260. Als die habsburgischen Kaiser im 16. Jahrhundert ihre Hofhaltung von Prag nach Wien verlegten, verschob sich auch das Schwergewicht des Ordens in die kaiserliche Residenz nach Wien. Der Orden war hier vorerst durch eine Gesandtschaft vertreten, die Großpriore selbst verlegten im 18. bzw. 19. Jahrhundert ihren Sitz nach Wien. Weiters wurden die Ordenskapitel nun auch nicht mehr nach Prag, sondern nach Wien einberufen. Vgl. Blaschek, Wilhelm von: Das Großpriorat von Böhmen und Österreich. Geschichte und Wirken. Wien 1959, S. 2.

55 1816 wurde vom Papst das Großpriorat Rom, das seit 1834 auch Sitz des Ordens ist, wiederhergestellt, danach auch die Großpriorate Neapel und Sizilien, Lombardei und Venetien vgl. Annuaire 1992 Ordre Souverain Militaire Hospitalier de Saint-Jean de Jerusalem de Rhodes et de Malte. Rom 1992, S. 13f.

56 Herausragend war dabei sicher die Gründung des Ordensspitals in Tantur 1872, wodurch der Orden bzw. das Großpriorat Böhmen-Österreich auf historischen Boden, ins Heilige Land, zurückkehrte.

57 Gemeinsam mit Deutschland, Frankreich und Italien stellte das Großpriorat Österreich-Böhmen in den europäischen Kriegen des 19. Jahrhunderts und in der Folge im Ersten Weltkrieg eigene Malteser-Lazarette, Frontspitäler an der Südfront, Sanitätshilfszüge, ein PKW-Ambulanzcorps und Genesungsheime: So übernahm z.B. das Großpriorat Böhmen-Österreich die Ausrüstung und Mannschaft von sechs bzw. acht Lazarettzügen sowie Transportkolonnen für den Krankentransport. 1876 übernahm der Chefarzt des Großpriorates, Dr. Jaromir von Mundy, im Serbisch-Türkischen Krieg die oberste Leitung der serbischen Sanitätseinheiten, 1877 richtete derselbe im Russisch-Türkischen Krieg einen Ambulanzdienst ein, 1878 stand die Sanitätszugseinheit des Ordens anläßlich der Okkupation von Bosnien und der Herzegowina unter seiner Leitung. Auf Bitte der Königin Natalie von Serbien und der auf diplomatischem Wege vorgetragenen Bitte um Hilfe kamen 1885 25 Sanitätswaggone der Malteser im Serbisch-Bulgarischen Krieg auf dem Balkan zum Einsatz. Im Jahre 1898 wurde durch das Großpriorat von Böhmen und Österreich der Betrag von 100.000 Kronen für eine Stiftung für rekonvaleszente und invalide Soldaten gewidmet. Vgl. Blaschek, S 4.

58 Die Geschichte der diplomatischen Vertretungen des Johanniter/Malteser-Ritter-Ordens beginnen bereits um die Mitte des 13. Jahrhunderts: 1244/49 wird ein Vertreter in Marseille genannt, der im Auftrag des Großmeisters Getreide einkaufen sollte. Während der Zeit auf Rhodos lassen sich Konsulate in Jerusalem, Alexandrien etc. nachweisen. Ständige Gesandtschaften bestanden in Rom und Zypern. Als der Ordenssitz nach Malta verlegt wurde, wurde Madrid zu einem sehr wichtigen diplomatischen Stützpunkt, da der Orden die Insel von der spanischen Krone als Lehen erhalten hatte vgl. Waldstein-Wartenberg, Berthold: Die Ordensgesandtschaft in Wien. In: Annales de l'ordre souverain militaire de malte. (1969), S. 151.

59 Hatte der Großprior diesen Rang nicht inne, so wählte man einen anderen Ordensritter. Der hohe militärische Rang und der dadurch gegebene Einfluß bei Hof erwiesen sich z.B. in den Napoleonischen Kriegen, als der Orden von Malta vertrieben wurde und nur mehr die österreichischen Besitzungen bestehen blieben, von Nutzen. Die Ordensgesandten wurden jeweils aus der Reihe der Ritter des Großpriorates ausgewählt vgl. Waldstein-Wartenberg, Ordensgesandtschaft, S. 152.

60 Durch die dauernde Anerkennung der Ordensgesandtschaft in Wien blieb auch die Souveränität des Ordens unangetastet, obwohl dieser nach den Napoleonischen Kriegen weder eigenes Territorium noch Staatsvolk besaß.

61 Waldstein-Wartenberg, Ordensgesandtschaft, S. 154. Von 1811 bis 1820 erhielt er Unterstützung aus den Reihen des Ordens durch den Legationssekretär Maximilian von Paul.

62 Liechtenstein war erst 1819 in den Orden aufgenommen worden.

63 Vgl. Matsch, Erwin: Geschichte des Auswärtigen Dienstes von Österreich (-Ungarn) 1720–1920. Wien, Köln, Graz 1980, S. 115 gibt an dieser Stelle allerdings nur die melitensischen Gesandten bis zum Jahr 1797 an – und beruft sich dabei auf Waldstein-Wartenberg, Berthold: Rechtsgeschichte des Malteserordens. Wien 1969, S. 182, 209, 238.

64 Neuhaus wurde erst acht Jahre nach seinem Amtsantritt, im Jahre 1828, der österreichische Ritterstand verliehen.

65 Langer erhielt erst 1860 den Adel, 1867 wurde er Magistralritter.

66 Waldstein-Wartenberg, Ordensgesandtschaft, S. 155.

67 HHStA, Wiener Kongreß, Akte, Beilage XVII. Artikel 1.

68 Hofdekret vom 15.3.1834, J.G.S. Nr. 2646.

69 Presselmayer, Hilde: Die völkerrechtliche Stellung des Souveränen Malteser-Ritter-Ordens. o. O. 1947, S. 44f.

70 HHStA, Administrative Registratur, Fach 24, fol. 26, Z 14190 E.

71 Ebda, Z 4909/E. Weitere Stellungnahmen finden sich z.B. auch in einer Note des k.u.k. Ministeriums des Äußeren an den k. k. Minister für Cultur und Unterricht vom 11. Juli 1882: „[...] glaube ich meinerseits hinzufügen zu sollen, daß, was die souveräne Eigenschaft des Johanniter-Ordens betrifft, ein Zweifel darüber um so weniger zu entstehen vermöchte, als dieselbe von der k.u.k. Regierung tatsächlich anerkannt ist und in der Recreditierung eines permanenten Gesandten des Ordens am a.h. Hoflager ihren Ausdruck gefunden hat." Vgl. Ebda, Fach 46, I/18, Z 13559/7.

72 Kolowrat-Krakowsky wurde ermächtigt, gemeinsam mit dem Komtur von Obitz und dem FML Freiherrn von Reischach die nötigen Vorkehrungen zur Organisierung des Spitals zu treffen und zur ersten Dotierung 20.000 Gulden aus der Rezeptoratskasse zu verwenden. Als gespendete Lokalität hatte Graf Kolowrat den Emilienhof zwischen Klosterneuburg und Kierling gefunden: „Es ist dieser Hof ein grosses Gebäude mit einem Parke, der über 6 Joch umfasst. Die Möblirung der Zimmer war elegant, zweckmässig und dem Bedarfe vollkommen angemessen; für Bett- und Leibwäsche war in vorzüglicher Weise gesorgt, Speisen und Getränke liessen nichts zu wünschen übrig. Für die geistige Unterhaltung sorgte eine kleine, aber gewählte Bibliothek, ein Geschenk des Bailli Grafen Schönborn." Das Spital war für 14 Offiziere und ihre Diener und für 30 bis 40 Mann eingerichtet vgl. Noe-Nordberg, S. 125.

73 Die originalen „Berichte einer Reise ins Heilige Land" von Theodor H. von Schröter befinden sich in der Bibliothek der Vereinten Nationen in Genf. 1864 erschien von Schröter in Münster weiters die Broschüre „Der Souveraine Orden vom Heiligen Johann von Jerusalem und seine Wiederbelebung." Sein Bericht wurde vom Statthalter dem Heiligen Stuhl unterbreitet und von einer Kommission von Kardinälen geprüft. In einem Reskript vom 3. Juli 1858 wurden die Weisungen festgehalten vgl. Breycha-Vauthier, Arthur: Tantur – des Malteser Ordens Rückkehr ins Heilige Land. In: Schriftenreihe des Maltesermuseums Mailberg. Bd. 4: Der Orden in der Levante. o.O. u. o.J., S. 17f.

74 Zu Tantur vgl. Breycha-Vauthier, Arthur: Tantour. Retour de l'Ordre en Terre Sainte. In: Annales de l'ordre souverain militaire de malte 34 (1976), S. 39–44.

75 Wiener Zeitung vom 21. Februar 1873.

76 Franz Graf Kolowrat-Krakowsky (1803–1874) war von 1867 bis 1874 Großprior von Böhmen und Österreich, 1869 erfolgte seine Ernennung zum lebenslänglichen Mitglied des Herrenhauses. Für seine Verdienste erhielt er u. a. 1860 das Ritterkreuz des Leopold-Ordens, 1864 die k. k. Geheimrats-Würde, 1870 den Orden der Eisernen Krone, 1. Klasse, weiters das Kommandeurskreuz des großherzoglich badischen Zähringer Löwen-Ordens, des herzoglich sächsischen Hausordens Ernst des Frommen, 1. Klasse mit Stern, und das k. k. österreichische Verdienstkreuz.

77 Breycha-Vauthier, Tantur, S. 32f.

78 Vgl. Archivio Segreto Vaticano, Sec. Brev. 5698, ff. 149–150 u. 167f. Papst Pius IX. erläßt am 21. März 1873 ein Breve bezüglich der Kapelle im Hospiz am Tantur. Vgl. Morello, Giovanni: La Capella di Tantur in un Breve di Pio IX del 1873. In: Annales de l'Ordre souverain militaire de malte. 35 (1977), S. 5–7.

79 Nach dem Abbruch des Gebäudes im Jahre 1967 wurde das Wappen in die Kapelle des Torturmes übertragen, wo es das Grab Cabogas ziert.

80 Vgl. Blaschek, S. 3f.

81 Bernhard Graf Caboga (6.2.1785 Ragusa – 19.11.1855 Wien), verheiratet seit 1833 mit Juliane Gräfin Potocka; die Ehe blieb kinderlos. Vgl. Österreichisches Biographisches Lexikon 1815–1950. Hrsg. v. d. Österreichischen Akademie der Wissenschaften unter d. Leitung v. Leo Santifaller. Bearb. v. Eva Obermayer-Marnach. I. Bd. Graz, Köln 1957, S. 132. Zur Familie der Grafen Caboga vgl. Adelslexikon. Bearb.v. Walter v. Hueck. Band II. Limburg a. d. Lahn 1974 (= Genealogisches Handbuch des Adels. Hrsg. v. Deutschen Adelsarchiv. 58.), S. 210. Militärische Zeitung Nr. 119. Wien 1855; Österreichisches Militärkonversationslexikon. Hrsg. v. Hirtenfeld und Meynert. I. Bd. Wien 1851, S. 582. Wurzbach 2 (1857), S. 223ff. geht in der sehr ausführlichen Biographie von Caboga interessanterweise mit keinem Wort auf seinen Einsatz in Tantur ein. Vgl. auch Breycha-Vauthier, Tantur, S. 29.

82 Meraviglia-Crivelli fertigte u.a. auch Skizzen des Geländes und Zeichnung von Tantur an.

83 HHStA, Administrative Registratur, Fach 46, Karton 119, I/13, fol. 418–431.

84 Vgl. Breycha-Vauthier, Tantur. Des Ordens Rückkehr ins Heilige Land, S. 60–65.

85 Seine niedrige Einstufung und sein bescheidenes Gehalt wurden erst nach dem Besuch Kaiser Franz Josephs im März 1871 verbessert, der feststellte, daß dieser „schwer zu ersetzen und seine Entfernung mehrere wichtige Unternehmungen im Heiligen Land gefährden würde." Vgl. Breycha-Vauthier, Tantur, S. 18.

86 Ebda, S. 21.

87 HHStA, Administrative Registratur, Fach 46, Karton 119, I/13, fol. 204f. Generalkonsul Graf Caboga konnte diese Abgabe jedoch nicht leisten, da Beamten der zuständigen Kassa keine diesbezügliche Weisung aus Konstantinopel erhalten hatten und jede Geldannahme verweigerten. Caboga wendet sich dabei auch mehrmals erfolglos an die österreichisch-ungarische Botschaft in Konstantinopel. Zum Besitztitel des Johanniter-Ordens für das Ordenshospiz am Tanturhügel vgl. fol. 256–257, 289–298.

88 Ebda, fol. 108.

89 Im Kapitelbeschluß des Großpriorates von Böhmen und Österreich vom 9. Mai 1872 wurde beispielsweise ausdrücklich festgehalten, daß von den aus dem Hospizfond von Jerusalem alljährlich entfallenden Interessen stets 5.000 Francs in Abzug gebracht werden und diese Summe alljährlich in den vom Großpriorat von Böhmen kreierten „Fonds des SMRO zur freiwilligen Hilfeleistung in Kriegen der österreichischen Armee" fließt.

90 HHStA, Administrative Registratur, Fach 46, Karton 119, I/13, fol. 25–30. Generalkonsul Bernhard Grafen Caboga wurde aufgrund seiner Verdienste als Justizritter in gremio religio-

nis aufgenomen. Gleichzeitig wurde im Bericht über Tantur festgehalten, daß eine Weiterverwendung von Caboga nach Ablauf der Zweijahresfrist neu geprüft werde.
91 Ebda. Aus dem Bericht geht die Höhe der Entschädigung nicht hervor.
92 Im Juni 1880 mußte Wagner krankheitshalber wieder nach Europa zurückkehren, Mayer verließ ebenfalls noch im selben Jahr das Hospiz, worauf sich Caboga um eine neuerliche Besetzung des Hospizes kümmern mußte. Die ärztliche Betreuung und das Ambulatorium wurden von Dr. Paulus und Dr. Lorch übernommen.
93 In den Akten wird die Anwesenheit eines italienischen Bruders damit gerechtfertigt, daß keine qualifizierten Österreicher oder Ungarn vorhanden wären, in Graz jedoch zwei Brüder in medizinischer Ausbildung stehen. Vor der Ankunft Signorinis in Tantur hat Pater Emanuel Leitner stellvertretend den ärztlichen Dienst versehen.
94 HHStA, Administrative Registratur, Fach 46, Karton 119, I/13, fol. 49ff. Eine endgültige Einigung in dieser Angelegenheit wurde erst 1894 getroffen.
95 Ebda, fol. 64.
96 Ebda, fol. 64f.
97 Zunächst fungierte Dr. Carpani als Arzt, der wöchentlich dreimal von Jerusalem nach Tantur kam. 1886 trat der venezianische Arzt Dr. Bacher seinen Dienst an; als Verwalter der Anlage fungierte Ferdinando Nicodemo, Donat des Malteser-Ritter-Ordens, der zugleich als Apotheker und Dolmetscher in Tantur seinen Dienst versah.
98 Eine wirkliche Übergabe erfolgte mit 1. Jänner 1894.
99 Als im Jahre 1896 Erzherzog Karl Ludwig Tantur besuchte, stiftete er nach seiner Rückkehr in Wien ein 7. Krankenbett für das Spital. Erzherzog Karl Ludwig war seit dem 23. Oktober 1865 Bailli-Großkreuz des Ordens. Vgl. Ruolo generale del Sov. Mil. Ordine di S. Giovanni di Gerusalemme ovvero di Malta. Roma 1880, S. 124.
100 Prangner, Vinzenz: Geschichte des Klosters und des Spitals der Barmherzigen Brüder, Graz, und der innerösterreichischen Ordensprovinz zum Heiligsten Herzen Jesu. Graz 1908.
101 Kronprinz Rudolf war seit 10. Juni 1871 Bailli-Großkreuz.
102 Breycha-Vauthier, Tantur, S. 39.
103 Vgl. Blaschek, S. 4.
104 Breycha-Vauthier, Tantur, S. 38

Georg Reichlin-Meldegg

Das Sanitätswesen des Ordens im 19. Jahrhundert und die Entwicklung der Hilfszüge unter Dr. Jaromir Freiherr von Mundy

Die Entwicklung des Sanitätswesens nach dem Fall von Malta

Während seines 900jährigen Bestandes hat der Orden die Pflicht der „Caritas" und „Hospitalitas" niemals außer Acht gelassen. Mit einiger Berechtigung schreibt man es demnach dieser Treue gegenüber seiner Grundhaltung zu, daß er vor dem Schicksal anderer Ritterorden, wie z.B. die Vernichtung der Templer zu Beginn des 14. Jahrhunderts, bewahrt blieb. Die Fürsorge für Hilfsbedürftige, Behinderte und Kranke hatte der Johanniter/Malteser-Ritter-Orden seit der Ordensgründung seinen Mitgliedern zur Pflicht gemacht. Dies erfolgte durch eine feststehende Regel, die 1113 durch Papst Paschalis II. genehmigt wurde sowie bis heute durch das feierliche Gelübde jedes Ritters bei dessen Aufnahme. Auch heute noch führt das Oberhaupt des Ordens, der Großmeister, deshalb den Ehrentitel „Diener der Armen Christi und Wächter des Hospitals des heiligen Johannes von Jerusalem".

Schon die ältesten aus dem Jahre 1182 stammenden Statuten des 8. Großmeisters (1177–1187) Roger des Moulins enthalten die Vorschrift: „Quod fratres Hospitales nocti dique libenter custodiant infirmos eorum dominos". Die in den Alltagsgebrauch übergegangene Formulierung „I Signori Infermi" hat diese Geisteshaltung auf den Punkt gebracht.

Nach der Einnahme der Insel Malta durch die französischen Revolutionstruppen erstattete ein französischer Regierungskommissär seiner Regierung einen Bericht über die Hospital-Einrichtungen des Ordens. In dem Bericht wurden dort nicht weniger als acht verschiedene Spitäler aufgezählt. Der Kommissär beziffert die Summe der nötigen Erhaltungskosten mit jährlich rund 150.000 Scudi[1]. Die große erhaltene Anzahl von Vorschriften über den Spitalsbetrieb, die ständig den Zeiterfordernissen angepaßt wurden, zeigt unter anderem, welche Sorgfalt der Orden stets für die Aufrechterhaltung des Sanitäts- und Spitalbetriebes aufgewendet hatte. Nach dem dramatischen Verlust der Insel Malta und damit auch der militärischen Macht zur See bedurfte es – unter völlig veränderten politischen Verhältnissen – einer längeren Periode der territorialen Reorganisation, bis an die Wiederaufnahme der humanitären Aufgaben des Ordens gedacht werden konnte.

Kurz nach 1834 erfolgte die Übersiedlung des Großmagisteriums nach Rom und übernahm der Orden in der Urbs aeterna das Spital „Dei Gento Petri", das bald für die Aufnahme von 500 Kranken ausgebaut wurde. In diesem fanden dann vor allem verletzte Angehörige der päpstlichen Armee ärztliche Hilfe und Pflege.[2] Größeren und deutlich sichtbaren Aufschwung nahmen diese Bestrebungen in ganz Europa erst nach der Wiederherstellung der Großmeisterwürde. Diese wurde im Jahre 1879 durch Papst Leo XIII. in der Person des Großmeisters Frá Johann Baptist Ceschi a Santa Croce (1879–1905) wiederhergestellt. Diesem ersten Großmeister nach Wiederherstellung der Ordensleitung folgte dann Frá Galeazzo Graf von Thun und Hohenstein. Letzterer gehörte seit 1875 dem Orden als Justizritter an, ab 1886 widmete er sich ausschließlich dem Orden und fungierte seitdem als Vertreter des Großpriorates von Böhmen und Österreich in Rom. In dieser Funktion wirkte Thun-Hohenstein durch viele Jahre in der neuen Ordenszentrale und hatte so die Gelegenheit, sich auf sein künftiges Amt an der Ordensspitze gründlich vorzubereiten, denn nach dem Tode des Großmeisters Ceschi wurde Thun einstimmig zum neuen Großmeister gewählt. Seinen hervorragenden Eigenschaften, seiner imponierenden und gewinnenden Persönlichkeit hat der Orden viele Erfolge zu verdanken.[3] So wurden die Beziehungen zu den auswärtigen Regierungen ausgebaut, die Vorbereitungen für die Durchführung des Sanitätsdienstes im Kriegsfall getroffen, vor allem aber wurden in den unter direktem Einfluß des Großmeisters stehenden drei Großprioraten von Italien zahlreiche Spitäler teils erweitert, teils neu errichtet. Unter seiner Leitung wurde insbesonders der Sanitätsdienst des Ordens in Tripolis während der italienischen Expedition neu organisiert und damit auf den letzten Stand gebracht. Ebenso wurden während der Erdbeben in Messina (1908) und Avezzano (1915) große Hilfsaktionen durchgeführt.

Hatten die Ritter des Ordens in Deutschland nach dem Deutsch-Dänischen Krieg von 1864 mit dem Bau eines Spitals in Flensburg für die Verletzten dieses Feldzuges begonnen, so errichtete im Krieg von 1866 das Großpriorat von Böhmen und Österreich zunächst lediglich ein erstes kleineres Kriegslazarett und half vor allem mit Geld- und Sachspenden.[4] Diese Art der Hilfeleistung erfuhren auch die Opfer des Aufstandes in der Bocca de Cattaro von 1869.

Der Großprior von Böhmen und Österreich, Frá Franz Xaver Graf von Kolowrat-Krakowsky (1867–1874), begnügte sich jedoch keineswegs mit dieser Tätigkeit. Bereits im Jänner 1869 entsandte er einen Delegierten zur Konferenz der Hilfsvereine, die vom k. u. k. Kriegsministerium zum Zweck einberufen worden war, die Tätigkeit aller Hilfsorganisationen zu Gunsten der Verwundeten im Falle eines Krieges zu koordinieren[5]. Der Delegierte des Ministeriums war Jaromir Freiherr von Mundy[6], der in diesem Zusammenhang auf den Großprior einen sehr positiven Eindruck machte. Es gelang in der Folge, Stabsarzt Dr. Mundy für die Ziele des Ordens zu gewinnen.[7]

Die Malteser-Hilfszüge unter Dr. Jaromir Freiherr von Mundy

Kurz nachdem Dr. Jaromir Freiherr von Mundy am 30. März 1870 als Magistralritter in den Malteser-Ritter-Orden aufgenommen worden war, schlug er aufgrund seiner persönlichen Erfahrungen im Bereich des Militärsanitätswesens die Errichtung einer freiwilligen Sanitäts-Organisation vor, die im Falle eines Krieges rasch eingesetzt werden könnte. Seit seinem Medizinstudium, das er mit der Dissertation über das Thema „Beiträge zur Sanitätsreform" abgeschlossen hatte, war Mundy bestrebt gewesen das harte Los der verwundeten und verletzten Soldaten möglichst zu verbessern. Schon vor Beginn seines Medizinstudiums hatte er noch als k. u. k. Offizier[8] in den zahlreichen von ihm mitgemachten Feldzügen klar erkannt, daß auch die beste Versorgung eines Verwundeten in einem Hospital oft nicht mehr zur Anwendung kommen konnte, weil die äußerst schlechten Transportverhältnisse den Verletzten bis in Grenzbereiche des Erträglichen – oder gleich in den Tod – geführt hatten.[9]

Während einer Studienreise in England 1866 vom Ausbruch des Preußisch-Österreichischen Krieges überrascht, stellte sich Mundy nach seiner unverzüglichen Rückkehr dem Kriegsministerium als Arzt zur Verfügung. Als solcher wurde er als Regimentsarzt II. Klasse auf Kriegsdauer übernommen und sogleich zur Nordarmee entsandt, wo er an der Betreuung der Verwundeten auf den Schlachtfeldern um Königgrätz mitwirkte und später ihren Abtransport leitete. Dabei wurde er Zeuge der Unzulänglichkeit des Transportes der vielen Verwundeten in offenen Güterwaggons, in welchen diese sich während der Fahrt überdies ganz ohne ärztliche Betreuung befanden.

Hatte die preußische Armee die ihr zu diesem Zweck zur Verfügung stehenden Güterwaggons in ihrem ursprünglichen Zustand übernommen, wurden in den Güterwaggons der österreichischen Kaiser-Ferdinand-Nordbahn – auf Initiative Mundys – je zwei Tragen übereinander mittels Gurten an vier Pfeilern, die installiert wurden, befestigt und durch Polsterungen an der Wand einigermaßen vor Stößen während der Fahrt gesichert. Um ein Abreißen der Gurte zu verhindern, wurden die Tragen, die mit Keilpölstern ausgestattet waren, durch zwei Längslatten abgesichert. Die Betten waren in der Fahrtrichtung positioniert, da nach Mundys Meinung bei einer Querstellung die Patienten Gefahr liefen, bei einer starken Bewegung des Zuges aus dem Bett geworfen zu werden.[10] Mit Hilfe dieser improvisierten Güterwaggons konnten zwar nur acht Verwundete pro Waggon verladen werden, dennoch aber war ihr Transport durch die geschilderten Maßnahmen erstmals einigermaßen sinnvoll. Jaromir Freiherr von

Dr. Jaromir Freiherr von Mundy (1822–1894)

Mundy brachte seine Verwundeten nach Wien, zu deren Pflege im Prater ein großes Feldlazarett eingerichtet worden war.[11]
Ähnlich der persönlichen Wahrnehmungen eines Henry Dunant während des Kriegsjahres 1859 war für Jaromir Freiherr von Mundy der Krieg von 1866 der Anlaß, sich stärker für die Militärsanität, mit besonderer Berücksichtigung des Verwundetentransportes, einzusetzen. Für die Weltausstellung 1867 in Paris ließ er daher auf eigene Kosten und nach seinen Plänen vom Wagenbauer Alessandro Locati in Turin einen zweispännigen Pferdewagen bauen, in dem entweder zwei liegende und zwei sitzende oder aber zehn bis zwanzig sitzende Verletzte trans-

dem Arzt signalisieren, aus welchem Waggon der Alarm kam. Das gleiche war für die Alarmierung des Zugskommandanten erforderlich, dessen Glocke an der Außenseite seines Waggons angebracht war. Diese durfte jedoch nur dann eingeschaltet werden, wenn ein Anhalten des Zuges unbedingt erforderlich war.[19]
Der Waggon des Zugskommandanten, in dem auch die beiden Ärzte untergebracht waren, befand sich an der Zugspitze. Dieser war mit sechs beweglichen und an der Stirnseite mit zwei fixen Fenstern ausgestattet, wobei die beiden Plattformen in abgeschlossene Veranden umgewandelt wurden. Die vier zusammenklappbaren Betten konnten bei Tag gleichzeitig als Sitzgelegenheit dienen, wobei die Matratze an der Wand befestigt war. Vor jedem dieser Fauteuils befand sich ein mit grünem Tuch überzogener Schreibtisch, während in der Mitte des Waggons ein fixierbarer Tisch stand.
Neben dem Waschtisch durfte zwar der Ofen nicht fehlen, wohl aber das Klosett, das im benachbarten Proviantwaggon untergebracht war. Dieser Waggon hatte alle Vorräte, sowohl an Brennmaterial als auch an Lebensmitteln, Wäsche und Reserve-Tragen aufzunehmen. Wein und Bier wurde in Holzfässern mitgenommen, bestimmte Lebensmittel hatten auch nach Mundys „Organischen Vorschriften" im eingebauten Eiskasten aufbewahrt zu werden.
Als nächster Waggon folgte der Küchenwagen, in dem zwei Köche und ein „Feuerbursche" tätig waren. Mit Hilfe eines großen an der Stirnseite angebrachten Eisenherdes konnten sie innerhalb von nur drei Stunden für 150 Mann Mahlzeiten zubereiten. Die Kochversuche mit diesem Herd hatte Eduard Sacher persönlich geleitet, während sein Bruder Franz zur Zeit des Einsatzes des Zuges 1878 in Bosnien durch drei Monate hindurch als Chefkoch diesen Herd verwendete.
Gleich neben dem Küchenwaggon befand sich der Speisewagen, in dem das Pflegepersonal und die gehfähigen Patienten an einem großen Tisch ihre Mahlzeiten einnehmen konnten. In diesem Waggon war auch eine Dusche, daneben ein kleines Buffet untergebracht.
In der Mitte der folgenden zehn Lazarett-Waggons wurde der Magazinwaggon eingeschoben, der wegen der eingebauten Bremsvorrichtung fahrtechnisch hier erforderlich war. In diesem Waggon befand sich die Apotheke, eine kleine Bibliothek sowie auch liturgisches Gerät, nachdem der Malteser-Ritter-Orden auf Grund eines päpstlichen Privileges das Recht besaß, in Kriegszeiten auf allen seinen Sanitätszügen die Hl. Messe lesen zu lassen. Die Bibliothek beinhaltete neben zahlreichen Wörterbüchern und Klassikern (Goethe, Lessing, Rousseau) auch ein wenig leichtere Lektüre, wie etwa „Die Gartenlaube" oder „Die Romanzeitung". Unter den religiösen Büchern befanden sich katholische, protestantische und jüdische Gebetsbücher, Bibeln und Evangelienbücher. Als besondere Einrichtung dieses Waggons vermerkt der Ordens-Historiker Waldstein-Wartenberg noch ein Bad mit einer Sitzwanne.[20]

Das Sanitätswesen des Ordens im 19. Jahrhundert

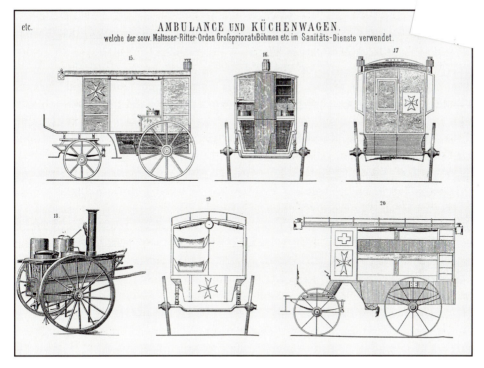

Ambulanz- und Küchenwagen des Malteser-Ritter-Ordens

Der Dienst am „Herren Kranken"

Der Schulzug stand zunächst unter der Leitung des Profeßritters Frá Rudolf Graf von Khevenhüller-Metsch als Kommandant, dessen Vertreter war der damalige Justizritter Heinrich Prinz von und zu Liechtenstein.[21] Der Kommandant war in Krieg und Frieden der unmittelbare Berater des Fürstgroßpriors in allen Sanitätsangelegenheiten und hatte zweimal jährlich das vorhandene Material zu inspizieren. Jede Neuanschaffung bedurfte seiner Bewilligung. Im Falle eines Kriegseinsatzes konnte er den einen oder anderen Zug begleiten, sollte sich jedoch in der Regel in Wien aufhalten, um in der Einsatz-Zentrale des Ordens von allen Zugskommandanten erreichbar zu sein, um die nötigen Anweisungen schnell treffen zu können. Für die medizinischen Angelegenheiten stand ihm der Chefarzt des Ordens zur Seite, der die Leitung der Ausbildung, die Evidenzhaltung des Personals und die Überwachung des Materials zur Aufgabe hatte.

Jeder Zug erhielt zwei Ärzte zugeteilt, wobei der zu einem früheren Zeitpunkt diplomierte Arzt oder derjenige, der schon einmal an einem solchen Einsatz teilgenommen hatte, zum „dirigierenden Arzt" ernannt wurde. Letztlich hatten aber beide Ärzte die gleiche Aufgabe: Sie mußten beim Ein- und Ausladen der Verwundeten anwesend sein, den Wechsel der Verbände durchführen, den Speisezettel verfassen und die Diät festlegen. Besonderes Augenmerk sollten sie auf die Reinigung und Desinfektion der Waggons legen. Auch die Regulierung der Ofenwärme, zwischen 12 und 15 Grad, oblag ihrer möglichst aufmerksamen Kontrolle. Bei der Übernahme der Patienten hatten sie sich persönlich über ihren Zustand zu informieren und sie auch nach erfolgter Ablieferung noch im Spital zu besuchen, um sich davon zu überzeugen, daß durch den Transport keine zusätzlichen Beschwerden aufgetreten waren.

Die Pfleger hatten sich täglich zumindest den Mund, die Hände und Füße zu waschen, den ganzen Körper sollten sie „häufig" waschen, wie Mundy in den „Organischen Bestimmungen" dezidiert vorschreibt. „Den Wärtern wurde Nüchternheit, Reinlichkeit, Ordnungsliebe, Pünktlichkeit und Eifer im Dienst, sowie Artigkeit gegen jedermann, namentlich aber Geduld und liebevolle Ausdauer im Krankendienst eingeschärft [...]".[22]

In jedem Waggon gab es einen Pfleger, der für 9–10 Kranke zu sorgen hatte. Ihm stand keine Schlafgelegenheit im Waggon zu, sondern lediglich ein Sessel. Die Verletzten waren in Befolgung der „Organischen Bestimmungen" Tag und Nacht zu beobachten und Klagen über Unwohlsein oder besonders große Schmerzen dem Arzt zu melden. Trat etwa eine plötzliche Blutung auf, war mittels einer Alarmglocke sogleich ein Arzt zu rufen. Ein Verlassen des Zuges war den Pflegern nicht erlaubt, ebensowenig durften sie persönliche Geschenke, auch nicht Eßwaren und Zigarren, annehmen.

Einmal jährlich wurde das Pflegepersonal in praktischen Übungen für den Dienst am Kranken eingeschult. Abgesehen von der Unterweisung über die technischen Einrichtungen der Waggons wurde das Heben und Abstellen, die Reinigung der Patienten, die reibungslose Speisenausgabe, vor allem aber das Ein- und Ausladen der Verwundeten aus dem Zug geübt.

Jeweils zwei der zehn Pfleger eines Zuges erhielten von den Ärzten eine Spezialausbildung und wurden sodann zu „Oberwärtern" ernannt. Sie hatten den Ärzten bei den Visiten zu assistieren und ihnen die sogenannten „ApparatTische" nachzuführen. Es handelte sich hierbei um einen Verbandstisch auf Rädern und einen Operationstisch, die beide, wie Waldstein hinzufügt, Erfindungen Mundys waren.[23]

Besonderes Augenmerk war nach der Auffassung Mundys auch auf die Auswahl der Köche zu legen. Pflegepersonal und Kranke erhielten das gleiche Essen, das stets pünktlich zu den vom Zugskommandanten und den Ärzten vorgeschriebenen Terminen ausgegeben werden sollte. Zum Kochen durfte überdies nur verzinntes Kupfergeschirr verwendet werden.

Die Mahlzeiten wurden grundsätzlich nur während der Stehzeiten des Zuges ausgegeben, wofür eine Stunde ausreichen mußte. Einen längeren Aufenthalt hielt Mundy für überflüssig, da es auch Probleme mit sensationslüsternen Zuse-

hern geben konnte, die am Besteigen des Zuges gehindert werden mußten. Die Gaffer sollten belehrt werden, „[…] daß ein Sanitätszug durchaus nicht ein Schaugegenstand, sondern ein bewegliches Spital auf Schienen sei", wie Mundy dies in den seinen „Organischen Bestimmungen" energisch vermerkte.[24]
Für die Verproviantierung des Zuges war der Zugskommandant verantwortlich, der sich rechtzeitig zu informieren hatte, wo es gute Brunnen gab, wo Brot, Fleisch, Milch, Wein Öl, Salz, Kohlen usw. günstig zu beschaffen seien. Ebenso hatte er die technischen Einrichtungen des Zuges zu kontrollieren, vor allem den Zustand der Räder, Achsen, Federn usw., für deren Reparatur – soweit unterwegs möglich – ein dem Personal angehörender Mechaniker herangezogen werden sollte. Mundy hatte an alles gedacht. Auch daran, daß Kontrolle vor blindem Vertrauen zu gehen habe: So hatte der Kommandant „[…] häufig bei Tag und Nacht" den Zug zu inspizieren und konnte „[…] untaugliches Personal – vor allem bei Trunkenheit" – sogleich entlassen, notwendigenfalls auch Ärzte, jedoch nur unter gleichzeitiger Mitteilung an den Chefarzt.[25]
Das gesamte Personal mußte auch eingehend über die Genfer Konvention instruiert werden, die genauestens zu beachten war. Wörtlich heißt es hiezu in der Dienstvorschrift: „Im Falle der Gegner Gewalttaten oder Grausamkeiten gegen die Kranken oder Verwundeten, dann gegen das Personal der Malteser Sanitätszüge begehen sollte, haben die Malteser-Ritter und Commandanten im Geiste der ritterlichen Pflichten ihres Ordens, selbst bei Hintansetzung der eigenen Lebensgefahr, diesen Gewalttaten mutig entgegen zu treten und nur der Übermacht zu weichen".[26]
Gemäß den bereits mehrfach erwähnten „Organischen Bestimmungen des freiwilligen Sanitätsdienstes" vom 15. April 1875, mit Ergänzungen vom 10. Juli 1876, waren die Zugskommandanten, die aus dem Kreis der Profeßritter und nur ausnahmsweise aus der Zahl der Ehren-Ritter gewählt werden sollten, dem Zugskommandanten des freiwilligen Sanitätsdienstes unterstellt.

Die Malteser-Züge im Einsatz

Beginnend mit November 1877 war die Zeit bis zum Einsatz in Bosnien 1878 relativ kurz, um das erforderliche Personal schulen zu können: Die ersten Bewährungsproben im Kriegsfall bestanden diese breit angelegten Sanitätsaktivitäten während des österreichischen Okkupationsfeldzuges in Bosnien 1878 und einige Jahre später im Bulgarischen Krieg 1885, in welchem der Orden schon mehrere Spitalszüge in Betrieb hatte.
Im August 1878 rollte der bereits beschriebene Schulzug nach Bosnien zum Einsatz. Gleichzeitig wurde mit Hilfe des vorhandenen Materials ein weiterer, vom Kriegsministerium zur Verfügung gestellter Lazarettzug ausgerüstet, so daß

zwei Züge zum Einsatz kamen. Chefarzt Jaromir Freiherr von Mundy fuhr abwechselnd auf beiden Zügen mit. Während der folgenden drei Monate, von August bis Oktober, wurden in rund 100 Fahrten mehr als 1.000 Verwundete aus Bosnien in die Militärspitäler Kroatiens, Istriens, Kärntens, der Krain, der Steiermark, sowie nach Budapest und Wien gebracht. Kein einziger Patient verstarb während des Transportes, und keine Schwierigkeiten gab es auch mit dem dauernd im Pflegeeinsatz stehenden Personal. Die beiden Kommandanten der Züge, die Profeßritter Frá Franz Graf von Meraviglia-Crivelli und Frá Karl Graf von Thun-Hohenstein, waren nach einem Bericht des Chefarztes fast nie aus ihren Uniformen gekommen. Der freiwillige Sanitätdienst des Großpriorates hatte somit seine Feuertaufe bestanden.

In einem Handschreiben des Kaisers aus Buda-Pest vom 3. Dezember 1878 an den Fürstgroßprior wurde diese Leistung auch von allerhöchster Stelle anerkannt. Der Kaiser schrieb: „Die vom Malteser-Orden zur Verfügung gestellten Sanitätszüge haben eine wahrhaft hingebungsvolle und sehr erspriessliche Thätigkeit entwickelt, welche Meine vollste Anerkennung findet."[27]

Knapp ein Jahr vor dem Bosnien-Einsatz hatte Mundy auch ein Malteser-Ambulanzcorps gegründet. Ähnlich wie heute der Malteser Hospitaldienst Austria (MHDA) hatte das Corps die Aufgabe, ankommende Malteser-Lazarettzüge zu entladen. Wie der MHDA heute mit seinen Krankentransport- und Rettungsfahrzeugen verfügte das Corps über – für das ausgehende 19. Jahrhundert adäquate – Transporteinrichtungen. Dies waren 12 Pferdeambulanzen, 2 Küchenwagen und 48 verschiedene Tragen. Das Ambulanzcorps, welches unter der Leitung des Justizritters Ludwig Freiherr von Riesenfels in Wien stationiert war, hatte bei der Okkupation in Bosnien den ersten Einsatz zu bestehen.[28]

Das Lebenswerk Mundys vollendet sich mit Gründung der Wiener Rettung

Vor dem Einsatz in Bosnien hatte Mundy im Serbisch-Türkischen Krieg 1876 die oberste Leitung der gesamten serbischen Sanität übernommen. Ins gleiche Jahr fällt auch die Gründung des Serbischen Roten Kreuzes unter dem fördernden Einfluß von Jaromir Mundy, während die Gründung des Montenegrinischen Roten Kreuzes schon ein Jahr vorher, 1875, zustandegekommen war.

Kaum war sein Einsatz in Serbien beendet, wurde Mundy in die Türkei berufen, da der Türkisch-Russische Krieg ausgebrochen war. Im Auftrag des Roten Halbmondes sorgte er nun auf Seite der Hohen Pforte 1877/78 für die Organisation und Einrichtung von Ambulanzen. Nach Beendigung dieser Aufgabe reiste er nach Bosnien-Herzegowina und kam von diesem Kriegsschauplatz als Leiter der Malteserzüge wieder in die Reichs-, Haupt- und Residenzstadt Wien zurück.

Als am 9. Dezember 1881 in Wien das Ringtheater brannte und sich die voreilige Schlagzeile „Alles gerettet" tragischerweise nicht bewahrheitet hatte, erkannte Mundy sogleich eine der Ursachen der hohen Todesrate unter den Theaterbesuchern. Die chaotische und völlig unorganisierte Bergung und Erstversorgung der Brandverletzten und deren mangelhafter Abtransport in die umliegenden Spitäler der Stadt waren der Grund hierfür. Der Brand hatte 386 Opfer gefordert, die im Leichenhof des Allgemeinen Krankenhauses lagen. Noch unter dem Eindruck dieser fürchterlichen Katastrophe und organisatorisch sowie theoretisch

Karikatur des Dr. Jaromir Freiherrn von Mundy aus dem „Figaro" 1891, gezeichnet von Theodor Zasche

bestens vorbereitet, gründete Mundy mit Hans Graf von Wilczek und Eduard Graf von Lamezan die Wiener Freiwillige Rettungs-Gesellschaft.[29] Obwohl er sich selbst stets nur als „Sekretär" bezeichnete, wurde Mundy de facto ihr erster Chefarzt, entwarf ihre Statuten und verfaßte eine praxisorientierte Dienstvorschrift, die sich schon bei der Aufgabenstellung des Malteser-Ambulanzcorps bestens bewährt hatte. Auch für diese neue Organisation schuf er einen Wagenpark und konstruierte verschiedene Modelle von Transportwagen, die von der Firma Lohner gebaut wurden.

Der Arzt und Mundy-Biograph, Universitätsprofessor Dr. Helmut Wyklicky, wirft ein kurzes Schlaglicht auf Mundys Engagement: So mußten sich die zuständigen Stellen für die staatliche Hygiene in Sitzungen oder Versammlungen schon manches sagen lassen: „Viribus disunitis ist aber unsere Losung! Statt dem schönen Wahlspruch unseres Monarchen zu folgen, beten wir, mit den eigenen Händen im Schoße: Heilige Regierung handle für uns!"[30] Nicht zu unrecht bezeichnete ihn sein alter Freund Theodor Billroth als „[…] ein sehr gutes Ferment von Frechheit nach oben und unten!"[31]

Im Februar 1894 starb Theodor Billroth, ein halbes Jahr später, am 22. August 1894, schied Jaromir Freiherr von Mundy durch Selbstmord aus dem Leben.[32] Der Wiener Weihbischof Dr. Angerer konzedierte nach genauer ärztlicher Prüfung des Falles wegen des Vorliegens einer Geisteskrankheit (Verfolgungswahn) ein kirchliches Begräbnis. Mundy wurde daraufhin in der Dominikanerkirche aufgebahrt.[33]

Die „Neue Freie Presse" titelte am 24. August 1894: „Jaromir Baron Mundy †" und schrieb unter der Subline „Die Trauer um den Toten": „Aufrichtige tiefe Trauer herrscht in dem Haus der Rettungsgesellschaft auf dem Stubenring. Still versehen die Ärzte den schweren Dienst, der keine Unterbrechung erfahren darf, wenn auch derjenige, der ihn geschaffen, tot auf der Bahre liegt. Alle Funktionäre der Rettungsgesellschaft haben Trauer angelegt, und vom Hause wehen schwarze Fahnen. In dem schwarz drapierten Bibliothekssaal wurde mittags die Leiche aufgebahrt. In einem massiven Sarge, dessen Deckel aus Glas ist, ruht Baron Mundy in der Malteseruniform. Auf einem Polster zu seinen Füßen liegen Federhut und Degen der Malteser, auf einem zweiten Polster die Kappe und die Embleme der Rettungsgesellschaft. Dem Publikum wird die Besichtigung der Leiche heute nachmittags von 3.00 bis 6.00 Uhr gestattet sein […]."[34]

Der Weltkrieg steht drohend vor der Türe

Nach Mundys Tod wurde Dr. Gustav Jurié von Lavandal, der Sohn des Theodor Jurié, dem 1884 der Adelsstand mit dem Prädikat „von Lavandal" verliehen worden war, zum neuen Chefarzt der Malteser ernannt. Nach dem Abschluß des Medizinstudiums vervollständigte Jurié seine medizinischen Kenntnisse an mehreren Kliniken der Wiener Universität und erwarb 1867 an der Klinik Professor von Dumreichers das Diplom eines Operateurs. Er war auch Dozent für Urologie – oder, wie es noch vor 1900 für heutige Begriffe etwas umständlich hieß, Dozent für Chirurgie der Harnwerkzeuge.

Mit Professor von Dumreicher nahm er 1866 als Arzt schon am Feldzug der Nordarmee teil und leitete anschließend mehrere Feldspitäler. Als Dozent für Chirurgie wurde Gustav Jurié von Lavandal 1895 als Magistralritter in den Orden aufgenommen und gleichzeitig zum General-Chefarzt ernannt.[35]

In den Balkankriegen, die 1912 dem Höhepunkt der Kämpfe zustrebten, waren die Malteser ebenso im totalen Einsatz wie schließlich während der gesamten Dauer des Ersten Weltkrieges.[36] Im ersten Balkankrieg 1912 entsandte Fürstgroßprior Frá Heinrich Prinz von und zu Liechtenstein auch eine aus hervorragenden klinischen Chirurgen gebildete Sanitätsmission, die durch dreimonatigen Betrieb eines Spitals in Sofia mit rund 385 Betten dem damals noch wenig entwickelten Sanitätsdienst des Königreiches Bulgarien eine wertvolle Unterstützung bot. Insgesamt wurden 1.186 Patienten, Bulgaren und Türken, aufgenommen und 198 Operationen durchgeführt. Die verwundeten Türken hatten eine große Scheu vor weiblichem Pflegepersonal, weshalb später Türken für die Versorgung der Verwundeten aufgenommen werden mußten.[37]

Der letzte, gleichzeitig auch der weitaus größte Einsatz des freiwilligen Sanitätsdienstes, erfolgte während des Ersten Weltkrieges. Dank der entsprechend sorgfältigen Vorbereitungen in Friedenszeiten konnten schon kurz nach der Mobilisierung im Juli 1914 unter der persönlichen Aufsicht des Fürstgroßpriors – seit dem 21. Februar 1914 war dies Bailli Frá Johann Graf zu Hardegg – sechs Spitalszüge ausgerüstet und in Marsch gesetzt werden.

Der Zusammenbruch der Monarchie im November 1918 beendete schließlich die segensreiche Tätigkeit der Sanitätsdienste des Großpriorates von Böhmen und Österreich.[38]

Anmerkungen:

1 Ein Scudo entsprach damals zwei Francs.
2 Breycha-Vauthier, Arthur: Die Fürsorgetätigkeit des Malteser-Ritter-Ordens im Weltkriege. In: Heldenwerk 1914–1918. Innsbruck 1920, S 352f.
3 Ebda.
4 Zur Situation der Hilfswerke des Ordens in Deutschland vgl. Wienand, Adam (Hrsg): Der Johanniter-Orden. Der Malteser-Orden. Der ritterliche Orden des hl. Johannes vom Spital zu Jerusalem. Seine Aufgaben, seine Geschichte. 2. Aufl. Köln 1977, S. 481f. Zur Tätigkeit der evangelischen Ballei Brandenburg des Johanniter-Ordens vgl. ebda, S. 553f.
5 Waldstein-Wartenberg, Berthold: Die Hospitalität des Souveränen Malteser-Ritterordens ab 1870. In: Schriftenreihe des Maltesermuseums Mailberg Bd. 10. Mailberg, o. J., S. 3f. In diesem Zusammenhang sei auch auf den etwa zeitgleich erfolgten Aufbau der Sanitätsdienste des Deutschen Ordens verwiesen. Vgl. Müller, Gerard: Die Familiaren des Deutschen Ordens.

Marburg 1980. (= Quellen und Studien zur Geschichte des Deutschen Ordens. 13), S. 74–96 und Berichte über die sanitäre Tätigkeit des Deutschen-Ritter-Ordens im I. Weltkrieg. In: Deutschordens-Zentralarchiv Wien, Int. 52/5, Nr. 6.

6 Jaromir Freiherr von Mundy wurde am 3. Oktober 1822 auf Schloß Eichhorn in Mähren geboren. Er war der dritte Sohn des Johann Freiherrn von Mundy (1795–1872) und der Isabella Gräfin Kálnoky von Köröspatak (1799–1868). Vgl. Moser, Herbert: Professor Dr. Jaromir Freiherr v. Mundy. General-Chefarzt des Souveränen Malteser Ritter Ordens im Großpriorat von Böhmen und Österreich. In: Schriftenreihe des Maltesermuseums Mailberg Bd. 2. Mailberg, o. J., S. 7.

7 Ebda, S. 10.

8 Mundy, der ein Studium der Theologie begonnen hatte, war ab 1845 Kadett im Infanterieregiment (IR) 45, welches damals in Wien stationiert war. Am 16. November 1848 hatte er den Rang eines Oberleutnants erreicht und nahm, mit seinem mittlerweile nach Italien verlegten Regiment, 1849 an der Eroberung von Brescia und der Belagerung von Venedig teil. In den darauffolgenden Jahren tat er als Adjutant bei FZM Graf Lichnowsky-Werdenberg, FZM Fürst Schwarzenberg und FZM Graf Gyulai Dienst. Kurz nach seiner Beförderung zum Hauptmann I. Kl. im IR 6, am 26. Dezember 1851, quittierte er den Dienst unter Beibehaltung seiner Charge und begann mit dem Studium der Medizin in Würzburg. Er promovierte dort am 23. März 1859. Von 1872 bis 1876 lehrte er als ao. Prof. für Militärsanitätswesen an der Universität Wien. Vgl. Waldstein-Wartenberg, Berthold: Jaromir Frhr. v. Mundy. In: Österreichisches Biographisches Lexikon 1815–1950. Hrsg. v. der Österreichischen Akademie der Wissenschaften. Redigiert von Eva Obermayer-Marnach. Bd. VI. Wien 1975, S. 440f.

9 Moser, S. 7.

10 Mundy, Jaromir, v./Billroth, Theodor: Über den Transport der im Felde Verwundeten und Kranken. Wien 1874, S. 99.

11 Mundy wurde wenig später auch Chefarzt des Lazaretts im Prater.

12 Moser, S. 9.

13 Auch während des Deutsch-Französischen Krieges des Jahres 1870 zeichnete sich Mundy aus. Er leitete damals eine Ambulanz der österreichischen Botschaft im Park von St. Cloud. Während der Monate Jänner bis April 1871 gelang es ihm 35.000 Personen aus Paris abzutransportieren, wobei erstmals Küchenwaggons für die Verpflegung der Verwundeten eingesetzt wurden. Für seine außerordentlichen Verdienste wurde Mundy am 17. Oktober 1871 vom Präsidenten Frankreichs mit der Militärmedaille der Ehrenlegion ausgezeichnet. Von der preußischen Seite erhielt er den Roten-Adler-Orden.

14 Breycha-Vauthier, Die Fürsorgetätigkeit des Malteserordens, S. 357.

15 Mundy, Jaromir, v.: Studien über den Umbau und die Einrichtung von Güterwaggons zu Sanitätswaggons. Wien 1875, S. VIIf.

16 Ebda.

17 Ebda.

18 Mundy, Jaromir, v.: Organische Bestimmungen über das Reglement für den inneren freiwilligen Sanitätsdienst. 4. Aufl. Wien 1889, S. 71.

19 Ebda, S. 45f.

20 Waldstein-Wartenberg, Hospitalität, S. 5.

21 Heinrich Prinz von und zu Liechtenstein (1853–1914) war von 1904 bis 1914 Fürstgroßprior von Böhmen und Österreich. Zu seiner Person siehe: Schöpfer, Gerald: Klar und fest. Geschichte des Hauses Liechtenstein. Riegersburg 1996, S. 130–137 (= Schriftenreihe der Arbeitsgemeinschaft für Wirtschafts- und Sozialgeschichte. Sonderband 2/1996).

22 Mundy, Organische Bestimmungen, S. 71.

23 Ebda, S. 76.
24 Ebda, S. 34f.
25 Ebda, S. 22f.
26 Ebda, S. 24.
27 Kirchberger, Siegfried: Lebensbilder hervorragender österreichisch-ungarischer Militär- und Marineärzte. Wien 1913, S. 139.
28 Moser, S. 13.
29 Vgl. Wyklicky, Helmut: Die Bedeutung Jaromir Mundys für die Stadt Wien. In: Wiener Geschichtsblätter 21. 81. Jg. (1966). Nr. 1., S. 15–19.; Wyklicky, Helmut: Zur Entwicklung des Rettungswesens in Wien. In: Österreichische Ärztezeitung 27 (1972), S. 2107–1210.
30 Wyklicky, Helmut: Rückhaltslose Menschenliebe. General-Chefarzt Jaromir von Mundy (1822–1894) zum Gedächtnis. In: Schriftenreihe des Maltesermuseums Mailberg. Bd. 10. Mailberg, o. J., S. 17f.
31 Wyklicky, Helmut: Ein Praktiker der Nächstenliebe. In: Die Furche 33 (1964) vom 15.8.1964, S. 11f.
32 Mundy publizierte folgende wissenschaftliche Arbeiten:
    1) Conferences internationales des sociétés des secoirs aux blessès des armées de terre et de mer. Paris 1867.
    2) Beiträge zur Reform des Sanitätswesens in Österreich. Wien 1868.
    3) Studien über die Genfer Konvention. Wien 1868.
    4) [gemeinsam mit Theodor Billroth] Über den Transport der im Felde Verwundeten und Kranken. Wien 1874.
    5) Studien über den Umbau und die Einrichtung von Güterwaggons zu Sanitätswaggons. Wien 1875.
    6) [gemeinsam mit H. Zipperling] Organisatorische Bestimmungen über das Reglement für den inneren freiwilligen Sanitätsdienst im Kriege. Wien 1876. [erschienen in 4 Auflagen].
    7) Die Okkupation Bosniens und der Herzegowina. Budapest 1878.
    8) Die freie Behandlung der Irren auf Landgütern. Wien 1879.
    9) Kleiner Katechismus einer radikalen Reform des Irrenwesens. Wien 1879.
    10) Der freiwillige Sanitätsdienst des souveränen Malteser-Ritterordens im Kriege. Wien 1879.
    11) [gemeinsam mit H. Zipperling] Beschreibung der Sanitäts-Züge des souveränen Malteser-Ritterordens. Wien 1880. [erschienen in 3 Auflagen].
    12) Die Militärsanität der Zukunft. Wien 1882.
    13) Der Transport von Kranken und Verletzten in größeren Städten. Wien 1883.
    14) Das elektrische Licht im Eisenbahndienst zu Kriegszeiten. Wien 1884.
    15) Das elektrische Licht und seine Anwendung auf die Kriegsheilkunde. Wien 1884.
    16) Van Swieten und seine Zeit. Wien 1883.
    17) Über die Influenza. Wien 1890.
    18) Ein Vorschlag für praktische Übungen der Sanitätstruppen zur Friedenszeit. 1–3. Auflage. Wien 1890.
    19) Unheilbar. Wien 1892.
33 Wyklicky, Ein Praktiker der Nächstenliebe, S. 12. Zur Person Mundys, zu seinem Wirken und seinem Einfluß auf seine Zeitgenossen vgl. Lesky, Erna: Die Wiener Medizinische Schule im 19. Jahrhundert. Graz, Köln 1965.
34 Neue Freie Presse, Abendausgabe vom 24. 8. 1894, S. 1.
35 Breycha-Vauthier, Die Fürsorgetätigkeit des Malteser-Ritter-Ordens, S. 357f.
36 Ebda, S 358.

37 Moser, S. 11. Vgl. auch Denk, Wolfgang: Bericht über die vom Großpriorate von Böhmen und Österreich des souveränen Malteser-Ritter-Ordens anläßlich des Balkankrieges nach Sofia entsendete ärztliche Mission. o. O. o. J.
38 Bei Kriegsende gelang es den meisten Mitgliedern des Ordens in die Heimat zurückzukehren. Wertvolles Sanitätsmaterial des Großpriorates wurde jedoch durch die Regierungen der nach 1918 neu entstandenen Länder beschlagnahmt. Inflation und darauffolgende Wirtschaftskrise beraubten das Großpriorat schließlich seiner finanziellen Mittel zur Fortsetzung seiner Aufgaben. Vgl. Waldstein-Wartenberg, Hospitalität, S. 12.

Peter Broucek

Die humanitären Leistungen der Mitglieder des Großpriorats von Böhmen und Österreich während des Ersten Weltkrieges

Spitalszug A und Spitalszug B des Souveränen Malteser-Ritter-Ordens traten am 21. August 1914 von Wien aus eine Fahrt nach Szabadka (früher Maria-Theresiopel, heute Subotica) in Südungarn (Nordöstliche Batschka, heute Wojwodina, Serbien) an, kommandiert vom Fürstgroßprior von Böhmen und Österreich Bailli Frá Rudolf Graf Hardegg. Dieser telegraphierte an die Generaladjutantur des Kaisers und Königs: „Bitte Exzellenz die Güte zu haben, Seiner Majestät zu melden, daß ich heute mit 2 Sanitätszügen gegen Süden fahre."[1]
Spitalszug C ging in den Tagen darauf schon nicht mehr nach Süden ab, sondern von Wien aus nach Nordosten in eine Gegend in Galizien (heute Südpolen bzw. Ukraine), die schon bald zur Nordostfront wurde.[2]
Der Erste Weltkrieg hatte nach der Ermordung des österreichisch-ungarischen Thronfolgers Erzherzog Franz Ferdinand von Österreich-Este und seiner Gemahlin Sophie Herzogin von Hohenberg in Sarajewo (Bosnien) am 28. Juni 1914 begonnen. Die k. u. k. Monarchie hatte angesichts dieser Bluttat Genugtuung und Rechenschaft gefordert, aber von Serbien nicht erhalten. Rußland, das Zarentum, früher einmal mit Österreich und Preußen in einer „Heiligen Allianz" verbunden, dann durch freundschaftliche Vereinbarungen der Donaumonarchie und dem Deutschen Reich verpflichtet, hatte dem Königreich Serbien den Rücken für seine ablehnende Haltung gestärkt. Dieses Fürstentum wollte in einem Dritten Balkankrieg der Donaumonarchie, die es für ein anormales, nämlich übernationales und daher überlebtes Gebilde hielt, das gleiche Schicksal bereiten wie zuvor dem Osmanischen Reich im Ersten Balkankrieg. Serbien wollte sie mit Hilfe von Verbündeten besiegen, vertreiben, auflösen und zerstören. Diese Krise konnte nicht mehr bewältigt werden. Militärische Bündnisse, die Entente cordiale und der Zweibund, traten in Kraft. Vereinbarungen mit Japan auf der einen, mit dem Osmanenreich auf der anderen Seite kamen hinzu. Der Weltkrieg brach als Folge der Kriegserklärung Österreich-Ungarns an Serbien und des Deutschen Reiches an Rußland aus. Beide Seiten fühlten sich in ihren Interessen, ja in ihrer Existenz gefährdet.

Die Mobilisierung der Streitkräfte mußte schließlich vorgenommen werden, denn der Ausbruch der Kämpfe war nicht mehr aufzuhalten. Aufgabe der Mitglieder des Großpriorats von Böhmen und Österreich mußte es sein, den eingesetzten Soldaten und der von den Kampfhandlungen betroffenen Zivilbevölkerung Hilfe und Stärkung im Glauben zu gewähren. Die Vorgeschichte und die Geschichte des freiwilligen Hilfsdienstes des Ordens im Ersten Weltkrieg soll in der Folge geschildert werden.

I.

Der Orden hatte schon im Kriege von 1866 zwischen Österreich, den mit ihm verbündeten Staaten und Preußen mit Italien ein Spital geführt, dann während der Bekämpfung des Aufstandes in Süddalmatien 1869 eine Liebesgaben-Kolonne eingerichtet. Ab dem Inkrafttreten der 1. Genfer Konvention, in welcher der Orden neben dem Roten Kreuz als freiwilliger Hilfsdienst angeführt wurde, nahmen Vertreter des Ordens an den internationalen Konferenzen des Roten Kreuzes teil. Die Genossenschaften der Rheinisch-Westfälischen Ordensritter sowie der Verein der schlesischen Ordensritter, dies sei ebenfalls erwähnt, hatten sich bereits 1864 und wiederum im Deutsch-Französischen Krieg von 1870/71 in ähnlichem Sinne betätigt.[3]

Auf Anregung des ersten Fürstgroßpriors, Frá Othenio von Lichnowsky-Werdenberg, kam es 1875 zu einem Übereinkommen mit der k. k. Heeresverwaltung über die Bereitstellung von sechs Spitalszügen von je 16 Wagen à 100 Betten, zwölf zweispännigen Ambulanzwagen und zwei Feldküchenwagen. Die letzteren sollten den Transport von Verwundeten und Kranken von den Bahnhöfen in die Spitäler unterstützen. Zwei Züge, die Malteserzüge A und B, kamen dann bereits 1878/1879 im Feldzug der Okkupation Bosniens und der Herzegowina, durchgeführt im Auftrag des sogenannten „europäischen Konzerts", zum Einsatz.[4] Im Serbisch-Bulgarischen Krieg von 1885, in dem Österreich schließlich Frieden stiften mußte, wurde der auf 25 Waggons verstärkte Schulzug nach Nisch entsandt, und in drei Fahrten wurden etwa 1.000 Verwundete nach Belgrad gebracht.[5]

Die Einrichtung der Waggons und die Ausbildung der Besatzungen im Schulzug auch im Frieden geschah nach den Ideen des Dr. Jaromir Freiherrn von Mundy, General-Chefarzt des Ordens. Dieser hatte gemeinsam mit dem Direktor der Maschinen- und Waggonfabrik AG Simmering, Hugo Zipperling, den „Österreichischen Sanitätszug System Mundy" entwickelt. Jaromir Mundy war es auch, der den Serben in jenen Jahren half, bespannte Sanitätswagen und Sanitätsbarken, die bei Semendria die Donau übersetzten, zu entwickeln.[6]

Die k. k. Heeresverwaltung gab 1876 „Organische Bestimmungen für die freiwillige Unterstützung der Militär-Sanitätspflege im Kriege durch den souveränen Malteser-Ritter-Orden" heraus. Sie wünschte vom Großpriorat einen jährlichen Bericht über die Einsatzbereitschaft und dieses gab auch – immer wieder neu aufgelegt – seit 1879 ein „Reglement für den inneren Sanitätsdienst im Kriege" heraus.

Lange Jahre blieb es am Balkan ruhig, 1897 kam es zur sogenannten Balkan-Entente zwischen Österreich-Ungarn und Rußland, einer Abgrenzung der Interessen, die bis nach 1903, bis nach dem Königsmord in Belgrad, aufrechtblieb. Erst etwa ab diesem Jahr, besonders seit der sogenannten Annexionskrise von 1908, erhöhte sich die Kriegsgefahr wesentlich, deshalb kam es schon 1906 zu einer Neuauflage der „Organischen Bestimmungen", und in der Folge bald zu Änderungen, nämlich Modernisierungen der „Technik und der Ausstattung der Spitalszüge".

1911 schließlich wurde das Großpriorat aufgefordert, „auch in einem nicht die ganze bewaffnete Macht in Anspruch nehmenden Kriegsfall dem k. u. k. Kriegsministerium zwei Spitalszüge zur Verfügung zu stellen". Die zustimmende Kenntnisnahme jener Note von 1911 erfolgte am 23. Juni 1914.[7] Daß fünf Tage später jenes Attentat von Sarajewo stattfinden sollte, das dem Erzherzog-Thronfolger Franz Ferdinand von Österreich-Este und seiner Gemahlin Sophie Herzogin von Hohenberg das Leben kosten würde, konnte man sicher nicht ahnen. Wohl aber kennzeichnet jene Zusage vielleicht die unheilschwangere Situation.

Die Balkanstaaten unter der Führung Serbiens und Bulgariens hatten sich – unter der wohlwollenden Rückendeckung Rußlands – zusammengeschlossen, um zuerst das Osmanische Reich aus Europa überhaupt, das Reich der Habsburger wenigstens aus Südosteuropa zu vertreiben. Im sogenannten Ersten Balkankrieg von 1912 gelang diese Absicht, was das Osmanische Reich betrifft, vollkommen. Der Versuch der Erneuerung der Türkei, die sogenannte Jungtürkische Revolution, war für dieses Vertreibungswerk ein besonderer Ansporn gewesen. Als im darauffolgenden Jahr vor allem zwischen Bulgarien und Serbien ein Streit um die Beute ausgebrochen war, vor allem um die bisherigen Siedlungsgebiete der Albaner und Makedonen, besiegten Rumänien, Griechenland, Montenegro und Serbien die Bulgaren. Das neutrale Österreich-Ungarn aber verwehrte Serbien durch die Gründung eines albanischen Staates – mit Zustimmung der europäischen Mächte und insbesonders Italiens – den Zugang zur Adria. Auch in Österreich-Ungarn erwartete man von Erzherzog Franz Ferdinand eine „Verjüngung" des Staates im Sinne einer kraftvollen Wiedererweckung einer „Großösterreichischen" Idee. Er war auch Protektor des Katholischen Schulvereins und galt als vorbildlicher christlicher Dynast. Für Serbien speziell war der österreichisch-ungarische Thronfolger ein wichtiger politischer Gegner. Er konnte der Gründung eines südslawischen Staates unter serbischer Führung dadurch entgegentreten, daß er sich nach seinem Regierungsantritt zur Verwirklichung des kroatischen Staatsrechts, eventuell auch eines böhmischen

Ausgleichs, also zur Realisierung der Idee des Trialismus Österreich-Ungarn-Slawentum, entschließen könnte. Gegen alle diese Hoffnungen und Erwartungen bildete der serbische Generalstab jugendliche Bosnier meist serbischer Nationalität im Schießen und Bombenwerfen, sowie in anti-österreichischer Propagandatätigkeit aus: Maßnahmen, die vom serbischen Kronprinzen (dem späteren jugoslawischen König Alexander) gebilligt und besichtigt wurden.[8]

Der Souveräne Malteser-Ritter-Orden unter Fürstgroßprior Frá Heinrich Prinz von und zu Liechtenstein wirkte in beiden Balkankriegen und in dem fast gleichzeitig geführten Italienisch-Osmanischen Krieg 1911 bis 1913 durch Entsendung einer ärztlichen Mission nach Sofia ab 1912. Diesmal kam nicht der Spitalszug zum Einsatz, wohl aber eine Ausrüstung an Instrumenten, Operationseinrichtungen sowie Verbandsmaterial. Chef der Mission war Dr. Wolfgang Denk.

Kaiser Franz Joseph und seine Staatsmänner sahen jenen Mordanschlag als einen Anschlag auf die Integrität und Souveränität der Donaumonarchie, als einen ersten Schritt zu deren Zerstörung an. Sie stellten nach internen Beratungen und Konsultierung des deutschen Bundesgenossen in einer Begehrnote Ansprüche auf Genugtuung und Bedingungen für die Aufrechterhaltung der zwischenstaatlichen friedlichen Beziehungen. Aber das Königreich Serbien hatte sich der Unterstützung der Regierung des russischen Zaren versichert und antwortete kriegerisch.

Die serbische Teilmobilisierung am 25. Juli zog am gleichen Tag die Teilmobilisierung der k. u. k. Armee nach sich. Der nur teilweisen Annahme der Bedingungen der befristeten Begehrnote, also der Nicht-Annahme jenes Ultimatums unter Zustimmung Rußlands durch Serbien am 27. Juli, hatte die Kriegserklärung Österreich-Ungarns am 28. Juli zur Folge und die russische Teilmobilisierung am gleichen Tag.

Helmut Rumpler schrieb in einem von der Österreichischen Akademie der Wissenschaften herausgegebenen Werk sehr deutlich: „Daß es Österreich-Ungarn war, welches im Juli 1914 den Weg der Gewalt eröffnete und Europa in den Krieg stürzte, ist nicht zutreffend [...] Österreich-Ungarn führte gegen Serbien nicht Krieg, um einer Lösung der südslawischen Frage innerhalb der Monarchie zuvorzukommen [...] Die Entscheidung zum Krieg [...] war die mörderische Antwort auf eine mörderische Provokation."[9]

Geheime Verhandlungen Österreich-Ungarns mit Rußland in den folgenden Tagen zerschlugen sich, als am 31. Juli eine Gesamtmobilmachung der russischen Armee vor sich ging und Österreich-Ungarn am selben Tag mit der gleichen Maßnahme nachzog.

Das Deutsche Reich hätte nur, wie Österreich-Ungarn erwartet hatte, dem Bündnispartner diplomatisch den Rücken gegen Rußland – und Italien – decken sollen, aber es erklärte als militärischer Bündnispartner und als die im Dreibund bis zum Zweibund führende Macht an Rußland am 1. August, an Belgien und a. Frankreich am 3. August den Krieg. Damit riskierte jenes Reich den „Großen Krieg", den es dann durch die Kriegserklärung Englands an Deutschland am 4. August auch erhielt.

II.

Zumindest die österreichischen Staatsmänner, Kaiser Franz Joseph I. an der Spitze, hatten den Krieg nicht leichtfertig heraufbeschworen. Aber auch sie, ebenso wie die deutschen und österreichischen Offiziere, bei denen nicht nur Machtwille, Entschlossenheit und Unbedachtsamkeit, letzten Endes aber eine zu geringe christliche Einsicht in das Elend dieser Welt eine Rolle spielten, hofften und erwarteten, daß der Krieg nur „militärisch" operativ geführt und bald beendet sein könnte. („Daheim, wenn das Laub fällt.") Sie hatten das Beispiel des Russisch-Japanischen Krieges von 1905/06 verdrängt. Nun würden sie genötigt werden, die Ausweitung eines Europäischen Krieges in wirtschaftlicher und propagandistischer Hinsicht zu erleben, selbst zu betreiben und auch zu erleiden. Sie wurden schließlich konfrontiert mit dem „totalen Krieg" zu Land, zu Wasser, in den Lüften und in den Herzen, nämlich mit den Kampfhandlungen um Heimat, Nation und staatliche Gemeinschaft.

Österreich-Ungarn mobilisierte ungefähr 8,5 Millionen Mann zum Wehrdienst im Krieg, der Stand der Armee betrug 1,687.000 Mann, 1915 etwa 4,080.000 Mann, 1918 zuletzt 4,650.000 Mann. Die Offensive gegen Serbien begann am 12. August mit zunächst drei Armeen und schlug acht Tage später zunächst fehl. In Galizien und Russisch-Polen begannen die Kämpfe am 17. August, als das Armeeoberkommando in Przemysl eintraf.

Nach Syrmien waren auch die beiden ersten Spitalszüge A und B des Malteser-Ordens ab 21.8.1914 unterwegs, doch bereits am 27. August stand der Spitalszug C am Matzleinsdorfer Frachtenbahnhof bereit, am 2. September ging schon der vierte Spitalszug vom Franz-Josephs-Bahnhof ab.[10]

III.

Der Malteser-Orden übernahm Aufgaben und Pflichten im Rahmen der freiwilligen Sanitätspflege im staatlichen Auftrag und im christlichen Sinne.[11]

Das Großpriorat von Böhmen und Österreich stellte bei und motivierte im Verlauf des Krieges 46 Kommandanten und Subkommandanten,[12] 59 Ärzte der Spitalszüge, 16 Seelsorger und 103 freiwillige Pflegeschwestern.[13] Es hielt Kontakt und arbeitete mit der Assoziation der Schlesischen Ritter des Malteser-Ordens sowie mit der Rheinisch-Westfälischen Ritterassoziation zusammen.

Gruppenfoto der Mitglieder eines Spitalzuges in Istanbul 1915

Angehörige des ritterlichen Ordens St. Johanni aus Preußen betätigten sich ebenfalls im Rahmen der Einsätze des Großpriorats.

Vor allem gab es aber eine Zusammenarbeit mit der Österreichischen Gesellschaft vom Roten Kreuz[14] unter ihrem Präsidenten Rudolf Graf von Abensperg und Traun und dem Deutschen Orden unter seinem Hochmeister und zugleich Protektor Feldmarschall Erzherzog Eugen von Österreich. Großmeister des Malteser-Ordens seit 1905 war der ehemalige Vertreter des Großpriorats von Böhmen und Österreich beim Ordensrate in Rom, Frá Galeazzo Graf von Thun und Hohenstein, Fürstgroßprior seit 1914 Frá Johann Rudolph Graf zu Hardegg auf Glatz und im Marchlande (bis 1927). Unmittelbar zuständig für die Einsätze, an ihnen teilnehmend, sie inspizierend, fördernd und verbessernd, wirkten der Kommandeur des freiwilligen Sanitätsdienstes des Ordens im Kriege, Bailli Johann Franz Josef Graf zu Hardegg auf Glatz, der General-Chefarzt des Ordens, Hofrat Dr. Gustav Jurié von Lavandal, und der Ordenskanzler Dr. Ludwig Schmidt. Der Kommandant des 7. Armeekorps und spätere Heeresgruppenkommandant Feldmarschall Erzherzog Joseph August von der ungarischen Linie des Hauses Österreich erhielt 1915 wegen seiner besonderen Verdienste um die

Einsätze des Ordens in seiner Armee die Erlaubnis, die Würde eines Ehren-Bailli des Ordens anzunehmen.[15]

Zuständig im Rahmen der Heeresverwaltung für Ausbildung und Einsatz war der Generalinspektor der freiwilligen Sanitätspflege Erzherzog Franz Salvator. Dirigent und Leiter der Einsätze von 1914 bis 1918 im Wege der Sanitätschefs der Korps, Armeen und Heeresgruppen[16] war aber der Sanitätsreferent in der Quartiermeisterabteilung des Armeeoberkommandos (zuletzt Sitz in Bad Vöslau), Generalstabsarzt Dr. Johann Steiner. Dieser bedeutende Soldat, Mediziner, Arzt und Fachschriftsteller war seit 1906 Donat 1. Klasse des Ordens und wurde im September 1918 Justiz-Donat des Ordens[17], später, als Confrater, Sanitäts-Chef des Großpriorats von Böhmen und Österreich für den Bereich Österreich. Schon 1915 wurde für die vielfältigen Verdienste, die sich Ordensangehörige und Militärs um den militärischen und den freiwilligen Sanitätsdienst an der Front und im Hinterland erworben hatten, eine 3. Klasse des Donatkreuzes sowie eine goldene, eine silberne und eine bronzene Verdienstmedaille geschaffen.[18]

Der Orden richtete bei Kriegsbeginn Spitäler und Genesungsheime im Hinterland ein (Tabelle 1). Es gab Anstalten, die bis Kriegsende bestanden, nämlich das Ordensspital in Wien XIX., Peter Jordan Straße (gegründet 1914 als Offiziers-Reserve-Spital in Wien XIX., Schloß Pötzleinsdorf), dann die Heime in Wien XIX., Hohe Warte, Wien XIII., Faniteum, weiters in Bilin (Böhmen, heute Tschechien), Bruck an der Leitha (Niederösterreich) sowie Frauenthal bei Deutsch-Brod (heute Havlickuv-Brod, Böhmen, bzw. Tschechien). Diesen sind noch die folgenden nur zu Beginn des Krieges bzw. zeitweise betriebenen Rekonvaleszentenheime hinzuzufügen:[19] Die Schlösser Jamnitz, Janowitz, Oberliebich und Strakonitz in den böhmischen Ländern, die Kommende Mailberg und Schloß Jeutendorf in Niederösterreich, Schloß Kornberg in der Steiermark. Es gab noch andere derartige bemerkenswerte Zeugnisse maltesischer Fürsorge, die aber zumindest bei Kriegsbeginn den Militärbehörden nicht gemeldet wurden.

Die wichtigste Anstalt war das auf Kriegsdauer eingerichtete „Reservespital" des Ordens, also eine Anstalt des Militärs. Es wurde im Frauenhospiz des Verbandes der Krankenhäuser von Wien und Niederösterreich, Peter Jordan-Straße 70, Wien XIX., eingerichtet und am 17. August 1915, dem Geburtstag des neuen und (mit seiner Gemahlin Zita) an der Sanitätspflege hochinteressierten Erzherzog-Thronfolgers Erzherzog Karl Franz Joseph eröffnet.[20] Der neue Leiter, Professor Dr. Prigl, hatte seine Funktion im Felde mit der Leitung des Offiziersspitals in Pötzleinsdorf vertauscht. Dessen Leiter war bisher Dozent Dr. Wolfgang Denk gewesen, der nun ins Feld abging.

Zwischen 1915 und 1919 wurden dort an 69.436 Verpflegstagen 1.079 Personen betreut und 497 chirurgische Eingriffe vorgenommen. Der Orden betrieb seit der

Mobilmachung sechs, dann acht Spitalszüge, deren Kommandanten und Subkommandanten Ordensmitglieder waren. Diese brachten in Touren, die drei bis fünf Wochen dauerten, Kranke, Leicht- und Schwerverwundete von den Fronten in die Reservespitäler und Heime im Hinterland. Das Personal labte, pflegte, versorgte, betreute und operierte, soweit tunlich und möglich, auch während der Fahrt (Tabelle 2).[21]

Die Züge hatten zunächst 10 Wagen für den Transport von 100 Schwerverwundeten. Gedacht und wenn möglich dann auch durchgeführt wurde es, den Abtransport der Toten, Verwundeten und Erkrankten vom Schauplatz des Bewegungskrieges durch Kameraden und Blessiertenträger auf Rücken oder mit Tragbahre auf die Hilfsplätze der Bataillone und Regimenter zu bewerkstelligen. Von dort wollte man sie wenn möglich mit Pferdewagen auf die Hauptverbandsplätze der Brigaden und Divisionen bringen.[22] Weiter sollten sie mit Eisenbahnzügen und Schiffen (Donau, Adria) zu den Feldlazaretten oder den Reservelazaretten gebracht werden. Adaptierte Viehwaggons, komfortablere Rot-Kreuz-Züge oder eben die Spitalszüge des Ordens sollten diese Transporte durchführen.

Bei der Offensive gegen Serbien konnte erst im zweiten Anlauf, Anfang Dezember 1914, für kurze Zeit Belgrad eingenommen werden. Die Offensive scheiterte aber trotzdem bald. Entgegen allen Grundsätzen der Logistik war sie über einen Gebirgszug und nicht entlang des Flusses geführt worden. Der Prestigeverlust für die Monarchie war enorm.

Noch im August und dann in der zweiten Septemberwoche 1914 war der Südflügel der k. u. k. Armee in der 1. und in der 2. Schlacht bei Lemberg ebensowenig erfolgreich gewesen. Alle Armeen an dieser Nordostfront hatten daraufhin den Rückzug antreten müssen. Dieser führte letztendlich bis in den Raum Krakau (Krakow). Dort konnte die „russische Dampfwalze" dann ebenso gestoppt werden wie durch die Siege und den strategischen Rückzug der deutschen Armee bei Lodz. So war also der russische mit Hauptgewicht gegen Österreich geführte Stoß letzten Endes kein Erfolg für Rußland. Er war strategisch aber insofern für die Donaumonarchie eine Niederlage, als die damaligen überaus schweren Verluste an Berufsoffizieren und Berufsunteroffizieren während des ganzen Krieges nicht mehr gutgemacht werden konnten. Ab Ende 1916 etwa war diese staatspolitisch kostbare „Klammer" weitgehend eine vor allem vom Reserveoffizierskorps geführte Milizarmee. Die Armee hatte dem gemeinsamen Kriegsplan entsprechend als erster Schild für Berlin gewirkt und dafür teuer bezahlt. Die Franzosen aber, die laut dem deutschen „Schlieffenplan" militärisch in einer Einkreisungs- oder Vernichtungsschlacht von der deutschen Armee hätten getroffen werden sollen, erlebten das „Wunder an der Marne". Sogar die Belgier konnten sich am Rande ihres Staates dank der Hilfe des britischen Expeditionskorps, dann der britischen Armee und der Armeen des britischen Weltreiches halten. So hatte die deutsche Blitzoffensive gemäß dem Schlieffen-Plan im Westen keinen Erfolg gebracht. Der deutsche „Kollege" des österreichischen Generals der Infanterie, Franz Freiherr Conrad von Hötzendorf, der Generalstabschef General Erich von Falkenhayn, gab dem deutschen Reichskanzler v. Bethmann-Hollweg bereits Ende 1914 das Gutachten ab, daß der Krieg nicht mehr militärisch, höchstens noch diplomatisch, also durch Gebietsabtretungen zwecks Sonderfrieden und Entlastung einer Front zu gewinnen sei. Von Jänner bis März 1915 tobte in einem fürchterlichen Karpatenwinter ein Kampf um die dortigen Pässe und um den Entsatz der wichtigen bisher als Wellenbrecher fungierenden Festung Przemysl, die schließlich mit 120.000 Mann Besatzung der russischen Armee in die Hände fiel. Erstmals mußte, um einen Abwehrerfolg an den Karpatenpässen zu erringen, deutsche Hilfe, das Beskidenkorps, erbeten werden.

Schließlich aber schloß sich der „Blockade-Ring" um die Mittelmächte, ausgenommen das militärisch hilfsbedürftige, im Oktober 1914 als neuer Verbündeter der Mittelmächte gewonnene Osmanische Reich. Denn das bisher verbündete, wenn auch neutrale Königreich Italien trat wegen Kompensationsforderungen für den Fall eventueller Gebietsgewinne Österreich-Ungarns am Balkan an die Donaumonarchie heran. Die Ententemächte versprachen diesem Königreich viel mehr an Kriegsgewinn als das aus nationalen Gründen von den Italienern vor allem erwünschte Trentino sowie das sogenannte Adriatische Küstenland mit Triest. Jene Kriegsteilnehmer winkten schließlich mit dem Gewinn von slawischen Gebieten (Istrien, Dalmatien), von Albanien sowie von osmanischen Gebieten, darunter dem Dodekanes mit Rhodos. Sie taten dies trotz schwerer russischer Bedenken.

Infolge des bedeutenden militärischen Erfolges des Durchbruches bei Gorlice wurde Anfang Mai 1915 die russische Front wesentlich entlastet, wenn auch schließlich bis nach Weißrußland an die Grenze der Ukraine und ins Baltikum nur verlegt. Im Winter 1915/16 wurden auch Serbien und Montenegro besiegt und besetzt.

Aus diesem Anlaß hatte Bulgarien den Krieg gegen Serbien, nunmehr als Verbündeter der Mittelmächte, im Herbst 1915 wieder aufgenommen. Es hoffte, aus der Beute des Ersten Balkankrieges zumindest Mazedonien zurückgewinnen zu können und trat dort zunächst als Besatzungsmacht auf. Die serbische Armee mußte einen äußerst verlust- und entbehrungsreichen Rückzug auf die Insel Korfu vornehmen, um der vollständigen Einschließung und Kapitulation im Winter 1915/16 zu entgehen. Die im Jänner 1913, am Ende des Zweiten Balkankrieges abgeschlossene Mission des Malteser-Ritter-Ordens in Sofia wurde nunmehr durch eine neuerliche Sanitätsmission wieder aufgenommen und bis zum Kriegsende 1918 fortgeführt. Dort wurden 9.790 Verwundete und Kranke behandelt. Es wurden 1.815 Operationen sowie 8.082 zahnärztliche Behandlungen und Operationen durchgeführt.

Am Nachmittag des 28. Mai 1916 wird der Spitalzug A von Kaiser Wilhelm II. besucht

betrifft – zum Kampf der alpinen Einheiten und der Mineure um Gipfel und Hochflächen in den Alpen, zum Stellungskrieg an den anderen Frontlinien. Die Stellungen hielten hier bis Herbst 1917, von der 1. bis zur 11. Isonzoschlacht im Süden. Sie wurden trotz des erbitterten Minenkrieges, etwa im Adamellogebiet und um den Col di Lana, behauptet. Trotz der anfangs erfolgreichen Südtirol-Offensive der k. u. k. Armee im Frühjahr 1916 kam es zu keinem Durchbruch. Im Osten kam es in der sogenannten Brussilowoffensive und der Kerenskioffensive der Russen (Frühjahr und Sommer 1916 bzw. Juni 1917) zu schweren Krisen, die nur mit Hilfe deutscher Truppen bewältigt werden konnten. Rußland, das durch die Revolution von 1917 in das Chaos des Bürgerkrieges gestoßen worden war, und Rumänien schlossen im Frühjahr 1918 Friedensverträge mit den Mittelmächten ab, die sich jedoch ebenfalls nicht als kriegsentscheidend herausstellten.[29] Auch der Kriegseintritt Rumäniens war nicht kriegsentscheidend. Wohl aber waren es Kriegstechnik und andere Strategien.

Das Maschinengewehr, die Handgranate, der Einsatz von Gift- und Reizgas,[30] das Luftschiff (Zeppelin), das Bomben- und das Jagdflugzeug, das U-Boot, die Hunger-Blockade zu Land und vor allem zu Wasser sowie die gezielte subversive paramilitärische Maßnahme der Unterstützung einer militanten politischen Opposition wurden eingesetzt. Dazu kamen Steinschlag und Lawinen. Den

Schutz im Felde bildeten Schutzwaffen wie der Stahlhelm, die Gasmaske, der Stellungsbau sowie eben eine möglichst gute medizinische Versorgung. Keinen Schutz gab es gegen die wirksamsten politisch-militärischen Waffen der Entente, Blockade und Propaganda, die Hungersnot und Entbehrung einerseits, Fanatismus und Erbitterung andererseits hervorriefen.

Von den führenden Staatsmännern war nur Kaiser Karl, der neue Kaiser (ab 21. November 1917), dazu bereit beziehungsweise riskierte es, Versuche zur Gewinnung von Kontakten, die Friedensschlüsse anbahnen konnten, zu unternehmen. Mit seiner Initiative im Zusammenhang stand der Friedensvermittlungs-Papst Benedikt XV., an den sich Kaiser Karl über Mittelsmänner bereits als Thronfolger 1915 gewandt hatte. Der Kaiser kannte die Kriegsmüdigkeit seiner Völker, und er war überzeugt, daß die Blockademaßnahmen zur Revolution und der Kriegseintritt der Vereinigten Staaten von Amerika zur Niederlage und zur Auflösung seines Staates führen mußten.

Auch der Malteser-Ritter-Orden stand vor der Tatsache des Leides in der Folge des Krieges und auch ganz unmittelbar vor der Betroffenheit durch den seit 1915 herrschenden europäischen Krieg, und den seit 1917 tobenden Weltkrieg. Auf der italienischen Gegenseite half die italienische Ritterassoziation, die 1915 vier Spitalszüge und zwei Spitäler stellte. Die Züge transportierten 148.000 Verwundete. Die Assoziation verfügte über 40 Ritter, ebensoviele Ärzte, 75 Verwaltungsbeamte, 20 Kapläne und 50 Schwestern.[31]

Am Isonzo, wo die härtesten und entscheidendsten Kämpfe tobten (Zugang nach Triest/Trst und Laibach/Ljubljana), griff die italienische Armee in der 1. Isonzoschlacht (23. Juni bis 20. Juli 1915) zunächst mit sechsfacher Übermacht an. Die zweite Schlacht folgte nach nur zwölftägiger Pause.

In der Verwundetenversorgung des Ordens gab es die Neuerung, daß zunächst aus dem Material des Spitalszuges G eine I. Chirurgengruppe der II. Universitätsklinik (Prof. Dr. Hochenegg) unter Dr. Schleinzer ausgerüstet und an der Südwestfront stationiert werden sollte. Ihr folgte sehr rasch eine II. Chirurgengruppe. Die I. Chirurgengruppe erhielt beim 5. Armee-Etappen-Kommando (Feldmarschall Boroević) ein Spital, die II. Chirurgengruppe eines im Raum Lavarone in Südtirol. Ihnen wurde jeweils eine Autokolonne von 3 Kraftwagen zugeteilt, die meist bei Nacht und ohne Beleuchtung an die Front heranfuhren, daher oft unter Beschuß kamen[32] (Tabelle 3).

Von jenen Autokolonnen, auch der der III. und IV. Chirurgengruppe, wurden insgesamt 22.432 Verwundete und Kranke transportiert und in den Spitälern 31.540 Personen behandelt. Die Ärzte führten 10.192 Operationen durch, und 10.302 ambulatorische Behandlungen wurden vorgenommen.[33]

Die III. Chirurgengruppe wurde in Gorjansko an der Isonzofront im September/Oktober 1915 eingerichtet, am 18. Oktober hatte die 3. Isonzoschlacht begonnen. Diesem Spital wurden bald Sanitätshunde zugeteilt.[34]

Feldmesse

Im Hochgebirge wiederum wurden im Winter 1915/16 „bereits Tragen verwendet, die, auf Schlittenkufen gestellt, eine raschere Beförderung ermöglichten. Häufig bestiegen Ärzte selbst Gebirgshöhen, um dort liegenden Verwundeten rasch ärztliche Hilfe zu bringen."[35]
Am 15. Mai 1916 – die Deutschen kämpften schwer um Verdun – begann das Kommando der Südwestfront die sogenannte Südtiroloffensive. Sie wurde am 17. Juni abgebrochen, als das Ziel, der Durchstoß in die Ebene bei Bassano, nicht erreicht worden war. Wilhelm II. besuchte diesen Zug.
Zu dieser Zeit wurde der Malteserzug A auch dazu herangezogen, um über Prag nach Saßnitz an der Ostsee zu fahren, dorthin russische Invalide zu bringen und gegen verwundete Angehörige der k. u. k. Armee auszutauschen, die über Schweden antransportiert worden waren.[36]
Der Krieg ging auch im Jahre 1917 mit unverminderter Heftigkeit weiter. Denn trotz der russischen – zunächst bürgerlichen – Revolution wurden nicht nur an der Westfront, sondern an den österreichisch-ungarischen, bulgarischen und türkischen Fronten (in Palästina) neue Offensiven gestartet. Sie brachten das erstmalige Auftreten von slawischen Legionen an der russischen Front und an der

Eindrücke von der oberitalienischen Front

Saloniki-Front. Die Verluste stiegen, der junge Kaiser versuchte seinen Verbündeten zu erklären, daß sein Reich den kommenden Winter nicht mehr durchhalten konnte, aber die deutsche Seite hoffte auf einen durchschlagenden Erfolg des „Unbeschränkten U-Boot-Krieges". Die k. u. k. Fronten konnten weder in den Alpen (Ortigara-Schlacht) noch vor Triest (11. Isonzoschlacht) durchbrochen, wohl aber im Karst ganz ausgeblutet werden. Deutschland half mit Spezialtruppen in der 12. Isonzo-Schlacht, die den Durchbruch bei Flitsch (Bovec) und Tolmein (Tolmin) und den Vorstoß bis an den Fluß Piave in Venetien ermöglichten. Bei jenem Durchbruch kamen erstmals und auch zum letzten Mal jene Minenwerfer, die Gasgranaten mit wahrhaft verheerender Wirkung verschossen, zum Einsatz. Die Deutsche Oberste Heeresleitung versuchte einen solchen Durchbruch mit den gleichen Mitteln und auch mit den Truppen, die aus dem in bolschewistischer Revolution und Bürgerkrieg versinkenden Russischen Reich abgezogen werden konnten, an der Westfront im März 1918 zu erzwingen. Ende August 1918 gab General Ludendorff zu, daß dies nicht gelungen war.

Kaiser Karl hatte seit dem Ausscheiden Rußlands durch Waffenstillstand und Friedensschluß, allerdings einen Diktatfrieden, die Sonderfriedensschlüsse mit der Ukraine und mit Rumänien beim deutschen Verbündeten erzwungen. Er erwog ernsthaft einen Sonderwaffenstillstand mit Italien und wurde für all dies als Verräter am Gedanken und an der Durchführung des Siegfriedens mit Waffengewalt beschimpft. Den Sonderwaffenstillstand hatte sich auf Bitten der Entente Papst Benedikt XV. angeboten zu vermitteln.

Bei des Kaisers Friedensversuchen im Jahre 1917 ragt der Malteser-Ritter Tamás Graf Erdödy, Offizier der Feldgendarmerie, heraus, der die ersten gefahrvollen Missionen zu den Prinzen Sixtus und Xavier von Bourbon-Parma durchführte.[37] Ebenso standen weitere bekenntnisstarke Katholiken im Offizierskorps dem Kaiser zur Seite, wie Flügeladjutant Wladimir Graf Ledóchowski, der seine Offizierskarriere wegen seiner Ablehnung von Duellen hatte unterbrechen müssen, sowie Feldmarschalleutnant Georg Graf Wallis, des Kaisers ehemaliger Erzieher. In der Diplomatie wurde Nikolaus Graf Revertera-Salandra, Legationsrat i. R. bei der wichtigsten Mission überhaupt, der zu dem französischen Ministerpräsidenten, eingesetzt. Bei des Kaisers Versuchen zur Föderalisierung der Donaumonarchie, die mit den Friedensversuchen in untrennbarem Zusammenhang standen, waren der Jugendfreund des Kaisers, Arthur Graf Polzer-Hoditz[38], sein zeitweiliger Kabinettssekretär, und Universitätsprofessor Dr. Heinrich Lammasch, beide ebenfalls herausragende Katholiken, von großer Bedeutung.[39]

Gerade jene Kontakte Kaiser Karls mit dem Papsttum hatten dazu geführt, daß dieser von der Deutschen Obersten Heeresleitung bei sonstiger Einstellung von Lebensmittelzuschüssen dazu genötigt wurde, k. u. k. Truppen an die Westfront abzustellen. Dies geschah auch im September 1918, nachdem eine letzte Offensive der k. u. k. Armee, die sogenannte Junischlacht in Venetien (Piaveschlacht), gescheitert war. Im Zuge jenes Einsatzes im sogenannten St. Mihiel-Bogen, wo die k. u. k. Truppen bereits Soldaten der USA gegenüberstanden, wurde vom Großpriorat von Böhmen und Österreich in den Raum von Sedan ebenfalls eine Chirurgengruppe entsandt.[40]

Das Großpriorat hatte noch im März 1917 eine Chirurgengruppe IV neu ausrüsten und an die Front bringen können. Ebenso wurde im Jänner 1917 ein Spitalszug H, ausgestattet wie der Zug G, in den Dienst gestellt.

Professor Hochenegg hatte schon im Kriegsjahr 1916 an der Front die Beobachtung gemacht, daß von den „Chirurgen mehr operiert werde als für den Kranken ratsam sei". Dies löste eine „Ermahnung" des Oberstabsarztes Dr. Steiner aus, „nicht dringende Operationen in den vorderen Hilfszonen nicht vorzunehmen".[41] Hocheneggs Bedenken dürften aber auch eine Rolle gespielt haben, als

Erzherzog Franz Salvator inspiziert einen Lazarettzug des Ordens

Kaiser Karl von seiner Militärkanzlei einen Befehl erteilen ließ, „Schwerstverwundete ohne unmittelbaren Zwischenaufenthalt in Feldsanitätsanstalten […] mit Malteserzügen direkt nach Wien bringen zu lassen". Dafür wurden die Universitätskliniken Eiselsberg und Hochenegg sowie das „Augartenspital" vorgesehen.[42]

Im August 1917 wurde dann die Zahl der Krankenautomobile einer jeden Sanitätsautokolonne mit 20, statt wie bisher mit 10, festgesetzt.[43]
Nachdem sich die Front an der Piave im Dezember 1917 stabilisiert hatte, wurde in San Stino di Livenza das Feldspital 305 von der Malteserchirurgengruppe V (4 Ärzte, 7 Pflegeschwestern, Pflegepersonal, 3 Autos) eingerichtet.[44] Die Angehörigen des Feldspitals erlebten die Luftangriffe aus Anlaß der „letzten italienischen Offensive gegen die Front der k. u. k. Armee". Sie konnten sich in den darauffolgenden Tagen, als sich die Front infolge der Kampfmüdigkeit der k. u. k. Truppen aufzulösen begann, nur knapp vor einer Gefangennahme retten.
Diese Großoffensive hatte am 24. Oktober 1918 begonnen. Offensiven der Entente an der Westfront, an der Salonikifront und an der Palästinafront, mit der Bitte um Waffenstillstand durch Bulgarien am 26. September waren diesem letzten Großangriff an der Südwestfront vorausgegangen. Der Drang nach Beute bei den Politikern und Staatsmännern der Entente, nach Irredenta oder Anschlüssen bei den Nachbarn der k. u. k. Monarchie, nach den eigenen Staatsrechten bei der slawischen politischen Emigration aus der k. u. k. Monarchie, nach Revanche, Sieg, Ruhm und Ehre bei den Militärs der Entente, hatte den zweifelhaften Erfolg davongetragen.
Das k. u. k. Armeeoberkommando schloß am 3. November 1918 Waffenstillstand mit der italienischen Armee, nachdem Kaiser Karl vorher am 26. Oktober das Bündnis mit dem Deutschen Reich aufgekündigt hatte. Der Kaiser und König verzichtete am 11. November beziehungsweise am 13. November durch Manifeste auf seinen Anteil an den Regierungsgeschäften in Österreich und Ungarn. Am 11. November beziehungsweise am 16. November wurden in jenen Staaten Republiken ausgerufen. Durch Friedens- oder Staatsverträge, die in Pariser Vororten geschlossen wurden, wurden die politischen Verhältnisse in den Staaten, die miteinander im Krieg gestanden hatten – Rußland ausgenommen – neu geregelt.
Das Deutschösterreichische Staatsamt für Volksgesundheit übernahm im Dezember 1918 die Spitalszüge B, E, F und G. Weitere Spitalszüge gingen auch an andere Nachfolgestaaten der k. u. k. Monarchie. Deren definitive Abrüstung war 1921 anscheinend abgeschlossen. Forderungen des Souveränen Malteser-Ritter-Ordens an die Republik Österreich, anerkannt durch die Bestimmungen des Friedensvertrages von St. Germain, bestanden noch 1938. Sie beruhten auf den durch das Großpriorat von Böhmen und Österreich gesetzten Leistungen im Kriege einschließlich der Demobilisierung der vorhandenen Sanitätszüge in vollkommen betriebsfähigem Zustand.
Insgesamt wurden von Einrichtungen des Malteser-Ritter-Ordens in Österreich-Ungarn 462.469 Verwundete und Kranke transportiert oder behandelt, 12.714 Operationen ausgeführt und 18.384 ambulatorische Behandlungen vorgenommen.

Von den 8 Millionen österreichisch-ungarischer Soldaten, die ins Feld gezogen waren, ereilte 1,016.200 der Tod an der Front, im Hinterland und in der Kriegsgefangenschaft.

„Die einfache Tatsache ist, daß das Zentrum der bürgerlich-nationalen revolutionären Bewegung im westlichen Ausland war und das der sozialrevolutionären im östlichen [...]. Die westliche nationalrevolutionäre Bewegung ist zum entscheidenden Zug gekommen, der die Auflösung der Monarchie mit sich gebracht hat.", so der Historiker Robert A. Kann, ein amerikanischer Staatsbürger aus Österreich.[45] Ein weiterer amerikanischer Staatsbürger aus Österreich, ebenfalls bedeutender Historiker, Friedrich Engel-Janosi, gibt Zitate des wichtigsten katholischen Staatsmannes der damaligen Zeit wieder, nämlich des Kardinalstaatssekretärs Gasparri, eine Meinung, die Papst Benedikt XV. teilte: „An dem armen Österreich ist ein Verbrechen begangen worden; Poincaré und der Narr (il pazzo) Wilson sind schuld daran." Und: „Nicht ein, sondern zehn Kriege werden aus diesem Frieden entstehen."[46]

Stabile Sanitätsanstalten (Tabelle 1)

Bezeichnung der Anstalt	Eröffnet am	Anzahl der Kranken u. Verwundeten bis 31. Juli 1917	Anmerkungen
Offizierreservespital in Pötzleinsdorf	17.8.1914	395	Aufgelassen am 15. 6. 1915
Reservespital in Wien XIX, Peter-Jordan-Straße 70	17.8.1917	642	Noch im Betriebe
Genesungsheim Hohe Warte	17.6.1915	377	
Sanitätsmission in Sofia	24.11.1914	2.676	
Reservespital in Bilin	8.10.1914	243	
Genesungsheim Schloß Prugg in Bruck a. d. Leitha	12.11.1914	425	
Genesungsheim Frauenthal bei Deutsch-Brod	15.9.1914	195	jährlich von Mai bis Ende Oktober im Betriebe
Genesungsheim Faniteum in Wien XIII.	14.9.1914	300	jährlich von Juni bis November im Betriebe
Gesamt		**5.253**	

Spitalszüge (Tabelle 2)

Spitalszug	Datum der ersten Ausfahrt	Anzahl der Fahrten bis 31. Juli 1917	Zurückgelegte Kilometer bis 31. Juli 1917	Transportierte Verwundete und Kranke bis 31. Juli 1917
A	21.8.1914	113	121.427	28.807
B	21.8.1914	121	114.287	32.238
C	27.8.1914	141	111.799	29.484
D	2.9.1914	131	111.036	35.356
E	6.9.1914	164	112.649	51.880
F	11.9.1914	134	115.505	34.341
G	10.2.1915	113	106.061	27.983
H	24.1.1917	251	8.819	18.819
Gesamt		**942**	**811.583**	**248.973**

Mobile Chirurgengruppen (Tabelle 3)

Chirurgengruppe	Aufgestellt am	Anzahl der verpflegten Verwundeten und Kranken	Durchgeführte Operationen bis 31. Juli 1917	Der Gruppe zugeteilte Sanitätskraftwagen	Anmerkungen
I	24.6.1915	1.837	1.147	3	
II	24.6.1915	3.842	1.390	3	
III (alt)	19.9.1915	1.102	320		Aufgelöst am 11.3.1917
III (neu)	15.10.1915	589	530	4	Transferiert als Gruppe III (neu)
IV (alt)	2.1.1916	534	230		(Siehe oben) am 15.10.1916
IV (neu)	27.3.1917	406	353	3	
Gesamt		**8.310**	**3.970**	**13**	

Anmerkungen:

1 Österreichisches Staatsarchiv, Kriegsarchiv, General Adjutantur Seiner Majestät [i. d. F. zit. GA] 41/22 ex 1914, Telegrammwechsel und Briefwechsel des Fürstgroßpriors mit der Generaladjutantur im August 1914, eingesehen vom Kriegsministerium. Siehe auch Akten der 14. Abteilung des k. u. k. Kriegsministeriums [i. d. F. zit. KM] 1914/ Präs[idialabteilung] 65–6/1.

2 Der vorliegende Beitrag wurde anhand von Akten des Österreichischen Staatsarchivs, Kriegsarchivs, Archivalien im Österreichischen Staatsarchiv, Nachlässe und Sammlungen, sowie von

Druckwerken und Archivalien des Archivs und der Kanzlei des Großpriorats von Österreich des Souveränen Malteser-Ritter-Ordens verfaßt. Dafür sei dem Generaldirektor des Österreichischen Staatsarchivs, Honorarprofessor Dr. Lorenz Mikoletzky, dem Direktor des Kriegsarchivs, HR Dr. Rainer Egger, sowie MR Dr. Gerhart Feucht und Dipl. Ing. Richard Frhrn. v. Steeb, dem Kanzler des Großpriorats von Österreich, gedankt.

3 Breycha-Vauthier, Arthur, de Baillamont: Die Fürsorgetätigkeit des Malteser-Ritter-Ordens im Weltkriege. In: Heldenwerk 1914–1918. Innsbruck 1920, S. 351–363, hier die Einleitung.

4 Kralik, Heinrich, Ritter von: Kreuzrittertum der Gegenwart. In: Alois Veltzé (Hrsg.): Aus der Werkstatt des Krieges. Wien 1915, S. 77–90.

5 Zwehl, Hans Karl, von: Über die Caritas im Johanniter-Malteser-Orden seit seiner Gründung. Wien 1926, S. 53f.

6 Protic, Mihailo F./Pavlovic, Budimir B.: Srpski Sanitetski Vozovi u Proslosti. [Dieses Druckwerk von 83 Seiten, ohne Angabe von Druckort und –jahr, befindet sich in der Bibliothek des Großpriorats unter der Sign. A 578; es enthält eine Zusammenfassung in deutscher Sprache].

7 KM, 1914/ 14. Abt. 48–14, Großpriorat an KM., 23.6.1914.

8 Würthle, Friedrich: Die Spur führt nach Belgrad. Die Hintergründe des Dramas von Sarajevo 1914. Wien 1975.

9 Zit. n. Scheuch, Manfred: Initialzündung zum Weltenbrand. In: Der Standard vom 13. 3. 1999, S. 6; vgl. die neueste Darstellung von Williamson, Samuel R.: The Origins of the War. In: The Oxford Illustrated History of the First World War. Oxford, New York 1998, S. 9–25.

10 Alle Meldungen in: KM.: 1914/ 14. Abt., 52–21/3–6 bzw. 7 bzw. 8 bzw. 9.

11 Die Zusammenfassung bei Breycha-Vauthier, Arthur, de Baillamont: Die Fürsorgetätigkeit des Malteser-Ritter-Ordens im Weltkrieg. In: Heldenwerk 1914–1918. Band VI. Innsbruck 1920, S. 351–363. Siehe auch: Red, Julius: Die Krankenfürsorge des Malteserordens vor und im Weltkriege. Wien 1916 (= Separatdruck aus der Wiener Zeitung Nr. 130/1916).

12 Eine Liste der Ordensmitglieder, die als Zugskommandanten zum Einsatz kamen, bei: Waldstein-Wartenberg, Berthold: Der freiwillige Sanitätsdienst des Großpriorats von Österreich. In: Annales de l'Ordre Souverain Militaire de Malta. Annee XXXIIe (1974), Nr. I–II, S. 8–17.

13 Sehr interessante Memoiren über ihre Einsätze verfaßten der Arzt im Spitalszug A 1914/1915: Bielka-Karltreu, Arthur: Der Malteserzug A im Weltkriege. Wien 1920; Hrouda, Eveline: Barmherzigkeit. Als freiwillige Malteser-Schwester im Weltkrieg. Graz 1955. Ein Fahrtenbuch, das in der Handschriftensammlung des Großpriorats aufbewahrt wird, stammt vom Kommandanten des Malteserzuges A 1915–1918 Karl Heinrich Graf Bardeau (Kopie im Österreichischen Staatsarchiv, Nachlässe und Sammlungen [i. d. F. zit. NLS, Sign. B/805]). In diesem sind alle 152 Fahrten des Zuges festgehalten, letzte Eintragung 12.11.1918.

14 Abensperg und Traun, Rudolf, Graf von: Das Rote Kreuz. In: Heldenwerk 1914–1918. Innsbruck 1920, S. 300–331.

15 KM, 1916/ Präs., 65–6/3.

16 Herrmann, F.: Organisatorische Aspekte des Sanitätsdienstes im deutschen und österreichisch-ungarischen Heer 1914–1918. In: Wehrmedizinische Monatsschrift. Heft 8 (1983), S. 344–358.

17 Schönbauer, Leopold: Das österreichische Militärsanitätswesen. Wien 1948 (= Beiträge zur Geschichte der Medizin. Heft 2). Eine besonders wichtige Quelle zum Wirken Steiners sind die Memoiren dieses Arztes, handschriftlich aufgezeichnet aufgrund von Tagebuchnotizen: Steiner, Johann: Erinnerungen aus dem großen Krieg (1914–1918) [NLS, sign. B/41:2]. Dr. Johann Steiner, Generalstabsarzt, 1914–1918, Sanitätsreferent des AOK, Justiz-Donat des Ordens seit 18.9.1918, letzter Sanitätschef des Großpriorats für den Bereich Österreich vor

Anton F. Gatnar

Der Souveräne Malteser-Ritter-Orden im Großpriorat von Böhmen und Österreich von 1918 bis 1937

Das Auseinanderfallen der Österreichisch-Ungarischen Monarchie in den ersten Novembertagen des Jahres 1918 rief auch für das seit dem 19. Jahrhundert als Großpriorat von Böhmen und Österreich geführte älteste Großpriorat des Souveränen Malteser-Ritter-Ordens fast unlösbare Probleme hervor. Der Adel, die Jahrhunderte alte Grundlage des Ordens, wurde von den neugeschaffenen Republiken abgeschafft, es wurden Grenzen gezogen, wo vorher keine waren, der Orden war durch seinen Einsatz im Ersten Weltkrieg finanziell ausgeblutet. Allein die Forderung von mehr als 2 Millionen Goldkronen gegen das Kriegsministerium der Republik Deutsch-Österreich zur Abdeckung der dem Orden erwachsenen Kosten aus dem Betrieb von acht Sanitätszügen und fünf Feldspitälern während des Ersten Weltkrieges mag die schwiewige finanzielle Lage des Großpriorats verdeutlichen.[1]

Bailli Frá Johann Rudolf Maximilian Graf zu Hardegg auf Glatz und im Machlande, Fürstgroßprior seit 1914, hatte die schwere Aufgabe zu bewältigen, das Großpriorat, dessen Gebiet nunmehr in zwei unterschiedlichen Staaten mit unterschiedlichen Gesetzen lag, den neuen Verhältnissen anzupassen.

Zur Stabilisierung der wirtschaftlichen Verhältnisse des Ordens wurden daher im Jahr 1922 die Herrschaften Strakonitz, Dozitz, Obitz und Mecholup veräußert.[2]

Es gelang aber zunächst nicht, wohl auch durch Inflation und Wirtschaftskrise bedingt, eine durchgreifende Verbesserung der Situation zu erwirken. Im Jänner 1927 resignierte der bisherige Fürstgroßprior Hardegg, mit 18. Jänner 1927 nahmen der Großmeister und das Großmagisterium in Rom seinen Rücktritt an und ordneten telegraphisch unverzüglich ein Wahlkapitel an, bei dem ein neuer Fürstgroßprior gewählt werden sollte. Dieses wurde für 28. Jänner nach Prag einberufen.[3] Mit Stimmenmehrheit wählte das Kapitel Frá Carl von Ludwigstorff Freiherrn von Goldlamb zum neuen Fürstgroßprior. Ludwigstorff, k. u. k. Rittmeister a. D. und Profeßritter seit dem Jahre 1922, war zu diesem Zeitpunkt erst 47 Jahre alt, während sein Vorgänger Hardegg bereits 76 Jahre zählte.

Fürstgroßprior Frá Carl Edler Herr von Ludwigstorff, Freiherr von Goldlamb im Jahre 1930

Er übernahm ein schwieriges Erbe. Noch am 31. Jänner 1927 wurde ihm in einer Sitzung mit dem Großmeister Frá Galeazzo Graf von Thun und Hohenstein und dem Souveränen Rat der Auftrag erteilt, einen Bericht über die „Fehler und Unregelmäßigkeiten seines Priorates"[4] zu verfassen. Dies schien ihm aber nicht sofort zu gelingen, denn ein sehr direkter, vom Großmeister persönlich ausgefertigter Brief vom 16. April 1928[5] forderte den nunmehrigen Fürstgroßprior mit Fristsetzung bis zum 30. Mai auf, „mit all Ihrer Autorität dem Bailli Franz Hardegg einen detaillierten Bericht über die Finanzsituation des Großpriorats und jeder Kommende abzufordern," und diesen mit den notwendigen Ergänzungen „über die wirtschaftliche und moralische Situation des Großpriorats" direkt an den Großmeister zu richten. Weiters wurde Ludwigstorff aufgefordert, sich unverzüglich nach Prag zu begeben, und dort nach dem rechten zu sehen. In einem Antwortschreiben rechtfertigte der Fürstgroßprior die schwierige, länger dauernde Prüfung der wirtschaftlichen Verhältnisse und legte am 4. Juni[6] die geforderten Abrechnungen vor. Offensichtlich gab es nach wie vor Schwierigkeiten mit den Steuerbehörden in Prag, und das wirkte sich besonders auf die wirtschaftlichen Verhältnisse des Ordens aus.

Am 17. Juli 1928 wurde der Kaufvertrag über die Herrschaft Ligist[7] abgeschlossen, mit dem der Orden, mit Zustimmung des Großmagisteriums, von den Brüdern Anton und Leopold Grafen von Goëss zum Preis von rund 1,4 Millionen österreichischer Schilling etwa 2.800 Hektar Waldbesitz erwarb, der sich auch heute noch im Eigentum des Ordens befindet. Der Kaufpreis wurde teilweise aus dem Erlös der Verkäufe in Böhmen (7,5 Millionen tschechische Kronen)[8], sowie in der Folge durch einen Kredit finanziert. Im Gebiet der Tschechoslowakei wurde im Dezember 1928 die Herrschaft Dolha (Kaufpreis 44 Millionen tschechische Kronen)[9] erworben. Um sie, ihren Kaufpreis und auch die Ertragslage brach jedoch ein jahrelanger Streit aus, der erst mit ihrem Verkauf kurz vor 1938 beendet werden konnte.

1931 ist aus mehreren Gründen ein bemerkenswertes Jahr für den Malteser-Ritter-Orden in Österreich: Am frühen Morgen des 26. März 1931 starb der langjährige Fürstgroßmeister des Ordens, Frá Galeazzo Graf von Thun und Hohenstein, im 81. Lebensjahr. Zahlreiche Kondolenzwünsche erreichten den Fürstgroßprior, darunter auch ein Telegramm: „kaiserin und ich senden ihnen und dem malteserorden ausdruck wärmster teilnahme = otto"[10]

Am 28. Mai 1931 wählten 24 Wahlberechtigte, darunter acht Vertreter des Großpriorats von Böhmen und Österreich, in Rom Bailli Frá Ludovico Chigi della Rovere Albani zum 76. Großmeister des Souveränen Malteser-Ritter-Ordens.

Bereits am 9. Juli 1931 erreichte das hiesige Großpriorat ein Schreiben des neuen Großmeisters, in dem er für den 28. Juli seinen Besuch in Wien ankündigte, begleitet vom Administrator des Ordens, der „mit dem Rezeptor und den

Angestellten der Buchhaltung und der Administration in Verbindung treten wird."[11] Neben dem Wunsch des neuen Großmeisters, Österreich, und in der Folge Böhmen zu besuchen, gab es einen weiteren Anlaß: Alexander Graf van der Straaten war seit 1930 beim Österreichischen Bundespräsidenten als außerordentlicher Gesandter und bevollmächtigter Minister des Souveränen Malteser-Ritter-Ordens akkreditiert. Da der Kredit, den das Großpriorat 1929 gegen eine Hypothek „auf die dem Orden gehörenden Güter und Kommenden" sicherstellen ließ, unter dem Druck der Weltwirtschaftskrise offensichtlich fällig geworden war, sollte der Ordensgesandte bei der Sanierung helfen – ein Vorgang, der offensichtlich nicht die ungeteilte Zustimmung des böhmisch-österreichischen Ordenskapitels fand.[12] Nach heftigen Briefwechseln zwischen Ordensgesandtschaft und Fürstgroßprior ordnete der Großmeister im Dezember die Bildung einer Verwaltungskommission an, die mit einem Vertreter des Großmagisteriums als Mitglied die wirtschaftliche Situation des Großpriorates überprüfen, und alle Maßnahmen zur „Konsolidierung der Schulden" treffen sollte, immer mit Zustimmung des Großmagisteriums.[13]

Abseits der wirtschaftlichen Schwierigkeiten des Großpriorats selbst, wurde in diesen Jahren zunehmend auch die wirtschaftliche Situation der Bevölkerung zum Problem. Einer Anregung der Ordensregierung folgend, begann man daher im Winter 1931 mit einer Ausspeisung für „abgebaute Beamte und Angestellte", die aus Spenden der Ehrenritter des Ordens finanziert wurde.[14]

Am 16. Dezember überreichte der Ordensgesandte Graf van der Straaten Bundespräsident Wilhem Miklas die ihm vom Großmeister „motu proprio" verliehenen Insignien eines „Ehren- und Devotions Bailli-Großkreuzes" und berichtete, daß der „Herr Bundespräsident mit größter Freude und mit Worten höchster Wertschätzung für den Orden dieselben entgegengenommen hat."[15]

Das Jahr 1932 brachte weitere finanzielle Sorgen: Nach einer Intervention von Bundeskanzler Buresch[16] gelang es, Verhandlungen mit dem Vorstand der Credit-Anstalt aufzunehmen, um die immer noch drängende Frage der Bedingungen und Rückzahlung des 1929 aufgenommenen Kredits zu günstigeren Bedingungen zu ermöglichen.

Die Wirtschaftskrise fand aber nicht nur in der finanziell nach wie vor außerordentlich schwierigen Situation des Großpriorats von Böhmen und Österreich seinen Niederschlag, sondern auch in einer dramatischen Zunahme von Unterstützungsansuchen von bisher durchaus nicht notleidenden Personen. Je nach Bedürftigkeit und Möglichkeit der zur Verfügung stehenden Mittel wurde ihnen eine Unterstützung von 10 bis zu 50 Schilling gewährt.[17]

Seit dem Frühjahr wurde auch versucht, das Prager Residenzpalais, Prag III, Kleinseite, Großpriorastplatz, „samt Inventar und den außerordentlich wertvollen sechs Stück Gobelins zum Kaufe um den Betrag von 8 Millionen tschechischen Kronen" anzubieten.[18] Unter anderem wurde das Palais der polnischen und der belgischen Botschaft zum Kauf angeboten, auch mit der tschechischen Regierung wurden diesbezüglich Verhandlungen geführt.

Kern der finanziellen Schwierigkeiten scheint einmal mehr der 1928 neu angekaufte Großgrundbesitz Dolha gewesen zu sein, der infolge der Weltwirtschaftskrise nicht mehr in der Lage war, die Amortisationsraten, wenn auch mit bescheidener Verzinsung, aufzubringen. Ein Sanierungsplan „bestand vor allem darin, die zwei Großgläubiger des Priorates, die Mährische Bank und die Österreichische Credit-Anstalt für Handel und Gewerbe zu einem mindestens zweijährigen Moratorium zu bewegen."[19] Mit beiden Geldinstituten konnte, trotz der für sie selbst tristen Lage, ein Moratorium bis Mitte 1934 vereinbart werden. Es war die Absicht der verschiedenen Gremien, zumindest Teile des bei der Credit-Anstalt aufgenommenen und die österreichischen Besitze in der Wiener Kärntnerstraße und Johannesgasse sowie die Herrschaften Ligist und Fürstenfeld in der Steiermark belastenden Simultanpfandrechte für einen Kredit von 3,5 Millionen Schilling durch Teilrückzahlung oder Umschuldung zu beseitigen.[20] Die finanziellen Schwierigkeiten führten sogar dazu, daß 1933 der Johanneshof (Kärntnerstraße 37/Johannesgasse 2) in Wien an die Erste Allgemeine Generali verkauft wurde. Dieser Notverkauf schloß sogar die Ordenskirche in der Kärntnerstraße mit ein.[21]

Am 2. August 1932 starb der ehemalige Bundeskanzler, Prälat Dr. Ignaz Seipel. Bundeskanzler Engelbert Dollfuß bedankte sich in einem Schreiben an den Fürstgroßprior für dessen Kondolenzwünsche. Am 30. Oktober 1932 wurde Theodor Innitzer zum neuen Fürsterzbischof von Wien inthronisiert, am 16. Februar 1933 zum Kardinal erhoben.

Neben den Weihnachtsausspeisungen im Hof des Ordenshauses Johannesgasse 2 und der Übernahme zweier Malteser Säle im Haus der Barmherzigkeit blieb auch im kalten Winter 1932/33 die direkte Hilfe ein wichtiges Aufgabengebiet des Ordens.

Einen Lichtblick bot die durchgreifende Verbesserung der wirtschaftlichen Situation durch den Verkauf des Besitzes „Blaustauden" an die Hohenauer Zuckerfabrik und der Wiener Häuser an die Assecurazioni Generali. Mit dem Gesamterlös von rund 1,8 Millionen Schilling gelang es, 1,5 Millionen an die Credit-Anstalt für Handel und Gewerbe zurückzuzahlen, die ihrerseits am 21. Februar den Empfang bestätigte und am gleichen Tag eine „Teillöschungsquittung" übergab.[22] Damit waren die in Österreich befindlichen Liegenschaften des Ordens nur noch durch eine Restforderung der Credit-Anstalt in der Höhe von einer Million Schilling belastet.

Anfang Oktober 1933 gab es ein Attentat auf Engelbert Dollfuß, welches fehlschlug. In einem Schreiben bedankte sich der Bundeskanzler für die Glückwünsche des Großpriorats. Am 30. Mai wurde Bundeskanzler Dr. Engelbert Dollfuß das „Magistral-Großkreuz" verliehen. Die von ihm unterfertigte Verpflichtungs-

Der Souveräne Malteser-Ritter-Orden von 1918 bis 1937

Gruppe von Malteser-Rittern in Uniform und Zivil bei der Fronleichnamsprozession in Wien 1930

erklärung, „Fürsorge treffen zu wollen, damit nach seinem Ableben die erwähnte Dekoration wieder an die Ordens-Kanzlei des Großpriorates von Böhmen und Österreich zurückgelange" befindet sich bei den Akten.[23] Am 21. Dezember 1934 wurde dann dazu allerdings folgender Vermerk angebracht: „In Anbetracht des tragischen Ende des Bundeskanzlers Dr. Dollfuß hat seine Durchlaucht der Fürstgroßprior die Insignien des Großkreuzes der Witwe Alwine Dollfuß gänzlich überlassen. Die diesbezügliche Mitteilung erging durch die Ordensgesandtschaft am 20.XII.1934 direkt an das Bundeskanzleramt."
Aus den ständigen Ansuchen um Unterstützung während der damaligen Zeit sei nur eines zitiert: Ing. Wilhelm Moser, Reserveoffizier der k. u. k. Armee schrieb in einem seiner vielen Ansuchen unter anderem: „Durch Ihre gütige Spende vom 13. VIII. a.c. ward ich in die glückliche Lage versetzt, eine kleine Heimarbeit technischer Natur übernehmen und ausführen zu können. Wenn mein Verdienst auch nur sehr bescheiden ausgefallen ist, so hat er mich doch den Sommer über vor der bittersten Not gerettet [...], um gegen eine kleine Entschädigung wenigstens soviel zu verdienen, um den Winter über wieder am St. Elisabethtisch teilnehmen zu können. Dazu fehlt mir aber das nötigste bei diesem Wetter, nämlich

mein Ueberrock den ich zwar schon bis auf 25 S.– ratenweise abgezahlt habe im Dorotheum, jedoch nicht die Mittel besitze ihn ganz auszulösen […]."[24]

Im September 1933 fand in Wien der „Deutsche Katholikentag" statt. Als Legat des Hl. Vaters war der Patriarch von Venedig, Kardinal La Fontaine, anwesend, aber auch der Fürstprimas von Polen, Kardinal Seredy, der Fürstprimas von Ungarn, Kardinal Verdier, der Erzbischof von Paris und natürlich Kardinal Innitzer zählten zu den höchsten kirchlichen Würdenträgern, die an diesem Großereignis teilnahmen. Höhepunkt war ein Pontifikalamt am Morgen des 10. Septembers in Schönbrunn, zelebriert vom päpstlichen Legaten, an dem 250.000 Menschen teilnahmen. 50 Ordensritter, darunter sieben aus Polen, nahmen an der feierlichen Messe teil. „Bei allen Zeremonien wurden dem Orden von seiten der Leitung des Katholikentages Plätze angewiesen, welche seiner Würde und seinem Range entsprachen. Die Ritter waren hinter der Regierung und den Parlamentsmitgliedern, in Anwesenheit des diplomatischen Korps hinter diesem eingereiht, dem Deutschen-Ritter-Orden vorgehend" berichtet Fürstgroßprior Ludwigstorff dem Großmeister in einem Schreiben am 4. Oktober 1933.[25]

Das Jahr 1934, annus miserabilis der österreichischen Geschichte der Ersten Republik, begann mit den blutigen Februarkämpfen in Wien und in einigen Bundesländern. Polizei, Bundesheer und Heimwehrverbände schlugen die vom Schutzbund ausgelösten Kämpfe nach wenigen Tagen nieder. Es gab Opfer auf beiden Seiten. Dem Verständnis dieser Zeit entsprechend, forderte der Fürstgroßprior noch am 14. Februar 1934 die Ordensangehörigen zu Spenden für die „Verwundeten sowie die Hinterbliebenen der im Kampfe um die Herstellung der Ruhe und Ordnung Gefallenen" auf. 1.000 Schilling wurden am 15. Februar dem Präsidialvorstand im Bundeskanzleramt übergeben, der den Eingang dieser Spende schriftlich bestätigte.[26]

Am 4. Juli bedankte sich der damalige österreichische Gesandte in Rom, Dr. Anton Rintelen, für die Übergabe des ihm verliehenen Magistral-Großkreuzes, die über Antrag des Großpriorats erwirkt worden war.[27] Nur wenige Tage später wurde Rintelen wegen seiner Verwicklung in den „Juli-Putsch" der Nationalsozialisten verhaftet. Ein Kommando hatte in den Mittagsstunden des 25. Juli 1934 in Bundesheer-Uniformen das Kanzleramt am Ballhausplatz gestürmt, Bundeskanzler Engelbert Dollfuß, ebenfalls Magistral-Großkreuz, wurde angeschossen, schwer verletzt und verblutete, ohne die erflehte ärztliche Hilfe oder den Beistand eines Priesters erhalten zu haben. Als neuen Bundeskanzler hatten die Putschisten übrigens Rintelen vorgesehen.[28]

Die Abfolge der eingehenden und abgesandten Telegramme in der Ordenskanzlei gibt etwas von der Dramatik dieser Tage wieder: Am 26. Juli um 10 Uhr 25 erreichte ein Telegramm des Großmeisters an den Fürstgroßprior die Ordenskanzlei, in dem dieser gebeten wurde, den Großmeister bei den Begräbnisfeierlichkeiten zu vertreten. Der Fürstgroßprior war jedoch zu diesem Zeitpunkt im

Jagdhaus Rötz bei Vordernberg in der Steiermark. Dr. Hayden, Ordens-Syndikus, telegraphierte ihm daraufhin: „Großmeister bittet Sie um Vertretung beim Begräbnis des Kanzlers Dollfuß Stop Kommet sofort Wien. Dr. Hayden". Einen Tag später kommt die telegraphische Antwort: „bin morgen samstag halbelf wien = ludwigstorff".[29]

Der Orden verlor in Dr. Dollfuß nicht nur ein Ordensmitglied, sondern auch einen wohlwollenden Helfer: War doch unter seinem Einfluß im März endlich eine Einigung in dem Rechtsstreit des Souveränen Malteser-Ritter-Ordens, Großpriorat von Böhmen und Österreich gegen die Republik (Deutsch-)Österreich nach den Bestimmungen des Friedensvertrages von St. Germain erfolgt. Der Orden hatte am 25. August 1919 beim liquidierenden Kriegsministerium in Wien eine Forderung über etwas mehr als 2 Millionen Goldkronen eingereicht. Dieser Betrag sollte Kosten und Löhne ersetzen, die der Orden für die Monarchie im Rahmen seiner Tätigkeit als Betreiber von Sanitätszügen und Feldspitälern im Ersten Weltkrieg geleistet hatte. Bereits am 17. Oktober 1919 erklärte das Kriegsministerium, daß es auf eine möglichst rasche Abwicklung der Angelegenheit „besonderes Gewicht" lege.[30] Am 27. Februar 1920 wurde für den 2. März zu Verhandlungen geladen, und im Interesse einer raschen Auszahlung um einen Nachlaß gebeten. Der Orden gewährt einen zehnprozentigen Nachlaß, allerdings unter der aufschiebenden Bedingung, daß die Auszahlung bis längstens 31. März 1920 erfolge. Davon konnte keine Rede sein, vielmehr teilte das Kriegsliquidierungsamt am 9. Juli 1920 mit, daß noch Überprüfungen erfolgen müßten. Nach mehrmaliger Urgenz wollte das Außenministerium einen Nachlaß von 500.000–600.000 Kronen. Dies lehnte der Orden aber ab. Nach langem Hin und Her wurde am 22. August 1923 der Betrag von 1,800.000 Kronen in völlig entwerteter Valuta überwiesen. Nachfolgende Proteste und Versuche, einen Ausgleich zu erlangen, blieben ergebnislos, bis Bundeskanzler Dollfuß einen Beschluß der Bundesregierung herbeiführte, eine weitere Million Schilling an den Orden zu bezahlen. Dieser Vergleich wurde am 13. März 1934 in Rom zwischen dem Großmeister und dem österreichischen Bundeskanzler fixiert.

Tatsächlich aber zahlte der Bund nur 708.000 Schilling, und zwar in Form der Abtretung einer Forderung des Bundes an die Zentralbank der Deutschen Sparkassen bei der Credit-Anstalt. Damit konnten zwar die restlichen Schulden des Ordens bei der Credit-Anstalt abgedeckt werden, aber vier Jahre später, nach der Okkupation Österreichs durch das Dritte Reich, wurde die Frage heftig diskutiert, ob hier der Orden nicht unberechtigt „Volksvermögen dem Volke entzogen habe".

Erfreuliches gibt es wenig in diesem Jahr 1934, außer vielleicht die Überreichung der Auszeichnung eines „Ehren- und Devotions-Bailli-Großkreuzes" an Kardinal Innitzer am 14. September 1934.

1935 begann mit einer politischen Groteske. Am 26. Jänner erschien die Tochter des wegen Hochverrats im Zusammenhang mit dem Juliputsch angeklagten ehemaligen österreichischen Gesandten in Rom, Anton Rintelen, in den Räumen des Großpriorates und wollte eine Intervention des Fürstgroßpriors zugunsten ihres Vaters, der am 2. Juli 1934 das Magistral-Großkreuz verliehen bekommen hatte, erreichen. Dies wurde vom Kanzler, auch im Namen des Fürstgroßpriors, zurückgewiesen. „Fräulein Rintelen, sehend, daß ihr Schritt beim Großpriorat keinen Erfolg zeitigte, teilte mit, dass sie sich direkt mit einem Bittgesuch an Seine Eminenz den Fürsten und Großmeister wenden werde, damit Hochderselbe als Oberhaupt des Ordens ihrem Vater seine Unterstützung angedeihen lasse"[31]

Bereits am 6. Februar erfolgte die Antwort: „Über die Zumutung welche Fräulein Rintelen an seine Durchlaucht stellte, war Seine Eminenz der Fürst und Großmeister äußerst empört und meinte, es könne, nach dem Vorgefallenen, von einer Intervention zu Gunsten ihres Vaters niemals die Rede sein und sollte tatsächlich noch ein Schreiben von Frl. Rintelen an Seine Eminenz eintreffen, so bestünde gar kein Zweifel über die Antwort, die sie zu erwarten habe. Wenn die Furcht vor dem Prozeß den Tod ihres Vaters herbeiführte, sei dies der beste Beweis seiner Schuld" heißt es trocken in einem Handschreiben.[32]

Erste Kriegssorgen ließen den Ordensvizekanzler in Prag vorsichtig anfragen, ob man nicht internationale Schutzmaßnahmen für Ordensbesitzungen treffen könne. 1935 gab es eine Speisen- und Kohlenaktion für Kinder. Am 23. Dezember erhielten zahlreiche Kinder ein Mittagessen im Gasthaus zum „Guten Hirten" in Wien III und einen Bezugsschein für 50 Kilogramm Kohle. Der Kabinettsvizedirektor und spätere Staatssekretär für Auswärtige Angelegenheiten, Guido Schmidt, erhält am selben Tag das Magistralritterkreuz und bedankt sich für diese „Überraschung" im Kanzleramt.[33]

Das Jahr 1936 führte, nach der günstigen Regelung der die österreichischen Besitzungen belastenden Schulden, zu einer Intensivierung der Versuche, das belastende Gut Dolha endlich abzustoßen. Im März war die Situation des böhmischen Teiles so kritisch, daß im Rahmen einer Besprechung sogar die Frage erörtert wurde, „ob im Falle eines Konkurses auch das Vermögen in Österreich und des Priester Konvents in Prag zur Deckung der Passiven herangezogen werden könne."[34]

Wieder war es der Ordens-Syndikus Dr. Leopold Hayden, der schon bei der Sanierung der Situation in Österreich mit ausdrücklicher Unterstützung des Großmeisters und nicht immer ganz im Einvernehmen mit dem Ordenskapitel entscheidend in die Verhandlungen eintrat. Ein Antrag der Sowjet-Gesandtschaft, das Ordenspalais in Prag auf 12 Jahre zu mieten, wurde allerdings trotz der finanziell schwierigen Lage – mit Zustimmung des Großmagisteriums – nicht angenommen.[35]

1936 zeigten sich aber auch schon die Auswirkungen des Nationalsozialismus für den Orden: Auf die Anfrage des Kanzleramts an das Ordensmitglied Graf Felix C[........] in Berlin hinsichtlich seiner zweiten Vermählung, kommt eine lapidare Korrespondenzkarte zurück: „Auf Ihren Brief vom 14. d. Mts. teile ich Ihnen mit, dass ich aus der katholischen Kirche ausgetreten bin und am Busstag feierlich in die protestantische Religions-Gemeinde aufgenommen werde. Heil Hitler! F. Graf C[........], SA Oberführer."[36]

Mitte November 1937 gelang es dem Ordens-Syndikus, Dr. Leopold Hayden, den tschechischen Staat nach mehrmonatigen zähen Verhandlungen, die sich über das ganze Jahr hinzogen und mehrmals zu scheitern drohten, zur Übernahme des Besitzes Dolha, der Ursache der verbliebenen finanziellen Schwierigkeiten war, zu bewegen.[37] Mit dem Erlös des Verkaufs konnten die Verbindlichkeiten des Ordens bei der Mährischen Bank gelöscht werden. Damit waren die größten Probleme des Großpriorats von Böhmen und Österreich nach fast zehn Jahren beseitigt.

Dr. Leopold Hayden wurde für seine außerordentlichen Verdienste mit Bescheid des Souveränen Rats wenige Wochen nach der Einigung am 10. Dezember zum „Magistral-Großkreuz" erhoben, Dr. Josef Pluhar, der ihm bei den Verhandlungen hilfreich zur Seite gestanden war, wurde zum Vizekanzler des Ordens ernannt.

1938 hätte nach der durchgreifenden Bereinigung der wirtschaftlichen Schwierigkeiten ein ruhiges Jahr in der Ordensgeschichte werden können…

Anmerkungen:
1   Archiv des Souveränen Malteser-Ritter-Ordens, Wien [i. d. F. zit. ASMRO], Akten 1938, Karton 1, Denkschrift über den SMRO aus 1938.
2   Zur wirtschaftlich ebenfalls äußerst schwierigen Situation der Kommende St. Johann in Troppau nach dem Ende des Ersten Weltkrieges vgl. Ritschny, Alois/Häußler, Franz Joseph: Geschichte der Malteser-Ordens-Kommende St. Johann in Schlesien 1100–1931. Troppau o. J., II. Abschnitt, S.106f.
3   ASMRO, Präsidialakt 1927 Nro. 37/27/zl 1/Vorr.
4   ASMRO, Präsidialsuchbuch 1928, Brief des Großmeisters, Zl. 179/präs. 19.IV.28.
5   Ebda.
6   Ebda, Brief des Fürstgroßpriors Zl. 179/2/präs 4.VI.1928.
7   Ebda, Archiv A 401, Kaufvertrag.
8   Ebda, Akten 1938, Karton 1, Denkschrift über den SMRO aus 1938.
9   Ebda, Präsidialakte, Karton 1, 937/2 Zl. 160/prs37, Bericht des Fürstgroßpriors an das Kapitel.
10 Ebda, Präsidialakte 1931, Karton 1.
11 Ebda, 1931, Karton 2.
12 Ebda, Akten 1938, Karton 1, Denkschrift über den SMRO aus 1938. Beschluß der Ordensregierung u. Ermächtigung an den Generalrezeptor zur Unterfertigung.
13 Ebda, Präsidialakte 1931, Karton 2, o. Zl.

14 Ebda, 1931, Karton 2 /135/ vom 10. November 1931.
15 Ebda, 1931, Zl. Präs. 2/149 vom 17. Dezember 1931.
16 Ebda, 1932, Karton 1, Zl. präs. 79/ vom 8. April 1932.
17 Ebda, 1932, Karton 1 u. 2, zahlreiche Unterstützungsansuchen.
18 Ebda, 1932, Karton 1 u. 2, diverse Akten.
19 Ebda, 1932, Karton 2, Zl. Präs. 93/4, Bericht des Fürstgroßpriors an das Großmagisterium.
20 Ebda, 1932, Karton 1, Zl. 119/32 Zl. 3 Schriftverkehr mit Bergers & Co's Bank, s'Gravenhage.
21 Die Kirche blieb in unentgeltlicher Benutzung durch den Orden und wurde später in letzter Minute durch Ordensmitglieder vor dem Abriß bewahrt.
Nur die Kirche konnte 1960 durch Vikar Dr. Hans Graf Trapp zurückgekauft werden.
22 Ebda, 1933, Karton 1, Zl. 2 ad 61 prs/, Bericht über das Vermögen des Großpriorats an das Großmagisterium.
23 Ebda, Nr 94 /1933 prs.
24 Ebda, 1933, Karton 2, präs. 171/vom 28. Oktober 1933, Ansuchen um Gewährung einer Unterstützung.
25 Ebda, 1933, Karton 2, Zl. 129/14 prs./1933, Bericht des Fürstgroßpriors an den Großmeister.
26 Ebda, 1934, Karton 1, Zl. 38/prs. 17. Februar 1934.
27 Ebda, 1934, Karton 2, Zl. 106/2 prs.
28 Zu den Vorgängen in Wien siehe die erst kürzlich erschienenen Memoiren des damaligen Justizministers Dr. Egon Freiherrn Berger von Waldenegg (1880–1960), der selbst Träger des Magistral-Großkreuzes des Ordens war. Berger-Waldenegg, Egon und Heinrich: Biographie im Spiegel. Die Memoiren zweier Generationen. Wien, Köln, Weimar 1998, S. 392f.
29 ASMRO, Präsidialakt 1934, Karton 2, Zl. 171/1-3 prs. 1934.
30 Ebda, Akten 1938, Karton 1, Denkschrift über den SMRO aus 1938.
31 Ebda, Präsidialakte 1935, Karton 1, Zl. 22prs. 35, Brief des Legationssekretärs Alois Pasquali di Campostellato an Justizritter Jakob Alexander Frhrn. Menghin von Brezburg beim Großmagisterium.
32 Ebda, Zl. 22/1 prs.
33 Ebda,1935, Karton 2, Zl. 200/4 prs. vom 28. Dezember 1935, Dankschreiben des Kabinettsvizedirektors.
34 Ebda, 1936, Zl. 68/3 prs. Gedächtnisprotokoll der Besprechung am 9. März 1936 in Prag.
35 Ebda, 1936, Karton 1, Zl. 54/4 prs. Schreiben des Kanzleramtes vom 28. Februar 1936 an das Rezeptorat in Prag.
36 Ebda, 1936, Karton 2, Zl. 74 3-8 prs. 1936, Schreiben des Grafen C[........] vom 22. Oktober und nachfolgend Ausschluß aus dem Orden laut Beschluß des Conseil vom 5. November 1936.
37 Ebda, 1937, Karton 2, Zl. 160/prs.37, Bericht des Fürstgroßpriors an das Kapitel.

TAFEL 1

Ahnenprobe des Wenzel Joachim Czeyka von Olbramovicz (1668–1754), der 1688 in Malta in den Orden aufgenommen wurde. Seine Erhebung in den Freiherrnstand erfolgte in Wien am 18.7.1713, die Verleihung des böhmischen Grafenstandes am 6.3.1748. Czeyka-Olbramovicz war von 1744 bis 1754 Großprior von Böhmen und Österreich.

TAFEL 2

Der von 1775 bis 1779 regierende 70. Großmeister des Ordens, Emanuel Prince de Rohan-Polduc

TAFEL 3

Probe auf 64 Ahnen des Franz Xaver Grafen von Kolowrat-Krakowsky (1803–1874). Kolowrat war von 1867 bis 1874 Großprior von Böhmen und Österreich.
Die Ahnenprobe trägt die Unterschriften des Fürsten Heinrich von Starhemberg, des Fürsten Johann-Carl von Dietrichstein-Proskau, des Fürsten Franz Gundackar von Colloredo-Mannsfeld und des Landkomturs des Deutschen Ordens, Aloys Grafen von Harrach.

TAFEL 4

Hubert Ludwig Graf de la Fontaine und d'Harnoncourt-Unverzagt,
Freiherr von Ebenfurt und Regelsbrunn, Edler Herr von Retz (1789–1874),
k. k. Kämmerer und Träger des Ehren- und Devotions-Großkreuzes in Brillanten

TAFEL 5

Aufschwörschilder aus der Kirche des Souveränen Malteser-Ritter-Ordens in Wien

TAFEL 6

Bailli Frá Josef Graf Mittrowsky von Mitrowitz, Freiherr von Nemyšl (1802–1875), k. k. Kämmerer, Geheimer Rat und Generalmajor. Seit dem 1. Mai 1866 Bailli-Ministre-Receveur, a.o. Gesandter und bevollmächtigter Minister am k. k. österreichischen Hofe

Bailli Frá Alexander Graf von Attems-Heiligenkreuz (1814-1896), k.k. Kämmerer, Geheimer Rat und Feldmarschalleutnant, Obersthofmeister des Erzherzogs Karl Salvator a. d. H. Toskana

Bailli Frá Adolf Graf Podstazky-Lichtenstein, Freiherr von Prussinowitz (1805–1898), k. k. Kämmerer und Geheimer Rat

Othenio Graf Lichnowsky-Werdenberg (1874–1887), Groß- bzw. seit 1879 Fürstgroßprior von Böhmen und Österreich

TAFEL 10

1 Kreuz der Baillis und Großkreuze, Schärpendekoration. Silber vergoldet, Anfang 20. Jahrhundert.
2 Kreuz der Baillis und Großkreuze, Halsdekoration. Gold, 1. Hälfte 19. Jahrhundert. Persönliches Ordenskreuz S. D. des Fürstgroßpriors Bailli Frá Wilhelm Prinz von und zu Liechtenstein.
3 Profeßkreuz der Baillis und Großkreuze. Silber vergoldet, Anfang 20. Jahrhundert.

TAFEL 11

4 Kreuz der Komture, Profeßritter, Justizritter und Ehren- und Devotionsritter. Silber vergoldet, Anfang 20. Jahrhundert.
5 Kreuz der Komture, Profeßritter, Justizritter und Ehren-und Devotionsritter, internationale Ausführung mit Lilien zw. den Kreuzarmen, Typ vor 1877 ohne die „Distinktion für Jerusalem", Silber vergoldet.
6 Kreuz der Komture, Profeßritter, Justizritter und Ehren-und Devotionsritter, älterer Typ vor 1870 ohne „Distinktion für Jerusalem", Silber vergoldet.
7 Profeßkreuz. Silber vergoldet, Anfang 20. Jahrhundert.
8 Kreuz der Ehren- und Devotionsdamen. Gold, Anfang 20. Jahrhundert.

TAFEL 12

9 Kreuz der Magistralritter, Konventualpläne und Ehrenkonventual-Kapläne. Silber vergoldet, 1. Hälfte 20. Jahrhundert.
10 Kreuz der Donaten 1. Klasse und Halskreuz der Justizdonaten. Gold, Anfang 20. Jahrhundert.
11 Steckkreuz der Justizdonaten. Silber vergoldet, 2. Hälfte 19. Jahrhundert.
12 Kreuz der Magistralkapläne. Gold, 2. Hälfte 19. Jahrhundert.
13 Kreuz der Donaten 2. Klasse. Silber vergoldet, Anfang 20. Jahrhundert.
14 Kreuz der Donaten 3. Klasse. Silber vergoldet, 1. Hälfte 20. Jahrhundert.

TAFEL 13

15 Gratial- und Devotions-Großkreuz, Schulterband. Silber vergoldet, 2. Hälfte 20. Jahrhundert.
16 Kreuz der Gratial- und Devotionsritter. Silber vergoldet, 2. Hälfte 20. Jahrhundert.
17 Steckkreuz der Obödienzritter, neue Form. Silber vergoldet, 2. Hälfte 20. Jahrhundert.
18 Steckkreuz der Obödienzritter, alte Form. Silber vergoldet, 2. Hälfte 20. Jahrhundert.

TAFEL 14

19 Verdienst-Halskreuz, Modell 1916. Silber vergoldet.
20 Verdienst-Halskreuz, Modell 1916, Brustdekoration. Silber vergoldet.
21 Verdienst-Brustkreuz, Modell 1916, Rückseite. Silber vergoldet.
22 Goldenes Verdienstehrenzeichen, Modell 1916. Silber vergoldet.
23 Bronzene Verdienstmedaille an Damenmasche. Bronze, 1. Drittel 20. Jahrhundert.
24 Silbernes Verdienstehrenzeichen an Damenmasche, Modell 1916. Silber.

TAFEL 15

25 Großkreuz des Verdienstordens mit Schulterband und Stern. Silber bzw. teilweise vergoldet, 2. Hälfte 20. Jahrhundert.

TAFEL 16

26 Verdienstkreuz an Damenmasche mit Stern. Silber bzw. teilweise vergoldet, 2. Hälfte 20. Jahrhundert.

Daniel Kapp

Der Orden von 1938 bis 1945
Zwischen Anpassung und Auflösung

Die 1938 durch den Anschluß Österreichs an das Deutsche Reich vollzogene Machtübernahme der Nationalsozialisten konfrontierte das Großpriorat von Österreich des Souveränen Malteser-Ritter-Ordens mit einer enormen – auch moralischen – Herausforderung. Seinem Wesen nach aristokratisch wie christlich-konservativ geprägt, mußte der Malteser-Ritter-Orden den neuen Machthabern im totalitären System des Nationalsozialismus sowohl in höchstem Maße suspekt, als auch als Fremdkörper empfunden worden sein. Zudem konnte die Tatsache, daß zu den Mitgliedern des Ordens sowohl führende Vertreter des ehemaligen Herrscherhauses als auch des Ständestaates zählten, ein unbehelligtes Fortbestehen des Großpriorates in dieser Zeit kaum begünstigen.[1]
In den Jahren nach 1938 wurde, so scheint es also, das Ziel der organisatorischen wie wirtschaftlichen Existenzsicherung des Ordens zum obersten Gebot eines politisch in hohem Maße angepaßten Handelns zu den Bedingungen der nationalsozialistischen Herrschaft. Die Anpassung an die neuen Verhältnisse erfolgte rasch. Bereits wenige Wochen nach dem Anschluß erging am 28. April 1938 ein Rundschreiben des Kanzleramtes des Großpriorates an alle Magistralritter und Donate I., II. und III. Klasse mit der Aufforderung, „schriftlich und eidesstattlich" eine Erklärung gegenüber dem Orden abzugeben, wonach sie „deutschblütiger oder artverwandter Abstammung" im Sinne der Nürnberger Rassengesetze seien. Diejenigen, die diesen Nachweis nicht erbringen konnten, wurden in dem von Alois Pasquali di Campostellato namens des Kanzleramtes gezeichneten Schreiben „höflich ersucht, ihren Austritt anmelden zu wollen." Während 80 Ritter die dem Rundschreiben beigelegte eidesstattliche Erklärung unterzeichnet retournierten, traten bis Ende Mai 1938 neun Ritter, denen ein „Ariernachweis" nicht möglich war, aus dem Orden aus.[2] Bemerkenswert ist ein Briefwechsel, der sich zwischen dem damaligen Großprior Frá Ludwigstorff und Dr. Alexander Schwimmer in diesem Zusammenhang ergab. Mit seinem Schreiben vom 12. Mai 1938 verband Schwimmer die „ergebene Bitte" an den Großprior, ihm die „Erniedrigung einer Verstossung" zu ersparen: „Nun soll ich, im Sinne des Nürnberger Gesetzes, einen lückenlosen Nachweis meiner

Abstammung bringen, oder nach mehr als 12 Jahren aus dem Orden ausscheiden, wenn ich dieser Vorschrift nicht entsprechen kann." Frá Ludwigstorff antwortete am 17. Mai unter nochmaligem Verweis auf die Nürnberger Gesetze, denen sich das Großpriorat zu beugen habe, und ergänzte: „Abgesehen davon ist im Orden seit seinem Bestande der Arierparagraph eingeführt, welcher noch viel strenger Bestimmungen als die der Nürnberger Gesetze enthält." Frá Ludwigstorff schließt mit Ausdruck vorzüglicher Hochachtung sowie dem Versprechen, den Austritt „von hier aus mit entsprechender Diskretion" zu behandeln.

Eine weitere Konzession an die neuen Verhältnisse erscheint demgegenüber beinahe als Kuriosum: Offenbar durch den Bericht eines Herrn A. Riklitchek in der Volkswoche vom 6. April 1938 unter dem Titel „Die Heimat des Führers" wurde das Großpriorat auf den Umstand aufmerksam, daß sich das Grab der Großeltern Adolf Hitlers auf dem Friedhof einer Malteser-Ordenspfarre im niederösterreichischen Dorf Spital bei Weitra befand.[3] Mit Schreiben vom 15. April 1938 bestätigte das Kanzleramt des Ordens der Schloßgärtnerei des Fürstlich Fürstenberg'schen Besitzes: „Unter höflicher Bezugnahme auf die gestern in Weitra abgeführte Besprechung zwischen Sr. Durchlaucht dem Herrn Fürstgrossprior des souveränen Malteser-Ritter-Ordens, Frá Carl von Ludwigstorff, und dem Leiter der Schlossgärtnerei" den Auftrag, man „möge für den Orden die Betreuung des Grabes der Grosseltern des Herrn Reichskanzlers, Johann und Johanna Pölzl, das sich im Friedhof von Spital bei Weitra befindet, übernehmen und möglichst bald alles hiezu Erforderliche vorkehren." Darüber hinaus dachte man im Großpriorat auch an die Errichtung eines Ehrengrabes für das Ehepaar Pölzl sowie einer Ahnen- und Gedenktafel. Entsprechende Entwürfe und Kostenvoranschläge wurden eingeholt und eine genealogische Ahnentafel Hitlers bis in das 32. Glied erstellt. Mit Schreiben vom 22. April gab das Kanzleramt Ahnentafel und Ehrengrab der Firma Josef Widy's Söhnen in Auftrag. Ob es jedoch zu einer Realisierung des Vorhabens kam, läßt sich anhand der Akten nicht nachvollziehen.[4]

Dennoch, auch was hier anhand der Aktenlage als weitgehende Unterwerfung unter die Spielregeln des neuen Regimes erscheint, schützte den Orden gegenüber den totalen Machtansprüchen der Nationalsozialisten nur bedingt. Das Deutsche Reich hatte den Orden niemals als souverän anerkannt, damit hatte auch mit dem 13. März 1938 die Gesandtschaft des Souveränen Malteser-Ritter-Ordens unter Graf Alexander van der Straaten aufgehört zu existieren.[5] Bemühungen des italienischen Botschaftsrates Conte Magistrati in Berlin im Auftrag seiner Regierung eine Anerkennung des Ordens zu erreichen, schlugen ebenso fehl, wie eine Intervention des Fürsten Eulenburg[6] bei Generalfeldmarschall Hermann Göring. Sogar die Verleihung eine Bailli-Großkreuzes an Göring wurde erwogen, denn „das Magistral-Grosskreuz würde er refusieren".[7] Diesen Anstrengungen in Berlin war letztendlich kein Erfolg beschieden.[8]

Es fehlte dem Großpriorat in Wien jedwede – wenn auch noch so geringe – diplomatische Rückendeckung, als am 28. Mai 1938 der Nationalsozialist Rechtsanwalt Dr. Alfred Flatischler aufgrund einer Verfügung des Stillhaltekommissars für Vereine, Organisationen und Verbände als kommissarischer Leiter für das Großpriorat von Österreich bestellt wurde. Mit dieser Maßnahme sollte die Weiterführung der Geschäfte bis zu einer endgültigen Entscheidung über eine Auflösung sichergestellt und gleichzeitig verhindert werden, daß Vermögen des Ordens dem Zugriff des Stillhaltekommissars entzogen wurde. Zeitgleich wurde ein Sachverständiger mit der Buchprüfung beauftragt. In Reaktion auf die kommissarische Übernahme der Leitung des Ordens wurden 2 Tage später, am 30. Mai 1938, Großprior Frá Ludwigstorff sowie der Syndikus des Ordens, Dr. Leopold Hayden, beim Stillhaltekommissar vorstellig. Sie überreichten ein Memorandum, mit dem sie ihre, gegen die kommissarische Besetzung gerichtete Beschwerde begründeten. Ihr gewichtigstes Argument war, daß der Malteser-Orden sowohl als geistlicher Orden als auch als souveräner Orden nicht in die Zuständigkeit des Stillhaltekommissars für Vereine, Organisationen und Verbände falle. Der Orden sei „ein dem hl. Stuhl unterstehender geistlicher Ritter-Orden mit charitativen und spirituellen Zwecken", seine Souveränität sei durch die französische, ungarische und rumänische Regierung ebenso wie durch Mussolini[9] und Franco anerkannt. Unter Verweis auf die im Ersten Weltkrieg geleisteten Dienste sollte auf das karitative Argument verwiesen werden: „Nur der Illustration halber soll angeführt werden, daß er [der Orden] während des Weltkrieges in 11 Militärzügen und hunderten von Feldspitälern und Erholungsheimen Kranke und Verwundete auf eigene Kosten – unter Hingabe eines großen Teiles seines Vermögens – betreut hat." Frá Ludwigstorff und Hayden unterstrichen ferner die „antisemitische Einstellung" des Ordens, welcher – so das Memorandum – die „Reinheit des Blutes schon seit jeher zur Bedingung der Aufnahme in den Orden" machte. Die Reinblütigkeit müsse auf 200 Jahre nachgewiesen werden.[10] Die vorgebrachten Argumente machten jedoch wenig Eindruck. Der Stillhaltekommissar begegnete den Argumenten Ludwigstorffs und Haydens, indem er zunächst unter Verweis auf die Statuten des Ordens feststellte, daß der Orden kein geistlicher Orden sondern vielmehr ein Laienorden sei. Auch die Tatsache, daß der Orden nicht in das Vereinsregister eingetragen sei, ändere an der kompetenzrechtlichen Frage nichts. Die Souveränität des Ordens schließlich sei kein gültiger Einwand gegen eine kommissarische Besetzung. Aus der Anerkennung der Souveränität des Ordens durch andere Staaten sei kein Anspruch auf Anerkennung durch das Deutsche Reich abzuleiten. Das Deutsche Reich an sich habe die Souveränität des Ordens bisher nicht anerkannt, es sei undenkbar, dies für ein Teilgebiet des Deutschen Reiches zu tun. Der Kommissar hielt den Argumenten des Großpriors entgegen, daß der Orden auch „keineswegs den in seinen Statuten festgelegten charitativen Zweck" erfülle,

Reich befindlichen Vermögens des Malteser-Ritter-Ordens" bestellt. Vom Auswärtigen Amt erhielt Otto Bredt im Rahmen einer Besprechung am 6. November 1939 genaue Instruktionen über die Art und Weise, in der er seine Aufgabe wahrzunehmen hatte. Es wurde seitens des Auswärtigen Amtes Wert darauf gelegt, daß die Vermögensverhältnisse des Malteser-Ritter-Ordens in Ordnung gebracht werden und die Wirtschaft nach sparsamsten Grundsätzen zu führen sei. Der bisherige kommissarische Verwalter Dr. Flatischler sei von seiner Ablösung in Kenntnis zu setzen, ihm sei ein Honorar für die bis dahin geleisteten Dienste zu zahlen.[24] Es ist zu vermuten, daß die Übernahme der Verwaltung des Ordensbesitzes der Erfolg der Bemühungen seitens der Ordensregierung auch auf dem Weg der italienischen Diplomatie war, und es gibt überdies Hinweise, wonach sich die Ordensregierung in dieser Frage über das Großpriorat, das die Verhältnisse wohl gerne selbständig und vor Ort geregelt hätte, erfolgreich hinweggesetzt hat.[25] Das Großpriorat bestand zu diesem Zeitpunkt wohl auch nur mehr formell.

Von nun an ist nur noch die ausschließlich administrative und nach den Gesichtspunkten einer soliden Wirtschaftsgebarung orientierte Tätigkeit Dr. Bredts aktenkundig. Selber nicht Mitglied der NSDAP scheint er seine Aufgabe tatsächlich allein als Treuhänder verstanden und wahrgenommen zu haben. Verantwortlich war Bredt dem Chef des Protokolls im Auswärtigen Amt in Berlin. In direktem Kontakt mit den Verwaltern der Wirtschaftsbetriebe des Ordens sowie unter Berufung zweier „juristischer Beiräte" gelang ihm – soweit dies unter den Bedingungen des Krieges möglich war – tatsächlich eine weitgehende Konsolidierung der wirtschaftlichen Verhältnisse des Ordens in den Großprioraten Österreich und Böhmen herbeizuführen.[26] Spörk schreibt über Bredt: „Im November 1939 wurde Ing. Dr. Otto Bredt als Sonderbeauftragter der Reichsregierung für die Verwaltung des Vermögens des Malteser-Ritter-Ordens eingesetzt und damit die Phase der Unsicherheit und der ständigen störenden Eingriffe ordensfeindlicher Parteifanatiker in die Betriebsarbeiten abgeschirmt. Dr. Bredt war freiberuflicher Betriebswirt mit eigenem Büro. Er war ein angesehener Fachmann. [...] Wichtige Fragen wurden dem Gesandten Freiherrn von Dörnberg, Chef des Protokolls, Auswärtiges Amt [...] zur Entscheidung unterbreitet. Dörnberg suchte auch die einzelnen Verwaltungen auf, informierte sich über die betriebliche Lage und war mehrmals Jagdgast auf der Hebalm."[27]

Für die Vertreter des Ordens in Österreich selbst war diese neue Situation jedoch persönlich mitunter problematisch. In einem Brief an den Großmeister vom 24. Mai 1940 beklagt sich Ludwigstorff bitter. Am Ende seiner „physischen und psychischen Kraft" beschreibt Ludwigstorff seine Lage als „unerträglich". Seine Mitbrüder und er seien der Armut preisgegeben, während es der Ordensregierung seiner Ansicht nach an Antrieb fehle, seinen Lebensunterhalt zu sichern. Eine monatliche „Gnadengabe" von 250 Reichsmark der gegenwärtigen Machthaber sowie die bescheidene Offizierspension reichten nicht aus, um ohnehin bescheidene Lebensbedürfnisse zu befriedigen. Seine Verhältnisse seien mit der Würde eines Großpriors kaum mehr zu vereinen. Dies schade nicht zuletzt auch dem Ansehen des Ordens selbst. Von einer Steuerpfändung bedroht, fragte Ludwigstorff den Großmeister, ob es sich der Orden denn wirklich leisten wolle, daß einer seiner Großpriore „von Almosen leben" müsse.[28] Der Großmeister leitete dieses Schreiben an das Auswärtige Amt mit der Bitte weiter, die Abfindung Ludwigstorffs zu erhöhen. Das Auswärtige Amt lehnte dies jedoch unter Hinweis darauf, daß es der Ordensregierung unbenommen bliebe, für die wirtschaftliche Sicherung ihrer Funktionsträger zu sorgen, ab. Alexander Freiherr von Dörnberg zeigte sich in einer internen Notiz darüber verwundert, daß der Orden für seine eigenen Leute selbst so wenig sorge.[29]

Die persönliche Situation Ludwigstorffs kann wohl als sinnbildlich für die Situation des Ordens in Österreich genommen werden. Seiner wirtschaftlichen Grundlagen sowie seiner gesellschaftlichen Stellung entzogen, scheint das Ordensleben in den Jahren 1938 bis 1945 vollends zum Erliegen gekommen zu sein.[30] Zwar wurde der Orden in Österreich durch die Nationalsozialisten weder enteignet noch formell aufgelöst, doch scheint die Realität seiner Existenz in dieser Zeit weit von seinem ursprünglichen Zweck entfernt.

Dieses Kapitel der Ordensgeschichte schließt 1945 mit einer Verfügung Ludwigstorffs vom 16. Juni: „Durch Verordnung der österr[eichischen] Regierung sind sämtliche von der Deutschen Reichsregierung geschaffenen Gesetze und getroffenen Verfügungen ausser Kraft gesetzt worden und damit gleichzeitig alle Gesetze und Rechtsverhältnisse, wie diese vor der Einverleibung Oesterreichs in das Deutsche Reich im März 1938 bestanden haben, wieder hergestellt. Also auch die Rechtslage bezügl[ich] der Besitzungen des Souveränen Malteser-Ritter-Ordens. In meiner Eigenschaft als Fürst-Grossprior dieses Ordens für Böhmen und Oesterreich habe ich demnach auch das mir von der Deutschen Reichsregierung abgesprochene Verfügungsrecht über die Oesterreichischen Besitzungen des Souveränen Malteser-Ritter-Ordens wieder voll erlangt."[31]

Anmerkungen:

1 Rangliste und Personalstatus des Souveränen Malteser-Ritter-Ordens im Großpriorate vom Böhmen und Österreich nach dem Stande vom 28. Februar 1937.
2 Archiv des Großpriorates von Österreich des Souveränen Malteser-Ritter-Ordens [i. d. F. zit. ASMRO], Präsidial Akten 1938, P.Z. 70/prs.
3 Die Folge 14 der Volkswoche vom 6. April 1938 findet sich in der sachbezogenen Präsidial Akte des Kanzleramtes des SMRO. Der erwähnte Artikel auf Seite 2 ist rot angezeichnet. ASMRO, Präsidial Akten 1938, P.Z. 73/prs.
4 Ebda, Präsidial Akten 1938, P.Z. 73/prs.

5 ASMRO, Nachlaß Graf Alexander van der Straaten, Schreiben van der Straatens an die Dienststelle des Auswärtigen Amtes, Wien am 3. Juni 1938.
6 In welcher Funktion und aufgrund welcher Hintergründe Eulenburg intervenierte, läßt sich anhand der vorliegenden Akten nicht nachvollziehen.
7 ASMRO, Nachlaß Graf Alexander van der Straaten, Schreiben Ludwigstorffs an den Großmeister, Prag, am 28. April 1938.
8 Aufgrund von im Februar 1971 geführten Gesprächen zwischen Robert Prantner und dem ehemaligen Syndikus des Ordens, Leopold Hayden, gibt es die Vermutung, Ludwigstorff habe sich im April beim Deutschen Botschafter von Papen für die Rückerstattung der Insel Malta an den Orden eingesetzt und ihn gebeten, bei Hitler in diesem Sinne vorzusprechen. Anhand der geschilderten Probleme des Großpriorates in dieser Zeit kann ein so ehrgeiziges Unterfangen kaum das zentrale Anliegen Ludwigstorffs bei von Papen gewesen sein. Kontakte zu von Papen lassen sich anhand der Akten bestätigen. Sie stehen aber ausschließlich im Zusammenhang der Eigentumsfrage in Österreich. Die Territoriumsfrage wird nur beiläufig angesprochen. Vgl. Prantner, Robert: Malteserorden und Völkerrecht. Berlin 1974 (= Schriften zum Völkerrecht. Bd. 39), S. 77 Anm. 68.
9 Mussolini selbst war Träger des Magistralgroßkreuzes des Ordens.
10 ASMRO, Nachlaß Bredt; Auswärtiges Amt, 2. Hefter. Okt. 1939 – Nov. 1940. Anlage zum Schreiben Dörnbergs an Bredt. Berlin, am 24. September 1939.
11 Ebda.
12 Ebda.
13 Inkorporierte- wie Ordenspfarren.
14 Weil die Parteistellen dies mitunter nicht prompt erledigten, kam es in einem Fall beinahe dazu, daß sich eine Entscheidung über mehrere Monate zog. Dies ging beinahe soweit, daß der in Rede stehende Pfarrer seine Bewerbung zurückzog.
15 ASMRO, Gedächtnisprotokoll Josef Spörks vom 25. Oktober 1984: Die Arbeitssituation bei der Commende Fürstenfeld des souv. Malteser-Ritter-Ordens in der NS-Zeit 1938–1945, S. 1.
16 ASMRO, Präsidial Akten 1938, P.Z. 91/prs. (Anmerkung: Die Namen und Titel sind entsprechend ihrer Schreibweise in der Quelle wiedergegeben).
17 Rangliste und Personalstatus des Souveränen Malteser-Ritter-Ordens im Großpriorate von Böhmen und Österreich nach dem Stande vom 24. Juni 1954.
18 ASMRO, Handakte Ludwigstorff (1923–1947), Schreiben Ferdinand Thuns an Carl Ludwigstorff. Prag, am 8. Mai 1938.
19 ASMRO, Nachlaß Bredt. Auswärtiges Amt, 2. Hefter. Okt. 1939–Nov. 1940. Anlage zum Schreiben Dörnbergs an Bredt. Berlin, am 24. September 1939.
20 In Österreich waren dies die Kommenden Fürstenfeld (Forstwirtschaft mit 450 Hektar) und Mailberg (Land- und Forstwirtschaft sowie Weingut mit insgesamt 676 Hektar), die Herrschaft Ligist (Forstbesitz mit 2.800 Hektar) sowie die Kommende Maria Pulst (Forstbesitz mit 70 Hektar). In Böhmen waren dies die Kommenden Maidelberg (Land- und Forstwirtschaft mit insgesamt 735 Hektar und Troppau (Land- und Forstwirtschaft mit 397 Hektar).
21 Auffallend ist, daß in keinem der erhaltenen Schreiben auf das Palais des Ordens in Prag Bezug genommen wird. Ob nun seitens der nationalsozialistischen Machthaber diesbezüglich Ansprüche erhoben wurden oder nicht, kann dennoch nicht mit Bestimmtheit ausgeschlossen werden.
22 ASMRO, Handakte Ludwigstorff (1923–1947), Schreiben Ferdinand Thuns an Carl Ludwigstorff vom 25. Jänner 1939.
23 Ebda, Schreiben Karl Ludwigstorffs vom 4. Februar 1939 an den Großmeister sowie ein diesem angeheftetes Telegramm Thuns an Ludwigstorff.

24 ASMRO, Nachlaß Bredt, Auswärtiges Amt, 2. Hefter. Okt. 1939–Nov. 1940. Sitzungsprotokoll vom 6. November 1939.
25 ASMRO, Handakte Ludwigstorff (1923–1947). Schreiben Ferdinand Thuns an Carl Ludwigstorff vom 20. Juni 1939.
26 Juristischer Beirat für das Großpriorat Österreich war der ehemalige kommissarische Leiter RA Dr. Flatischler, für das Großpriorat Böhmen ein gewisser RA Dr. Heinz Kiekebusch. Vgl. ASMRO, Nachlaß Bredt. Juristischer Beirat Ostmark sowie Juristischer Beirat Protektorat.
27 ASMRO, Gedächtnisprotokoll Spörk, S. 2.
28 ASMRO, Nachlaß Bredt, Auswärtiges Amt, 2. Hefter. Okt. 1939–Nov. 1940. Schreiben Carl Ludwigstorffs an Chigi Albani. Wien, am 24. Mai 1940.
29 ASMRO Nachlaß Bredt. Auswärtiges Amt, 2. Hefter. Okt. 1939 – Nov. 1940. Vermerk Dörnbergs vom Juni 1940.
30 Es muß allerdings festgehalten werden, daß dieser Schluß aufgrund einer sehr dürftigen Quellenlage getroffen wird. Das Jahr 1938 ist in den Präsidialakten des Großpriorates dokumentiert, die allerdings für die folgenden Jahre fehlen. Da Bredt sich in keiner Weise um andere als wirtschaftliche Fragen gekümmert hat, sind seinem Nachlaß naturgemäß keine darüber hinaus gehenden Hinweise zu entnehmen.
31 ASMRO, Handakte Ludwigstorff (1939–1942). Verfügung Carl Ludwigstorffs vom 16. Juni 1945.

Ludwig Hoffmann-Rumerstein

Der Souveräne Malteser-Ritter-Orden von 1945 bis heute

Das Großpriorat Österreich nach 1945

Mit der Proklamation über die Selbständigkeit Österreichs vom 27.4.1945[1] sowie der Regierungserklärung vom selben Tag haben die Vorstände der politischen Parteien[2] die Unabhängigkeit Österreichs wieder hergestellt und sämtliche seit dem Anschluß Österreichs an das Deutsche Reich vom 15.3.1938 erlassenen Gesetze und Verordnungen, soweit sie nationalsozialistisches Gedankengut beinhalteten, und die politische, kulturelle (religiöse), wirtschaftliche Eigenständigkeit Österreichs beraubten, aufgehoben und die frühere Rechtslage wieder hergestellt. Damit war formell auch für das Großpriorat Österreich die Entziehung über die Verfügung des in Österreich befindlichen Ordensvermögens, welche durch eine gesetzliche Verordnung des Reichskommissars und des Stillhaltekommissars verfügt worden war, wieder aufgehoben.

Am 6. Mai 1945 fertigte im Hotel „Kaiserhof" in Bad Gastein Alexander Freiherr von Dörnberg[3] einen etwas über 4 Seiten umfassenden Abschlußbericht über die Verwaltung des Vermögens des Malteser-Ritter-Ordens während der nationalsozialistischen Terrorherrschaft in Österreich und der Tschechoslowakei. Als Sonderbeauftragter vom Reichskommissariat des auswärtigen Amtes wurde der Wirtschaftsprüfer Ing. Dr. Otto Bredt[4] ernannt, wobei die Dienstaufsicht Dr. Dörnberg übertragen wurde.

Während sich der Umfang des Grundvermögens während der nationalsozialistischen treuhändigen/kommissarischen[5] Verwaltung im Großpriorat Österreich nicht veränderte[6], wohl aber bei den Ordensbesitzungen im Großpriorat Böhmen, so war aber der Zustand der Besitzungen (Mailberg, Maria Pulst, Fürstenfeld, Ligist) durch schlechte Verwaltung, Plünderungen, kriegerische Ereignisse stark heruntergekommen und ohne jedweden Ertrag, wobei auch keine Mittel zur Verfügung standen, irgendwelche Investitionen vorzunehmen.

Mailberg

Der von der treuhändischen Verwaltung eingesetzte Pächter Lipinski verließ anfangs April 1945 mit einem Treck vor dem herannahenden russischen Heer fliehend Mailberg in Richtung Westen. Von ursprünglich 150 Stück Großvieh und 120 Schweinen etc. war nur mehr ein Stück Großvieh vorhanden; ebenso war fast kein Fundus Instructus mehr vorhanden. Von den 333 ha anbaufähigem landwirtschaftlichen Boden waren 100 ha überhaupt nicht bearbeitet, und etwa 150 ha ließen auch keine Ernte mehr erwarten. Von den 16 ha Weingärten waren höchstens 8 ha noch bestockt. Das Inventar des Schlosses war zur Gänze vernichtet; die Gebäude in einem schlechten, zum Teil auch durch Kriegsereignisse beschädigten Zustand. Zwei der sechs wertvollen flämischen Gobelins[7], die aus dem Prager Prioratsgebäude vor Bombenangriffen nach Mailberg in Sicherheit gebracht wurden, fehlten.

Fürstenfeld

In der Nacht vom 20. auf den 21. April hat die deutsche Wehrmacht nachweisbar den Kirchturm und das Kirchendach der im Eigentum des Malteser-Ordens stehenden Stadtpfarrkirche in Brand geschossen. Ein Übergreifen des Brandes auf das Kircheninnere konnte durch waghalsigen und tatkräftigen Einsatz des Pfarrers und seiner Helfer verhindert werden. Dennoch brannte in der darauffolgenden Nacht das Gebäude der Kommende, also das Schloß, bis auf die Grundmauern nieder. Der Forst wurde durch Artilleriebeschuß teilweise beschädigt. Der Fundus Instructus wurde durch das Kriegsgeschehen vernichtet.

Maria Pulst

In dieser Kommende waren keine Schäden zu beklagen.

Ligist

Schloß Ligist und das Gut einschließlich der Forste haben durch die Kriegsereignisse nicht gelitten. Auch die vorübergehende russische Besatzung hat keine nennenswerte Spuren zurückgelassen.

Ordensarchiv

Das Ordensarchiv wurde aus den Prioratsräumen in der Johannesgasse 2 in den Jahren 1938/39 in das Haus-, Hof- und Staatsarchiv, Wien, verlagert. Im Laufe des Krieges, als sich die Bombenangriffe auf Wien mehrten, wurde das Archiv nach Guntersdorf ins Schloß des Freiherrn von Ludwigstorff verlagert. Bei Kriegsende wurde der Großteil davon von den einrückenden russischen Truppen geplündert und verbrannt. Der Rest wurde wiederum vom Haus-, Hof- und Staatsarchiv geborgen und in der weiteren Folge, soweit vorhanden, dem Großprioratsarchiv zurückgestellt.

Der Mitgliederstand im Großpriorat Österreich[8] hat zwischen 1938 und dem Kriegsende nachstehende Veränderung erfahren, wobei das verläßliche Zahlenmaterial nur aus einem Vergleich der beiden Indizes zu entnehmen ist, weil im Jahr 1945 wegen der Besatzung wie auch wegen der Postzensur keine Registrierung möglich war.

	1938	**1948**
Profeßritter	5	2
Justizritter	17	10
Profeßpriester	1	
Justizdonat	1	
Kapläne	5	2
Ehrenbaillis u. Großkreuze	10	3
Ehren- u. Devotionsritter	82	51
Ehren- u. Devotionsdamen	18	12
Magistralgroßkreuze	17	10
Magistralritter	32	31[9]
Donat 1. Klasse	49	36
Donat 2. Klasse	14	12
Donat 3. Klasse	2	2

Nach dem Zusammenbruch waren die Bemühungen des Fürstgroßpriors Frá Ludwigstorff darauf gerichtet, neben der Sicherung des Ordensbesitzes die Produktion der landwirtschaftlichen Flächen anzukurbeln und den verlorenen Vieh- und Maschinenbestand wieder aufzubauen.

Zunächst wurde er von Seiten der Bundesregierung zum öffentlichen Verwalter eingesetzt. Da Ludwigstorff jedoch vor allem auf die Souveränität des Ordens wiederholt pochte, konnte er auch mit Erlaß des zuständigen Bundesministeriums vom 2. Jänner 1946 die Aufhebung der öffentlichen Verwaltung erwirken.[10] Dies war ein großer Vorteil, denn mit sofortiger Wirkung gingen die Kontrollagenden über die öffentliche Verwaltung von der Bundesregierung auf den alliierten Kontrollrat, der sich bekanntlich aus den Befehlshabern der vier Besatzungsmächte zusammensetzte, über.

Als nächste Aufgabe des Großpriorates galt es, für den Ordensbesitz den Grundbuchstand vom März 1938 wiederherzustellen. Denn während der kommissarischen Verwaltung war Dr. Ing. Otto Bredt als Verfügungsberechtigter eingetragen.

Gleichzeitig bemühte sich der Großprior auch um die Aufnahme neuer Mitglieder in den Orden, die ab den Jahren 1947/48 aufgenommen wurden. Dieser

Schritt wurde vor allem auch durch das Großmagisterium dadurch erleichtert, daß auf jegliche Ernennungstaxe oder Gebühr bis zum 1. Juni 1950 verzichtet wurde.[11]

Einen beachtlichen und nachhaltigen Einsatz erbrachte Ludwigstorff für die karitative Hilfe der hungrigen und notleidenden Bevölkerung, vorwiegend der Studenten.

Bereits im Herbst 1945 gelang es in einem Gespräch zwischen dem Großprior, Dr. Hayden[12] und dem britischen Generalmajor Scott Maßnahmen für eine karitative Hilfe zu organisieren. Als eigenen Beitrag hat das Großpriorat die Miete für ein Studentenheim in Wien für etwa 100 Personen

Fürstgroßprior Bailli Frá Carl Luwigstorff, Aufnahme vom Katholikentag, Wien 14.9.1952

für ein Jahr übernommen. Mit Hilfe von den dem britischen Generalmajor Scott unterstehenden Wohltätigkeitsinstitutionen, weiters des Prinzen Tassilo Fürstenberg und der Caritas konnten bereits ab Spätherbst 1945 Hilfsaktionen für alte Leute, insbesonders in Altersheimen in Form von Lebensmitteln und Medikamenten unter der Fahne des Ordens durchgeführt werden.[13]

Hervorzuheben ist vor allem die bekannte und für ein aktives Ordenswirken in Österreich so wirkungsvolle Studentenausspeisung des Souveränen Malteser-Ritter-Ordens unter Mitwirkung der „National Catholic-Wellfare-Konferenz-

Spende".[14] Diese Aktion begann am 7. Oktober 1946, wurde bis 31. Juli 1947 fortgesetzt und im Herbst 1947 wieder aufgenommen. Im Rahmen dieser Hilfsaktion konnte täglich im Wintersemester 1946/47 etwa 400 Studierenden der Wiener Hochschulen und im Sommersemester 1947 etwa 500 Studierenden ein Mittagstisch, bestehend aus einer kräftigen Suppe, einer Fleisch- oder Fischspeise mit Gemüse und Kartoffeln, Milchkakao und Weißgebäck serviert werden.[15] Diese Ausspeisungsaktion wurde bis ins Frühjahr 1953 fortgesetzt.

Oberst John H. Hynes wird durch Fürstgroßprior Carl Ludwigstorff in Anwesenheit von Syndikus Dr. Leopold Hayden im Care-Zentralbüro in Wien am 8.7.1947 als Magistralritter in den Orden aufgenommen.

Besonders hervorzuheben ist dabei, daß ab Dezember 1946 auch kranke Studentinnen und Studenten ein Mittagessen ins Haus zugestellt erhielten. Diese ganze Aktion wurde durch den Leiter der amerikanischen katholischen Wohltätigkeitsaktion in Österreich, Mr. Thomas Fox, vermittelt.[16]

Daneben gelang es noch eine großzügige Hilfsaktion speziell für bedürftige Ordensangehörige durchzuführen, die der amerikanische Oberst John H. Hynes durch Zuteilung einer großen Anzahl von Carepaketen 1946/47 ermöglichte.
In einer weiteren Aktion konnten etwa 150 Hochschulprofessoren je 12 Kilo Lebensmittelpakete als Weihnachtsaktion 1946 zur Verfügung gestellt werden.
Eine weitere Geste kam von der Niederländischen Genossenschaft der Malteser Ehren- und Devotionsritter, die sowohl mit Lebensmittelpaketen zu Hilfe kam wie auch durch die Aufnahme von Maltesern und deren Angehörigen für einen Erholungsaufenthalt in Holland Hilfe leisten wollte.[17]
1950 wurde ein Unterstützungsfonds für Bedürftige und ein Fonds für Flüchtlinge errichtet. Schließlich übernahm das Großpriorat auch noch das Protektorat über das Mütter- und Säuglingsheim der Caritas in Wien.
Eine weitere Hilfe für Ordensmitglieder aller Kategorien kam seitens der peruanischen Regierung, die bereit war, auswanderungswilligen Ordensmitgliedern oder deren Nachkommen durch Zuteilung von 50 Hektar Land pro Auswanderer eine Starthilfe zu gewähren.[18]

Die Bemühungen des Großpriors Ludwigstorff waren ebenso intensiv auch auf eine geistige Erneuerung des Ordens gerichtet. Er war bestrebt, die Zahl der Profeßritter zu erhöhen, genauso aber auch der Spiritualität aller Ordensmitglieder und der gesamten Bevölkerung nach einer über siebenjährigen Unterdrückung und Austrocknung neue Impulse zu geben, um den „Typus des christlichen Ritters zeitgemäß lebendig zu machen, der die gesellschaftliche Rangordnung und die weltliche Kultur aus der Haltung des Glaubens mit christlicher Liebe durchdringt".[19]
Im wesentlichen wurden folgende Zielsetzungen angepeilt:
Vertiefung des religiösen Lebens; Verstärkung der karitativen Tätigkeit; weitestmögliche Verwirklichung der christlichen Soziallehre auch im eigenen Wirkungsbereich und Festigung des brüderlichen Verhaltens und der Bereitschaft zur gegenseitigen Hilfe innerhalb der Ritterschaft.

Die Bemühungen des Großpriors die Vereinigung des böhmischen Großpriorates mit dem österreichischen wiederherzustellen, scheiterten am Widerstand Roms. Schreibt doch Großmeister Chigi in einem Brief vom 22. Mai 1947 an Ludwigstorff, daß „die Teilung des Großpriorates von Böhmen und Österreich nicht allein eine Notwendigkeit des Augenblicks, d.h. um über den Moment des Nationalsozialismus wegzukommen, sondern vielmehr auch eine politische Notwendigkeit war, die von böhmischer Seite verlangt worden ist". Damit mußten die Pläne für eine Vereinigung der beiden, seit Juni 1938 getrennten Priorate begraben werden.[20] Aber auch die Wiederaufnahme der diplomatischen Beziehungen, die Ludwigstorff anregte, wurde erst mehr als zwei Jahre nach seinem

Ableben verwirklicht. Genauso blieben die Ideen einer humanistischen, auf Naturrecht beruhenden internationalen Rechtsakademie in Wien unerfüllbare Wünsche.[21]

Der Vertreter des Großpriorates Österreich im Souveränen Rat war anfänglich Frá Ferdinand Thun-Hohenstein. Etwa ab der Wende des Jahres 1947/48 vertrat das Großpriorat Justizritter Michael Anton Freiherr Adamovich von Csépin und ihm nachfolgend Justizritter Gottfried Erwein Freiherr von Gudenus. Die Ära des Fürstgroßpriors Carl Ludwigstorff ging schließlich am 14. April 1955 mit seinem Ableben zu Ende.

Die Wiedererrichtung der diplomatischen Vertretung des Ordens

Wenn auch der Großprior Ludwigstorff gegenüber dem Großmagisterium wiederholt angeregt hat, die Wiederaufnahme der diplomatischen Beziehungen zwischen dem Orden und der Republik Österreich anzustreben, so scheiterte jedoch dieses Unterfangen zunächst auf Seiten der Bundesregierung Österreichs wegen des Besatzungsstatuts.[22] Vor allem wollte man sich auch nicht auf eine Diskussion mit dem sowjetischen Kontrollrat einlassen, weil man davon ausging, daß dieser grundsätzlich gegen eine katholische Adelsorganisation eingestellt sei.

Nach dem Einsatz der ersten Kardinalskommission 1951 wäre ohne Einvernehmen mit dem Hl. Stuhl die Wiederaufnahme der diplomatischen Beziehungen schon wegen der angespannten Verhältnisse und der beschränkten Handlungsfähigkeit des Ordens nicht möglich gewesen. Dies beruhte auf der Tatsache, daß der der Kardinalskommission angehörende Kardinal Nicola Canali die Souveränität des Ordens vehement bestritt.[23]

Es konnte daher erst nach der vollen Wiedererlangung der Freiheit Österreichs, welche mit dem Abschluß des Staatsvertrages am 15. Mai 1955 eintrat, und der drei Wochen zuvor erfolgten Wahl des Statthalters des Großmagisteriums an konkrete Anträge und Verhandlungen auf Wiederaufnahme der diplomatischen Beziehungen zu Österreich geschritten werden.

Zunächst hat der beim Hl. Stuhl akkreditierte österreichische Botschafter Josef Freiherr von Kripp im Staatssekretariat vorgefühlt, wie man zu einer Wiederaufnahme der diplomatischen Beziehungen zu Österreich stehe. Da ihm sogleich von maßgeblicher Seite eine äußerst positive Stellungnahme abgegeben wurde, wollte man noch den Austausch von Gesandten zwischen dem Orden und der Republik Italien abwarten. Der Orden hatte bis dahin lediglich durch einen anerkannten Verbindungsmann den Kontakt zur italienischen Regierung – Ministro Bianchi – aufrecht erhalten.

Die österreichische Botschaft beim Hl. Stuhl regte dann in seiner Mitteilung an den Bundesminister für auswärtige Angelegenheiten unter Hinweis auf sein Schreiben vom 28. November 1954 am 20. Mai 1955 wiederum die Frage der Aufnahme der diplomatischen Beziehungen an. Nach längeren Konsultationen auf Beamtenebene wurde dann im Ministerrat der Beschluß gefaßt, die diplomatischen Beziehungen, wie sie 1938 bestanden, wieder aufzunehmen. Die im Ministerium dem Orden wohlgesinnten Beamten wollten durch die Anknüpfung im Jahr 1938 nur die Wiederherstellung des früheren Zustandes und keinen förmlichen Beschluß des Ministerrates herbeiführen, der für einen wechselseitigen Gesandtenaustausch erforderlich gewesen wäre. Es bedurfte daher umfangreicher wiederholter Kontaktaufnahmen und Interventionen bei den zuständigen Politikern wie auch der Beamtenschaft des Außenministeriums, um den Wiederaufnahmsbeschluß von „wie im Jahre 1938" und „so wie mit Italien" zu erweitern, um zum wechselseitigen Gesandtenaustausch zu kommen. Längere Verhandlungen gab es dann auch innerhalb des Ordens bei der Auswahl eines geeigneten Gesandten. Der Gesandte durfte jedenfalls kein Österreicher sein, er sollte auch nach außen dem Auftreten nach eine ausländische Persönlichkeit wie auch vermögend sein. Schließlich wurde in der Person des Comte Robert de Billy aus Paris die entsprechend qualifizierte Persönlichkeit gefunden, die auch sofort das Agrément der Republik Österreich erhielt, so daß der neue Ordensvertreter am 6. Dezember 1957 das Beglaubigungsschreiben unter Einhaltung des feierlichen und offiziellen Zeremoniells überreichte. Einige Monate später konnte dann auch der österreichische Botschafter beim Hl. Stuhl als Gesandter beim Orden akkreditiert sein Beglaubigungsschreiben überreichen.[24]

Im Anschluß daran erfolgte ein hochkarätiger Ordensaustausch, wobei auch der österreichische Bundespräsident sehr gerührt war, als er die Kollane des Ordens „Pro Merito Melitensi" erhielt.

Die diplomatischen Beziehungen zwischen dem Orden und der Republik Österreich wurden 1975 in den Rang von Botschaften erhoben.[25] Die diplomatischen Beziehungen zwischen Österreich und dem Orden haben sich stets friktionsfrei und geradezu herzlich gestaltet. Wiederholt waren die Großmeister Frá Angelo de Mojana und Frá Andrew Bertie zu offiziellen und offiziösen Besuchen in Österreich.

Ordenskrise

Auch wenn das Großpriorat Österreich nicht unmittelbar davon betroffen war, so handelte es sich doch um eine Periode der Ordensgeschichte, die unschwer sowohl mit einem Verlust der Souveränität wie auch des religiösen Ordenscharakters als religiöser Laienorden enden hätte können. Von der Fülle der Fakten, der Ereignisse und der Urkunden, die leider sehr zerstreut sind, sollen hier nur einige markante Ereignisse geschildert werden, um die Gefahr, die für den Orden bestand, verständlich zu machen.[26]

Der dem Großpriorat Lombardo-Venezien angehörende Frá Ferdinand Thun-Hohenstein war nach 1947 Direktor eines Lagers Evakuierter in Trastevere (Campo Sfollati-Trastevere). Gleichzeitig fungierte er, zumindest im Jahr 1949, als Sekretär des Souveränen Rates für die auswärtigen Angelegenheiten. In dieser Eigenschaft hatte er lediglich die Aufgabe, dem Souveränen Rat in der Verbesserung der auswärtigen Beziehungen des Ordens behilflich zu sein. Er hatte aber keinerlei Gewalt von sich aus, irgendwelche Vereinbarungen zu unterzeichnen.

In der Erwartung, für die Evakuierten günstig Getreide beschaffen zu können, andererseits aber auch Getreide auf dem römischen und sonstigen italienischen Markt gewinnbringend verkaufen zu können, unterzeichnete Bailli Ferdinand Thun-Hohenstein einen Lieferkontrakt über einen Getreideeinkauf mit der argentinischen Regierung im Werte von 7,500.000,- freie US $. Eingefädelt wurde das ganze Geschäft durch ein Schreiben des Bailli Thun an Eva Peron, vermittelt durch zwei wenig vertrauensvolle Personen – Spekulanten –, die von ihm mit diplomatischen Schreiben ausgestattet, sich bereits 1948 und Anfang 1949 nach Argentinien begaben.

Ebenfalls 1949 organisierte Bailli Thun einen politischen Protestzug gegen die Regierung von seiten der Lagerbewohner in Trastevere, was naturgemäß zu einer Verstimmung der italienischen Regierung führte. Im selben Jahr verwickelte sich Bailli Thun im Rahmen der Aufbringung der Mittel zur Bezahlung des Weizengeschäftes in dunkle Geldgeschäfte, wobei ein mailändischer Freiberufler angeblich Lit. 2,500.000,- verlor. Jener informierte das Großmagisterium und drohte, die Verantwortlichen zur strafrechtlichen Rechenschaft zu ziehen.

Zufällig erhielt Großmeister Chigi von diesen Vorgängen im Juni 1949 Kenntnis und ersuchte das Büro des Commun Tesoro um einen Bericht. Bailli Thun verfaßte zwar ein „Pro Memoria" an den Großmeister, datiert mit 25. Juni 1949, war aber nicht bereit, in der weiteren Folge mit dem Rechnungsamt des Commun Tesoro zusammenzuarbeiten und alle erforderlichen Auskünfte zu erteilen. Mit Wirkung vom 30. Juni 1949 wurde er von seinem Amt als Sekretär der auswärtigen Angelegenheiten entfernt, und in der Folge wurde er auch über Betreiben des Großpriors von Lombardo-Venezien aus dem Souveränen Rat ausgeschlossen.

Thun beschwerte sich über diese Vorgänge bei der zuständigen Ordenskongregation, was zur Bestellung eines apostolischen Visitators „ad hoc" seitens der Kongregation führte. Bailli Thun war auch nicht bereit, sein Appartement im Großmagisterium zu räumen und mußte erst nachdrücklich, unter Hinweis auf das Gelübde des Gehorsams, vom Großmeister Chigi aufgefordert werden, den

Großmeisterpalast zu räumen. Auch wegen dieses „Hinauswurfes" reichte Bailli Thun bei der Ordenskongregation eine Beschwerde ein.[27]

Am 13. November 1951 traf beim Großmeister Chigi der langerwartete Brief des Ministerpräsidenten Degasperi ein, worin zum Ausdruck gebracht wird, daß die italienische Regierung den Malteser-Orden anerkenne und bereit ist, seinem Vertreter ein Agrément zu erteilen. Am späten Nachmittag dieses Tages besuchte der Jesuitenpater Castellani den Großmeister. Diese Begegnung kam unter Umgehung des für Besuche zuständigen Markgrafen Hubert Pallavicini durch einen Kammerdiener zustande. Der Abgesandte Kardinal Canalis überbrachte dem Großmeister die Mitteilung einer drohenden Exkommunikation. Kaum war der Überbringer dieser Hiobsbotschaft aus dem Arbeitszimmer des Großmeisters entschwunden, stürzte der Großmeister infolge eines Herzanfalles zu Boden. Die herbeigerufenen Ärzte konnten mit Spritzen den Gesundheitszustand des Großmeisters wieder stabilisieren. Ihrer Ansicht nach war der Zustand nicht lebensgefährlich. Am anderen Tag erlitt der Großmeister vormittags neuerdings einen Herzanfall und verstarb.

Im Kanzleramt des Großmagisteriums hat man für diesen Fall vorsorgend bereits Monate zuvor die an die einzelnen Staatsoberhäupter, Kardinäle, Großprioren und Präsidenten der Assoziationen zu versendenden Telegramme vorbereitet, in welchen auch sogleich Bailli Frá Antonio Hercolani Fava Simonetti als vom Souveränen Rat ernannter Statthalter bekanntgegeben wurde. Diese Telegramme waren bereits eine Stunde nach dem plötzlichen Ableben des Großmeisters zur Post gegeben worden. Trotz massiven Einspruchs seitens des Kardinals Canali übte Hercolani zunächst das Amt mit hoher Festigkeit und Geschick zum Wohl des Ordens aus. Auch Androhungen der Exkommunikation oder des Interdiktes über den Orden ließen ihn in den Folgemonaten unberührt.

Am 8. Dezember 1951, am Fest der unbefleckten Empfängnis, beschloß der Souveräne Rat den gesamten Staatsrat für 28. Februar 1952 einzuberufen, um zur Wahl des Großmeisters zu schreiten. Am selben Tag wurden bereits sämtliche Einladungen von der Kanzlei des Großmagisteriums versendet. Man ahnte, daß aus dem Vatikan Gefahren drohen.

Bereits mit Chirograph[28] vom 10. Dezember 1951 hat der Heilige Vater Pius XII. angeordnet:

„1. Es wird ein Gerichtshof, zusammengesetzt von den Hr. Kardinälen Tisserant, Micara, Pizzardo, Aloisi-Masella und Canali, errichtet, um die Natur und Eigenart des Souveränen Ordens und des religiösen Ordens des Malteser-Ordens [festzustellen], auf die sich die Nummern 2 und 4 des ersten Titels der gültigen Verfassung des Ordens, das Gebiet seiner betreffenden Kompetenzen und die wechselseitigen Beziehungen in Bezug auf den Heiligen Stuhl erstrecken.

2. Der Gerichtshof ist ausgestattet mit voller Autorität und Macht, auch über Form des Prozeßverlaufes, jedoch unter Beibehaltung der erforderlichen Garantien für eine gesetzliche Verteidigung der Streitteile („[...] salve le dovute garanzie per la legittima difesa delle parti [...].")
3. Die Entscheidung des Gerichtshofes wird endgültig sein und ist nicht durch Berufung oder sonstige Beschwerde anfechtbar."

Erst im Osservatore Romano vom 9. Jänner 1952 wurde der Text des Chirograph wiedergegeben, jedoch mit der Ergänzung, „daß es seiner Heiligkeit darüber hinaus gefallen hat, anzuordnen, daß die Wahl des neuen Großmeisters bis zur Erlassung der Entscheidung des Gerichtes suspendiert wird unter gleichzeitiger Aufhebung anderslautender Verfügungen des Ordens". Die Wahl des Großmeisters mußte daher wieder abberaumt werden.

Es würde den Rahmen dieses Beitrags sprengen, wollte man auf alle Schreiben, Erklärungen, Verbalnoten, Verfügungen, sei es des Tribunals, sei es des Ordens, bis zur Veröffentlichung der Entscheidung eingehen. Fest steht aber soviel, daß der Malteser-Orden im Herbst 1952 gegenüber dem Kardinalsgerichtshof erklärte, sich aus dem Verfahren zurückzuziehen, da ihm von den Päpsten Pius IV. und Pius VI. von jeder weltlichen oder geistlichen Jurisdiktion die Immunität zugestanden wurde. Dennoch kündigte die Kardinalskommission die Erlassung einer – bereits seit langem feststehenden – Entscheidung an.

Die Entscheidung vom 24.1.1953 seitens des Kardinaltribunals war für den Orden allerdings nicht erbaulich. Sie lautete:

„*1. Natur der Eigenschaft des Malteser-Ritter-Ordens als souveräner Orden (Art. 2, Titel I der Ordensverfassung):*

Die Eigenschaft als souveräner Orden auf welcher sich der Art. 2, Titel I der geltenden Verfassung des Ordens bezieht und die wiederholt vom Heiligen Stuhl anerkannt wurde und in dem angeführten Artikel dargelegt worden ist, steht im Genuß einiger Vorrechte, die dem Orden als Objekt des Völkerrechts zu eigen sind. Sie sind nach den Grundsätzen des Völkerrechts Ausflüsse der Souveränität und nach dem Beispiel des Heiligen Stuhls in einigen Staaten anerkannt worden, doch sie bilden für den Orden nicht jenen Komplex von Macht und Vorrechten, der jenen Völkerrechtssubjekten zu eigen ist, die souverän in der vollen Bedeutung des Wortes sind.

2. Natur der Eigenschaft des selben Ordens als religiöser Orden (Art. 4, Titel I der Ordensverfassung):

Der Malteser-Ritter-Orden, insoweit er sich aus Profeßrittern und Ordenskaplänen entsprechend dem Art. 4 und 9 des Titel 1 der Ordensverfassung zusammensetzt, ist ein Orden (Religio), genauer bestimmt, ein religiöser

Orden, der vom Heiligen Stuhl genehmigt ist. (Codex Juris Canonici can 467 und 488 Abs. 1 und 2). Er verfolgt über die Heiligung seiner Mitglieder hinaus religiöse, karitative und allgemein hilfreiche Zwecke (Ordensverfassung Titel I Art. 10).

3. Grenzen seiner Stellung als Souveräner Orden und als religiöser Orden; wechselseitige Beziehungen und solche zum Heiligen Stuhl:

Die beiden Eigenschaften als Souveräner Orden und als religiöser Orden, auf welche sich die Antworten des vorliegenden Urteils die Fragen 1 und 2 beziehen, stehen in engem Zusammenhang miteinander.

Die Eigenschaft der Institution als souveräner Orden kann nach seiner Bestimmung entsprechend ausgeübt werden (è funzionale), um die Erreichung der Zwecke des Ordens selbst und seiner Entwicklung in der Welt zu sichern. Der Malteser-Ritter-Orden ist vom Heiligen Stuhl abhängig und im besonderen ist er ein religiöser Orden und der Zuständigkeit der Hl. Religiosen Congregation gemäß dem Canonischen Recht und der geltenden Ordensverfassung.

Diejenigen, denen ehrenhalber ein Ordensrang verliehen wurde und die Mitglieder der Assoziationen sind dem Orden unterstellt und durch ihn dem Heiligen Stuhl, entsprechend Kapitel 5 Titel III der geltenden Ordensverfassung. Die Fragen, die die Eigenschaft des Ordens als souveränen Orden betreffen, auf die sich der erste Abschnitt des Urteils bezieht, sind von dem Staatssekretariat seiner Heiligkeit behandelt worden (Codex Juris Canonici can 263). Die gemischten Fragen sind von der Hl. Religiosen Congregation und dem Staatssekretariat im gemeinsamen Einverständnis gelöst worden.

Die erworbenen Rechte und Gebräuche und Vorrechte, die von den Heiligen Vätern dem Orden gewährt wurden, bleiben insoweit unberücksichtigt, wie sie dem canonischen Recht und der geltenden Ordensverfassung nicht widersprechen."[29]

Nach dem Vorliegen dieser Entscheidung wurden mit dem Staatssekretariat Verhandlungen bezüglich der Interpretation geführt, und wurde von seiten des Ordens am 12.3.1953 an den Substituten Msgr. G. B. Montini folgender Brief gerichtet:

„[...] Durch eine aufmerksame und objektive Prüfung des Urteils, das von dem erhabenen Kardinaltribunal am 24. Jänner 1953 verkündet und uns am darauffolgenden 10. Februar mitgeteilt wurde, interpretiert der Oberste Rat die in dem Urteil enthaltenen Begriffe so, wie es im folgenden einzeln aufgeführt wird:

1. (Natur der Eigenschaft des Malteser-Ritter-Ordens als Souveräner Orden):
Anerkennung der seiner Zweckbestimmung entsprechenden Souveränität des Ordens bestehend im Genuß der Vorrechte, deren Träger der Orden selbst als Subjekt des Völkerrechts ist;
2. (Natur der Eigenschaft des Malteser-Ritter-Ordens als religiöser Orden):
Die religiöse Natur des Ordens ist beschränkt auf die Profeßritter und Ordenskapläne, die ihm zugehören;
3. (Bereich der wechselseitigen Zuständigkeit usw.):
Die Beziehungen zwischen der souveränen und der religiösen Eigenschaft des Ordens werden dadurch genau bestimmt, daß die Fragen bezüglich der souveränen Eigenschaft des Ordens vom Staatssekretariat zu behandeln sind. Dies ist aber nicht in dem Sinne zu verstehen, daß die Aktivität des Ordens vom Staatssekretariat bestimmt wird und diesem unterworfen ist, sondern daß die Kompetenz des Staatssekretariats durch die besagten Fragen, die in dieser Hinsicht auftreten könnten, bezeichnet wird. In analogem Sinne sind die Anweisungen hinsichtlich der gemischten Fragen auszulegen. In der Auslegung des Urteils durch die von S. E. Msgr. Sostituto an Conte D. Angelo de Mojana zu Recht geäußerten Ansichten bestärkt haben der Oberste Rat und ich gerne beschlossen, das Urteil des erhabenen Kardinaltribunals anzunehmen, weil es mit den oben angeführten und dem Sinn, den wir bei der ausgeführten Auslegung erwähnt haben, vollkommen übereinstimmt wie auch mit dem Gedanken und dem Inhalt des Antrags Henckel-Donnersmarck vom 17. Februar 1953, die einmütig von der Versammlung der Präsidenten und Delegierten der nationalen Vereinigungen des Ordens angenommen wurden und welche in ein Dekret des Obersten Rates Nr. 1443 vom 19. Februar 1953 aufgenommen wurden, das vom Minister des Ordens beim Heiligen Stuhl am 19. Februar 1953 dem vorzüglichen Staatssekretariat zur Kenntnis gebracht wurde [...]."[30]

Mit Schreiben vom 23.3.1953 dankte Prostaatssekretär G. B. Montini dem Statthalter des Ordens, Frá Hercolani, für die Grußadresse an den Heiligen Vater und hielt fest, daß das Staatssekretariat Kenntnis genommen hat von dem, was in dem Schreiben zum Ausdruck gebracht wurde.

Damit wurde in einigen Punkten der Entscheidung des Kardinaltribunals ein anderer Sinn beigemessen, als es das Kardinaltribunal zum Ausdruck bringen wollte. Dieser Schriftwechsel führte auch bei Kardinal Canali, der davon erst später in Kenntnis gesetzt wurde, zu neuerlichem Ärger und Wutausbrüchen gegenüber dem Orden.

Im Frühjahr 1953 bildete sich, wie auch vom Heiligen Stuhl gefordert, eine paritätische Kommission zum Studium der Grundsätze einer Reform der Ordensstatuten, der von Seiten des Großpriorates Österreich Frá Gottfried Gudenus angehörte. Sowohl die Wahl eines Großmeisters wie auch die Wahl eines Stellvertreters des Großmagisteriums konnten nicht durchgeführt werden, weil von seiten des Staatssekretariats die diesbezüglichen Zusagen nach kurzer Zeit wieder zurückgezogen wurden. Gefordert wurde eine Reform der Ordensverfassung und des Ordenscodex. Die Forderungen waren auch widersprüchlich. Einmal war in Aussicht gestellt, der Wahl eines provisorischen Großmeisters zuzustimmen, der die Reform durchzuführen und sich dann zurückzuziehen hätte; dann wurde dieser Vorschlag von seiten des Staatssekretariats wieder zurückgezogen. Zwischen mündlichen Aussprachen und Schreiben, Vorsprachen des Ordensgesandten beim Staatssekretariat ging es hin und her. Ein von Seiten des Ordens genehmigter Text des Ordensrechtes kam jedoch vorerst nicht zustande. Die Statutenkommission des Großmagisteriums war offensichtlich nicht in der Lage, einen Entwurf auszuarbeiten, und der eingesetzte Statthalter erkannte offensichtlich nicht die Gefahren, die infolge der mangelnden Effizienz des Großmagisteriums durch Kardinal Canali, der den Orden mit dem Orden der Ritter des Hl. Grabes vereinigen wollte, drohten.

Im wesentlichen wurde durch mangelnde Initiative seitens des Ordens wieder jenes Vertrauen, das der Heilige Vater und das Staatssekretariat in den Orden gesetzt haben, verspielt.

Mit Chirograph vom 1.2.1955 hat Papst Pius XII. an Frá Hercolani u.a. angeführt, daß „als das Tribunal seinen Urteilsspruch gefällt hatte, die allgemeine Hoffnung bestand, daß die Institution raschestens in eine neue Phase einer aufblühenden Entwicklung eintreten würde". Die vom Orden unternommenen Schritte, um aus dem gegenwärtigen Zustand herauszukommen, seien aber auf Schwierigkeiten gestoßen und haben auch daher nicht die gewünschten Erfolge zeigen können. Auch die Statutenreform, die der Orden als eine wichtige Voraussetzung für ein neues Leben betrachtet und mit deren Vorbereitung er schon seit einiger Zeit beschäftigt sei, befinde sich noch in der Phase des Studiums. Mit der Erwartung, daß die Rückkehr des Ordens zur Normalität begünstigt und eine neue Blüte seines geistigen Lebens gefördert werden könne, wurde eine neue Kardinalskommission, zusammengesetzt aus den Kardinälen Tisserant, Micara, Pizzardo, Aloisi-Masella, Valeri und Canali und als Sekretär Msgr. Scapinelli, bestellt. Der dagegen von seiten des Ordens erhobene Protest blieb ergebnislos. Statt dessen hat diese Kardinalskommission bereits am 11.2.1955 folgende Beschlüsse gefaßt:

„1) Der interimistische Statthalter des S.M.R.O., S. Ex. der Bailli Frá Antonio Hercolani Fava Simonetti, wird aufgefordert, der Kommission innerhalb von zehn Tagen vom Datum der Bekanntgabe der gegenständlichen Entschließung, die Abänderungsvorschläge zu der Ordensverfassung, welche er und seine Mitarbeiter bis heute ausgearbeitet haben, vorzulegen.

2) Die Aufnahme neuer Ritter und neuer Damen in den Orden, ihre Beförderung und die Verleihung von Ehrungen und Ordensauszeichnungen erfordern, um Gültigkeit zu erlangen, vom Datum des gegenständlichen Beschlusses bis zu neuen Entscheidungen die vorherige Autorisation der Kommission.

3) Mit Bezugnahme auf die Bestimmungen des Art. 4 des Kapitels II und der Kapitel IV und VII und des Tit. III der in Kraft stehenden Statuten des Ordens kann kein außerordentlicher Verwaltungsakt vom Datum dieses Beschlusses an bis zu neuen Entscheidungen getätigt werden, ohne vorherige Genehmigung der Kommission.
Gemäß dem Dekret vom 13.VII.1951 der Hl. Konsistorialkongregation, veröffentlicht in den Akten des Apostolischen Stuhles 1951 Nr. 13, Seite 602–603, werden unter außerordentlichen Verwaltungsakten jeder Abverkauf, Vertrag oder Verpflichtung verstanden, welche Goldfrancs 10.000 oder Goldlire 10.000 übersteigen.

4) Für gewöhnliche Verwaltungsakte werden dem interimistischen Statthalter des S.M.R.O. vom Datum gegenständlichen Beschlusses an bis zu neuen Entscheidungen zur Seite gestellt und von diesem unterstützt der Sekretär der Kardinalskommission Msgr. Giovanni Battista Scapinelli di Leguigno, welcher wiederum seinerseits von einzelnen Beratern unterstützt werden wird, und zwar als Rechtsberater von S. Ex. dem Fürsten und Rechtsanwalt Don Giulio Pacelli, als Verwaltungsberater vom Grafen Dr. Francesco Cantuti Castelvetri, und vom Buchsachverständigen, dem Großoffizier Dr. Guglielmo Mollari.

5) Die Vollmachten dieser Kommission können in dringenden Fällen vom Herrn Kardinalpräsidenten dieser Kommission ausgeübt werden.

6) Die Kardinalskommission behält sich vor, weitere Beschlüsse zu fassen."

Diese Anordnungen tragen zweifelsohne die Handschrift von Kardinal Canali und sollten darin hinauslaufen, dem Souveränen Orden endgültig die Lebensfähigkeit abzusprechen und diesen aufzulösen, zumindest aber dem Kuratel einer von Intrigen des Kardinals Canali beherrschten Kardinalskommission zu unterstellen. In dieser Zeit wurden die Mitglieder des Souveränen Rates nach Rom einberufen, um jederzeit, auch zu nächtlichen Stunden, für Sitzungen des Souveränen Rates zur Verfügung zu stehen. Denn es gab Schriftstücke, die erst nach 17 Uhr an der Pforte des Großmagisteriums von einem Boten der Kardinalskommission übergeben und deren Beantwortungen bis 8 Uhr früh des dar-

Der neuerwählte Luogotenente des Großmagisteriums Bailli Frá Ernesto Paternò Castello dei Duchi di Cárcaci und Kardinal Nicola Canali

auffolgenden Tages erheischt wurden. Ferner wurden die gesamten Rechnungsbücher angefordert, sowie Aufzeichnungen und Unterlagen an wen, wann, welche Diplomatenpässe ausgestellt wurden usw. Es herrschte also „Kalter Krieg" zwischen dem Großmagisterium und der transtiberianischen Kardinalskommission. Auch zwischen den Mitgliedern des Souveränen Rates traten wiederholt erhebliche Meinungsverschiedenheiten zu Tage: Man vermutete, daß innerhalb des Großmagisteriums Informanten der Gegenseite vorhanden wären. Mitglieder des Souveränen Rates sind manchmal unentschuldigt, manchmal mit falschen, wenig glaubhaften Ausreden nicht erschienen oder sind zur Erledigung angeblich dringender privater Angelegenheiten verreist. Es kam daher vor, daß einmal auch nur zwei Personen zur Sitzung erschienen.

Nach verschiedenen Protestschreiben, Verbalnoten, persönlichen Vorsprachen von Mitgliedern der nach Rom einberufenen Assoziationspräsidenten, wiederholten Vorsprachen des beim Heiligen Stuhl akkreditierten Ordensgesandten,

Graf Pecci, Interventionen einflußreicher Vermittler, Sondierungsgesprächen hoher Ordensfunktionäre, wie auch nach der aufgrund gesonderter schriftlicher Anordnung vom 3. März 1955 seitens der neuen Kardinalkommission geforderten sofortigen Entlassung und Entfernung der „Person, die die Funktionen des Vizekanzlers des Ordens ausübt – ohne Namensnennung"[31] trat eine gewisse Beruhigung ein, so daß die Kardinalskommission am 15. März 1955 beschloß, die Wahl eines Stellvertreters des Großmagisteriums (Luogotenente del Gran Magistero) zuzulassen.[32] Die Mitglieder des Consiglio Compito di Stato[33] wurden schließlich auf den 24.4.1955 zur Wahl des Luogotenente del Gran Magistero einberufen. Siegreich daraus ging Bailli Frá Ernesto Paternò Castello[34] aus dem Großpriorat Neapel-Sizilien hervor. Mit einem gesonderten Apostolischen Breve vom 25.4.1955 wurde von Papst Pius XII. die Wahl bestätigt. Bemerkenswert ist, daß es in diesem Bestätigungsschreiben unter anderem weiter heißt: „Wir übergeben Dir als Stellvertreter des Großmagisteriums des S.M.R.O. alle Rechte und alle Fakultäten, die nach dem Inhalt der Verfassung der Großmeister ausübt und genießt und wir setzen fest, daß Dein Amt so lange dauert, bis man nach der vorzubereitenden Verfassung einen neuen Großmeister wählen kann." Die am 1.2.1955 neugebildete Kardinalskommission wurde als autorisierte Hilfe für den Orden belassen. Weiters wurden dem Ordensrat zwei Vertreter der Nationalen Assoziationen Europas mit beratender Stimme beigeordnet.
Der Orden ging nun entschlossen daran, die Reform des Ordensrechtes voranzutreiben, wobei bei dieser Reform vor allem dem Mailänder Rechtsanwalt und späteren Großmeister Angelo de Mojana di Cologna und dem dem österreichischen Großpriorat zugehörigen Bailli Frá Otto de Grisogono entscheidende Beiträge zukommen.

Die Entwürfe der neuen Ordensverfassung wurden sehr intensiv, sei es in der dazu bestellten Kommission, sei es mit den Mitgliedern der Nationalen Assoziationen wie auch im Souveränen Rat wiederholt ausführlich erörtert, wobei man auch in Kernfragen immer wieder Konsultationen mit dem Staatssekretariat und der Kardinalskommission führte. Schließlich gelang es aber unter dem Pontifikat Papst Johannes XXIII., nach dessen Wahl auch der Einfluß von Kardinal Canali dahinschwand, die Genehmigung der Verfassung am 24. Juni 1961 zu erreichen, so daß am 8. April 1962 als neuer Großmeister Frá Angelo de Mojana di Cologna gewählt werden konnte.
Damit war eine nahezu 13-jährige Ordenskrise, die sowohl an den Fragen der Souveränität wie der eigenen Vermögensverwaltung, der selbständigen inneren Verwaltung rüttelte, beendet, wobei lediglich religiöse Fragen, insbesondere Fragen der Professen und der Inhalt deren religiöser Gelübde und die neugeschaffenen Oboedienzritter die Ordenskongregation in der Folge tangierten.

Fürstgroßprior Frá Friedrich A. Kinsky bei der Verleihung des Kommandeurkreuzes „Pro merito melitensi" an den damaligen Ärztekammerpräsidenten, Primarius Dr. Richard Piaty. Im Hintergrund HR Dr. Reinhard Kaiser.

Ausblick

Vom 14. Jänner 1964 bis 10. März 1970 leitete Frá Gottfried Erwein Freiherr von Gudenus als Fürstgroßprior und in der Zeit vom 10. März 1970 bis zu seinem Ableben Frá Friedrich Graf Kinsky von Wchinitz und Tettau das Großpriorat von Österreich. In der Zeit vom Herbst 1983 bis Frühjahr 1990 leitete Bailli Oboedienz-Großkreuz Botschafter i. R. Dr. Gordian Freiherr von Gudenus als Prokurator das Großpriorat, seit Juni 1990 Bailli Frá Wilhelm Prinz von und zu Liechtenstein als Fürstgroßprior.
In der Zeit von 1970, nach der Wahl von Frá Friedrich A. Graf Kinsky zum Großprior, hatte Österreich im Souveränen Rat bis 1981 keinen Vertreter. Über ein Jahr fungierte dann Frá Giancarlo Markgraf von Pallavicini als Ratsmitglied, bis er dann 1982 das Amt des Großkomturs antrat, das er bis April 1994 bekleidete. Ab Mai 1984 fungierte Frá Ludwig Hoffmann von Rumerstein als Ratsmitglied, der mit Ende April 1994 die Funktion des Großkomturs übernahm.

Der langjährige und verdiente Prokurator (1984–1990) des Großpriorates von Österreich, Botschafter i. R. Dr. Gordian Freiherr von Gudenus und seine Frau Anna anläßlich einer Audienz bei Seiner Heiligkeit Papst Johannes Paul II.

Sowohl in das 10. Jahrhundert seiner Existenz, wie auch in das 3. Jahrtausend kann der Souveräne Malteser-Ritter-Orden gestärkt nach innen wie auch nach außen treten. Die Reform des Ordensrechtes mit der Anpassung an den seit 1983 gültigen neuen Codex Juris Canonici konnte aufgrund intensiver Vorbereitungsarbeiten der eigens dafür durch den Souveränen Rat gebildeten Statutenkommission im Rahmen des Sondergeneralkapitels in der Zeit vom 28. bis 30. April 1997 durchgeführt und abgeschlossen werden. Der Hl. Stuhl hatte keinerlei Änderungswünsche gestellt und hat auch den vorgelegten Texten, obwohl gewichtige Änderungen erfolgt sind, innerhalb von 9 Tagen die Zustimmung erteilt.
Die Mitarbeit des Ordens in den internationalen Organisationen, der Umstand, daß mit über 80 Staaten diplomatische Vertreter ausgetauscht werden, daß nahezu mit 50 Staaten gesonderte Postabkommen bestehen, bestärkt des Ordens internationale Anerkennung, welche auf den kräftigen Säulen der beiden Ordenscharismen „tuitio fidei et obsequium pauperum" beruht. Neben den

großen Hilfsleistungen des Ordens auf karitativem Gebiet, seinen internationalen Hilfseinsätzen in der Gegenwart und in den vergangenen Jahren, ist ihm zum Teil auch wegen seiner freiwilligen Einsatzhelfer ein unersetzbarer Platz auf allen Gebieten der tätigen christlichen Nächstenliebe gesichert. Sowohl in der Gegenwart wie auch in der Zukunft wird es weiters notwendig sein, die Glaubensverteidigung dadurch voranzutreiben, daß sich sowohl die männlichen wie auch die weiblichen Ordensmitglieder aktiv in kirchlichen Organisationen, Gremien und Ausschüssen, in den Pfarreien etc. freiwillig für die Übernahme von Aufgaben im Sinne der päpstlichen Lehr- und Disziplinautorität zur Verfügung stellen, um auf diese Weise die von einzelnen Ordensmitgliedern dem Hl. Vater versprochene Treue auch im Alltag zu bekunden; daneben aber auch, um dem Glaubensverfall entgegenzuwirken, der ansonsten zu einer Gesellschaftsform führt, in der weder Gott, noch ethisch sittliche Werte, im Sinne eines christlichen Abendlandes, noch eine eschatalogische Endzeiterwartung vorhanden sind.

Mit seinen weltweit ungefähr 11.500 Mitgliedern und mit seinen rund 100.000 freiwilligen und ehrenamtlich tätigen Helfern erweist sich der Orden als eine Institution, die zumindest partiell das soziale und religiöse Leben mit christlichen Ideen beeinflussen und zum Teil auch gestalten kann.
Dieser im Ordenscharisma abgesicherte Auftrag läßt sich nicht nur in kleinen Gruppen, sondern vor allem auch durch eine aktive Mitarbeit in den internationalen Organisationen, weiters durch den Ausbau des Beobachterstatus bei den Vereinten Nationen und eine intensive Mitarbeit bei ihren humanitären Unterorganisationen erfüllen.

Anmerkungen:
1 Staatsgesetzblatt (StGB 1 u. 3 1945).
2 Für die politischen Parteien unterschrieben: Für die Sozialdemokraten und Revolutionäre Sozialisten: Dr. Karl Renner, Dr. Adolf Schärf, für die Österreichische Volkspartei: Leopold Kunschak und für die Kommunistische Partei Österreichs: Johann Koplenig.
3 Alexander Freiherr von Dörnberg, geboren am 17. 3. 1901, war Chef des Protokolls im Auswärtigen Amt des Deutschen Reiches mit dem Amtstitel „Gesandter". Vgl. Genealogisches Handbuch des Adels, Freiherrliche Häuser A. Band VII. Limburg a. d. Lahn 1969, S. 77 u. Abb. (= Bd. 44. d. Gesamtreihe).
4 Dr. Ing. Otto Bredt wurde deshalb ausgewählt, weil er nicht Mitglied der NSDAP war. Vgl. Archiv des Souveränen-Malteser-Ritter-Ordens, Wien [i. d. F. zit. ASMRO], Korrespondenz zwischen Dr. Bredt und Lipinski.
5 Freiherr von Dörnberg bezeichnete die Verwaltung in seinem „Pro Memoria" als „treuhändisch", Fürstgroßprior Luwigstorff jedoch als „kommissarisch". Vgl. Archiv des Großmagisteriums des Souveränen Malteser-Ritter-Ordens, Rom [i. d. F. zit. AGM-SMRO], Akt B/6/2, Rechenschaftsbericht des Fürstgroßpriors Carl Ludwigstorff an den Großmeister vom 22.9. 1945. Der Verfasser ist der Meinung, daß es sich nur um eine treuhändische Verwaltung handelte, weil zumindest jene Verkäufe, die im Großpriorat Böhmen vorgenommen wurden, des-

halb wieder rückgängig gemacht werden konnten, weil der Kaufpreis dem Orden nicht zur Verfügung stand.

6   Eine Auflösung des Großpriorates Böhmen und Österreich erfolgte deshalb nicht, weil der Großmeister italienischer Staatsbürger war und sich deshalb das Auswärtige Amt in Berlin gegen die Beschlagnahme bzw. Liquidation des Ordensvermögens aussprach; statt dessen wurde dem Orden lediglich mittels Gesetzesverordnung die Verfügungsmacht über das Vermögen entzogen. Grundlage für diese Sonderregelung wird der Umstand gewesen sein, daß weder die Großpriorate noch die Kommenden eigenes Vermögen besaßen, denn Vermögensträger war immer der Souveräne Gesamtorden. Vgl. Bescheid der Statthalterei Böhmens aus 1904; Entscheidung des Obersten Verwaltungsgerichtes Prag vom 4. 10. 1922, Zl. 13781/22, Grundbucheintragungen.

7   Im Palais des Großpriorates in Prag befanden sich sechs Gobelins, die nach Mailberg kamen. Vier waren nach dem Krieg in Verwahrung des Großpriorates in Wien und gelangten in der Folge in den Palast des Großmeisters nach Rom, wo sie sich heute noch als Eigentum des Gesamtordens befinden.

8   Die nachstehenden Daten wurden dem Ruolo Generale vom 1. Jänner 1938, S. 63f. sowie dem des Jahres 1948, S. 197f. entnommen.

9   Zwei Donaten waren inzwischen zu Magistralrittern befördert worden.

10 ASMRO, Bericht an den Großmeister vom 13. 3. 1946.

11 Mitteilung des Sekretariats des Souveränen Rates vom 30. 1. 1948, Zl. 946.

12 Dr. Leopold Hayden, seit dem 16. 10. 1953 Träger des Magistral-Großkreuzes mit dem Schulterband, war Syndikus des Ordens und ein treuer und unermüdlicher Berater der Großpriore Ludwigstorff und Trapp.

13 AGM-SMRO, Nr. 1/4 pers. 1947, Bericht an den Großmeister vom 11. 12. 1945.

14 Der frühere Außenminister Leopold Gratz hob dem Verfasser gegenüber im Zuge einer Begegnung anläßlich des Besuches des Großmeisters Frá Andrew Bertie in Wien die Bedeutung dieser Ausspeisung für die bedürftigen Wiener Studenten hervor, an der er selbst partizipieren durfte und dabei auch den Malteser-Orden kennenlernte, den er nach wie vor als sehr positiv in Erinnerung habe.

15 Im Wochendurchschnitt wurden 175 Kisten Fleisch, 198 Kisten Fische, 485 Kisten Gemüse, 313 Kisten Suppen, 310 Kisten Milch, 210 Sack Mehl, 850 Kilo Zucker, 110 Karton Kakao aufgewendet. Dazu kamen noch zusätzliche Naturalien aus dem landwirtschaftlichen Besitz des Großpriorates für das gesamte Jahr 1946/47 von 10.000 kg Kartoffeln, einige tausend kg Gemüse, Zwiebeln usw. und bescheidene Zuweisungen des Wiener Ernährungsamtes.

16 Thomas Fox, geboren 15. 12. 1910 in Sligu Irland, seit seinem zehnten Lebensjahr in den USA, US-Staatsbürger, seit dem 11. 11. 1946 Magistralritter in Gremio Religionis.

17 ASMRO, Zl. 50/pers./1947, Schreiben vom 17. September 1947.

18 Ebda, Mitteilung des Sekretariates des Souveränen Rates vom 28. Jänner 1948, Nr. 905 u. Antwortschreiben des Fürstgroßpriors Ludwigstorff vom 10. Februar 1948.

19 Ebda, Proklamation des Fürstgroßpriors an alle Prioratsmitglieder am Johannestag 1952.

20 Ebda, Schreiben des Fürstgroßpriors Ludwigstorff vom 20. November 1945 u. 22. März 1947.

21 Ebda, Schreiben vom 20. November 1945 u. 11. Dezember 1945 sowie „Gedanken zur Schaffung einer überstaatlichen Rechtsakademie".

22 Die darauf Bezug habende Korrespondenz, Aktenvermerke, Anträge, Verbalnoten etc. sind im ASMRO in Wien jahrmäßig zerstreut zu finden. Im AGM-SMRO in Rom aber in verschiedenen Faszikeln unter den beteiligten Personen abgelegt; einiges konnte in einem Privatarchiv in Meran gefunden werden.

23 Dabei bediente sich Kardinal Canali des Jesuiten Salvadore Lener, der zunächst in der Civiltà Cattolica 1954, Vol. IV. und Sonderdruck im 3. Kapitel, S. 41–55 die Souveränität des Ordens negierte.
24 Von 1920 bis 1938 bestanden zwar diplomatische Beziehungen zwischen der 1. Republik Österreich und dem Souveränen Malteser-Ritter-Orden, doch war kein österreichischer Gesandter beim Orden akkreditiert, lediglich ein Gesandter des Ordens bei der österreichischen Bundesregierung.
25 Cahier Nr. 3. Roma 1968, S. 44.
26 Leider fehlt bisher eine umfassende, auf dem gesamten Urkundenmaterial beruhende Darstellung der Ereignisse. Global mit einem sehr hohen Gehalt an historischer Authenzität möge das Buch von Roger Peyrefitte „Malteserritter", erschienen in Karlsruhe 1957, dienen. Als gegen die Souveränität und den religiösen Charakter des Ordens gerichtete Schrift sei auf die rund 75 Seiten umfassende Abhandlung „Natura e Prerogative del Sovrano Militare Ordine Gerosolimitano di Malta", „Civiltà Cattolica" 1954/IV. (sowie als Sonderdruck 1955) von Salvadore Lener S.J. sowie die beiden für das Kardinaltribunal verfaßten Schriften von A. Serafini verwiesen.
27 AGM-SMRO, Akte Ferdinand Thun-Hohenstein, „Pro Memoria" und „Apunto" vom 24. Oktober 1951.
28 Ein Chirograph ist ein feierliches Schreiben, das entweder zur Gänze handschriftlich ist, oder zumindest die eigenhändige Unterschrift aufweist. Der vollständige Text dieses Chirograph in Lener, S. 3f.
29 Zit. n. Hafkemeyer, Georg Bernhard: Der Rechtsstatus des Souveränen Malteser-Ritter-Ordens als Völkerrechtssubjekt ohne Gebietshoheit. Schötmar 1955, S. 108f.
30 Vgl. ebda, S. 111f.
31 Es handelte sich dabei um den Ehren- und Devotionsritter Conte Luciano Cattaneo.
32 Gleichzeitig wurde darauf hingewiesen, daß bei der Wahl des Justizritters Flavio Melzi d'Eril und des Ehren- und Devotionsritters Eduard Baron Spayart van Woerden mit der päpstlichen Zustimmung gerechnet werden dürfe.
33 Von seiten des Großpriorates Österreich nahmen daran Justizritter Gottfried Freiherr von Gudenus, Bailli Frá Alfons Vesque v. Püttlingen, Justizritter Michael Freiherr Adamovich de Csépin und Justizritter Dr. Hans Graf Trapp teil.
34 Bailli Großkreuz Frá Ernesto Paternò Castello a. d. H. der Duchi di Cárcaci, geboren 7.8.1884, verwitwet seit dem 19. Jänner 1935, gestorben am 4.4.1971.

Herbert Schambeck

Malteserritter aus Politik, Beamtenschaft und Wissenschaft der Republik Österreich

Wenn wir in der österreichischen Bundeshymne singen: „Heimat bist du großer Söhne", können wir auch im Hinblick auf die Geschichte der Republik Österreich, besonders der Nachkriegszeit, an Persönlichkeiten aus dem Souveränen Malteser-Ritter-Orden denken, die Wegweisendes im öffentlichen Leben geleistet haben und mit die Bedeutung Österreichs in der Völkergemeinschaft prägten. So unterschiedlich ihre Herkunft und bisweilen Ausbildung und Beruf waren, hatten sie doch einige Gemeinsamkeiten, nämlich Glaubenstreue, Bekenntnisfreudigkeit, Vaterlandsliebe sowie vor allem anderen auch ihre Verbundenheit zum Orden.

Aus diesem Kreis von beachtenswerten Ordensbrüdern seien in ehrendem Gedenken aus Anlaß des 900-jährigen Ordensjubiläums in Erinnerung gerufen: Bundeskanzler, Bundesminister für auswärtige Angelegenheiten, Präsident des Nationalrates und Landeshauptmann von Niederösterreich, Dipl. Ing. Leopold Figl, Präsident des Nationalrates Prof. Dr. Alfred Maleta, Stellvertretender Vorsitzender des Bundesrates Komm. Rat Prof. Dr. h. c. Fritz Eckert, die Präsidialvorstände des Bundeskanzleramtes, Sektionschef Dr. Eduard Chaloupka und Sektionschef Dr. Lukas Beroldingen sowie Botschafter Dr. Arthur Breycha-Vautier de Baillamont und o.Univ.-Prof. Dr. Alfred Verdross-Drossberg. Jeder von ihnen hat ein bedeutendes Kapitel der Zeitgeschichte mit internationaler Anerkennung geschrieben und in seinem Wirken als Katholik zur Verwirklichung der Grundsätze des Ordens fördernd beigetragen.

Leopold Figl

Leopold Figl wurde 1902 in Rust im Tullnerfeld als Sohn einer Bauernfamilie geboren, besuchte das Gymnasium in St. Pölten und absolvierte danach die Hochschule für Bodenkultur. Im Jahre 1927 wurde er Sekretär und 1933 Direktor des niederösterreichischen Bauernbundes, von 1934 bis 1938 gehörte er dem Bundeswirtschaftsrat an.

Verleihung des Magistralgroßkreuzes an Bundeskanzler Dr. Leopold Figl durch Vikar Justizritter Dr. Hans Graf Trapp am 29.9.1955.

Nach der Besetzung Österreichs durch das nationalsozialistische Deutschland wurde Figl bereits am 12. März 1938 verhaftet und zunächst in das Konzentrationslager Dachau und von dort in das KZ Flossenbürg gebracht. Auch in dieser schwersten Zeit seines Lebens bewies Figl trotz seiner physischen und psychischen Qualen einen Bekennermut, der für seine Leidensgenossen – vielen Augenzeugenberichten zufolge – stärkend und wegweisend war. So berichtete später sein Ordensbruder und alter Freund Fritz Eckert dem Verfasser, daß Leopold Figl im KZ in der Osternacht von einem Mithäftling zum anderen ging und ihnen sagte: „Vergiß nicht, Jesus Christus ist auch für Dich auferstanden, und Österreich wird wieder frei."

Nach seiner Entlassung aus dem KZ im Jahre 1943 arbeitete er bei einer niederösterreichischen Baufirma, bis er nach dem Attentat auf Adolf Hitler im Juli 1944 wieder inhaftiert wurde und bis zu seiner Befreiung am 6. April 1945 eingesperrt blieb.

Leopold Figl war ein Mann der ersten Stunde des wiedererrichteten Österreichs. Er war Mitbegründer der Österreichischen Volkspartei, von April bis Oktober

Lebens von den Spitzenrepräsentanten seiner Partei der beste Kenner der Staatsphilosophie und der katholischen Soziallehre, um deren Fortschreibung und praktische Anwendung er sich bemühte. Da er in der Zwischenkriegszeit den verlustreichen Parteienstreit erlebt hatte, trat er nach 1945 für das Miteinander der Parteien und Interessenverbände ein und übte einen für den Weg Österreichs entscheidenden Einfluß auf die Gesellschafts-, Sozial- und Wirtschaftspolitik Österreichs aus. Zu seiner Zeit war er sowohl in der Programmatik als auch in der Personalpolitik seiner Partei prägend und für das Parlament repräsentativ. In seinem gesellschaftspolitischen und sozialwissenschaftlichen Engagement war Maleta ganz im Geist von Karl Freiherr von Vogelsang, der ebenfalls dem Souveränen Malteser-Ritter-Orden angehörte, um eine christliche Sozialreform bestrebt und setzte sich im Rahmen der Sozialhilfe in Nachfolge des Nationalratspräsidenten Leopold Kunschak auch für die Blindenhilfe ein.

In den Orden wurde Maleta am 29. Oktober 1964 als Magistral-Großkreuz mit Schulterband aufgenommen. Dekret und Insignien überreichte ihm in seinen Amtsräumen im Parlament der damalige Geschäftsträger, Legationsrat Dr. Leopold Hayden, am 19. Feber 1965. Bis zu seinem 1990 in Salzburg erfolgten Ableben verfolgte Maleta das Wirken des Ordens, in dem ihm der Einsatz seines Schwiegersohnes Sandor Pallavicini, der viele Jahre Kommandant des Malteser-Hospitaldienstes gewesen ist, eine große Freude und dessen überraschendes Ableben 1983 ein tiefer Schmerz war. Seine Tochter Tilly ist heute noch verdienstvoll im Orden tätig und trägt damit auch zum bleibenden Andenken ihres verewigten Vaters und verstorbenen Gatten bei.

Fritz Eckert

Mit Alfred Maleta war es ein weiterer Repräsentant des Parlaments, nämlich der langjährige stellvertretende Vorsitzende des Bundesrates, Kom.-Rat. Prof. Dr. h. c. Fritz Eckert, der dem Orden angehörte.

Fritz Eckert, der 1911 in Wien geboren wurde, hatte nach der Pflicht- und Handelsschule den Kaufmannsberuf erlernt und war in der Zwischenkriegszeit bald in der christlichsozialen Partei aktiv geworden. Wie fast alle seine Gesinnungsfreunde wurde er bereits im März 1938 verhaftet und ins KZ Dachau gebracht. Nach einiger Zeit freigelassen, wurde auch er 1944 wieder verhaftet, und nur der Einmarsch der Alliierten rettete ihn vor der Vollstreckung der Todesstrafe.

Auch Fritz Eckert wirkte am Wiederaufbau Österreichs mit. Er wurde 1945 bis 1972, berufen von dem mit ihm eng befreundeten Julius Raab, Generalsekretär des österreichischen Wirtschaftsbundes. 1949 war er für Wien in den Bundesrat entsandt worden, in dem er von 1957 bis 1973 Vorsitzender der ÖVP-Fraktion und ständig einstimmig (bei halbjähriger Funktionsperiode!) wiedergewählter stellvertretender Vorsitzender im Präsidium des Bundesrates wurde. Beruflich war er Geschäftsführer des Österreichischen Wirtschaftsverlages, den er gründete und aufbaute.

Fritz Eckert, der von der christlichen Gewerkschaftsbewegung kam, wurde ein Repräsentant der Wirtschaft, der sich für die Sozialpartnerschaft der Interessensverbände und die Koalition der beiden Großparteien einsetzte. Er förderte das Kolpingwerk und die Sozialanliegen des Souveränen Malteser-Ritter-Ordens, in den er am 28. November 1952 als Magistralritter aufgenommen und mit Entschließung vom 28. Jänner 1964 zum Magistral-Großkreuz erhoben worden war.

Papst Johannes XXIII. hat Fritz Eckert zum „Camerlengo secreto di spada e cappa" ernannt, und Papst Paul VI. hat ihn in dieser Würde als „Gentiluomo di Sua Santità" bestätigt. Als bekennender Katholik war Fritz Eckert, der auch Ehrenbürger von Mariazell war, die Treue zum Heiligen Stuhl und im Rahmen des ihm Möglichen die Förderung unseres Ordens ein besonderes Anliegen.

Eduard Chaloupka

Den Weg zum Souveränen Malteser-Ritter-Orden hatten neben führenden Politikern der sogenannten Zweiten Republik Österreich auch höchste Beamte gefunden. So die beiden Präsidialvorstände des Bundeskanzleramtes, Sektionschef Dr. Eduard Chaloupka und Dr. Lukas Beroldingen.

Beide Spitzenbeamte haben am Ballhausplatz Zeitgeschichte als Mitarbeiter der Bundeskanzler Leopold Figl, Julius Raab, Alfons Gorbach sowie Josef Klaus und Lukas Beroldingen auch von Bruno Kreisky nicht nur miterlebt, sondern mit zu gestalten versucht.

Eduard Chaloupka stammte aus Wien, wo er 1902 geboren wurde, am Landstraßer Gymnasium 1921 maturierte und 1926 an der Universität promovierte. Nach seiner Gerichtspraxis war er in der Niederösterreichischen Landesregierung und anschließend im Bundeskanzleramt tätig. 1938 auch verfolgt und zeitweilig verhaftet, war er in der Folgezeit in der Advokatur und der Wirtschaft beschäftigt, um gleich nach Kriegsende seine Tätigkeit am Ballhausplatz wieder aufzunehmen, zunächst in der Personalsektion sowie im Ministerratsdienst und ab April 1947, ernannt von Bundeskanzler Leopold Figl, als Sektionschef und Präsidialvorstand; eine Spitzenfunktion, die er bis zu seinem Tod im Jahre 1967 ausübte.

In diesen mehr als zwei Jahrzehnten hatte Chaloupka, der ein glänzender Jurist mit vorbildlichem Pflichtbewußtsein war, entscheidend zur Entwicklung des Bundeskanzleramtes, zu dem auch lange Zeit das Außenressort gehörte, und zur Zusammenarbeit der einzelnen Bundesministerien sowie des Bundes mit den Ländern beigetragen, was bei der vierfachen Besetzung Österreichs äußerst schwierig war. Er wurde mit Entschließung vom 22.6.1955 als Magistralritter aufgenommen und mit Entschließung vom 15 6.1957 Magistral-Großkreuz.

Dr. Georg Hohenberg hat ihn, der den Malteser-Ritter-Orden, wo er nur konnte, unterstützt hat, zu Recht in seiner Kondolenz als „einen der großen Pioniere des neuen Österreich" bezeichnet.

Lukas Beroldingen

Die Geschichte Österreichs der letzten Jahrzehnte hat auch Lukas Beroldingen in nächster Nähe begleitet. Auf Schloß Schönbühel in Niederösterreich 1921 geboren, hat er nach dem Besuch des Schottengymnasiums und der Absolvierung des Militärdienstes an der Universität Wien Jus studiert, an der er bereits im Jahre 1947 promovierte. Nach Verwendungen in der Finanz- und Wirtschaftsverwaltung wurde er 1949 in das Bundeskanzleramt berufen und Sekretär des Bundeskanzlers und späteren Außenministers Leopold Figl. Später kam er in das Protokoll des Bundeskanzleramtes und wurde in der Folge dessen Chef, bis er am 22.4.1978 von Bundeskanzler Dr. Bruno Kreisky zum Sektionschef und zum Präsidialvorstand des Bundeskanzleramtes ernannt wurde. Er war auf diese Weise engster Mitarbeiter von fünf Bundeskanzlern, was seine allgemeine, über Parteigrenzen reichende Anerkennung zeigt. Ein tragischer Autounfall auf der Rückfahrt von Rumänien beendete sein Leben bereits am 7. August 1978.

Beroldingen war mit Entschließung vom 8.5.1958 Magistralritter und mit Entschließung vom 7.11.1975 Magistral-Großkreuz des Ordens geworden. So wie in seiner beruflichen Verwendung, in der er der Inbegriff des Protokollchefs des Ballhausplatzes wurde, der auch bedeutend zu internationalen Beziehungen Österreichs beigetragen hat, war er ebenso für und im Orden immer hilfsbereit, was auch der Besuchsdiplomatie des Ordens sehr zugute kam.

Arthur Breycha-Vauthier de Baillamont

Von einer bleibenden Bedeutung für den Orden und auch im internationalen Leben war Botschafter DDr. Arthur C. Breycha-Vauthier de Baillamont.

1903 in Wien als Sohn eines Magistralritters des Ordens, der unter anderem das Buch „Die Malteser im 1. Weltkrieg" veröffentlicht hatte, geboren, stammte er aus einer Beamten- und Gelehrtenfamilie. In diesem Zusammenhang sei auch nicht unerwähnt, daß sein Großvater mütterlicherseits der berühmte Wiener Universitätsprofessor für Römisches Recht Dr. Karl Ritter von Czyklarz war, in dessen Familiengruft am Wiener Zentralfriedhof auch er 1986 seine letzte Heimstätte fand.

Arthur C. Breycha-Vauthier maturierte 1921 am Theresianum und studierte anschließend an den Universitäten Wien, Innsbruck, London und Löwen; diese Studien schloß er 1926 mit der Wiener Promotion zum Dr. iur. und anschließend mit der zum Dr. rer. pol. ab.

Seine umfassenden wissenschaftlichen Interessen führten ihn zum Bibliotheks- und Archivwesen; in der Folge wurde er in Genf 1928 Leiter des juristischen und politischen Dokumentationsdienstes des Völkerbundes und 1940 Leiter der Bibliothek und des Archivs des Völkerbundes sowie 1946 Chefbibliothekar bei den Vereinten Nationen in Genf. Er wurde einer der international anerkanntesten Bibliothekare seiner Zeit. Auch nach der Pensionierung in Genf 1964 gab es für Arthur C. Breycha-Vauthier keinen Ruhestand. Er trat mit Sondervertrag in den österreichischen diplomatischen Dienst und wurde 1964 ao. und bev. Botschafter für den Libanon, Syrien, Irak, Saudi-Arabien und Gesandter für Jordanien sowie 1968 Direktor der Diplomatischen Akademie in Wien. 1977 beendete er sein Wirken im öffentlichen Dienst Österreichs, aber nicht seine wissenschaftliche Tätigkeit und die für den Orden, für den er auch 1974 bis 1978 Mitglied der Kommission für das Humanitäre Völkerrecht in Genf war.

Arthur C. Breycha-Vauthier, der bereits mit Entschließung vom 10.3.1919 als Magistralritter in den Orden aufgenommen und mit Entschließung vom 26.5.1956 Magistral-Großkreuz mit Schulterband wurde, war jahrzehntelang für den Orden tätig, so mit zahlreichen Veröffentlichungen über den Orden und seine völkerrechtliche Stellung, seit 1960 als Conseiller der Annales und der Revue Internationale mit vielen Beiträgen. Er war weiters Mitglied der Constitutions- und Codexkommission sowie lange Zeit auch in schwierigen Situationen Berater der Ordensregierung in Rom; nicht unerwähnt sei auch sein Bemühen um das Ordenshospiz in Tantur. Auch in seinem Lebensabend, den er in Kärnten und Wien verbrachte, war er mit dem Orden engstens verbunden.

Alfred Verdross-Drossberg

Mit ebenso großem Ansehen im In- und Ausland als Wissenschaftler im Dienste der Völkergemeinschaft war der Wiener Ordinarius für Völkerrecht, internationale Beziehungen und Rechtsphilosophie Dr. Alfred Verdross-Drossberg ausgestattet. Er wurde als Sohn eines späteren Generals der Kaiserjäger 1890 in Innsbruck geboren, wo sich auch 1980 sein Lebensweg vollenden sollte.

Alfred Verdross promovierte 1913 an der Universität Wien zum Dr. iur., machte seinen Gerichtsdienst und legte 1916 die Richteramtsprüfung mit Auszeichnung ab. Seine völkerrechtlichen Interessen, die sich auch schon in frühen, Aufsehen erregenden Veröffentlichungen zeigten, waren stärker. Er wurde 1918 dem Außenministerium zugeteilt, war in der Folge in der österreichischen Gesandtschaft in Berlin und zuletzt als stellv. Leiter der Völkerrechtsabteilung in Wien tätig. 1924 verließ er das Außenministerium, um eine Professur seines Faches an der Wiener Rechtsfakultät, zunächst 1924 als ao. Professor und ab 1925 als Ordinarius, auszuüben. Bereits 1921 hatte er sich mit dem schon damals und später immer mehr aktuell werdenden Thema „Die völkerrechtswidrige Kriegshandlung und der Strafanspruch der Staaten" habilitiert. In der Folge wurde Verdross mit seinem System des Völkerrechts und der christlichen Erneuerung auch der Rechtsphilosophie weltberühmt und mit seinen zahlreichen Veröffentlichungen vielfach übersetzt.

Alfred Verdross war 1931–1933 Dekan der Rechtsfakultät und 1951–1953 Rektor der Universität in Wien. Für sein hohes Ansehen sprach auch u. a. seine Berufung in die Völkerrechtskommission der UNO 1956 und seine Wahl zum Richter am Europäischen Gerichtshof für Menschenrechte 1958. Ein weiteres Zeichen seiner Bedeutung war 1961 seine Wahl zum Präsidenten der Wiener Diplomatenrechtskonferenz der UNO; seinem Verhandlungsgeschick ist auch wesentlich der Abschluß der Wiener Diplomatenrechtskonvention zu danken.

Mit dem Malteser-Ritter-Orden, seinem Recht und seiner Stellung im Völkerrecht hat sich Verdross wissenschaftlich beschäftigt und im Anschluß an seine Wiederentdeckung der Schule von Salamanca und seiner christlichen Lehre und Ethik des Völkerrechts entscheidend zu der die Ziele des Ordens mitbestimmenden Lehre vom „Bonum commune humanitatis" beigetragen.

Alfred Verdross, der auch Ehrendoktor der Universitäten Salamanca, Paris-Sorbonne, Frankfurt, Wien, Salzburg, Innsbruck und Saloniki war, wurde mit Entschließung vom 10.1.1953 Magistralritter und mit Entschließung vom 25.3.1960 Magistral-Großkreuz. Er, der juristisches Denken mit religiöser Spiritualität zu verbinden wußte, verkörperte das, was in unserer Zeit Papst Johannes Paul II. 1998 in seiner Enzyklika „Fides et ratio" uns zu sagen wußte.

Resümee

Betrachtet man zusammenfassend die genannten Ordensbrüder auf ihren Lebenswegen und in ihren Aufgabenbereichen, so hat jeder für sich einen wichtigen Beitrag zur Entwicklung Österreichs und auch zur Stellung unseres Staates in der Völkergemeinschaft sowie im Rahmen des ihm Möglichen für den Malteser-Ritter-Orden geleistet. Sie haben dabei den Zielen unseres Ordens und diesem selbst als Gemeinschaft gedient. Im öffentlichen Leben hatten sie Spitzenpositionen inne und übernahmen in Politik, Beamtenschaft und Wissenschaft Verantwortung für andere.

Die Geschichte lehrt uns, daß es immer einige wenige waren, welche für andere Verantwortung trugen. War es in vergangenen Zeiten durch Jahrhunderte ein Schwert-, später ein Geburts- und schließlich ein Beamtenadel, der Bleibendes

zur Entstehung, zum Bestand und zur Entwicklung Österreichs in beachtens- und dankenswerter Weise geleistet hat, so sind es mit dem Werden an Demokratie in unserem Staat und an Durchlässigkeit in unserer Gesellschaft nun auch jene, welche alleine durch Wahl, demokratisch legitimierte Ernennungen und geistige Leistungen in Verantwortung gekommen sind.
Verantwortung tragen verlangt Antwort geben, und dies ist nur dem möglich, der das Wort versteht, was für das Tragen der Verantwortung Zeitverständnis voraussetzt. Der Malteser-Ritter-Orden hat sich vor allem in seiner Sozialarbeit um dieses Zeitverständnis immer bemüht.

Das Leben und Wirken der erwähnten Ordensbrüder ist ein Beispiel für diese Zeitverantwortung. Viele aus der Ordensgemeinschaft haben selbst diese genannten Persönlichkeiten erlebt, teilweise mit ihnen auch jahrelang zusammengearbeitet und manche bereits auch literarisch gewürdigt.[1] Mit diesem Gedenken sei ihre Bedeutung zur Geschichte des Souveränen Malteser-Ritter-Ordens in Österreich aus Anlaß des 900-jährigen Ordensjubiläums wieder in Erinnerung gerufen und dieses Gedenken mit Bedanken in bleibender Ordensbrüderlichkeit verbunden.

Anmerkung:
1 Siehe: Maleta, Alfred: Entscheidung für morgen. Wien 1968, S. 333; Prantner, Robert: Menschenwürde und christliche Demokratie. In: Alfred Maleta zum 70. Geburtstag. Graz 1976, S. 13f.; Schambeck, Herbert (Hrsg.): Kirche und Staat. Fritz Eckert zum 65. Geburtstag. Berlin 1976.; vgl. die Bemerkung von Robert Prantner in: Seltenreich, Susanne (Hrsg.), Leopold Figl. Dokumentation einer Erinnerung. Bd. II. Rust im Tullnerfeld 1986, S. 183f.; Köck, Heribert Franz: Alfred Verdross – ein österreichischer Rechtsgelehrter von internationaler Bedeutung. Wien 1991.; Dauber, Robert: Arthur C. Breycha-Vauthier de Baillamont. Eine Biographie. Klagenfurt 1992.

Heribert Franz Köck

Der Souveräne Malteser-Ritter-Orden als Völkerrechtssubjekt

Die Rechtspersönlichkeit jeder internationalen Handlungseinheit hat zwei Aspekte: den juristischen und den faktischen. Daher ist es notwendig, zuerst die allgemeinen Kriterien für die Qualifikation als Völkerrechtssubjekt darzustellen und danach aufzuzeigen, wie die Wirklichkeit der Handlungseinheit diesen Kriterien entspricht, der juristische und der faktische Aspekt also zur Deckung kommen.

I. Zur Frage der Völkerrechtspersönlichkeit überhaupt

Um die mit der völkerrechtlichen Stellung des Ordens verbundenen Probleme besser verstehen zu können, ist es zweckmäßig, zuerst die Frage nach der Völkerrechtspersönlichkeit im allgemeinen und nach den einzelnen Kategorien von Völkerrechtssubjekten zu stellen.
Völkerrechtspersönlichkeit besitzt jede internationale Handlungseinheit[1] insoweit, als sie Träger völkerrechtlicher Rechte und Pflichten[2] ist.

A. Ursprüngliche und abgeleitete Völkerrechtssubjekte

Man unterscheidet dabei herkömmlich originäre Völkerrechtssubjekte[3], also solche, denen schon aufgrund ihrer faktischen Existenz Völkerrechtspersönlichkeit zukommt,[4] und abgeleitete, die erst von anderen Völkerrechtssubjekten mit Völkerrechtspersönlichkeit bekleidet werden,[5] sei es uno actu mit ihrer Gründung, sei es durch einen späteren Rechtsakt. Als Beispiele für die beiden Arten abgeleiteter Völkerrechtssubjekte können einerseits die (öffentlichen) internationalen Organisationen[6] genannt werden, denen die Mitglieder bei der Gründung gewisse Rechte und Pflichten (nämlich zumindest jene, die zur Erfüllung ihrer Aufgaben notwendig sind), übertragen; andererseits das Internationale Komitee vom Roten Kreuz,[7] eine schweizerische Vereinigung, die durch die Genfer Rotkreuz-Konventionen[8] zur etwaigen Ausübung gewisser internationaler Funktionen zum Schutze der Kriegsopfer berufen wurde. Die internationalen Organisationen sind daher ab Gründung (derivatives) Völkerrechtssubjekt; das

Internationale Komitee erst durch die ihm (nachträglich) übertragenen nationalen Aufgaben.

B. Souveräne Völkerrechtssubjekte

Als souverän ist jede Handlungseinheit (Institution, Gemeinschaft, etc.) zu bezeichnen, die ihre (d.h. in ihr herrschende) Gewalt von keiner Gewalt irgend einer anderen menschlichen Gemeinschaft ableitet. Derartige Gemeinschaften sind einander also nebengeordnet; keine ist der anderen übergeordnet.[9]

Das Vorgesagte erhellt, daß es Völkerrechtssubjekte mit Souveränität (die originären) und ohne Souveränität (die abgeleiteten) gibt; weiters, daß Souveränität zwar keine Voraussetzung von Völkerrechtspersönlichkeit ist, umgekehrt aber Souveränität Völkerrechtspersönlichkeit notwendig nach sich zieht. Den originären Völkerrechtssubjekten kommt diese Qualität schon kraft faktischer Existenz, d.h. deshalb zu, weil sie keinem anderen Völkerrechtssubjekt unterstehen, also eine souveräne Gewalt besitzen.

C. Die souveränen Völkerrechtssubjekte im einzelnen

1. Der Staat als typisches Völkerrechtssubjekt

Der Staat[10] ist das typische Völkerrechtssubjekt, an dem alle anderen Völkerrechtssubjekte vergleichend gemessen werden. Der Staat hat sich historisch aus der nomadisierenden Horde entwickelt, die so wie er ein unabhängiger Personenverband war, allerdings noch ohne festes Territorium.

Heute hat der Staat drei völkerrechtlich relevante Elemente: Das Staatsvolk, das Staatsgebiet und die Staatsgewalt. Letztere ist unabhängig von jeder anderen Staatsgewalt; das unterscheidet den Staat von sonstigen Gebietskörperschaften (wie den Gliedstaaten eines Bundesstaates oder den Gemeinden). Diese unabhängige Staatsgewalt macht die Souveränität des Staates aus und begründet damit seine Völkerrechtspersönlichkeit.[11]

2. Andere souveräne Völkerrechtssubjekte

Da es die unabhängige Gewalt ist, die die Völkerrechtssubjektivität des Staates begründet, kann eine (andere, nicht-staatliche) Gemeinschaft nur dann souverän sein, wenn sie ebenfalls eine solche unabhängige Gewalt besitzt. Besitzt sie aber eine solche, dann ist sie ebensogut Völkerrechtssubjekt wie der Staat, weil sie diesem im entscheidenden Punkte gleicht. (Sie gleicht ihm übrigens ja auch im zweiten Punkt: nämlich, daß sie ein Personenverband ist; daß ihr der dritte Punkt, das Staatsgebiet, fehlt, liegt in der Natur der Sache, sonst wäre sie ja selbst ein Staat, tut aber der Völkerrechtssubjektivität keinen Abbruch, wie ja auch die nomadisierende Horde per definitionem kein Staatsgebiet besaß und doch – in der heutigen Begrifflichkeit – als souverän anzusehen war.)

3. Die Aufständischen und die Katholische Kirche

Daß es außer dem Staat keine andere souveräne Gemeinschaft und damit kein anderes, nicht-staatliches Völkerrechtssubjekt geben könne, war ein hauptsächlich von einzelnen Staats- und Völkerrechtslehrern zur Zeit der Hochblüte des Positivismus (letztes Drittel des 19. und frühes 20. Jh.) vertretenes Vorurteil, das im übrigen keinen Bezug zur Wirklichkeit der internationalen Gemeinschaft hatte. Ganz abgesehen nämlich von den Aufständischen,[12] die man allenfalls noch als staatsähnliche Einheiten in transitu betrachten könnte, hat vor allem der Heilige Stuhl als oberstes Organ der Personengemeinschaft Katholische Kirche[13] seine Völkerrechtspersönlichkeit auch in jener Periode behalten, in der dem Papsttum nach der Annexion des Kirchenstaates durch Italien jede weltliche Souveränität verlorengegangen war (1870–1929).

4. Exkurs: Der Heilige Stuhl

Der Heilige Stuhl, welcher die Katholische Kirche (als echtes Beispiel der Organsouveränität) verkörpert, besitzt eine von jeder weltlichen Gewalt unabhängige und verschiedene, nämlich geistliche Gewalt über die Personengemeinschaft Katholische Kirche, und ist daher – allen übrigen souveränen Gemeinschaften, auch dem Staat, insoweit nebengeordnet – Völkerrechtssubjekt.[14] Er verkehrte daher mit den Staaten stets in jener Form, in denen souveräne Gemeinschaften einander begegnen und übt auch heute alle völkerrechtlichen Prärogativen – insbesondere das Recht, völkerrechtliche Verträge über jedes Thema (nicht nur über kirchliche, die sog. Konkordate) abzuschließen und Gesandte zu entsenden und zu empfangen – aus. Tatsächlich hat sich z.B. das völkerrechtliche Gesandtschaftswesen in seiner heutigen Form am Vorbild des päpstlichen diplomatischen Missionswesens (Errichtung ständiger Nuntiaturen seit Beginn der Neuzeit) herausgebildet.

Vom Staat unterscheidet sich die Katholische Kirche hauptsächlich dadurch, daß sie als solche und ganz abgesehen von der prinzipiell inzidenten Herrschaft des Papstes über den Staat der Vatikanstadt[15] (der als eine 1929 durch den Lateranvertrag[16] erfolgte partielle Wiederherstellung des alten Kirchenstaates betrachtet werden kann, durch die dem Heiligen Stuhl eine – wegen der Kleinheit der Vatikanstadt – fast bloß symbolische territoriale Souveränität zurückgegeben wurde) über kein eigenes Gebiet verfügt, sondern grundsätzlich den gesamten orbis terrarum als Kirchengebiet in Anspruch nimmt, freilich in anderer Weise als dies die je verschiedenen Staaten tun und daher insoweit nicht in Konkurrenz mit ihnen. Daß in diesem Sinne auf jedem Territorium zwei souveräne Gewalten – die des Staates und die der Kirche – herrschen können, erklärt sich daraus, daß diese souveränen Gewalten ganz verschiedene Zwecke haben und daher zwar grundsätzlich dieselben Menschen, aber unter verschiedenen Aspekten, erfassen, indem der Staat für das temporale, die Kirche aber für das spirituelle Wohl des Menschen tätig ist.

Aus dem Umstand, daß Staat und Kirche daher in ihrem jeweiligen Bereich die höchste Autorität darstellen, folgt, daß sie miteinander als Gleichberechtigte verkehren.[17] Daß dies seit jeher in jenen Formen geschieht, die man die völkerrechtlichen nennt (einvernehmliche Regelungen der Beziehungen durch Verträge, Austausch von Gesandten), ist im übrigen nicht – wie das gelegentlich in völlig ahistorischer Sicht behauptet wird – eine der Kirche entgegenkommende Analogie zu den zwischenstaatlichen Beziehungen; vielmehr haben sich diese Formen (wie bereits erwähnt) schon ursprünglich auch und vor allem im Verkehr der Staaten mit dem Heiligen Stuhl herausgebildet, so daß der russische Völkerrechtsgelehrte Baron von Taube schon Anfang dieses Jahrhunderts das Völkerrecht richtiger als ein sogenanntes Zwischenmächterecht bezeichnet hat, weil es eben nicht nur zwischen staatlich organisierten Völkern, sondern zwischen allen souveränen Mächten gilt.[18]

5. Andere Kirchen und Religionsgemeinschaften

In diesem Sinne hat Taube überhaupt für alle unabhängigen religiösen Gemeinschaften bzw. ihre Repräsentanten (z.B. den Dalai Lama) die Position einer internationalen Macht reklamiert, auf die das Zwischenmächterecht (d.h. also das Völkerrecht) anzuwenden wäre. Dementsprechend hat Brandweiner nach dem Zweiten Weltkrieg jedenfalls die christlichen Kirchen zu Völkerrechtssubjekten erklärt.[19] Freilich haben noch nicht alle von ihnen (zum Teil aufgrund eines besonderen, von dem der Katholischen Kirche abweichenden Selbstverständnisses) diese Völkerrechtsfähigkeit auch tatsächlich realisiert. Gewisse Ansätze lassen sich aber sowohl beim internationalen Auftreten des Weltkirchenrates[20] als auch z.B. in der Bundesrepublik Deutschland in der Form der sog. Staatskirchenverträge[21] mit den evangelischen Landeskirchen finden, die eine den Konkordaten[22] mit dem Heiligen Stuhl entsprechende Funktion haben.

D. Nicht-souveräne Völkerrechtssubjekte

Daß aber nicht nur solche Handlungseinheiten, die schon kraft ihrer Existenz von anderen, insbesondere den Staaten, unabhängig und damit Völkerrechtssubjekt sind, sondern auch solche Handlungseinheiten, die erst durch die der ersteren Gruppe Zugehörigen geschaffen oder doch mit Völkerrechtspersönlichkeit bekleidet werden, Völkerrechtssubjektivität genießen, zeigen die schon oben genannten Beispiele des Internationalen Komitees vom Roten Kreuz[23] sowie der internationalen Organisationen.[24]

E. Eine Vielfalt von Völkerrechtssubjekten

Als der Internationale Gerichtshof 1949 berufen war, die Völkerrechtspersönlichkeit der letzteren am Beispiel der UNO unter dem entscheidenden Aspekt der Wirkung dieser Völkerrechtspersönlichkeit gegenüber Nichtmitgliedern in einem Gutachten zu klären, hat er dieselbe nicht nur bejaht, sondern dies in einer weit über das Problem der Völkerrechtspersönlichkeit internationaler Organisationen hinausgehenden Art und Weise angesprochen. Der Gerichtshof sagte: „The subjects of law in any legal system are not necessary identical in their nature or in the extent of their rights, and their nature depends on the needs of the community".[25] Damit hat der Internationale Gerichtshof jener Auffassung, die nur den Staaten eine echte Völkerrechtspersönlichkeit zuspricht, eine klare Absage erteilt. Ob eine internationale Handlungseinheit Völkerrechtspersönlichkeit genießt und ob diese Völkerrechtssubjektivität originär oder abgeleitet ist, hängt also ausschließlich vom konkreten Befund darüber ab, welche Stellung sie tatsächlich gegenüber den anderen Völkerrechtssubjekten, insbesondere den Staaten, besitzt. Dieser Befund ist im folgenden auch für den Souveränen Malteser-Ritter-Orden zu erheben.

II. Die Souveränität des Souveränen Malteser-Ritter-Ordens

Es erscheint zweckmäßig, den dogmatischen Erwägungen einen Abriß der wichtigsten historischen Daten vorauszustellen, um die gewachsene Realität des Ordens auch für den völkerrechtlichen Bereich in der wünschenswerten Weise anschaulich zu machen.[26]

A. Historische Entwicklung

Die Souveränität des Ordens ist ein historisch gewachsenes Phänomen. Sie bestand der Sache nach von jenem Zeitpunkt an, als der Orden mit anderen unabhängigen Mächten in Beziehungen auf zumindest faktisch gleicher Ebene eintrat, was wohl schon bald nach seiner Gründung der Fall gewesen sein dürfte. Der um 1100 aus einer Krankenpflegebruderschaft am Hospital des hl. Johannes des Täufers in Jerusalem hervorgegangene Orden[27] übernahm mit dem Schutz der Pilger gegen Überfälle bald auch militärische Funktionen und wurde damit zu einem von mehreren in der Kreuzzugszeit gegründeten Ritterorden. Nach dem Untergang des Königreichs Jerusalem und dem Verlust seiner letzten Besitzung im Heiligen Land durch den Fall Akkons 1291 mußte sich der Orden zuerst nach Zypern, dann nach Rhodos zurückziehen, wo er 1310 bis 1522 herrschte. Durch die Türken auch von dort verdrängt, wurden dem Orden durch Kaiser Karl V. 1530 die Inseln Malta und Gozo übertragen, wo er 1565 eine monatelange Belagerung durch Heer und Flotte des Sultans abwehrte und wo er bis

1798 seinen Sitz hatte. Die lange Präsenz des Ordens in Rhodos und Malta geht noch heute aus seiner vollen Bezeichnung hervor: „Souveräner und Militärischer Orden des hl. Johannes von Jerusalem, genannt von Rhodos, genannt von Malta".

Bis ins 18. Jahrhundert spielte der Orden eine aktive Rolle im Kampf gegen die Osmanen (Teilnahme an der Seeschlacht von Lepanto 1571) und gegen Piratenschiffe der nordafrikanischen Barbareskenstaaten.[28] Erst Napoleon I. machte der staatlichen Herrschaft des Ordens ein Ende: In den auf die Französische Revolution folgenden Kriegen wurde Malta zuerst 1798 von den Franzosen, danach im Jahre 1800 von den Engländern besetzt, die die Insel entgegen einer im Friedensvertrag von Amiens übernommenen Verpflichtung nicht wieder an den Orden herausgaben.[29] Ungeachtet dieses Verlustes seiner territorialen Grundlage bestätigte der Wiener Kongreß dem Orden seine seit dem 15. Jahrhundert anerkannte Völkerrechtspersönlichkeit.

B. Das Großpriorat Böhmen-Österreich, der internationale Status des Ordens und die Rolle Österreichs für seine Erhaltung bzw. Wiederherstellung

Tatsächlich erschien der Fortbestand des Ordens als souveräne Gemeinschaft mit dem Verlust von Malta bedroht; daran konnte auch die rechtlich fragwürdige Übernahme der Großmeisterwürde durch den russischen Zaren Paul I. noch im Jahr 1798 nichts ändern. Der gleichzeitig abgesetzte Großmeister Hompesch protestierte aus seinem Triester Exil erfolglos und mußte schließlich 1799 demissionieren.[30] Mit dem Tode Pauls I. 1801 scheiterte aber die russische Ordensperspektive ebenfalls; auch die am und nach dem Wiener Kongreß vorgelegten Pläne, den Orden als eine Art Seepolizei des Mittelmeeres einzusetzen, fanden keine Realisierung.[31]

Bis 1811 war der Orden praktisch überall aufgelöst und seine Güter eingezogen; zuletzt versuchte auch Österreich 1813, den Militär-Maria Theresien-Orden[32] als Rechtsnachfolger des Malteser-Ordens zu dekretieren.[33] Der damalige Großprior Colloredo konnte aber die Durchführung dieses Erlasses verhindern, so daß das böhmische Großpriorat als einziges von ehemals 22 Prioraten und 18 Balleien erhalten blieb und damit das Restsubstrat des Ordens ausmachte.[34] Auch auf dem Wiener Kongreß war dem Orden, der nunmehr von einem Statthalter geleitet wurde, kein Erfolg beschieden.[35] Erst mit der Initiative des österreichischen Staatskanzlers Metternich für den Orden und seine künftige Aufgabe auf dem Aachener Kongreß 1818 trat insoweit eine positive Änderung ein, als die internationale Existenz des Ordens neuerlich grundsätzlich außer Streit und für ihn die Aufgabe einer gendarmerie navale[36] in Aussicht gestellt wurde, wenngleich dies keine allgemeine Rückgabe der Güter oder sofortige Wiederaufnahme offizieller Beziehungen seitens der europäischen Mächte bedeutete. Über Metternichs Vorschlag hätte der Orden Anfang der Zwanziger Jahre des 19. Jahrhunderts sogar Elba oder eine österreichische Insel in der Adria als territoriale Grundlage seiner Souveränität erhalten sollen.[37] Der Plan kreuzte sich aber mit dem weit ehrgeizigeren, die Griechen bei ihrem Unabhängigkeitskampf gegen die Hohe Pforte zu unterstützen und als Ausgleich hiefür Rhodos, ersatzweise andere griechische Inseln (wieder)zuerlangen; zuletzt scheiterten beide.[38]

Die Zeit der Statthalterschaft Colloredo-Mannsfelds (1845–64) stellt einen wichtigen austro-venezianischen Beitrag zur Wiederherstellung des internationalen Ansehens des Ordens dar; unter seinem Nachfolger konnte der Orden bereits in Beziehung zur neu entstandenen Rot-Kreuz-Bewegung treten und seine eigenen humanitären Zielsetzungen verstärkt realisieren. Die diesbezüglichen Initiativen im Großpriorat Böhmen-Österreich, die von diesem ausgehenden Pläne für eine Rückkehr des Ordens ins Heilige Land und seine Förderung durch Kaiser Franz Joseph[39] haben zum Ansehen des Ordens auch gegenüber dem Heiligen Stuhl und damit zur Wiederherstellung der Großmeisterwürde wesentlich beigetragen; wenig verwunderlich, daß das Großpriorat dem Gesamtorden in der Folge zwei Großmeister geben konnte.[40]

Es mag andere, providentielle Gründe geben, warum der Orden im 19. Jahrhundert überlebte und seine souveräne Stellung erhalten konnte; menschlich gesehen hat aber das Großpriorat Böhmen-Österreich schon durch seine bloße Existenz, dann aber auch durch das umsichtige Wirken seiner Amtsträger entscheidend zum Fortbestand des Ordens beigetragen; ebenso wie das Kaisertum Österreich, das durch seine Herrscher[41] und seine Regierung[42] den Orden in diesen schwierigen Zeiten des Umbruches immer wieder unterstützte und förderte. Als die Donaumonarchie schließlich am Ende des Ersten Weltkriegs zerfiel und auch die Mittel des Ordens in Böhmen und Österreich vielfach erschöpft erschienen, war bereits international eine solide Grundlage gelegt, auf der der Orden, gestützt auf seinen Aufschwung in anderen Staaten, in- und außerhalb[43] Europas aufbauen und sich weiterentwickeln konnte. Letztlich ist es auf die in der Krisenzeit des 19. Jahrhunderts gewonnene innere Kraft und Resistenzfähigkeit des Ordens zurückzuführen, daß er seine Souveränität erhalten und den in den fünfziger Jahren des 20. Jahrhunderts gemachten Versuchen, ihn gleichsam als bloße katholische Ordensgemeinschaft „einzuebnen", widerstehen konnte.[44]

C. Aktuelle Lage

Nach Provisorien in Catania (1803–1826) und Ferrara (1826–1834) ließ sich der Orden schließlich in Rom nieder, wo die Ordensregierung seit 1834 ihren Sitz hat. Nachdem sich die Päpste seit 1805 darauf beschränkt hatten, nur noch die Wahl von Statthaltern für den Orden zu bestätigen,[45] wurde die Großmeisterwürde unter Leo XIII. 1879 erneuert. Der auf die Verleihung der Reichsfürstenwürde an den Großmeister durch die Kaiser Rudolf II. 1607 und Ferdinand II. 1620 zurückgehende Fürstentitel des Großmeisters ebenso wie der mit seinem ebenfalls 1607 verliehenen Rang unmittelbar nach den Kardinälen der römischen Kirche verbundene Titel Eminenz wird heute im vereinigten Prädikat „Hoheit und Eminenz" geführt, was vom Sitzstaat (Italien) sowie vom Heiligen Stuhl ausdrücklich anerkannt wurde.

Die Souveränität des Ordens tritt in der Gegenwart aber auch in seiner Struktur greifbar in Erscheinung.

Die teils nach ihrer Geburt, teils nach dem Grad der im Orden eingegangenen religiösen Bindungen in verschiedene Kategorien eingeteilten Ordensangehörigen (Ritter und Priester) sind heute geographisch in sechs Großprioraten (Rom, Böhmen, Österreich, Lombardei-Venetien, Neapel-Sizilien, England), drei Subprioraten (St. Michael, St. Oliver Plunkett, St. Jorge u. St. Jago) sowie in 40 Assoziationen zusammengefaßt. Letztere sind Landesgenossenschaften, von denen es in einem Staat ausnahmsweise auch mehrere geben kann (so bestanden auch nach Gründung des Deutschen Reiches die 1859 gebildete Rheinisch-Westfälische und die 1867 gebildete Schlesische Assoziation weiter). 16 Assoziationen bestehen in Übersee.

Der Großmeister (seit 1988 Frá Andrew Bertie, ein geborener Brite) wird vom Staatsrat, der sich aus Vertretern der Priorate und nationalen Assoziationen zusammensetzt, gewählt und vereinigt in sich die Funktionen des Staatsoberhauptes und des Regierungschefs. Zusammen mit verschiedenen Großwürdenträgern (wie Großkomtur, Großkanzler, etc.) bildet er die Ordensregierung. Die enge Verbindung des Ordens zum Heiligen Stuhl wird durch den Kardinalprotektor und den Ordensprälaten hergestellt. Ersterer ist ein mit der ständigen Vertretung des Papstes beim Orden betrauter Kardinal, letzterer ein Bischof, der für alle den Ordensklerus betreffenden Fragen zuständig ist.

D. Funktion des Ordens in der Gegenwart

Der Orden hat nach dem Wegfall seiner militärischen Aufgaben Ende des 18. Jahrhunderts verstärkt auf sein ursprüngliches humanitäres und karitatives Ideal zurückgegriffen[46] und unterhält in zahlreichen Staaten Krankenhäuser und/oder Hospitaldienste. Überdies hat er 1980 gegenüber der Regierung der Schweizerischen Eidgenossenschaft in ihrer Eigenschaft als Depositar der Rotkreuz-Abkommen 1949 und der Zusatzprotokolle 1977 die Erklärung abgegeben, daß die dem Orden zukommende funktionale Souveränität seine Möglichkeit bekräftigt, substituarisch (d.h. anstelle eines Staates) ein Mandat als Schutzmacht im Sinne der Genfer Konventionen und ihrer Zusatzprotokolle auf sich zu nehmen und auszuüben. Das Eidgenössische Departement für Auswärtige

Angelegenheiten hat diese Erklärung allen Parteien der Genfer Konventionen notifiziert.[47]

E. Unabhängigkeit des Ordens

Der Orden ist eine Handlungseinheit, die von keiner anderen (etwa staatlichen) abgeleitet ist und die auch dem Heiligen Stuhl nur hinsichtlich des geistlichen Bereiches untersteht,[48] sonst aber völlig unabhängig ist. Das Verhältnis der Ordensmitglieder zu ihrem Orden einerseits, zur Katholischen Kirche andererseits entspricht daher mutatis mutandis des jedes Katholiken zu seinem Heimatstaat einerseits, zur Kirche andererseits; Orden und Kirche verhalten sich daher, wenngleich in spezifischer Form, grundsätzlich ähnlich zueinander wie Staat und Kirche.[49]

Eine solche Mehrfachbindung eines Individuums an verschiedene souveräne Gemeinschaften ist aus dem Bereich Kirche und Staat hinlänglich bekannt; da sich die jeweiligen Gewalten – wie oben ausgeführt – auf verschiedene Kompetenzbereiche beziehen, besteht (solange jede der Gewalten in ihrem Zuständigkeitsbereich verbleibt) keine Kollisionsmöglichkeit oder -gefahr. Wo aber Kollisionen auftreten, weil eine Seite ihre Kompetenzen überschreitet, kommt es zu einem Konflikt, der mit all jenen Mitteln beigelegt werden kann, die das Völkerrecht für die friedliche Streitbeilegung zur Verfügung stellt. Ist zwischen den Konfliktparteien nicht von vornherein für Streitigkeiten dieser Art ein besonderes Verfahren vereinbart, so sind sie auf die einfachste, sozusagen „natürliche" Form verwiesen, nämlich auf die einvernehmliche Beilegung durch Verhandlungen.

Der Souveräne Malteser-Ritter-Orden verfügt also – ebenso wie die Katholische Kirche – über zwei den Staatselementen analoge Elemente: Dem Staatsvolk entsprechen seine Mitglieder (so wie bei der Katholischen Kirche deren Angehörige), der Staatsgewalt seine vom Großmeister, von der Ordensregierung und von den übrigen Organen des Ordens ausgeübte, im nicht-geistlichen (also humanitär-karitativen, aber auch politischen, kulturellen, etc.) Bereich von keinem anderen Völkerrechtssubjekt (Staat oder Kirche) abgeleitete, also unabhängige Gewalt. Dies zeigt, daß die Auffassung, der Souveräne Malteser-Ritter-Orden verfüge über keines der drei Staatselemente, verfehlt ist.

F. Partielle Völkerrechtspersönlichkeit bzw. Völkerrechtspersönlichkeit sui generis?

Der Orden ist infolge seiner Unabhängigkeit souverän und daher ein Völkerrechtssubjekt.[50] Daß diese Völkerrechtspersönlichkeit des Ordens gelegentlich als partiell bezeichnet wird, will zum Ausdruck bringen, daß der Orden nicht alle Funktionen eines Staates ausübt und damit nur in eingeschränktem Maße Träger völkerrechtlicher Rechte und Pflichten sein kann. Eine solche Qualifizierung hätte jedoch nur dann rechtliche Erheblichkeit, wenn man allein den Staat als echtes Völkerrechtssubjekt ansehen müßte, was jedoch – wie oben gezeigt – nicht der Fall ist. Sie ist daher ebenso bedeutungslos wie die (manchmal auch in Zusammenhang mit dem Heiligen Stuhl verwendete) Charakterisierung des Ordens als Völkerrechtssubjekt sui generis; denn letztlich ist jedes Völkerrechtssubjekt, auch der Staat, ein solches eigener Art.

Will man die Völkerrechtspersönlichkeit des Souveränen Malteser-Ritter-Ordens aber überhaupt – als jener des Staates zwar gleichwertig, aber nicht gleichartig – näher qualifizieren, so erscheint hiefür nach dem Vorgesagten der Begriff der funktionalen Souveränität am besten geeignet. Denn es ist die spezifische Funktion des Ordens, derentwegen sie existiert, und die theoretisch seine raison d'être ausmacht.

G. Partikuläre Völkerrechtspersönlichkeit?

Ebenso fragwürdig wie die vorgenannten Qualifikationen des Ordens ist auch jene als partikuläres Völkerrechtssubjekt. Damit soll zum Ausdruck gebracht werden, daß der Orden Völkerrechtspersönlichkeit nur im Verhältnis zu jenen Staaten genießt, die ihn anerkannt haben.

Abgesehen aber davon, daß die Lehre von der konstitutiven Wirkung der Anerkennung heute im Völkerrecht überwunden erscheint, erweist sich die Unzulässigkeit einer solchen Charakterisierung am besten dadurch, daß man sie in analoger Form auf den Staat anwendet. Hier würde es nämlich heute niemandem mehr einfallen, nicht von allen übrigen anerkannte Staaten als partikuläre Völkerrechtssubjekte zu bezeichnen. Dies schließt zwar eine Meinungsverschiedenheit darüber nicht aus, ob in concreto auch tatsächlich der Tatbestand „Staat" gegeben ist. Davon ist aber die Frage der Wirkung der Anerkennung streng zu trennen, weil sonst einem Staat die Möglichkeit eingeräumt würde, aus bloß politischen Gründen eine Handlungseinheit, hinsichtlich derer die geforderten Staatselemente vorliegen, nicht als Staat zu behandeln, um ihm gegenüber die Grundsätze des internationalen Zusammenlebens nicht einhalten zu müssen. Tatsächlich gelten daher nach heute herrschender Auffassung jedenfalls die wesentlichsten Prinzipien des internationalen Zusammenlebens auch im Verhältnis von Staaten zueinander, die sich aus irgendwelchen Gründen noch nicht anerkannt haben. Diese Prinzipien umfassen jedenfalls das Gewaltverbot und ein Mindestmaß an internationaler Zusammenarbeit.

Es besteht auch kein Anlaß, die konstitutive Anerkennungsdoktrin auf andere internationale Handlungseinheiten weiter anzuwenden, stellen dieselben doch alle internationale Realitäten dar und haben nach dem Grundsatz der Effektivität damit auch eine objektive internationale Existenz, welche ohne Grund zu ignorieren einen Verstoß gegen das Gebot zur internationalen Zusammenarbeit, letztlich wohl auch gegen das internationale Friedensgebot darstellt; denn Ausgrenzung ist bereits eine Form der Gewalt.

H. Formen der Aktualisierung der Völkerrechtspersönlichkeit

Die Fähigkeit, Träger völkerrechtlicher Rechte und Pflichten und damit Völkerrechtssubjekt zu sein, kann in grundsätzlich drei verschiedenen Arten und Weisen realisiert oder – wie man im Verhältnis zur theoretisch festgestellten Möglichkeit auch sagen kann – aktualisiert werden. Diese drei Arten und Weisen der Aktualisierung der Völkerrechtspersönlichkeit entsprechen den drei Bereichen, in denen bzw. für die sich internationale Beziehungen heute abspielen. Es sind dies vertragliche Beziehungen, diplomatische Beziehungen und die Teilnahme an internationalen Organisationen.[51]

1. Abschluß völkerrechtlicher Verträge

Der Souveräne Malteser-Ritter-Orden hat verschiedene Verträge mit Staaten und internationalen Organisationen abgeschlossen.
Dazu zählen alle jene Vereinbarungen, die als Verträge im Sinne des Völkerrechts zu qualifizieren sind, unabhängig davon, welche Bezeichnung sie im einzelnen tragen und welche Form sie im einzelnen haben.

a) Das Wesen völkerrechtlicher Verträge
Als Verträge im Sinne des Völkerrechts sind alle Vereinbarungen anzusehen, die von den Vertragsparteien auf der Grundlage des Völkerrechts geschlossen werden. Da bei Völkerrechtssubjekten vermutet wird, daß sie Verträge untereinander auf der Grundlage der ihnen gemeinsamen Rechtsordnung, also des Völkerrechts abschließen, muß dies weder ausdrücklich festgestellt werden noch ist eine solche Feststellung üblich. Vielmehr müßte eine allfällige Ausnahme von dieser Regel deutlich gemacht werden.[52]
Wenn wir aus den vertraglichen Beziehungen des Souveränen Malteser-Ritter-Ordens einen Rückschluß auf dessen Fähigkeit, völkerrechtliche Verträge abzuschließen, machen wollen, so könnte man uns entgegenhalten, wir bedienten uns einer petitio principii; denn den völkerrechtlichen Charakter eines Vertrages könne man nur dann präsumieren, wenn er zwischen zwei Völkerrechtssubjekten abgeschlossen würde. Daher setze der Abschluß eines völkerrechtlichen Vertrages die Qualifikation der Vertragsparteien als Völkerrechtssubjekt bereits voraus; der Vertrag könne dann aber nicht seinerseits wiederum (indem man einen völkerrechtlichen Charakter desselben annehme) als Beweis für die Völkerrechtspersönlichkeit der Vertragsparteien herangezogen werden.

(1) Qualifikation eines Vertrages als eines völkerrechtlichen
Dies zeigt, daß wir dort, wo wir mit der induktiven Methode arbeiten, auch für die Qualifikation eines Vertrags als einen völkerrechtlichen induktiv vorgehen müssen. Wir dürfen daher nicht auf die Völkerrechtspersönlichkeit der Vertragsparteien abstellen, denn das wäre (was den Vertrag anlangt) deduktiv. Vielmehr müssen wir uns von bestimmten Merkmalen des Vertrags bzw. mit ihm in Zusammenhang stehenden Kriterien leiten lassen, die als typisch völkerrechtlich zu bezeichnen sind.

(2) Kriterien
Als derartige Kriterien sind vor allem die folgenden anzusehen. Das Vertragsverfahren entspricht jenem für völkerrechtliche Verträge (der Text wird von Vertretern ausgehandelt, die eine im Völkerrecht übliche Vollmacht besitzen; die endgültige Bindung der Vertragsparteien an den Vertrag geschieht durch Unterzeichnung – die sich meist sofort an die Vertragsverhandlungen anschließt; man spricht deshalb auch von einem einphasigen Vertragsverfahren –, Ratifikation – die von den Vertragsverhandlungen zeitlich abgesetzt ist; man spricht deshalb auch von einem zweiphasigen Vertragsverfahren – oder einen entsprechenden, dem Völkerrecht bekannten Akt wie acceptance oder approval – so vor allem bei multilateralen Verträgen, die im Rahmen einer internationalen Organisation ausgehandelt und dann zur Annahme durch die Staaten aufgelegt werden –, zum Ausdruck gebracht); der Inhalt des Vertrags entspricht jenem völkerrechtlicher Verträge (die Vertragsparteien erscheinen im Text als gleichrangige Partner, die durch den Vertrag bestimmte Rechte und Pflichten begründen; bei bilateralen Verträgen wird, soweit der Vertrag in mehr als einer Urkunde ausgefertigt wird, der Alternat beobachtet, d.h. jeder Vertragspartner erscheint in der für ihn bestimmten Ausfertigung an erster Stelle; bei multilateralen Verträgen wird die völkerrechtlich übliche alphabetische Reihenfolge eingehalten; zumindest bei bilateralen mehrsprachigen Verträgen wird jede der beiden Sprachen als authentisch erklärt; für Streitigkeiten aus dem Vertrag ist nicht auf den innerstaatlichen Rechtsweg einer der Vertragsparteien verwiesen, sondern auf die völkerrechtlich üblichen Verfahren zur friedlichen Beilegung internationaler Streitigkeiten, wie sie auch in Art. 33 Abs. 1 UNO-Satzung aufgeführt sind).[53]

Entsprechen bei einem Vertrag alle greifbaren Kriterien den als völkerrechtlich genannten, und gibt es bei keinem der genannten Kriterien einen Hinweis darauf, daß sein Fehlen geradezu die Absicht der Vertragsparteien zum Ausdruck bringen soll, den völkerrechtlichen Charakter des betreffenden Vertrags zu verneinen, so ist der Vertrag als völkerrechtlicher zu qualifizieren.

I. Bezeichnung
Auf die Bezeichnung eines Vertrags kommt es für seine Qualifikation als völkerrechtlicher nicht an. Dies ist für Verträge zwischen Staaten ausdrücklich in Art. 2 Zif. 1 lit. a der Wiener Vertragsrechtskonvention von 1969 (WVK I) fest-

gehalten, für Verträge internationaler Organisationen in Art. 2 Zif. 1 lit. a der Wiener Vertragsrechtskonvention von 1986 (WVK II) wiederholt und muß auch für Verträge anderer Völkerrechtssubjekte gelten.[54]

Es steht vielmehr im Belieben der Parteien, ihrem Vertrag jene Bezeichnung beizulegen, die sie im gegebenen Fall für die passendste halten. Dies kann eine Bezeichnung sein, die gerade den förmlich-völkerrechtlichen (sozusagen „staatsvertraglichen") Charakter des Vertrags zum Ausdruck bringen soll, aber auch eine Bezeichnung, die auf einen eher formlosen Abschluß hinweist; es kann eine Bezeichnung sein, die den Gegenstand des Vertrags anzeigt, oder eine Bezeichnung, die generell gehalten ist und für Verträge verschiedensten Inhaltes paßt.[55] In keinem Fall ändert dies etwas am völkerrechtlichen Charakter eines solchen Vertrages.

II. Form

Das Völkerrecht schreibt für den Abschluß eines Vertrages keine besondere Form vor. Völkerrechtliche Verträge sind daher grundsätzlich formfrei. In der Regel werden sie freilich in Schriftform abgeschlossen; daß dem aber nicht so sein muß, zeigt ein Umkehrschluß aus Art. 2 (1) a der WVK I, die als Verträge „im Sinne dieses Übereinkommens" nur Verträge in Schriftform betrachtet; daraus ergibt sich, daß es noch andere (nicht-schriftliche) Verträge gibt oder doch geben kann, die bloß von der WVK I nicht erfaßt sind. Tatsächlich kennt das Völkerrecht auch Vertragsabschluß in mündlicher Form oder durch Zeichen; beide Formen sind aber nur selten anzutreffen.

Entscheidend dafür, ob ein völkerrechtlicher Vertrag vorliegt, ist also nicht die Vertragsform, sondern lediglich der (irgendwie) zum Ausdruck gebrachte übereinstimmende Vertragswille der Parteien auf der Grundlage des Völkerrechts.[56]

b) Die Verträge des Souveränen Malteser-Ritter-Ordens

(1) Die verschiedenen Arten der vom Souveränen Malteser-Ritter-Orden abgeschlossenen Verträge

Da die Aufnahme diplomatischer Beziehungen im bilateralen Bereich nach Art. 2 der Wiener Konvention über diplomatische Beziehungen von 1961 nur „im gegenseitigen Einvernehmen" erfolgen kann, und der Souveräne Malteser-Ritter-Orden mit zahlreichen Staaten diplomatische Beziehungen unterhält, sind jene Abkommen des Ordens am häufigsten, in denen er – gelegentlich nebst anderen Abmachungen – die Aufnahme diplomatischer Beziehungen vereinbart. Auch der Errichtung einer Ständigen Vertretung bei einer internationalen Organisation geht regelmäßig die Herstellung des Einvernehmens darüber voraus, was ebenfalls als zumindest formloser Vertrag gewertet werden muß.

Darüber hinaus hat der Souveräne Malteser-Ritter-Orden aber noch zahlreiche weitere Verträge abgeschlossen, die in zwei große Gruppen zerfallen. Die eine Gruppe wird von jenen Verträgen gebildet, die sich auf die humanitäre Tätigkeit des Ordens beziehen und diesbezügliche Kooperationen begründen. Derartige Kooperationen auf humanitärem Gebiet sind ja der Hauptgrund für die Wertschätzung, die der Orden weltweit genießt.[57] Dementsprechend ist diese Art Verträge neben jenen betreffend die Aufnahme diplomatischer Beziehungen die häufigste, sofern sie nicht ohnedies im Einzelfall zusammenfallen.

Eine zweite Gruppe von Verträgen dient der Tätigkeit des Ordens nur indirekt, indem sie dessen freie Tätigkeit sichert oder dieselbe zumindest erleichtern soll. Zu dieser Art Verträge gehören jene, die dem Orden gewisse Rechte einräumen, die sonst nur territoriale Souveräne haben. Hieher gehören z.B. Postkonventionen, die dem Orden erlauben, sich an bestimmten Orten seiner eigenen Briefmarken zu bedienen und solche auch auszugeben.[58] Diese Art von Rechten ist deshalb bemerkenswert, weil sie außer dem Orden nur noch der UNO zukommt, die ebenfalls über eine eigene Postverwaltung verfügt, ohne – so wie auch der Souveräne Malteser-Ritter-Orden – ein eigenes Territorium zu besitzen und damit auch territorialer Souverän zu sein. (In diesem Sinn geht die dem Orden als solchem zurechenbare funktionale Souveränität sogar noch weiter als jene des Heiligen Stuhls, weil sich dieser der Postverwaltung des Staates der Vatikanstadt bedient. Freilich wäre auch bei Fehlen dieser territorialen Grundlage für den Heiligen Stuhl eine eigene Postverwaltung denkbar.)

(2) Der völkerrechtliche Charakter der Verträge des Souveränen Malteser-Ritter-Ordens

Die vom Orden abgeschlossenen Verträge genügen allen von uns aufgestellten Kriterien: Sie sind schlüssig dem Völkerrecht unterstellt und anerkennen beide Vertragspartner als gleichwertige Rechtssubjekte. Wo Bestimmungen über die Beilegung allfällig auftretender Meinungsverschiedenheiten enthalten sind, ist eine einvernehmliche Beilegung auf amikalem Wege vorgesehen; keine Partei nimmt für sich in Anspruch, alleiniger Richter über die Gültigkeit, das Fortbestehen oder die Auslegung eines Vertrags zu sein.

Was das Vertragsverfahren anlangt, so erscheinen die Vertreter des Ordens stets als gleichwertige Verhandlungspartner und treten damit den Vertretern der Staaten (oder internationalen Organisationen) als gleichrangig gegenüber. Dies zeigt, daß die Vertreter des Ordens prinzipiell wie die Vertreter von Staaten als Repräsentanten einer souveränen Macht angesehen werden. Die endgültige Bindung an einen Vertrag geschieht bei den so ausgehandelten Verträgen auf dieselbe Art und Weise wie bei Verträgen unter Staaten auch; teils sind schon die Vertreter des Ordens zur Abgabe der endgültigen Verbindlichkeitserklärung (meist durch Unterzeichnung) bevollmächtigt (so daß nur ein einphasiges Vertragsverfahren gegeben ist), teils unterliegen diese Verträge der Ratifikation (was zu einem zweiphasigen Vertragsverfahren führt).[59] Diese Ratifikation wird auf staatlicher Seite vom jeweiligen Staatsoberhaupt, auf Seiten des Ordens vom Fürsten und Großmeister vorgenommen.

Die vom Orden abgeschlossenen Verträge unterscheiden sich auch in ihrer äußeren Form durch nichts von anderen (z.B. zwischen Staaten, Staaten und internationalen Organisationen oder internationalen Organisationen untereinander abgeschlossenen) Verträgen. Es kommen auch alle Arten des Vertragsabschlusses, vom förmlichen, feierlich unterzeichneten und danach der Ratifikation unterliegenden Vertrag bis zum vereinfachten Vertragsverfahren, dem Abschluß durch Notenwechsel, vor.

Der Orden schließt also völkerrechtliche Verträge ab. Der Abschluß völkerrechtlicher Verträge und damit die Ausübung des Vertragsabschlußrechts ist sinnfälliger Ausdruck für die völkerrechtliche Handlungsfähigkeit des Ordens. Da aber Handlungsfähigkeit die Rechtspersönlichkeit der Handlungseinheit voraussetzt und völkerrechtliche Verträge nur von einem Völkerrechtssubjekt abgeschlossen werden können, stellen derartige Verträge ein klares Indiz für die Völkerrechtssubjektivität des Souveränen Malteser-Ritter-Ordens dar.

2. Der Souveräne Malteser-Ritter-Orden und die Ausübung des Legationsrechts

Unter dem Legationsrecht (Gesandtschaftsrecht) versteht man das Recht eines Staates (oder anderen Völkerrechtssubjekts), diplomatische Vertreter zu entsenden (aktives Legationsrecht) oder zu empfangen (passives Legationsrecht).[60] Die in Ausübung des Legationsrechts eingesetzten Personen werden Diplomaten, die durch sie gepflogenen Beziehungen daher diplomatische Beziehungen genannt.[61]

a) Die beiden Grundformen diplomatischer Beziehungen
(1) Die bilaterale Diplomatie
Von bilateraler Diplomatie spricht man dort, wo die Beziehungen nur zwischen zwei Staaten (oder anderen Völkerrechtssubjekten) bestehen. Dies ist die klassische Form der Diplomatie, die sich an der Wende vom Mittelalter zur Neuzeit – orientiert an der Praxis des Heiligen Stuhls, der zuerst ständige Nuntien entsandte und danach ständige Nuntiaturen einrichtete[62] – entwickelte und ihre klassische Ausformung in der Periode zwischen dem Westfälischen Frieden 1648 und dem Wiener Kongreß 1814/15 erhielt, wo auch eine erste (Teil-) Kodifikation des Diplomatenrechts (im sogenannten Wiener Règlement) vorgenommen wurde.[63] Das Recht der bilateralen Diplomatie hat schließlich, unter Berücksichtigung der neueren Staatenpraxis, eine umfassende Kodifikation in der Wiener Konvention über diplomatische Beziehungen von 1961 erfahren.[64]

Die bilaterale Diplomatie ist vom Einvernehmen der beteiligten Mächte getragen und grundsätzlich von strenger Reziprozität gekennzeichnet.[65] Dies bedeutet, daß diplomatische Beziehungen nur aufgrund beiderseitigen Einverständnisses aufgenommen, Missionschefs nur aufgrund eines Agréments der Empfangs-

macht ernannt werden können, und daß der Rang der jeweiligen Vertretungen, und damit auch der jeweiligen Missionschefs, der gleiche ist.
Reziprozität verlangt aber weder, daß die Zahl der Angehörigen der jeweiligen Mission gleich sein muß, noch auch, daß die jeweiligen Missionen nur für die Beziehungen mit der jeweils anderen Seite eingerichtet sein müssen. Vielmehr ist es – immer einvernehmlich, also mit Zustimmung der Empfangsmacht – möglich, eine Mission für mehrere Mächte gleichzeitig einzurichten und damit Missionschefs bei mehreren Mächten gleichzeitig zu akkreditieren. Dies ist eine heute auch im rein zwischenstaatlichen Bereich aus Gründen der Kostenersparnis häufig geübte Praxis. (Dagegen hat sich die in der Diplomatenrechtskonvention von 1961 ebenfalls vorgesehene Möglichkeit, daß mehrere Staaten sich durch eine gemeinsame Mission bzw. durch einen gemeinsamen Missionschef vertreten lassen, in der Praxis nicht durchgesetzt. Es ist aber möglich, daß derartiges in Zukunft von Staatengruppen geübt werden wird, die in besonderer, supranationaler Weise verbunden sind, wie z.B. die Staaten der Europäischen Union. Dies würde jedoch eine weit stärkere Integration im Bereich der gemeinsamen Außen- und Sicherheitspolitik erfordern, als dies derzeit gegeben ist.)
An sich kennt das Diplomatenrecht drei Rangklassen von Missionschefs: Botschafter, Gesandte und Ständige Geschäftsträger. Damit wurde eine Tradition kodifiziert, die bereits im Auslaufen war; denn während früher nur Großmächte Missionschefs im Range eines Botschafters, andere Staaten hingegen nur im Rang eines Gesandten besaßen, entsenden heute alle Staaten (nach dem Grundsatz der souveränen Gleichheit) nur noch Botschafter, so daß der Rang eines Gesandten praktisch obsolet geworden ist. (Ständige Geschäftsträger sind ein Provisorium aus praktischen oder politischen Gründen.)[66]
(2) Die multilaterale Diplomatie
Unter multilateraler Diplomatie versteht man jene, wo die Vertreter mehrerer Staaten (und anderer Völkerrechtssubjekte) zusammentreten bzw. mehrere diplomatische Missionen bei derselben Institution eingerichtet sind. Ersteres findet im Rahmen internationaler Konferenzen und Organtagungen internationaler Organisationen statt, letzteres betrifft die bei internationalen Organisationen bestehenden Ständigen Vertretungen bzw. Ständigen Beobachtermissionen.[67]
Die multilaterale Diplomatie bei internationalen Konferenzen hat schon eine lange Tradition; die ganze Neuzeit war durch das sog. Kongreßsystem gekennzeichnet, also durch Staatenkonferenzen, die meist nach kriegerischen Konflikten zusammentraten, um die europäischen Angelegenheiten wenigstens für eine bestimmte Zeit neu zu ordnen. (Beispielsweise sei auf die Kongresse von Münster und Osnabrück, die 1648 den Dreißigjährigen Krieg beendeten, den Wiener Kongreß von 1814/15 nach den Napoleonischen Kriegen oder auf den Berliner Kongreß von 1878, der nach einem Russisch-Türkischen Krieg die Balkanfrage zu lösen suchte, verwiesen.) In gewissem Sinne ist auch die Pariser Friedens-

konferenz 1919/20 nach dem Ersten Weltkrieg noch als ein solcher Staatenkongreß anzusehen; durch die mit und in den dort abgeschlossenen Friedensverträgen vollzogene Gründung des Völkerbundes erfolgte aber gleichzeitig die Ersetzung des Kongreßsystems durch die dauerhafte Einrichtung einer Weltfriedensorganisation. An die Stelle des Völkerbunds trat nach dem Zweiten Weltkrieg die UNO.

Der Völkerbund war auch die erste internationale Organisation, bei der sich ein diplomatisches Korps herausbildete. Während die teilweise schon im 19. Jahrhundert gegründeten Verwaltungsunionen, also internationale Organisationen zur Zusammenarbeit auf bestimmten sozusagen technischen Gebieten (wie z. B. die Internationale Fernmeldeunion, ehemals bescheidener „Telegraphenverein" genannt, oder der Weltpostverein) die Staatenvertreter nur zu den in jährlichem oder zweijährlichem Rhythmus tagenden Generalversammlungen (welchen Namen diese immer führen mochten) vereinigten, erwies es sich wegen der Bedeutung des Völkerbundes als Forum laufender politischer Konsultationen, das sich daneben auch noch verschiedener technischer Materien annahm, als unumgänglich, daß die Staaten an seinem Sitz in Genf dauernd vertreten waren, was zur Einrichtung ständiger Missionen führte. Diese Praxis wurde in der Folge von anderen internationalen Organisationen übernommen; sie besteht heute nicht nur bei der UNO und deren Spezialorganisationen oder anderen, noch im weiteren Sinn zur Familie der Vereinten Nationen gerechneten Organisationen, wie der Internationalen Atomenergie-Organisation, sondern auch bei regionalen Organisationen, wie bei der Europäischen Union oder dem Europarat.

Die Mitglieder diplomatischer Missionen bei internationalen Organisationen haben eine Doppelfunktion: Sie vertreten ihren Staat sowohl bei der Organisation (halten also die Kontakte zwischen den staatlichen Zentralstellen und dem Sekretariat der betreffenden Organisation aufrecht) als auch in der Organisation, d.h. in deren (Repräsentativ-) Organen.

Das Recht der multilateralen Diplomatie, die ja eine im Vergleich zur bilateralen wesentlich kürzere Tradition hat, wurde mit der Wiener Konvention über die Vertretung von Staaten bei internationalen Organisationen universellen Charakters aus 1975 einer (Teil-) Kodifikation zugeführt.[68] Was die bei internationalen Organisationen eingerichteten Ständigen Vertretungen bzw. Ständigen Beobachtermissionen anlangt, so ist für deren Status aber das jeweilige Amtssitzabkommen zwischen der Organisation und dem Sitzstaat von vorrangiger Bedeutung.[69]

b) Die diplomatischen Beziehungen des Souveränen Malteser-Ritter-Ordens

Wie bei Staaten auch, muß bei den diplomatischen Beziehungen des Ordens zwischen den bilateralen und den multilateralen unterschieden werden.

(1) Die bilateralen Beziehungen des Souveränen Malteser-Ritter-Ordens
Der Orden unterhält derzeit mit 81 Staaten sowie mit dem Heiligen Stuhl diplomatische Beziehungen. Von diesen Staaten entfallen 23 auf Europa, 29 auf Afrika, 21 auf Lateinamerika, 7 auf Asien und 1 auf Ozeanien.
Unter diesen Staaten befindet sich mit Rußland ein ständiges Mitglied des Sicherheitsrates der UNO, das insoweit die Rechtsnachfolge der Supermacht Sowjetunion angetreten hat; mit Italien einer der vier „Großen" der Europäischen Union. Auch Argentinien und Brasilien sind als Staaten einzustufen, die sich zumindest auf dem Weg zum Status einer wirtschaftlich und in der Folge damit auch politisch bedeutenden Macht befinden.
Die bilateralen diplomatischen Beziehungen des Souveränen Malteser-Ritter-Ordens sind durchaus nicht auf Staaten beschränkt, die man als traditionell katholisch einstufen könnte. Nicht einmal die Hälfte der Staaten, mit denen der Orden diplomatische Beziehungen unterhält, ist dieser Kategorie zuzuzählen. Einige weitere sind zwar christlich, aber traditionell orthodox (wie z.B. das schon genannte Rußland, Weißrußland oder Mazedonien) oder koptisch (wie Äthiopien), andere religiös gemischt, wie z.B. Bosnien und die Herzegowina oder der Libanon. Weiters gibt es unter diesen Staaten auch traditionell islamische, wie Ägypten oder Marokko, oder solchen mit starker islamischer Mehrheit, wie Nigeria. Zwei Staaten, nämlich Kambodscha und Thailand, stehen in der buddhistischen Tradition. Es kann daher durchaus nicht gesagt werden, daß der Orden die Bereitschaft oder den Wunsch zur Anknüpfung diplomatischer Beziehungen nur bei Staaten mit katholischer Tradition gefunden hätte. Die religiöse Mischung, die die Staaten, die mit dem Souveränen Malteser-Ritter-Orden diplomatische Beziehungen unterhalten, aufweisen, zeigt vielmehr, daß diese Beziehungen vor allem wegen der humanitären Leistungen bestehen, die der Orden durch seine verschiedenen Einrichtungen in den einzelnen Staaten erbringt. Dasselbe gilt für Kuba, das sich als einer der letzten Staaten zu einem kommunistischen Regime bekennt.
Die bilateralen diplomatischen Beziehungen des Souveränen Malteser-Ritter-Ordens werden auf Botschafterebene unterhalten. Sie sind grundsätzlich reziprok; lediglich der Heilige Stuhl ist beim Orden, der ja gleichzeitig auch den Charakter eines religiösen Ordens der Katholischen Kirche besitzt, seinerseits nicht diplomatisch vertreten. An die Stelle eines diplomatischen Vertreters des Heiligen Stuhls tritt in etwa beim Orden der Kardinalprotektor.
Im übrigen anerkennen auch Staaten, die mit dem Souveränen Malteser-Ritter-Orden keine diplomatischen Beziehungen unterhalten, grundsätzlich die von ihm ausgestellten (Diplomaten-) Pässe als gültige Reisedokumente; dies galt früher im allgemeinen selbst für die dem Orden aus ideologischen Gründen distanziert gegenübergestandenen Staaten des ehemaligen Ostblocks.[70]

(2) Die multilateralen diplomatischen Beziehungen des Souveränen Malteser-Ritter-Ordens

Der Souveräne Malteser-Ritter-Orden gehört keiner internationalen Organisation als Mitglied an.

Seine Stellung bei der UNO (bzw. deren Generalversammlung) und einer Reihe ihrer Unterorganisationen (z.B. beim Flüchtlings-Hochkommissar [UNHCR]) bzw. Spezialorganisationen (z.B. bei der Welt-Gesundheits-Organisation [WHO], der Organisation der Vereinten Nationen für Erziehung, Wissenschaft und Kultur [UNESCO] oder der Ernährungs- und Landwirtschafts-Organisation der Vereinten Nationen [FAO]) ist die eines Beobachters.[71]

Der Status eines Beobachters entspricht dem Status eines Staates, der nicht Mitglied einer bestimmten internationalen Organisation ist.[72] Wäre der Orden nicht als souveränes Mitglied der internationalen Gemeinschaft eingestuft, sondern lediglich als eine private (internationale) Organisation (non-governmental organization) (NGO), so käme ihm statt des Beobachterstatus nur ein sogenannter Konsultativstatus zu, wie ihn zahlreiche NGOs besitzen.[73]

Ständige Vertretungen unterhält der Orden u.a. auch bei der Kommission der Europäischen Union in Brüssel, beim Europarat in Straßburg, beim Internationalen Komitee vom Roten Kreuz in Genf sowie beim Internationalen Institut für die Vereinheitlichung des Privatrechts und beim Internationalen Komitee für militärische Medizin und Pharmazie in Rom.[74]

Der Souveräne Malteser-Ritter-Orden nimmt also an den Arbeiten verschiedener universeller und regionaler internationaler Organisationen teil; diese Teilnahme ist aber keine im engeren Sinn, nämlich in Form der Mitgliedschaft, sondern im weiteren Sinn, nämlich in Form einer (mehr oder weniger lockeren) Zusammenarbeit.[75]

(3) Der völkerrechtliche Charakter der diplomatischen Beziehungen des Souveränen Malteser-Ritter-Ordens

Diplomatische Beziehungen bilateraler und multilateraler Art sind Manifestationen völkerrechtlicher Handlungsfähigkeit par excellence. Dabei unterscheiden sich die bilateralen diplomatischen Beziehungen des Souveränen Malteser-Ritter-Ordens in nichts von jenen zwischen Staaten. Umgekehrt ergibt sich aus der Art und Weise der multilateralen diplomatischen Beziehungen des Souveränen Malteser-Ritter-Ordens nichts, was deren völkerrechtlichen Charakter in Zweifel zu ziehen geeignet wäre. Daß dem Orden in diesem Zusammenhang eine im Vergleich zu Staaten, die nicht Mitglied einer internationalen Organisation, aber bei dieser durch einen Beobachter vertreten sind, gelegentlich ihrem Umfang nach reduzierte Mitarbeit an der Tätigkeit der jeweiligen Organisation zukommt, ist nicht darauf zurückzuführen, daß der Orden dort nur eine bedingte oder verengte Anerkennung als Völkerrechtssubjekt genießt. Vielmehr ist die Reduktion darauf zurückzuführen, daß der Souveräne Malteser-Ritter-Orden mit seiner rein humanitären Zielsetzung von vornherein ein im Vergleich mit Staaten eingeschränktes Betätigungsfeld hat, was sich gerade im Verhältnis zu internationalen Organisationen, die ja in der Regel nicht oder nicht ausschließlich humanitäre Aufgaben wahrnehmen, in einer (notwendig) reduzierten Zusammenarbeit niederschlägt. In diesem Punkt gibt es eine gewisse Analogie zur Teilnahme des Heiligen Stuhls an internationalen Organisationen; dieser ist zwar (als solcher) Gründungsmitglied der Internationalen Atomenergie-Organisation, nimmt aber an verschiedenen technischen Organisationen, deren Tätigkeit für den Staat der Vatikanstadt von Bedeutung ist (z.B. Weltpostverein), nur für diesen teil[76] und unterhält bei anderen Organisationen, insbesondere auch bei der UNO und den meisten ihrer Spezialorganisationen, nur Ständige Beobachtermissionen. Der Heilige Stuhl begründet diese abgehobene Position mit seiner wesentlich religiösen Sendung,[77] die es nicht angezeigt oder doch zumindest nicht notwendig erscheinen lasse, daß er an Organisationen primär technischen Charakters teilnehme.

Der Souveräne Malteser-Ritter-Orden übt sein (aktives und passives) Legationsrecht also sowohl im bilateralen als auch grundsätzlich im multilateralen Bereich in einer zu jener der Staaten analogen Art und Weise aus. Daher stellt die bi- und multilaterale Diplomatie des Ordens ein starkes Indiz für seine Völkerrechtssubjektivität dar.

3. Der induktive Befund

Der Souveräne Malteser-Ritter-Orden unterhält vertragliche und diplomatische Beziehungen wie ein Staat. Eine internationale Handlungseinheit, die aber in wesentlichen Punkten auftritt wie ein Staat, muß diesem auch in jenem Punkt wesentlich gleichen, der Voraussetzung für ein derartiges Auftreten ist. Dieser Punkt ist aber die Souveränität, die sich nach außen als Unabhängigkeit gegenüber anderen Staaten (und sonstigen Völkerrechtssubjekten) darstellt. Daher ist der Souveräne Malteser-Ritter-Orden auch tatsächlich als das anzusehen, was er schon im Namen für sich in Anspruch nimmt, nämlich als souverän.

Da aber die Souveränität einer internationalen Handlungseinheit deutlichster Hinweis auf ihre Völkerrechtssubjektivität ist, kommt dem Souveränen Malteser-Ritter-Orden aufgrund seiner bestehenden vertraglichen und diplomatischen Beziehungen Völkerrechtssubjektivität zu.

III. Ergebnis

Die Feststellung, daß der Souveräne Malteser-Ritter-Orden Völkerrechtspersönlichkeit besitzt, überrascht nicht. Sie ist nämlich nichts anderes als die doktrinelle Widerspiegelung der internationalen Wirklichkeit; der Grundsatz der Effektivität wird also auch für den Bereich der Wissenschaft als maßgeblich akzeptiert, denn der Orden ist ja international in jenen Formen präsent, die völkerrechtliche Beziehungen kennzeichnen.

Wer dieser internationalen Wirklichkeit aufgrund einer aus einem rechtsphilosophisch-dogmatischen Vorurteil heraus verengten Sicht des Begriffs des Völkerrechtssubjekts eine andere Folgerung für den Status des Ordens entgegenstellen sollte, müßte sich den Vorwurf gefallen lassen, daß seine Darlegungen mit der Realität nichts zu tun hätten.

Dabei ist freilich stets im Auge zu behalten, daß die Wirklichkeit, die eine Anerkennung der Völkerrechtspersönlichkeit des Ordens erheischt, nicht dessen tatsächliche, etwa gar militärische Macht ist; denn der Orden verfügt über keine solche. Sie für die Qualifikation als Völkerrechtssubjekt zu fordern, hat sich freilich schon beim Heiligen Stuhl als verfehlt erwiesen.[78] Andererseits aber zeigt auch das Beispiel des letzteren, daß gerade dort, wo eine solche Macht fehlt, die Qualität (nicht nur des, sondern) als Völkerrechtssubjekt in der besonderen Mission der betreffenden Handlungseinheit liegt. Die Mission der Katholischen Kirche als Religionsgemeinschaft ist dabei unvertretbar; die des Ordens als humanitärer Institution aber ist es nicht, denn seine Funktion kann auch von anderen Einrichtungen übernommen werden.

Der Orden wird als Teil der internationalen Wirklichkeit solange und nur solange fortbestehen, als er in einer für die Staaten und internationalen Organisationen schätzenswerten Weise – und das heißt: besser als andere Institutionen – seine spezifische, aus dem hospitalären Gedanken genährte Mission[79] erfüllt und auf diese Weise zum bonum commune humanitatis, also zum Menschheitsgemeinwohl, beiträgt.[80]

Anmerkungen:

1 Der ganz allgemein gehaltene Begriff der internationalen Handlungseinheit umfaßt alle Arten von Rechtssubjekten, die international handelnd auftreten, ohne sie in irgendeiner Weise näher zu qualifizieren.

2 Diese subjektiven Rechte und Pflichten beruhen ihrerseits auf dem objektiven Völkerrecht, dem Inbegriff all jener Normen, die die Beziehungen der Völkerrechtssubjekte zueinander regeln. Vgl. dazu Fischer, Peter/Köck, Heribert Franz: Allgemeines Völkerrecht. 4. Aufl. Wien 1994, S. 3f., bes. S. 5f.; vgl. auch Jennings, Robert Y., Sir: International Law. In: Bernhardt, Rudolf (Hrsg.): Encyclopedia of Public International Law [i.d. F. zit: EPIL] Bd. II. Amsterdam, Lausanne, New York, Oxford, Shannon, Tokio 1995, S. 1159f., bes. S. 1160f.

3 Zum Begriff des Völkerrechtssubjekts vgl. allgemein Mosler, Hermann: Subjects of International Law. In: EPIL, Instalment 7, Amsterdam, New York, Oxford 1984, S. 442f.

4 Vgl. Fischer/Köck, Allgemeines Völkerrecht, S. 69.

5 Vgl. ebda, S. 163.

6 Zu diesen vgl. allgemein Köck, Heribert Franz/Fischer, Peter: Das Recht der Internationalen Organisationen. 3. Aufl. Wien 1997.

7 Zu diesem und zur Rot-Kreuz-Bewegung allgemein vgl. Bindschedler-Robert, Denise: Red Cross. In: EPIL, Instalment 5, Amsterdam, New York, Oxford 1983, S. 248f.

8 Vgl. Schlögel, Anton: Geneva Red Cross Conventions and Protocols. In: EPIL, Bd. II (1995), S. 531f.
9 Der Begriff der Souveränität ist ein Produkt der Neuzeit und geht auf den französischen Staatsmann Jean Bodin zurück. Vgl. allgemein Steinberger, Helmut: Sovereignty. In: EPIL, Instalment 10, Amsterdam, New York, Oxford, Tokio 1987, S. 397f.
10 Vgl. Doehring, Karl: State. In: EPIL, Instalment 10 (1987), S. 423f.
11 Vgl. Fischer/Köck, Allgemeines Völkerrecht, S. 69f.
11 Ebda, S. 156f.
12 Ebda, S. 160f.
13 Dazu vgl. umfassend Köck, Heribert Franz: Die völkerrechtliche Stellung des Heiligen Stuhls. Dargestellt an seinen Beziehungen zu Staaten und internationalen Organisationen. Berlin 1975; Cardinale, Igino: The Holy See and the International Order. London 1976; Köck, Heribert Franz: Holy See. In: EPIL. Bd. II (1995), S. 866f.
14 Vgl. Faber, Roman: Der Vatikan. München 1968; Köck, Heiliger Stuhl, S. 148f. (Der Staat der Vatikanstadt).
15 Vgl. Köck, Heribert Franz: Lateran Treaty (1929). In: EPIL, Bd. III, Amsterdam, Lausanne, New York, Oxford, Shannon, Singapore, Tokio 1997, S. 134f.
16 So die Lehre Leos XIII. in der Enzyklika "Immortale Dei" von 1885, ASS, Bd. 18, 1885/86, S. 162f.: „Utraque [sc. potestas ecclesiastica et potestas civilis] est in suo genere maxima". Vgl. auch die italienische Verfassung von 1947, Art. 7 Abs. 1: „Lo Stato e la Chiesa cattolica sono, ciascuno nel proprio ordine, indipendenti e sovrani." Dies ist ein guter Ansatz für die völkerrechtliche Stellung der Katholischen Kirche bzw. des Heiligen Stuhls und durchaus mit der Lehre des Zweiten Vatikanums über die Kirche als das pilgernde Volk Gottes, die einen ganz anderen Zweck verfolgt, vereinbar. Vgl. dazu Listl, Joseph: Kirche und Staat. In: Kasper, Walter (Hrsg.): Lexikon für Theologie und Kirche [i. d. F. zit. LTK] Bd. 5. 3. Aufl. Freiburg, Basel, Rom, Wien 1996, S. 1497f.
17 Taube, M., Baron: La position internationale actuelle du Pape et l'idée d'un „droit entre pouvoirs" (ius inter potestates). In: Archiv für Rechts- und Wirtschaftsphilosophie. Bd. 1. (1907/08).
18 Brandweiner, Heinrich: Die christlichen Kirchen als souveräne Rechtsgemeinschaften. Graz, Wien 1948.
19 Vgl. Raiser, Konrad: Weltrat der Kirchen. In: Staatslexikon Bd. 5. 7. Aufl. Freiburg, Basel, Wien 1989, S. 938f.
20 Vgl. Hollerbach, Alexander: Staatskirchenverträge. In: Staatslexikon, Bd. 5. 7. Aufl. 1989, S. 186f.
21 Vgl. Köck, Heribert Franz: Rechtliche und politische Aspekte von Konkordaten. Berlin 1983; Hollerbach, Alexander: Konkordat. In: Staatslexikon. Bd. 3. 7. Aufl. 1987, S. 620f.; Listl, Joseph: Konkordat. In: LTK Bd. 6. Freiburg, Basel, Rom, Wien 1997, S. 263f.
22 Vgl. Anm. 6.
23 Vgl. Anm. 7.
24 Rechtsgutachten betr. Ersatz für im Dienst der Vereinten Nationen erlittenen Schäden. ICJ-Reports 1949, S. 178.
25 Vgl. zu diesem II. Teil insgesamt Breycha-Vauthier, Arthur C.: Der Malteserorden im Völkerrecht. In: Österreichische Zeitschrift für öffentliches Recht [i. d. F. zit. ÖZöR]. Bd. 2 (1950), S. 401f.; ders., L'Ordre S. M. Jérosolymitain de Malte – Évolutions récentes autour d'une ancienne organisation internationale. In: Zeitschrift für ausländisches öffentliches Recht und Völkerrecht [i. d. F. zit. ZaöRV]. Bd. 16 (1955/56), S. 500f.; Pilotti, Massimo: Zur Frage der Völkerrechtssubjektivität des Malteser-Ordens. In: ÖZöR. Bd. 3 (1951), S. 392f.; d'Olivier

Farran, C.: The Sovereign Order of Malta in International Law. In: International and Comparative Law Quarterly [i. d. F. zit. ICLQ]. Bd. 3 (1954), S. 217f.; Breycha-Vauthier, Arthur C/Potulicki, Michael: The Order of St. John in International Law. A Forerunner of the Red Cross. In: American Journal of International Law [i. d. F. zit. AJIL], Bd. 48 (1954), S. 54f.; Hafkemeyer, Georg Bernhard: Der Rechtsstatus des Souveränen Malteser-Ritter-Ordens als Völkerrechtssubjekt ohne Gebietshoheit. Hamburg 1956; und Breycha-Vauthier, Arthur C.: Betrachtungen zur Erneuerung des Malteser-Ordens. In: von der Heydte, Friedrich August, Freiherr/Seidl-Hohenveldern, Ignaz/Verosta, Stephan/Zemanek, Karl (Hrsg.): Festschrift für Alfred Verdross zum 70. Geburtstag. Wien 1960, S. 77f.; Schmitt, Hans Peter: Ursprung und Untergang der ersten immerwährenden Neutralität: Malta. In: ÖZöR, Bd. 22, S. 57f.

26 Vgl. Wienand, Adam: Die Johanniter und die Kreuzzüge. In: Wienand, Adam (Hrsg.): Der Johanniter-Orden/Der Malteser-Orden. Der ritterliche Orden des hl. Johannes vom Spital zu Jerusalem. Seine Aufgaben, seine Geschichte. 2. Aufl. Köln 1977, S. 32f.; Ders.: Der Orden auf Rhodos. In: Ebda, S. 144f.; Waldburg-Wolfegg, Hubertus, Graf v./Wienand, Adam: Der Orden auf Malta. In: Ebda, S. 195f.; und Waldstein-Wartenberg, Berthold, Graf: Entwicklung des Malteser-Ordens nach dem Fall von Malta bis zur Gegenwart. In: Ebda, S. 233f.

27 Vgl. dazu Dauber, Robert L.: Die Marine des Souveränen Malteser-Ritter-Ordens. In: Marine – Gestern, Heute. Bd. I. (1980), S. 1f.; Ders., Die Marine des Souveränen Malteser-Ritter-Ordens. Graz 1989.

28 Vgl. Schmitt, Hans Peter: Ursprung und Untergang der ersten immerwährenden Neutralität: Malta. In: ÖZöR Bd. 22, S. 57f.

29 Waldstein-Wartenberg, Entwicklung des Malteser-Ordens, S. 234.

30 Ebda, S. 235; Vgl. auch Samerski, Stefan: Malteser. In: LTK Bd. 6, 3. Aufl. 1997, S. 1252f., der von einem vergeblichen Versuch spricht, auf dem Wiener Kongreß einen internationalen christlich-militärischen Adelsbund zu errichten.

31 Ebda.

32 Dieser, von Maria Theresia 1757 gestiftet, war der höchste österreichische militärische Orden bis zum Untergang der Donaumonarchie. Daß er als echter Orden und seine Dekoration nicht bloß als Verdienstzeichen angesehen wurde, zeigt der Umstand, daß der damals amtierende böhmisch-österreichische Großprior, Josef Maria Graf von Colloredo-Wallsee, obwohl selbst kaiserlicher Feldmarschall, seine Annahme als mit dem Status als Malteser-Ritter unvereinbar ablehnte.

33 Vgl. Waldstein-Wartenberg, Entwicklung des Malteser-Ordens, S. 236; auch Breycha-Vauthier, Arthur C.: Das Großpriorat Böhmen-Österreich. In: Wienand, Adam (Hrsg.): Der Johanniter-Orden/Der Malteser-Orden. Der ritterliche Orden des hl. Johannes vom Spital zu Jerusalem. Seine Aufgaben, seine Geschichte. 2. Aufl. Köln 1977, S. 338f.

34 Vgl. Waldstein-Wartenberg, Entwicklung des Malteser-Ordens, S. 236.

35 Pius VII. hatte sich 1805 geweigert, den neugewählten Großmeister unter den gegebenen Umständen als solchen zu bestätigen; solange der Orden nur als Provisorium weiterbestand, erschien ihm ein bloßer Statthalter offenbar als angemessener. Vgl. ebda, S. 235.

36 Nach einem von Graf Ens in einer Denkschrift aus St. Petersburg 1817 vorgelegten Plan, der freilich neben dem katholischen auch einen protestantischen und einen orthodoxen Zweig des Ordens vorsah. Vgl. Breycha-Vauthier, Das Großpriorat Böhmen-Österreich, S. 345.

37 Waldstein-Wartenberg, Entwicklung des Malteser-Ordens, S. 235.

38 Ebda, S. 236.

39 Kaiser Franz Joseph war selbst Ehrenbailli-Großkreuz des Ordens. Vgl. Breycha-Vauthier, Das Großpriorat Böhmen-Österreich, S. 346.

40 Vgl. Breycha-Vauthier, Das Großpriorat Böhmen-Österreich, S 346, der auch darauf hinweist, daß durch den bedeutenden Ordensbesitz die finanziellen Mittel für ein Wirken in großem Stil gegeben waren.
41 Der Statthalter Frá Antonio Busca schrieb 1829 an den Gesandten des Ordens am Hofe zu Wien: „Seine kaiserliche Majestät [der ehemalige Römische Kaiser Franz II., nunmehr Franz I. von Österreich] und der Fürst Metternich haben uns am Leben erhalten, und von ihnen erhoffen wir eine bessere Zukunft." Zit. n. Breycha-Vauthier, Das Großpriorat Böhmen-Österreich, S 345.
42 Dies galt vor allem, wie schon erwähnt, für den Staatskanzler Fürst Metternich. 1852 wurde aus Dankbarkeit dem jeweiligen Chef des Hauses Metternich für ewige Zeiten das Devotionskreuz verliehen, mit der Begründung: „da der Orden dem Fürsten sein Weiterbestehen und seine Unabhängigkeit zu danken hat." Zit. n. ebda, S. 345.
43 Als erste überseeische Assoziation wurde 1928 die Vereinigung der Magistralritter der Vereinigten Staaten gegründet. Vgl. Waldstein-Wartenberg, Entwicklung des Malteser-Ordens, S. 238.
44 Vgl. dazu Hafkemeyer, Georg B.: Der Malteser-Orden und die Völkerrechtsgemeinschaft. In: Wienand, Adam (Hrsg.): Der Johanniter-Orden/Der Malteser-Orden. Der ritterliche Orden des hl. Johannes vom Spital zu Jerusalem, Seine Aufgaben, seine Geschichte. 2. Aufl. Köln 1977, S. 448f., S. 453f. Vgl. auch Prantner, Robert: Malteserorden und Völkergemeinschaft. Berlin 1974, S. 47f.
45 Vgl. Anm. 35.
46 Hiefür grundlegend Prantner, Malteserorden und Völkergemeinschaft, S. 125 f.
47 Notifikation des Eidgenössischen Departements für Auswärtige Angelegenheiten vom 2. Mai 1980, Zl. p. o.411.619.0. Vgl. Fischer/Köck, Allgemeines Völkerrecht, S. 167.
48 Vgl. Prantner, Malteserorden und Völkergemeinschaft, S. 42f.
49 Hiezu vgl. Köck, Die völkerrechtliche Stellung des Heiligen Stuhls, S.171f., 419f.
50 Vgl. allgemein auch Hafkemeyer, Georg B.: Der Rechtsstatus des Souveränen Malteser-Ritter-Ordens als Völkerrechtssubjekt ohne Gebietshoheit. Hamburg 1955.
51 Die beiden letzteren Bereiche werden, was den Souveränen Malteser-Ritter-Orden anlangt, unter einem in Zusammenhang mit dessen multilateraler Diplomatie behandelt werden.
52 So können beispielsweise zwei Staaten einen von ihnen im Bereich der sogenannten Privatwirtschaftsverwaltung – wo der Staat also nicht iure imperii, sondern iure gestionis tätig wird – in Aussicht genommenen Vertrag dem innerstaatlichen Recht einer Vertragspartei, aber auch eines dritten Staates, unterstellen; eine solche Wahl der auf den Vertrag bezüglichen Rechtsordnung gehört zu der auch Staaten in Analogie zu Privaten zustehenden (und darum so genannten) Privat- oder Parteienautonomie, die im Völkerrecht ihre Grenze nur am ius cogens, also dem zwingenden Recht, oder in einer allgemeinen quasi-verfassungsrechtlichen Vertragsbestimmung finden könnte. Als eine solche könnte Art. 102 Abs. 1 UNO-Satzung angesehen werden, die eine Registrierungspflicht für von Mitgliedern der Vereinten Nationen abgeschlossene Verträge vorsieht; die ratio dieser Bestimmung würde es Staaten verwehren, ihre Verträge bloß zur Umgehung der Registrierungspflicht einer anderen als der Völkerrechtsordnung zu unterstellen.
53 Vgl. dazu Fischer/Köck, Allgemeines Völkerrecht, S. 251.
54 Ebda, S. 49f.
55 Für die verschiedensten Bezeichnungen von Verträgen vgl. ebda, S. 50.
56 Vgl. ebda, S. 49.
57 Vgl. Prantner, Malteserorden und Völkergemeinschaft, S. 137 ff. („Hospitalitas" als primärer Tätigkeitsbereich des Malteserordens).

58 Vgl. für ein Beispiel Fischer/Köck, Allgemeines Völkerrecht, S. 166.
59 Was das Vertragsverfahren im allgemeinen anlangt vgl. ebda, S. 50f.
60 Vgl. dazu allgemein: do Nascimento e Silva, G. E.: Diplomacy. In: EPIL. Bd. I (1992), S. 1024f.
61 Vgl. dazu Blum, Yehuda Z : Diplomatic Agents and Missions. In: Ebda, S. 1034f.
62 Vgl. dazu Köck, Die völkerrechtliche Stellung des Heiligen Stuhls, S. 173f., bes. S. 183f.
63 Vgl. Fischer/Köck, Allgemeines Völkerrecht, S. 177f., bes. S. 179f.
64 Vgl. do Nascimento e Silva, G. E.:Vienna Convention on Diplomatic Relations (1961). In: EPIL, Instalment 9, Amsterdam, New York, Oxford, Tokio 1986, S. 393f.
65 Vgl. dazu Fischer/Köck, Allgemeines Völkerrecht, S. 202.
66 Vgl. ebda, S. 181f.
67 Vgl. ebda, S. 203f.
68 Vgl. dazu Köck, Heribert Franz: Multinational Diplomacy and Progressive Development of International Law. The Vienna Convention of 14 March 1975. In: ÖZöRV. Bd. 26 (NF) (1977), S. 51f.
69 Vgl. dazu Köck/Fischer, Allgemeines Völkerrecht, S. 574f.
70 Vgl. Cremona, John J.: Malta, Order of. In: EPIL, Bd. III (1997), S. 278f.
71 Vgl. ebda, S. 279f.
72 Zum Wesen des Beobachters bzw. der Beobachtermission vgl. Fischer/Köck, Allgemeines Völkerrecht, S. 545, 579f.
73 Zum Begriff der NGO vgl. ebda, S. 58f.
74 Vgl. auch Cremona, S. 279.
75 Zu den verschiedenen Formen der Teilnahme an internationalen Organisationen vgl. Köck, Die Völkerrechtliche Stellung des Heiligen Stuhls, S. 750f.
76 Vgl. ebda, S. 312f.
77 Dazu vgl. ebda, S. 758f.
78 Wir erinnern an die verständnislose Frage Stalins: „Wieviele Divisionen hat der Papst?"
79 Vgl. die grundlegenden Ausführungen bei Prantner, Malteserorden und Völkergemeinschaft, S. 125f.
80 Vgl. dazu Verdross, Alfred: Der klassische Begriff des „bonum commune" und seine Erweiterung zum „bonum commune humanitatis". In: ÖZöRV, Bd. 28 (1977), 143f.

Robert Prantner

Die völkerrechtliche Bedeutung der diplomatischen Beziehungen des Ordens und das Engagement seines diplomatischen Personals in historischer und zukünftiger Sicht

Grundsätzliches zum diplomatischen Dienst des Ordens

Wenn Neuhold in seiner Untersuchung über „Moderne Methoden in der Wissenschaft der internationalen Beziehungen" feststellt, daß diese lange Zeit als Anhängsel der Geschichtswissenschaft angesehen worden ist[1], so verhält es sich nicht anders mit den diplomatischen Beziehungen des Malteser-Ritter-Ordens, die zumeist ausschließlich Studienobjekte der Ordenshistoriker gewesen waren und erst im Verlaufe dieses Jahrhunderts eingehend von der völkerrechtlichen Warte her betrachtet wurden.[2]

Zunächst ist also die Grundsatzfrage zu beantworten: Ziemt es sich überhaupt in der Gegenwart für den Orden, da diesem wohl der Charakter eines Völkerrechtssubjektes zukommt, ohne daß er ein Staatsgebiet besitzt, gleich den Staaten der Welt diplomatischen Verkehr zu pflegen, dem doch eindeutig eine politische Note anhaftet? Der Apostolische Delegat in Großbritannien, Erzbischof Hyginus E. Cardinale, hat 1969 dieselbe Frage auf den Heiligen Stuhl gemünzt und sie dahingehend beantwortet, daß nach der Ansicht des Vatikans der erste Weg zum Frieden über die Diplomatie führe,[3] nur die mag diese Behauptung schockieren, die sich unter Diplomatie eine Kunst vorstellen, mit der man innere Gefühle mittels Sprache und Gebärden verbirgt, und von der Vorstellung ausgehen, die Diplomatie sehe ihr sicherstes Verfahren in der Untätigkeit und kompliziere, wenn sie tätig werde, die Dinge auf eine unentrinnbare Weise.
Wie entgegen dieser überholten Ansicht jedoch die Internationale Diplomatische Konferenz von Wien 1961 feststellte, sind Hauptziele der Diplomatie die Erhaltung des internationalen Friedens und der internationalen Sicherheit sowie die Vertiefung freundschaftlicher Beziehungen zwischen den Staaten. Demnach erstrebe die Diplomatie letzten Endes die Versöhnung und Vereinigung der Welt,

legt der Fürst und Großmeister besonderen Nachdruck auf sein Recht, Nobilitierungen „ex grazia magistrale" vorzunehmen: Das „jus nobilitandi" als ein Prärogativ der Souveräne. Dieses Recht wird „nomine proprio" ausgeübt.[15]

Historischer Rückblick auf die Praxis des Legationsrechtes des Ordens

Die Geschichte der diplomatischen Vertretungen des Ordens reicht in seine palästinensische Zeit zurück.[16] Bereits 1244/49 wird ein Vertreter in Marseille genannt, der im Auftrage des Großmeisters Getreide einzukaufen hatte, doch wird schon früher in Rom ein Ordensritter die Interessen der Ritter des hl. Johannes vertreten und für Gewährung günstiger Privilegien Sorge getragen haben.[17] In der Rhodeser Zeit lassen sich Konsulate in Jerusalem, Rama, Damiette und Alexandrien nachweisen, während in Zypern und Rom ständige Gesandtschaften unterhalten wurden.[18] Die Gesandtschaft des Ordens in Rom war seine wichtigste und bedeutendste. Im Jahre 1459 wurden die Befugnisse und der Aufwand des in Rom residierenden „procurator generalis" erstmalig geregelt.[19] Nach der Verlegung des Ordenssitzes von Rhodos nach Malta, wurde Madrid die zweitwichtigste diplomatische Vertretung, da der Orden sein Territorium von der Krone Spaniens als Lehen innehatte. Aus diesem Grund mußte auch die beim Vizekönig in Neapel eingerichtete Gesandtschaft gut dotiert werden. Wegen der zahlreichen Besitzungen in Frankreich wurde seit Mitte des 17. Jahrhunderts in Paris eine ständige diplomatische Vertretung unterhalten, die entsprechend ihrer Dotation unmittelbar hinter Madrid zu stehen kam. So wurde nach dem Ordensbudget von 1785 die Gesandtschaft in Rom mit 19.507 Scudi dotiert, die von Madrid mit 12.363 Scudi, Paris mit 10.910 Scudi und Neapel mit 6.764 Scudi. Neben diesen Gesandtschaften gab es noch zahlreiche „Agenten" in den größeren Städten Frankreichs, Spaniens und Italiens, die den heutigen Konsulaten entsprechen, in erster Linie aber für den Handel und die Schifffahrt zuständig waren. 1785 gab der Orden 102.431 Scudi für seine diplomatischen Vertretungen aus, etwas mehr als 10 Prozent seines Gesamtbudgets.[20]

Der Orden berief sich stets auf das ihm durch Papst Nikolaus V. im Jahre 1466 durch eine Bulle bestätigte Gesandtschaftsrecht. Bemerkenswert für den Gebrauch „ständiger Gesandtschaften" durch den Orden ist die Tatsache, daß in einer Zeit, da nur wirkliche Großmächte solche unterhielten, der Orden ebenfalls diesen Modus seiner diplomatischen Beziehungen zur Anwendung brachte. Schon im Jahre 1747 unterhielt der Orden vier ständige Gesandtschaften, und zwar in Rom, Paris, Madrid und Wien, obwohl zu dieser Zeit und sogar noch mehr als hundert Jahren später ausschließlich einflußreiche Großmächte „ständige" Gesandtschaften unterhielten. So waren noch im Jahre 1885 (!) nur vier ständige Gesandte in Paris, drei in Wien und drei am Heiligen Stuhl akkreditiert, während die übrigen Staaten nur Geschäftsträger entsandt hatten. Als Landesherr auf Malta konnte der Orden indessen diese Stellung unter den Staaten keineswegs beanspruchen, sondern nur in seiner Eigenschaft als supranationale Organisation. In Wien wurde seit dem Westfälischen Frieden ein Ordensgesandter akkreditiert, der jedoch in der Regel gleichzeitig Großprior von Böhmen war. Erst im 19. Jahrhundert wurde die Personalunion mit der Würde der Großpriors aufgegeben. Wurde ein Gesandter während seiner Amtszeit zum Großprior gewählt, so schied er aus dem diplomatischen Dienst des Ordens und überließ diese Funktion einem anderen Ritter.[21] Österreich war zunächst der einzige Staat, der auch nach dem Verlust von Malta die diplomatischen Beziehungen zum Orden nicht unterbrach.[22]

Die diplomatischen Beziehungen des Ordens erlahmten insbesondere auch deshalb, weil die Ordensregierung über keinen ständigen festen Sitz verfügte und die Ordensgeschicke durch Jahrzehnte nur durch einen Statthalter und nicht von einem Großmeister geleitet wurden. Trotz des Verlustes von Malta aber war von 1798 bis 1803 ständig ein Geschäftsträger des Ordens beim Heiligen Stuhl beglaubigt, und schon im Jahre 1803 nahm Frankreich, zu dem bis zum Jahre 1798 ununterbrochen diplomatische Beziehungen bestanden hatten, als erster der europäischen Staaten den diplomatischen Verkehr mit dem Orden wieder auf und entsandte 1803 einen Vertreter an den Ordenssitz nach Catania. Ebenso war auch der Orden durch einen ständigen Gesandten am Hofe Ludwigs XVIII. vertreten. Nach dessen Tod wurde indessen kein neuer diplomatischer Vertreter mehr ernannt. Auch Großbritannien unterhielt noch nach der Inbesitznahme von Malta und vor dem Pariser Friedensvertrag diplomatische Beziehungen zum Orden durch den Gouverneur von Malta als Geschäftsträger.[23] In der zweiten Hälfte des 19. Jahrhunderts besaß der Orden jedoch nur beim Heiligen Stuhl und in Österreich je einen Gesandten. Erst nach dem Ersten Weltkrieg wurden neue Beziehungen geknüpft: 1925 mit Ungarn, 1933 mit Rumänien, 1936 mit San Marino, 1937 mit Spanien. Der Zeit nach der Selbstfindung des Ordens zu neuen internationalen Aufgaben blieb es vorbehalten, mit einer Vielzahl von Staaten in vier Kontinenten regelrechte diplomatische Beziehungen auf der Ebene des Austausches von Botschaftern oder Gesandten aufzunehmen und zu pflegen.

Die diplomatischen Vertretungen des Ordens im Jahre 1999

Die diplomatischen Vertretungen des Ordens unterstehen dem Amt des Großkanzlers der Ordensregierung,[24] der im Bereich der auswärtigen Angelegenheiten des Ordens durch einen „Generalsekretär für die auswärtigen Angelegenheiten" im Range eines a. o. u. bev. Botschafters unterstützt wird.

Gemäß dem Annuaire 1998/1999[25] unterhält der Malteser-Orden diplomatische Beziehungen zum Heiligen Stuhl, dem er als religiöse Gemeinschaft zwar untergeordnet ist, als souveräner Ritterorden aber als unabhängiger Partner gegenübersteht, und zu 81 Staaten. Diese sind:

Europa	**Süd-Amerika**	**Asien**	**Afrika**	**Ozeanien**
Albanien	Argentinien	Armenia	Ägypten	Mikronesien
Bosnien-Herzegowina	Bolivien	Georgien	Äquatorialguinea	
Bulgarien	Brasilien	Kambodscha	Äthiopien	
Italien	Chile	Kazakistan	Benin	
Lettland	Costa Rica	Libanon	Burkina Faso	
Liechtenstein	Dominikanische Republik	Philippinen	Elfenbeinküste	
Litauen	El Salvador	Thailand	Gabon	
Kroatien	Ecuador		Guinea	
Makedonien	Guatemala		Guinea Bissau	
Malta	Haiti		Kamerun	
Österreich	Honduras		Kap Verde	
Polen	Kolumbien		Komoren	
Portugal	Kuba		Kongo Republik	
Rumänien	Nicaragua		Dem. Rep. Kongo	
San Marino	Panama		Liberia	
Slowakische Republik	Paraguay		Madagaskar	
Slowenien	Peru		Mali	
Spanien	Saint Vincent-Grenadines		Marokko	
Tschechische Republik	Uruguay		Mauretanien	
Ungarn	Venezuela		Mosambique	
Weißrußland			Niger	
			Sao Tome e Principe	
			Senegal	
			Seychellen	
			Somalia	
			Sudan	
			Togo	
			Tschad	
			Zentralafrikanische Republik	

Der Orden hat offizielle Beziehungen auf Botschafterebene zur Russischen Föderation, ist auch durch Vertreter oder Delegaten in Belgien, Deutschland, Frankreich[26], Luxemburg, Monaco und in der Schweiz akkreditiert sowie beim Europarat und der Kommission der Europäischen Union. Seit 1994 ist der Orden als Ständiger Beobachter bei den Vereinten Nationen zugelassen und unterhält als solcher Ständige Vertretungen bei den internationalen Organisationen in New York, Genf, Paris, Rom und Wien.

Mag also auch nur ein Teil der Völkerfamilie de facto durch diplomatische Bande in Verbindung mit dem Malteser-Orden stehen, so handelt es sich bei den betreffenden Staaten heute keineswegs „nur um einige katholische Staaten", die den Orden als selbständiges Völkerrechtssubjekt gelten lassen und um einen „begrenzten diplomatischen Verkehr", respektive um „diplomatischen Verkehr mit einigen Staaten", wie Dahm noch in seinem „Völkerrecht" mehr oder minder zutreffend behaupten konnte.[27] Zum gegenwärtigen Zeitpunkt laufen inoffizielle Gespräche zwischen Repräsentanten des Ordens und Vertretern weiterer Staaten, um in beiderseitigem Interesse die ersten Schritte zur Aufnahme regulärer diplomatischer Beziehungen zu unternehmen. Das Interesse für diese Schritte liegt zumeist auf Seiten der Staaten im Wunsche, die sozial-humanitäre Aktivität des Ordens auf ihrem Territorium durch engere Bande zu befestigen. Diese Überlegungen bewogen etwa im Jahre 1970 den Negus von Äthiopien, Kaiser Haile Selassie, auf Botschafterebene die Beziehungen mit der Via Condotti aufzunehmen,[28] und die iberoamerikanischen Staaten Uruguay und Venezuela,[29] die Beziehungen mit dem Orden auf Botschafterebene zu erheben bzw. neu aufzunehmen. Auf der anderen Seite hegt der Orden Interesse, sein Wirken zum Gemeinwohl der Völker möglichst universell zu gestalten und wünscht dieses Ziel durch die Schaffung einer völkerrechtlichen Basis mit den Staaten zu unterstützen.

Ein „großer Sprung nach vorne" in der Zahl und Qualität seiner diplomatischen Beziehungen vollzog sich im Dezennium von 1989 bis 1999. Die „Wende" nach dem Zusammenbruch des Sowjetimperiums, der Sozialistischen Föderativen Republik Jugoslawien und des erhöhten Interesses der islamischen Welt an Kooperation im sozialmedizinischen und hospitalitären Bereich markiert auch die Welle der neuen Anerkennungen. Dabei kam dem diplomatischen Repräsentanten des Souveränen Malteser-Ritter-Ordens in der Republik Österreich, ao. u. bev. Botschafter Barone Gioacchino Malfatti di Montetretto, der im Einvernehmen mit dem Großmeister und dem Großkanzler viele der „Nachfolgestaaten" bereiste, eine denkwürdige Aufgabe und ein offenkundiger großer Erfolg für den auswärtigen Dienst des Ordens zu.

So vermag der Orden nicht zuletzt auch durch seine diplomatischen Vertretungen seine Arbeit im Dienste einer christlichen Zivilisation und für den wahren Frieden der Welt fortzusetzen und zu intensivieren.[30]

Das Engagement des diplomatischen Personals des Malteser-Ordens

Grundsätzlich obliegen dem Missionschef des Ordens und seinem diplomatischen Personal im Empfangsstaat dieselben Berufspflichten wie den Repräsentanten anderer Sendestaaten in der Hauptstadt des Empfangsstaates. Dennoch sind hierbei verschiedene nur den Ordensdiplomaten eigene Pflichten und Aufgaben hervorzuheben, die in gewissem Sinne den Obliegenheiten und Intentionen päpstlicher Diplomaten ähnlich sind. Dem Missionschef des Ordens muß es zunächst angelegen sein, unterstützt von seinen Zugeteilten, die Ziele und die hohe, geschichtlich erprobte Sendung des Malteser-Ordens in der Welt von heute bekanntzumachen, darzustellen und durch seine persönliche Überzeugungskraft und Lauterkeit zu beglaubigen. In einer Welt, die von solch einem Übermaß an Hunger und Armut, an sozialem Elend und geistiger Not, an Krankheit und Katastrophenfällen gekennzeichnet erscheint und in der sich vor allem am Sektor der sozialen, wirtschaftlichen und nicht zuletzt pädagogischen Entwicklungshilfe eine mannigfache Fülle von Aufgaben stellen, ist es Aufgabe der Ordensdiplomaten, diese Probleme an die Zentrale für die auswärtigen Beziehungen des Ordens heranzutragen und – wenn und wo möglich – Lösungsversuche für Hilfsmaßnahmen aufzuzeigen.

Selbstverständlich müssen die diplomatischen Vertreter des Ordens ihre Zentrale nicht nur über alle bedeutenden religiösen, kulturellen, politischen und wirtschaftlichen Entwicklungstendenzen und Ereignisse informieren, sondern auch ein wachsames Auge auf das Wohl der sozialen Assistenzwerke der jeweiligen nationalen Assoziationen der Malteser im Empfangsstaat lenken.

Schließlich ist aber auch ein dritter Gesichtspunkt zu erwähnen, der postkonziliaren Charakter hat und in einer Epoche des „mündigen Laienchristen", der kraft seines Wissens, Gewissens und seiner Teilnahme am „allgemeinen Priestertum" apostolisch zu wirken hat, aktuell geworden ist: Den Mitgliedern des diplomatischen Personals des Ordens ist in gewisser Analogie eine ähnliche persönliche und religiöse Mission möglich und aufgetragen, wie sie auch – allerdings in weitaus verstärkter, weil amtspriesterlicher Intensität – die Nuntien, Internuntien und Zugeteilten der diplomatischen Vertretungen des Heiligen Stuhles in einer pluralistischen, weitgehend nicht vom Christentum geprägten Gesellschaft zu erfüllen haben. Daß es den Diplomaten des Ordens kraft ihrer gesellschaftlichen Stellung möglich wird, auch in jenen gesellschaftlichen Gruppen der Staaten – sei es in den Bereichen des diplomatischen Personals anderer Missionen, sei es in Kreisen der Führungsinstitutionen von Politik, Wirtschaft, Kultur, Finanzwesen – als Christen ein besonderes Zeugnis abzulegen und persönlich glaubwürdig die religiösen Wurzeln melitensischer Spiritualität darstellen zu können, ist eine unverwechselbare Spezifikation ihres diplomatischen Dienstes. Nicht umsonst verlangt der Orden von seinen Diplomaten das Zeugnis eines hervorragenden und beispielgebenden christlichen Lebenswandels und neben einem fundierten Wissen in den Bereichen der politischen Wissenschaften, der kulturellen Grunderfordernisse, der Wirtschaft und der sozialen Fragen, besondere „Kenntnisse der katholischen Doktrin."[31]

Wenn dem Großmagisterium des Ordens in Rom eine Ambulanz für verschiedene Sparten der Medizin angeschlossen und damit ein sichtbares Zeichen für das konkrete hospitalitäre Engagement auch der höchsten Dignitäre des Ordens gesetzt wurde, so dürfen auch die diplomatischen Vertreter des Ordens gemäß ihren Möglichkeiten und Kräften diesen Aktivitäten nicht nachstehen. Um nur aus der Fülle der praktizierten Wirklichkeit zwei Beispiele hervorzuheben, seien die diplomatischen Vertretungen des Ordens in Beirut und Asuncion paradigmatisch genannt. Der Missionschef des Ordens im Libanon hat an die Botschaft eine medizinische Betreuungsstation für Diabetiker angeschlossen.[32] Der Botschafter des Ordens in Paraguay patroniert ein Ambulanzcorps, das auf das Engste mit dem paraguayanischen Sanitätsministerium zusammenarbeitet.[33] Die Basis für einen umfassenden oder auch partiellen Einsatz des Ordens, namentlich in jenen Staaten, die im heutigen Sprachgebrauch zur „Dritten Welt" gezählt werden, wurde zumeist durch den Abschluß völkerrechtlich relevanter Verträge geschaffen.

Kooperative Aufgabenstellung für den Malteser-Orden und die internationalen Organisationen in der Welt von heute

Findet heute die These im allgemeinen unbestrittene Zustimmung, daß sich der Orden in elementaren Bereichen sehr exakt vom Wesen und der Natur der modernen „internationalen Organisationen" unterscheidet, wie im Verlaufe dieser Untersuchung bereits festgestellt wurde, so kann man ihm das Attribut nicht absprechen, dennoch „internationale Organisation sui generis" zu sein. Breycha-Vauthier bezeichnet die als „Orden des Hospitals vom heiligen Johannes von Jerusalem" im Jahre 1113 zum erstenmal formell international anerkannte, seither als „Souveräner Malteser-Ritter-Orden" fortgesetzte Körperschaft als die nach dem Heiligen Stuhl wohl älteste bestehende internationale Organisation.[34] Das Interesse für die völkerrechtliche Problematik des Ordens sei nicht zuletzt deshalb heute im Zunehmen begriffen, weil sich die Welt einer früher nie gekannten Vielfältigkeit zwischenstaatlicher Verbände gegenübersieht und die Notwendigkeit anpassungsfähiger internationaler Organisationen erkannt hat.

Aus diesem Grunde ist die gegenwärtige Politik des Ordens dadurch bestimmt, daß er bewußt einen engen Kontakt mit diesen internationalen Organisationen sucht, wie dies betreffend der diplomatischen Beziehungen im vorhergehenden Abschnitt einsichtig geworden ist.[35] Dieser Tendenz des Ordens kommt programmatischer Charakter zu: Die Bedachtnahme darauf, die festen Grundlagen

12 Luke, H.: Malta. An Account and an Appreciation. London 1967, S. 94: „The Grand Master was a very great Lord, who struck his own coins and corresponded on equal terms with monarchs of Christendom."
13 Chenaye, G. B. G., de la: La personalità di diritto internazionale del S. M. Ordine di Malta con particolare riguardo alle sue convenzioni per la protezione dei feriti e dei malati in guerra. Torino [Phil. Diss.] 1943, S. 29, 42.
14 Pierredon, M., de: Voayage officiel en France de S.A.S., le Prince Grand Maltre, l'Ordre Souverain de Malte. Paris 1933. Vgl. auch die Berichte in den ordenseigenen Periodica der Jahre 1960 bis 1970 über die Staatsbesuche des Großmeisters in Europa, Lateinamerika und Afrika; ein Amtspapier des Großmagisteriums stellt fest, daß die Prerogativen, deren der Großmeister auf seinen Staatsbesuchen teilhaftig wurde, nicht aus Höflichkeit erfolgten, sondern völkerrechtliches Verhalten an den Tag legten: „Notice du caractère géneral du Grand Magistère". Palais Magistral. (ediert Juli 1970).
15 Gazzoni, T. M.: L' Ordine di Malta e la sua Carta Costituzionale. Roma 1973, S. 15; de Mojana di Cologna, A.: L' Ordine di Malta, attualità di una antica tradizione. Roma 1972, S. 33f.
16 Waldstein-Wartenberg, Berthold: Die Ordensgesandtschaft in Wien. In: Annales de l' Ordre S. M. de Malte. Okt.-Dez. (1969), S. 151f.
17 Delaville le Roulx, Cartulaire générale de l' Ordre des Hospitaliers de S. Jean. Bd. 2. Paris 1894–1906, Nr. 2322.
18 Rossi, E.: Storia delle marina del ordine Gerosolimitano. Roma 1927, S. 17; Heyd, W.: Geschichte des Levantehandels. Bd. II. Stuttgart 1879, S. 427.
19 Bosio, Giacomo: Istoria della Sacra religione ed illustre milizia di S. Giovanni gerosolimitano. Bd. II. Roma 1594, S. 263.
20 Vgl. Verzeichnis der diplomatischen Vertreter in Bittner, L.: Repertorium der diplomatischen Vertreter aller Länder seit dem Westphälischen Frieden. Oldenburg 1936–51.
21 Waldstein-Wartenberg, Die Ordensgesandtschaft in Wien, S. 152, 154; Vgl. Cansacchi, G.: Il diritto di Legazione attivo e passivo dell'Ordine di Malta. In: Diritto internazionale 1940. Malta 1941.
22 Beachtenswert ist die Rolle des Ordens auf Malta bei der Entwicklung des Rechtes der Konsuln bzw. Honorarkonsuln vgl. dazu Kußbach, E.: Die Bestellung ausländischer Konsuln auf Malta zur Zeit der Herrschaft des Johanniterordens. In: Annales de l' Ordre S. M. de Malte III/IV (1973), S. 53f.
23 Hafkemeyer, G. B.: Der Rechtsstatus des Souveränen Malteser-Ritter-Ordens als Vökerrechtssubjekt ohne Gebietshoheit. Hamburg 1955, S. 146, und Waldstein-Wartenberg, Berthold: Rechtsgeschichte des Malteserordens. Wien, München 1969, S. 228.
24 Codex, 3. Teil, V. Kap., Art. 176 und 173.
25 Annuaire de l'Ordre S. de Malte 1998/1999.
26 Zum Fall „Frankreich" ist ein Akt des Großmagisteriums bemerkenswert (Notice Historique, Palais Magistrale, Juillet 1970): „Il convient d'observer que les relations diplomatiques entre la France et l'Ordre Souverain n'ont iamais eté juridiquement rompues. Elles furent plutot mises en sommeil à la mort de Florette Florimond, Ambassadeur de l'Ordre Souverain de Malte à Paris en 1830."
27 Dahm, G.: Völkerrecht. Bd. I. Stuttgart 1958, S. 182, 313.
28 Rivista internazionale dell'Ordine Sovrano Militare Ospedaliero di San Giovanni di Gerusalemme di Rodi e di Malta. Luglio 1970, Nr. 2, S. 14.
29 Ebda, Novembre 1970, Nr. 3/4, S. 22.
30 Ducaud-Bourget, F.: La spiritualité de l'Ordre de Malte (1099–1955). Roma 1955, S. 36f.: „Enfin, par sa diplomatie, ses Legations et ses Ambassades auprès [...] Gouvernements,

l'Ordre Souverain militaire et international de Malte continue à travailler pour la civilisation chretienne et pour la veritable paix du monde."

31 Die Ausführungen beruhen auf einem einstündigen Gespräch des Verfassers mit Sr. Eminenz und Hoheit, dem Fürsten und Großmeister des Ordens, Frá Angelo de Mojana di Cologna, im Rahmen einer Privataudienz im Palazzo Magistrale in Rom am 5. Dezember 1969. Der Großmeister stellt dabei auch fest, daß das zu erwartende und zu institutionalisierende „Diakonat" für verheiratete, reife Männer besonders verheißungsvolle Perspektiven auf die Möglichkeiten auch unter den Rittern des Ordens, einschließlich seiner Diplomaten erkennen lasse.

32 Breycha-Vauthier, Arthur C.: Où se situe l'Ordre de Malte dans le monde d'aujourdhui et delui de demain. In: Annales de l' Ordre S. M. de Malte.1/2 (1970), S. 8.

33 Rivista internazionale dell'Ordine Sovrano Militare Ospedaliero di San Giovanni di Gerusalemme di Rodi e di Malta. Luglio 1970, Nr. 2, S. 13.

34 Breycha-Vauthier, Arthur: Der Malteser-Orden im Völkerrecht. In: Österreichische Zeitschrift für öffentliches Recht 2 (1950), S. 401.

35 Breycha-Vauthier, Arthur C.: Betrachtungen zur Erneuerung des Malteserordens. In: Völkerrecht und rechtliches Weltbild. Wien 1960, S. 85 (= Festschrift für A. Verdross zum 70. Geburtstag).

36 Cansacchi, G.: L'Ordine di Malta nella Communita Internazionale. In: Revue de l'Ordre S. M. de Malte 51, (1958), S. 52: „L'Ordine di Malta e, invece, l'instrumento di se stesso. Esso non potrebbe definirsi una fondazione internazionale di assistenza e di beneficenza, avente organizzazione propria e indipendente, estranea, estranea a qualsiasi Stato particolare, le cui realizzazioni filantropiche non vanno a beneficio dell'ente che le pone in essere e dei suoi membri, ma dell' umanità, indifferenziata nelle sue sofferenze e nei suoi bisogni." Die internationale Position des Ordens wird auch bezüglich internationaler Organisationen in folgenden Abhandlungen respektive Werken erörtert: Balladore-Pallieri: Diritto internazionale pubblico. Milano 1948, S. 88; Monaco: Diritto internazionale pubblico. Torino 1949, S. 36; Miele: Principi di diritto internazionale. Firenze 1953, S. 80; Arango-Ruiz: Gli enti soggetti dell'ordinamento internazionale. Milano 1951, S. 399f., ders.: Sulla dinamica della base sociale nel diritto internazionale. Milano 1954, S. 39f.

37 Cansacchi, G.: La base territoriale dell' Ordine di Malta. In: Annales de l' Ordre S. M. de Malte. Janvier–Juin (1970), Nr. I/II, S. 10f.; Vgl. auch Cansacchi, G.: Il fundamento giuridico della soggettività internazionale dell'S.M.O. di Malta. In: Giurisprudenza italiana I. 1955. 2, S. 746, wo er darauf verweist, daß die internationalen Organisationen ihre Normen empfangen, während der Orden sich die Normenkraft seiner Völkerrechtssubjektivität selber setzt.

38 Breycha-Vauthier, Der Malteserorden im Völkerrecht, S. 68.

39 Breycha-Vauthier, L'Ordre S. M. Jérosolymitain de Malte – Evolutions récentes autour d'une ancienne organisation internationale. In: Zeitschrift für ausländisches öffentliches Recht und Völkerrecht 8 (1957), S. 504f.

40 5 US Senate Document Nr. 123, p. 361, 8st Congr.

41 Mitteilung des Office du Haut-Commissaire pou les Refugies. Genf, vom 22.12.1953 und vom 10.3.1954, zit. n. Hafkemeyer, Der Rechtsstatus, S. 144.

42 World Health Organisation, Fifth Assembly, Sovereign and Military Order of Malta (A 5/13).

43 Conference pour la creation d'une union internationale de secours. Geneve 1927, Publications da la SDN 1927, VIII, A. 36, S. 50.

44 Union internationale de de secours. Rapport sur l'activité du comité executive du 26. 8. 1936, Serie de publications de la SDN 1936, XII, B 9, S. 2.

45 Breycha-Vauthier, A. C.: Der Malteserorden, seine internationale Stellung in Geschichte und Gegenwart. In: Religion – Wissenschaft – Kultur 8 (1957), S. 235; Ders.: Où se situe l'Ordre

dann wieder den Familien zurückgegeben. Pilger und Missionare wurden bis zur Einschiffung versorgt. Der Aufwand für die angeführten Leistungen wurde jährlich mit ca. 6.000 Scudi berechnet.

Für die Fürsorge weiblicher Kranker wurden zwei Profeßritter als Kommissare ernannt. Sie waren für die ärztliche und medikamentöse Versorgung sowie die tägliche Unterstützung mit Lebensmitteln und Geld verantwortlich. Sie wurden von fünf dafür angestellten Ärzten – zwei in Valetta, je einer in den anderen Städten – sowie Chirurgen und vier vertrauenswürdigen Frauen unterstützt.

Auch für die nicht erfaßten Armen und Bettler wurde eine Kommission eingesetzt. Diese suchte durch Verteilen von Almosen den Straßenbettel zu steuern und den Armen zu helfen. Da dafür die Mittel nicht ausreichten, wurde 1654 eine eigene Steuer auf ein- und ausgeführten Tabak beschlossen. Später wurde wegen der steigenden Almosengaben auch auf Getreide und andere Produkte eine Steuer gelegt. Diese Kommission hatte auch dafür zu sorgen, daß Arbeitsfähige die Möglichkeit zur Arbeit bekamen und daß Frauen und Mädchen zur Arbeit erzogen wurden, was während der Pestzeit nicht praktiziert worden war. 1776 wurde auch eine Invalidenversicherung gegründet, die durch Beiträge von Rittern und Soldaten erhalten wurde. Die Kongregation der Flotte und des Landregimentes verwaltete diesen Fond und war für die Auszahlung an die Invaliden je nach Versehrtengrad zuständig.

Der Grund für diese weitgestreute Armenbetreuung war der Umstand, daß Malta stark übervölkert war, der Boden karg und die Beschäftigungsmöglichkeiten beschränkt waren. Nach dem Abzug des Ordens waren ca. 10% der Bevölkerung unterstützungswürdig bzw. lebten von Unterstützung.

Auch das öffentliche Sanitätswesen war beispielhaft: Die Wasserversorgung in jedem Haus wurde durch Zisternen, später zusätzlich durch eine Wasserleitung gesichert. Lebensmittelhandel und Fleischversorgung unterstanden strengen Kontrollen. Verfehlungen wurden äußerst streng, mit bis zu fünf Jahren Galeerendienst, geahndet.

Der Chef des Sanitätswesens war ein Oberarzt, der Protomedicus, der in seinem Aufgabenbereich, wenn notwendig, von einem Collegium Protomedicale unterstützt wurde. Er war für die Bestellung der Ärzte, Chirurgen, Hebammen, Apotheker und Tierärzte zuständig, ebenso für die Höhe der Honorare und Medikamentenpreise. Er hatte auch für die Einhaltung der sanitätspolizeilichen und gerichtsmedizinischen Vorschriften zu sorgen. Dies beinhaltete die Kontrolle der ankommenden Schiffe, Meldungspflicht der Ursache von Verletzungen, die eventuell ein Duell als Ursache hatten usw.

Für die aus von Seuchen bedrohten Orten kommenden Schiffe wurde anfangs die Bucht von Calcarea als Liegeplatz bestimmt. Dann wurde die Insel Marmuscetto, der Nordwest-Seite Valettas gegenüber, zur Quarantänestation mit

Lazaretten, Verwaltungsgebäuden und Lagerhäusern zur Kontrolle von Ladung, Menschen und Schiffen ausgebaut. Trotzdem erlebte Malta zwei Pest-Epidemien, 1592 mit ca. 6.600 und 1675 mit 8.700 Toten.
All diese nur andeutungsweise erfaßten hospitalitären Tätigkeiten waren in Malta, dem Staat des Malteser-Ritter-Ordens, bis zu seiner Besetzung durch Napoleon I. in voller Wirkung. 1776 wurden noch im Code Rohan Verbesserungen und Modernisierungen der Kranken- und Armenbetreuung aufgenommen.[15]

Abschließend zu dem kurzen Überblick über die Hospitalität des Ordens in Malta noch ein kurzer Hinweis auf seine Universität. Vorläufer der Universität war das von Jesuiten geleitete und 1592 gegründete Collegium Melitense, das einer höheren Schule entsprach und 1727 das Recht erhielt, akademische Grade zu verleihen. Daneben gab es, an die Infermeria angeschlossen, eine Schule für Anatomie, Botanik, Medizin und Chirurgie. Der Großmeister des Ordens, Cotoner y de Oleza, berief seinen Ordensbruder, den Priester Dr. Guiseppe Zannit, der auch den heute noch bestehenden botanischen Garten anlegte, zu deren Leiter. Der Schwerpunkt der Ausbildung lag auf Anatomie und Chirurgie. Seit 1723 wurde von Dr. Gabriele Henin, der zum Studium der Anatomie nach Florenz geschickt worden und später auch Leiter der Schule war, jeden Donnerstag eine Anatomie-Vorlesung gehalten, an der alle Ärzte, Chirurgen und Barbiere der Spitäler und Galeeren teilzunehmen hatten. Er verfügte für die damalige Zeit über große Studienmöglichkeiten, da alle Leichen von Ordensmitgliedern – auch der hohen Würdenträger – sowie der im Spital Verstorbenen seziert wurden.
Um die Qualität des Studiums zu erhöhen, wurden vom Orden immer wieder Ärzte zum Studium an andere Universitäten befohlen. Für jene Zeit sicher selten schickte der Orden 1772 eine junge Frau zum Studium der Chirurgie nach Florenz. Vor allem die chirurgischen Fächer, Steinschnitt und Staroperationen, nahmen in Malta einen großen Aufschwung, so daß Studierende aus dem Ausland hierher kamen. Prof. Josef Barth – Erbauer des ersten anatomischen Theaters in Wien, Leibarzt Josef II. und bedeutender Augenoperateur in Wien – stammte aus Malta und erhielt dort seine chirurgische Ausbildung.
1769 wurde nach Auflösung des Jesuitenkollegs vom 68. Großmeister, Pinto de Fonseca, dieses mit der Medizinschule zusammengezogen und als Universität mit den Fakultäten Theologie, Rechtswissenschaft und Medizin gegründet. Innerhalb der Fakultäten wurden auch Fächer wie Mathematik, Literatur, Botanik und Chemie gelesen. Der Universität war auch die Seefahrtschule angeschlossen, die aber dem Ordensadmiral und der Kongregation der Galeeren unterstand.
Da die wirtschaftlichen Grundlagen der Universität nicht gesichert waren, mußte sie immer wieder um ihre Existenz kämpfen. Erst Großmeister Rohan konsolidierte diese. 1798, nach dem Fall Maltas, schloß die Universität ihre Pforten.

1800 wurde sie unter britischer Herrschaft wieder eröffnet und besteht bis heute. Derzeit wird sie von ca. 4.000 Studenten besucht.[16]

Nach dem Verlust Maltas an die Franzosen und den vergeblichen Bemühungen während des Wiener Kongresses, dem Orden seine alte Heimat wieder zu gewinnen, kam es bis zu der im Jahre 1834 erfolgten Übersiedlung nach Rom zu keiner wesentlichen hospitalitären Tätigkeit. De facto hatten nur das Großmagisterium und das Großpriorat von Böhmen-Österreich als Funktionsträger überlebt. 1835 wurde dem Orden in Rom das Hospiz „dei Cento Preti" von Papst Gregor XVI. überlassen und nach neuesten Gesichtspunkten für 500 Patienten ausgebaut. Nach neun Jahren mußte der Orden dem Wunsch des Hl. Vaters nachkommen und das Hospital der Kurie ohne Entschädigung für den Ausbau zurückgeben. Fünf Jahre nach dieser Verzichtsleistung konnte ein neues, kleineres Spital in Neapel in Betrieb genommen werden, das bis 1911 vom Orden verwaltet wurde. 1862 und 1886 folgten noch Spitalsgründungen in Mailand, die bis heute bestehen.

Von Österreich ist zu berichten, daß das Großpriorat im Österreichisch-Preußischen Krieg in der ehemaligen Kuranstalt Emilienhof (Klosterneuburg-Kierling, Niederösterreich) ein Spital errichtete, das vom 9. Juli bis zum 17. Oktober 1866 vom Orden geleitet wurde. 1869, während der Unruhen in Dalmatien, sandte der Großprior zwei Komture mit Tragen, Decken und Geldspenden in das Unruhegebiet. Von Bedeutung war, daß es in dieser Zeit zu einem näheren Kontakt des Ordens mit Dr. Jaromir Freiherrn von Mundy kam, der später als General-Chefarzt des Großpriorates von hervorragender Bedeutung für die hospitalitären Aufgaben des Großpriorates werden sollte.[17]
Das Großpriorat verwaltete auch eine Ordens-Schenkung von 100.000 Gulden als Beitrag zum Kaiser-Franz-Joseph-Fond zur Unterstützung von dienstuntauglichen Mannschaften und führte die Beteilung der Bedürftigen durch. Neben der traditionellen Unterstützung von Notleidenden und Kranken durch den Orden wurde noch je ein Armenhaus in Strakonitz und Troppau geführt.
Während des Bulgarisch-Türkischen Krieges 1912 richtete das Großpriorat in der Kadettenanstalt Sofia unter der Leitung des späteren Prof. Dr. Wolfgang Denk mit zwei weiteren Wiener Ärzten ein Lazarett ein, das vom 24. Oktober 1912 bis zum 30. Jänner 1913 bestand und Verwundete sowie Kranke versorgte.[18]
In der zweiten Hälfte des 19. Jahrhunderts kam mit der Gründung von Malteser-Vereinen, Genossenschaften und später Assoziationen (deren Gründung oftmals innerstaatliche Schwierigkeiten vorangingen) neues Leben in die hospitalitären Aufgaben des Ordens. Auch wurde durch das Auftreten Henri Dunants, der in seinen Bemühungen von Ordensrittern intensiv unterstützt wurde, und seine

Schriften über die katastrophale Situation der Kranken und Verwundeten in den Kriegen das Bewußtsein der Menschen für diese sensibilisiert.

So war das erste Auftreten der 1859 gegründeten Rheinisch-Westfälischen Malteser Genossenschaft die Hilfe im Deutsch-Dänischen Krieg 1864. Im Deutsch-Österreichischen Krieg 1866 waren aufgrund der gewonnenen Erfahrungen auch bereits Angehörige des 1867 genehmigten Vereins Schlesischer Malteser-Ritter mit dabei. Neben dem persönlichen Einsatz der Ritter war es von besonderer Bedeutung, daß die Gesellschaften in Absprache mit den Diözesen aus geistlichen Orden weibliches und männliches Pflegepersonal aktivierten und dieses unter Malteser-Patronanz dem Militärsanitätswesen und den Heimatlazaretten zur Verfügung stellten. Im Deutsch-Französischen Krieg 1871 war dieses vorsorglich vorbereitete System so weit ausgebaut, daß 1.232 weibliche und 200 männliche Angehörige von verschiedenen Orden im Kriegseinsatz und ca. 1.200 in Heimatlazaretten eingesetzt werden konnten; daneben Seelsorger, Ärzte, Ritter sowie Ordensangestellte als Verantwortliche, dazu kam noch eine Transportkolonne.

Aufgrund der Erfahrungen wurde 1899 ein endgültiger Vertrag, „Sonderbestimmungen für den Kriegseinsatz der Ritter-Orden", zwischen den Militärbehörden und den Orden der Malteser-, Johanniter- sowie St.-Georgs-Ritter abgeschlossen, der die Verpflichtungen im Krieg- und Katastrophenfalle festlegte. Dieses System, Hilfskräfte neben eigenem Personal von anderen Orden und karitativen Einrichtungen zu organisieren und motivieren, hat sich sichtlich bei fast allen Malteser-Stiftungen und Gründungen bis heute bewährt.[19] Auch in anderen Ländern wurden mit den Militärbehörden derartige Abkommen getroffen; in Österreich 1874 die Vereinbarung des Großpriorates Böhmen-Österreich mit dem k. u. k. Kriegsministerium und dem Handelsministerium über „Die freiwillige Unterstützung der Militärsanitätspflege im Kriege". Die italienische Assoziation schloß 1884 mit dem königlichen Kriegsministerium eine Konvention ab, in der in dauernden Kontakten die jeweiligen Leistungen festgelegt wurden. 1909 umfaßte der Bestand vier Sanitätszüge, ein Feldspital, zwei Gebirgsambulanzen sowie acht Materialdepots für Bahntransporte am Aventin und in Mailand. Das Personal trug staatlich anerkannte Uniformen mit Militäremblemen und dem Malteser-Kreuz. In Frankreich wurde 1910 ein Feldspital bereitgestellt und mit Personal versehen. Es erfolgte der Anschluß an die "Société Française de Secours aux blessés militaires".

Daneben lief aber die hospitalitäre Friedenstätigkeit weiter: In Deutschland gab es zehn Krankenhäuser und Erholungsheime, in Italien den Ausbau der bestehenden Einrichtungen durch die Priorate und das Großmagisterium, in Frankreich den Bau eines Dispensaire für Obdachlose und Arbeitslose in Paris sowie die Unterstützung der Leprosenbetreuungseinrichtungen und der Forschungsanstalten.[20]

Die neue Seßhaftmachung im Hl. Land

1857 wurde Theodor von Schroeter ins Hl. Land gesandt, um die Möglichkeiten zur Schaffung eines Ordenshospizes in Jerusalem zu prüfen, in dem Ordensnovizen ihre Karawane ableisten können. Nach eingehenden Beratungen in der Ordensregierung gelang es Bernhard Graf Caboga Cerva (er war österreichischer Konsul in Jerusalem und seit 1868 Ehren- und Devotionsritter) 1869 – zwar nicht in Jerusalem (dieses wurde von ansässigen christlichen Ordensgemeinschaften verhindert), aber in der Nähe von Betlehem – das Plateau des Hügels von Tantur, einen früheren Ordensbesitz, privat zu erwerben. Nach vielen Schwierigkeiten wurde durch Vermittlung Kaiser Franz Joseph I., der dieses Projekt begrüßte, die Übertragung dieses Privateigentums in den Besitz des Malteser-Ordens von der Hohen Pforte bewilligt. Das Interesse und die materielle Unterstützung des Kaisers sowie Spenden des Großpriorates, der Rheinisch-Westfälischen Assoziation und auch des Großmagisteriums ermöglichten die Errichtung eines Hospizes, das 1876 seinen Betrieb aufnahm. Nach dem Tode Cabogas 1882, der das Hospital leitete und in dessen Kapelle auch beigesetzt wurde, leiteten Franziskaner unter dem Protektorat des Ordens das Hospiz bis zum Ende des Erste Weltkrieges.

Zum 60. Regierungsjubiläum Kaiser Franz Joseph I. wurde 1908 vom Großpriorat von Böhmen und Österreich ein zusätzlicher Spitalsflügel erbaut. Nach 1918 mußte das österreichische Personal abziehen, Tantur wurde von verschiedenen Institutionen benützt, aber nur wenig betreut und verfiel zum Teil. Nach 1945 gründete der österreichische Diplomat Magistral Großkreuz DDr. Arthur Breycha-Vauthier in der Schweiz die „Fondation pro Tantur", die er, als er 1964 österreichischer Botschafter in Jordanien wurde – Tantur lag zu diesem Zeitpunkt in Jordanien –, im Wiederaufleben intensiv unterstützen konnte. Auf Wunsch Papst Paul VI. mußte 1966 ein Teil Tanturs an den Hl. Stuhl verkauft werden. Der verbliebene Teil wurde von der Schweizer Assoziation des Malteser-Ritter-Ordens übernommen, die dort ein Hospiz und eine Pflegeschule errichtete und bis heute betreut.

Wenn in alten Mitgliederlisten die Bezeichnung „Mit der Decoration für Jerusalem" zu lesen ist, heißt dies, daß der oder die Betreffende für besondere Verdienste und Spenden um Tantur auf der Ordensdekoration ein kleines rotes Schild mit dem Ordenswappen tragen durfte.[21]

Nach dem Zerfall der k. u. k. Monarchie 1918 in die verschiedenen Nachfolgestaaten kamen für das Großpriorat Böhmen-Österreich rechtlich und wirtschaftlich äußerst schwierige Zeiten; die Inflation tat ein übriges. Spektakuläre Einsätze waren nicht möglich. Zu erwähnen wären 1930 eine Winterhilfsaktion und im Winter 1932 eine tägliche „Jausen-Aktion" für Angehörige des verarmten Mittelstandes für ca. 170 Personen. Zu dieser Zeit richtete das Großpriorat auch zwei Krankenzimmer im Haus der Barmherzigkeit, Wien XVIII, ein. 1935 wurde ein Lokalkomitee der „Missions-Assoziation des Großpriorates Böhmen-Österreich im Souveränen Malteser-Ritter-Orden" gegründet, das seine Aufgaben in finanzieller und medikamentöser Unterstützung von Missionsspitälern und Missionen sah.[22]

Von anderen Großprioraten und Assoziationen kann berichtet werden, daß Italien 1923 mit Hilfe einer Spende Mussolinis in Griechenland ein großes Auffanglager sowie Schulen und Heime für vertriebene Griechen und Armenier errichtete und leitete; 1928 wurde in Rom eine Poliambulanz mit sieben Abteilungen eingerichtet, 1936 in Tigra/Ostafrika eine Forschungsstation für Leprakranke gegründet. In Deutschland wurden die nach den Gebietsabtretungen verbliebenen Spitäler weitergeführt und eine Schwesternschule gegründet. In Frankreich wurde im Spital St. Louis (Paris) ein Leprosenpavillon mit einem Forschungszentrum eingerichtet, und die französische Assoziation baute ihre Leprosenbetreuung in den Kolonien weiter aus.[23]

In der Zeit von 1938 bis 1945 stand das spätere Großpriorat Österreich unter kommissarischer Verwaltung des Deutschen Auswärtigen Amtes und konnte keine hospitalitären Tätigkeiten setzen. Während des Zweiten Weltkrieges sind hospitalitäre Tätigkeiten des Ordens – mit Ausnahme einiger weniger Berichte der italienischen Assoziation – kaum bekannt und harren ihrer zusammenfassenden Bearbeitung.[24]

Um nicht den Umfang dieses Beitrages zu sprengen, sei hier vorerst nur die hospitalitäre Tätigkeit des Ordens in Österreich, der sein Wirken mit 15. April 1945 wieder aufnahm, beschrieben:

Große Popularität erwarb sich der Orden durch den im Oktober 1946 gemeinsam mit der „War Relief Service National Catholic Welfare Conference" errichteten „Mittagstisch für bedürftige Studenten" der Wiener Hochschulen. Ohne Rücksicht auf deren Konfession oder politische Einstellung wurden täglich bis zu 500 Studenten versorgt. Bis März 1953 wurden insgesamt 702.000 Mittagessen – gegen kleine Spenden bzw. für 10% der Studenten völlig kostenlos – ausgeteilt.

1949 wurde der sogenannte „Hilfsfonds" ins Leben gerufen. Durch finanzielle Zuwendungen in Höhe von über 750.000 Schilling (Summe aller Einnahmen bis Sommer 1967) konnte die Not vieler Flüchtlingsfamilien und Bedürftiger gelindert werden, u.a. auch durch Stipendienvergabe an Schüler und Studenten. Im Laufe der Jahre gingen die Einzahlungen in den Hilfsfonds dramatisch zurück;

das Großpriorat deckte ab 1958 den teilweisen Ausfall der Mittel, um die jahrelangen Zuwendungen auch weiterhin gewährleisten zu können.[25]

Im Sommer 1953 initiierte Graf und Marchese Ferdinand Piatti, der Leiter des Hilfsfonds, die sogenannte „Betreuungsaktion" und legte damit den Grundstein für den Alten- und Betreuungsdienst des Ordens, bei dem das persönliche Gespräch im Vordergrund steht.[26]

Zu Beginn des Jahres 1954 wurde mit der Caritas Socialis in Wien das Abkommen geschlossen, daß der Orden das Protektorat über das Mütterheim in 1140 Wien, Linzer Straße 466 übernimmt. Diese Institution betreute in erster Linie junge Mütter, die nicht über die materiellen Voraussetzungen verfügten, um die Entbindungskosten zu bezahlen und ihr Kind die ersten Jahre im eigenen Heim aufzuziehen. Das Mütterheim beherbergte im Frühjahr 1954 15 Mütter und 60 Säuglinge.[27] Neben finanziellen Zuwendungen durch den Orden sah die Unterstützung vor, daß Ordensdamen und dem Orden nahestehende Damen an Nachmittagen die Pflegeschwestern der Caritas Socialis für einige Stunden bei ihrem anstrengenden Dienst ablösten.

Am 28. Oktober 1955 übernahm der Orden das Protektorat über den St. Johanns-Club, der sich zum Ziel gesetzt hat, jungen in Österreich lebenden Menschen die Möglichkeit zu bieten, ihr Weltbild durch Vorträge und Diskussionen zu erweitern.[28]

Infolge zunehmend beunruhigender Berichte aus Ungarn beschloß am 31. Oktober 1956 das Großpriorat Österreich des Souveränen Malteser-Ritter-Ordens, einen Hilfseinsatz zu organisieren. Neben Ordensmitgliedern des SMRO sollten Mitglieder des St. Johanns-Clubs, deren Freunde, ein von Fürstin Antoinette zu Schwarzenberg zusammengestelltes Damenkomitee und Studenten tätig werden – in Anlehnung an das Rote Kreuz und den „Österreichischen National-Kongress für Ungarn".

Aufgrund der vielen guten Verbindungen der Akteure war es innerhalb kürzester Zeit möglich – trotz fehlender organisatorischer Voraussetzungen – auf die Gegebenheiten prompt und zielführend zu reagieren. Mitausschlaggebend war auch der gute Ruf, den der Orden bei anderen Organisationen, besonders im Ausland, genoß. Deshalb wurde der SMRO oftmals als Kontaktgruppe bevorzugt.

So gelang es, aus einer Mischung von Erfahrung, Wissen, Phantasie und Improvisationstalent die unvorhergesehene Aufgabe zu meistern. Mangels eines bestehenden, starren Einsatzschemas konnten die Verantwortlichen nach Notwendigkeit selbständig Entscheidungen treffen. Ein dichtes, teils privates Informations- und Kuriernetz „Einsatzort – Zentrale – Einsatzort" machte es möglich – wenn auch nicht immer problemlos – den gewünschten Erfolg zu erzielen:

Es gab Stützpunkte des Großpriorates u.a. in Eberau, Güssing, Rattersdorf, Schattendorf, Oberpullendorf, Eisenstadt, Halbturn und Andau, die mit regiona-

Ein notdürftig gekennzeichnetes Privatfahrzeug an einem Stützpunkt im Jahre 1956

len Zoll- und Gendarmeriestellen sowie lokalen Hilfsgemeinschaften zusammenarbeiteten und diese auch mit Material und Lebensmitteln unterstützen bzw. von diesen als Verbindungsstelle für Nachschub benützt wurden. Es wurden Kleider, Wäsche, Schuhe, Strohsäcke, Decken, Feldbetten und Spielzeug gesammelt, gekauft und in Depots bis zur Verteilung zwischengelagert. In Scheunen und Nebentrakten befreundeter burgenländischer Gutsbesitzer wurden auch Lebensmittel, Schokolade, Zigaretten, Medikamente und Hygieneartikel gesammelt. Tonnenschwere Hilfslieferungen – vor allem aus anderen Großprioraten und Assoziationen sowie von anderen karitativen Institutionen – wurden an die Einsatzstellen weitergeleitet.

Ein Problem für sich war der Transport der Hilfsgüter, da der Orden zu dieser Zeit über keinen Wagenpark verfügte; auch war die Motorisierung lange nicht so dicht wie heute. Immer nur tageweise wurden Lkws und Privatautos kostenlos zur Verfügung gestellt. Es mußte auch Transportraum angemietet werden. Eine weitere Schwierigkeit bestand darin, daß nicht immer der Bedarf vor Ort bekannt war, da die Flüchtlingsrouten ständig wechselten, je nachdem welche Übergänge und Anmarschwege offen waren. Dabei gab es Schwankungen zwischen 5 und 7.500 Personen pro Tag. Auch die Umtauschmöglichkeit von Forint in Schillinge konnte vom Großpriorat durch Gespräche mit der Nationalbank geregelt werden.

Die grenznahe Unterbringung der Flüchtlinge konnte z.T. durch die Bereitstellung von Saisonarbeiterquartieren und Wirtschaftsgebäuden von Angehörigen und Freunden des Ordens bewältigt werden. Vertreter ausländischer Organisationen und Journalisten mußten betreut und geführt werden, Helfer aus dem Ausland wollten sinnvoll und möglichst wunschgerecht eingesetzt werden; auch für die regelmäßige Ablösung bzw. den Austausch der Helfer mußte Sorge getragen werden.[29] So lange es möglich war, wurden Hilfsaktionen direkt im ungarischen Staatsgebiet durchgeführt.

Eine weitere Aufgabe des Ordens war es, für vertrauenswürdige Dolmetscher zu sorgen. Dazu kamen die Bemühungen, Flüchtlinge in Familien unterzubringen sowie den Weitertransport zu veranlassen, damit Schüler und Studenten ihre Ausbildung fortsetzen konnten. Das ungarische Gymnasium und Schülerheim in Innsbruck wurde sehr gefördert, um Unterrichtsplätze zu bekommen. Im Wiener Palais Coburg wurde ein „Foyer des Etudiants" mit einer Bibliothek gegründet, um Schülern und Studenten einen Treffpunkt zu bieten.

Neben der Betreuung der Lager Traiskirchen und Eisenstadt war auch die Vermittlung von Gönnern und Spendern eine Ordensangelegenheit. Daneben lief noch die Paketaktion, der Versand von Kleidung, Medikamenten und Lebensmitteln nach Ungarn: Rund 3.400 Pakete wurden an Privatpersonen und auch Spitäler verschickt. Von den eingenommenen Spenden in Höhe von 3,937.000 Schilling (!) wurden während des Einsatzes bis 21. Februar 1957 rund 2,5 Millionen Schilling durch Waren- und Medikamentenankäufe ausgegeben, der Rest für die weitere Betreuung der Flüchtlinge bereitgehalten.[30]

Dieses Erlebnis ließ den Wunsch aufkommen, den Dienst an den Armen und den Herren Kranken in einer Gemeinschaft weiterzuführen – und so wurde 1957 im Rahmen des Roten Kreuzes Wien die „Malteser Staffel" gegründet.

Im Juli 1957 wird das unter dem Patronat des SMRO stehende Kinderheim Vogl in St. Georgen am Längsee eingeweiht, das zur Aufnahme bedürftiger Kleinkinder und Säuglinge bestimmt war Zur dauernden Unterstützung des Heimes wurde mit Sitz in Klagenfurt der Verein „Kinderheim Vogl" gegründet, dessen verdiente Präsidentin die Ehren- und Devotionsdame des Ordens, Gräfin Anna Henckel von Donnersmarck, war. Alljährlich fand eine große Weihnachtsbescherung für die Kinder statt, für die Ordensmitglieder Spielsachen und Kleider spendeten, deren Gesamtwert jährlich gesteigert werden konnte. Im Jahre 1959 waren dies annähernd 10.000 Schilling. 1965 muß das Kinderheim aufgrund des Ausscheidens seiner Gründerin, Anna Vogl, aufgelöst werden.[31]

Vom 19. bis 23. Mai 1958 veranstaltete die Ordensregierung in Rom, anläßlich der 100-Jahr-Feier des Gnadenortes Lourdes, eine Pilgerfahrt. Neben Ordensmitgliedern des Großpriorates von Österreich flogen (!) auch 25 betreute Kranke zu der „Sternfahrt der Liebe", begleitet von fünf freiwilligen Helfern der Mal-

teser Staffel. Für den Transport der Kranken aus den verschiedenen Bundesländern und in das Flugzeug war das Österreichische Rote Kreuz zuständig – womit diese Zusammenarbeit, die bis heute anhält, einmal mehr bestärkt wurde.
Neben den weiteren Aktivitäten im Rahmen der Ungarn-Hilfe wurde u.a. eine Paket-Aktion nach Polen und die CSSR in die Wege geleitet, das Protektorat über das Schülerinnenheim des Rudolfinerhauses übernommen und ein Grundstück für die Errichtung des sogenannten „Malteserhofes" – Eigentumswohnungen für Heimatvertriebene – erworben.[32]

Am 28. Juni 1959 fand die Weihe des Jugendfürsorgeheimes „Edelweiß", das unter dem Protektorat des Ordens stand, in Linz statt. Dieses Wohnhaus für ehemalige Zöglinge von Erziehungsanstalten wurde von den Gründern des Wiener Jugendvereines Edelweiß, darunter Erik Engel, Mitglied der Malteser Staffel, Ordens-Ritter sowie späterer Initiator des „Sonnenzuges", ins Leben gerufen. Nach 28-jähriger Unterstützung durch den SMRO und die oberösterreichische Landesregierung wurde das Jugendheim „Edelweiß" am 30. September 1986 geschlossen.[33]
Aus dem noch immer bestehenden Ungarn-Hilfsfonds wurden 1959 in Form von Altersrenten, Stipendien und Spenden an Einzelpersonen 245.000 Schilling ausbezahlt. Auch die Versendung von Kleidungspaketen nach Ungarn, Polen und Tschechien wird in diesem Jahr wie auch in den folgenden fortgesetzt.[34]

Im Oktober 1964 fand der erste Pilgerzug nach Rom statt. In vier Liegewaggons fanden 160 Kranke und Körperbehinderte neben 34 Mitgliedern des Malteser-Hilfsdienstes und zahlreichen Ordensmitgliedern Platz. Zehn weitere Kranke flogen in die „Ewige Stadt". Bis heute findet im 5-Jahres-Rhythmus diese einwöchige Rom-Pilgerfahrt statt, deren Höhepunkt für alle Teilnehmer immer eine Audienz beim Hl. Vater ist.[35]

Am 5. Dezember 1965 veranstalteten die Damen der in Kärnten ansässigen Ordensmitglieder einen Bazar, dessen Erlös den Hochwassergeschädigten in Kärnten zugute kam.

Am 21. Jänner 1966 wurde ein vom Autohaus Liewers gespendetes Sanitätsauto als Leihgabe des Ordens an die Herzstation der Klinik Univ.-Prof. Dr. Karl Fellinger übergeben. Am 2. Mai 1966 fand auch eine vom Orden veranstaltete musikalische Soirée statt, deren Reinertrag zugunsten der vom Hilfsdienst des Ordens betreuten Körperbehinderten verwendet wurde.[36]
Der von Seiner Hoheit und Eminenz, dem Fürst und Großmeister an alle Ordensmitglieder gerichtete, dringende Appell, mittels einer entsprechenden Spende zur Linderung der großen Hungerkatastrophe in Indien beizutragen, stößt auf

großes Echo: Im Sommer 1966 wurden über 56.000 Schilling nach Rom überwiesen. Im November veranstalten die Damen der in Kärnten ansässigen Ordensmitglieder wieder einen Bazar, dessen Erlös den Hochwassergeschädigten zugute kam. In Zusammenarbeit mit dem Österreichischen Roten Kreuz wurden vom Malteser-Orden in den Gemeinden Eisentratten, Kremsbrücke und Malta Lebensmittel und Kleidungsstücke im Wert von über 70.000 Schilling an die Geschädigten verteilt.[37]

In den Morgenstunden des 21. August 1968 wurde über den Rundfunk bekannt, daß die Truppen des Warschauer Paktes während der Nacht in die Tschechoslowakei einmarschiert sind; sogleich wurde über telegraphische Weisung des Fürstgroßpriors der Kommandant des Hilfsdienstes verständigt, der vorerst allgemeine Bereitschaft anordnete. Im Laufe des Vormittages stellte die Prioratskanzlei die beiden, unweit der tschechischen Grenze gelegenen Ordensgebäude in Mailberg und Spital bei Weitra dem Bundesministerium für Inneres zur Verfügung. In der Kanzlei des Hilfsdienstes wurde ein Telefondienst eingerichtet, der bis zur Beendigung des Einsatzes aufrecht erhalten wurde.

Auf Ersuchen des Bezirkshauptmannes von Gmünd wurde am 24. August d. J. bei der Grenzübergangsstelle Neu-Nagelberg ein Auffanglager für tschechische Flüchtlinge durch den Hilfsdienst errichtet (70 Feldbetten mit Leintüchern, Decken und Kopfpölstern) sowie eine Sanitätsstation eingerichtet und ein Sanitätswagen in Neu-Naglberg stationiert. Es gelang bis 9. September d. J., die Flüchtlingsbetreuung durch 34 Mitglieder des Hilfsdienstes 19 Tage ununterbrochen aufrechtzuerhalten, 320 Flüchtlinge wurden betreut und über 6.000 km mit dem Sanitätsfahrzeug zurückgelegt.[38]

Da die hospitalitären Aktivitäten nunmehr immer stärker auf den MHDA übergehen, seien hier nur die im Rate der Hilfswerke des Großpriorates Österreich zusammengefaßten Institutionen angeführt: Der Malteser Hospitaldienst Austria (MHDA), der Malteser Alten- und Kranken-Dienst (MAKD), der Betreuungsdienst des Großpriorates, der AIDS-Dienst Malteser (ADM), die Aktion St. Lukas, das Altenwohnheim Malteser-Hospiz, die Patronanz für die St.-Johannes-Station im Wiener Haus der Barmherzigkeit und die ständige Rumänienhilfe des Großpriorates.

Zwischenresümee

Wenn man die hospitalitären Leistungen des Malteser-Ritter-Ordens überblickt, fällt der Organisations- und Strukturwechsel in den einzelnen Epochen auf. Von der Gründung der Bruderschaft bis zum Verlust von Malta war die Hospitalität ein straff, zentral geleitetes und kontrolliertes Geschehen. Zum Wohle der Herren Kranken wurden auch Teile nicht-europäischen Gesundheitswesens einge-

Die Hospitalität im Souveränen Malteser-Ritter-Orden

bunden und weiterentwickelt, religiöse Vorurteile gegen andersgläubige Ärzte und Pfleger zurückgestellt. Auch in der medizinischen Ausbildung wurden erst später allgemein übliche Methoden vorweggenommen (Sezieren der Verstorbenen). Die Betreuung Bedürftiger war ebenfalls sinnvoll und zentral geregelt, in manchen Bereichen ebenso modern anmutend wie der medizinische Bereich.
Ab der zweiten Hälfte des 19. Jahrhunderts, mit der Gründung der Assoziationen, kam es in einzelnen Ländern zu einer Unterstützung des Militärsanitätswesens während der Kriege, Aktivierung nicht-melitensischer Organisationen (Orden) für den Pflegedienst und in der Folge zu konkreten Verträgen zwischen den Assoziationen bzw. Großprioraten mit den einzelnen Regierungen über die materielle und personelle Bereitstellung und Verwendung im Kriegsfall.
Die Zeit zwischen dem Ersten und Zweiten Weltkrieg war charakterisiert durch die Aufarbeitung der Kriegsfolgen und den Beginn der Ausdehnung der Tätigkeit über den europäischen Raum, der Gründung der Assoziation in den Vereinigten Staaten, der Missions-Assoziationen, der Bekämpfung der Lepra und der Errichtung von Ambulanzen und Laboratorien.

Nach dem Zweiten Weltkrieg bekam die hospitalitäre Tätigkeit eine völlig neue Dimension. Außereuropäische Assoziationen führten autonom Programme in ihren Ländern sowie in fremden Staaten durch. Die Malteser Sozial- und Hilfsdienste, die in der Größenordnung von 10 bis 35.000 Mitgliedern existierten, entstanden auf der ganzen Welt, auch in Ländern, in denen der Orden keine Niederlassung hatte. Von einzelnen Hilfsdiensten oder in Gemeinschaft mit Ordensinstitutionen wurden Großeinsätze in Europa, Afrika und Asien durchgeführt. Die Bruderschaft des Seligen Gerhard bekam eine weltweite Dimension.

Die folgende Darstellung gibt nur einen kleinen Überblick über das weltweit kariative Engagement des Souveränen Malteser-Ritter-Ordens.[39] Sie beruht z. T. auf einer bei allen Ordensgliederungen durchgeführten Erfassung der Daten.

6 (Groß-)Priorate, 3 Subpriorate und 40 Assoziationen in 40 Ländern
Hilfsdienste in 11 weiteren Ländern
Botschaften in 81 Ländern

Ordensmitglieder	ca. 11.500
ständige Freiwillige	ca. 70.000
regelmäßige Spender	ca. 1,000.000
Beschäftigte in karitativen Werken	ca. 9.000
Unterstützte Personen	über 15,000.000
Wert der Hilfeleistungen	über 700,000.000 US-Dollar

Traditionell liegt der Schwerpunkt der Ordenstätigkeit auch heute auf medizinischem und sozialem Gebiet. Die Ordenszentrale in Rom nimmt durch den Großhospitalier als Mitglied der Ordensregierung Koordinierungsfunktionen wahr. Wegen der starken Ausdehnung der internationalen Ordenswerke in den vergangenen Jahren hat die Bedeutung dieser Aufgabe deutlich zugenommen.
Der Orden hat zu ihrer Bewältigung neue Instrumentarien geschaffen:
Die Koordination des internationalen, die Grenzen der jeweiligen Ordensgliederung überschreitenden Engagements wird durch AIOM (Action International of the Order of Malta), einen Zusammenschluß der international aktiven Ordensgliederungen unter Führung des Hospitaliers gesteuert. Daneben gibt es weitere internationale Einrichtungen des Ordens für spezielle Einsatzfelder:

ECOM (Emergency Corps of the Order of Malta) für die internationale Katastrophenhilfe
CIOMAL (Comité executif International de l'Ordre de Malte pour l' assistance aux Lepreux) für die Leprahilfe
HOLAFOM für die Aktivitäten im Hl. Land, insbesondere das geburtshilfliche Hospital der Hl. Familie in Betlehem.

Als stationäre Einrichtungen führt der Souveräne Malteser-Ritter-Orden u.a. Krankenhäuser, Kliniken und Dispensarien, Hospize und verwandte Einrichtungen für Sterbende, Alten- und Behindertenheime, Behindertenwerkstätten, Kindergärten und ein Heim zur Rehabilitation von Drogenabhängigen sowie Einrichtungen zur Betreuung von Flüchtlingen.
Der zahlenmäßige Schwerpunkt der Krankenhäuser liegt heute in Deutschland mit 10 Einrichtungen, weitere europäische Hospitäler gibt es in England, Italien und Frankreich. Außereuropäische Spitäler befinden sich in Benin, Palästina, Togo und Senegal. Sie werden von der französischen Assoziation geführt. Besondere Bedeutung kommt dem geburtshilflichen Krankenhaus in Betlehem zu: Unter der Führung der französischen Assoziation beteiligen sich sechs weitere Assoziationen an der Führung dieses Krankenhauses mit 40 Betten am Geburtsort des Herrn – im Gründungsland des Ordens. Angesichts des 900-jährigen Bestehens des Ordens und der 2000-Jahr-Feier der Geburt Christi hat diese Einrichtung großen symbolischen Charakter.
Die meisten Kliniken (hier wird nur ambulant behandelt) befinden sich im Libanon (13) und in El Salvador (8). Sie haben sich aus den Aktivitäten des Ordens während der jeweiligen Bürgerkriege entwickelt und bilden jetzt einen wesentlichen Bestandteil der nationalen Gesundheitsvorsorge.
Die 21 Dispensarien (Stationen zur medikamentösen Versorgung und Einfachbehandlung) verteilen sich auf verschiedene Entwicklungsländer. In Italien gibt

es darüber hinaus eine Reihe von Diabetesberatungsstellen und Kinderambulanzen.

Zu einem weiteren Schwerpunkt zählt die Behindertenbetreuung. Die Französische Assoziation engagiert sich seit einigen Jahren intensivst bei der Betreuung Schwerstbehinderter; zur Zeit führt sie fünf sehr spezialisierte Einrichtungen wie z. B. für Autisten. Die irische Assoziation führt seit Jahren Behindertenwerkstätten.
Ein Schwerpunkt der Jugendaktivitäten des Ordens ist die Organisation von Behindertenreisen. Höhepunkt ist das alljährlich in einem anderen europäischen Land stattfindende – und auf eine österreichische Initiative zurückgehende – Internationale Sommerlager (IMS) für behinderte Jugendliche.

Schnell entwickelt hat sich auch das Engagement des Ordens bei der Betreuung alter Menschen. Die Führung von Altenheimen wurde zu einer wichtigen Aufgabe, besonders in Großbritannien (17 Heime mit 740 Plätzen), aber auch in Deutschland (z. Zt. 6 Heime mit 552 Plätzen). In jüngster Zeit haben auch die ungarische, spanische und die Federal Association, Washington, entsprechende Initiativen („Malta Houses") ergriffen.
Basierend auf der in England entwickelten Hospiz-Idee hat sich der Orden auch der speziellen Betreuung Sterbender zugewandt. In England, Belgien und Deutschland hat der Orden Hospize eingerichtet; gleichzeitig wurde die ambulante Betreuung und Begleitung Sterbender in verschiedenen Ländern angeregt und ausgebaut.

Kernland der Kinderbetreuung ist Brasilien. In Sao Paulo und Brasilia führt der Orden Kindergärten in der Nähe von Favellas, um den meist alleinstehenden Müttern Gelegenheit zu bieten, Geld zu verdienen, und gleichzeitig eine medizinische Versorgung der Kinder und Mütter sicherzustellen. In Sao Paulo sind Ausbildungsstätten für Mütter den Kindergärten angeschlossen. In Rio de Janeiro führt die dortige Assoziation handwerkliche Ausbildungsstätten für Jugendliche.
Ein Erziehungsheim für Mädchen gibt es darüber hinaus in Portugal, verschiedene Kindergärten in Deutschland und Kroatien, nicht zu vergessen die Volksschule in der österreichischen Kommende Mailberg. In Ungarn wurde vor einigen Jahren eine Einrichtung für Waisenkinder eröffnet, in der diese Kinder in neuen Familien leben können.

Weiters darf nicht auf Einrichtungen zur Betreuung und Unterbringung Obdachloser in Ungarn und Belgien sowie ein Heim zur Rehabilitierung von Drogenabhängigen in Portugal vergessen werden.

Immer wieder betreut der Orden mit seinen Hilfswerken auch Einrichtungen für Flüchtlinge und Asylsuchende, entweder in den Krisengebieten selbst (Ruanda/Zaire bzw. Albanien/Kosovo) oder in den Zielländern (z.B. Deutschland).

Der Souveräne Malteser-Ritter-Orden führt weltweit folgende stationäre Einrichtungen:

Krankenhäuser	17
Kliniken	33
Dispensarien	21
Hospize	7
Heim für Drogenabhängige	1
Kinderheime	2
Behindertenheime	10
Behindertenwerkstätten	3
Altenheime	15
Kindergärten	8
Erste-Hilfe- und Sozial-Zentren	600
Flüchtlings- und Asylanteneinrichtungen	6

Als wohl bedeutendste Entwicklung der jüngsten Vergangenheit ist die Gründung der zahlreichen Hilfsdienste bzw. Freiwilligenverbände zu vermerken. Seit der Gründung des Irischen Ambulance Corps vor beinahe 60 Jahren sind vornehmlich nach dem Zweiten Weltkrieg in 30 weiteren Ländern derartige Organisationen entstanden. Bemerkenswert ist besonders der Aufbau solcher Hilfsdienste in vielen Ländern Zentral- und Osteuropas nach dem Fall der kommunistischen Regimes: Aus der ersten Nothilfe durch ausländische Hilfsdienste entwickelte sich hier bald Hilfe zur Selbsthilfe, deren Erfolg sich in diesen zahlreichen Initiativen unter dem Zeichen des achtspitzigen Ordenskreuzes zeigt. Der ungarische Hilfsdienst hat sich innerhalb weniger Jahre zum zweitgrößten des Ordens entwickelt.

Elf Hilfsdienste arbeiten in Ländern ohne Priorat oder Ordensassoziation, somit ist der Orden – zusätzlich zu den über 40 Ländern, in denen (Groß)Priorate oder Assoziationen bestehen – in weiteren elf Ländern durch seine Hilfsdienste ständig vor Ort mit nationalen Organisationen tätig (siehe Tabellen S. 353ff.)

Das traditionelle Aufgabengebiet der Hilfsdienste war und ist die Erste Hilfe einschließlich des Krankentransportes und des Katastrophenschutzes. Dazu zählt auch immer die Ausbildung der eigenen Helfer sowie der Bevölkerung in

Erster Hilfe und fortgeschrittenen Formen medizinischer Hilfstätigkeiten. Im Laufe der Zeit haben sich verschiedene soziale Dienste – mit entsprechender Ausbildungstätigkeit – als weiteres Tätigkeitsfeld herausgebildet, die heute in vielen, besonders den neuen Organisationen, den Schwerpunkt der Dienste bildet: Die Betreuung behinderter und alter Menschen, Mahlzeitendienste und Suppenküchen, Besuchsdienste und Ferienlager, Betreuung Obdachloser und Drogenabhängiger, mobile Zahnambulanzen, mobile Hilfseinrichtungen für die Ausbildung in Handwerk und Landwirtschaft.

Einige Hilfsdienste haben als eigenen Zweig die Kinder- und Jugendarbeit (sog. Kadetten-Gruppe des MHDA). So werden bereits Kinder und Jugendliche in ihnen gemäßer Weise an die Übernahme sozialer Verantwortung herangeführt.

Durch die Hilfsdienste kann der Orden sein Tätigkeitsfeld wesentlich ausdehnen und so seinen Auftrag zum Dienst an Armen und Kranken besser erfüllen. Vielen tausenden Menschen außerhalb seines engeren Mitgliederkreises gibt er so die Möglichkeit, unter dem achtspitzigen Ordenskreuz dem persönlichen Auftrag zur tätigen Nächstenliebe nachzukommen.
Das Fundament der Ordenshilfsdienste ist die Ehrenamtlichkeit ihrer Mitglieder. Diese unentgeltliche Mitarbeit bildet ihr wesentliches Charakteristikum (ohne die Beschäftigung von hauptamtlichen Mitarbeitern auszuschließen).

Die internationale Tätigkeit des Ordens und seiner Hilfsdienste hat in den vergangenen Jahren sehr zugenommen. Anfang 1997 wurde vom Großmagisterium die „Action International of the Order of Malta" (AIOM) gegründet, um diese internationale Arbeit weiter zu entwickeln und besser zu koordinieren – abgesehen von den 51 Ländern, in denen der Orden über eigene Strukturen verfügt, ist er in weiteren rund 40 Staaten mit größeren oder kleinen Hilfsaktionen präsent. AIOM gehören die international tätigen (Groß)Priorate bzw. nationalen Assoziationen des Ordens an.
CIOMAL, Comite executif international de l'Ordre de Malte pour l'assistance aux Lepreux, mit Sitz in Genf ist die internationale Organisation des Ordens für die Lepra-Bekämpfung. Zur Zeit ist das unter der Leitung von CIOMAL durch die OHFOM (Oeuvres Hospitalières Francaises) und dem MHD (Malteser Hilfsdienst Deutschland) in Kambodscha durchgeführte nationale Programm wohl die wichtigste Anti-Lepra-Aktion des Ordens. Daneben gibt es Ausbildungsstätten in Dakar, Senegal, Fontilles, Spanien sowie weitere Hilfsprogramme in vielen Ländern Asiens, Afrikas und Lateinamerikas. Die meisten Programme liegen in der operativen Verantwortlichkeit der OHFOM. Das CIOMAL gibt auch die medizinische Zeitschrift „Acta Leprologica" heraus.

ECOM (Emergency Corps of the Order of Malta) ist der Zusammenschluß von 7 europäischen (Groß)Prioraten und Assoziationen bzw. deren Hilfsdiensten für eine gemeinsame internationale Katastrophenhilfe. Anläßlich der Krise im Gebiet der großen Seen in Afrika kam es zum ersten größeren Einsatz von ECOM. Medizinische Soforthilfe und die Trinkwasseraufbereitung bilden die fachlichen Schwerpunkte.

Die Bildung von ECOM hat ganz wesentlich zur Festigung der internationalen Zusammenarbeit innerhalb des Ordens und zu einer Standardisierung der Vorgehensweise geführt.

Ein traditioneller Schwerpunkt der französischen Assoziation ist das Sammeln von Medikamenten und deren Versand in Notgebiete. Dazu wurde in Frankreich ein flächendeckendes Sammel-, Prüfungs- und Sortiersystem eingeführt, das von der Weltgesundheitsorganisation WHO ausdrücklich approbiert wurde. Zusätzlich zu Medikamenten werden auch andere medizinische Materialien und Geräte sowie Hilfsgüter versandt.

Die amerikanische Assoziation (New York) hat in Zusammenarbeit mit AmeriCares ein weitreichendes System zur Versorgung der mittel- und südamerikanischen Assoziationen des Ordens mit Medikamenten und Hilfsgütern aufgebaut.

Als Schwerpunkt der internationalen Tätigkeit hat sich seit dem Fall des Eisernen Vorhangs die Aufbauhilfe für Ordenshilfsdienste in Zentral- und Osteuropa herausgebildet. Seit einigen Jahren bestehen feste Partnerschaften zwischen einzelnen Gruppen der „alten westlichen" Gruppen und jenen dieser neuen Hilfsdienste, die in den meisten Fällen in ihren Ländern inzwischen eine rechtlich anerkannte Struktur haben.

Im Oktober 1996 hat unter dem Thema „Growing together in Europe" erstmals eine gemeinsame Konferenz der europäischen Ordenshilfsdienste stattgefunden, bei der 22 Länder vertreten waren und die Kontakte zwischen den einzelnen Hilfsdiensten, besonders zwischen Ost und West, gefestigt werden konnten.

Diese Aufstellung kann keinen Anspruch auf Vollständigkeit erheben – denn neben den offiziellen Werken des Ordens gibt es unzählige engagierte Kleingruppen unter dem achtspitzigen Kreuz, deren karitative Tätigkeit nirgends dokumentiert ist – und nicht zu vergessen sei der tägliche Kampf gegen das achtfache Elend und der persönliche „Dienst am Herren Kranken" aller Mitglieder des Ordens und seiner Hilfsdienste.

Europäische Präsenz des Souveränen Malteser-Ritter-Ordens[40]

ALBANIEN	Dipl.V		
BELGIEN		A	HD: „Malte Assistance"
BOSNIEN HERZEGOVINA	Dipl.V.		
BULGARIEN	Dipl. V.		
DEUTSCHLAND Subpriorat St. Michael		A	HD: Malteser Hilfsdienst in 29 Landeszentralen Malteser Werke Malteser Akademie Malteser Schwesternschaften 7 Asylwerber- und Aussiedlerlager 10 Krankenhäuser 2 Hospize 2 Alterspflegeheime etc.
FRANKREICH		A	HD: OHFOM Schule für OHFOM 6 Medikamentensammelstellen Malte Espoir 6 Behindertenheime 2 Hospitäler 3 Landambulanzen Sozialbetreuungszentrum Lepra-Pavillon St. Luis, Paris Lepra-Klinik Saint Redemteur, Lyon
GROSSBRITANNIEN Großpriorat		A	HD: „Companions of the Order of Malta" HD: „Orders of St. John Trust" HD: „Order of Malta Volunteers" HD: „Helping Africa to end Desease"
			HD: „Order of Malta Dial a Lourney Ltd." 2 Altersheime 1 Hospiz Spital
HOLLAND		A	
IRLAND, Subpriorat Saint Oliver Plunkett		A	HD: „Order of Malta Ambulance Corps"
ITALIEN Großmagisterium	Dipl.V.		Großpriorat von Rom HD: „Ass. Romana Volont. Assistanza Sanitaria" HD: „Centro Raccolta Medicinali" Großpriorat Lombardo-Venezien 6 Sozialzentren HD: „AMA Assistenza Melitense Ammalati" HD: „Transporto potatori Sclerosi Multipla"

			HD: „Gruppo Assistanza Malati Madonna di Lourdes" Kindergarten Sozialzentrum Großpriorat Neapel und Sizilien 2 Ambulatorien
ITALIEN		A	HD: „CISOM, Corpo Italiano di Soccorso Ord. di Malta" HD: „Corpo Militari del S.M. Ordine di Malta" 2 Großambulatorien Krankenhaus
JUGOSLAWIEN			HD: „Malteska Dobrotvorna Oganizacija Jugoslavije" MDOJ
KROATIEN	Dipl.V.		HD: „Hrvatska Malteska Sluzba" HMS
LETTLAND	Dipl.V		HD: „Maltas Palidzibas Dienests" MPD Kleiderverteilungsstelle
LIECHTENSTEIN	Dipl.V.		Malteser Hospitaldienst Liechtenstein-Ostschweiz
LITAUEN	Dipl.V.		HD: „Maltos Ordino Pagalbos Tarnyba" MOPT Kindererholungsheim Zentrum für blinde Kinder
LUXEMBURG			HD: „Premier Secours des la Croix de Malte"
MALTA	Dipl.V.	A	HD: „Volonteers of the Order" VOTO HD: „Friends of the Order" HD: „Malta Cross Corps" HD: „St. John Foundation for Gozo" Blutbank
MAZEDONIEN	Dipl.V.		
MONACO		A	
ÖSTERREICH Großpriorat	Dipl.V.		HD: „Malteser Hospitaldienst Austria" MHDA HD: „Malteser Alten- und Krankendienst" MAKD HD: Aktion St. Lukas, Osthilfe HD: AIDS-Dienst-Malteser ADM HD: Betreuungsdienst des GP Österreich Wochenendambulanz des Wiener Ärztefunkdienstes Altenwohnheim Malteser Hospiz Privat-Volksschule des SMRO in Mailberg
POLEN	Dipl.V.	A	HD: „Fundacja sw. Jana Jerozoliemskiego-Pomoc Maltanska" HD: „Hospitalier Units of the Order of Malta" DSZM

			2 Kindergärten Ambulanz
PORTUGAL	Dip.V.	A	HD: „Corpo Voluntario da Ordre de Malta" HD: „Fundacao Frei Manuel Pjinto de Fonseca" Kinderheim Drogenzentrum Krankenhaus
RUMÄNIEN	Dipl.V.	A	HD: „Serviciul de Adjutor Maltez in Romania" SAMR Kindergarten für behinderte Kinder Altersheim Ambulanz
RUSSLAND	Dipl.V.		HD: „Corps de Secours Russe de l, Ordre Souverain Militaire de Malte" CSRSMOM
SAN MARINO	Dipl.V.		
SLOWAKEI	Dipl.V.		„Verein der Freunde des Malteser Hospitaldienstes"
SLOWENIEN	Dipl.V.		HD: „Slovenska Malteska Bolniska Pomoc" SMBP [untersteht dem Großpriorat von Österreich d. SMRO]
SPANIEN Subpriorat St. Georg u. Jakob	Dipl.V.	A	HD: „Fundacio Hospitalaria de la Ordre de Malta" FHOME HD: „Cuerpo de Voluntarios del Subpriorato de St. Jorge y St. Jago" Essens- und Kleiderausgabestelle Altersheim
SCHWEDEN		A	
SCHWEIZ		A	HD: „Service Hospitalier de l, OSM en Suisse" SHOMS HD: „Fondation pro Tantur in Israel"
TSCHECHIEN Großpriorat Böhmen	Dipl.V.		HD: „Ceska Malteszka Pomoc" CMP HD: „Brotherhood of St. John the Baptist" HD: „Union Maltese Cross" Diabetiker-Ambulanz
UKRAINE			HD: „Ucraiska Maltijska Slushba Dopomohy" UMSD
UNGARN	Dipl.V.	A	HD: „Magyar Maltai Szeretetszolglat" MMSZ Flüchtlingslager MMSZ-Transport
VATIKAN	Dipl.V.		Erste-Hilfe-Ambulanz am Petersplatz

Dipl.V. = diplomatische Vertretung   A = Assoziation   HD = Hilfsdienst

Internationale Präsenz des Souveränen Malteser-Ritter-Ordens

ÄTHIOPIEN	Dipl.V.		
ARGENTINIEN	Dipl.V.	A	HD: „St. Juan de Jerusalem"
AUSTRALIEN		A	Spitals- und Heimhilfe Obdachlosencenter
ÄGYPTEN	Dipl.V.		
BENIN	Dipl.V.		Lepra-Station
BOLIVIEN	Dipl.V.	A	
BRASILIEN Assoziation St. Paolo	Dipl.V.	A	HD: „Corpo de Voluntarios Cruz de Malta" Ambulanz Jugendzentrum 3 Kindergärten Leproserie 2 Hilfsgüterverteilungszentren
Assoziation Rio de Janeiro			Leprosenstation „San Luis de Maranho" Sozialzentrum „Hans-Gert-Strube"
Assoziation Brasilia		A	HD: „Sociedade Cruz de Malta"
BURKINA FASO	Dipl.V.		Leproserie
BURUNDI			
CHILE	Dipl.V.	A	HD: „Voluntarios de la Ordre de Malta"
COSTA RICA	Dip.V.		HD: „Associatione de Amigos de la Ordre de Malta"
DOMINIKANISCHE REPUBLIK		A	HD: „Associatione Dominicane de Amigos de la Ordre de Malta"
ECUADOR	Dipl.V.	A	
ELFENBEINKÜSTE	Dipl.V.		Ambulanz 2 Leproserien
GABUN	Dipl.V.		2 Leprosen-Zentren Leprosen-Siedlung
GUATEMALA	Dipl.V.	A	
GUINEA	Dipl.V.		Tagesklinik
HAITI	Dipl.V.		
HONDURAS	Dipl.V.	A	
INDIEN			Lepra-Hilfe
ISRAEL			Schule Hospiz Hospital zur Hl. Familie
KAMBODSCHA	Dipl.V.		
KAMERUN	Dipl.V.		3 Ambulanzen Leproserie
KANADA		A	HD: „Ambulanciers de l'Ordre de Malta du Quebec"
KOLUMBIEN	Dipl.V.	A	

KOMOREN	Dipl.V.		
KONGO	Dipl.V.		
KUBA	Dipl.V.	A	
LIBANON	Dipl.V.	A	11 Sozialzentren 11 Polikliniken 2 Rehabilitationszentren 2 Krankenhäuser Mobile Ambulanz
LIBERIA	Dipl.V.		
MADAGASKAR	Dipl.V.		5 Lepra-Hilfsstellen
MALI	Dipl.V.		Leprosen-Ambulanz
MAROKKO	Dipl.V.		
MAURETANIEN	Dipl.V.		Transportautos
MAURITIUS	Dipl.V.		Leprosen-Hilfe
MEXIKO		A	HD: „Foundation de Apoyo Sozial IAP" HD: „Assoziation para Ayuda de Ancianos IAP" HD: „Assoziation Filermo"
NEU-KALEDONIEN			Leproserie Behindertenhilfe
NICARAGUA	Dipl.V.	A	
NIGER	Dipl.V.		Poliklinik
PANAMA	Dipl.V.		
PARAGUAY	Dipl.V.		HD: „Servicio de Emergencia Malte" SEMA Leproserie
PERU	Dipl.V.	A	
PHILIPPINEN	Dipl.V.	A	HD: „Auxiliary Corps of the Philippine Association" Leprosenzentrum
RUANDA			
EL SALVADOR	Dipl.V.	A	8 Polikliniken Laboratorien
SAN MARINO	Dipl.V.		
SENEGAL	Dipl.V.		Institut für Leprologie
SEYCHELLEN	Dipl.V.		
SOMALIA	Dipl.V.		
SUDAN	Dipl.V.		
SÜDAFRIKA			HD: „Brotherhood of Blessed Gérard" Kindergarten Volksschule Hilfszentrum Freundschaftsclub
TAHITI	Dipl.V.		6 Tischlereien u. Schneidereien im Leprosenprogramm

THAILAND	Dipl.V.	
TOGO	Dipl.V.	Poliklinik Leproserie Ambulanz
TSCHAD	Dipl.V.	Leprosen-Ambulanz
UGANDA	Dipl.V.	Leproserie
URUGUAY	A	
VENEZUELA	Dipl.V. A	
VEREINIGTE STAATEN VON AMERIKA Association Federal	A	HD: „Project SHARE" HD: „Federal Auxiliary"
Association New York		HD: „Auxiliary of the SMOM" HD: „The Malta Human Services Foundation" Assoziation Western 6 Polikliniken Altersspital
ZAIRE	Dipl.V.	Alters- und Erholungsheim Leproserie
ZENTRAL-AFRIKA	Dipl.V.	

Dipl.V. = diplomatische Vertretung   A = Assoziation   HD = Hilfsdienst

Anmerkungen:

1 Prutz, Hans: Die Besitzungen des Johanniterorden in Palästina und Syrien. In: Zeitschrift des deutschen Palästinavereins IV. Leipzig 1880, S. 157.

2 Vgl. Beltjens, Alain: Aux origines de l'Ordre de Malte. Bruxelles 1995, S. 13f.; Stadler, Johann: Vollständiges Heiligenlexikon. Augsburg 1861; Hiestand, Rudolf: Die Anfänge der Johanniter. In: Die geistlichen Ritterorden Europas. Hrsg. v. Josef Fleckenstein u. Manfred Hellmann. Sigmaringen 1980, S. 31–81. (= Vorträge und Forschungen XXVI. Hrsg. vom Konstanzer Arbeitskreis für mittelalterliche Geschichte); Waldstein-Wartenberg, Berthold: Rechtsgeschichte des Malteserordens. Wien 1969, S. 13–17; Waldstein-Wartenberg, Berthold: Die Vasallen Christi. Kulturgeschichte des Johanniterordens im Mittelalter. Wien, Köln 1988, S. 105–119; Wienand, Adam (Hrsg): Der Johanniter-Orden. Der Malteser-Orden. Der ritterliche Orden des hl. Johannes vom Spital zu Jerusalem. Seine Aufgaben, seine Geschichte. 2. Aufl. Köln 1977, S. 42–48.

3 Vgl. Zwehl, Hans Karl, von: Nachrichten über die Armen- und Krankenfürsorge des Hospitals des Hl. Johannes von Jerusalem oder Souveränen Malteser Ritterordens […]. Rom 1911, S. 15–24; Meffert, Franz: Caritas und Krankenwesen bis zum Ausgang des Mittelalters. Der Johanniterorden. Freiburg 1927, S. 174–184. Prutz, Hans: Die geistlichen Ritterorden. Ihre Stellung zur kirchlichen, politischen, gesellschaftlichen und wirtschaftlichen Entwicklung des Mittelalters. Berlin 1908 [Nachdruck Berlin 1977], S. 15–23; Waldstein-Wartenberg, Die Vasallen Christi, S. 193–201.

4 Zit. n. Beltjens, Alain: Aux origines de l'Ordre de Malte. Bruxelles 1995, S. 429. Freie deutsche Übersetzung: „Hier ruht Gerhard, der demütigste Mann des Orients, den Armen ein Diener, den Fremden ein Freund; von unscheinbarem Aussehen strahlte aus ihm ein adeliges Herz. Alles in diesem Hause zeugt von seiner edlen Gesinnung. Vorausschauend und sorgfältig übte er die Pflichten seines Amtes aus, und viele seiner Handlungen hatten eine weitreichende Wirkung. In viele Länder streckte er bittend seine Hände aus, um das Nötige für die ihm Anvertrauten zu erhalten. 17 Jahre weilte er hier dienend dem Haus, dann trugen ihn die Engeln auf ihren Armen in die Ewigkeit."

5 Lejeune, Fritz: Leitfaden zur Geschichte der Medizin. Leipzig 1934, S. 69–71; Zwehl, Armen- und Krankenfürsorge, S. 11–13; Waldstein-Wartenberg, Die Vasallen Christi, S. 108–111.

6 Prutz, S. 42.

7 Zwehl, Armen- und Krankenfürsorge, S. 15–26; Zwehl, Hans Karl, von: Über die Caritas im Johanniter-Malteser Orden seit der Gründung. Federbeul 1928, S. 11–15; Prutz, S. 39–43; Meffert, Caritas, S. 168–172.

8 Ambraziejute, Maria: Studien über die Johanniterregeln. Freiburg/Schweiz 1929, S. 13–25; Prutz, Hans: Kulturgeschichte der Kreuzzüge. Olms 1894, S. 602–618. Deutsche Übersetzung des Ordensgebetes: „Ihr Herren Kranken, betet für die Seelen eurer Väter und Mütter und für alle Christenmenschen, die aus dieser Welt in die andere hinüber gegangen sind, daß Gott ihnen die ewige Ruhe schenke. Amen."

9 Waldstein-Wartenberg, Die Vasallen Christi, S. 128–139; Wienand, S. 4.

10 Waldstein-Wartenberg, Die Vasallen Chisti, S. 269–284; Dauber, Robert: Der Johanniter-Malteser Orden in Österreich und Mitteleuropa. Bd. I. Wien 1995, S. 159–222 u. Bd. II. Wien 1998, S. 558–562; Blaschko, Gertraud: Mittelalterliche Hospitäler in Österreich. Wien 1977, S. 16–35.

11 Wienand, S. 271. Zwehl, Caritas, S. 19–21; Waldstein-Wartenberg, Die Vasallen Christi, S. 120–128.

12 Barz, Wolf-Dieter: Der Malteserorden als Landesherr in Rhodos und Malta. Berlin 1990, S. 78f; Zwehl, Armen- und Krankenfürsorge, S. 13–26.

13 Dauber, Robert L.: Die Marine des Johanniter-Malteser-Ritter-Ordens. Graz 1989, S. 230–236.

14 Zwehl, Armen- und Krankenfürsorge, S. 26–28.

15 Ebda., S. 26–74; Zwehl, Caritas, S. 21–39; Wienand, S. 274–282.

16 Barz, Wolf-Dieter: Die Universität Malta und der Malteserorden. In: Maltesermitteilungen. Köln 1/1995, S. 29f.

17 Zwehl, Caritas, S. 49–64; Offizieller Bericht über das Militärhospital im Emilienhof zu Kierling nächst Wien. Wien 1867.

18 Denk, Wolfgang: Bericht über die vom Großpriorat von Böhmen und Österreich des Souveränen Malteser Ritterordens anläßlich des Balkankrieges nach Sofia entsandte ärztliche Mission. Wien 1913.

19 Wienand, S. 473–517.

20 Zwehl, Caritas, S. 57f.

21 Vgl. Archiv des SMRO Wien [i. d. F. zit.: ASMRO]: Caboga-Cerva, Bernhard Graf: Manuskript div. handschriftlicher Aufzeichnungen ab 1867; Dauber, Robert L.: Arthur C. Breycha-Vauthier de Baillamont. Klagenfurt 1992, S. 129–135; Breycha-Vauthier, Arthur C.: Tantur – des Ordens Rückkehr ins Hl. Land. In: Annales des SMRO 19/2 (1961), S. 60–65; Haus-, Hof- und Staatsarchiv, Wien: Briefwechsel zwischen dem Ministerium für Äußeres und der Hohen Pforte 1876, 118/c.

22 ASMRO, Bericht über die Zeit von 1918–1938 im Großpriorat Böhmen-Österreich. Typoscript o. J.; ASMRO, Zirkulare der Missionsassoziation des SMRO. Wien 1935; ASMRO, Schriftverkehr über die Jausen-Aktion. Wien 1933.
23 Zwehl, Caritas, S. 63–67. Relatione dell'opera svolta di Cavalieri di Malta in favore delle popolazioni profughe dell'Asia Minore. Roma 1926.; Poliambulanza del Sovrano Ordine Militare di Malta. Roma 1929; Revista mensile illustrate Sovrano Ordine Militare di Malta. Roma 1939.
24 Revista 1939–1943; Prokopowski, Rudolf: Ordre Souverain et Militaire Jerosolymitain de Malte. Roma 1950, S. 244; Corpo Militare, ACISMOM, Roma 1987.
25 ASMRO, Mitteilungen Nr. 2 der Ordenskanzlei des SMRO. Wien 1953; ebda., Nr. 16, Wien 1959; Spendenaufruf des SMRO Großpriorat von Österreich. Wien 1967.
26 ASMRO, Mitteilungen Nr. 3 der Ordenskanzlei des SMRO. Wien 1953.
27 Ebda, Nr. 6, Wien 1954.
28 Ebda, Nr. 7, Wien 1955.
29 Vgl. dazu: Ballestrem, Valentin, Graf von: Tagebuch eines Maltesers an der ungarischen Grenze. In: Revue de l'Ordre Souverain Militaire de Malte 2. Nouvelle Série XVI (1958), S. 67–77.
30 Vgl. ASMRO, Tagebuch über die Ungarnhilfe des Großpriorates Österreich des SMRO vom 30. Oktober 1956 bis 26. Februar 1957; ASMRO, Mitteilung Nr. 11 der Ordenskanzlei des SMRO, Großpriorat von Österreich. Wien 1957; Mündliche Mitteilung von Alexander Graf Mensdorff-Pouilly, Luising.
31 ASMRO Mitteilungen Nr. 11 der Ordenskanzlei des SMRO. Wien 1957; ebda, Nr. 17, Wien 1960; ebda, Nr. 30, Wien 1967.
32 Ebda, Nr. 14, Wien 1958.
33 Hampeis, Günther: Edelweiß-Reporter. Wien 1970 bis 1986.
34 ASMRO, Mitteilungen Nr. 16 der Ordenskanzlei des SMRO. Wien 1959.
35 Ebda, Nr. 25, Wien 1964.
36 Ebda, Nr. 28, Wien 1966.
37 Ebda, Nr. 30, Wien 1967.
38 Ebda, Nr. 33, Wien 1968; Waldstein-Wartenberg, Berthold: Bericht über den Katastropheneinsatz an der tschechischen Grenze in der Zeit vom 22. August bis 9. September. Wien 1968.
39 Annuaire de l'Ordre Souverain Militaire Hospitalier de Saint-Jean de Jerusalem de Rhodes et de Malte 1997/98. Roma 1997, S. 41f.
40 Feucht, Gerhart/Czernilofsky, Wolfgang: Hospitalität im SMRO. Katalog zur gleichnamigen Ausstellung. Wien 1996, S. 29–33; Annuaire 1997/98. Roma 1997, S. 11f.

Katharina Stourzh

Die Geschichte und Entwicklung des Malteser Hospitaldienstes Austria (MHDA)

Durch die Revolution in Ungarn im Herbst 1956 hatte sich ein enormer Flüchtlingstrom in Richtung österreichische Grenze in Bewegung gesetzt. Zahlreiche österreichische und ausländische Hilfsorganisationen, die österreichische Bevölkerung, Hilfsteams des Ordens aus dem Ausland, ab Oktober ein Hilfszug des Deutschen Malteserhilfsdienstes, halfen direkt an der Grenze, lieferten Lebensmittel, Kleidung und Medikamente nach Ungarn.

„In diesen letzten Tagen des Oktober 1956 wurde vielen von uns jungen Menschen wieder einmal klar, wie gut es uns geht und wie geborgen wir hier in völliger Freiheit leben können. Für diejenigen, die das Jahr 1945 bewußt mitgemacht haben und damals selber Flüchtlinge waren, wurde dieser Flüchtlingsstrom aus dem Osten geradezu zu einem Postulat, um dort zu helfen, wo das Schicksal und politische Mächte mit unwahrscheinlicher Härte zugeschlagen haben."[1]

Mitglieder des SMRO, des Großpriorates von Österreich, des St. Johannsclubs und deren Freundeskreis entschlossen sich, vor Ort an der Grenze Hilfe zu leisten. Hauptaufgabe des Ordens war die Betreuung der Flüchtlinge, die ab November auf verschiedenen Ebenen erfolgte.[2] Einerseits wurde direkt an der ungarischen Grenze Tag- und Nachtdienst geleistet, um die erschöpften, zum Teil verwundeten oder kranken Flüchtlinge in Empfang zu nehmen, medizinisch erstzuversorgen, an sie den sogenannten „Mundvorrat" zu verteilen und falls nötig, ihnen ein kleines Taschengeld zu überlassen. Parallel dazu wurden in Wien dem Orden von der Caritas Socialis Flüchtlinge zur Versorgung zugewiesen, die „bei individueller Berücksichtigung ihrer dringendsten Bedürfnisse" vor allem Geld, Kleider, Schuhe, Decken usw. erhielten. Diese Art der Hilfeleistung dauerte bis März 1957. Ab Mitte März übernahm der Orden sogar die Tätigkeit der Ungarn-Soforthilfe, einer ungarischen Hilfsaktion, die dem Orden dafür finanzielle Mittel zur Verfügung stellte.[3] Ab Mitte April wurde „im Einvernehmen mit dem Grafen Piatti der Dienst an der Grenze eingestellt. Die Kraftfahr-

Ungarnflüchtlinge 1956

zeuge werden zur Verfügung des Grafen Piatti in Wien zusammengezogen. Fahrten im Dienst der Ungarnhilfe bedürfen der ausdrücklichen Genehmigung des Grafen Piatti oder in seiner Abwesenheit des Herrn Pasquali. Spesenrechnungen werden nur mehr auf Grund von schriftlichen und konkreten Aufträgen honoriert",[4] so ein Schreiben des Vikars. Die Paketaktion, die von Damen des Ordens, Ordensmitgliedern und Freunden des Ordens im Rahmen des Hilfsfonds auch schon in den Jahren vor 1956 organisiert worden war, wurde im Winter 1956/57, nachdem die direkte Kleider- und Lebensmittelausgabe beendet war, wieder verstärkt fortgesetzt.
Allerdings mußten, nachdem durch die Schließung der Grenze von ungarischer Seite der Zustrom neuer Flüchtlinge aufgehört hatte, die in Österreich im Grenzgebiet verbliebenen Flüchtlinge in Lagern betreut werden und für ihre weitere Existenz gesorgt werden. Auf Gutsbetrieben von Angehörigen und Freunden des Ordens in Niederösterreich und dem Burgenland wurden Flüchtlingsunterkünfte geschaffen und verwaltet.
Die Hilfe des Souveränen Malteser-Ritter-Ordens für die Ungarnflüchtlinge ging aber noch einen Schritt weiter. Ziel der Hilfe war es, den Jugendlichen den Schulbesuch und das Studium in Österreich zu ermöglichen. Der Malteserhilfs-

fonds vergab Stipendien und unterstützte die in Innsbruck bereits bestehende ungarische Mittelschule sowie neu entstehende ungarische Schulen. Für Studenten wurde als Studier- und Geselligkeitszentrum die sogenannte „Bibliotheca Hungarica" in der Seilerstätte Nr. 1 geschaffen.[5] Alte, kranke erwerbsunfähige Flüchtlinge erhielten monatlich kleine Rentenzuschüsse, die im Lauf der Jahre auf Grund schrumpfender finanzieller Mittel allerdings immer geringer wurden.

Der Malteser Hilfsfonds hat zwischen 1956 und 1958 für diverse Aktionen, Stipendien und Rentenzahlungen insgesamt 3,9 Millionen Schilling aufgewendet und 330 Tonnen an Sachspenden verteilt bzw. versandt.[6] Dieser enorme Einsatz war dem unermüdlichen Engagement vieler Damen und

Avers und Revers der Erinnerungsmedaille für die Ungarnhilfe 1956, gestiftet vom Großmeister und Souveränen Rat per Dekret Nr. 1856 am 23. März 1958.

Herren zu verdanken, die monatelang in Tag- und Nachtarbeit die Betreuung der Flüchtlinge organisiert hatten. Der Souveräne Rat in Rom schuf im März 1957 per Dekret eine Erinnerungsmedaille, die als Anerkennung und Dank für die Leistung der Angehörigen des Ordens in den Großprioraten an die Helfer und Helferinnen verliehen wurde, „um die bewundernswerten Werke der Hilfe so vieler Freiwilliger für ungarische Patrioten in den tragischen Tagen ihres Kampfes für die Freiheit"[7] auszuzeichnen.

Unter dem Eindruck der Hilfsmaßnahmen und nach dem Vorbild des deutschen Malteser Hilfsdienstes entstand der Wunsch, in Österreich eine ständig tätige Hilfsorganisation aufzubauen. Denn, fragte man sich, wie sollte der Geist des Ordens ohne „ein Instrument zur Ausübung dieser Nächstenliebe" gelebt werden:

„In diesen Wochen konnte man sich oft fragen, warum bei uns in Österreich keine Organisation des SMRO für Katastrophen-Einsätze bestand. Diese Frage drängte sich besonders auf, als Ende des Jahres 1956 ein Hilfszug des deutschen Malteser Hilfsdienstes bei uns eintraf, um in wirklich beispielhafter Art und Weise die Ideale unseres alterwürdigen Ordens unter Beweis zu stellen."[8]

So legte der Ungarneinsatz den Grundstein zur „Malteser Einsatzstaffel", die sich auf Initiative des damaligen Vikars Dr. Johannes Graf Trapp und des damaligen Delegaten des Ordens für Wien, Niederösterreich und das Burgenland Ferdinand Graf und Marchese Piatti bildete. Der erste Staffelkommandant wurde Ferdinand Graf Arco. Zunächst agierte die Malteser Einsatzstaffel im Rahmen des Roten Kreuzes Wien und Niederösterreich und war vor allem im Rettungsdienst tätig und erhielt auch die Ausbildung in Erster Hilfe und später auch Krankenpflege vom Roten Kreuz. Fahrzeuge waren dem Orden während des Ungarneinsatzes geschenkt worden. Vier Jahre, bis zum 1. Februar 1961, sollte es dauern, bis schließlich nach Verhandlungen mit dem Roten Kreuz, dem Ministerium für Inneres und dem Ministerium für soziale Verwaltung, der unabhängige „Malteser Hilfsdienst", das „jugendliche Kernstück"[9] des Ordens, geboren wurde, zu dessen ersten Kommandanten Gideon Ernst Freiherr von Loudon ernannt wurde.

Die Weiterentwicklung des Hilfsdienstes und Erweiterung des Dienstspektrums geschah sehr schnell. Noch im selben Jahr wurde nach der Abhaltung von Krankenpflegekursen der Spitalsdienst bei den Barmherzigen Brüdern eingeführt, ein Jahr später nahm der Malteser Hilfsdienst das erste Mal am Sonnenzug teil. Außerdem wurde der Dienstbetrieb um eine weitere Sparte, die Sozialdienste, erweitert, die von der ab 1962 aufgebauten Sozialgruppe geleistet wurden. Zur Arbeit des Sozialdienstes gehörte beispielsweise die Betreuung einer Sonderschule für cerebral geschädigte Kinder, ab 1964 übernahm er auch Dienste im Klara Fey Kinderheim. Jeweils an Sonntagen standen die Damen der Sozialgruppe den Erzieherinnen einer Kindergruppe zur Seite und halfen bei der Betreuung der Kinder mit.
Ein prägendes Ereignis für den Malteser Hilfsdienst in diesem Jahr war die erstmals selbst organisierte Pilgerreise nach Rom, bei der sogar zehn Kranke per Flugzeug nach Rom gelangten. Damals wie heute scheint die Begegnung mit dem Papst für viele der Mitreisenden der Höhepunkt der Reise zu sein; damals wie heute ist eine derartige Pilgerreise, ob alle fünf Jahre nach Rom, nach Israel (1989 und 1991), nach Assisi (1993) oder Malta (1994), für einen Großteil der Kranken und behinderten Menschen die einzige oder eine der wenigen Möglichkeiten, die gewohnte Umgebung zu verlassen und eine Reise zu unternehmen.

Nach der Rückkehr von einer derartigen Fahrt sind alle Beteiligten jedesmal von dem Gemeinschaftserlebnis, manchen persönlichen Eindrücken und Gesprächen tief berührt und zehren noch lange davon. Auf der anderen Seite ist auch die logistische Komponente nicht zu unterschätzen, die immer wieder erstaunlich ist und zeigt, was der Hospitaldienst trotz oder eben gerade wegen der Ehrenamtlichkeit und des Einsatzes seiner Mitglieder zu Wege bringen kann: Sei es ein Abendessen für 400 Leute unter freiem Himmel mitten in der Altstadt von Rom, sei es der Besuch der Grabeskirche in Jerusalem oder eben die monatelangen organisatorischen Vorbereitungen eines Lourdeszuges, damit ein derartiger Einsatz nicht nur reibunglos funktioniert, sondern auch ein menschliches, stimmungsvolles Erlebnis wird. Für Betreute und Malteser und Pilger sind das unvergeßliche Momente.

Einen weiteren „Expansionsschub" erlebte der Malteser Hilfsdienst in den Jahren 1967 bis 1973. Einerseits wurden in dieser Zeit in vier Bundesländern Gruppen des Malteser Hilfsdienstes, sogenannte „Bereiche", gegründet. „Die erste außerhalb Wiens gegründete Abteilung im Rahmen des Hilfsdienstes, der hoffentlich bald weitere folgen werden"[10], der Bereich Salzburg (1967), begann seine Tätigkeit mit Spitalsdiensten bei den Barmherzigen Brüdern, nachdem die neuen Mitglieder beim Roten Kreuz ausgebildet worden waren. Auch in der Steiermark (1968) und in Tirol (1970) wurde mit Spitalsdiensten begonnen, in

Mitglieder des neu gegründeten Bereichs Tirol 1970

Oberösterreich (1971) mit dem Sozialdienst. Mit den Gründungen der Bereiche Burgenland 1979 und Kärnten 1981 fand die regionale Ausbreitung des MHDA in Österreich ihr Ende.

Andererseits führte die Ärztekammer für Wien 1969 unter Beteiligung des Malteser Hilfsdienstes, des Roten Kreuzes und des Arbeiter Samariterbundes den Ärztefunkdienst ein, eine zentral organisierte ärztliche Betreuung der Bevölkerung an Wochenenden und Feiertagen, in einer weiteren Ausbaustufe später auch in der Nacht. Das stellte eine große Herausforderung dar, sowohl was die personellen Ressourcen, als auch die technische Ausrüstung betraf. Da für den Funkverkehr aller Organisationen eine eigene Frequenz eingerichtet wurde, mußten alle Fahrzeuge des Hilfsdienstes mit entsprechenden Funkgeräten ausgestattet werden. Für den Hilfsdienst, dessen Finanzlage von der Spendenbereitschaft der Öffentlichkeit damals wie heute stark abhängt, bedeutete das eine große finanzielle Belastung, der Ankauf eines Gerätes wurde von der Ärztekammer gespendet. Seit nunmehr 30 Jahren fährt der Bereich Wien an den Wochenenden regelmäßig Ärztefunkdienst, 1998 rund 3.000 Dienststunden im Jahr oder 3% der absolvierten Dienststunden. 1996 konnten die beteiligten Organisationen durchsetzen, daß auch Damen Tagfunkdienst fahren dürfen, was für den Dienstbetrieb des Hospitaldienstes eine große Erleichterung bedeutete, da nun mehrere Fahrerinnen zur Verfügung standen. Die Teilnahme des Hilfsdienstes an diesem neu eingerichteten Teil des Notversorgungssystems in Wien verschaffte den Maltesern große Publizität, der MHDA war in den Medien gemeinsam mit den anderen Organisationen präsent. Diese Präsenz in der Öffentlichkeit ist für den MHDA nach wie vor besonders wichtig, da sich dieser kaum durch Förderungen der öffentlichen Hand finanziert, sondern fast ausschließlich durch Spenden der Öffentlichkeit beispielsweise im Zuge der in allen Bereichen zur Tradition gewordenen Straßensammlung, Benefizveranstaltungen und aus den Erträgen der entgeltlichen Dienste im Sanitätswesen. Für konkrete Aktivitäten wie die Wallfahrten nach Lourdes oder Rom ist der MHDA auf zusätzliche Sach- und Geldspenden seiner zahlreichen Förderer und Freunde angewiesen.

Das Jahr 1971 brachte für den Hilfsdienst eine wesentliche Änderung: Auf Grund seiner Ausweitung auf mehrere Bundesländer schien es notwendig, durch ein Statut die Rechtsstellung und Struktur des Hilfsdienstes zu klären. In Folge des neuen Statuts erhielt der Malteser Hilfsdienst Rechtspersönlichkeit innerhalb des Ordens und wurde in seinen heutigen Namen „Malteser Hospitaldienst" umbenannt. Außerdem wurde die erstmals 1963 erschienene Zeitung „Die Staffel" mit den bisher einmal im Jahr erscheinenden Mitteilungen des Großpriorates unter der Bezeichnung „Das Malteser Kreuz" zusammengelegt, dessen Aufgabe es wurde, „den publizistischen Erfordernissen aller karitativen Werke" des Ordens Rechnung zu tragen sowie Nachrichten aus dem Großpriorat und seinen

Delegationen zu veröffentlichen. Das derzeitige Emblem erhielt der MHDA erst 1977. Der damalige Fürstgroßprior Frá Friedrich A. Kinsky erklärte dies im Malteser Kreuz so: „Dieses neue Zeichen, das ich in Erwartung, weitere Verwechslungen mit anderen Organisationen auszuschließen, dem MHDA verliehen habe, soll für den Hospitaldienst Ansporn und Verpflichtung sein, noch mehr in enger Verbundenheit mit dem Orden unseren 'Herren Kranken' zu dienen"[11]. Dreizehn Jahre später sollte der MHDA per Bescheid des Bundesministeriums für Unterricht und Kunst vom 20. Oktober 1984 auch als kirchliches Werk durch die Republik Österreich im Sinne des Konkordates anerkannt werden.[12]

Ein weiteres Tätigkeitsfeld des Hospitaldienstes stellte ab 1973 die Abhaltung von Erste Hilfe-Kursen dar, nachdem der Hospitaldienst die behördliche Genehmigung für die „Ausbildung in Sofortmaßnahmen am Unfallort" erhalten hatte. Eine weitere Finanzierungsquelle für den MHDA war damit erschlossen. Heute macht der Anteil der Erste Hilfe-Kurse durch regelmäßige Kurse in den Zentralen und in Fahrschulen sowie für Firmen auf Anfrage ca. 2,6% der Dienste und 7% der Einnahmen des MHDA aus.

Was die Tätigkeitsfelder betraf, gab es in den achtziger Jahren wiederum einige Neuerungen wie zum Beispiel die Einführung des Besuchsdienstes des MHDA in Wien, die ebenfalls bis heute monatliche stattfindende Messe mit Betreuten in der Pfarre St. Rochus und schließlich 1985 die Einführung des Ordinationsdienstes in der Wiener Zentrale am Börseplatz im ersten Bezirk, wohin der Bereich Wien aus der Aichhorngasse im 12. Bezirk 1981 übersiedelt war. In Kooperation mit dem Ärztefunkdienst stellt der MHDA nach wie vor an jedem Wochenende und Feiertag einen Teil seiner Räumlichkeiten sowie eine Helferin und einen Helfer als Ordinationshilfe zur Verfügung, ein praktischer Arzt wird vom Ärztefunkdienst entsandt. Jährlich werden in dieser Form ca. 4.000 Patienten betreut. Der Ordinationsdienst, der nur in Wien stattfindet und 2,7% der Diensstunden des MHDA ausmacht, stellt eine weitere Einnahmequelle dar.

Zwischen 1983 und 1985 warteten einige unterschiedliche Herausforderungen auf den MHDA. Zunächst hatte der MHDA in Rom zu Ostern drei Wochen lang die Sanitätsbetreuung der Pilger auf dem Petersplatz übernommen, im September des gleichen Jahres sollte er im Auftrag der österreichischen katholischen Kirche die Sanitätsbetreuung des Katholikentages und des Papstbesuches koordinieren. Auch für den Besuch des Hl. Vaters 1998 in Salzburg, St. Pölten und Wien hatte der MHDA wieder die Gesamtverantwortung für die Sanitätsbetreuung inne, die gemeinsam mit den anderen Sanitätsorganisationen geleistet wurde.

Erstmals fand 1984 das internationale Sommerlager (IMS) des SMRO statt, an dem die verschiedenen internationalen Schwesternorganisationen bzw. Jugendgruppen des Ordens mit ihren Delegationen teilnahmen. Auf Initiative Öster-

Unter der Patronanz des Ordens ist seit Ende der 70er Jahre die Aktion Sankt Lukas, seit 1993 als eingetragener Verein zur Förderung medizinischer Hilfstransporte, tätig. Die Arbeit der Aktion St. Lukas, unter der Ägide von Gräfin Daisy Waldstein-Wartenberg und dem derzeitigen Leiter Dechant Mag. Elmar Mayer, beinhaltet vor allem die Sammlung von Medikamenten und deren Verschickung und Verteilung an die entsprechenden Zielorte. Mehrere Transporte wurden auch vom MHDA durchgeführt. Sowohl finanziell als auch organisatorisch arbeitet die Aktion St. Lukas eng mit der Caritas Österreich zusammen. 1997 konnten Medikamente im Wert vom 25 Millionen Schilling verschickt werden.

Die Idee eines Malteser Hospizes, eines Altenwohnheimes in der Bürgerspitalgasse im 6. Wiener Gemeindebezirk, konnte Ende 1990 verwirklicht werden, nachdem die Gründung durch eine Stiftung des Ehepaars Steger zur „Unterstützung alter, bedürftiger, alleinstehender, in Österreich wohnender Personen" zu Gunsten des Ordens ermöglicht worden war. Ziel ist es, „in einem christlichen Haus Menschen das Älterwerden in möglichst weitgehender Selbständigkeit und vor allem Würde zu ermöglichen".[15] Zunächst nur angemietet, konnte das Haus 1997 sogar gekauft werden. Einer der Mitbegründer, Kuno Graf von Spiegelfeld, umreißt das Projekt so: „Wir haben uns im Rahmen unserer Ordensaufgaben mit diesem Hospiz vorgenommen, eine klar umrissene Gruppe bedürftiger anzusprechen und mit kompetenten Maßnahmen zu betreuen. Es sind unsere Alten. Denn Alter kann Schwäche, fehlende Familie, Abhängigkeit und oft auch quälende Einsamkeit bedeuten [...]".[16] Das Hospiz unter der Leitung von Dipl. Ing. Engelbert v. Pott beherbergt sechsundzwanzig kleine Wohnungen und fünf Pflegeappartements und bietet neben der ständigen Wohnmöglichkeit auch Kurzzeitpflege für Personen nach Spitalsaufenthalten an. Eine derartige Einrichtung ist nicht nur mit ehrenamtlichen Mitarbeitern zu organisieren, die Betreuung erfolgt durch diplomierte Krankenschwestern und Altenhelferinnen.

Der jüngste Hilfsdienst, der Aids Dienst Malteser (ADM), ist seit fünf Jahren tätig. Aus einem kleinen Kreis Aktiver haben sich inzwischen ca. 20 Personen zusammengefunden, die sich regelmäßig der Betreuung von an Aids erkrankten Menschen widmen. Nach einer intensiven Ausbildung im Pulmologischen Zentrum auf der Baumgartner Höhe gestaltet sich der Dienst vielfältig. Der Aids Dienst Malteser macht einerseits Besuchsdienste im Annenheim, wodurch sich aber durch den persönlichen Kontakt weitere Unterstützungen ergeben. Telefonische Betreuung ist neben den Sonderdiensten wie Ausflügen, Festen, Konzert- oder Theaterbesuchen etc. und Hausbesuchen eine der wichtigsten Tätigkeiten, wie die Präsidentin des ADM, Wilburg Helbich-Poschacher, erwähnt.[17] Die Zusammenarbeit mit anderen Vereinen, die in der Aids Hilfe tätig sind, wie zum Beispiel der Selbsthilfeverein „Menschen für Aids" oder „Club plus" oder auch die Unterstützung des Aids Projekts im Pfarrhof Stammersdorf und der Aufbau einer Hausbetreuung sind ein wesentlicher Teil der Arbeit.

Der Hospitaldienst ist im Vergleich zu den anderen Hilfswerken kein Verein nach österreichischem Recht, sondern juristische Person nach dem Ordensrecht und daher integraler Bestandteil des Ordens. Von den sechs Hilfswerken des Ordens ist er außerdem weitaus das größte Hilfswerk, sowohl was seine Struktur als auch die Tätigkeitsfelder betrifft. Insgesamt hat der MHDA 1998 über 97.000 Dienststunden absolviert und besteht aus 276 aktiven Mitgliedern, die regelmäßig Dienste leisten, aus 489 Altmitgliedern, die gelegentlich zur Verfügung stehen sowie fast 100 Ärzten und 268 ehemals aktiven, fördernden Mitgliedern, so daß der MHDA heute über 1.124 Mitglieder insgesamt verfügt.[18]
Gerade in den letzen fünf bis zehn Jahren hat der MHDA eine enorme Entwicklung durchgemacht, vor allem was die Professionalisierung der Dienste betrifft. Als rein ehrenamtliche Organisation, die im Rettungsdienst, in sozialen Diensten und im Katastrophenschutz tätig, aber im Vergleich zu den anderen Sanitätsorganisationen wesentlich kleiner ist, und daher beschränkte Kapazitäten hat, war und ist der Hospitaldienst in den letzten Jahren sehr gefordert gewesen. Vor allem in der Ausbildung hat sich diese Entwicklung niedergeschlagen. Die derzeitige Ausbildung dauert inklusive der Absolvierung von mindestens 120 Dienststunden ein Jahr, in dem abgesehen vom Grundwissen der Ersten Hilfe gleich zu Beginn, im Laufe des Jahres Krankenpflege, Soziales und Sanitätswesen (Medizin und Technik) unterrichtet werden. Diese Anforderungen entstanden einerseits aus dem wachsenden Qualitätsanspruch vor allem auf Grund der gesetzlichen Rahmenbedingungen, die im Sanitätswesen entwickelt wurden, andererseits auch im Zuge der Zusammenarbeit mit den Johannitern, die seit 1986 besteht. Seit damals werden die Krankentransporte über das Journal der Johanniter Unfall Hilfe abgewickelt.
Dazu kommt, daß bisher gerade die entgeltlichen Dienste des MHDA, nämlich Krankentransport und Rettungswesen, Ambulanzen, Ärztefunkdienst und auch die Abhaltung der Erste Hilfe-Kurse, die zusammen ungefähr ein Drittel des gesamten Dienstbetriebs des MHDA ausmachen, von den steigernden Qualitätsanforderungen betroffen sind. Im Zusammenhang damit ist unter anderem auch zu sehen, daß der MHDA heute einen weitaus geringeren Mitgliederzuwachs pro Jahr hat, als dies noch in den achtziger Jahren der Fall war, als die jeweiligen Ausbildungsgruppen im Oktober und März aus zwanzig bis fünfundzwanzig Mitgliedern bestanden. Ein Grund für die heute weniger großen, aber in der Steiermark, Tirol und Wien regelmäßig stattfindenden Ausbildungsgruppen ist auch die in den letzten Jahren angespannte Situation der Studierenden, die es nicht mehr erlaubt, großzügig Semester an die Malteser zu „verschenken".[19] Die veränderte Situation für Studierende zeigt sich auch daran, daß eine größere

Fluktuation der Mitglieder auf Grund vermehrter Auslandsaufenthalte oder des früheren Einstieges ins Berufsleben herrscht. Über die Hälfte der aktiven Mitglieder des MHDA stehen heute im Berufsleben.
Gerade als ehrenamtliche Organisation, die der Hospitaldienst ganz bewußt ist und bleiben will, ist die Positionierung neben den anderen größeren Sanitätsorganisationen, die Haupt- und Ehrenamtlichkeit verbinden, vor allem in Wien nicht von Anfang an klar gewesen. Im Laufe der letzen Jahre hat der MHDA im Zuge der engen Zusammenarbeit bewiesen, daß auch eine verhältnismäßig kleine ehrenamtliche Organisation gute Arbeit leisten kann. Die gemeinsame Arbeit im K-Kreis, oder auch die Übernahme der Gesamtverantwortung für die Sanitätsbetreuung während des Papstbesuches 1998 in Salzburg und Wien, oder das alltägliche Zusammenspiel beispielsweise mit den Johannitern im Krankentransport, die Alarmierung des Bereichs Tirol bei der Lawinenkatastrophe in Galtür, die Teilnahme an den Verhandlungen zum Sanitätergehilfengesetz, um nur einige Beispiele zu nennen, zeigten, daß der MHDA ein ernstzunehmendes Profil entwickelt hat. Mehrere Mitglieder des Hospitaldienstes absolvierten die Ausbildung zum Rettungssanitäter und fahren auch Dienste beim Roten Kreuz sowie bei den Johannitern.

Zu Beginn der 90er Jahre erlebten die sozialen Dienste, vor allem im Bereich Wien, einen neuen Aufschwung, der auch auf die anderen Bereiche Auswirkungen hatte. Dieser Neubeginn äußerte sich einerseits darin, daß rein organisatorisch mit dem Aufbau eines Sozialreferates begonnen wurde, um die vielfältigen Aufgaben besser zu koordinieren, andererseits auch im sozialen Bereich der Kontakt zu anderen Organisationen gesucht wurde. Ein Schwerpunkt, der sich herauskristallisieren sollte, war nicht nur die Betreuung älterer Menschen, sondern auch die Berücksichtigung der Situation jüngerer Menschen mit Behinderungen, ob Rollstuhlfahrer oder sehbehindert. Ziel der sozialen Dienste des MHDA sollte es auch sein, Menschen mit Behinderungen dort Hilfestellung zu bieten, wo es notwendig ist und sie in ihrer selbstbestimmten Lebensgestaltung zu unterstützen. In diesem Zusammenhang veranstaltete beispielsweise der Bereich Wien in Zusammenarbeit mit der österreichischen Hochschülerschaft eine Aktionswoche an der Universität Wien zum Thema „Behindert studieren – Plädoyer für barrierefreies Denken", um auf die Situation behinderter Studierender aufmerksam zu machen. Mit Vorträgen, Workshops, einem Infocafé und einem Rollstuhlparcours und Führungen durch sehbehinderte Studierende ging es darum, eine Bewußtseinsbildung herbeizuführen und speziell im Fall der Universität bauliche und gesellschaftliche Barrieren gegenüber Menschen mit Behinderungen aufzuzeigen.
Ein anderes Projekt, das der Bereich Salzburg 1993 und 1995 auf Anregung realisieren konnte, war das „Camp Help", ein Sportcamp für behinderte Menschen

Behinderten-, Kranken- und Altenbetreuung

am Mondsee und am Wolfgangsee, wo unter der Anleitung von selbst körperbehinderten Segel- und Tauchlehrern eine Woche lang gesportelt wurde. Organisation und Betreuung erfolgte durch die Malteser, die Finanzierung zum Teil durch öffentliche Stellen und großzügige Sponsoren. Auch der Bereich Wien organisierte 1996 eine Segelwoche für behinderte Jugendliche am Attersee.
Die Sozialen Dienste des MHDA haben sich – wie zum Teil beschrieben – im Lauf der Jahre verändert und zeigen heute innerhalb des MHDA und in den Bereichen selbst ein buntes Spektrum. Einerseits gibt es die Pflegedienste in den verschiedenen Altenheimen und Spitälern in den Bereichen wie zum Beispiel dem Haus der Barmherzigkeit in Wien, oder dem MS-Haus in Salzburg, andererseits werden Besuchsdienste, Assistenzdienste, regelmäßige Kaffeehausbesuche, Jour fixe, Schwimmdienste usw. organisiert, und finden unzählige Sonderdienste statt, sei es ein Einkaufsbummel, ein Heurigenbesuch, ein Ausflug ins Grüne, ein Museumsbesuch, ein Fußballmatch, ein Pop-Konzert, eine Führung

durchs Wiener Kanalnetz, eine Weinverkostung oder größere Unternehmungen wie im Sommer die Lager der verschiedenen Bereiche in Sandl in Oberösterreich, in Lignano, oder eine Fahrt nach Taizé usw. Durch die sozialen Dienste soll den unterschiedlichsten Bedürfnissen Rechnung getragen werden. Der Machbarkeit sind hier wenig Grenzen gesetzt, es liegt an den Mitgliedern Ideen und Wünsche umzusetzen, die Infrastruktur des MHDA für solche Aktivitäten zu nützen und den Betreuten zur Verfügung zu stellen.

Der Katastrophenschutz nahm und nimmt in der Arbeit des MHDA eine bedeutende Rolle ein. Nicht nur, daß der Grundstein des MHDA im Zuge eines Katastropheneinsatzes gelegt wurde, im Laufe der letzten 43 Jahre konnte der Hospitaldienst bei unzähligen Einsätzen Hilfe leisten, wenn auch nicht immer direkt vor Ort, so jedenfalls mit der Bereitstellung von Material, Medikamenten, medizinisch-technischer Ausrüstung, Feldbetten, Zelten, Lebensmittel, Bekleidung. Der MHDA leistete vor allem im Ausland, abgesehen vom Hochwasserereignis 1966 in Osttirol und der CSSR-Krise 1968 an der Grenze Katastrophenhilfe, wie zum Beispiel in den 70er Jahren bei den Erdbeben in Friaul (1976), Montenegro (1979) und Süditalien (1980/81)[20]. Mehrere Mitglieder des MHDA halfen während der kriegerischen Auseinandersetzung 1985 in Äthiopien und 1991 in Kurdistan bei der Flüchtlingsbetreuung und ihrer medizinischen Versorgung mit. Im Zuge der Wende 1989 beteiligte sich der Hospitaldienst im Spätsommer bei der Betreuung von Flüchtlingen aus der DDR in Ungarn und in Österreich. Im Winter 1989/90 wurde die Patenschaft über das onkologische Spital in Klausenburg (Cluj Napoca) in Rumänien übernommen und durch zahlreiche Hilfslieferungen sowie eine stationäre Ärzteambulanz unterstützt. 1990/91 wurden Lebensmittel nach Rußland und Albanien gebracht. Während des Kroatien-Krieges wurden mehr als 800 Mütter und Kinder in zwei Sonderzügen aus dem unmittelbaren Kriegsgebiet geborgen und in Österreich untergebracht. Der Bereich Steiermark unterstützte Hilfssendungen der größten amerikanischen Hilfsorganisation „Americacares" logistisch, die insgesamt 340 Tonnen an Hilfsgütern im Wert von 190 Millionen ATS durch die Mitglieder des Kroatischen Malteser Hilfsdienstes verteilen konnte. Im Rahmen einer „Weihnachtsaktion" 1993 und 1994 versorgte der MHDA gemeinsam mit dem Österreichischen Hilfswerk Kinder aus Bosnien in Flüchtlingslagern in und außerhalb Bosniens mit Kleidung, Nahrungsmitteln und Sanitätsmaterial im Werte von rund 7 Millionen Schilling. Zu Weihnachten 1995 wurden in einer Hilfsaktion für bosnische Flüchtlinge neue Winterbekleidung, Spielzeug sowie Beinprothesen für Kinder und Jugendliche im Wert von rund 2,7 Millionen Schilling angekauft und über Verteilstellen der Malteser in Bosnien sowie für serbische Flüchtlinge über die orthodoxe Kirche verteilt.

Die Geschichte des Malteser Hospitaldienstes Austria

Der damalige Kommandant Norbert Graf Salburg-Falkenstein und Mitglieder des MHDA anläßlich des Rumänieneinsatzes 1990

Manche Hilfestellungen des Hospitaldienstes erfolgten auch im Rahmen von ECOM (Emergency Corps of the Order of Malta), einem 1994 gegründeten internationalen Hilfswerk des Ordens, zu dessen Gründungsmitgliedern Österreich gehört. So konnte der MHDA beispielsweise bei einem ECOM-Einsatz in Ruanda/Zaire nach einer spontanen Spendenaktion im Sommer 1994 mit Kindernahrung im Wert von 5,1 Millionen Schilling mitwirken. Für den Betrieb eines Spitals für heimkehrende Flüchtlinge durch den deutschen Malteser Hilfsdienst in Kisiguro/Byumba in Nord Ruanda hat der MHDA im Frühjahr 1995 aus seinem Ruanda Hilfsfonds rund 1,3 Millionen Schilling zur Verfügung gestellt.

Über den rumänischen Malteser Hilfsdienst in Cluj/Klausenburg (Rumänien) werden in regelmäßigen Transporten Kindernahrung, Medikamente und Bekleidung an Hilfsbedürftige verteilt. Allein 1995 betrug der Wert der Hilfsleistungen sowie medizinischer Geräte und Ausstattung von Arztpraxen mehr als 5,5 Millionen Schilling. Im Juni/Juli 1997 wurde ein Transport mit Sanitätsmaterial im Wert von mehr als 3 Millionen Schilling nach Tirana abgefertigt, und von der dort unter österreichischer Mitwirkung errichteten ECOM-Verteilstelle an lokale Spitäler ausgegeben. In den Sommerferien 1996 wurden 120 Kinder aus Sarajewo für die Aktion „Ferien in Frieden" nach Österreich geholt, wo sie bei österreichischen Gastfamilien untergebracht wurden.

Der jüngste Katastropheneinsatz des MHDA fand seit dem Frühjahr 1999 in Albanien statt und beinhaltete die Teilnahme am Aufbau und das Betreiben des Österreich Camp in Shkodra, das im Auftrag der Bundesregierung über die Aktion Nachbar in Not aufgebaut und finanziert wurde. Die Mitwirkung des MHDA erfolgte vor Ort unter der Einsatzleitung des Roten Kreuzes, das mit der Leitung des Camps betraut war. Dieser Einsatz des MHDA in einem Katastrophengebiet war bisher bei weitem der größte, was die Dauer und den Umfang der Teilnahme sowohl in personeller als auch in finanzieller Hinsicht betrifft. Insgesamt befand sich Material des MHDA (inklusive der Ausrüstung der im Einsatz befindlichen Damen und Herren) im Wert von rund 4,75 Millionen Schilling vor Ort.

Der MHDA Bereich Wien ist außerdem Gründungsmitglied des 1993 entstandenen Katastrophenschutz-Kreises (K-Kreises), dem u.a das Rote Kreuz, die Johanniter Unfallhilfe, der Arbeiter Samariter Bund, der Wiener Zivilschutzverband sowie die Magistratsdirektion für Hilfs- und Sofortmaßnahmen angehören. Ziel des K-Kreises ist einerseits die Sensibilisierung und Information der Bevölkerung durch Veranstaltungen und Aktionen, andererseits in regelmäßigen gemeinsamen Übungen die Schulung für den Ernstfall. Außerdem verfügt der Bereich Wien über eine Schnelleinsatzgruppe, die aus ca. 40 besonders geschulten Personen besteht und per Pager innerhalb weniger Stunden inklusive Material (Verpflegungshänger, Beleuchtungshänger, Hänger mit Sanitätsmaterial) einsatzbereit ist. Eine Alarmierung erfolgte beispielsweise im Zusammenhang mit dem Lawinenunglück in Galtür in Tirol 1999.

Der Malteser Hospitaldienst, die „Kampftruppe des Ordens in Österreich", wie ihn Ferdinand Graf und Marchese Piatti anläßlich des 10jährigen Bestehens genannt hat[21], hat sich von der spontanen Hilfsbereitschaft einiger Ordensmitglieder zu einer über tausend Mitglieder umfassenden Organisation entwickelt. Spontanität, Begeisterung, und Phantasie verbunden mit Einsatz, Wissen und Ernst prägen heute den MHDA, dessen erbrachte Leistungen der Jahresableistung eines Mittelbetriebs mit rund 70 Mitarbeitern mit einem Sachaufwand von 17 Millionen Schilling entsprechen.

Anmerkungen:
1 Loudon, Gideon Ernst: Ein Stein kommt ins Rollen oder Rückblick auf die Entstehung des Malteser Hilfsdienstes. In: Die Staffel. Mitteilungen des österreichischen Malteser Hilfsdienstes. 4. Jg. November 1966. 4./5. Folge, S. 12f.
2 Archiv des Souveränen Malteser-Ritter-Ordens, Wien [i.d.F. zit. ASMRO], Karton „Ungarnhilfe", Mappe 1959, Ungarnhilfe-Rotes Kreuz-Gen.Sek. Servik, Bericht des Malteser Hilfsfonds vom 24. 2. 1959 an das Bundesministerium für Inneres über die „Hilfe an Ungarnflüchtlinge XI. 1956 bis 31. XII. 1958".

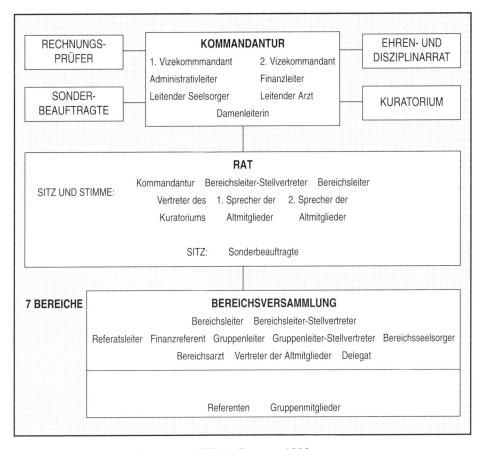

Organigramm aus dem Statut des MHDA, Fassung 1993

3   ASMRO, Präsidialakten, P.Z. 27/prs/1957, Schreiben des Vikars Dr. Hans Graf Trapp vom 15.3.1957 an die Ungarn Soforthilfe betreffend die Vereinbarung zwischen dem Großpriorat und der ungarischen Soforthilfe bezüglich der Übernahme der Betreuung ungarischer Flüchtlinge von der Soforthilfe.
4   ASMRO, Präsidialakten Nr. 19–72, Notiz des Vikars Dr. Hans Graf Trapp vom 8. April 1957.
5   ASMRO, Präsidialakten, P.Z. 27/prs/1957, Schreiben des Vikars Dr. Hans Graf Trapp vom 15.3.1957 an die Ungarn Soforthilfe betreffend die Vereinbarung zwischen dem Großpriorat und der ungarischen Soforthilfe bezüglich der Übernahme der Betreuung ungarischer Flüchtlinge von der Soforthilfe.
6   Ebda.
7   ASMRO, Präsidialakten, P.Z 51/prs., Dekret Nr. 1865 des Großmeisters und Souveränen Rates vom 23. März 1957, Artikel I.
8   Loudon, Ein Stein kommt ins Rollen, S. 13.
9   Piatti, Ferdinand: Gedanken zum ersten Dezennium. In: Die Staffel. Mitteilungen des österreichischen Malteser Hilfsdienstes. 4. Jg. November 1966. 4./5. Folge, S. 11.

10 Jahresbericht 1967. In:. Die Staffel, 6. Jg. März 1968, 1. Folge, S. 3.
11 Das Malteser Kreuz. 15. Jg. Nr. 1., S. 2.
12 Artikel 3 § 1 des Statuts des MHDA (Fassung 1993).
13 Notiz von Gräfin Marilda Thun-Hohenstein, die den Betreuungsdienst von 1977–1998 geleitet hat.
14 Zusammenfassung eines Referates anläßlich der Vollversammlung des Großpriorates von Österreich in Salzburg am 3.10.1998 von Christl Hateyer.
15 Reichlin-Meldegg, Georg: Lebensqualität im Alter. In: Das Malteser Kreuz. 29. Jg. Juni 1992, S. 22.
16 Zit. n. ebda.
17 Bericht über das Arbeitsjahr 1997. ADM Jänner 1998.
18 Mitgliederverzeichnis des MHDA Stand Jänner 1999.
19 Eine Maßnahme, um den Nachwuchs zu fordern, war die Gründung einer Kadettengruppe, zunächst in Salzburg, dann in Wien und Kärnten, um jüngeren Jugendlichen einerseits sinnvolle Freizeitbeschäftigung zu bieten (monatliches Treffen, Grundkurs in Erste Hilfe) und andererseits erste Blicke in das Malteserleben zu werfen. Die Kadettengruppe nimmt beispielsweise an der jährlichen Katastrophenübung teil, half bei den Straßensammlungen mit, steht bei Lourdeszügen als Helfer bereit.
20 Tätigkeiten des Malteser Hospitaldienst Austria 1956–1997. Pressetext über den MHDA zu den Katastropheneinsätzen des MHDA, MHDA Bundeszentrale.
21 Piatti, Gedanken zum ersten Dezennium, S. 11.

Anhang:
Die Kommandanten des MHDA 1956–1998

1956–1961	Ferdinand Graf von Arco (Erster Staffelführer)
1961–1965	Gideon Ernst Freiherr von Loudon
1965–1977	Dr. Berthold Graf von Waldstein-Wartenberg
1978–1981	Alexander Markgraf von Pallavicini
1981–1987	Alexander Graf von Mensdorff-Pouilly
1987–1993	Norbert Graf von Salburg-Falkenstein
1993–1997	Dr. Parzival Graf Pachta von Rayhofen
1997	Gesandter Dr. Martin Bolldorf von Grazigna

Mitgliederanzahl der Bereiche, Stand 1998/99

	Aktive Mitglieder	Alt-mitglieder	Ärzte	Fördernde Mitglieder	gesamt
Wien	136	283	49	124	591
Tirol	57	53	15	57	182
Steiermark	29	61	11	23	125
Salzburg	25	49	9	41	124
Oberösterreich	11	17	1	18	47
Kärnten	14	12	4	5	35
Burgenland	4	14	1	1	20
gesamt	276	489	90	269	1.124

Leon Sireisky

Die Spiritualität im Souveränen Malteser-Ritter-Orden

Die Grundlagen der Ordensspiritualität

Wer mit Menschen redet, die den Souveränen Malteser-Ritter-Orden nur vom Hörensagen oder von seinen verschiedenen Hilfswerken her kennen, erntet oft Erstaunen, wenn von den Ordensgelübden die Rede ist. „Aber die Ordensmitglieder sind doch verheiratet und sind ja keine Mönche", bekommt man meist zu hören. Es ist tatsächlich auch in kirchlichen Kreisen relativ wenig bekannt, daß es sich beim SMRO um einen „echten" religiösen Orden im Sinne des katholischen Kirchenrechts handelt, in dem von den Mitgliedern der ersten Klasse tatsächlich die üblichen Ordensgelübde Armut, Keuschheit und Gehorsam gemäß den evangelischen Räten abgelegt werden.[1] Es handelt sich bei diesen Mitgliedern um Religiosen im eigentlichen Sinn, die alle Pflichten aber auch Privilegien von Religiosen haben. Dabei gibt es kirchenrechtlich gesehen Laienbrüder, die sogenannten Justiz- oder Profeßritter und Priester, die Konventualkapläne, auch Profeßkapläne genannt werden.[2] Der Malteser-Orden ist so gesehen nicht vergleichbar mit etwa dem Ritterorden vom Heiligen Grab, in dem es keine Ordensgelübde gibt und bei dem es sich demgemäß auch nicht um einen Religiosenorden handelt.

Die Wurzeln des Ordens reichen zurück in das mittelalterliche Jerusalem, wo zur Zeit des ersten Kreuzzuges der Orden des heiligen Johannes aus einer Hospitalbruderschaft entstand.[3] Dort sind demgemäß auch die spirituellen Wurzeln unserer Gemeinschaft zu suchen. Es ist nicht ganz einfach, diese Wurzeln zu entdecken, da die Jahrhunderte dem Orden eine jeweils aktualisierte Gestalt gegeben haben. Trotzdem lassen sich im wesentlichen drei spirituelle Hauptelemente feststellen, die den Orden nicht nur geprägt, sondern in eigentlicher Weise geformt haben.

Zunächst ist es die tiefe Frömmigkeit des Mittelalters, die das höchste Ideal in der mönchischen Ganzhingabe an den Herrn sieht und die in Zusammenhang mit der im ausklingenden 11. Jahrhundert neu aufkommenden Armutsbewegung vielfach in eine klösterliche Lebensform führt.[4] Im speziellen Fall des SMRO ist es die Bindung an Christus in „unseren Herren, den Kranken", wie der Ordensgründer, der Selige Gerhard dies formuliert.[5] Neben dem „obsequium pauperum" kommt bald auch die Idee des „tuitio fidei" zum Tragen, nicht nur dem Zwang der Umstände folgende, sondern durchaus als eigene spirituelle Auffassung, die charakteristisch für diese Epoche werden sollte.[6]

Der Gründer des Ordens, der Selige Gerhard, wird beschrieben als der „demütigste Mann des Ostens", der „Diener der Armen".[7] Es kommt nicht von ungefähr, daß es ausgerechnet ihm zufällt, Gründer einer Religiosengemeinschaft von Hospitalbrüdern zu werden[8], die im übrigen auch einen weiblichen Zweig hervorbrachte.[9] Noch heute gibt es Ordensschwestern in Spanien und in Malta, die in streng klausurierten Klöstern leben.[10]
Die persönliche Heiligkeit Gerhards hat sich mit der Bereitschaft seiner Mitarbeiter in der damaligen Bruderschaft[11] verbunden und so ein Jahrtausendwerk geschaffen. Vom Seligen Gerhard werden die Worte überliefert, die bis heute Gültigkeit haben:
„Unsere Bruderschaft wird unvergänglich sein, weil der Boden, auf dem diese Pflanze wurzelt, das Elend der Welt ist, und weil, so Gott will, es immer Menschen geben wird, die daran arbeiten wollen, dieses Leid geringer, dieses Elend erträglicher zu machen".[12]

Obsequium pauperum – zur Hospitalität im Orden

Wie schon erwähnt, ist die Wiege des Ordens ein Hospital in Jerusalem. Die Krankenpflege war dabei die Aufgabe der dort ansässigen Bruderschaft, deren Vorsteher der Selige Gerhard war. Wahrscheinlich hat sich dieses Hospital kaum oder gar nicht von ähnlichen Einrichtungen, von denen es überall in den orientalischen Metropolen welche gab, unterschieden.[13] Es war wohl unbestreitbar die tiefe Spiritualität ihres Vorstehers, die gerade dieses Hospital so bedeutsam machte, möglicherweise im Zusammenspiel damit und in einer entsprechenden Wechselbeziehung stehend auch der besondere Standort dieses Hauses, nämlich Jerusalem, die Heilige Stadt. Für den mittelalterlichen Menschen war Jerusalem, mehr noch als für den Menschen von heute, von grundlegender Bedeutung, war diese Stadt doch die irdische Heimat des fleischgewordenen Gottessohns. So mag die Pilgerbewegung dieser Zeit und die unschätzbare Bedeutung Jerusalems die besondere geistlich-geistige Persönlichkeit Gerhards geformt und gefördert haben.[14] Darüber hinaus war aber die Einstellung der Bruderschaft zu den von ihr Betreuten, zu den „Herren Kranken", ein besonderes Wesensmerkmal und mußte fast zwangsläufig in eine Form der Ganzhingabe an Christus führen. Die Überzeugung vom „Herren Kranken" wurzelt in der Heiligen Schrift, näherhin in den Evangelien, wo von Jesus selbst die Liebe zum Nächsten – auch die Liebe zum Feind – als geradezu konstitutiv für das Christentum gepredigt wird. Auf die Frage nach dem wichtigsten Gebot, anwortet Jesus: „Das erste ist: Du sollst den Herrn, deinen Gott, lieben mit ganzem Herzen und ganzer Seele, mit allen deinen Gedanken und all deiner Kraft. Als zweites kommt hinzu: Du sollst deinen Nächsten lieben wie dich selbst" (Mk 12, 28–34).[15] Besonders überhöht wird freilich die Nächstenliebe dann in der berühmten Gerichtsrede Jesu, wo er den Geretteten sagt: „Was ihr dem Geringsten meiner Brüder getan habt, das habt ihr mir getan" (Mt. 25,40). Hier setzt der Herr sich mit dem Menschen gleich, und zwar mit dem Geringen, dem Armen und Kranken. Krankendienst ist demnach Herrendienst und wird vom Seligen Gerhard und seinen Brüdern genau so verstanden. Darum werden die Kranken zu den „Herren Kranken", was im übrigen auch Eingang in die deutschsprachige Fassung des Ordensgebetes, wie es im Großpriorat Österreich und in der Schweiz gebetet wird, gefunden hat.[16] Natürlich hat diese Auffassung auch sehr klare und eindeutige Auswirkungen auf die Behandlung der Armen und Kranken, und so nimmt es nicht Wunder, daß die diversen Einrichtungen für die Kranken im Laufe der Ordensgeschichte immer auf dem jeweils modernsten Stand waren, bzw. geradezu luxuriös genannt werden dürfen. So war das Eßgeschirr für die Kranken aus Silber[17], und Heilsalben wurden in kostbaren Vasen aus chinesischem Porzellan aufbewahrt. Oft wird die Frage gestellt, was ausgerechnet den Malteser-Orden als einzigen Ritterorden in seiner ihm eigenen Struktur überleben hat lassen. Zweifellos war es die Gunst der Geschichte, die Klugheit seiner Großmeister, die hierzu ihren Beitrag geleistet haben, im letzten aber war es wohl genau das, was der Selige Gerhard vorausgesehen hat: die Liebe zu und der Dienst an den „Herren Kranken", was im Orden niemals vergessen, sondern im Gegenteil stets intensiv hochgehalten wurde. Das Urteil eines Kirchenhistorikers ist so nicht ganz richtig oder zumindest irreführend, wenn er schreibt: „Jedenfalls trat die militärische Aufgabe mit der Zeit in den Vordergrund, und der geistliche und caritative Charakter des Ordens trat mehr zurück".[18] Leider ist diese Auffassung weit verbreitet, was schade ist, weil sie den Kern der spezifischen Ordensspiritualität gerade dieses Ordens übersieht. Natürlich hat es im Laufe der Ordensgeschichte Einbrüche und Mißbräuche gegeben, aber gerade darauf wurde immer der größte Wert gelegt, daß der Dienst an den „Herren Kranken" mit äußerster Gewissenhaftigkeit geleistet wird. Wenn es bald auch dienende Brüder, sogenannte „servientes" gab, so wird doch immer wieder mit Nachdruck der persönliche Krankendienst jedes einzelnen Ordensbruders ausdrücklich verlangt und als heilige Ordensverpflichtung eingeschärft.[19] Der Orden brauchte sich nach dem Verlust von Malta nicht eigentlich rückzubesinnen, seine Schwierigkeit war vielmehr der Verlust einer wesentlichen Aufgabe, die ihm auch eigen war. Der Hospitalität hingegen als einem wahren Herrendienst war er immer verpflichtet und ist dieser Verpflichtung im wesentlichen auch treu geblieben.

In unserer Zeit haben Krankenbetreuung und medizinische Wissenschaft ganz neue und wesentlich komplexere Dimensionen erlangt. In den ganzen 900 Jahren seit Ordenswerdung hat es einen solchen Innovationsschub nicht gegeben. Das bedingt auch für den Orden eine Neuorientierung auf die Bedürfnisse unserer Zeit; er muß in unserer modernen, hochtechnisierten und technologisierten Epoche mit den Mitteln und Methoden modernster Medizin und den letzten Erkenntnissen der Psyche des kranken Menschen arbeiten. Seine Aufgabe im Hinblick auf die Spiritualität der Hospitalität bleibt aber freilich immer die gleiche: Der Kranke ist der Herr, und Krankendienst ist Herrendienst. Gerade heute, wo so oft die unpersönliche Maschinerie moderner Krankenanstalten beklagt wird, wo der Patient sich oft einsam oder ausgesetzt, wenn nicht sogar ausgestoßen fühlt, ist diese Spiritualität absolute Notwendigkeit und unverzichtbare Hilfe für die Armen, die Kleinen und die Geringen.[20] Der Ordenspriester Frá Titus Kupper sagte einmal zur Spiritualität des Ordens: „Darum sehe ich in der maltesischen Spiritualität, besonders heute, eine große Chance für unsere Zeit, eine Zeit nämlich, die Zeugnis braucht für einen gelebten Glauben an das ewige Leben der menschlichen Seele".[21] Damit ist auch schon hingewiesen auf die zweite Grundsäule der Ordensspiritualität, auf das „tuitio fidei", den Schutz des Glaubens, der dort am deutlichsten betrieben wird, wo der Glaube sichtbar gelebt wird.

Tuitio fidei – im Kampf für Christus

Der Malteser-Orden wird sehr häufig (gerade von guten Katholiken) ein wenig abfällig bedacht, weil er als Instrument der Kreuzzüge gesehen wird, die heute geradezu ein Reizthema in der Kirchenkritik darstellen. Sie werden in einem Atemzug mit Hexenverbrennungen und den Borgia-Päpsten als schwere Schuld der Kirche aufgelistet und gebrandmarkt. Vielleicht ist von daher der zeitliche Ansatz des 900 Jahr-Jubiläums unseres Ordens nicht ganz glücklich gewählt, zumal es dafür keine zwingenden historischen Gründe gibt.[22] Denn der Orden des hl. Johannes hat sich diesbezüglich keine Vorwürfe zu machen, stand das Hospital in Jerusalem doch grundsätzlich jeder Religion offen, und waren die Mitglieder der Bruderschaft doch Krankenpfleger und nicht Soldaten.[23] Für die Wandlung des Hospitalordens zu einem Hospital- und Ritterorden gab es verschiedene Gründe, die auch verschiedene Ursachen haben. Neben den Umständen von Zeit und Land, neben der natürlichen Verbundenheit mit den Ideen dieser Zeit und neben dem Wirklichkeitssinn der damaligen Brüder gibt es für die Kreuzzüge und in der Folge für die Entstehung von Ritterorden natürlich auch spirituelle Bedingtheiten, die dem Orden seine ihm eigene Identität verliehen.[24] Berthold Waldstein-Wartenberg beschreibt die Kreuzfahrer so: „Unter den Teilnehmern des Ersten Kreuzzuges gab es wohl Abenteurer und Besitzlose, die im

Die Spiritualität im Souveränen Malteser-Ritter-Orden

Orient rasch zu Reichtum und Wohlstand zu gelangen wünschten, aber auch nicht wenige Männer, die einen religiösen Auftrag erfüllen wollten. Für sie bedeutete die Anheftung des Kreuzfahrerzeichens auf ihrer Kleidung nicht bloß eine symbolische Handlung auf eine bestimmte Zeit, sondern die Unterstellung unter die Befehle Christi auf Lebensdauer".[25] Es war der ganzen Zeitauffassung gemäß absolut legitim, ja sogar geboten, die „terra sancta", das Heilige Land, aus den Händen der „Ungläubigen", als die man aus christlicher Sicht die Moslems verstand, zu befreien. Der freie Zugang zu den Haupheiligtümern der Christenheit war dabei nur ein Aspekt. Man hat es als Schmach und Schande empfunden, als Christen im Land Christi bestenfalls geduldet zu sein. Christus sollte ja Herr dieses Landes sein, und als seine Vasallen fühlten sich die Kreuzritter, besonders natürlich die Ordensritter.[26] Sie waren „milites Christi" und es entsprach dem Vollkommenheitsideal, ein Kämpfer des Herrn und dabei gleichzeitig ein Ordensbruder, also ein Mönch, zu sein.[27] Der heilige Bernhard von Clairvaux ist diesem Gedanken sehr verbunden, für die neu als reiner Ritterorden entstehenden Templer entwirft er sogar die Ordensregel und preist in seinem Traktat „De laude novae militiae" die rasche Ausbreitung dieser Gemeinschaft enthusiastisch als durch göttliche Fügung sich ereignendes Wunder.[28]

Der bleibende spirituelle Hintergrund solcher Handlungsweise ist letzten Endes der katholische Glaube, der geschützt und verteidigt werden soll und muß. Die jeweilige Methode und Vorgangsweise, sogar die jeweilige Auffassung darüber, ist zeitbedingt, nicht aber die Tatsache, daß solcher Schutz, solche Verteidigung notwendig ist. Diese Erkenntnis mag auch, zusammen mit der gelebten Hospitalität, zum Bestand des Ordens nach den schweren Rückschlägen und dem schließlich endgültigen Verlust des Heiligen Landes beigetragen haben. Den Glauben schützen kann man nicht nur im Kampf gegen seine reale, kriegerische Bedrohung auf einem bestimmten Territorium durch einen genau definierbaren Feind, der vielleicht sehr viel wichtigere Schutz ist erforderlich gegen die vielen Angriffe und Zersetzungsversuche späterer Zeit, wo oft Glaubens- bzw. Gläubigenverhöhnung die offene Verfolgung ersetzen.[29] „Im Mittelalter waren die Pilger vor den Übergriffen der Heiden zu schützen, heute sind die Getreuen Christi vor dem Anbranden der Gottlosigkeit zu bewahren".[30]

Wir Christen von heute können meist sehr wenig mit den blutigen Glaubensschlachten jener Zeit anfangen und empfinden sie als großes Ärgernis der Kirchengeschichte. Dennoch ist auch heute noch die Idee vom Schutz der Schwachen lebendig, interessanterweise in einem außerreligiösen Umfeld und als Eintreten für die Menschenrechte.[31] Das zeigt, wie vorsichtig mit einem endgültigen Urteil umgegangen werden muß, das Menschen betrifft, die durch einen so großen zeitlichen wie räumlichen Abstand von uns getrennt sind und denen eine ganz andere Mentalität und Glaubensintensität zu eigen war. Die Haltung des Beschützens aber ist bis heute eine ritterliche Tugend geblieben und sollte Bestandteil melitensischer Ordensspiritualität bleiben.

Der Orden hat im Laufe seiner Geschichte die „tuitio fidei" als Kampf aufgefaßt. So ist seine Geschichte natürlich auch eine Geschichte von Kriegen und Siegen.[32] Immer aber steht im Vordergrund der Glaube und das Leben nach dem Glauben. Die diversen Generalkapitel des Ordens haben das immer wieder deutlich gemacht und auch in den Rang von geltendem Ordensrecht erhoben.[33] Das aber sollte auch das konkrete Leben des einzelnen Ordensbruders prägen, der Krankenpfleger, Kämpfer und Mönch zugleich war.

Das Leben nach der Regel

In älteren Monographien über den Orden wird gerne die Auffassung vertreten, der Selige Gerhard habe dem jungen Orden die Regel des hl. Benedikt gegeben, er sei möglicherweise selbst Benediktinerbruder gewesen.[34] Heute neigt man jedoch nach den neuesten Erkenntnissen zu der Auffassung, der Orden habe sich von Beginn an der Regel des hl. Augustinus verpflichtet gefühlt, was insofern die größere Glaubwürdigkeit verdient, weil der hl. Augustinus seine Regel für in der Welt wirkende, als Seelsorger tätige Kleriker konzipiert hat, also ein Nebeneinander von pastoraler Actio mit monastisch geprägter Contemplatio berücksichtigen mußte. Der Orden der Templer mit dem hl. Bernhard von Clairvaux als Regelgeber war sicherlich der monastischere der beiden Orden, selbst sein weißes Ordenskleid war von daher zisterziensisch beeinflußt.[35] Der Orden des hl. Johannes war hingegen von seiner Ordenswerdung an mit den Regularkanonikern vom Heiligen Grab in Jerusalem verbunden, eine Bindung, die erst später schrittweise abzunehmen scheint, und das sowohl in spiritueller wie auch durchaus in ökonomischer Hinsicht.[36] Auch die Sprachregelung Papst Paschalis II. in seiner Bulle vom 15. Februar 1113, in der er Gerhard als Leiter und Vorsteher (praepositus) des Xenodochiums in Jerusalem anspricht, könnte ein Hinweis auf diese augustinische Bindung sein.[37] Die erste eigene Regel des Ordens entstand wohl etwa um 1150 durch den Nachfolger Gerhards, den Meister Raymund du Puy (1120–1160), jedenfalls vor deren Bestätigung durch Papst Eugen III. am 7. Juli 1153.

Entsprechend der Regel verlief das Leben eines Ordensbruders gemäß den drei Gelübden von Armut, Keuschheit und Gehorsam in Gemeinschaft, die in klösterlicher Klausur gelebt wurde. Während später die Eitelkeit der Johanniter geradezu sprichwörtlich wurde, ist am Ursprung des Ordens noch deutlich der Geist der Armut um Christi willen zu spüren.[38] Die Verpflichtung zum Chorgebet, wenigstens zu dessen wichtigsten Teilen, war ebenso eine spirituelle Selbstverständlichkeit wie der persönliche Dienst am „Herren Kranken", für den es keine Stellvertretungsmöglichkeit gab.[39] Ausgenommen waren natürlich die Zeiten kriegerischer Einsätze. Zwar hat sich die Ausformung dieser einfachen Grundhaltungen des Ordens der jeweiligen Zeit und Situation angepaßt, die Grundregeln selbst blieben aber im Kern unverändert und gelten im Prinzip noch heute für die Profeßbrüder des Ordens. In abgewandelter Form und angepaßt an die entsprechenden Lebensumstände haben sie natürlich auch Gültigkeit für alle Ordensmitglieder. Ich möchte in diesem Zusammenhang noch einmal auf den schon erwähnten Vortrag von Frá Titus Kupper hinweisen, der auch hier sehr treffend für die Ordensmitglieder unserer Tage formuliert: „Nicht nur der monastische Mensch lebt nach den evangelischen Räten, nein, auch jeder christliche Mensch in der Welt ist auf ein Leben nach den evangelischen Räten verpflichtet, aber eben entsprechend seinem Stand, denn alle Christen müssen die Gegenwart Christi in dieser Welt verkünden, alle müssen Zeugen sein für Christus".[40] Und besonders auf die Tatsache bezugnehmend, daß auch Mitglieder des Ordens ohne Profeß als Ordensleute – wenn auch nicht im Vollsinn kanonistischer Prinzipien – gelten dürfen, meint er weiter: „Die Ordensregel bildet die Grundlage der Ordensspiritualität. Ordensleben bedeutet nicht nur Abgeschlossenheit in einem Kloster, Orden heißt auch Leben in der Welt; in der Welt Zeichen sein für Christus.[41]

Bei Kupper fällt die immer wiederkehrende Betonung des Zeugnisabgebens für Christus in der Welt auf. Und in der Tat ist das als eine sehr bedeutsame zeitgemäße Form von Glaubensverteidigung zu betrachten. Auch das Ordensgebet in seiner deutschsprachigen Fassung betont dies, und es heißt dort: „Im Bekenntnis zur römisch-katholischen und apostolischen Kirche will ich mit Deiner Hilfe den Glauben standhaft bezeugen und ihn entschlossen gegen alle Angriffe verteidigen"[42] Das „tuitio fidei" hat zweifelsohne einen Wandel in seiner Auffassung erfahren, seine Bedeutung und Wichtigkeit ist aber ungebrochen und bleibt hervorragende Aufgabe des Ordens. Vielleicht ist gerade die Tatsache, daß viele Vertreter gesellschaftlich führender Familien sich als Ordensmitglieder des Malteser-Ordens bekennen, eine wichtige Hilfe und ein äußerst gesegnetes Transportmittel christlicher Lebensauffassung. Mönch in der Welt sein – in der Welt, aber nicht von der Welt (vgl. Joh 17, 14.16), diese spirituelle Linie ist ganz sicher wegweisend in die Zukunft und wird, mutatis mutandis, ja auch von anderen geistlichen Gemeinschaften gelebt, etwa von den Instituten des gottgeweihten Lebens[43], das diesen Aspekt der Weltdurchdringung und Weltheiligung besonders hervorhebt. In einem zweiten Vortrag zur Spiritualität des Malteser-Ritters heute verweist Kupper auf ein Dreifaches, das jedes Ordensmitglied tun müsse:

„1. Sich von Christus packen lassen;
2. Sein Leben nach dem Evangelium leben;
3. Mit der Kirche leben."⁴⁴

Leben in einer Ordensgemeinschaft, ob mit Profeß oder ohne, setzt immer persönliche Beziehung, ja Freundschaft mit Christus voraus. Eigentlich eine lapidare Feststellung, weil diese Christusverbundenheit im Prinzip konstitutiv für das Christsein an sich ist. Dennoch gibt es leider immer wieder Menschen, die von sich meinen, Christen sein zu können, ohne Christus wirklich in Liebe verbunden zu sein. Hier liegt aber eine Verwechslung von zwei nicht identen Begriffen vor: Man kann wohl nach christlichen Grundsätzen leben, ohne irgendeine Christusbeziehung zu haben, ja sogar, ohne überhaupt an Christus zu glauben⁴⁵, Christ ist man aber damit nicht. Christ ist man mit der gelebten und geliebten Christushinwendung.

Natürlich ist es aber auch zuwenig, von Christus nur gepackt zu sein, ohne dem Konsequenzen folgen zu lassen. Einmal zum Glauben an Christus gekommen, gilt es auch, das eigene Leben nach seinem Evangelium auszurichten.⁴⁶ Und zuletzt ist es eine unserer Glaubensgrundlagen, daß die von Christus gewollte Kirche die autorisierte Verkünderin Christi ist. Ein Leben aus dem Glauben ist immer ein Leben mit der Kirche und in der Kirche. In diesem Rahmen wird sich Ordensleben abspielen. Diese drei Grundsätze sind aber auch die Bereiche, in denen sich Glaubensschutz und – verteidigung geradezu in unserer Zeit besonders verwirklichen lassen.

Bei seinem Vortrag anläßlich der 900 Jahr-Feier in Malta hat der Großkomtur des Souveränen Malteser-Ritter-Ordens, Bailli Frá Ludwig Hoffmann von Rumerstein, besonders auf die Notwendigkeit hingewiesen, treu zur Kirche und zum Papst zu stehen und so in dieser Zeit oft so unsachlicher und liebloser Kritik auf diese Weise den Kampf gegen den Unglauben aufzunehmen.⁴⁷ Dem kommt insoferne große Bedeutung zu, als hier einer der höchsten Repräsentanten des Ordens klar und deutlich Ziele für die Zukunft des Ordens auf dem Gebiet des „tuitio fidei" markiert. In dieselbe Kerbe schlägt übrigens auch der Großkanzler des Ordens, wenn er ebenfalls auf Malta bei gleichem Anlaß den Einsatz des Ordens in der Auseinandersetzung mit den modernen Sekten fordert.⁴⁸

Neuer Wein gehört in neue Schläuche

„Auch füllt niemand neuen Wein in alte Schläuche. Sonst zerreißt der Wein die Schläuche; der Wein ist verloren, und die Schläuche sind unbrauchbar. Neuer Wein gehört in neue Schläuche" (Mk 2,22). Dieses Wort Jesu meint den Umgang mit den Dingen des Glaubens. Hier wird einer neuen Spiritualität das Wort geredet, der Spiritualität Jesu selbst. Nicht, daß das Judentum mit seiner Verehrung Jahwes falsch gelegen wäre, nein, Jesus akzentuiert nur neu und fügt der an sich guten und echten Gottesverehrung neue Gesichtspunkte hinzu.

Die Spiritualität des Malteser-Ritter-Ordens ist, wie wir schon festgestellt haben, geprägt durch die Ganzhingabe an Christus in den evangelischen Räten, durch die Hinwendung zu unseren „Herren Kranken" und durch die beschützende und verteidigende Einstellung zum Glauben. Das ist der alte wie der neue Wein. Nur hat sich im Laufe der Ordensgeschichte immer wieder eine oft geradezu mustergültige und gelegentlich überraschende Flexibilität gezeigt, wie man den Wein in neue Schläuche zu gießen verstand. Der Orden hat auf manche Anforderungen der Zeit rasch und glücklich reagiert und sich auch damit seine Daseinsberechtigung erhalten. Nicht nur die Akzeptanz medizinischen Fortschritts, der in die hospitalitären Einrichtungen Eingang gefunden hat, belegt dies, auch nicht das schnelle Erlernen neuer militärischer Techniken in den kämpferischen Zeiten des Ordens, sondern auch die geistliche Wendigkeit, die dennoch niemals, sieht man von den Stürmen der Reformation und der Entstehung der protestantisch gewordenen Ballei Brandenburg einmal ab, die Treue zur katholischen Kirche je nur in Frage gestellt hätte. Gerade die Frage der Ökumene war eine im Orden virulente Frage, da der Orden ja über zweihundert Jahre lang mit der Insel Rhodos ein orthodoxes Kirchengebiet regierte. Dennoch kam es hier kaum zu tiefgreifenden Auseinandersetzungen, der Orden kam ganz gut mit dieser Tatsache zurecht.[49] Mag es auch zum Teil politisches Kalkül gewesen sein, das diesen Religionsfrieden bewirkte, so ging die Begegnung der beiden Kirchen, der lateinischen und der griechischen, über diese profanen Zwänge hinaus, und es kam zu einer gegenseitigen Hochachtung und Befruchtung, was nicht zuletzt seinen Niederschlag auch in der beiden Kirchen gemeinsamen Verehrung der Marienikone von Philermos fand.[50] Seit dieser Zeit ist der Orden auch marianisch besonders stark geprägt, und Unsere Liebe Frau von Philermos ist bis heute die Schutzpatronin des Ordens geblieben.[51]

Der Orden des hl. Johannes war in seiner Geschichte und von seiner Grundidee her nie ein Missionsorden. Er hat sich dem Schutz des Glaubens verpflichtet gefühlt und nicht seiner Verbreitung. Das mag das Wesen eines Ordens mit sich bringen, der im wesentlichen aus Laienbrüdern und nicht aus Klerikern besteht. Da es im Orden aber immer Priester gegeben hat, manchmal, so meint man heute, mehr als Ritterbrüder[52], hat der Orden auch einen sehr starken pastoralen Zug bekommen, und die Malteser-Priester galten als besonders volksverbunden und als gute Prediger.[53] So nimmt es auch nicht Wunder, daß sehr viele Schenkungen Pfarren gewesen sind, die dem Orden als Patronat oder zur Inkorpora-

33 Vgl. Hoffmann von Rumerstein, Ludwig: Spiritualita dell'Ordine Ospedaliero di San Giovanni in Gerusalemme. In: Rivista Internazionale. Rom 1996, S. 16f.
34 Karmon, Yehuda: Die Johanniter und Malteser. München 1987, S. 32.
35 Wienand, S. 49f.
36 Waldstein-Wartenberg, S. 24.
37 Bulle Papst Paschalis II. vom 15. Februar 1113; Wienand, S 605.
38 Waldstein-Wartenberg, S. 16.
39 Die Besonderheit des Ordens vom hl. Johannes war es, der erste Hospitalorden der Kirche zu sein, der Gebet und Arbeit als Gebet und Dienst am Kranken verstand, dem nichts vorgezogen werden durfte.
40 Kupper, Vortrag vor der Helvetischen Assoziation, o.S.
41 Ebda.
42 Österreichisch-helvetische Fassung von 1996.
43 Diese Institute sind Orden und Säkularinstitute, von denen letztere ja ganz bewußt weltliche Kleidung und weltlichen Beruf beibehalten, um so in der Welt Zeugnis für Christus zu geben.
44 Escriva de Balaguer, Josemaria: Der Weg. 9. Aufl. Köln 1983, S. 175f.
45 Man denke etwa an den großen Mahatma Gandhi.
46 Vgl. Das Gleichnis vom Sämann, Mt. 13, 1–23
47 Vortrag vor den Ordensmitgliedern, die in Malta zur 900-Jahr-Feier im International Mediterranean Conference Center versammelt waren, am 6. Dezember 1998.
48 Ebda.
49 Waldstein-Wartenberg, S. 48
50 Ferraris di Celle, Gionvanella: Die Madonna vom Berg Philermos. Innsbruck, S. 30.
51 Ebda.
52 Waldstein-Wartenberg, S. 75.
53 Ebda, S. 79.
54 So etwa erhielt die Kommende Mailberg zahlreiche Pfarren übertragen.
55 Dauber, Robert L.: Die Marine des Johanniter-Malteser-Ritter-Ordens. Graz 1989, S. 228.
56 Zweites Vatikanisches Konzil: Im Dekret über die zeitgemäße Erneuerung des Ordenslebens „Perfectae caritatis", Art. 2. heißt es: „Accomodata renovatio vitae religiosae simul complectitur et continuum reditum ad omnis vitae christianae fontes primigeniamque institutorum inspirationem et aptationem ipsorum ad mutatas temporum condiciones." Zit. n. Lexikon für Theologie und Kirche. Band 13. Freiburg, Basel, Wien 1967, S. 268.

Erik Hilzensauer

Die Ordensheraldik der Malteser und Johanniter

In Rot ein weißes Balkenkreuz, so präsentiert sich nachweislich seit über 750 Jahren das heraldische Symbol der Malteser, des ältesten, noch heute existierenden Ritterordens. Die Herkunft dieses Emblems dürfte dabei auf jene Stoffkreuze zurückzuführen sein, die alljene auf ihre Kleidung hefteten, die „das Kreuz genommen" und damit ein Kreuzzugsgelübde abgelegt haben. Mit der Eroberung des Heiligen Landes gelangte dieses Zeichen schließlich auch nach Jerusalem, wo bereits seit längerem eine von Kaufleuten aus Amalfi gegründete Bruderschaft existierte, die in der Stadt ein Hospital unterhielt.[1] Interessanterweise finden sich auf amalfitanischen Münzen des 11. Jahrhunderts gleichfalls Kreuzdarstellungen, die möglicherweise auch einen gewissen Einfluß auf die Entwicklung des Ordenssymbols hatten.[2] Kurz nach dem ersten Kreuzzug entstand dann aus dieser dem heiligen Johannes von Alexandria geweihten Bruderschaft der Johanniter-Orden, der nun Johannes den Täufer verehrte.[3] Da die Mitglieder dieser neugegründeten, religiösen Vereinigung das Gelübde der Armut abgelegt hatten, durften sie nur eine einfache, unauffällige Kleidung tragen, die nun auf der Brust mit dem Ordenskreuz gekennzeichnet war.[4] Während die ältesten Darstellungen dieses Kreuzes, die man am Abgang zur Kapelle der heiligen Helena zu Jerusalem sehen kann, noch aus der ersten Hälfte des 12. Jahrhunderts stammen[5], finden sich Hinweise zu dessen Farbgebung erst in einer päpstlichen Urkunde aus dem Jahre 1184. Darin wird es als ein weißes Balkenkreuz beschrieben, dessen Gebrauch ausschließlich den Johannitern vorbehalten war.[6] Von einer richtigen Ordenstracht kann man indes frühestens ab der Mitte des 13. Jahrhunderts sprechen, als nämlich Papst Innozenz IV. im Jahre 1248 den Ordensmitgliedern erlaubte, einen weiten, offenen Mantel mit dem Kreuz zu tragen, da sich der zuvor verwendete geschlossene Mantel im Kampf als hinderlich erwies.[7] Die Farben dieses Mantels wurden elf Jahre später von Papst Alexander IV. per privilegium festgelegt, wobei dieser im Frieden schwarz, im Krieg hingegen rot zu sein hatte.[8]

„Zu Kriegs-Zeiten tragen die Ritter über ihren Rock ein rothes Ober-Kleid, in Gestalt einer Dalmatica, welche vorn und hinten mit einem breiten weis-

Johanniterritter aus der Zeit der Kreuzzüge

sen Creutz ohne Spitzen gezieret ist, und welches das Ordens-Wappen ist. In Friedens-Zeiten aber, oder wenn sie nicht in Waffen sind, tragen sie auf der linken Seite ihrer Kleidung und langen schwarzen Mantels, das 8spitzige weisse leinwandene Creutz, welches das wahre Ordens-Kleid ist."9

Bereits etwas älter als diese Festlegung der Ordenstracht ist hingegen die älteste bildliche Darstellung des Ordensbanners, die ebenfalls ein weißes, durchgehendes Balkenkreuz auf rotem Grund zeigt und in der „Historia minor Anglorum" des vor dem Jahre 1259 verstorbenen Matthäus Parisiensis festgehalten wurde.[10] Als Amtszeichen des Marschalls wird dieses „vexillum hospitalis" zudem schon in den Statuten des Großmeisters Frá Alphons von Portugal (1204–1206) erwähnt und dürfte demnach schon im 12. Jahrhundert existiert haben. Für dieses hohe Alter des Malteser-Emblems spricht weiters auch die Existenz jenes Leichentuches, das im Statut des Jahres 1182 genannt wird. Da dieses aus einem roten Tuch mit weißem Kreuz bestand, nimmt es in seiner Ausführung das Ordensbanner sowie das erst später belegte Malteserwappen vorweg.[11] Demnach ist das weiße Kreuz in Rot sicherlich über 800 Jahre im Gebrauch des Ritterordens und hat sich seit dem Aufkommen des Wappenwesens in seiner Gestalt und Farbgebung bis zum heutigen Tage nicht verändert.

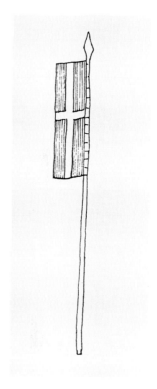

Das „Vexilum hospitalis"

Crux Melitensis

Das Ordenskreuz selbst war jedoch im Laufe der Zeit einem starken Wandel unterworfen. Die Enden des ursprünglich reinen Balkenkreuzes verbreiterten sich zunehmend, so daß es auf den Münzprägungen der Johanniter zu einem Tatzenkreuz wurde[12], welches die Reversseiten zierte.[13] Daraus entstand schließlich das typische achtspitzige Kreuz, das in der Heraldik schließlich die Bezeichnung Malteserkreuz (lat. Crux Melitensis) erhielt. Der älteste Nachweis für diese „Endform" stammt allerdings bereits aus dem 12. Jahrhundert.[14] Es ist

Ordenskreuz auf dem Revers einer Silbermünze des Großmeisters Frá Fulk de Villaret (1305–1319)

Grabstein des 1554 verstorbenen Mailberger Komturs, Frá Reinprecht von Ebersdorf Graf zu Thierstein, in der Kommendenkirche Mailberg

Die Ordensheraldik der Malteser und Johanniter 399

Eine weitere Möglichkeit, die Zugehörigkeit zum Ritterorden zu demonstrieren, bildete sich Anfang des 14. Jahrhunderts auf der Insel Rhodos aus. Großmeister, Festungskommandanten und Kommendatoren stellten dabei ihr eigenes Wappen neben das des Ordens, wobei dem durchgehenden Balkenkreuz in Rot der vornehmere Platz eingeräumt und es deshalb vorangestellt wurde.[30] Die Vereinigung zweier Wappen durch Zusammenstellen der Schilde war ein Brauch, der sich in jener Zeit auch beim hohen Adel großer Beliebtheit erfreute. Im 14. und 15. Jahrhundert bedienten sich deshalb die meisten Großmeister des Ordens dieser Art der Kombination, die von einzelnen Komturen und Ordensangehörigen sogar bis in das 17. Jahrhundert gepflegt wurde. Auch hierzu existieren in Mailberg drei Beispiele. Alle drei weichen jedoch in ihrer Gestaltung etwas von den üblichen Gepflogenheiten ab. Beim ersten handelt es sich um den Grabstein von Frá „Reinprecht Graff Zu Thierstain Herr von Eberstorff", der den 1554 verstorbenen Komtur von Mailberg in voller Rüstung zeigt. Rechts neben seinen Füßen befindet sich das Familienwappen, während das Ordenswappen auf der heraldisch linken und damit schlechteren Seite dargestellt ist. Das Kreuz, welches nun das Ordenswappen aufweist, besitzt sehr schmale, lange Balken, die sich erst an den Enden leicht verbreitern und nur wenig gespitzt sind. Es erinnert in seiner Ausführung daher mehr an ein Ankerkreuz als an das Ordenssymbol.

Das zweite und dritte Beispiel aus Mailberg zeigt in zwei verschiedenen Ausführungen ein Allianzwappen, bestehend aus dem Ordensschild und jenem des

Wappenstein in der Tordurchfahrt von Mailberg mit dem Malteserwappen und jenem des Komturs Karl Tettauer von Tettau

Wappenstein an der Kommendenkirche mit dem Ordenswappen und jenem des Komturs Karl Tettauer von Tettau

Komturs Frá Karl Tettauer von Tettau (1594–1608). Die erste Darstellung ist nicht farbig und befindet sich auf der linken Seite der Tordurchfahrt zum Innenhof. Die hier dargestellten Tartschenschilde sind dabei einander zugewendet und geneigt. Rechter Hand und somit an erster Stelle steht richtigerweise das Wappen des Ritterordens, das jedoch anstelle des Balkenkreuzes ein Malteserkreuz zeigt, links davon folgt dann das Tettauer'sche Wappen, drei [silberne] Wolfszähne [in Rot]. Das zweite Allianzwappen, in welchem das Malteserwappen mit jenem von Frá Karl Tettauer von Tettau kombiniert wurde, ist in die Außenwand der Kommendenkirche eingelassen. Beide Wappen sind diesmal farbig dargestellt, reichen in ihrer Ausarbeitung jedoch nicht an das zuvor geschilderte Allianzwappen heran. Auch hier zeigt der Ordensschild ein weißes Malteserkreuz in Rot. Die in beiden Fällen verwendete Darstellungsform des Ordenswappens mit dem Malteserkreuz stimmt dabei mit einer Beschreibung aus dem Jahre 1809 überein, in der das „grossmeisterliche Wapen" als „ein silbernes achteckiges Kreutz im rothen Felde" beschrieben wird.[31] Durch die Verwendung des Malteserkreuzes ähneln die zuvor beschriebenen Ordensschilde des weiteren auch den Ritterwappen und Siegeln der Ballei Brandenburg, von denen noch später die Rede sein wird.

Die Entwicklung der Ordensheraldik in der Zeit vom 14. bis zum 17. Jahrhundert

Um das Jahr 1200 entstand in Spanien mit der Quadrierung eine gänzlich neue Methode, um zwei Wappen miteinander zu vereinen. Hierbei belegt das eine Wappen das erste und vierte Quartier, während das andere im zweiten und dritten steht. Diese Art der Kombination verbreitete sich in der Folge über ganz Europa, wo sie sich schließlich im 15. Jahrhundert allgemein durchsetzte. Erleichtert wurde dies zudem durch den Umstand, daß die Wappen ab dem 14. Jahrhundert langsam ihre militärische Notwendigkeit als Erkennungszeichen einbüßten und man daher ohne Bedenken mehrere auf einem Schild vereinigen konnte.[32]

Auch die Großmeister des Johanniter-Ordens verwendeten ab der zweiten Hälfte des 14. Jahrhunderts die Quadrierung, um das Ordenswappen mit dem eigenen zu verbinden. Die vornehmeren Plätze, also das erste und vierte Quartier, wurden dabei dem Orden eingeräumt, während die Felder zwei und drei dem jeweiligen Familienwappen vorbehalten blieben. Das erste gevierte Wappen eines Großmeisters war jenes von Frá Helion de Villeneuve (1319–1346), das jedoch erst in späterer Zeit angebracht wurde. Damit taucht die älteste reguläre Quadrierung auf dem zerstörten Grabmal des Großmeisters Frá Juan Fernandez de Heredia (1377–1396) auf.[33] Bemerkenswerterweise befindet sich allerdings sein Familienwappen auf den Plätzen 1 und 4, während das des Ordens in die nachgeordneten Quartiere 2 und 3 gestellt ist. Die Vierung des Schildes setzte sich bei den Johannitern zu dieser Zeit jedoch noch nicht endgültig durch, und so wechselten in der Folge die einzelnen Großmeister zwischen dem reinen Familienwappen und dem quadrierten Schild. Erst im späten 15. Jahrhundert, nämlich ab dem Großmeister Frá Pierre d'Aubusson (1476–1505), wurde die Quadrierung Usus, womit sich letztendlich der noch heute gültige Wappenschild durchgesetzt hat.[34] Als Besonderheit ist noch die Tatsache anzuführen, daß schon bald darauf der deutsche Großprior dem Beispiel des Großmeisters folgte und seinen Wappenschild ebenfalls mit dem Ordenswappen quadrierte. Der erste, der dies nachweislich tat, war der Großprior Frá Rudolf von Werdenberg (1482–1505). Trotz der im Jahre 1548 erfolgten Erhebung in den Reichsfürstenstand mit dem Titel „Fürst von Heitersheim" führten die deutschen Großpriore nur zwei Helme auf dem Wappen. Dabei wurde rechts neben den Helm des Familienwappens jener des Ordens gesetzt, der in der Regel als ungekrönt erscheint und als Zier ein achteckiges, mit dem durchgehenden, weißen Balkenkreuz in Rot verziertes Schirmbrett führte. Derartiger Ordenshelme über dem Wappen bedienten sich häufig auch Komture.[35]

Als schließlich im 16. und 17. Jahrhundert die Verwendung von gevierten Schilden selbst bei Bürgerlichen nicht mehr außergewöhnlich war und es zudem üblich wurde, vier- und mehrfeldige Wappen bei Adels- und Wappenverleihungen von Haus aus zu vergeben, gingen manche Würdenträger des Ordens daran, das Ordenswappen in einem Herzschild zu führen. Ein schönes Beispiel hierfür liefert Frá „Heinrich FreyHerr Von Logau vnnd Olberstorff Auf Gißmanstorff vnnd Zaupiz, St: Johan: Hiero: Ordens Ritter, Commendator Zu Fürstenfeldt, Melling, Troppa vnd Maglehoff, hochgedachts Löblichen Ritter: Ordens Obrister Prior Im Khönigreich Hungern Röm: Khay: May: Rath vnd Cammerer", dessen Siegel mit folgendem Wappen an einer Urkunde des Jahres 1614 hängt:[36]

Geviert, mit [rotem] Herzschild, darin das [silberne] Malteserkreuz; 1 und 4 [von Blau und Silber] schrägrechts gerautet, überdeckt von einem [roten] Schrägrechtsbalken, der mit einem [silbernen] Löwen belegt ist, 2 und 3 in Gold auf einem [blauen] Schildfuß ein flugbereiter [silberner] Schwan. Zwei offene, gekrönte Helme, am rechten mit [rot-silbernen] Decken ein viereckiges [blau-silbern] gerautetes, mit [roten] Schrägrechtsbalken und [silbernen] Löwen belegtes, auf die Spitze gestelltes Schirmbrett, die obere Ecke mit fünf [golden-rot-silbern-rot-blauen] Straußenfedern besteckt, am linken mit [blau-goldenen] Decken der flugbereite [silberne] Schwan.

Als eine weitere Form, die Ordenszugehörigkeit zu demonstrieren, kam auf der Insel Rhodos bei einzelnen Würdenträger ab der zweiten Hälfte des 15. Jahrhunderts die Sitte auf, im Wappen ein Schildhaupt „de la religion", also mit dem Ordensemblem, zu führen. Dieser Brauch, der vermutlich aus Frankreich stammte, setzte sich jedoch als Rangabzeichen nicht durch und fand in der Folge bei allen Klassen des Ordens Verwendung. In späteren Jahrhunderten war es – vor allem in der Schweiz – üblich, daß Komture ihren Familienschild derart zierten.[37]

Eine weitere Entwicklung erfuhr im 16. Jahrhundert zudem das Ordenswappen selbst, das nun um einige heraldische Prachtstücke vermehrt wurde. Im Zuge dessen unterlegte man den Schild mit einem Malteserkreuz, umgab ihn zusätzlich mit einem Rosenkranz und krönte ihn schließlich mit einer Blätterkrone.[38] Der Rosenkranz, der nun auf den Darstellungen auch noch unter dem bereits unterlegten Malteserkreuz abgebildet wird, bestand, im Unterschied zur Jetztzeit, aus lauter gleichgroßen Perlen, an denen unten ein kleines Malteserkreuz hing. Diese Ausführung des Ordenswappens, die zum ersten Mal für das Jahr 1579 belegt ist, blieb dann fast 200 Jahre unverändert.[39]

Mit Ausnahme der Blätterkrone, die einzig die Großmeister über ihr Wappen stellten, wurden die zuvor genannten Prachtstücke schon bald von Ordensangehörigen übernommen. Als erstes fand das achtspitzige Malteserkreuz seinen Weg in die einzelnen Wappen, das bei diesen nun als Hinterwappen fungierte. Zu Anfang des 17. Jahrhunderts auf der Insel Malta beginnend, setzte sich die-

Das zwischen dem 16. und 18. Jahrhundert geführte Ordenswappen

ser Brauch bis ins 18. Jahrhundert auch in allen übrigen Kommenden durch und wurde von Würdenträgern und einfachen Rittern gleichermaßen geführt. Auch der Rosenkranz, den man ebenfalls aus dem Ordenswappen entlehnte, wurde schließlich um die Mitte des 17. Jahrhunderts erstmalig als Beizeichen von französischen Rittern verwendet. Da sich die Ordensritter auch nach Ablegung der Gelübde ihres angestammten Familienwappens mit all seinen dazugehörigen Prachtstücken bedienten, bilden die zuvor genannten Beizeichen oftmals die einzigen Indikatoren für eine Ordenszugehörigkeit.[40]

Die Heraldik in der Ballei Brandenburg

Bereits im 14. Jahrhundert wich die Entwicklung der Ballei Brandenburg vom übrigen Orden ab, weshalb das deutsche Großpriorat diesem Ordenszweig im Heimbacher Vergleich vom 11. Juni 1382 eine Sonderstellung mit weitgehender Selbständigkeit einräumte. Diese Autonomie inkludierte für die Ballei zugleich auch das Recht, ihr eigenes Oberhaupt, das den Titel „Herrenmeister" führte, selbst zu wählen, der dann jedoch im Anschluß daran vom deutschen Großprior bestätigt werden mußte. Die eigenständige Entwicklung der Ballei wurde im 16. Jahrhundert noch durch die Tatsache verstärkt, daß – infolge der Reformation – die dortigen Ordensangehörigen zum evangelischen Glauben konvertierten. Dies nahm das deutsche Großpriorat schweigend zur Kenntnis, wodurch die Ballei Brandenburg bis zu ihrer Auflösung im Jahre 1811 als evangelischer Zweig des Gesamtordens betrachtet wurde.[41]

Auch die Heraldik erfuhr auf dem Gebiet der Ballei eine eigenständige Entwicklung, weshalb die Wappen in ihrer Gestaltung zum Teil erheblich vom übrigen Orden abweichen. Den wohl größten Unterschied kennzeichnet der

Gebrauch eines schwarzen Ordensschildes anstelle des üblichen roten, der bereits im Jahre 1467 auf einem Glasfenster der Johanniterkirche von Werben erstmalig Verwendung fand. Die Nutzung der schwarzen Farbe dürfte dabei in Korrelation zum Ordensmantel gestanden sein, der ja seit dem 13. Jahrhundert während der Friedenszeit schwarz war. Auch bei der Form des Ordenskreuzes bevorzugte man bereits seit dem 15. Jahrhundert das achtspitzige Malteserkreuz, das während des 16. Jahrhunderts alle anderen Kreuzformen ablöste.[42]

Was nun die Herrenmeister betrifft, so ist bemerkenswert, daß diese schon kurz nach dem Großmeister und dem deutschen Großprior begannen, einen mit dem Ordenswappen quadrierten Schild zu führen. Der erste hierbei war Frá Georg von Schlabrendorf (1491–1527), der ab 1512 mit einem derartigen Wappen siegelte, ein Brauch, der schließlich von allen nachfolgenden Herrenmeistern übernommen wurde.[43] Deren Wappen wurden im darauffolgenden 17. Jahrhundert dann, ähnlich wie bei den Komturen des Malteser-Ordens, mit dem achtspitzigen Malteserkreuz unterlegt. Im Laufe der Zeit bürgerte es sich darüber hinaus ein, daß auch die Ordensritter ihr Wappen mit dem Ordensschild verzierten. Das silberne Malteserkreuz in Schwarz wurde dabei in der Regel als Herzschild geführt, konnte allerdings bei umfangreichen Wappen auch an anderer Stelle stehen.[44] Als Beispiel sei hier der Wappenschild von Heinrich Leopold Graf von Reichenbach erwähnt, der am 26. Februar 1737 als Ritter in den Johanniterorden aufgenommen wurde und folgendes Wappen führte:

Gespaltenes und zweimal geteiltes Wappen, belegt mit einem gekrönten Herz- und einem Fersenschild; im von Gold und Silber gespaltenen Herzschild vorne ein schwarzer Doppeladler, hinten ein blauer Löwe; im Fersenschild das Johanniterwappen, also in Schwarz ein silbernes Malteserkreuz; 1 und 6 in Gold zwischen zwei grünen Ufern ein Bach, den ein Ritter mit gelbem Beinkleid, weißem Hemd und durchstochener Brust durchschreitet, in der Rechten sein Schwert haltend, der rot-gefütterte Harnisch auf der rechten Seite des unteren Ufers liegend, 2 und 5 in Blau ein silberner Mühlstein, aus welchem oben zwei, unten ein Streitkolben hervorgehen, 3 von Rot und Silber gespalten, darin zwei gestürzte Fische mit verwechselter Farbe, 4 in Rot ein goldenes Kreuz. Drei offene, gekrönte Helme über einer alten Grafenkrone, auf dem rechten mit blau-silbernen Decken ein wachsender geharnischter Ritter mit Spangenhelm, in der Rechten ein Schwert, in der Linken eine rote Fahne haltend, auf dem mittleren mit rot-silbernen Decken zwischen je einem gestürzten, rechts silbernen, links roten Fisch ein goldenes Kreuz, auf dem linken mit blau-silbernen Decken ein wachsender natürlicher Esel. Schildhalter: zwei einwärts gekehrte blaue Löwen.

Aufschwörtafel des Heinrich Leopold Grafen von Reichenbach aus dem Jahre 1737, Öl auf Holz

Während des 18. Jahrhunderts kommt es zudem bei den Johannitern in Mode, die Darstellung des Malteserkreuzes zu erweitern und dieses in den Kreuzwinkeln mit je einem Adler zu verzieren. Dieses vermehrte Ordensemblem ist ab etwa 1745 auch häufig von einer Königskrone überhöht.[45]

Die Heraldik des Malteser-Ritter-Ordens vom 18. bis ins 20. Jahrhundert

Im 18. Jahrhundert entwickelten sich aus Amtssiegeln die Wappen der acht Zungen, also jener territorialen Gliederungen, die sich im Orden ab dem 14. Jahrhundert ausbildeten. Stellvertretend sei hier nur der Schild der deutschen Zunge genannt, der in Silber einen nimbierten, schwarzen Adler zeigt und somit ein Herkunftszeichen darstellt.[46]

Ebenfalls im 18. Jahrhundert kam es darüber hinaus zu einer Weiterentwicklung des seit der zweiten Hälfte des 16. Jahrhunderts gebräuchlichen Ordenswappens, wobei man im Jahre 1764 die Blätterkrone durch eine Königskrone ersetzte, deren Reichsapfel allerdings – anstelle des sonst üblichen Kreuzes – mit einem Malteserkreuz verziert war.[47] Diese Art von Krone fand auch auf einer Silbermünze Verwendung, die das Wappen des Großmeisters Frá Ferdinand von Hompesch (1797–1798) zeigt, das wie folgt beschrieben wird:[48]

> Auf einem [schwarzen] Doppeladler, der in jedem Schnabel ein [blaues] Tau hält und über dem eine mit dem Malteserkreuz gezierte Königskrone schwebt, ein gevierter Brustschild, darin in 1 und 4 in Rot ein durchgehendes, weißes Balkenkreuz, in 2 und 3 in Rot ein ausgeschupptes, weißes Andreaskreuz.

Der schwarze Doppeladler mit dem blauen Tau in jedem Schnabel wurde aus dem Wappen des Antoniter-Ordens entlehnt und stellt eine Reminiszenz an jenen Orden dar, der schon im Jahre 1775 mit dem Souveränen Malteser-Ritter-Orden vereinigt wurde. Zum Gedenken an diese Zusammenlegung ließ bereits Großmeister Frá Emmanuel de Rohan-Polduc (1775–1797) im Jahre 1776 eine Gedenkmünze prägen, die auf dem Revers ebenfalls den schwarzen Doppeladler mit den Antonius-Kreuzen im Schnabel zeigt, dem das Malteserwappen als Brustschild aufgelegt ist.[49]

Das 18. Jahrhundert brachte des weiteren auch eine Verbesserung des Wappens der deutschen Großpriore, die ja seit der Mitte des 16. Jahrhunderts den Reichsfürstenstand besaßen. Als erster Großprior begann nun Frá Goswin Hermann Otto Freiherr von Merveldt (1721–1727) einen dritten Helm auf seinem Wappen zu führen. Dieser wurde zwischen die beiden anderen gesetzt und hatte als Zier einen Fürstenhut, wodurch dem hohen Stand dieser Ordensfunktion optisch

Wappen des jetzigen Großmeisters, Frá Andrew Willoughby Ninian Bertie (seit 1988)

Ausdruck verliehen wurde. Die Praxis, einen dritten Helm zu verwenden, behielten seine Nachfolger auch weiterhin bei.[50]
Das nachfolgende 19. Jahrhundert hingegen bescherte wiederum dem Ordenswappen ein weiteres Prachtstück, nämlich den Wappenmantel, der nun aus der zuvor genannten Königskrone „herabwallt". Ein Beispiel, das zirka aus der Mitte des vorigen Jahrhunderts stammt, findet sich hierfür auf dem linken Glasfenster über dem Hochaltar der Malteserkirche zu Wien.[51] Das großmeisterliche Wappen dagegen wird erst unter Großmeister Frá Galeazzo Thun-Hohenstein (1905–1931) mit diesem fürstlichen Beizeichen geschmückt, der den Mantel seinem eigenen Familienwappen entlehnte. Sein Nachfolger, Frá Ludovico Chigi della Rovere Albani (1931–1951), behielt dieses Prachtstück bei, ersetzte jedoch den Rosenkranz im Wappen durch die Ordenskette des Großmeisters[52], ein Schritt, den der jetzige Inhaber dieser Würde, seine Hoheit und Eminenz Frá Andrew Willoughby Ninian Bertie (seit 1988) für sein Wappen allerdings rückgängig machte.[53] Im übrigen setzte sich der Rosenkranz als Zeichen der Ordenspersonen bei den Ordensmitgliedern erster Klasse erst im 19. Jahrhundert generell durch. Ein weiteres Würdezeichen, das seit dem vorigen Jahrhundert ausschließlich für den Bailli gebraucht wird, stellt das mit dem Ordenswappen verzierte Schildhaupt dar.[54]

Moderne Heraldik

Das moderne Ordenswappen zeigt nun ein durchgehendes, weißes Balkenkreuz in einem ovalen, roten Schild, das entlang dem Schildrand von einem Rosenkranz umgeben wird, an dem unten ein kleines Malteserkreuzchen hängt. Das Wappen ruht dabei auf einem achtspitzigen, weißen Malteserkreuz, welches auf jeder Seite von zwei Ordensfahnen unterlegt ist, deren Fahnenstangen oben wiederum mit einem Malteserkreuz verziert sind. Das Ganze umgibt schließlich ein goldbordierter, schwarzer, innen mit Hermelin gefütterter Wappenmantel, der aus einer Königskrone herabwallt.[55]

Der Großmeister unterlegt seinen mit dem Ordenswappen quadrierten Schild auch mit dem weißen Malteserkreuz und umgibt ihn wahlweise mit dem Rosenkranz oder seiner Ordenskette. Des weiteren bedient er sich ebenfalls des mit der Königskrone versehenen Wappenmantels.

Bei den Großprioren führen nur die Fürstgroßpriore von Böhmen und Österreich einen Fürstenhut auf dem Wappen, während sich alle anderen hinsichtlich der Wappenführung nicht von den übrigen Ordensmitgliedern unterscheiden. Bei den Ordensangehörigen wiederum gilt, daß alle Mitglieder der ersten Klasse (Profeß- und Justizbaillis, Profeß- und Justizritter, Profeßkapläne) das Recht besitzen, ihren Schild mit dem achtspitzigen Malteserkreuz zu unterlegen. Des weiteren trifft dies auch für die Oboedienzritter und Justizdonaten zu. Den Rosenkranz hingegen dürfen nur die Profeßbaillis, Profeßritter und Profeßkapläne um ihr Wappen legen, also somit all jene, die bereits das ewige Gelübde abgelegt haben. Alle Baillis, egal ob erster, zweiter oder dritter Klasse führen darüber hinaus ein Schildhaupt mit dem Ordensemblem. Ordensmitglieder der dritten Klasse hingegen umgeben ihren Wappenschild nur mit einem schwarzen Ordensband, an welchem die ihrem Rang entsprechende Insignie hängend dargestellt ist.[56] [Tafel 5]

Verzeichnis der Wappen in der Malteserkirche zu Wien

a) Die Wappenschilde[57]

Hans HAUGK von WUNEK
Commandeur von St. Johann in
Wien, A[nn]o 1401

Johann von CHOSER
Commandeur von St. Johann in
Wien, Ao. 1430

I. HAUGNER von WASCHER
Commandeur von St. Johann in
Wien, Ao. 1405

Conrad von NIEMANDS
Commandeur von St. Johann in
Wien, Ao. 1432

Johann von LOBENSTEIN
Commandeur von St. Johann in Wien, Ao. 1440

Andreas von GIGINER[58]
Commandeur von St. Johann in Wien, Ao. 1446

Christoph von WALD
Commandeur von St. Johann in Wien, Ao. 1516

Bruder Johannes
Commandeur von St. Johann in Wien, Ao. 1538

N. ROEMER genannt von der REHM
Commandeur von St. Johann in Wien, Ao. 1575

Johann von METTICH
Commandeur von St. Johann in Wien, Ao. 1577

Wilhelm Leopold Graf von TATTENBACH
Commandeur von St. Johann in Wien, Ao. 1605
Großprior

Abraham von HORNEK
Commandeur von St. Johann in Wien, Ao. 1607

Carl von MOSCHOWSKY
Commandeur von St. Johann in Wien, Ao. 1631

Georg von PROSCHLAW-PROSCHKOWSKY
Commandeur von St. Johann in Wien, Ao. 1631

Nicolaus Fr. von GASCHIN und ROSENBERG
Commandeur von St. Johann in Wien, Ao. 1632

Leopold Graf von KOLLONITZ
Cardinal und Erz-Bischof von Gran
Commandeur et Prokurator von St. Johann in Wien, Ao. 1662 [Tafel 5]

Ferdinand Ludwig Graf von KOLLOWRAT
Commandeur von St. Johann in Wien, Ao. 1664

Franz August Graf von WALDSTEIN
Commandeur von St. Johann in Wien, Ao. 1668

Franz Sigmund Graf von THUN
Commandeur von St. Johann in Wien, Ao. 1686

Johann Albert Freiherr von GUDENUS
Commandeur von St. Johann in Wien, Ao. 1745

Michael Ferdinand Graf von ALTHANN
Commandeur von St. Johann in Wien, Ao. 1749 [Tafel 5]

Franz Graf von COLLOREDO
Commandeur von St. Johann in
Wien, Ao. 1794

Carl Graf von NEIPPERG
Commandeur von St. Johann in
Wien, Ao. 1816

**Franz Graf von
KHEVENHÜLLER-METSCH**
Commandeur von St. Johann in
Wien, Ao. 1837

Edmund Graf COUDENHOVE
Commandeur von St. Johann in Wien
Gestorben am 14. Juli 1853

**Josef Graf MITTROWSKY von
NEMISCHL**
Commandeur von St. Johann in
Wien, Ao. 1854 [Tafel 5]

**Bailli Frá Sigismund
REISCHACH**[59]
1876 [Tafel 5]

**Frá Anton KOTTULINSKY von
KOTTULIN**
Comthur von St. Johann 1879

**Bailli Anziano Frá Adolph von
PODSTATZKY-LICHTENSTEIN**
Commandeur von St. Johann 1888

**Bailli Anziano Frá Heinrich von
LIECHTENSTEIN**
Comthur von St. Johann in Wien
1898

**Bailli Anziano Frá Johann von
VERNIER-ROUGEMONT**
Komtur von St. Johann in Wien 1906

**Bailli Anziano Frá Carl von
THUN-HOHENSTEIN**
Komtur von St. Johann in Wien 1916

**Fürstgroßprior Bailli Frá Carl von
LUDWIGSTORFF**
28. 1.1927 – 14. 4.1955

**Bailli Frá Alphons von
VESQUE-PÜTTLINGEN**

**Großkomtur Bailli Frá Otto von
GRISOGONO**

**Bailli Frá Michael Anton
ADAMOVICH de CSEPIN**
1901–1958

Johannes Graf TRAPP
Vikar Ao. 1955, Großprior Ao. 1961

**Frá Gottfried Erwein von
GUDENUS**
Fürstgroßprior Ao. 1964

**Bailli Frá Friedrich A. KINSKY
von WCHINITZ und TETTAU**
Fürstgroßprior Ao. 1970

**Bailli Dr. Gordian Freiherr von
GUDENUS**
Prokurator 1984–1990

**Bailli Frá Wilhelm von und zu
LIECHTENSTEIN**
Fürstgroßprior AD. 1990

b) Die Wappen in den Glasfenstern über dem Hochaltar

Auf dem linken Glasfenster das **Ordenswappen:**

Auf achtspitzigem, weißen Malteserkreuz ein ovaler Schild, darin in Rot ein durchgehendes, weißes Balkenkreuz; das Ganze umgeben von einem roten Wappenmantel, der innen mit Hermelin gefüttert und oben von einer Königskrone geziert ist.

Auf dem rechten Glasfenster das Wappen der Grafen **Mittrowsky von Nemischl:**

Auf achtspitzigem, weißen Malteserkreuz ein roter Schild mit einem weißen Pfahl; das Ganze umgeben von einem roten Wappenmantel, der innen mit Hermelin gefüttert und oben von einer Grafenkrone geziert ist. Devise: Aeternus quia purus.

c) Das Wappen der Grafen Althann auf der Orgel

In Rot ein silberner Balken, belegt mit einem gotischen schwarzen „A"; der Schild umgeben von einem roten Wappenmantel, der von einem Fürstenhut überhöht wird.

Anmerkungen:

1 Vgl. Waldstein-Wartenberg, Berthold: Heraldik des Souveränen Malteser-Ritterordens. In: Jahrbuch der Heraldisch-Genealogischen Gesellschaft „Adler". 3. Folge. Heft 11 (1983), S. 21.
2 Vgl. Goodall, John A: The Arms and Badge of the Order of St John of Jerusalem. A study of their origins and development. In: Revue de l'Ordre souverain militaire de Malte 17 (1959), Nr. 2, S. 65f.
3 Vgl. Wienand, Adam: Johannes der Täufer, Patron des Ordens. In: Der Johanniter-Orden. Der Malteser-Orden. Der ritterliche Orden des hl. Johannes vom Spital zu Jerusalem, seine Aufgabe. Seine Geschichte. Hrsg. v. Adam Wienand. Köln 1970, S. 14; vgl. Waldstein-Wartenberg, Berthold: Rechtsgeschichte des Malteserordens. Wien, München 1969, S. 19, vgl. Raap, Christian: Heraldik des Johanniterordens. In: Adler. Zeitschrift für Genealogie und Heraldik 17 (1993), Heft 1, S. 2.
4 Vgl. Waldstein-Wartenberg, Rechtsgeschichte, S. 38.
5 Vgl. Wienand, Adam: Das Ordenskreuz der Johanniter/Malteser. In: Der Johanniter-Orden. Der Malteser-Orden. Der ritterliche Orden des hl. Johannes vom Spital zu Jerusalem, seine Aufgabe. Seine Geschichte. Hrsg. v. Adam Wienand. Köln 1970, S. 16–19.
6 Vgl. Waldstein-Wartenberg, Berthold: Das Malteserkreuz. In: Adler. Zeitschrift für Genealogie und Heraldik 7 (1967), Heft 18, S. 269.
7 Vgl. Waldstein-Wartenberg, Rechtsgeschichte, S. 40.
8 Vgl. Waldstein-Wartenberg, Malteserkreuz, S. 269.

9   Wagner, Johann Michael: Schau Plaz hoher Ritter-Orden. Theatre des plus celebres Ordres de Chevalerie. Augsburg 1756, S. 17.
10 Vgl. Waldstein-Wartenberg, Heraldik des Souveränen Malteser-Ritterordens, S. 20.
11 Vgl. ebda.
12 Vgl. Waldstein-Wartenberg, Malteserkreuz, S. 269.
13 Vgl. Schlumberger, Gustav: Numismatique de l'Orient Latin. Part illustrée. Paris 1878 [Nachdruck Graz 1954], Tafel IX.
14 Vgl. Wienand, Ordenskreuz, S. 17f.
15 Vgl. Heim, Bruno Bernhard: Wappenbrauch und Wappenrecht in der Kirche. Olten 1947, S. 93f.; vgl. Goodall, Arms and Badge, S. 66; vgl. Waldstein-Wartenberg, Malteserkreuz, S. 271; vgl. Raap, Heraldik des Johanniterordens, S. 4.
16 Vgl. Kirchner, Heinz/Truszczynski, Georg, von: Ordensinsignien und Auszeichnungen des souveränen Malteser-Ritterordens. 2., ergänzte Aufl. Köln. 1976, S. 11.
17 Vgl. Waas, Adolf: Geschichte der Kreuzzüge. Bd 2. Freiburg 1956, S. 8.
18 Vgl. Waldstein-Wartenberg, Rechtsgeschichte, S. 42.
19 Vgl. Goodall, Arms and Badge, S. 66.
20 Vgl. Waldstein-Wartenberg, Heraldik, S. 21f., 26.
21 Vgl. Archiv des Souveränen Malteser-Ritter-Ordens Wien: Hortstein, Otto, von: Das Fürstgroßpriorat Österreich des Souveränen Malteser Ritterordens. [Unveröffentl. Manuskript] Wien 1951, S. 13b. [Masch.]
22 Vgl. Dauber, Robert L.: Der Johanniter-Malteser Orden in Österreich und Mitteleuropa. 850 Jahre gemeinsamer Geschichte. Bd. II: Spätmittelalter und frühe Neuzeit (1291 bis 1618), S. 582f.
23 Die Wildungsmauer waren ein niederösterreichisches Uradelsgeschlecht, das im 15. Jahrhundert ausgestorben ist (vgl. J. Siebmacher's großes Wappenbuch Bd 26: Die Wappen des Adels in Niederösterreich. Teil 2: S–Z. Neustadt an der Aisch 1983, S. 560.)
24 Steiermärkisches Landesarchiv Graz [i. d. F. zit. StLA], Urkunde 1543-VII-4. Das Siegel befindet sich in einer Holzkapsel und zeigt nur den Wappenschild des Mindorf'schen Wappens: Geviert, 1 und 4 [in Rot] ein dreiblättriges [silbernes] Kleeblatt, 2 und 3 [von Rot und Silber] schräggeteilt mit zwei nach der Teilung gestellten Pfeilen [in verwechselter Farbe].
25 Vgl. Schau Plaz hoher Ritter-Orden, S. 11.
26 Vgl. Goodall, Arms and Badge, S. 66.
27 Vgl. Neubecker, Ottfried: Ordensritterliche Heraldik. In: Der Herold Neue Folge 1 (1940), Tafel 2, Abb. 15.
28 Vgl. Goodall, Arms and Badge, S. 68.
29 Galbreath, Donald Lindsay/Jéquier, Léon: Handbuch der Heraldik. Aus dem Französischen übertragen von Ottfried Neubecker. Augsburg 1990, S. 206, Abb. 588. Die sowohl hier als auch fortan verwendeten eckigen Klammern [ ] kennzeichnen Ergänzungen. In den meisten Fällen handelt es sich dabei um Farbangaben oder Titulaturen, die entweder allgemein bekannt sind oder sich aus anderen Quellen ergänzen lassen.
30 Vgl. Waldstein-Wartenberg, Heraldik, S. 21–24.
31 Beytrag zu den Annalen der Ritter-Orden. Wien 1809, S. 233.
32 Vgl. Galbreath/Jéquier, Handbuch der Heraldik, S. 220f.
33 Älter ist noch das quadrierte Wappen auf dem Grabmal des 1395 in Rom verstorbenen Gegengroßmeisters, Frá Riccardo Caracciola (1383–1395). Vgl. Waldstein-Wartenberg, Heraldik, S. 24.
34 Vgl. Goodall, Arms and Badge, S. 67; vgl. Waldstein-Wartenberg, Heraldik, S. 22f.

35 Vgl. J. Siebmacher's großes Wappenbuch. Bd. 8: Die Wappen der Bistümer und Klöster. Neustadt an der Aisch 1976, S. 25f.; vgl. Waldstein-Wartenberg, Heraldik, S. 28f.
36 StLA-U 1614-I-1, Dipl(om)-Nr. 63c. Frá Heinrich Freiherr von Logau auf Olbersdorf stammte aus schlesischem Uradel und war 1620 bis 1626 Großprior von Böhmen. Vgl. Genealogisches Handbuch des Adels [i. d. F. zit. GHdA] Adelige Häuser A III. Glücksburg/Ostsee 1957, S. 311; vgl. Hartmann, Helmut: Die Großpriore von Böhmen und Österreich. In: Der Johanniter-Orden. Der Malteser-Orden. Der ritterliche Orden des hl. Johannes vom Spital zu Jerusalem, seine Aufgabe. Seine Geschichte. Hrsg. v. Adam Wienand. Köln 1970, S. 613.
37 Vgl. Neubecker, Ordensritterliche Heraldik, S. 27f.
38 Goodall schreibt, daß bereits Papst Clemens VII (1523–1534) sein Wappen mit einem Malteserkreuz unterlegte. In Bezug auf die Verwendung des Rosenkranzes berichtet er zudem, daß dieser in zweifacher Ausführung in der Darstellung des Wappens auf dem Grabmal des Großmeisters Frá Philipp Villiers de l'Isle Adam (1521–1534) Verwendung fand. Vgl. Goodall, Arms and Badge, S. 69.
39 Vgl. Waldstein-Wartenberg, Heraldik, S. 22.
40 Vgl. ebda, S. 26f.
41 Vgl. Raap, Heraldik, S. 1f.
42 Vgl. Neubecker, Ordensritterliche Heraldik, S. 33f.
43 Vgl. J. Siebmacher's großes Wappenbuch. Bd. 8: Die Wappen der Bistümer und Klöster. Neustadt an der Aisch 1976, S. 154f.
44 Vgl. ebda, S. 33–35.
45 Vgl. ebda, S. 35f.
46 Vgl. Waldstein-Wartenberg, Heraldik, S. 31f.
47 Vgl. ebda, S. 22.
48 Vgl. Schnyder, F. J.: Das Wappen des Antoniter-Ordens. In: Schweizer Archiv für Heraldik 88 (1974), S. 72.
49 Vgl. ebda, S. 72f.
50 Vgl. Siebmacher, Bistümer und Klöster, S. 25f.; vgl. Waldstein-Wartenberg, Heraldik, S. 29.
51 Die Beschreibung dazu findet sich im letzten Abschnitt „Verzeichnis der Wappen in der Malteserkirche zu Wien" unter dem Punkt b.
52 Vgl. Waldstein-Wartenberg, Heraldik, S. 22, 25.
53 Vgl. Drummond-Murray of Mastrick, Peter: The Prince & Grand Master of the Order of Malta. London 1987, S. 2.
54 Vgl. Heim, Wappenbrauch, S. 92f.; vgl. Waldstein-Wartenberg, Heraldik, S. 26, 36.
55 Beschreibung nach der Abbildung auf dem Titelblatt der Revue de l'ordre souverain militaire de Malte.
56 Vgl. Waldstein-Wartenberg, Heraldik, S. 35f.; vgl. Pierredon, Michel Comte de: Insignes et Uniformes de l'Ordre souverain des Hospitaliers de Saint-Jean de Jérusalem (Malte). Paris 1927, S. 77f.; vgl. Bertini Frassoni, Carlo Augusto: Il sovrano militare Ordine di S. Giovanni di Gerusalemme detto di Malta. Roma 1929, S. 86f.
57 Die Beschriftungen auf den einzelnen Wappenschilden wurden insofern verbessert, daß die Schreibungen wie Comendeur, Commendeur bzw. Com:deur durch Commandeur, sowie St: Johan durch St. Johann ersetzt wurde. Zudem sind Abkürzungen wie Gest: (für Gestorben), Gr: (für Graf) und v: (für von) aufgelöst worden.
58 Der Name der Familie müßte richtigerweise Gienger lauten.
59 Bemerkenswert erscheint hier die unter dem Wappen angebrachte Darstellung eines Militär-Maria Theresien-Ordens [Tafel 5]. Die Art der Darstellung allein läßt zunächst vermuten, daß es sich um ein Kommandeurskreuz dieses Ordens handelt. Freiherr von Reischach, damals

noch Oberst und Kommandant des IR. Nr. 7 „Baron Prochazka" war jedoch das Ritterkreuz des Ordens am 27. 11. 1848 für seine außerordentliche Tapferkeit bei St. Lucia, Montanara und Goito zuerkannt worden. Eigentlich widerspricht diese Darstellung der gerade im Malteser-Ritter-Orden wie im Deutschen-Orden noch einige Jahrzehnte zuvor streng gehandhabten Inkompatibilität. Vgl. Auer, Erwin: Erbritterwürde und Inkompatibilität im Deutschen Ritterorden. In: Mitteilungen des Österreichischen Staatsarchivs 8 (1979), S. 35–78; Strimitzer, Birgit: Der Souveräne Malteser-Ritterorden. Anmerkungen zu seiner neunhundertjährigen Geschichte und Organisation unter besonderer Berücksichtigung der Situation im Großpriorat Österreich-Böhmen im 19. Jahrhundert. In: Österreichs Orden vom Mittelalter bis zur Gegenwart. Hrsg. von Johann Stolzer u. Christian Steeb. Graz 1996, S. 15.; Luwigstorff, Georg: Der Militär-Maria Theresien-Orden. In: Ebda, S. 90–113.

Georg Ludwigstorff

Die Entwicklung der Ordenszeichen

Vorbemerkungen

Über die Ursprünge des Kreuzsymbols, wie es auf der Kleidung der ersten Ordensbrüder getragen wurde, liegen der Forschung keine zuverlässigen Quellen vor. In einer päpstlichen Bulle vom 29. November 1184 wurde erstmals das „weiße Kreuz" auf der Kleidung der Ordensritter erwähnt und festgelegt, daß es nur den Mitgliedern der Ordensgemeinschaft vorbehalten war.[1]
In weiterer Folge bildete dieses Kreuzsymbol kein eigenständiges Ordenszeichen, sondern wurde lediglich im Zusammenhang mit der eigentlichen Ordenstracht gesehen. Das Generalkapitel von 1278 legte dann eine, wahrscheinlich schon früher entstandene Ordenstracht für Kriegs- und Friedenszeiten fest. In Kriegszeiten sollte ein weißes Balkenkreuz auf einer roten Weste getragen werden; in Friedenszeiten dagegen ein achtspitziges weißes Kreuz auf einem schwarzen Mantel.[2]
Dieses achtspitzige Kreuz scheint im Verlauf des 15. Jahrhunderts als eigenständiges Abzeichen in Form einer Halsdekoration in Gebrauch gekommen zu sein. Als mögliches Vorbild dürften wohl die weltlichen Ritterorden der europäischen Herrscherhöfe des 14. und 15. Jahrhunderts fungiert haben. Von diesen rein höfischen Ritterorden, die in ihrer Charakterisik den geistlichen Ritterorden nachempfunden waren, wurden als äußeres Zeichen der Ordenszugehörigkeit bereits entsprechende Halsdekorationen verwendet. Ein erster Hinweis für die Übernahme dieser Sitte durch den Malteser-Orden findet sich im Organisationsstatut von 1445, welches in einer Bestimmung Weltlichen das Tragen des Ordenskreuzes verbietet.[3] Es ist daher davon auszugehen, daß bereits eine entsprechende Halsdekoration existierte, die – wie im späteren Verlauf der Ordensgeschichte häufiger – an Fürsten und hochrangige Persönlichkeiten verliehen wurde. Erste bildliche Darstellungen sind aus dem 16. Jahrhundert bekannt. So etwa ein Portrait des Großpriors von England und Generalkapitäns des Ordens, Frá Ferretti di Castelferretto, aus dem Jahr 1567, welcher ein achspitziges, weiß emailliertes und an einer Kette um den Hals hängendes Kreuz trägt.[4] Neben diesen Halsdekorationen wurde den Donaten eine eigenständige Dekoration

zugewiesen, die zwar gleichfalls am Hals getragen, jedoch unterschiedlich ausgeführt wurde. Aufgrund eines Kapitelbeschlusses von 1555 sollte der obere Kreuzarm des Ordenszeichens weggelassen werden.[5]

Gegen Ende des 16. Jahrhundert veränderte sich das Aussehen der Dekorationen, indem – ausgehend von den dominierenden französischen und italienischen Zweigen des Ordens – die Lilie als zusätzliches Attribut zwischen die Kreuzarme eingefügt wurde. Im 17. Jahrhundert dürften die Ritter der verschiedenen deutschen Priorate dieser Vorgangsweise gefolgt sein und ergänzten ihre Dekorationen mit meist einköpfigen Adlern, im habsburgischen Machtbereich mit dem signifikanten Doppeladler in den Kreuzwinkeln.[6]

Die wenigen erhalten gebliebenen frühen Ordenszeichen, aber auch zahlreiche bildliche Quellen des 16. und 17. Jahrhunderts belegen, daß offensichtlich keine exakten Normierungen hinsichtlich der Abmessungen und Ausfertigung der Insignien bestanden. Je nach persönlichem Geschmack des Trägers wurden die Kreuze beispielsweise in Medaillonform gefaßt, von Zierösen überhöht oder mit sehr aufwendig gestalteten Agraffen versehen.[7]

Erst im 19. Jahrhundert wurde dann gemäß der historischen Entwicklung des Ordens und der Ausbildung neuer hierachischer Formen der Mitgliedschaft eine genaue Festlegung der einzelnen Ordenszeichen vorgenommen.

Die Ordenszeichen des Großpriorates von Böhmen und Österreich bis 1938

Nach dem Verlust von Malta 1798 und den durch den Ausbruch der Französischen Revolution bedingten gewaltigen politischen und territorialen Veränderungen in Europa blieb das Großpriorat Böhmen und Österreich als einziges von 22 Prioraten und 18 Balleien erhalten. Zusätzliche Schwierigkeiten ergaben sich, da die Zahl der Justizritter aufgrund der fehlenden Versorgung mit Kommenden stetig zurückging. Daher wurden vermehrt Ehren- und Devotionsritter in den Orden aufgenommen. In weiterer Folge entstand dann ein System von Ordensmitgliedern ohne Gelübde, welche entsprechend ihrer Ahnenprobe oder wegen ihrer Verdienste als Ehren- und Devotionsritter, Magistralritter, Ehrenkonventualkapläne oder Donaten in den Orden aufgenommen wurden. In der zweiten Hälfte des 19. Jahrhunderts wurden durch die gesellschaftlichen Veränderungen dieses Zeitabschnitts weitere Graduierungen und Klasseneinteilungen geschaffen, so daß sich bis zum Beginn des 20. Jahrhunderts ein sehr komplexes System unterschiedlicher Stufen und Ränge ausgebildet hatte. Jedem Ordensmitglied wurde eine seinem Rang entsprechende Dekoration verliehen.

Die Grundform der Ordensdekoration besteht bis heute aus einem goldenen, weiß emaillierten achtspitzigen Kreuz mit je einem goldenen bekrönten Doppel-

Die Entwicklung der Ordenszeichen 417

adler zwischen den Kreuzarmen; der obere Kreuzarm wird von einer Krone überhöht. Mitglieder adeliger Abstammung tragen über der Krone eine sogenannte „Waffentrophäe", jene, welche die Voraussetzung der Ehrenritter nicht erfüllen, und Ordensdamen statt der Waffentrophäe eine goldene Schleife. Bei den Donaten wird der obere Kreuzarm nicht emailliert, sondern in Gold belassen.

Im Zusammenhang mit dem Bau des Ordensspitals in Tantur bei Bethlehem kam es hinsichtlich des Aussehens der Dekorationen zu einer Veränderung. Um diejenigen Ordensmitglieder, die dem Spendenaufruf Folge leisteten und den Bau tatkräftig unterstützten, besonders hervorzuheben, wurde im Jahr 1870 für das Großpriorat Böhmen eine „Distinction für Jerusalem" eingeführt, welche 1877 vom Gesamtorden übernommen wurde.[8] Die „Distinction", welche heute für alle Ordensmitglieder obligatorisch ist, besteht aus einem rot emaillierten heraldischen Schild mit weißem Balkenkreuz und wird auf die Waffentrophäe bzw. die Schleife aufgelegt.[9]

Bis zum Jahr 1938 wurden im Großpriorat Böhmen und Österreich folgende Insignien verliehen:[10]

1. Professen (mit Gelübde):
    a) **Baillis und Großkreuze** [Tafel 10, Nrn. 1, 2, 3]: Kreuz mit Krone und Waffentrophäe in der Größe von 6,5 cm, dazu ein Profeßkreuz im Ausmaß von gleichfalls 6,5 cm.[11] Das Kreuz wurde an einem schwarzen Großkreuzband (Schulterband) oder als Halskreuz an einem mit einem doppelten goldenen Dornenkranz bestickten Halsband getragen, das Profeßkreuz (als Steckdekoration) an der linken Brust angesteckt. Als besondere Auszeichnung konnte das Kreuz auch in Brillanten verliehen werden [Tafel 4 und 9].
    b) **Kreuz der Komture** [Tafel 11, Nrn. 4, 7]: Kreuz mit Krone und Waffentrophäe in der Größe von 5,2 cm, dazu ein Profeßkreuz im selben Ausmaß. Komturkreuze wurden an einem schwarzen Halsband, das Profeßkreuz (als Steckdekoration) an der linken Brust getragen.
    c) **Kreuz der Profeßritter** [Tafel 11, Nrn. 4, 7]: entspricht dem Kreuz der Komture
    d) **Kreuz der Justizritter** [Tafel 11, Nr. 4]: entspricht dem Kreuz der Komture, jedoch ohne Profeßkreuz
    e) **Kreuz der Konventualkapläne** [Tafel 12, Nr. 9]: Kreuz mit Krone und Schleife in der Größe von 4,5 cm und dazu Profeßkreuz in derselben Abmessung. Das Kreuz wurde an einem schwarzen Halsband, das Profeßkreuz (als Steckdekoration) an der linken Brust getragen.

f) **Kreuz der Oboedienzkapläne:**[12] Profeßkreuz nach abgelegtem feierlichem Gelübde in der Größe von 4,5 cm als Steckdekoration an der linken Brust.

g) **Kreuz der Kapläne „Oboedienzia magistrale"** [Tafel 12, Nr. 12]: Kreuz mit Krone in der Größe von 3,9 cm, getragen an einem schwarzen Dreiecksband. Nach abgelegtem Gelübde ein Profeßkreuz in der Abmessung von 4,5 cm als Steckdekoration an der linken Brust.

h) **Kreuz der Justizdonaten** [Tafel 12, Nrn. 10, 11]: Kreuz mit nicht emailliertem oberen Kreuzarm, Krone und Schleife in der Größe von 4,5 cm und dazu Brustkreuz mit fehlendem oberen Kreuzarm in der selben Abmessung. Das Kreuz wurde an einem schwarzen Halsband, das Brustkreuz als Steckdekoration an der linken Brust getragen.

2. Ehrenmitglieder (ohne Gelübde):

a) **Kreuz der Ehrenbaillis und Großkreuze mit Profeßkreuz** [Tafel 10, Nrn, 1, 2, 3]: entspricht dem Kreuz der Baillis und Großkreuze.

b) **Kreuz der Ehrenbaillis und Großkreuze** [Tafel 10, Nrn. 1 ,2]: gleich dem Kreuz der Baillis und Großkreuze, jedoch ohne Profeßkreuz.

c) **Kreuz der Ehren- und Devotionsritter** [Tafel 11, Nr. 4]: gleich dem Kreuz der Justizritter.

d) **Kreuz der Magistralgroßkreuze:** Kreuz mit Krone und Schleife in der Größe von 5,2 cm. Das Kreuz wurde an einem schwarzen, an den Rändern goldbestickten Halsband getragen.

e) **Kreuz der Magistralritter** [Tafel 12, Nr. 9]: gleich wie Kreuz der Konventualkapläne.

f) **Kreuz der Ehrenkonventualkapläne** [Tafel 12, Nr. 9]: entspricht dem Kreuz der Magistralritter.

g) **Kreuz der Ehrenkapläne** [Tafel 12, Nr. 12]: gleich dem Kreuz der Kapläne „Oboedienzia magistrale".

h) **Kreuz der Donaten 1. Klasse** [Tafel 12, Nr. 10]: entspricht dem Kreuz der Justizdonaten, jedoch ohne Brustkreuz.

i) **Kreuz der Donaten 2. Klasse** [Tafel 12, Nr. 13]: Kreuz mit Krone in der Größe von 4cm, getragen an einem schwarzen Dreiecksband.

j) **Kreuz der Donaten 3. Klasse** [Tafel 12, Nr. 14]: Kreuz ohne Krone in der Größe von 4 cm, getragen an einem schwarzen Dreiecksband.

k) **Kreuz der Ehrendamen – Großkreuze:** Kreuz mit Krone und Schleife in der Größe von 5,2 cm, getragen an einem schwarzen Großkreuzband, oder kleineres Kreuz (4 cm) an einer schwarzen, mit doppeltem goldenen Dornenkranz bestickten Damenmasche.

Die Entwicklung der Ordenszeichen 419

l) **Kreuz der Ehren- und Devotionsdamen** [Tafel 11, Nr. 8]: Kreuz mit Krone und Schleife in der Größe von 4 cm, getragen an einer schwarzen Damenmasche.

m) **Kreuz „Pro piis meritis":**[13] Kreuz mit Krone in der Größe von 2,7 cm, getragen an einem schwarzen Dreiecksband.

Im Jahr 1916 stiftete der Großmeister Frá Galeazzo Thun-Hohenstein für das Großpriorat Böhmen und Österreich das „Verdienstkreuz des Souveränen Malteser Ritterordens", welches in vier Stufen zur Verleihung kam. Diese Stiftung wurde 1920 für den gesamten katholischen Ordensbereich bestätigt und 1928 das Verdienstkreuz in einen Verdienstorden umgewandelt. Die erste von 1916 bis 1920 verliehene Variante zeigt auf dem rückseitigen Mittelmedaillon die Jahreszahl 1916, während in der zweiten Ausführung das Medaillon anstelle der Jahreszahl ein achtspitziges Malteserkreuz aufweist. Im Jahr 1928 wurde das Verdienstkreuz – wie bereits erwähnt – in einen Verdienstorden umgewandelt. Von 1916 bis 1920 (bzw. mit geändertem rückseitigen Medaillon von 1920 bis 1928) wurden folgende Stufen verliehen:

a) **Verdienstkreuz** [Tafel 14, Nrn. 19, 20]: weiß emailliertes Kreuz mit Wappenschild in der Größe von 4,6 cm, getragen an einem schwarzen Halsband bzw. für Kriegsverdienste an einem schwarzen Halsband mit rot-weißen Randstreifen. Das Halskreuz konnte auch als Brustdekoration am Dreiecksband getragen werden, in diesem Fall wurde das Wappenschild auf das Band aufgelegt.[14]

b) **Verdienstbrustkreuz** [Tafel 14, Nr. 21]: weiß emailliertes Kreuz in der Größe von 4,2 cm, getragen an einem schwarzen Dreiecksband bzw. für Kriegsverdienste an einem schwarzen Dreiecksband mit rot-weiß längsgestreiftem Rand.

c) **Goldenes Verdienstehrenzeichen** [Tafel 14, Nr. 22]: goldenes[15] Kreuz in der Größe von 4,2 cm, getragen an einem schwarzen Dreiecksband bzw. für Kriegsverdienste an einem schwarzen Dreiecksband mit rot-weiß längsgestreiftem Rand.

d) **Silbernes Verdienstehrenzeichen** [Tafel 14, Nr. 24]: silbernes Kreuz in der Größe von 4,2 cm, getragen an einem schwarzen Dreiecksband bzw. für Kriegsverdienste an einem schwarzen Dreiecksband mit rot-weiß längsgestreiftem Rand.

Neben den erwähnten vier Stufen des Verdienstkreuzes existierte zusätzlich noch eine eigene Verdienstmedaille, die in drei Stufen zur Verleihung kam:

Ehren- und Devotions-Großkreuz [Tafel 10, Nr. 2]: Halskreuz wie Profeß-Bailli.

Ehren- und Devotions-Großkreuz-Damen:

Schulterband: 8 cm breites Moiré-Ordensband mit gezackten Bandenden; das 4,5 cm große Malteser-Kreuz wird an einer Schleife getragen, die auch als Zusammenfassung dient.

Großkreuz: An 5 cm breiter, schwarzer Damenmasche ein 4,5 cm großes Malteser-Kreuz. Das Ordensband ist an den Rändern mit goldgestickten Zweigen des Christdorns verziert. Das gekrönte Kreuz wird an einer goldenen Metallschleife mit dem Wappenschild des Ordens getragen.

Ehren- und Devotionsritter [Tafel 11, Nr. 4]: 5,2 cm großes Malteser-Kreuz am 4 cm breiten, schwarzen Moiré-Halsband. Das Kreuz, mit goldenen Doppeladlern in den Kreuzwinkeln, wird von einer goldenen Krone überhöht und an einer Trophäe mit dem Wappenschild des Ordens getragen.

Ehren- und Devotionsdamen [Tafel 11, Nr. 8]: 4,5 cm großes Malteser-Kreuz mit Krone an einer 4 cm breiten Damenmasche. Die Verbindung zur Masche wird durch eine goldene Metallschleife mit dem Wappenschild des Ordens hergestellt.

7. **Konventualkaplan ad honorem:**

Konventualkaplan-Großkreuz ad. h.: 5,2 cm großes Malteserkreuz mit goldener Krone am schwarzen, 5 cm breiten, goldbestickten Ordensband. Die Verbindung zwischen Krone und Ordensband wird durch eine goldene Metallschleife mit dem Wappen des Ordens hergestellt.

Konventualkaplan ad. h. [Tafel 12, Nr. 9]: Ordenskreuz wie Konventualkaplan an einem 4 cm breiten, schwarzen Moiré-Halsband.

8. **Gratial- und Devotionsritter und -damen:**

Gratial- und Devotions-Großkreuz [Tafel 13, Nr. 15]:

Schulterband: das 5,2 cm große Malteser-Kreuz mit goldener Krone wird an einem 10 cm breiten Moiré-Ordensband mit einem 2 cm breiten, weißen Mittelstreifen getragen. Schulterband und Großkreuz werden gesondert verliehen.

Großkreuz: Ordenszeichen wie Gratial- und Devotionsritter, jedoch mit goldbesticktem Halsband.

Gratial- und Devotionsritter [Tafel 13, Nr. 16]: Kreuz und Band wie Ehren- und Devotionsritter, jedoch statt der Trophäe das Wappenschild des Ordens von einem Helm mit gekreuzten Schwertern überhöht.

Gratial- und Devotionsdamen: Das 4,5 cm große Ordenskreuz mit goldener Krone wird – vom Wappenschild des Ordens gehalten – an einer 4 cm breiten Schleife getragen.

Die Entwicklung der Ordenszeichen

9. **Magistralkaplan** [Tafel 12, Nr. 12]: 4,5 cm großes Brustkreuz an einem 4 cm breiten Dreiecksband.
10. **Magistralritter:**
    Magistral-Großkreuz:
    Schulterband – das 5,2 cm große Malteserkreuz mit goldener Krone und Wappenschild wird an einem 10 cm breiten, schwarzen Moiré-Ordensband mit 2 cm breitem, roten Mittelstreifen getragen. Schulterband und Halskreuz werden gesondert verliehen.
    Großkreuz: Halskreuz wie Ehrenkonventual-Großkreuz. Die Ränder des 5 cm breiten, schwarzen Moiré-Halsbandes sind mit goldenen Streifen verziert.
    Magistralritter [Tafel 12, Nr. 9]: Halskreuz wie Großkreuz, jedoch nur 4,5 cm groß.
    Magistraldamen: 4,5 cm großes Ordenskreuz mit goldener Krone an einer 4 cm breiten, schwarzen Damenmasche.
11. **Devotionsdonaten- und -donatinnen:** Hier erfolgte noch keine Verlautbarung über das Aussehen der nunmehr einklassigen Insignien.

Verdienstauszeichnungen

Neben den Ordensinsignien der Mitglieder verleiht der Souveräne Malteser-Ritter-Orden an verdiente Persönlichkeiten auch Verdienstauszeichnungen, die in eine zivile und eine militärische Klasse unterteilt werden. Das Ordenszeichen ist in allen Klassen ein weiß emailliertes griechisches Kreuz mit gespaltenen Armen, besitzt einen goldenen Rand und wird – mit Ausnahme der beiden untersten Klassen – an einer goldenen Krone getragen. In der Mitte zeigt das Ordenskreuz ein Medaillon mit der goldenen Umschrift „MIL. ORDO EQUITUM MELI. BENE MERENTI" („Malteser-Ritter-Orden für den Wohlverdienten") auf weißem Grund. Diese Umschrift wird von einem weißen Malteserkreuz auf rotem Grund umfaßt. Beim Ordensstern befindet sich das beschriebene Ordenszeichen inmitten eines vier- bzw. achtstrahligen brillantierten Silber- oder Goldsterns.

Die zivilen Verdienstauszeichnungen „PRO MERITO MELITENSI" werden in folgenden Stufen verliehen:[20]

1. **Ordenskette (Kollane) mit Stern:** Diese höchste Stufe ist Staatsoberhäuptern vorbehalten; zu ihr gehört eine goldene Ordenskette mit dem Ordenszeichen (Größe 4,5 cm). Ferner wird auf der linken Brustseite ein achtstrahliger, brillantierter, goldener Ordensstern mit Krone (Größe 8,5 cm) getragen. Auf dem Avers ist die Devise MILITARIS ORDO EQUITUM MELITENSUM BENE MERENTI verzeichnet.

2. **Sonderstufe des Großkreuzes des Verdienstordens:** Bei dieser Stufe wird das Ordenszeichen (Größe 6 cm) an einem 10 cm breiten weißen Schulterband mit roten Randstreifen getragen; dazu gehört ein achtstrahliger, brillantierter, goldener Ordensstern mit Krone (Größe 8,5 cm). Das Schulterband wird von der rechten Schulter zur linken Hüfte getragen.
3. **Großkreuz des Verdienstordens mit Schulterband und Stern** [Tafel 15, Nr. 25]: Diese Auszeichnung entspricht in ihrer Gestaltung und Größe den Insignien der Sonderstufe mit dem Unterschied, daß der Ordensstern beim Großkreuz in silberner Ausführung verliehen wird. Damen tragen das Großkreuz (Größe 5 cm) an einem 8,5 cm breiten Schulterband mit roten Randstreifen, dazu einen achtstrahligen, brillantierten, silbernen Ordensstern mit Krone (Größe 7,5 cm).
4. **Großoffizierskreuz des Verdienstordens:** Hier wird das Ordenszeichen (Größe 5 cm) an einem 5 cm breiten, weißen Band mit roten Randstreifen am Hals getragen; dazu gehört ein vierstrahliger, brillantierter, silberner Ordensstern mit Krone (Größe 8 cm). Bei der Verleihung an Damen wird diese Stufe als „Verdienstkreuz mit Stern" bezeichnet, wobei der Ordensstern in 7 cm Größe verliehen wird.
5. **Kommandeurkreuz des Verdienstordens:** Auch bei dieser Stufe wird das Ordenszeichen – in gleicher Größe wie beim Großoffizierskreuz – an einem 5 cm breiten, weißen Halsband mit roten Randstreifen getragen. Bei einer Verleihung an Damen wird diese Auszeichnung als „Verdienstkreuz mit Krone" bezeichnet.
6. **Offizierskreuz:** Das Ordenszeichen (Größe 4,5 cm) wird an einem 3,5 cm breiten, weißen Band mit roten Randstreifen getragen. Zur Unterscheidung von der nächsten Stufe zeigt es auf dem Brustband einen 2 cm großen Schild mit dem Wappen des Malteser-Ritter-Ordens. An Damen wird diese Stufe als „Verdienstkreuz mit Wappen" verliehen.
7. **Verdienstkreuz:** Diese Auszeichnung wird in gleicher Größe wie das Offizierskreuz am Bande (jedoch ohne Wappenschild) getragen.

Von Damen werden die Verdienstauszeichnungen als Verdienstkreuz mit Stern [Tafel 16, Nr. 26], Verdienstkreuz mit der Krone (an einer 5 cm breiten Bandschleife), Verdienstkreuz mit Wappen und Verdienstkreuz (an einer 3,5 cm breiten Bandschleife) getragen. Das Band der zivilen Verdienstauszeichnungen ist weiß mit roten Randstreifen, bei der militärischen Version rot mit weißen Streifen an beiden Seiten. Die Ordensinsignien der militärischen Klassen entsprechen den zivilen Ausführungen, sind jedoch durch gekreuzte Schwerter an den Ordenszeichen und -sternen besonders gekennzeichnet.

Neben den Verdienstorden in den oben angeführten sieben Stufen werden vom Malteser-Orden auch noch Verdienstmedaillen in drei Stufen und zwar in

Die Entwicklung der Ordenszeichen

Gold,[21] Silber und Bronze verliehen. Es handelt sich dabei in allen drei Stufen um eine ovale Medaille, die auf der Vorderseite das Malteserkreuz in erhabener Prägung und auf der Rückseite die bei den Verdienstkreuzen übliche Inschrift „MIL. ORDO EQUITUM MELITENSIUM BENE MERENTI" zeigt. Die Medaillen werden an einem weißen Band mit roten Randstreifen getragen.[22]

Für Geistliche werden zwei besondere Ausführungen der Verdienstauszeichnung des Souveränen Malteser-Ritter-Ordens verliehen:

Großkreuz „PRO PIIS MERITIS": Das 6,5 cm große Kleinod wird an einem 6,5 cm breiten, schwarzen Band mit roten Streifen ähnlich wie bei einem Bischofskreuz vor der Brust getragen.

Verdienstkreuz „PRO PIIS MERITIS": 5 cm groß wird es an einem 6,5 cm breiten, schwarz-roten Dreiecksband auf der linken Brustseite getragen.[23]

Anmerkungen:

1 Waldstein-Wartenberg, Berthold: Rechtsgeschichte des Malteserordens. Wien, München 1969, S. 40.
2 Vgl. dazu: Wienand, Adam: Das Ordenskreuz der Johanniter/Malteser. In: Wienand, Adam (Hrsg.): Der Johanniterorden. Der Malteserorden. Der ritterliche Orden des Hl. Johannes vom Spital in Jerusalem. Seine Aufgaben, seine Geschichte. 2. Aufl. Köln 1970, S. 14f.
3 Waldstein-Wartenberg, Rechtsgeschichte, S. 102.
4 Vgl. dazu die Abbildung in: Prokopowski, Rudolf: L'Ordre Souverain et militaire Jerosolymitaire de Malte. Roma 1950, S. 75.
5 Waldstein-Wartenberg, Rechtsgeschichte, S. 161.
6 Die Ritter der protestantischen Ballei Brandenburg führten ab 1688 den brandenburgischen Adler als eigenes Attribut zwischen den Kreuzarmen. Vgl. dazu auch: Heyde, Wilhelm: Die altpreußischen Orden, Ehrenzeichen, Ehrenmedaillen, sonstige Auszeichnungen und ihre brandenburgischen Vorläufer (1707–1809). Osnabrück 1979.
7 Vgl. dazu: Spada, Antonio: Onori e glorie. Sovrano Militare di Ordine di Malta. o.O. o.J., S. 2–48.
8 Vgl. dazu: Breycha-Vauthier, Arthur: Tantur. Des Ordens Rückkehr ins Heilige Land. In: Annales de l'Ordre Souverain de Malte. Bd. 18 (1960), S. 63.
9 Nur die Ordensdonaten 2. und 3. Klasse tragen keine „Distinktion für Jerusalem".
10 Vgl. dazu: Michetschläger, Heinrich F.: Das Ordensbuch der gewesenen Österreich-Ungarischen Monarchie. Wien 1918/19, S. 203–223.
11 Die Maßangaben entsprechen den offiziellen Bestimmungen, welche aufgrund der langen Verleihungsdauer und unterschiedlicher Hersteller variieren konnten.
12 In zahlreichen Publikationen tauchen unterschiedliche Schreibweisen auf – der besseren Verständlichkeit wegen wird „Oboedienz" in der letzten, heute gebräuchlichen Schreibweise verwendet.
13 Das Kreuz „Pro piis meritis" wird auch heute noch an Geistliche, die sich um den Orden verdient gemacht haben, verliehen.
14 Sämtliche Stufen des Verdienstkreuzes konnten auch an Damen verliehen werden und wurde dann an der sogenannten „Damenmasche" getragen [vgl. Tafel 14, Nr. 24].

15 Die Bezeichnung „Goldenes Verdienstkreuz" nimmt lediglich auf die Klasse Bezug und steht nicht mit dem verwendeten Material in Zusammenhang. Die meisten Kreuze wurden in vergoldeter Ausführung hergestellt.
16 An Damen verliehen, wurden die Verdienstmedaillen an Damenmaschen getragen.
17 Gegenüber der alten Ordensverfassung werden künftig auch Damen in den Stand der Oboedienz-Mitglieder aufgenommen. Die Klasse der Justizdonaten wurde aufgelöst und in die Klasse der Magistralritter in Oboedienz überführt. Weiters wurden die drei Klassen der Donaten auf eine reduziert und auch Damen zugänglich gemacht.
18 Vgl. dazu: Kirchner, Heinz/ Truszcynski, Georg, von: Ordensinsignien und Auszeichnungen des Souveränen Malteser-Ritterordens. Köln 1974.
19 Bei Einführung der Institution der Oboedienzritter in den Orden im Jahr 1956 wurde als Kennzeichnung zunächst ein 5 cm großes Malteserkreuz mit Doppeladlern (für das Großpriorat Österreich bzw. die Schlesische Assoziation), welches auf einer rautenförmigen, schwarz emaillierten Grundplatte auflag, festgelegt [Tafel 13, Nr. 18]. In weiterer Folge entfiel die Grundplatte, so daß heute lediglich das Malteserkreuz mit den Doppeladlern getragen wird [Tafel 13, Nr. 17].
20 Vgl. dazu: Kircher/Truszcynski, Ordensinsignien, S. 28f.
21 Die Verdienstmedaille in Gold wird nicht mehr verliehen. Es erfolgten lediglich posthume Verleihungen an die im Vietnamkrieg gefallenen Helfer des MHD (Malteser-Hilfsdienst-Deutschland). Vgl. Truszcynski, Georg, von: Deutsche Malteser in Vietnam. In: Wienand, Adam (Hrsg.): Der Johanniterorden. Der Malteserorden. Der ritterliche Orden des Hl. Johannes vom Spital in Jerusalem. Seine Aufgaben, seine Geschichte. 2. Aufl. Köln 1970, S. 291–303.
22 Die Medaillen der militärischen Stufen zeigen auf der Vorderseite das Malteserkreuz mit gekreuzten Schwertern.
23 Sämtliche Verdienstauszeichnungen können am Zivilanzug in verkleinerter Ausführung als Miniaturen oder in Form von Knopflochrosetten getragen werden.

Andreas Löbbecke

Ordenstracht und Uniform

Grundzüge der Entwicklung der Ordenstracht

Die nur den geistlichen Ritterorden eigene Doppelfunktion von hospitalitärer geistlicher Gemeinschaft und militärischer Aufgabenstellung spiegelt sich beim Johanniter/Malteser-Ritter-Orden in einer bereits im Laufe des 13. Jahrhunderts vollzogenen Trennung von Ordenstracht und Kriegstracht wider. Zur Entwicklung der eigentlichen Ordenstracht gibt bereits die vor 1153 geschaffene, im wesentlichen auf der Augustinerregel beruhende Regel des Meisters Raymund du Puy erste Anhaltspunkte. So enthält die Kodifizierung neben einer allgemeinen Forderung nach einfacher Kleidung die Verpflichtung den Mantel mit einem Kreuz zu kennzeichnen.[1] Die Farbe des Kreuzes geht aus einer 1184 ausgestellten Bulle Papst Lucius III. hervor, der das Tragen eines weißen Kreuzes ausschließlich den Angehörigen des Johanniter/Malteser-Ritter-Ordens vorbehielt.[2] Den schwarzen Ordensmantel mit weißem, heraldisch nicht näher definiertem Kreuz erwähnt erstmals jene wichtige Bulle Alexanders IV., die den Ordensrittern im Jahr 1259 auch eine eigene Kriegstracht bewilligte.[3]

Die bei Militäreinsätzen, den sogenannten Karawanen, zu tragende Feldtracht bestand nach der Bulle von 1259 aus einem dem Ordensbanner nachempfundenen roten Waffenrock, dem ein weißes Balkenkreuz aufgelegt war. Dieser über dem Ringelpanzer getragene Waffenrock, dessen bewußte Vereinheitlichung wohl als erster Schritt zu einer militärischen Uniformierung bezeichnet werden kann, reichte zunächst bis zu den Knöcheln und erfuhr im Laufe des Spätmittelalters nicht zuletzt aufgrund der Entwicklung des Plattenharnisches eine sukzessive Verkürzung. Auch in der frühen Neuzeit als Kriegstracht beibehalten, nahm der nun hüftlange Überwurf im 18. Jahrhundert den Charakter einer über der Oberkleidung getragenen, eng anliegenden Supraweste an (Abb. 1).

Während Ordensmantel und Feldtracht, die seit 1278 statutenmäßig vorgeschrieben waren[4], im Laufe der Jahrhunderte keine grundsätzliche Veränderung erfuhren, unterlag die übrige Kleidung naturgemäß einem stetigen modischen Wandel, der sich anhand einschlägiger ikonographischer Quellen recht genau

Abb. 1 Ordensritter in Kriegstracht, um 1700

Abb. 3   Ordensritter in Kirchentracht, um 1700

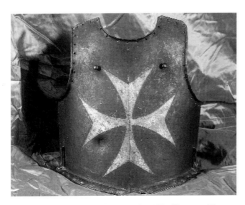

Abb. 2 Harnischbrust des Freiherrn Ernst von und zu Stadl, Anfang 18. Jh.

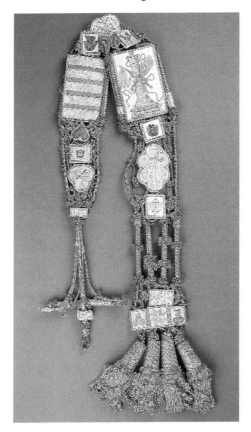

Abb. 4 Passionsschnur, die Fürstgroßprior Bailli Frá Heinrich Prinz von und zu Liechtenstein (1904–1914) seinen jeweiligen Nachfolgern zum Gebrauch widmete

nachvollziehen läßt. Die bildlichen Darstellungen des Mittelalters zeigen die Ordensangehörigen in der Regel im Ordensmantel mit Kapuze oder Barett und langer Unterkleidung.[5] Seit dem 16. Jahrhundert wurde nach Ausweis verschiedener Portraits vermehrt eine der jeweiligen Mode entsprechende, weltliche Kleidung getragen, wobei die Zugehörigkeit zum Orden durch das auf der Brust aufgenähte Malteserkreuz kenntlich gemacht wurde.[6] Für die frühe Neuzeit war auch der vielfach dargestellte Repräsentationsharnisch charakteristisch, dessen Bruststück durch getriebene oder ungeschwärzte Ordenskreuze geziert war (Abb. 2). Zu dem Manto di Punta genannten Ordensmantel, der mehr und mehr die Funktion der feierlichen Kirchentracht übernahm (Abb. 3), wurde seit 1663 die auch als Stola oder Manipel bezeichnete Passionsschnur geführt.[7] Die über eineinhalb Meter lange, mit reicher Goldstickerei besetzte Passionsschnur (Abb. 4), die auf fünfzehn Seidenflächen farbig aufgestickte Darstellungen der Arma Christi sowie Spruchbänder und Ordenssymbole aufweist, wird von Profeßrittern bis heute am Manto di Punta rückseitig in Halshöhe eingehängt und über den linken Unterarm getragen.[8]

Die Uniformen im Großpriorat Böhmen-Österreich

Im Großpriorat Böhmen, das die durch den Fall von Malta 1798 aus-

Abb. 5 Prinz Friedrich Schwarzenberg in Ehrenritteruniform, 1833

gelöste Krise im Gegensatz zu den übrigen Prioraten einigermaßen unbeschadet überstanden hatte, wurde wohl schon zu Beginn des 19. Jahrhunderts eine Uniform eingeführt, die in Details auf ältere Vorbilder zurückgeht.[9] Über die Uniformen der ersten Hälfte des 19. Jahrhunderts gibt eine durch Großprior Karl Joseph Graf Morzin erlassene und in Abschrift erhaltene Uniformierungsvorschrift, die den Mitgliedern des Großpriorats Böhmen in Form eines Circulars vom 12. August 1836 zur Kenntnis gebracht wurde, näheren Aufschluß.[10] Die Uniform bestand demnach aus einem hochgeschlossenen scharlachroten Frack mit schwarzen Samtaufschlägen, umgeschlagenen schwarzgefütterten Schößen und goldenen Epauletten mit eingesticktem silbernen Ordenskreuz. Die Kragen- und Ärmelaufschläge sowie die weit ausladenden geschweiften Brustaufschläge wiesen zunächst keinerlei Distinktion in der später üblichen Form genau genormter Goldstickerei auf. Als einziges Unterscheidungsmerkmal zwischen Justiz- und Ehrenrittern dienten die zweireihigen goldenen Knöpfe, die bei den Justizrittern durch das achtspitzige Ordenskreuz, bei den Ehrenrittern jedoch durch einen Anker gekennzeichnet waren (Abb. 5). Auch die zusammenstoßenden Ecken der Umschlagschöße waren bei den Justizrittern durch das silbergestickte Malteserkreuz geziert, während die Umschlagspitzen der Ehrenritter einen goldgestickten Anker aufwiesen. Wie die mit kleinen Goldknöpfen versehene Unterkleidung waren auch die Pantalons aus weißem Kaschmir gefertigt. Diese bis über die Stiefel reichenden Uniformhosen waren seitlich mit zwei breiten Goldborten und einem schmalen roten Mittelstreifen besetzt. Als Kopfbedeckung diente ein Stulphut ohne Federbesatz, der durch ein breites, schwarzmoiriertes Band mit goldener Schlinge eingefaßt, und durch goldene, mit roter Seide gefütterte Bouillonschleifen geziert war. Neben schwarzen Halsbinden waren für alle Ritter schwarze Stiefel vorgeschrieben, zu denen vergoldete Sporen zu tragen jedoch nur Profeß- und Justizritter berechtigt waren. Zur Uniform wurde ferner ein Degen geführt, dessen schwarzer Griff ein stählernes, flachreliefiertes Malteserkreuz zeigte.

Die Uniformierungsvorschrift von 1836 war von Großprior Morzin aus zwei Gründen erlassen worden. Einerseits hatten sich im Großpriorat Abweichungen von den bestehenden Adjustierungsnormen und eine damit verbundene – von Morzin wörtlich als Übelstand bezeichnete – Tendenz der Veruneinheitlichung bemerkbar gemacht. In diesem Zusammenhang untersagte der Großprior ausdrücklich das Tragen schwarzer Beinkleider sowie den Gebrauch schwarzverbrämter Borten an den Uniformhosen. Andererseits hatte Kaiser Ferdinand I. in diesem Jahr die seit 1815 als Hofkleidung vorgeschriebene Kniehose, die mit Strümpfen und flachen Schnallenschuhen zu tragen war, durch die bis dahin nur in der Zivilkleidung geduldeten Pantalons ersetzt. Vor dem Hintergrund dieser kaiserlichen Entschließung sah sich auch Großprior Morzin veranlaßt, den

Gebrauch der bisher getragenen Kniehosen zu verbieten und die bodenlangen Uniformhosen vorzuschreiben. Gleichsam als Ergänzung zur Adjustierungsvorschrift von 1836 erging am 14. März 1837 ein Schreiben des Bailli-Receveur Franz Graf Khevenhüller-Metsch an alle Komture, Profeß- und Justizritter, in dem diesen mitgeteilt wurde, daß die Ordensversammlung des Großpriorats Böhmen bereits im Dezember 1836 beschlossen hatte, goldbestickte Aufschläge als Unterscheidungszeichen zu den Ehrenrittern einzuführen[11] [Tafel 6]. Dieser aus einer mehrfach gewundenen Borte aus Goldstickerei bestehende Aufschlagbesatz, der vom Großprior selbst ausgewählt und bei der Firma Alkens in Auftrag gegeben wurde, blieb in der damals festgelegten Form bis weit in das 20. Jahrhundert bestehen.

Die Uniformierungsvorschrift von 1870

Nachdem die Malteseruniform im Großpriorat Böhmen seit der Normierung von 1836/37 mehr als dreißig Jahre keine wesentlichen Änderungen mehr erfahren hatte, brachte die unter Großprior Franz Graf Kolowrat-Krakowsky im Jahre 1870 erlassene, gedruckte Uniformierungsvorschrift eine tiefgreifende Veränderung des Erscheinungsbildes des uniformierten Ordensangehörigen mit sich. Die gedruckte Vorschrift[12], die am 24. Februar 1870 publiziert wurde, trägt nicht nur dem fortschreitenden Wandel der Uniformmode, sondern auch einer stets komplexer werdenden Mitgliederstruktur des Ordens Rechnung. Neben den Uniformen der im späteren 19. Jahrhundert an die Seite der Ehrenritter tretenden Magistralritter berücksichtigt die detaillierte Regelung auch die Adjustierung der meist bürgerlichen Donaten, die zumindest in der ersten Jahrhunderthälfte vom Tragen der Uniform ausgeschlossen waren. Bei den Profeßrittern unterscheidet die Vorschrift zwischen Kirchentracht und Hofuniform; bei den Ehrenrittern, Magistralrittern und Donaten werden die Inhaber der Distinktion für Jerusalem[13] und Mitglieder ohne Distinktion getrennt behandelt, obwohl deren Uniformen teilweise nur marginale Unterschiede aufwiesen und eine Differenzierung in erster Linie durch eine unterschiedliche Gestaltung der Überhöhungen der Ordensinsignien erfolgte. Im Detail beschreibt die Adjustierungsvorschrift zwölf mehr oder weniger verschiedene Uniformtypen, die die strenge Hierarchie des Ordens widerspiegelten und in dem kompliziert gestuften System der Ordensinsignien weitreichende Entsprechung fanden.

Die Kirchentracht der Baillis (Abb. 7 und Tafel 6) bestand aus einem bis zur Mitte des Oberschenkels reichenden, rückwärts geschlitzten Waffenrock aus hochrotem Tuch, der mittels Haften geschlossen wurde und an der Seite zwei Hohlfalten aufwies. An den schwarzsamtenen Aufschlägen des Stehkragens war die bisher übliche gewundene einfache Goldstickerei angebracht, während die

Abb. 7   Bailli in Kirchentracht, nach 1870

Ordenstracht und Uniform

Abb. 8   Bailli in Hofuniform, nach 1870

Ärmelaufschläge doppelte Goldborten zeigten. Über dem Waffenrock trug der Bailli eine bis über die Hüften reichende Supraweste aus schwarz bordiertem Goldstoff. Diese enganliegende, durch vier seitliche Knöpfe fixierte Supraweste war durch das über den ganzen Brustkorb reichende achtspitzige Ordenskreuz aus weißem Leinen geziert. Während der Fastenzeit wurde die goldene durch eine schwarze Supraweste mit aufgelegtem Ordenskreuz ersetzt. Weiters trug der Bailli eine weiße Krawatte, ein weißes Hemd mit übergeschlagenem Halskragen, eine unten enge, an den Schenkeln mäßig weite Stiefelhose aus Kaschmir sowie hohe schwarze Reitstiefel mit großem Sporenleder und goldenen Anschnallsporen. Das Ordensschwert mit goldenem, mit dem weißen achtspitzigen Kreuz belegten Griff und abwärts gebogener Parierstange wurde in einer mit schwarzem Samt überzogenen Scheide geführt, deren Metallbeschläge verschiedene reliefierte Attribute des Ordens, wie Palmzweige, Dornenkrone und Pilgerstäbe, aufwiesen. Der Schwertgurt, ebenfalls aus schwarzem Samt, war durch zwei schmale Goldborten eingefaßt und durch einen doppelt gewundenen, goldgestickten Dornenzweig gekennzeichnet. Die Kopfbedeckung bildete ein schwarzer Samthut mit breiter, links aufgebogener Krempe und einer doppelt geflochtenen, von Rot und Gold durchwirkten Schnur, in die links vorne zwei weiße Straußenfedern eingesteckt waren. Wesentlicher Bestandteil der Kirchentracht blieb für alle Profeßritter natürlich weiterhin der schwarze Ordensmantel mit dem auf der linken Seite aufgenähten Ordenskreuz aus weißer Leinwand. Der Samtmantel war mit schwarzer Seide gefüttert und wurde durch eine mehrgliedrige Goldschließe zusammengehalten.

Die Hofuniform des Bailli (Abb. 8) unterschied sich von der Kirchentracht in mehreren Punkten. So erschien der Bailli bei Hof nicht in Ordensmantel und Reitstiefeln, sondern in weißen Pantalons mit zwei durch einen schmalen roten Streifen unterbrochenen Goldborten. Auf der Supraweste lagen zwei aufgeknöpfte Epauletten, in deren Mitte das silberne Malteserkreuz eingestickt war. Ferner wurden die hohen Reitstiefel durch schwarz lackierte Halbstiefel mit kleinen goldenen Knopfsporen ersetzt. Anstatt der zur Kirchentracht gehörigen langen Stulphandschuhe, die am Ende schwarz abgesteppt waren, wurden zur Hofuniform weiße Glacéhandschuhe getragen.

Der Komtur unterschied sich in seiner Kirchentracht vom Bailli nur durch die dunkelrote Supraweste, über deren Brustseite ein breites Balkenkreuz aus weißem Moiré gelegt war (Abb. 9 und Tafel 6). Ebenso wie der Bailli trat auch der Komtur bei Hof ohne Mantel und Reitstiefel, sondern mit Waffenrock, Supraweste, Epauletten, Pantalons und Halbstiefeln auf (Abb. 10).

Ordenstracht und Uniform

Abb. 9   Komtur in Kirchentracht, nach 1870

Abb. 10 Komtur Rudolf Graf Khevenhüller-Metsch in Hofuniform, um 1880

Die Kirchentracht des Justizritters (Abb. 11) entsprach im wesentlichen der des Bailli und Komturs, doch wiesen weder die goldbordierte, aus schwarzem Damast gefertigte Supraweste, noch der Ordensmantel aufgenähte Ordenskreuze auf. Als weitere Distinktionsmerkmale waren die nur einfache Goldstickerei auf den Ärmelaufschlägen des Uniformrocks sowie schwarze Sporen vorgeschrieben. Der breitkrempige Samthut war mit je einer schwarzen und einer weißen Straußenfeder geschmückt, wobei die schwarze Feder über der weißen zu situieren war. Die Hoftracht des Justizritters bestand ebenfalls aus rotem Waffenrock, schwarzer Supraweste mit Epauletten und weißen Pantalons.

Ehrenritter mit Distinktion für Jerusalem (Abb. 12) trugen einen hochroten, bis zur Mitte des Oberschenkels reichenden Waffenrock, der mit goldenen Epauletten mit aufgesticktem silbernen Malteserkreuz und mit zwei Knopfreihen versehen war. Die schwarzsamtenen Kragen- und Ärmelaufschläge sowie die charakteristischen asymmetrischen Brustaufschläge waren durch eine einfache geschwungene Goldborte geziert. Während die mit breiten gold-roten Borten besetzten Uniformhosen und die schwarz lackierten, halbhohen Lederstiefel ganz der Hofuniform der Baillis und Komture entsprachen, war der breitkrempige, links gestulpte Hut zwar mit der doppelt geflochtenen Goldschnur umschlungen, jedoch mit zwei schwarzen Straußenfedern geschmückt. Schwert, Schwertgurt und Glacéhandschuhe glichen völlig jenen der Baillis und Komture. Ehrenritter ohne Distinktion für Jerusalem unterschieden sich insofern, als die Aufschläge des Uniformrocks keine Stickerei aufwiesen und der Hut nur durch eine einfache Goldschnur mit lediglich einer schwarzen Straußenfeder geziert war. Weniger auffällige Unterschiede wies darüberhinaus die Scheide des

Ordenstracht und Uniform

Abb. 11 Justizritter in Kirchentracht, nach 1870

Abb. 12 Uniform der Ehrenritter, nach 1870

Abb. 13 Uniform der Magistralritter, nach 1870

Abb. 14 Uniform der Donaten, nach 1870

Ordensschwertes auf. Die Metallbeschläge der Scheide der Ehrenritter mit Distinktion zeigten nämlich verschiedene reliefierte Ordensattribute, während die Beschläge der Ehrenritter ohne Distinktion flach gearbeitet waren. Bei kühler Witterung wurde von allen Ehrenrittern wie auch von Magistralrittern und Donaten eine Pelerine aus schwarzem Wollsamt mit Kapuze getragen, deren Knöpfe, wie jene der Uniform, das achtspitzige Ordenskreuz zeigten.

Die Uniform des Magistralritters mit Distinktion für Jerusalem (Abb. 13) glich jener des Ehrenritters ohne Distinktion, nur entfiel das goldgestickte Dornenornament des Schwertgurtes. Das Erscheinungsbild des Magistralritters ohne Distinktion unterschied sich überhaupt nur durch das Ordenszeichen.

In etwas anderer Form präsentierte sich die Uniform des Ordensdonaten (Abb. 14). Der Waffenrock entsprach dem von Ehrenrittern ohne Distinktion und Magistralrittern getragenen Typus, doch waren beim Donaten keine Epauletten vorgesehen. Als weitere Unterscheidungsmerkmale dienten Pantalons mit einfacher Goldborte, Stiefel ohne Sporen, schwarze Schnallen am Schwertgurt und der Schwertgriff ohne aufgelegtes Ordenskreuz. Abgesehen von differenzierten Ordenszeichen unterschieden sich die Donaten ohne Distinktion durch eine geringfügig abweichende Gestaltung der Scheidenbeschläge, die ähnlich wie beim Ehrenritter ohne Distinktion keine erhaben gearbeiteten Ordenssymbole aufweisen.

Ergänzungen zur Uniformierungsordnung

Obwohl die 1870 publizierte Uniformierungsvorschrift in ihren Grundzügen bis nach dem Zweiten Weltkrieg in Geltung blieb, erfuhr sie doch im Laufe der Zeit noch einige Ergänzungen und Abwandlungen. So wurde in den 80er Jahren des 19. Jahrhunderts für den Rang des Ehren- und Devotions-Großkreuz-Baillis, dessen Grad die höchste Würde für einen Angehörigen der dritten Klasse darstellte, eine Uniform eingeführt, die sich einigermaßen von jener der Ehrenritter unterschied. Der Ehrenbailli trug neben der – allerdings nicht obligatorischen – Großkreuzschärpe einen roten Waffenrock, dessen schwarze Samtaufschläge durch eine doppelte Goldborte gekennzeichnet waren, sowie einen schwarzen Hut mit zwei weißen Straußenfedern.[14] Für die Justizritter wurde wohl ebenfalls in den 80er Jahren eine weitere Uniform geschaffen, die sich zunächst von der Uniform der Ehrenritter mit Distinktion offenbar nur durch den Hut mit einer weißen und einer schwarzen Feder unterschied.[15] Dieser Typus wurde jedoch bald durch die Uniform mit ganz weißen Aufschlägen ersetzt.

An weiteren mehr oder minder einschneidenden Veränderungen ist die wohl um die Jahrhundertwende erfolgte Einführung der Zweispitze für die Angehörigen der dritten Klasse zu nennen. Die schwarzen Zweispitze, die in den übrigen Prioraten als Standardkopfbedeckung dienten, waren durch eine rot-weiße Kokarde mit goldener Agraffe geziert. Während die Zweispitze der Ehrenbaillis durch weißen Federbesatz geschmückt waren, wiesen diejenigen der Ehrenritter schwarze Plumage auf. Im Jahre 1905 wurden die weißen Uniformhosen durch dunkelblaue Pantalons mit doppelten goldenen Borten mit rotem Passepoil ersetzt.[16]

Seit dem Ende des Ersten Weltkrieges wurde bis zur Einführung der Kukulle auch von den Mitgliedern der dritten Klasse zu feierlichen Gelegenheiten ein schwarzer Mantel mit aufgesticktem, jedoch nur in Umrissen dargestellten Malteserkreuz getragen, der entweder mit der Uniform oder mit einem schwarzen Anzug mit Frackkragen und weißen Handschuhen kombiniert wurde.

Ergänzend sei noch auf die bei den diversen Hilfszügen im späteren 19. Jahrhundert getragene Felddienstuniform hingewiesen, über deren Aussehen eine

Abb. 15: Gruppenaufnahme der Mitglieder des Spitalzuges A während des Ersten Weltkrieges in Felddienstuniformen. Stehend von links: Chefarzt Dr. Jurié von Lavandal, Karl Heinrich Graf von Bardeau, Rittmeister Graf und Marchese Alfons Piatti, Franz Joseph Graf zu Hardegg. Sitzend: Fürstgroßprior Rudolf Graf zu Hardegg. Die Schwestern sind leider namentlich nicht bekannt.

kurze undatierte Adjustierungsordnung einige Informationen bietet.[17] Die aus schwarzem Samt gefertigte Uniform bestand aus einem nicht taillierten Uniformrock mit zwei Brusttaschen, einer einreihig geknöpften Weste und mäßig weiten Stiefelhosen. Neben einem in der Form der österreichischen Militärmäntel geschnittenen Feldmantel mit Kapuze trugen die Ritter eine den österreichischen Marinekappen nachempfundene Mütze mit Seidenborten und dem zentral aufgelegten weißen Malteserkreuz. Diese Uniform wurde durch ein gerades Schwert, dessen brünnierter Griff gleichfalls mit einem weißen Ordenskreuz belegt war, ein goldenes Portepée und eine rot-weiße Armbinde komplettiert. Die Armbinde zeigte im unteren roten Feld das Malteserkreuz, während das obere weiße Feld das rote Genferkreuz aufwies. Die Ordensärzte führten im Felddienst ein etwas kürzeres Schwert und ein kleines chirurgisches Besteck an einer über dem Rock zu tragenden Steckkuppel aus schwarzem Leder. Anstelle der schwarzen Felddienstuniformen, die spätestens seit Beginn des Ersten Weltkrieges mit Distinktionen ausgestattet waren, wurden 1916 ähnlich geschnittene feldgraue Uniformen mit schwarzen Lederkoppeln und einer fallweise getragenen Mütze, in der Art der Offiziersfeldmützen, eingeführt (Abb. 15).

Nach dem Zweiten Weltkrieg kam die Ordensuniform in Österreich langsam außer Gebrauch und wurde um 1960 durch die Kukulle ersetzt.[18] Die nur als Kirchentracht getragene Kukulle stellt sich als kuttenartig geschnittene, aus schwarzem Tuch gefertigte Gewandung mit weiten Ärmeln und weißen Umlegekragen und Armaufschlägen dar. Die Brust der Kukulle ziert ein 25 cm großes Malteserkreuz, dessen unterschiedliche Ausführung den Rang des Trägers bezeichnet. Während den Kukullen der Ehren- und Devotionsritter und der Gratial- und Devotionsritter ein in weißen Umrissen dargestelltes Kreuz mit vier weißen Doppeladlern in den Kreuzwinkeln aufgelegt ist, führen Magistralritter dasselbe Kreuz ohne Doppeladler in den Winkeln; das Kreuz der Donaten ist durch den fehlenden oberen Kreuzarm gekennzeichnet. Oboedienzritter tragen über der Kukulle ein rot bordiertes Skapulier mit einem der Kategorie des Ritters entsprechenden Malteserkreuz, während Profeßritter den traditionellen Manto di Punta benützen. Die auch in Österreich nie offiziell abgeschaffte Ordensuniform steht in Rom und in einigen Prioraten bei feierlichen Anlässen weiterhin in Gebrauch.

Anmerkungen:
1 Delaville Le Roulx, Joseph: Cartulaire général de l'Ordre des Hospitaliers de S. Jean de Jérusalem (1100–1310). 4 Bde. Paris 1894–1906, hier Bd. 1, Nr. 70, S. 68. Zur mittelalterlichen Ordenstracht vgl. Waldstein-Wartenberg, Berthold: Die Vasallen Christi. Kulturgeschichte des Johanniterordens im Mittelalter. Wien, Köln, Graz, 1988, S. 184f. u. 204f.; ders.: Rechts-

geschichte des Malteserordens. Wien, München 1969, S. 38f. u. 46; ders.: Das Malteserkreuz. In: Adler. Zeitschrift für Genealogie und Heraldik 7 (1967), S. 269f.
2 Delaville, Cartulaire, Bd 1, Nr. 700, S. 461.
3 Ebda, Bd. 2, Nr. 2928, S. 877.
4 Ebda, Bd. 3, Nr. 3670, S. 370.
5 Vgl. Sire, H. J. A: The Knights of Malta. Yale, New Haven, London 1994, S. 34 u. 42f.; Annales de l'Ordre Souverain Militaire de Malte 28 (1970), S. 5; Prokopowski, Rudolf: Ordre Souverain et Militaire Jérosolymitain de Malte. Rom 1950, S. 41. Die hier abgebildete Grabplatte des 1454 verstorbenen Großmeisters Lastic ist fälschlich mit 1554 datiert. Siehe auch Schlumberger, Gustave: Numismatique de l'Orient latin. Paris 1878, Tafel 9f. Die älteren Darstellungen zeigen zunächst tatzenkreuzartige, teilweise schon achtspitzige Vorformen des erst im 16. Jahrhundert aufgekommenen und als Malteserkreuz allgemein bekannten Kreuzes mit geraden, tief gespaltenen Armen.
6 Siehe die Abbildungen bei Prokopowski, S. 74–81.
7 Bonanni, Philipp: Verzeichnis der geist- und weltlichen Ritterorden. Nürnberg 1720, S. 68.
8 Vgl. Pierredon, Michel, Comte de: Insignes et Uniformes de l'Ordre Souverain des Hospitaliers de Saint-Jean de Jérusalem. Paris 1927, S. 17f. Zu den Arma Christi siehe Kirschbaum, Engelbert (Hrsg.): Lexikon der christlichen Ikonographie. 1. Bd. Rom, Freiburg, Basel 1968, Sp. 183–187.
9 Bereits im 18. Jahrhundert waren die auf Malta stationierten Truppen und die Besatzung der Galeeren sowie deren Offiziere, die meist von Ordensrittern gestellt wurden, nach Waffengattungen getrennt uniformiert. Vgl. dazu Dauber, Robert L.: Die Marine des Johanniter-Malteser-Ritter-Ordens. 500 Jahre Seekrieg zur Verteidigung Europas. Graz 1989, S. 67–73.
10 Allgemeines Verwaltungsarchiv, Hofkanzlei, Haupt-Staats-Archiv des Inneren, IV D 1, Adelsakten, Johanniterorden, Karton 647, Nr. 11.
11 Ebda.
12 Archiv des Souveränen Malteser-Ritter-Ordens, Wien [i. d. F. zit. ASMRO] o. Verf.: Tracht der Ritter und Donate des souverainen Ordens des heiligen Johann von Jerusalem im Großpriorate von Böhmen. Wien 1870. Vgl. Michetschläger, Heinrich F.: Das Ordensbuch der gewesenen Österreichisch-Ungarischen Monarchie. Wien 1919, S. 219f.
13 Die Distinktion für Jerusalem wurde denjenigen Mitgliedern des Großpriorats zuteil, welche die von Justizritter Bernhard Graf Caboga seit 1868 betriebene Errichtung eines Hospitals in Tantur bei Bethlehem durch großzügige Geldspenden ermöglichten. Vgl. Breycha-Vautier, Arthur: Tantur. Des Ordens Rückkehr ins Heilige Land. In: Annales de l'Ordre Souverain Militaire de Malte 18 (1960), S. 60–63, hier S. 60.
14 Montagnac, N. N.: L'ordonance des Chevaliers Hospitaliers de Saint-Jean de Jérusalem (Malte). Description de l' Uniforme et des Insignes. Paris 1893, S. 76f.
15 Ebda, S. 53f.
16 ASMRO, Maschinschriftlicher Anhang zur Uniformierungsvorschrift von 1870. Vgl. dazu die zahlreichen Abbildungen bei Pierredon, Insignes. Siehe auch Bertini Frassoni, Carlo Augusto: Il Sovrano Militare Ordine di S. Giovanni di Gerusalemme detto di Malta. Roma 1927, S. 89–101 u. Sovrano Militare Ordine di Malta, Ruolo Generale ufficiale del Gran Magisterio. Milano 1949, Beilage n. S. 71.
17 Kriegs-Tracht der Ritter des souverainen Malteser-Ritter-Ordens im Grosspriorate Böhmen. o. J. [um 1880]; ASMRO, handschriftlicher Anhang zur Uniformierungsvorschift von 1870.
18 Bulletin officiel du Grand Magistère de l' Ordre S. M. H. de Malte 7 (1960), Nr. 4.

Christian Steeb/Richard Steeb

Von der historischen Entwicklung der Aufnahmeerfordernisse im Johanniter/Malteser-Ritter-Orden bis zu den heute im Großpriorat von Österreich gültigen Bedingungen

Bald nachdem der Orden seine kriegerische Tätigkeit begann, ergab sich eine Trennung der Mitglieder in verschiedene Klassen.[1] Wer unter die „Fratres milites" aufgenommen werden wollte, mußte verständlicherweise befugt sein, ritterliche Waffen zu führen. Es war daher unerläßlich, vor der Ablegung des Ordensgelübdes den Ritterschlag erhalten zu haben. Der Ritterschlag wiederum stellte den, der ihn empfangen hatte, auf die selbe Stufe wie jene, welche dem hohen Adel (nobilium hominum) entstammten.[2] Freigeborene konnten durch Tapferkeit, Ansehen und Stellung zusammen mit dem in Entstehung begriffenen niederen Adel zum Ritterschlag zugelassen werden. Erst die „constitutio regni Siciliae" Friedrichs II. aus dem Jahr 1231 verhinderte den Aufstieg in den Ritterstand aus nichtadeligen Kreisen.[3] Fortan konnte nur mehr der Kaiser eine Standeserhöhung durchführen. Ähnliche Bestimmungen wurden in Frankreich und in verschiedenen Teilen Spaniens eingeführt, wobei die Cortes Kataloniens 1235 folgendes bestimmten: „Statuimus quod nullus faciat militem, nisi filium militis".[4] In Frankreich ging man weiter und verlangte die adelige Abstammung beider Elternteile. In Deutschland war eine derartige Abschließung des Ritterstandes nach unten zunächst nicht erfolgt, dennoch aber begannen die Domstifte mit der Einführung von Ahnenproben.

Für die Johanniter wurde 1262 erstmals festgelegt, daß nur Söhne von Rittern oder Nachkommen adeliger Familien in den Orden aufgenommen werden konnten. Es ergab sich daraus bald eine Spaltung in Ritter und Servienti, wobei letztere gelegentlich in die Klasse der Ritter aufsteigen konnten. Diese Tatsache fand erst durch die Beschlüsse des Generalkapitels von 1357 sein Ende.

Seit die Statuten unter Großmeister Hugo de Revel (1258–1277) davon sprachen, daß kein Prior oder Bailli des Ordens jemand „in fratrem militem" aufnehmen sollte, der „nisi descendat ex parentela, que ipsum dignum reddat", war die Aufnahme auf Angehörige des Adels bzw. Personen ritterlicher Abstammung beschränkt worden.[5]

Die im Generalkapitel von 1555 beschlossenen Statuten des Ordens, die 1556 auch in „lingua toscana" gedruckt wurden, sprachen erstmals davon, daß Bewerber um die Aufnahme „ch'egli provi auticamnente d'esser nato di padre e madre nobili di casato et d'insegne o vero arme". Während hier die Aufnahme von adelig geborenen Eltern abhängig gemacht wurde, sollten gemäß der Auslegung des Großmeisters d'Omedes (1536–1553) darunter auch die „avoli et avole paterne et materne", also die beiderseitigen Großeltern, zu verstehen sein.[6]

Weiter ging dann das Großkapitel des Jahres 1603, welches die vorgenannte Regelung d'Omedes bestätigte und darüber hinaus den Nachweis des Alters des Adelsstandes der Familie des Aufzunehmenden im Mannesstamme – damit ist die direkte väterliche Linie gemeint – auf hundert Jahre ausdehnte. Der Bewerber mußte zudem der „Nobilità generosa" entstammen, die allgemein anerkannt (universale) und nicht nur lokal (locale) Bedeutung haben sollte. So unpräzise sich diese Formulierungen anhören, wurden sie von den jeweiligen Zungen des Ordens auch ausgelegt. In Frankreich ging man beispielsweise laut Dekret vom 14. November 1673 dazu über, den Nachweis des Alters des Adels einer Familie auf 116 Jahre – entsprechend den aber lediglich in Frankreich geltenden gesetzlichen Bestimmungen einer Eintragung in das Adelsregister – auszudehnen.[7]

Zusammenfassend kann davon ausgegangen werden, daß zumindest seit dem 16. Jahrhundert im Orden die Vierahnenprobe, d.h. die Abstammung von adelig geborenen Großeltern, Voraussetzung zur Aufnahme war. Diese Art der Probe ist wahrscheinlich durch das Aufkommen von Turnierordnungen, wie beispielsweise der von Heilbronn im Jahre 1485, maßgeblich beeinflußt worden. Es hieß dort im Artikel 1:

> „Welche von iren vier Anen nicht Edl noch auch von irm Stammen nicht thurners genoss gesporn sind, das man dero kainen tailen [d.h. zum Turnier einteilen] noch zuelassen sulle […]."[8]

Dadurch wollte man in erster Linie die Teilnahme von Personen, die eben erst den Adelsstand erhalten hatten, verhindern. Neben dem „Uradel" war zu dieser Zeit ja bereits der „Briefadel" entstanden, von dem man sich durch diese Verordnung – genau wie vom aufstrebenden Patriziat der Städte – deutlich zu distanzieren versuchte.[9]

Durch das Gebot der ehelichen Geburt wurden überdies auch unehelich Geborene automatisch vom Turnier ausgeschlossen, denn diese galten, auch wenn sie den Namen des Vaters führen durften, als nicht adelig.

Ein weiteres gegen Ende des Mittelalters immer häufiger betontes Kriterium war das der ritterlichen Lebensführung. Aus diesem Grund führte natürlich auch die Ausübung eines „bürgerlichen Berufes" zum Verbot der Teilnahme an Turnieren und der Aufnahme in die zahlreichen Turniergesellschaften.[10] Die Turnier- und Rittergesellschaften, ein gesamteuropäisches Phänomen des Spätmittelalters, wurden dadurch zum Schauplatz einer langsam ausklingenden Renaissance des Rittertums, welches jedoch nicht mehr die Macht hatte andere aufsteigende Gruppen an der Beschneidung ihrer althergebrachten Standesprivilegien zu hindern.[11]

Die genannten Vorschriften treffen fast gleichlautend auch auf den Johanniter-Orden zu. Osterhausen schrieb noch im Jahre 1702, daß jeder zur Aufnahme Zuzulassende: „[…] noch von Juden/Türcken/oder anderen Ungläubigen/herkommen/noch Kauffmanschafft/ohne die von Genoa, Florenz, Luca unnd Siena (welches sich dannoch nicht auff deß Praetendenten Person/erstreckt) getrieben/und ob zwar/in denen anderen Nationen der grossen Potentaten und Sopranen Herrn/uneheliche Söhne/angenommen werden/so haben doch die Teutschen/sich hierzu niemahls verstehen wollen/sondern sie allzeit außgeschlossen und verworffen […]".[12]

Um die Wende des 16. zum 17. Jahrhundert setzte sich bei fast allen Zungen des Ordens die Einführung noch anspruchsvollerer Ahnenproben durch.[13] Den deutschen Sprachraum beeinflußte in diesem Zusammenhang besonders, daß nach dem unaufhaltsamen Niedergang der Ritter- und Turniergesellschaften die Kirche verstärkt in das Geschehen eingriff. Johann Georg Estor berichtet dazu, was der Jesuit Menestrier in seinem Buch „science de la noblesse, ou la nouvelle méthode du blason" in diesem Zusammenhang angibt:

„Les preuves de Noblesse se sont fait longtemps en Allemagne par les Tournois, et insensiblement elles s'i introduisirent dans les principales Eglises, ou elles sont necessaires pour pouvoir i etre reçu […]."[14]

Dazu heißt es bei Estor, am Beispiel von Osnabrück:

„Das Domcapitel in Osnabrück hat ihm (dem Bischof Erichen) zu dancken, daß er vom papst Leo dem X. ein bull vom dato Rom den 17. iul. 1517 erhalten vermöge welcher kein der rechten gewürdigter, er sey auch was für einer facultät er wolle, zum domherrn angenommen werden solle; er wäre denn aus dem freyherren oder adelsstand von beyderseits ältern aus rechtmäßiger ehe geboren. Die bewegursache des papstes lautet also: dieweil der adel wegen seines ansehens bey grossen herren die stiftsgüter ehender beyzubehalten, vermögend wäre. Unter solchen nichtigen vorwande hat man fast überall die doctoren aus den hochstiften ausgebissen […]."[15]

Wie am zuvor gebrachten Beispiel festzustellen war, machten kirchliche Stellen für die Aufnahme in bestimmte Domkapitel die Verleihung bestimmter Pfründe etc. vom Nachweis der sogenannten Stifts- und Ritterbürtigkeit abhängig.
All dies führte durch die regionalen Unterschiedlichkeiten gesellschaftlicher und sozialer Gegebenheiten – auch im Zusammenhang mit der unterschiedlichen Entwicklung des Adels – in den einzelnen Zungen des Ordens bald zu

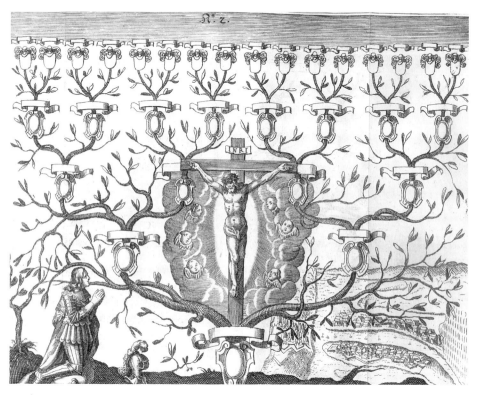

Ahnenprobe 16 Ahnen

grundsätzlich verschiedenen Auffassungen. Christian von Osterhausen geht darauf ein, indem er die Unterschiede der zur Aufnahme in den Orden geforderten Proben deutlich macht:

„Der jenige/welcher seine Proben zuthun begehret/meldet sich in Person (er were dann allbereit in dem Convent) auff dem Provincial Capitel/oder Assemblea, in welches Gebiet (ob schon von frembden und ausländischen Eltern) er gebohren/an/erweiset durch Recomendation Schrifften/an sonsten; seinen Stand und Alter/zeiget daß er von Sinne und Leibe wol disponiret und gesund/dann/wann er an einem/oder dem anderen/grossen Mangel hätte/köndte ihm die Commission nicht ertheilet werden/uberreichet/wann er Adeliches Standes/seinen Stammbaum/mit gemahlten Wappen, Namen und Zunnamen seiner Vorfahren/so viel in der Zungen/darinnen er aufgenommen zu werden begehret/(alldieweil die Proben der Nationen underschiedlich) ublich und vonnöthen.

In denen Französischen Zungen beweiset man/Vater/Mutter/Groß Vatter/Groß Mutter/Alt Vatter/und Alt Mutter/Vätterliches und Mütterliches Theiles/und also 8 Ahnen/in der Italienischen/(welche auch 200 Jahr des Adel Standes/Alterthum haben will) wie auch/in denen Spanischen viere/und bey den Teutschen/seyter etlichen Jahren hero/ an statt achte/sechzehen (mit Schilt und Helmen/wie in beygefügter Tafel zusehen) und die Capellanen und Frá Serventen, wie vor Alters/vier Ahnen [...]."[16]

Der oben wiedergegebene Absatz spricht bereits die wesentlichen Aspekte des Problems der Ahnenprobe an. Die französischen Zungen wie die italienische legten besonderen Wert auf die längere Zugehörigkeit der Familien zum Adel.[17] Spanier und Portugiesen hingegen forderten kein über hundert Jahre hinausgehendes Alter des Adels und blieben durch die besonderen Verhältnisse auf der Iberischen Halbinsel bei der alten Probe auf vier Ahnen.[18] Die Deutschen wiederum waren bestrebt, neben dem Alter auch nicht ebenbürtigen Verbindungen des damals noch in sich geschlossenen Adels möglichst entgegen zu treten. Dies führte in der Folge für die Deutsche Zunge, das Großpriorat von Böhmen (-Österreich) und Ungarn eingeschlossen, zur Entwicklung der Forderung des Nachweises von 16 adelig geborenen Ahnen [Tafel 1].[19]

Diese Regelung scheint erstmals seit dem Generalkapitel des Jahres 1631 zu bestehen, denn dieses führte die Probe mit den Worten: „[...] non modo juxta arboris delineationem a Capitulo provinciali alias transmissam [8 Ahnen] verum etiam pro sexdecim lateribus Aviarum, juxta antianam laudabilem consuetudinem eiusdem Vendi Prioratus" ein.[20]

Weiters wurde großer Wert darauf gelegt, daß sich in der obersten Reihe der Probe kein „Primus aquirens", also kein Adelserwerber, befand. Diese Regelung wurde beibehalten und noch im Provinzialkapitel von 1760 erneut bekräftigt.

Für Österreich von besonderer Wichtigkeit erscheint in diesem Zusammenhang ein Patent Maria Theresias vom 31. Mai 1766 in Zusammenhang mit der Stiftung der adeligen Damenstifte zu Prag und Innsbruck.[21] Dieses Patent bildete die erste veröffentlichte und in Folge auch weiterhin bis zum Ende der Monarchie im Jahre 1918 bindende Norm, auf welche Weise Ahnenproben in den Erblanden zu legen waren. Prinzipiell bestand eine solche Probe aus mehreren Teilen, nämlich einer Filiationsprobe d.h. dem Nachweis der direkten ehelichen Abstammung von Grad zu Grad, die durch kirchliche Tauf-, Trau- und Totenscheine bewiesen werden mußte, sowie der Adelsprobe. Diese war der Beweis der Ritterbürtigkeit, der durch die Vorlage der entsprechenden Adelsbriefe aller vorkommenden Familien, oder beglaubigter Abschriften derselben, sowie durch die Vorlage eines auf Pergament gemalten Stammbaumes zu erfolgen hatte. Dieser Stammbaum hatte sämtliche Wappen der Ahnen in der heraldisch richtigen Weise abzubilden. Besonderes Augenmerk war darauf zu richten: „Alle Wappen in jedem Quartiere, oder Grade, mit Schilde, Helme, Kleinodien und Helmdecken auch Abtheilung der Farben, wie sie von jeder Familie geführt werden" darzustellen.[22] Lagen dieser gemalte Stammbaum sowie alle notwendigen Dokumente vor, mußte er „von vier aus den ersten des Adels, jenes Landes, wo das Geschlecht [...] begütert ist [Tafel 3][23], sub fide nobili, und an Eides statt attestirt, unterschrieben, und mit ihren angebohrnen Insiegeln, gefertiget sein, welche letztere zu desto längerer Dauer sich in angehängten hölzernen Kapseln in Siegelwachs eingedrücket, und verwahret befinden sollen."[24]

Zurück zum Johanniter/Malteser-Ritter-Orden, der schon kurz zuvor, in einer Kapitelsitzung in Wien am 30. Mai 1760, folgende Regelung für das Großpriorat von Böhmen einführte, wobei sich diese auch auf die Kronländer Böhmen, Mähren, Schlesien, Ober- und Niederösterreich, Steiermark, Kärnten, Krain und Tirol bezog:

„Erstens: sind in jedes Feld des Stammbaumes die Namen und Zunamen der Ahnherrn und Frauen einzusetzen, und über jedes das Wappen mit den gehörigen Farben, Schild und Helm malen zu lassen, so dass also im ganzen Stammbaume einunddreißig Wappenschilde zu stehen kommen.

Zweitens: ist es erforderlich, dass die Nobilität, Adelsstand und Gleichförmigkeit der Wappen der oberen sechzehn Ahnen authentisch probirt werden, und zwar dergestalt, dass die in der obersten Reihe erscheinenden Namen nicht primi acquirentes sind; was man durch Diplome, landesfürstliche Donationes, Dekrete, nicht weniger auch durch Lehenbriefe, Grabschriften, Fundationsbriefe, Tabularextracte u. dgl. entweder im Originale oder in copia authentica beizubringende Dokumente ordentlich zu belegen und zu beweisen hat.

Drittens: ist durch derlei Allegata auch die Deszendenz oder die sogenannte Filiation zu probiren, damit nämlich nicht allein die richtige Abstammung genugsam erhelle, sondern auch für die geschlossene Ehe der Aeltern ein genügender Beweis aufgebracht werde.

Viertens: Ist bekannt und bereits erwähnt, dass diejenigen Kandidaten, welche in einem Lande, wo der Orden keine Güter besitzt, geboren sind, ex defectu limitum ausgeschlossen sind, als z.B. Ungarn[25], Baiern[26] etc."[27]

Im fünften Punkt wurde vorgeschrieben, daß eine Kopie der Probe des jeweiligen Kandidaten an das Archiv nach Malta zu senden war.[28] Das Original verblieb im Archiv des jeweiligen Großpriorates.[29] Erschwerend kam – im Gegensatz zur sonst in den Erblanden üblichen Handhabung – bei der Probelegung dazu, daß sich ein Kandidat nicht auf die Verleihung der Kämmererwürde[30], die Verleihung des Sternkreuzordens[31] an eine Ahnin oder die Genehmigung des Hofzutrittes, die z.B. nach der Ernennung zum wirklichen Geheimen Rat bzw. bei Damen mit der Ernennung zur k. k. (k. u. k.) Palastdame erfolgte, berufen konnte. Selbst die Mitgliedschaft eines Ahnen oder nahen Verwandten im Orden dispensierte nicht von der Pflicht der Vollständigkeit der zu legenden Probe.

Für den Eintritt minderjähriger Personen in den Orden war darüber hinaus ein Majestätsgesuch notwendig, welches in der Regel nach erfolgter Ablegung der Proben und der Zustimmung des Groß- bzw. später Fürstgroßpriors vom Kaiser positiv erledigt wurde. Die Aufnahme erfolgte dann mittels einer Dispensbulle nach Zahlung der Taxen und der Aufnahmegebühren (Droits de passage de Chancellerie).

Erfolgte die Aufnahme nach dem 15. Lebensjahr fiel lediglich die sogenannte Dispensbulle weg, alle anderen Voraussetzungen mußten aber erfüllt werden. Die vorgelegte Ahnenprobe wurde von zwei „Ordens-Comissarien" einer Prüfung unterzogen. Ihre Zustimmung entschied über die Zulassung des Aspiranten, welche formell durch eine großmeisterliche Aufnahmebulle erfolgte. Erst nach Erhalt dieser Bulle hatte der Aspirant (Proband) das Recht das Ordenskreuz zu tragen. Mit der Aufnahme als Justizritter (chevalier de justice) allein war aber noch nicht das Recht der Erlangung einer Kommende verbunden. Dieses erfolgte immer unter Beachtung der Anciennität und erst nach der Ablegung der feierlichen Gelübde (Profeß), welche nach den damals gültigen österreichischen Gesetzen erst mit vollendetem 24. Lebensjahr stattfinden durften.[32]

Im § 25 des Dokumentes aus dem Jahre 1760 heißt es:

„Die Verleihung des Ehren- (auch Devotions-) Kreuzes begründet kein anderweitiges Vorrecht, als dasjenige, dieses Ordenszeichen samt der Ordensuniform zu tragen, sie erfolgt übrigens auch zuweilen an Damen des hohen Adels.[33]

An souveräne regierende Fürsten und Prinzen wie auch an Mitglieder des höchsten Adels wird zuweilen das Grosskreuz verliehen, womit die Würde eines Ehren-Bailli's verbunden ist[34]; – die Verleihung des einfachen Devotions- oder Ehrenkreuzes erfolgt meistens über Ansuchen des betreffenden Kandidaten; nur in besonderen Fällen moto proprio des Herrn Großmeisters-Stellvertreters, und im letzten Falle immer unter Nachsicht der Taxen.[35] Die Erfordernissse für diese Auszeichnung sind hinsichtlich der Ahnen- und

Adelsproben diesselben [...] nur fällt die Geburt innerhalb der Limiten des Großpriorates hinweg."[36]

Österreichische Untertanen hatten dennoch in jedem Fall mittels eines Majestätsgesuches um die Erlaubnis, dem Orden angehören zu dürfen, einzukommen. Personen, die nicht österreichische Untertanen waren, hatten ein Ansuchen an die Gesandtschaft des Ordens in Wien zu richten, die nach Prüfung der Proben aus Rom eine Verleihungsbulle erbat.[37] War ein Träger des Ehren- (und Devotions-) Kreuzes verheiratet, mußte auch seine Frau ebenbürtigen Adels sein. Ging ein Ritter später eine unebenbürtige Ehe ein, so hatte der Orden das Recht die Verleihung zu annullieren.[38] Magistralritter wurden im 19. Jahrhundert meist Personen aus dem Adel mit besonderen Verdiensten um den Orden, die die vorgeschriebene Probe nicht zu legen vermochten. In seltenen Fällen kam es auch zur Verleihung des Großkreuzes.
Für die Aufnahme von Donaten wurde im 19. Jahrhundert keine Ahnenprobe, sondern nur die Herkunft von ehrbaren katholischen Eltern gefordert.

So seltsam es auf den ersten Blick erscheinen mag, sind die Grundsätze und prinzipiellen Erfordernisse der vorhin wiedergegebenen Bestimmungen zur Aufnahme als Ehren- bzw. Gratial- und Devotionsritter auch heute noch, nach zwei verheerenden Kriegen und den damit verbundenen sozialen Umwälzungen unseres Jahrhunderts, so gut wie unverändert gültig.[39]
Zur Aufnahme als Ehren- und Devotionsritter sind im Großpriorat von Österreich der Nachweis von 16 adeligen Ahnen (Ururgroßeltern) oder der Nachweis des 300-jährigen Adelsstandes im Mannesstamme nachzuweisen.[40]
Zur Aufnahme in den Stand der Gratial- und Devotionsritter, welcher am 20. März 1959 eingeführt wurde, sind der Nachweis von 8 adeligen Ahnen (Urgroßeltern) oder der Nachweis des 100-jährigen Adelsstandes im Mannesstamme zu erbringen.
Zur Aufnahme als Magistralritter sind besondere Verdienste um den Orden bzw. den Hospitaldienst die Voraussetzung. Eine Ahnenprobe ist nicht erforderlich.

Die heute gültigen Aufnahmekriterien für Mitglieder des Dritten Standes

Damen und Herren, die als Kandidaten für den Dritten Stand geeignet erscheinen und die nötigen Voraussetzungen erfüllen, werden vom jeweiligen Delegaten[41] nach vorausgegangenem Beschluß des Kapitels des Großpriorates angesprochen und zur Mitgliedschaft eingeladen.
Hierbei wird besonders darauf geachtet, daß die Angesprochenen gläubige und bekennende Mitglieder der römisch-katholischen Kirche sind.[42]

Bei Annahme der Einladung haben die Kandidaten, die mindestens volljährig sein müssen, die geforderten Unterlagen mittels eines persönlich unterfertigten Gesuches an den Ordensoberen beizubringen und ein Vorbereitungsjahr[43] zu absolvieren.

Im Großpriorat von Österreich sind üblicherweise folgende Dokumente vorzulegen, um die Voraussetzungen gemäß Artikel 113 des Codex[44] zu erfüllen: Ein schriftliches Gesuch an den Fürsten und Großmeister, der Taufschein des Bewerbers sowie ein allfälliger kirchlicher Trauungsschein, der Trauungsschein der Eltern, ein pfarramtliches Zeugnis und ein bischöfliches „nihil obstat", der Lebenslauf und ein Empfehlungsschreiben des zuständigen Delegaten. Bei Mitarbeitern in einem Hilfswerk des Ordens ist auch eine Empfehlung des jeweiligen Leiters beizulegen.

Für Ehren- bzw. Gratial- und Devotionsritter sind als Ahnennachweis eine durch Urkunden belegte Ahnenreihe bzw. ein Stammbaum und das jeweilige Wappen in Farbe beizubringen.

Die Einstufung der Ordensdamen erfolgt bei unverheirateten Damen gleichermaßen wie für die Ritter. Verheiratete Damen müssen, um als Ehren- bzw. Gratial- und Devotionsdame aufgenommen werden zu können, zusätzlich zu dem Ahnennachweis ihres Mannes auch selbst eine entsprechende Probe legen können.

Während seiner Vorbereitungszeit wird dem Kandidaten die Geschichte des Ordens, seine Spiritualität und Organisation erklärt, die Verfassung und der Codex nähergebracht sowie die Hilfswerke des Ordens vorgestellt. Die aktive Teilnahme bei einer Wallfahrt, einem Einkehrwochenende und die Mitarbeit in einem der Hilfswerke bzw. an den Ordensveranstaltungen ist hierbei verpflichtend.

Auf Empfehlung des Delegaten und nach Überprüfung der abgegebenen Dokumente durch das Kanzleramt, wobei auch bei Zweifeln der adelsrechtliche Ausschuß eingeschaltet werden kann, trifft der Fürstgroßprior mit dem Kapitel frühestens 11 Monate nach Zulassung zum Vorbereitungsjahr eine Entscheidung über die Aufnahmebeantragung an den Großmeister.

Nach einem positiven Beschluß des Souveränen Rates und Bezahlung der vorgeschriebenen Passagegebühr wird der Kandidat im Zuge einer feierlichen Hl. Messe, meist zum Hochfest des hl. Johannes des Täufers, in den Orden aufgenommen.

Hierbei verpflichtet sich das neue Ordensmitglied den römisch-katholischen Glauben zu bekennen, nach den Gesetzen und Lehren der Kirche zu leben, die Ziele des Ordens zu verfolgen, seine Gesetze, Pflichten und Regeln zu halten,

Armen und Kranken zu helfen und mit regelmäßigen Beiträgen die Werke des Ordens zu unterstützen.

Das Ordenskreuz erhält jedes neue Mitglied mit den Worten: „Empfange das Kreuz, eingedenk der Worte des Herrn: Wer mir nachfolgen will, der verleugne sich selbst, nehme täglich sein Kreuz auf sich, und so folge er mir nach."[45]

Ausdrücklich erinnert auch der Ordensobere im Aufnahmetext an das gegebene Versprechen: „Das achtspitzige Kreuz[46] soll sie ständig an ihr Versprechen erinnern, im Geist der uns von unserem Herrn Jesus Christus verkündeten acht Seligkeiten als Angehöriger des Souveränen Malteser-Ritter-Ordens zu wirken – innerhalb ihrer Familie, im Kreis ihrer Mitarbeiter, in der Öffentlichkeit, in Staat und Kirche."[47]

Verstößt ein Mitglied des Ordens gegen sein gegebenes Versprechen bzw. schadet er dem Ansehen des Ordens durch seine Handlungen, kann es durch den Oberen verwarnt und getadelt werden. Für eine Suspendierung oder gar einen Ausschluß ist jedoch eine Untersuchung durch den Ehren- und Disziplinarrat nötig. Die Mitglieder dieses Gremiums prüfen den anstehenden Fall und geben nach sorgfältiger Einvernahme aller Zeugen einen schriftlichen Bericht, der vom Ordensoberen nach Rom weitergeleitet wird, wo der Fall nochmals geprüft und schlimmstenfalls auf Ausschluß des betreffenden Ordensmitgliedes entschieden werden kann.[48] Damit verliert derjenige das Recht, länger die Ordensdekoration zu tragen und sich als Mitglied des Ordens zu bezeichnen.

Die Mitglieder des Zweiten Standes

Die Mitglieder des Zweiten Standes bilden die Ritter und Damen in Oboedienz, die gemäß Art. 9, § 2 der Verfassung die Promeß ablegen.

Voraussetzungen für die Zulassung sind ein Alter von mindestens 25 Jahren, eine 1-jährige Mitgliedschaft beim Orden, die schriftliche Zustimmung des allfälligen Ehegatten sowie der Nachweis des Bekennens des Katholischen Glaubens und darüber, daß kein kanonisches oder sittliches Hindernis entgegensteht.[49] Der Ordensobere schlägt nach schriftlichem Antrag und nach Erhalt der erforderlichen Nachweise, nach Einholung der Meinung des Kapitels dem Großmeister die Zulassung des Antragsstellers zum Probejahr vor. Über die Zulassung entscheidet der Großmeister mit Zustimmung des Souveränen Rates und bei Vorliegen eines „nihil obstat" des Ordensprälaten.

Das Probejahr unter geistlicher Begleitung beginnt und endet mit 5-tägigen Exerzitien und dient der Vorbereitung des Kandidaten über die Vorschriften, Geschichte und Tradition des Ordens, der Einführung in geistliche Übungen und die Praxis des Apostolates sowie der mit der Promeß verbundenen Pflichten.[50]

Der Oboedienzritter bzw. die Oboedienzdame binden sich durch ein besonderes Versprechen an ein Leben im Geist des Ordens. Sie sollen im Bereich der Werke sowie in Befolgung der Richtlinien ihrer rechtmäßigen Oberen nach christlicher Vervollkommnung streben.[51]

Hierzu sieht der Codex in Artikel 100 folgende Formel vor:

„Ich [Name] rufe den Namen Gottes an und verspreche: ich will die Gesetze des Souveränen Ritter- und Hospitalordens vom heiligen Johannes zu Jerusalem, genannt von Rhodos, genannt von Malta, getreu befolgen; ich will insbesondere die Pflichten, die einem Oboedienzritter (einer Oboedienzdame) obliegen, erfüllen und jedem Oberen, der mir gegeben wird, den schuldigen Gehorsam erweisen;

Hierzu helfe mir Gott der Herr, die heiligste unbefleckte Jungfrau, der heilige Johannes der Täufer, unser glorreicher Patron, der Selige Bruder Gerhard, unser verehrter Gründer, und alle Heiligen des Ordens".

Die Zulassung zur Ablegung der Promeß muß wiederum vom Ordensoberen mit Zustimmung seines Kapitels dem Großmeister vorgeschlagen werden und wird vom Großmeister nach Anhörung des Souveränen Rates und des Ordensprälaten erteilt.[52]

Als geistliche Pflichten obliegt den Mitglieder des Zweiten Standes durch tägliches Gebet und Tat ihren Mitbrüdern und -schwestern beizustehen, häufig die Hl. Messe zu besuchen, die Hl. Sakramente der Eucharistie und Buße zu empfangen und sich am Pfarrleben zu beteiligen.

Sie können nur aus schwerwiegenden persönlichen Gründen von ihrer Promeß wieder zurücktreten und in den Dritten Stand zurückwechseln.[53]

Erleichtert ist für sie jedoch der Zugang zum Ersten Stand, da sie das Noviziat sofort beginnen können.[54]

Die Mitglieder des Ersten Standes

Die dem Ersten Stand angehörenden Justizritter, auch Professen genannt, und die Profeß-Konventualkapläne haben das Gelübde der Armut, der Keuschheit und des Gehorsams abgelegt und streben so nach christlicher Vollkommenheit. Sie sind Religiosen mit allen Wirkungen des Kirchenrechts, haben sich nach den entsprechenden Vorschriften zu richten, sind aber nicht zu einem Leben in Gemeinschaft verpflichtet.[55]

Antragsvoraussetzungen für die Zulassung zum Noviziat als Mitglied des Ersten Standes sind eine mindestens 1-jährige Mitgliedschaft des Aspiranten beim Orden, der kein in der Ordensverfassung oder dem Codex oder im Kirchenrecht aufgeführtes Hindernis entgegensteht. Der Antragsteller muß weiters von rechter Absicht beseelt und geeignet sein, den Kranken und Armen Jesu Christi zu dienen und sich im Geist des Ordens in den Dienst der Kirche und des Hl. Stuhles zu stellen sowie den im Großpriorat vorgeschriebenen Erfordernissen gerecht werden.[56]

Nach sorgfältiger Prüfung und Beurteilung des Antragsstellers und der für die Zulassung vorzulegenden Dokumente[57] sowie nach Einholung allfälliger Zusatzauskünfte beantragt der Ordensobere mit Zustimmung seines Kapitels beim Großmeister das „nihil obstat" zum Beginn der Aspirantenzeit.

Während dieser Zeit von mindestens 3 bis maximal 12 Monaten wird der Aspirant von einem Profeßritter oder einem Spiritual begleitet, welcher einen schriftlichen Bericht über die Persönlichkeit, Lebensführung und Eignung dem Oberen abzustatten hat. Nach dem schriftlichen Antrag auf Zulassung zum Noviziat und dessen Genehmigung durch das Kapitel des Großpriorates und die Profeßmitglieder des Souveränen Rates obliegt die endgültige Zustimmung dem Großmeister selbst. Dieser ernennt auch den zuständigen Novizenmeister und seinen Assistenten, die den Novizen in die Charismen des Ordens „obsequium pauperum" und „tuitio fidei" theoretisch als auch praktisch einführen.[58]

Das Noviziat beginnt und endet mit Exerzitien von acht Tagen in einem geistlichen Haus und dauert ein volles Jahr.

Nach Zustimmung des Kapitels und auf Vorschlag des Großpriors gewährt der Großmeister mit Zustimmung der Professen des Souveränen Rates und des Ordensprälaten die Ablegung der Zeitlichen Gelübde.[59]

Gemäß dem Ordenszeremoniell gelobt der Novize vor dem Oberen oder dessen Beauftragten in Gegenwart zweier Zeugen folgendes:

„Ich [Name] gelobe Gott dem Allmächtigen, unter Anrufung des Beistandes Seiner Unbefleckten Mutter, des Heiligen Johannes des Täufers und des Seligen Gerhard, Armut und Keuschheit sowie Gehorsam auf die Dauer eines Jahres (dreier Jahre, auf ewig) gegenüber jedem mir gegebenen Oberen. Dieses Gelübde lege ich ab im Geiste der Statuten und Gesetze des Malteserordens."[60]

Während der ersten drei Jahre müssen die Zeitlichen Gelübde alljährlich, unmittelbar nach Ablauf des neu gewährten Zeitraumes von einem Jahr erneuert werden. Während der folgenden Triennien erfolgt die Erneuerung nur mehr nach Ablauf jedes Trienniums, wobei die Dauer der Zeitlichen Gelübde neun Jahre nicht überschreiten darf.[61]

Nach Ablauf der Zeitlichen Gelübde steht es dem Ritter frei in seinen vorigen Stand zurückzukehren, oder, wenn er die Voraussetzungen dafür erfüllt, nach wiederum notwendiger Zulassung durch letztlich den Großmeister bereits nach einem dreijährigen Noviziat[62] die Ewigen Gelübde abzulegen.

Eine durch das Großmagisterium beglaubigte Kopie der Urkunde über die Ablegung der Profeß wird auch im Archiv des Großpriorates aufbewahrt, und der Ordensobere hat auch für eine Eintragung in das Taufregister zu sorgen.

Auch Kleriker, die die Priesterweihe empfangen haben und sich unter der Führung des Ordensoberen der Seelsorge der Mitglieder, der karitativen und missionarischen Ordenswerke bzw. dem Dienst in den Kirchen des Ordens widmen wollen, können als Profeß-Konventualkapläne aufgenommen werden. Alle Bestimmungen des Codex über die Aufnahme in den Orden, das Noviziat und die Profeß finden auch hierbei Anwendung.
Die genaueren Verpflichtungen betreffend das Gelübde der Armut, der Keuschheit und des Gehorsams bzw. der allgemeinen Pflichten der Professen würden den Rahmen des Aufsatzes sprengen und sind den Kapiteln II und III des Codex zu entnehmen.

Das Kapitel

Dem Kapitel eines Großpriorates gehören der Fürstgroßprior, die Profeßritter und -kapläne, der Kanzler, der Rezeptor, der Hospitalier, zwei Vertreter des Zweiten Standes und zwei Vertreter des Dritten Standes an. Der Hospitalier und die zwei Vertreter des Zweiten und des Dritten Standes werden von der Prioratsversammlung, an der alle Mitglieder teilnehmen, auf 3 Jahre gewählt. Der Kanzler und der Rezeptor werden vom Fürstgroßprior nach Anhörung der Mitglieder des Ersten Standes aus dem Ersten oder Zweiten Stand ernannt.[63]

Dem Kapitel obliegen mit beschließender Stimme die Wahl des Großpriors, die Wahl der Mitglieder eines Engeren Rates, die Bildung einer Disziplinarkommission, die Ernennung und Abberufung aller im Dienste des Großpriorates tätigen Personen und Angestellten sowie die Festsetzung ihrer Vergütung, die Genehmigung des vom Rezeptor vorgelegten Jahresvoranschlages und Rechnungsabschlusses, die Annahme von Erbschaften, Legaten und Schenkungen, die Errichtung von Delegationen und alle wichtigen das Großpriorat betreffenden Entscheidungen.[64]

Der Fürstgroßprior

Der Fürstgroßprior selbst wird durch das Kapitel auf 6 Jahre gewählt, kann jedoch sein Amt erst nach Bestätigung durch den Großmeister mit Zustimmung des Souveränen Rates sowie nach Leistung des Amtseides antreten.[65]
Eine bis zu zweimalige Wiederwahl ist möglich, jedoch ist für die dritte Amtsperiode die 2/3-Mehrheit der Stimmen erforderlich.

Der Fürstgroßprior hat die rechtliche Vertretung des Großpriorates gegenüber Dritten, ernennt auf die Dauer von sechs Jahren nach Anhörung der Professen den Kanzler und Rezeptor aus den Reihen der Mitglieder des Ersten oder Zweiten Standes. Er beruft das Kapitel und die Vollversammlung ein.
Vor allem aber ist der Fürstgroßprior der religiöse Vorgesetzte und das hierarchische Oberhaupt aller der Jurisdiktion des Großpriorates unterstehenden Ordensmitglieder, des Ersten und Zweiten Standes. Für die Mitglieder des Dritten Standes gilt dies nur, insoweit es ihre Pflichten und Rechte als Mitglied betrifft.[66]
Er hat mit seinem Beispiel die religiösen Tugenden und die Treue gegenüber den dem Orden eigenen Verpflichtungen anzuregen und u.a. Ordensberufe zu wecken, Werke des Ordens voranzutreiben und die gedeihliche Entwicklung des Großpriorates zu überwachen.[67]
Hierbei kann der Fürstgroßprior durch einen Engeren Rat, der aus mindestens zwei, höchstens jedoch vier Mitglieder gebildet wird, beraten werden.[68] Unterstützt wird er auf jeden Fall durch die 3 Verwaltungsämter Kanzler, Rezeptor und Hospitalier.

Der Kanzler

Der Kanzler beaufsichtigt gemäß den Weisungen des Großpriors und unbeschadet der Befugnisse des Rezeptors die Amtsführung und die Geschäfte des Großpriorates. Er ist von Rechtswegen Sekretär des Kapitels.[69]

Der Rezeptor

Der Rezeptor verwaltet gemäß den Direktiven des Großpriors die Güter des Großpriorates und, soweit er dazu vom Großrezeptor (Comun Tresoro) delegiert ist, die territorialen Ordensgüter des Großpriorates und die Kommenden.[70]
Alle finanziellen Angelegenheiten werden von ihm überwacht, und er hat Jahresabschluß und Budget vorzubereiten.

Der Hospitalier

Der Hospitalier fördert, koordiniert und überwacht die karitativen Werke. Er soll das persönliche Engagement der Mitglieder fördern und regelmäßig über seine Tätigkeit im Kapitel berichten.[71]

Die Besitzungen des Großpriorates Österreich

Zu den Gütern des Ordens gehören noch acht Malteserkirchen und einige Kommenden in Österreich. Dies sind: die Rektoratskirche zum hl. Johannes dem Täufer in der Kärntnerstraße in Wien, die Filialkirche St. Johann in Unterlaa bei Wien, die inkorporierte Pfarre und Kommende Mailberg und die Kirche Groß-Harras in Niederösterreich, die Kommenden- und Pfarrkirchen Fürstenfeld und Altenmarkt in der Steiermark, die inkorporierte Pfarre Maria Pulst und die Kirche in Lebmach in Kärnten.

Der Orden finanziert sich zum großen Teil durch Einnahmen aus dem steirischen Waldbetrieb bei Ligist und dem Tourismusbetrieb auf der Hebalm in der Steiermark, weiters durch Pachteinnahmen des Weingutes in Mailberg sowie des Hotels Mailberger Hof in Wien und mehrerer Wohnungen.

Das Großpriorat von Österreich führt zwei Stiftungen und hat bisher sechs Hilfswerke gegründet, in denen freiwillige ehrenamtliche Helfer und Ordensmitglieder mitarbeiten.

Die Anzahl der Ordensmitglieder

Mit Stand vom 1. Juni 1999 gehören dem Großpriorat von Österreich 390 Ordensmitglieder aus Österreich, Slowenien und der Slowakei an.[72] Davon sind 6 Mitglieder des Ersten Standes (Justizritter), 16 Mitglieder des Zweiten Standes (Ritter in Oboedienz) und 368 Mitglieder des Dritten Standes.

Insgesamt gibt es hierunter 17 Geistliche Herren. Weiters kann in 208 Ehren- und Devotionsritter und -damen, 41 Gratial- und Devotionsritter und -damen, 114 Magistralritter und -damen sowie 5 Donaten unterschieden werden.

Anmerkungen:

1 Vgl. Zwehl, Hans Karl, von: Über die Entwicklung der Adelsproben im souveränen Malteser-Ritter-Orden. Münster 1932, S. 7f.
2 Ebda.
3 Vgl. Waldstein-Wartenberg, Berthold: Rechtsgeschichte des Malteserordens. Wien, München 1969, S. 42f.
4 Ebda.
5 Zwehl, S. 9.
6 Ebda.
7 Ebda, S. 12.
8 Meyer, Werner: Turniergesellschaften. Bemerkungen zur sozialgeschichtlichen Bedeutung der Turniere im Spätmittelalter. In: Das ritterliche Turnier im Mittelalter. Beiträge zu einer vergleichenden Formen- und Verhaltensgeschichte des Rittertums. Hrsg. v. Josef Fleckenstein. Göttingen 1985, S. 509, Anm. 44 (= Veröffentlichungen des Max-Planck-Instituts für Geschichte. 80).

9 Zappe, Alfred: Grundriß der Heraldik. 2. Aufl. Limburg/Lahn 1971, S. 12 schreibt hierzu: „Der seit dem 10. Jahrhundert und bis 1350 geschichtlich entstandene Adel rechnet sich zum Uradel. Seit etwa 1350 verliehen die Deutschen Kaiser (zuerst Karl IV.) – ab 1806 bis 1918 die Landesfürsten den vererblichen Adel durch einen Adelsbrief (Briefadel), der immer auch die Bestätigung eines vorhandenen oder die Verleihung eines neuen Wappens enthielt."

10 Meyer, S. 509. Andererseits sind auch aus reichen Städten wie Zürich, Augsburg oder Nürnberg Turniere bezeugt, an denen das Patriziat und die Bürger der Stadt neben dem Adel teilgenommen haben. Vgl. Zotz, Thomas: Adel, Bürgertum und Turnier in den deutschen Städten vom 13. bis 15. Jahrhundert. In: Das ritterliche Turnier im Mittelalter. Beiträge zu einer vergleichenden Formen- und Verhaltensgeschichte des Rittertums. Hrsg. v. Josef Fleckenstein. Göttingen 1985, S. 450–499 (= Veröffentlichungen des Max-Planck-Instituts für Geschichte. 80).

11 Vgl. Ranft, Andreas: Adelsgesellschaften. Gruppenbildungen und Genossenschaften im spätmittelalterlichen Reich. Sigmaringen 1994 (= Kieler Historische Studien. Bd. 38); Kruse, Holger/Paravicini, Werner/Ranft, Andreas (Hrsg.): Ritterorden und Adelsgesellschaften im spätmittelalterlichen Deutschland. Frankfurt/Main 1991 (= Kieler Werkstücke. Reihe D. Beiträge zur europäischen Geschichte des späten Mittelalters. Bd. 1); D'Arcy Boulton, Jonathan D.: The origin and development of the curial Orders of Chivalry. Oxford [Phil. Diss.] 1991; Borst, Arno (Hrsg.): Das Rittertum im Mittelalter. 2. Aufl. Darmstadt 1989 (= Wege der Forschung. Bd. 349); Keen, Maurice: Das Rittertum. München 1987.

12 Osterhausen, Christian, von: Vortrefflichkeit des Welt-berühmten Maltheser- oder Johanniter-Ordens von Jerusalem/Und was zu vollkommener Erkäntnuß und Wissenschafft desselben vonnöthen. Augsburg 1702, S. 34.

13 Vgl. Lorenz, Ottokar: Lehrbuch der gesammten wissenschaftlichen Genealogie. Stammbaum und Ahnentafel in ihrer geschichtlichen, soziologischen und naturwissenschaftlichen Bedeutung. Berlin 1898.

14 Estor, Johann Georg: Practische Anleitung zur Anenprobe so bei den Teutschen erz- und hochstiften, ritterorden und ganerbschaften gewöhnlich. Marburg 1750, S. VI.

15 Ebda, S. 7f.

16 Osterhausen, S. 32f.

17 Bereits im Generalkapitel von 1598 war von der italienischen Zunge verlangt worden, für die geforderten adeligen Großeltern der Kandidaten einen Nachweis der zweihundertjährigen Zugehörigkeit zum Adel zu erbringen. Diese Forderung wurde jedoch erst im Generalkapitel von 1631 verwirklicht. Für die französischen Zungen wurde ebenfalls erst 1631 die Achtahnenprobe definitiv eingeführt. Die Bestimmung des Nachweises einer 116 Jahre bestehenden Zugehörigkeit zum Adel der jeweiligen Familien hatte noch bis 1782 Geltung. Vgl. Zwehl, S. 15.

18 Ebda, S. 14. Zur Situation der Orden in Spanien vgl. Schwenk, Bernd: Aus der Frühzeit der geistlichen Ritterorden in Spanien. In: Fleckenstein, Josef/Hellmann, Manfred (Hrsg.): Die Geistlichen Ritterorden Europas. Sigmaringen 1980, S. 109–140 (= Vorträge und Forschungen. Bd. XXVI).

19 Archiv des Großpriorates von Österreich des Souveränen Malteser-Ritter-Ordens, Wien [i. d. F. zit. ASMRO], Ahnenproben, Neuer Index Zl. 3 (Alter Index Zl. 24), Probe auf sechzehn Ahnen des Wenzel Joachim Czeyka von Olbramovicz (1668–1754), der 1688 in Malta in den Orden aufgenommen wurde. Seine Erhebung in den Freiherrnstand erfolgte in Wien am 18.7.1713, die Verleihung des böhmischen Grafenstandes am 6.3.1748. Czeyka-Olbramovicz war von 1744 bis 1754 Großprior von Böhmen und Österreich. Vgl. Prochazka, Roman, Freiherr von: Böhmische Adelsfamilien. Ausgewählte, bisher nicht veröffentlichte Stammlisten

böhmischer Adelsgeschlechter. In: Geßner, Georg (Hrsg.): Österreichisches Familienarchiv. Ein genealogisches Sammelwerk. Bd. 3. Neustadt a. d. Aisch 1969, S. 237; de Salles, Félix: Annales de l'Ordre de Malte ou des Hospitaliers de Saint-Jean-de-Jerusalem. Chevaliers de Rhodes et de Malte depuis son origine jusqu'a nos jours [...]. Vienne 1889, S. 289f. (= Ordres Religieux de Chevalerie).

20 Zit. n. Zwehl, S. 16.
21 Zur Geschichte der Damenstifte vgl. Dikowitsch, Hermann: Die Abzeichen der österreichischen Damenstifte. In: Österreichs Orden vom Mittelalter bis zur Gegenwart. Hrsg. von Johann Stolzer und Christian Steeb. Graz 1996, S. 213–226.
22 Zit. n. Langer, Carl Edmund: Die Ahnen- und Adelsprobe, die Erwerbung, Bestätigung und der Verlust der Adelsrechte in Österreich. Wien 1862, S. 78, § 1/1.
23 ASMRO, Ahnenproben, Neuer Index Zl. 63 (Alter Index Zl. 237), Probe auf 64 adelige Ahnen des Franz Xaver Grafen von Kollowrat-Krakowsky (1803–1874). Kolowrat war von 1867 bis 1874 Großprior von Böhmen und Österreich. Seine Probe trägt die Unterschriften des Fürsten Heinrich von Starhemberg, des Fürsten Johann-Carl von Dietrichstein-Proskau, des Fürsten Franz Gundackar zu Colloredo-Mannsfeld und des Landkomturs des Deutschen Ordens, Aloys Grafen von Harrach. Zu seiner Person vgl. de Salles, S. 299f.
24 Langer, S. 78, § 1/5.
25 Über die Ungarn führt Langer, S. 32f. folgendes an: „Bezüglich der ungarischen Adelsfamilien ist zu bemerken, daß sie, mit Ausnahme einiger weniger, aus historischen Gründen im Orden nicht als receptionsfähig anerkannt werden, diese wenigen privilegierten Geschlechter aber bedürfen, eben wegen der im Orden bereits anerkannten Notorietät ihres alten Herkommens, die eigentliche Adelsprobe nicht mehr, und haben daher bloß den Filiations- oder Abstammungsbeweis zu liefern."
26 Zur Geschichte des Ordens in Bayern siehe: Steinberger, Ludwig: Die Gründung der baierischen Zunge des Johanniterordens. Ein Beitrag zur Geschichte der Kurfürsten Max II. Emanuel, Max III. Joseph und Karl Theodor von Baiern. Berlin 1911 (= Historische Studien. Heft LXXXIX).
27 Dieser letztgenannte Punkt wurde für die Deutsche Zunge des Ordens bereits durch eine Verordnung Kaiser Karl VI. vom 17. April 1719 festgesetzt. Vgl. Österreichisches Staatsarchiv, Allgemeines Verwaltungsarchiv [i. d. F. zit. AVA], Diploma Caesarum Confirmationis Privilegiorum Equestris Ordinis S. Joannis Baptistae Hierosolymitani. De dato Viennae 17ma Mensis Aprilis 1719.
28 Diese Bestimmung wurde nach dem Verlust von Malta nicht mehr befolgt.
29 Eine genaue Liste der in Prag im Archiv des Großpriorats befindlichen Ahnenproben findet sich ebenfalls bei Langer, S. 155–164. Der Autor gab dazu an, daß die von 1564 bis 1861 vorhandenen Proben seit dem Jahr 1680 fast zur Gänze aus vorschriftsmäßig gemalten und bestätigten Stammbäumen bestehen würden. Was die Proben im Prager Archiv nach dem Jahr 1861 betrifft, fehlt zur Zeit eine aktuelle Aufstellung.
30 Vgl. Pickl v. Witkenberg, Wilhelm: Kämmerer-Almanach. Historischer Rückblick auf die Entwicklung der Kämmerer Würde. Zusammenstellung der kaiserlichen Kammerherren seit Carl V. bis zur Gegenwart. Die Geschichte der Landeserbkämmerer. Im Anhange die lebenden k. u. k. Kämmerer mit ihren Titeln, Würden etc. und Domizil. Wien o. J. Zu den unterschiedlichen Proben siehe Langer, S. 183–193.
31 Vgl. Dikowitsch, Hermann: Der hochadelige Sternkreuzorden (Ordo stellatae crucis). In: Österreichs Orden vom Mittelalter bis zur Gegenwart. Hrsg. von Johann Stolzer und Christian Steeb. Graz 1995, S. 184–189.

32 Ab dem 28. Juli 1854 wurde durch das Breve „Militarem Ordinem equitum Sancti Joannis" Papst Pius IX. jeder Kandidat verpflichtet, alljährlich, durch zehn Jahre, sein Versprechen dem Orden gegenüber zu erneuern. Im günstigsten Fall erfolgten damit die Gelübde (Profeß) im sechsundzwanzigsten Lebensjahr des Kandidaten. Vgl. Langer, S. 30.

33 Im Jahre 1777 wurde anläßlich einer Audienz bei Maria Theresia durch den Bailli Sagromoso eine Bulle und ein Ordenskreuz überreicht, welches ihr der Großmeister des Ordens zur Verleihung an eine Person ihrer Wahl überlassen hatte. Vgl. Steeb, Christian: „Je connais personne qui n'a deja des ordres…" Zur ungewöhnlichen Verleihung eines Malteser-Ordens durch Maria Theresia im Jahre 1777. In: Zeitschrift der Österreichischen Gesellschaft für Ordenskunde 25 (1997), S. 6–9.

34 Vgl. dazu z.B. Ruolo Generale del Sov. Mil. Ordine di San Giovanni di Gerusalemme ovvero di Malta. Roma 1880, S. 124f. Die bis 1880 aufgenommenen Persönlichkeiten waren: Herzog Ernst von Sachsen-Coburg-Gotha (16.12.1839), Moritz Graf Esterházy de Galántha (16.6.1851), Herzog August zu Sachsen-Coburg-Gotha (30.6.1853), Kardinal Friedrich Prinz zu Schwarzenberg (8.3.1855), Großherzog Ferdinand von Toskana (19.12.1856), Philipp Eugen Graf von Flandern (8.12.1858), Johannes Prinz von und zu Liechtenstein (9.2.1859), Bernhard Graf zu Rechberg-Rothenlöwen (18.6.1861), Kardinal Gustav Prinz zu Hohenlohe-Schillingsfürst (24.11.1862), Erzherzog Karl Ludwig (23.10.1865), Kronprinz Erzherzog Rudolf (10.6.1871), Graf Julius Andrássy (19.3.1872), Franz Altgraf zu Salm-Reifferscheid (8.3.1873), König Ludwig II. von Bayern (1.3.1875), König Leopold II. von Belgien (18.2.1876), König Albert von Sachsen (3.3.1877), König Karl I. von Württemberg (10.3.1879) und Kaiser Franz Joseph I. von Österreich (25.3.1879).

35 Mitglieder regierender Häuser bzw. ehemals regierender Häuser, deren Aufnahme durch den Großmeister „motu proprio" erfolgt, werden bis heute als in „gremio religionis" aufgenommen bezeichnet. Wo weder ein Priorat oder ein Subpriorat besteht, werden die Angehörigen des Ersten und Zweiten Standes (früher Klasse) zusätzlich, laut Verfassung des Souveränen Ritter- und Hospitalordens vom Hl. Johannes zu Jerusalem, genannt von Rhodos, genannt von Malta. Rom 1998, Artikel 10 „in gremio religionis" zusammengefaßt. Ihnen gegenüber übt der Großkomtur des Ordens, der Vertreter des Großmeisters, die Funktion eines Ordensoberen aus (Vgl. Codex des Souveränen Ritter- und Hospitalordens vom Hl. Johannes zu Jerusalem, genannt von Rhodos, genannt von Malta. Rom 1998, Art. 150). Vielfach werden auch heute noch Mitglieder z. B. des Erzhauses direkt in Rom „in gremio religionis" aufgenommen und dann erst einem Priorat oder einer Assoziation zugeordnet. Dem Großpriorat von Österreich gehören heute neben Dr. Otto Erzherzog von Österreich als Bailli Ehren- und Devotions Großkreuz mit dem Profeßkreuz ad honorem zahlreiche Mitglieder des Erzhauses an. Vgl. Souveräner Malteser-Ritter-Orden. Großpriorat von Österreich. Verzeichnis der im Großpriorat eingeschriebenen Mitglieder. Stand Februar 1999. Wien 1999, S. 10.

36 Langer, S. 30f.; Vgl. AVA, Hofkanzlei, Haupt- Staats-Archiv des Inneren, Adelsakten IV D 1, Johanniterorden, Karton 646, Bedingungen zur Aufnahme als Justiz- oder Ehren- und Devotionsritter des hohen souveränen Malteser-Ritter-Orden im Großpriorate von Böhmen und Österreich.

37 Ebda.

38 Dies trifft heute nicht mehr zu. Früher wurden geschiedene Ordensmitglieder automatisch aus dem Orden ausgeschlossen. Auch dies erfuhr jedoch eine den heutigen Gegebenheiten entsprechende Änderung. Mit Dispens können heute auch geschiedene Personen Ordensmitglieder bleiben. Im Falle einer Wiederverheiratung – falls keine kirchliche Annulierung vorliegt – werden diese jedoch aufgefordert, selbst aus dem Orden auszutreten. Bereits geschiedene Personen werden zur Aufnahme in den Orden nicht zugelassen.

39 Um die unterschiedliche Entwicklung der Zungen des Ordens zu verdeutlichen, folgt eine Zusammenfassung der in den verschiedenen Assoziationen des Ordens heute zur Aufnahme als Ehren- und Devotionsritter erforderlichen Ahnenproben bzw. Abstammungsnachweise. ASMRO, Graf von Salis: Proofs of Nobility. London 1979. Diese unpublizierte Studie wurde durch Graf von Salis am 31. Mai 1979 für Peter Drummond-Murray of Mastrick, den damaligen Kanzler der British Association des Sovereign and Military Order of Malta, zusammengestellt.

Belgische Assoziation:
Zur Aufnahme als Ehren- und Devotionsritter ist eine Probe von 8 adelig geborenen Ahnen vorzulegen. Die väterliche Seite der Probe muß seit 250 Jahren dem Adel zuzurechnen sein. Salis führt dazu an: „The Belgian proof of Nobility is by means of letters patent granted by Sovereigns who have ruled over the countries which now compose Belgium. These of course, include the Empire, and Holland. These letters patent were, under the ancien regime, recorded by Kings of Arms, and under subsequent rule of Holland inscribed in an official record. Since Belgium was founded they have been registred by an Heraldic Council".

Englische Assoziation:
Zur Aufnahme als Ehren- und Devotionsritter sind der Nachweis von 16 adeligen Ahnen od. eine 8 Ahnenprobe vorzulegen, deren Familien alle adeliger Herkuft sein müssen. Der Nachweis des 300-jährigen Adelsstandes im Mannesstamme ist erst seit 1977 zulässig. Zuvor waren anstatt der oben genannten 300 Jahre ein Adelsstand von mindestens 450 Jahren im Mannesstamme nachzuweisen. Graf von Salis schreibt dazu: „In the British Association the required proof of nobility ist the lawful possession of noble arms. No other proof is acceptable. Such arms must have been on record for the period demanded by our statutes".

Französische Assoziation:
Zur Aufnahme als Ehren- und Devotionsritter sind der Nachweis von 8 adeligen Ahnen oder der Nachweis von adelig geborenen Großeltern, deren Familien seit 200 Jahren dem Adel angehören müssen, vorgeschrieben. Die vorgeschriebene Zeit des Adelsstandes wird vom jeweiligen Zeitpunkt der Probelegung an zurückberechnet.

Irische Assoziation:
Zur Aufnahme als Ehren- und Devotionsritter sind der Nachweis von 16 adeligen Ahnen od. der Nachweis des 200-jährigen Adelsstandes der Großeltern nachzuweisen. Weiters wird als Ehren- und Devotionsritter aufgenommen, dessen Familie seit 1700 „eligible for Armorial bearings" war. Salis dazu: „The Irish Association states that the nobility as understood in England an Continental Europe, scarcely exists among the Catholic families of Ireland. It looks, therefor, to the social status of the ancestors of a candidate and considers weter or not the ancestors would have been eligible to bear noble arms".

Großpriorat Rom/Großpriorat Lombardei-Venezien/Großpriorat Neapel-Sizilien:
Zur Aufnahme als Ehren- und Devotionsritter sind der Nachweis von 8 adeligen Ahnen und der Nachweis eines 200-jährigen Adelsstandes zu erbringen. Wenn der Adelsstand im Mannesstamme seit 300 Jahren besteht, ist es möglich vom Adelsstand einer Großmutter, oder ausnahmsweise auch zweier Ur- bzw. Großmütter dispensiert zu werden. Wenn hingegen der Adelsstand des männlichen Stammes 350 Jahre beträgt, genügt es, daß die übrigen Familien der Probe erst seit 200 Jahren im Adelsstand sind. Im übrigen ist auch eine Aufnahme als Ehren- und Devotionsritter möglich, wenn die Familie des Bewerbers den Adelsstand von 450 Jahren im Mannesstande nachweisen kann. Dies schließt nicht unbedingt eine Adelserhebung in verbriefter Form ein, sondern den Nachweis, daß die betreffende Familie seit dieser Zeit „more Nobilium" lebte. Mitglieder des Patriziats bestimmter Städte werden als zum Adel gehörig angesehen.

Holländische Assoziation:
Zur Aufnahme als Ehren- und Devotionsritter ist der Nachweis einer 150 Jahre währenden Zugehörigkeit zum Adel der Niederlande notwendig.

Polnische Assoziation:
Zur Aufnahme als Ehren- und Devotionsritter ist der Nachweis von 16 adeligen Ahnen zu erbringen. Erleichtert wird die Probe durch die Dispens einiger vorkommender Personen, soweit sie nicht die Großeltern betreffen, die adeliger Herkunft sein müssen. Zum polnischen Adel bemerkt Salis: „The fundamental principle of the Polish nobility was that they all were one and the same and were untitled. Prior to 1572, the nobles were described as such in official documents, and this is sufficient proof of their status for the Order of Malta as it was for Polish institutions. Any Pole elected to vote for their monarch since 1572, or elected for Parliament, must have been noble. After the various partitions of Poland, the nobility were inscribed on the books of Nobility in Russia, Prussia and Austria. There are very few letters patent conferring titled nobility from those sovereigns who ruled over divided Poland, and these are acceptable to the Polish Association as evidence of Nobility and Title".

Portugiesische Assoziation:
Zur Aufnahme als Ehren- und Devotionsritter sind der Nachweis von 16 adeligen Ahnen oder der Nachweis von 8 adeligen Ahnen, deren Familien seit 100 Jahren dem Adel angehören müssen, Vorschrift. Auch der Nachweis eines 450-jährigen Adelsstandes im Mannesstamme wird akzeptiert. Im Gegensatz zu allen anderen im Orden vertretenen Nationen wird aber auch der 450-jährige Adelsstand der Mutter akzeptiert, was Graf Salis zur Bemerkung veranlaßte: „There may be historical reason for this, but it is, nevertheless, anomalous."

Schlesische Assoziation/Rheinländisch-Westfälische Assoziation:
Zur Aufnahme als Ehren- und Devotionsritter sind der Nachweis von 16 adeligen Ahnen oder der Nachweis des 300-jährigen Adelsstandes im Mannesstamme erforderlich.

Schweizer Assoziation:
Hier sind der Nachweis von 16 Ahnen oder 8 Ahnen, von denen jede Famile seit bereits sieben Generationen zu den historisch bedeutenden Familien der Schweiz gehört, zu probieren. Im Falle besonders prominenter Familien kann es zur Dispens einiger Ahnen kommen. Salis dazu: „Neither the ancient confederation of XIII Sovereign Cantons, nor the Swiss confederation established in 1848, recognised nobility in the sense in which that term is understood in other European nations. However, the Swiss Confederation as now composed, recognises certain families which previously ruled in the ancient confederation of XIII Cantons, and the Sovereign associated countries, as well as those families which had the hereditary right of jurisdiction in Switzerland. These families had by herditary right, or by tradition, a claim to the highest offices in the sovereign states. They are listed in the ‚Subdivision A de la première partie des 4 premièrs volumes de l'Almanach généalogique suisse, 1905–1913'."

Spanische Assoziation:
Zur Aufnahme als Ehren- und Devotionsritter ist eine Probe von 16 Ahnen oder adelig geborenen Großeltern vorzulegen. Jede der vorkommenden Familien muß seit sieben Generationen dem Adel zuzurechnen sein. Salis zur Situation in Spanien: „It is necessary that a candidate proves clearly that he and all his ancestors lived in full and open possession of nobility, coming of a known line and House, and enjoying the privileges of nobility in the region from which he descends. The proof of nobility are preserved in the archives of the Royal Chancery at Valladolid and Granada, the Court (Audienca) of Zaragoza and certain military archives. Apart from these, the different Spanish regions preserved lists of nobles prior to the year 1834 so as to determine who were entitled to the privileges of nobility".

Ungarische Assoziation:
Zur Aufnahme als Ehren- und Devotionsritter sind der Nachweis von 16 adeligen Ahnen oder der Nachweis von 8 adeligen Ahnen sowie der 200-jährige Adelsstand der vorkommenden Familien vorgeschrieben. Statt den genannten Proben wird auch eine Zugehörigkeit zum Adel des Mannesstammes, der vor der Schlacht von Mohács im Jahre 1526 erwiesen sein muß, akzeptiert.

Zu seiner Untersuchung bemerkt Salis abschließend: „In the questionaire circulated to the European Associations, we asked weter any changes in requirements for noble proofs were either under consideration or desired. There was remarkable unanimity to the effect that the preservation of noble proofs was essential to preserve the character and the status of the Order and no significant relaxations were desired. Nevertheless it has since been learned that one or two Associations have some modifications under consideration by the Grand Magistry. It is hoped that changes, if changes there must be, will not result in differing standards obtaining in these Associations. We in the British Association believe that the ultimative case for noble proofs is cultural. It rests upon the conviction that the stability provided by continuity and tradition contributes to the well being of society. The British Association could loose its own special tradition within a very few years if noble proofs were abolished. The Association takes much of its character from a membership predominantly derived by descent or inter-marriage from English and Scots landowning families which were stubbornly Catholic long before the Emancipation Act of 1829. It is an indisputable fact that Catholicism survived in England and Scotland only because of those families. Their Recusant and Jacobite tradition of uncompromising loyalty is too inspiring to throw away lightly."

40 Zu Erleichterungen der Probe kann es kommen. Diese werden jedoch jeweils nur „ad personam" in besonderen Fällen gewährt.

41 Die Ordensmitglieder sind den österreichischen Bundesländern entsprechend in Delegationen eingeteilt. Der jeweiligen Delegation steht ein aus dem Kreis der Ordensritter gewählter Delegat vor.

42 Vgl. Codex des Souveränen Ritter- und Hospitalordens vom Hl. Johannes zu Jerusalem, genannt von Rhodos, genannt von Malta. Rom 1998, Kapitel V, Zweiter Abschnitt, Art. 113 Aufnahmebedingungen.

43 Ebda, Art. 109.

44 Der Artikel 113 § 2 des Codex weist nur folgende Dokumente aus: Den Taufschein, den Geburtsschein und eine Bescheinigung über den Familienstand, den Nachweis über bereits geleistete oder zu erwartende besondere Verdienste, ein Zeugnis des zuständigen Ordinarius über Leben und Führung des Kandidaten und eine Bestätigung über das geleistete Vorbereitungsjahr.

45 Text anläßlich der Aufnahme neuer Mitglieder in den Orden in der Mariahilferkirche in Graz am 27. Juni 1998 und vgl. Lk 9, 23.

46 Mit den acht Spitzen des Kreuzes werden oft unterschiedliche Symbole bzw. Interpretationen verbunden, so z. B.: Die 8 Elende (Krankheit und Verlassenheit, Heimatlosigkeit und Hunger, Lieblosigkeit und Schuld, Gleichgültigkeit und Unglaube) gegen die der Orden und die Mitglieder der Hilfswerke kämpfen müssen; vgl. Text der Aufnahme neuer Mitglieder in den Malteser Hospitaldienst Austria in der Mariahilferkirche in Graz am 27. Juni 1998 und Manuale Souveräner Malteser-Ritterorden. Hrsg. von der Delegation Wien und Niederösterreich, S. 130. In einer Schweizer Festschrift heißt es hierzu auf S. 15: „Sei spirituell ausgeglichen (zufrieden), lebe ohne Bosheit, beweine deine Sünden, lieb die Gerechtigkeit, sei barmherzig, sei aufrichtig in deinem Herzen, sei mild gegen Beleidigungen (friedfertig), erdulde Verfolgung".

47 Ebda.
48 Vgl. Codex des Souveränen Ritter- und Hospitalordens vom Hl. Johannes zu Jerusalem, genannt von Rhodos, genannt von Malta. Rom 1998, Kapitel VI, Disziplinarmaßnahmen für Mitglieder des Zweiten und Dritten Standes, § 119–129.
49 Vgl. ebda, Art. 95.
50 Vgl. ebda, Art. 97.
51 Vgl. ebda, Art. 94f.
52 Vgl. ebda, Art. 99.
53 Vgl. ebda, Art. 104.
54 Vgl. ebda, Art. 107.
55 Vgl. Verfassung, Art. 8 § 1 und Art. 9, § 1.
56 Vgl. Codex Art. 6 f.
57 Vgl. ebda, Art. 12.
58 Vgl. ebda, Art. 18f.
59 Vgl. ebda, Art. 33.
60 Ebda, Art. 37.
61 Vgl. ebda, Art. 35.
62 Wenn der Ritter das 40. Lebensjahr noch nicht vollendet hat, ist ein mindestens 5-jähriges Noviziat erforderlich. Vgl. Codex, Art. 46.
63 Vgl. Verfassung Art. 29, § 4.
64 Vgl. Statuten, Artikel 13.
65 Vgl. Statuten des Großpriorates von Österreich des Souveränen Malteser-Ritter-Ordens, genehmigt durch den Souveränen Rat vom 12. Jänner 1999, Artikel 5 und 6.
66 Vgl. ebda, Artikel 7.
67 Vgl. ebda, Artikel 8.
68 Vgl. ebda, Artikel 10.
69 Ebda, Artikel 15.
70 Vgl. ebda, Artikel 16.
71 Vgl. ebda, Artikel 17.
72 Da es in diesen beiden zuletzt erwähnten Ländern weniger als 15 Ordensmitglieder gibt, sind die Kriterien für eine eigene Assoziation nicht erfüllt. Vgl. Verfassung des Souveränen Ritter- und Hospitalordens vom Hl. Johannes zu Jerusalem, genannt von Rhodos, genannt von Malta. Rom 1998, Artikel 10, § 6. bzw. Codex, Artikel 231, § 1.

Maximilian Deym

Orden im Zwielicht
Die „falschen" Orden vom Heiligen Johannes

Das 900-jährige Jubiläum des „Ordens vom Hospital des Heiligen Johannes von Jerusalem" gibt Anlaß, auch einen Blick auf die – im wahrsten Sinne des Wortes – „Kehrseite der Medaille" zu werfen und sich mit einer ganz anderen Art der Johannes-Orden zu beschäftigen, nämlich mit den nicht durch staatliche oder kirchliche Autoritäten anerkannten Organisationen, die sich „Orden vom Heiligen Johannes" in dieser oder einer leicht abgewandelten Bezeichnung nennen, ohne über einen wie auch immer gearteten Rechtsanspruch zur rechtmäßigen Führung dieses Namens zu verfügen. Ziel dieser Vereinigungen ist es, dadurch in der Öffentlichkeit den Eindruck zu erwecken, in einem Naheverhältnis zu den anerkannten Johannes-Orden zu stehen und deren weltweites öffentliches Ansehen für ihre Zwecke zu nutzen.

Bevor weiter auf diese Phänotypen eingegangen werden soll, sei an dieser Stelle kurz betont, daß ausschließlich jene Ritter-Orden, welche sich zum einen historisch vom „Orden vom Hospital des Heiligen Johannes zu Jerusalem"[1] in direkter Linie ableiten, zum anderen durch verfassungsgemäße Monarchien oder Republiken per Gesetz formell anerkannt wurden, sich rechtens als „Johannes-Orden" bezeichnen dürfen.
Es sind dies die nachfolgend genannten fünf Körperschaften:

1. Der „Souveräne Ritter-Orden vom Hospital des Heiligen Johannes zu Jerusalem, genannt von Rhodos, genannt von Malta", auch bekannt unter dem Namen „Johanniter-/Malteser-Orden" bzw. „Souveräner Malteser-Ritter-Orden". Unabhängig vom Verlust seines Territoriums hat sich dieser katholische Laienorden die Merkmale völkerrechtlicher Souveränität bewahrt und ist daher berechtigt diese Bezeichnung auch in seinem Namen zu führen. Der Souveräne Malteser-Ritter-Orden ist eine der wichtigsten weltweit humanitär wirkenden Institutionen und ein allgemein und mittlerweile unbestritten anerkannter Akteur in der Völkerrechtsgemeinschaft.[2] Der Sitz der Ordensregierung ist in Rom, als 78. Großmeister regiert Seine Hoheit und Eminenz Frá Andrew Bertie.

2. Die „Ballei Brandenburg des Ritterlichen Ordens St. Johannis vom Spital zu Jerusalem", auch bekannt unter dem Namen „Der Johanniterorden".
Seit der Reformation bestand in den preußischen Kernlanden auch ein protestantischer Zweig des Johanniter-/Malteser-Ordens, der sich 1648 zu einem ausschließlich protestantischen Orden konstituierte und im Jahr 1852 von König Friedrich Wilhelm IV. von Preußen in einen königlich preußischen Orden unter obigem Namen umgewandelt wurde.[3]
Außer den in der Bundesrepublik Deutschland existierenden Untergliederungen dieses Ordens gibt es weitere Genossenschaften, die in ihren Ländern von den maßgeblichen staatlichen Stellen offiziell anerkannt wurden.[4] Der Sitz des Ordens befindet sich in Bonn, sein Oberhaupt („Herrenmeister") ist S. K. H. Prinz Wilhelm-Karl von Preußen.

3. Der „Johanniter Orde in Nederland".
Bis 1909 der „Ballei Brandenburg des Ritterlichen Ordens St. Johannis vom Spital zu Jerusalem" angeschlossen, 1946 als unabhängiger Orden mit Sitz in Den Haag rekonstituiert. Er ist ein königlich niederländischer Orden, an dessen Spitze S. K. H. Prinz Bernhard der Niederlande steht.[5]

4. Der „Johanniterorden i Sverige".
Der Johanniterorden in Schweden führt seinen Ursprung auf das alte Großpriorat Dacien zurück, welches zur deutschen Zunge des Ordens gehörte. Wurden bisher die schwedischen Johanniter durch die Ballei Brandenburg vertreten, so bestanden seit 1920 Bestrebungen eine schwedische Genossenschaft einzurichten. Schließlich erfolgte 1946 durch königliche Verordnung die Errichtung des autonomen, nichtstaatlichen schwedischen Ritter-Ordens vom Heiligen Johannes mit Sitz in Stockholm. Sein Schutzherr ist S. M. König Carl XVI. Gustav von Schweden.[6]

5. „The Grand Priory in the British Realm of the Most Venerable Order of the Hospital of St. John of Jerusalem", auch bekannt unter den Namen „Most Venerable Order of St. John of Jerusalem" oder „The Order of St. John".
Der Orden von Malta war 1540 in England formell aufgelöst worden. Seit 1840 erstarkten Bestrebungen, einen nationalen, allerdings nicht ausschließlich anglikanischen Orden des Heiligen Johannes wieder in England zu etablieren. Schließlich wurde 1888 der „Order of St. John" als autonomer Orden der englischen Krone mit Sitz in London gegründet. Souveränes Oberhaupt ist I. M. Königin Elisabeth II. von England.[7]
Die vier nicht-katholischen Orden sind seit 1961 in der „Internationalen Allianz der Johannes-Orden"[8] miteinander verbunden.

Ausschließlich diese genannten fünf Institutionen sind in Übereinstimmung mit ihren gemeinsamen Wurzeln und ihrer Geschichte, in ihrem Engagement für die Kranken und Bedürftigen in der Tradition der Ideale des mittelalterlichen Johannes-Ordens, als religiöse Bruderschaften christlicher Laien und nicht zuletzt durch die Anerkennung des Heiligen Stuhls bzw. der Regierungen ihrer Heimatländer dazu berechtigt, die Bezeichnung „Ritter-Orden des Heiligen Johannes von Jerusalem" in diesem oder einem abgewandelten Wortlaut in ihrem Namen zu führen und die seit alters her überkommenen Embleme und Ordenszeichen in ihrer jeweiligen charakteristischen nationalen Ausprägung zu verwenden.

Bevor vertiefend auf die Problematik der nicht anerkannten Johannes-Orden eingegangen werden soll, ist es notwendig, die dabei verwendeten Begrifflichkeiten kurz zu definieren.

Ausgehend von den mittelalterlichen Mönchsgemeinschaften bezeichnete der Begriff „Orden" ursprünglich eine Personenmehrheit, die unter einem gemeinsamen Oberhaupt und durch verpflichtende Regeln gebunden, gewisse Aufgaben auf sich nahm und ein gemeinsames Ziel zu verwirklichen suchte. Seine heute noch gültige Ausprägung erhielt der Begriff durch die zur Zeit der Kreuzzüge entstandenen geistlichen Ritter-Orden, deren Ziele der Kampf für den christlichen Glauben und der Schutz der Pilger und Kranken waren.[9] Aus den Zeichen – meist in Kreuzesform –, die diese Organisationen als äußerliches Symbol der Zusammengehörigkeit auf Waffen und Kleidung führten, leitet sich die zweite Bedeutung des Wortes „Orden" her: nämlich der Insignie, welche die Mitgliedschaft zu solch einer Gemeinschaft nach außen symbolisierte.

Davon ausgehend brachten die religiösen, sozialen und kulturellen Entwicklungsprozesse der folgenden Jahrhunderte die Ausformung verschiedener Typen von Orden mit sich: Neben den geistlichen entstanden die weltlichen Ritter-Orden, später die fürstlichen Rittergesellschaften und dynastischen Hausorden, am Schluß der Entwicklung stand und steht die Schaffung der militärischen und zivilen Verdienstorden.[10]

Ausgehend von und aufbauend auf diesen kurzen historischen Rückblick handelt es sich bei einem „Orden" im Wortsinne um eine sichtbar getragene Auszeichnung, welche nach bestimmten Regeln verwaltet und verliehen wird[11] und welche die Zugehörigkeit zu einer bestimmten Ordensorganisation – also einem ideellen und tatsächlichen personellen Überbau, der durch das Ordensinsignium nur noch sichtbar zum Ausdruck gebracht wird – unter einer gemeinsamen Regel mit einem darin erklärten Ziel symbolisiert.

Orden im Zwielicht 469

Nur Dekorationen solcher Organisationen können demnach als „Orden" im eigentlichen Sinn betrachtet werden.
In äußerer Form und Ausstattung ähnlich, wenngleich auch oft mit irrigen Bezeichnungen, existieren daneben eine Vielzahl Dekorationen allgemeiner Art, welche lediglich Belohnungs- oder Erinnerungscharakter haben.[12] Es handelt sich hierbei um bloße Ehrenzeichen,[13] welche Verdienste, die sich der Träger bereits erworben hat, durch die Verleihung einer tragbaren Insignie honorierten.

Dies nur zur Verdeutlichung, die Unterschiede sind oft fließend, und der allgemeine Sprachgebrauch verwendet meist ohne Unterscheidung den Begriff „Orden" für beide Phänotypen.

Weiteres Merkmal eines Ordens im eigentlichen Sinne ist, daß die Errichtung oder Stiftung eines solchen in der Regel eines hoheitlichen Aktes bedarf, die Zahl der Akteure, welche berechtigt sind einen Orden im strengen Wortsinn zu gründen, somit beschränkt ist. Die Errichtung der noch heute zur Verleihung kommenden fürstlichen Hausorden[14] erfolgte zu einer Zeit, als die betreffenden Dynastien noch Träger der staatlichen Gewalt waren, durch das Abkommen von der monarchischen Staatsform wurde die Rechtmäßigkeit der damals schon bestehenden Orden nicht berührt.[15]

Ein im erwähnten Sinne definierter „Orden", um bei diesem vereinfachenden Begriff nach seiner Klarstellung zu bleiben, bedarf also eines hoheitlichen Schöpfungsaktes und der daraus folgenden hoheitlichen Anerkennung. Erst das Vorliegen dieser Grundvoraussetzung macht das Wesen eines anerkannten Ordens aus. Es bedarf einer „Fons honorum",[16] welche die Existenz dieses Ordens rechtlich einwandfrei und nur durch einen contrarius actus entsprechender Art wieder aufhebbar begründet.[17]

Nach dem bisher Gesagten können demnach vier Kategorien von Orden unterschieden werden:

1. Staatliche Orden
Diese werden durch innerstaatliches Recht begründet bzw. unter republikanischen Verfassungen durch Gesetz anerkannt. Unter diese Kategorie fallen die meisten, Verdienste im staatlichen Bereich belohnenden, heute zur Verleihung kommenden Dekorationen.

2. Dynastische Orden
Diese Orden beziehen ihre Legitimität aus dem Faktum, daß sie durch ein ehemals regierendes Haus begründet wurden. Zum Teil waren sie als staatliche

Auszeichnungen konzipiert. Durch den Verlust des Thrones und der Umwandlung der Staatsform von der monarchischen zur republikanischen Staatsform erloschen die staatlichen Funktionen dieser Orden und sie wurden und werden vielfach als Hausorden des jeweiligen Souveräns oder Prätendenten weiterverliehen.

3. Orden unter einem historisch überlieferten oder traditionellen Protektor
Unter diese Kategorie fallen die meisten der geistlichen Ritterorden, also z. B. der Deutsche Orden oder der Orden vom Heiligen Grab, welche unter dem Protektorat des Heiligen Stuhls stehen.[18]

4. Souveräne und unabhängige Orden
Einziger Vertreter dieser Kategorie ist der Souveräne Malteser-Ritter-Orden. Als ehemaliger Staat, der ungeachtet des Verlustes seines Staatsgebiets immer noch Völkerrechtssubjektivität besitzt, schöpft er seine Legitimität aus sich selbst und der unbestrittenen Annerkennung durch die übrige Staatengemeinschaft.[19]

Ausschließlich jene Orden, die unter einen der vorstehend aufgezählten Sachverhalte subsumiert werden können, sind Orden im wirklichen Sinne des Wortes und werden als solche auch im internationalen staatlichen Verkehr verwendet und anerkannt.

Wenn in dieser und anderen Darstellungen nun des öfteren von „falschen Orden" zu hören ist, so bedarf auch dieser Begriff einer Präzisierung. Aus dem vorher Gesagten ergibt sich, daß es sich hierbei zwar um Gemeinschaften, keinesfalls aber um Ordensgemeinschaften im eigentlichen Sinne handelt. Die getragene Insignie dient als bloßes Zeichen einer – bestenfalls – „Vereinszugehörigkeit", ist aber nicht als Ausdruck einer, über das äußere Erscheinungsbild hinausgehenden, ideellen echten Ordensgemeinschaft zu betrachten.

Der häufig verwendete Begriff „falscher Orden" ist also im eigentlichen Sinne nicht zutreffend, da es sich hierbei um überhaupt keinen Orden handelt, und er deshalb nicht einmal falsch sein kann. Eine Umschreibung von „falsch" müßte folglich richtig verstanden mehr in die Bedeutungsrichtung „angemaßt" oder „nicht anerkannt" gehen.[20]
Da sich der Begriff „falscher Orden" mittlerweile allerdings allgemein eingebürgert hat und er das Phänomen griffig bezeichnet, soll dieser in der vorliegenden Darstellung auch in Zukunft verwendet werden.
Der Begriffsbestimmung eines hervorragenden Kenners[21] der Materie folgend, definiert sich der in weiterer Folge verwendete, vereinfachende Begriff der

„falschen" Orden als Bezeichnung für jene Organisationen, die auf private Initative gegründet wurden und deren (meist kürzlich zurückliegende) Gründung weder durch einen regierenden Monarchen noch durch das Oberhaupt eines unabhängigen Staates formell als Ritter-Orden anerkannt wurde.

Die oft behauptete Legitimation solcher Vereinigungen durch deren Eintragung in Vereinsregister oder eine erlangte Tragegenehmigung zur jeweiligen Heeresuniform kann keinesfalls den mangelnden Rechtsgrund und das Fehlen der „Fons honorum" dieser Vereinigungen sanieren. Die Selbstbezeichnung als „Orden" oder „Ritter-Orden" bleibt unbeachtliche Anmaßung.[22]

Das Auftreten von Organisationen, die von sich ohne erkennbare Legitimation behaupten „Ritter-Orden" zu sein, ist kein modernes Phänomen. Aus der Begeisterung des späten 18. und frühen 19. Jahrhunderts für die alten ritterlichen Ideale resultierte die Gründung zahlreicher solcher „Ritter-Orden" aufgrund privater Initiative. Doch finden sich schon in der Barockzeit, resultierend aus dem Selbstverständnis der begüterten Aristokratie, Ansätze einer solchen Entwicklung. Meist waren diese Gemeinschaften ephemere Erscheinungen, da ihr Entstehen von der Initiative einzelner Personen abhing und sie mit diesen auch wieder erloschen.[23]

Zeichen dafür, daß diese Organisationen schon damals ein gewisses Problempotential bargen, ist die Tatsache, daß bereits 1824 die französische Regierung durch den Groß-Kanzler des Ordens der Ehrenlegion[24] ein Dekret verlautbarte, welches das öffentliche Tragen von Ordensinsignien regelte und verschiedene Organisationen von fragwürdiger Legitimität, welche ebenfalls Insignien verliehen, anprangerte, und vor Mißbrauch warnte und diesen unter Strafe stellte.

Weitere europäische Nationen griffen diese Vorgangsweise auf und erließen Vorschriften bezüglich des Tragens von staatlichen Insignien.[25]

Trotz dieser Maßnahmen entstanden während der nächsten 150 Jahre zahlreiche solcher „falscher" Ordens-Organisationen auf privater Initiative, welche zum Teil heute noch bestehen und tätig sind.[26]

Vor allem seit dem Zweiten Weltkrieg nahm die Gründung solcher Vereinigungen, die sich selbst als „Ritter-Orden" bezeichnen und ihr Bestehen damit rechtfertigen, daß sie die legitimen Nachfolger von oft schon lange erloschenen alten, tatsächlichen Ritter-Orden seien, geradezu explosionsartig zu. Speziell Wien erlebte (und erlebt noch heute) eine Hochblüte als Standort solcher Vereinigungen.[27]

Der Heilige Stuhl als das Oberhaupt aller katholischen religiösen Orden sah sich aufgrund dieser Tatsache schon mehrmals dazu veranlaßt, die Existenz solcher Organisationen zu kritisieren und ausführliche Warnungen in den Medien zu veröffentlichen.[28]

Oft wird die Meinung vertreten, daß Vereinigungen dieser Art harmlos seien, doch liegt die Problematik, welche die strikte Haltung des Heiligen Stuhls oder der Regierung des Souveränen Malteser-Ritter-Ordens rechtfertigt, auf der Hand: Durch die Tätigkeiten dieser Organisationen wird das Wirken der anerkannten ritterlichen Gemeinschaften relativiert und oft genug durch unsaubere Machenschaften diskreditiert.

Was bedingt nun den unglaublichen Erfolg dieser, für den objektiven Beobachter doch recht dubiosen Organisationen, warum erleben diese „falschen Orden" gerade in der heutigen Zeit einen solchen Boom?
Man könnte nun meinen, daß dieses Phänomen nur eine relativ bedeutungslose Randerscheinung und ein Kuriosum ist, das von ein paar mehr oder minder harmlosen Romantikern und Profilneurotikern am Leben erhalten wird.
Genau das Gegenteil ist der Fall: Ein ganzer spezieller Zweig von „Unternehmern" lebt sehr gut von den Geschäften mit Orden, Ehrenzeichen und Titeln jeder Couleur.

Geschickt wird hier von findigen Geschäftemachern ein menschliches Grundproblem ausgenützt, die Eitelkeit. In einer normierten und egalitären Umwelt versucht der Einzelne der allgemeinen Nivellierung zu entgehen, indem er sich einer – vermeintlich – elitären Gemeinschaft anschließt und damit seinen hohen gesellschaftlichen Rang auch öffentlich demonstrieren kann. Aber auch die Suche nach Geborgenheit in einer exklusiven Gemeinschaft, in einer Welt, in der das Individuum immer einsamer wird, ist oft ein Motiv für den teuer erkauften Beitritt zu einem „Orden", der in Wirklichkeit gar keiner ist.
All dies ist darauf gerichtet, die gesellschaftlichen und geschäftlichen Grundbedürfnisse ihrer Klientel zu befriedigen, die sie durch Anzeigen in überregionalen Zeitschriften, Werbeaussendungen, Internet-Einschaltungen oder durch die Tätigkeit von Persönlichkeitsberatern rekrutieren.

Auch darf an diesem Punkt nicht vergessen werden, daß Ordenszeichen und Adelstitel, auch wenn sie nur gekauft sind, immer noch (oder gerade wieder?) nicht nur den persönlichen Status heben, sondern auch im Geschäftsleben ausgezeichnete Dienste tun können.
An diesem Punkt treffen sich naive Romantiker mit zwielichtigen Figuren, eitle Phantasten mit Geschäftemachern, die ihre gesellschaftliche Reputation damit verbessern wollen, daß sie Mitglieder in einem – angeblich – international anerkannten und weltweit aktiven Orden sind.
Weiters versuchen diese Organisationen, leider allzuoft mit Erfolg, ihre behauptete Legitimität durch klingende Namen der Hocharistokratie, des Klerus oder des öffentlichen Lebens in ihren Mitgliederreihen zu beweisen. Als Beweis für

Orden im Zwielicht 473

ihre staatliche Anerkennung dient z. B. die Eintragung ins Vereinsregister, oder die Erwirkung einer Tragegenehmigung ihrer Abzeichen für die jeweilige staatliche Heeresuniform. Gesellschaftliche Anerkennung erreichen sie durch die Einladung prominenter Gäste für ihre spektakuläre Selbstdarstellung mit prunkvollen Investituren und Ordenszeremonien an öffentlichkeitswirksamen Orten. Selbst schriftliche Danksagungen für Glückwünsche an Prominente werden zum Zweck des Beweises der angeblichen Akzeptanz und Anerkennung verwendet.

Das positive Image von echten Orden in der Öffentlichkeit wird ausgenützt, indem die Funktionäre dieser „falschen Orden" die Legitimität ihres „Ordens" vorspiegeln und das Verhalten echter ritterlicher Gemeinschaften nachahmen. Dadurch wird eine hohe Akzeptanz in der – oft genug nicht hinreichend informierten – Öffentlichkeit erreicht und auf diesem Wege das Klientel dieser „falschen Orden" angesprochen, das ja genau diese gesellschaftliche Akzeptanz durch die Mitgliedschaft in einem solchen Orden erreichen will.

Das Vorgehen dabei ist meist ähnlich und wiederholt sich in regelmäßigen Fällen: Der „Orden" ist ganz legal als Verein im Ausland oder Übersee eingetragen, verfügt über gutgläubig erteilte Genehmigungen oder Bestätigungen ausländischer Behörden oder kirchlicher Stellen. Tritt er dann in Österreich auf, ist er dadurch nur sehr schwer greifbar und in weiterer Folge juristisch im Ausland meist nicht belangbar.

Weiters sind Ordensembleme und Insignien der echten Orden meist markenrechtlich nicht geschützt oder auch gar nicht schützbar. Selbst im Fall eines namensrechtlichen Schutzes kann dieser durch eine kleine Namensänderung wieder umgangen werden. Dazu kommt noch, daß staatliche[29] und kirchliche Stellen aus Unwissenheit und Desinteresse oft kontraproduktiv tätig werden. Vor allem die Geistlichkeit leistet diesen „Orden" immer wieder Vorschub, indem sie diesen ihre Kirchen für „Ordens"-Feiern zur Verfügung stellt und sich für deren spirituelle Bedürfnisse zur Verfügung stellt.[30]

Daß die hier kurz angerissene Problematik der „falschen" Orden kein bloßes Randproblem akademischer oder theoretischer Art darstellt, geht bereits daraus hervor, daß schon 1976 ein sogenanntes „False Orders Comittee" mit seinem Generalsekretariat in Bonn ins Leben gerufen wurde. Betrieben wurde und wird dieser jährlich zusammentretende Ausschuß von Vertretern der fünf anerkannten Johannes-Orden. Dieser Ausschuß befaßt sich mit der Sammlung, Sichtung und Auswertung von Informationen, die sich auf das Auftreten von nicht anerkannten Johannes-Orden beziehen und leistet damit einen wertvollen Beitrag bei der höchst schwierigen Eindämmung des Mißbrauchs, der von diesen Organisationen betrieben wird.

Den Bemühungen der Mitglieder des „False Order Comittee" ist es zu verdanken, daß es mittlerweile eine gewisse Erfassung und Klassifizierung der weltweit tätigen falschen Johannes-Orden gibt. Diese Arbeit ist um so höher zu bewerten, als das Wesen dieser Organisationen nur schwer zu fassen ist: Aufgrund der häufigen Machtkämpfe und persönlicher Intrigen der Funktionäre dieser Vereinigungen kommt es zu ununterbrochenen Abspaltungen, Neugründungen und Umbenennungen, die oft nur unvollständig nachzuvollziehen und zu dokumentieren sind, da naturgemäß die Quellenlage dürftig und nur schwer zugänglich ist.
Die Gründung des „False Orders Comitee" war eine Reaktion der Orden auf das massierte und aggressive Auftreten dieser „falschen" Johannes-Orden. Ihr war schon 1962 und 1972 seitens des Souveränen Malteser-Ritter-Ordens die Herausgabe eines Weißbuches über die Unrechtmäßigkeit der vorgeblichen Orden gleichen Namens vorausgegangen.
Weiters diente eine am 14.10.1987 veröffentlichte gemeinsame Erklärung der vorab erwähnten fünf anerkannten Orden vom Hl. Johannes nicht nur der dringend erforderlichen internen Orientierung, sondern auch der Thematisierung der Problematik in der Öffentlichkeit und der klaren Abgrenzung von Organisationen, die widerrechtlich Erscheinungsform und Geschichte dieser Orden für sich usurpieren und für ihre Zwecke nutzen wollen.

Bei weitem am häufigsten wird der Souveräne Malteser-Ritter-Orden Opfer von Imitationen. Die Anzahl der sich auf diesen Orden berufenden Organisationen, von denen die meisten von sich behaupten, sie seien eigentlich der „wahre" Johannes-Orden liegt bei mittlerweile über dreißig.[31]
Die Gründe dafür sind vielfältig und liegen auf der Hand: Der Orden blickt auf eine 900-jährige ereignisreiche Geschichte zurück und erfreut sich seit alters her eines hohen Ansehens. Er ist als einzige Ordensgemeinschaft der Welt mit dem völkerrechtlichen Merkmal der Souveränität ausgestattet und als solcher gleichberechtigter Akteur im zwischenstaatlichen Bereich und dem der internationalen Staatengemeinschaft und deren Organen.
Dieses Renommée resultiert aus seinem international anerkannten sozialen und karitativen Engagement und seinen weltweiten diesbezüglichen Aktivitäten. Nicht zuletzt hat er sich durch die Jahrhunderte den Nimbus einer elitären – im besten Sinne –, aristokratisch orientierten und gesellschaftlich anerkannten und geachteten Gemeinschaft erworben.

Ein solcher Orden, mit seinen aus seiner völkerrechtlichen Stellung resultierenden Rechten wie der Errichtung von internationalen Vertretungen, der Ernennung von Botschaftern und Gesandten, der Ausstellung von Diplomatenpässen, dem Recht der Nobilitierung und dem Vorteil einer weltweiten Verbreitung, um nur einige davon zu nennen, stellt ein geeignetes Betätigungsfeld für diejenigen Personen dar, welche durch die Okkupation und Plagiierung der Geschichte und der Institutionen des Ordens Kapital für ihre Zwecke schlagen wollen.

Das weltweite karitative Engagement des Souveränen Malteser-Ritter-Ordens, der seinen selbstgewählten Verpflichtungen vor allem durch seine Akzeptanz in der Öffentlichkeit nachkommen kann und der für seine Integrität und seinen selbstlosen Einsatz auf sozialem, religiösem und karitativem Gebiet bekannt ist, ist in seiner Gesamtheit und durch jedes einzelne seiner Mitglieder berufen, einem solchen Mißbrauch zum einen aktiv entgegenzutreten, zum anderen durch das gelebte Beispiel dem Vertrauen, das die Öffentlichkeit durch ihre Unterstützung der Ordenswerke immer wieder zum Ausdruck bringt, gerecht zu werden.

Wie rechtfertigt nun das Auftreten solcher „falscher" Johannes-Orden den Aufwand der anerkannten Johannes-Orden, gegen diese vorzugehen[32] und sogar einen eigenen Ausschuß dafür einzusetzen?

Da verschiedene Aktivitäten der Mehrzahl dieser „Orden" durchaus geeignet sind, das Wirken der anerkannten Johannes-Orden in der Öffentlichkeit in Mißkredit zu bringen, erscheint Toleranz dieser speziellen Art von Organisationen gegenüber fehl am Platz. Nicht verschwiegen werden soll, daß einige dieser Vereinigungen auch durchaus verdienstvolle Leistungen auf humanitärem und karitativem Gebiet erbringen. Relativiert werden diese Verdienste allerdings dadurch, daß sie unter Mißbrauch der Rechte wirklicher ritterlicher Vereinigungen getätigt werden. So stellt sich die dringende Frage, warum ein solches Engagement nicht auch erfolgen kann, ohne die Rechte der Johannes-Orden zu verletzen.

Erschwerend kommt hinzu, daß bei näherer Beschäftigung mit dem Phänomen der „falschen" Johannes-Orden deutlich wird, daß mehr als die Hälfte dieser Organisationen dubiosen oder gar kriminellen Charakter haben bzw. entsprechende Elemente zu ihren Mitgliedern zählen, deren Tätigkeiten sich im großen und ganzen ähneln:

Im Vordergrund der Machenschaften dieser Vereinigungen steht der Titelhandel, also der Verkauf vorgeblicher „Ritter-Orden" und die damit verbundene Verleihung wohlklingender „Adelsdiplome", „Privilegien" und diplomatischer Ämter und Würden, die dann bedenkenlos als geschäftliche oder persönliche Referenzen genutzt werden. Die Summen, die dabei zur Erreichung dieser völlig wertlosen Würden die Besitzer wechseln, sind beträchtlich und bewegen sich zwischen US $ 1.000 bis 100.000. Oft genug ist der Erwerber und zukünftige „Ordens-Ritter" gutgläubig und meint durch seine „Spende" tatsächlich einem der anerkannten Johannes-Orden beigetreten zu sein.

Immer mehr, besonders auch durch die neue Kommunikationsform Internet unterstützt, benützen solche Organisationen die Bonität der anerkannten Johannes-Orden für dubiose Anlagegeschäfte im großen Stil oder werben für angeblich diesen Orden nahestehende Treuhandgesellschaften.[33]

Diese durchaus lukrativen Geschäfte erfordern ein geschicktes Vorgehen. Ausgangspunkt ist zunächst einmal eine griffige Legende, die den potentiellen Interessenten beweist, daß der „Orden", dem sie beitreten wollen oder sollen, der einzig echte Malteser- oder Johanniter-Orden ist; folgerichtig wird dann auch – jederzeit nachprüfbar – die Geschichte des Ordens bis zur Vertreibung aus Malta 1798 unter dem unglücklichen Großmeister Hompesch im großen und ganzen richtig zitiert.[34]
Ab diesem Zeitpunkt stellt sich als zentrales Problem aller „falschen" Johannes-Orden dann die schon behandelte Frage der Legitimität beziehungsweise der rechtmäßigen Anerkennung durch maßgebliche völkerrechtlich legitimierte Akteure.
In umfangreichen Publikationen dieser „falschen Orden" wird daher versucht, die Legitimität des Ursprungs derselben vom Kreuzritter-Orden des Heiligen Johannes ab diesem Zeitpunkt festzusetzen und „wissenschaftlich" zu belegen.[35]
So versucht die weitaus größte Zahl der „falschen" Johannes-Orden sich als angeblich rechtmäßiger Johannes-Orden durch die Berufung auf die unter dem russischen Zaren Paul I. existierenden Großpriorate in Rußland zu legitimieren.[36]

Diese Behauptung hat folgenden historischen Hintergrund: Im Zuge seines Ägyptenfeldzuges 1798 vertrieb General Napoleon Bonaparte den Orden unter dem Großmeister Ferdinand Freiherrn von Hompesch aus Malta. Der Großmeister und der Ordenskonvent übersiedelten nach Triest, das mit Zustimmung Österreichs zum provisorischen Sitz der Ordensregierung bestimmt worden war, von wo aus Hompesch vergeblich gegen die nun folgenden Vorgänge protestierte.[37] Am 7. November 1798 ließ sich Zar Paul I. von russischen Ordensrittern an Stelle des rechtmäßigen Großmeisters seinerseits zum Großmeister wählen. Hintergrund des Interesses des Zaren am Orden war wohl weniger seine Verbundenheit mit dem Orden als vielmehr machtpolitische Erwägungen, nämlich sich durch diesen Schachzug einen Anspruch auf das von den Franzosen annektierte Malta zu sichern, welches er gerne als russische Operationsbasis im Mittelmeer gesehen hätte.[38] Als Ordensregierung des Zaren wurde in Petersburg der sogenannte „Heilige Rat" begründet, der überwiegend aus nicht-katholischen Laien bestand. Diese Vorgangsweise entbehrte jeglicher rechtlichen und ordens-verfassungskonformen Grundlage, da der rechtmäßige Großmeister noch nicht abgedankt hatte, die den Zaren wählenden Ritter zu einer solchen Wahl nicht berechtigt waren, der Zar selbst weder katholisch noch unverheiratet war, keine Profeß abgelegt hatte und seine Wahl vom Heiligen Stuhl nicht anerkannt wurde, so daß der Zar zwar „de facto", keinesfalls aber „de iure" das Amt des Großmeisters bekleidete.[39] Der Zar richtete sodann zwei Großpriorate in Rußland ein, welche von ihm mit zahlreichen Privilegien und umfangreichem Grundbesitz in Form mehrerer Komtureien ausgestattet wurden.

Nach der Ermordung von Zar Paul I. am 11. März 1801 nahm das Interesse Rußlands am Orden ab: Zar Alexander I. nahm zwar den Orden vorerst unter seine Schirmherrschaft, lehnte aber die Inanspruchnahme der Großmeisterwürde dezidiert ab[40] und lancierte die Wahl eines neuen Großmeisters nach der zwischenzeitlich erfolgten Abdankung von Hompesch. Diese Wahl erfolgte gemäß der Verfassung und den Regeln des Ordens unter Berücksichtigung der besonderen politischen Umstände. Die Wahl des Ordensrates fiel auf Frá Giovanni Tommasi und wurde von Papst Pius VII. bestätigt.[41] In der Folge löste sich der „Heilige Rat" in Petersburg selbst auf, die Ordensinsignien und Archive des Ordens wurden dem neuen Großmeister überstellt, und die russischen Ordensritter begaben sich unter die Jurisdiktion der rechtmäßigen Ordensregierung. 1810 verfügte Zar Alexander I. die Auflösung der russischen Priorate, konfiszierte deren Vermögen und verbot den Orden schließlich in Rußland, womit der Orden dort aufhörte zu existieren.[42]

Soweit die wissenschaftlich gesicherten historischen Tatsachen.

Als „Untermauerung" der angeblichen Legitimität der „falschen" Johannes-Orden wird die – von unrichtigen historischen Behauptungen ausgehend – Darstellung verwendet, daß russische Emigranten als angebliche Nachfahren der einstigen „erblichen" Komture[43] der nicht mehr bestehenden russischen Großpriorate im Jahre 1908 in New York das „Großpriorat von Amerika des Souveränen Ordens vom Heiligen Johannes von Jerusalem" wiederbegründeten, welches sich als legitimer Nachfolger der russischen Großpriorate bezeichnete. Eine Eintragung im amerikanischen Vereinsregister erfolgte 1911, erster „Großmeister" war ein naher Verwandter des letzten Zaren, Großfürst Alexander Michaelowitsch. Diese Vereinigung war die Ausgangsgründung und der Berufungsgrund aller nachfolgenden Gründungen „falscher" Johannes-Orden, seine behauptete Legitimität einer Nachfolge der ehemaligen russischen Großpriorate stellt den Ausgangspunkt für eine Weitergabe dieser Rechtmäßigkeit an nachfolgende Gründungen und Abspaltungen dieses „Ordens" dar.

In einer ausführlichen Studie wurde diese historische und ordensrechtliche Anmaßung der angeblichen russischen Abstammung von Johannes-Orden von einem international anerkannten ordenskundlichen Fachmann umfassend wissenschaftlich widerlegt.[44] Die bloße Abstammung von Besitzern erblicher Komtureien, deren Weitergabe ja – wie beschrieben – an das Vorliegen bestimmter Voraussetzungen geknüpft war, und die Tatsache, daß ein Großfürst die Schirmherrschaft über den neuen „Orden" übernahm, konnte naturgemäß keinerlei Legitimierung für das neue „Großpriorat" schaffen, noch viel weniger eine historische Kontinuität zum ursprünglichen Souveränen Malteser-Ritter-Orden bzw. zu den – noch dazu von staatlicher Seite ausdrücklich aufgehobenen und damit nicht mehr existenten – russischen Großprioraten herstellen. Selbst wenn man – unrichtigerweise – fingierte, daß erbliche (im Sinne von frei vererbbaren) Komtureien bestanden hätten, so hätten doch deren Besitzer von sich aus keine Aufnahmen in den Orden tätigen können. Wie immer man den Sachverhalt also wendet: Es ist keine historische Kontinuität zum Souveränen Malteser-Ritter-Orden herstellbar.

Die Bekämpfung dieser anmaßenden Vereinigungen gestaltet sich naturgemäß schwierig. Zum einen sind dieselben sehr schwer faßbar, da sich ihre Existenz oft genug in der Privatsphäre der einzelnen Mitglieder abspielt und diese Vereinigungen dann nur kurz in der Öffentlichkeit auftreten, um ihre profilneurotischen Bedürfnisse in lächerlichen Zeremonien zu befriedigen, wieder verschwinden und in der uninformierten Öffentlichkeit das Bewußtsein hinterlassen, man hätte nun die „Malteser" gesehen. Auch spielt sich ein Hauptteil ihrer Aktivitäten in der relativ neuen Kommunikationsform Internet ab, die – da sie noch einen verhältnismäßig „rechtsfreien" Raum darstellt und mit der schützenden Anonymität, die sie bietet –, der ideale Ort für die Jagd auf Opfer für diese zweifelhaften Vereine ist.

Wird eine solche Organisation doch einmal greifbar, so steht der Souveräne Malteser-Ritter-Orden vor einer weiteren Problematik, wenn er diesen „falschen Orden" zur Rechenschaft ziehen will: Oft genug fehlt nämlich die rechtliche Handhabe. Der Titelhandel an sich ist ebensowenig strafbar wie der Handel mit Phantasie-Ausweisen oder vorgeblichen Diplomatenlegitimationen, sofern damit nicht hoheitliche Rechte verletzt werden. Oftmals erleichtern auch staatliche Organe aus Unwissenheit oder Desinteresse die Etablierung solcher „falscher Orden": Die Gründung von Vereinen unterliegt nur wenigen Einschränkungen und ist eine reine Formsache, sofern diese nicht eine verfassungswidrige Zielsetzung haben. Die Tragegenehmigung für solche Vereinsabzeichen (also der vorgeblichen Ordensinsignien) zur Bundesheer-Uniform ist ohne weiteres zu erlangen und damit ist eine „de facto"-Anerkennung durch staatliche Organe vorweisbar und dient der Rekrutierung weiterer Mitglieder und der Täuschung unkundiger Interessenten.

Eben weil es so gut wie keinen staatlichen Schutz gibt, da der Titelhandel und das Herstellen und Vertreiben privater Abzeichen unter keinem Straftatbestand zu subsumieren sind, kann ein wirksamer Schutz vor diesen Organisationen oft genug nur durch fundierte Information sowohl der Mitglieder der anerkannten Johannes-Orden als auch der interessierten Öffentlichkeit bestehen, in der Ent-

Orden im Zwielicht

tarnung und Anprangerung der Machenschaften solcher Vereinigungen auf der Basis eingehender Beobachtung und gegenseitiger Information.

Neben der Republik Frankreich, die über eine beispielhafte und klare Regelung des Ordenswesens verfügt,[45] bemüht sich auch die Bundesrepublik Deutschland um eine Regelung, welche Mißbräuche hintanhält.[46] Problematisch hierbei ist, daß es sich bei Verstößen gegen diese Regelungen um bloß minderbestrafte Ordnungswidrigkeiten handelt, die zudem nur dann verfolgt werden, wenn ein „öffentliches Interesse" vorliegt.

Trotz all dieser Erschwernisse bei der Verfolgung dieser „falschen" Orden konnten in den letzten Jahren weltweit auch einige beachtenswerten Erfolge auf diesem Gebiet erzielt werden:

So wurden 1983 von einem amerikanischen Bundesgericht Vertreter der „falschen" Johannes-Orden wegen Betrugs verurteilt. Der Kläger war für die Gegenleistung von US $ 20.000 zum „Malteser-Ritter" ernannt und als solcher mit einem falschen „Malteser"-Diplomatenpaß ausgestattet worden. Es war ihm vorgespiegelt worden, daß der verleihende „Orden" ein Zweig des Souveränen Malteser-Ritter-Ordens sei.[47] Neben der Verurteilung wegen Betrugs wurde diesem „Orden" für die Zukunft untersagt, die Bezeichnung „souverän" in seinem Namen zu führen.[48]

In einem weiteren Prozeß wurde ein „falscher" Johannes-Orden ebenfalls wegen Betrugs verurteilt. Auch diese Vereinigung hatte dem Kläger glauben gemacht, gegen eine namhafte „Spende" in den Souveränen Malteser-Ritter-Orden eintreten zu können. Das Gericht stellte in seinem Urteil ausdrücklich fest, daß lediglich der Souveräne Malteser-Ritter-Orden und die Orden der Allianz der Johannes-Orden die Nachfolger des Kreuzritter-Ordens vom Heiligen Johannes seien.[49]

Daß auch das umgekehrte Vorgehen das erwünschte Ergebnis erzielen kann, belegt ein weiteres Beispiel: Ein „falscher" Johannes-Orden verlor den Prozeß, den er wegen angeblicher Verleumdung gegen die Autoren eines Buches, in dem die zweifelhaften Machenschaften dieser Vereinigungen geschildert worden waren, angestrengt hatte.[50]

Als abschließendes Beispiel sei auch ein Prozeß erwähnt, den das Großpriorat von Österreich des Souveränen Malteser-Ritter-Ordens 1998 angestrengt hat: Ein in Österreich agierendes Hilfswerk eines „falschen" Johannes-Ordens war danach wegen der Verwechslungsgefahr mit dem Souveränen Malteser-Ritter-

Orden zur Unterlassung der Führung seines angemaßten Namens wegen Beeinträchtigung des Identitätsinteresses des (als Völkerrechtssubjekt einzig berechtigten und dadurch auch geschützten) Souveränen Malteser-Ritter-Ordens verurteilt worden.[51] Es bleibt zu hoffen, daß dieses Urteil Ansporn zur verstärkten Bekämpfung „falscher Orden" mit rechtsstaatlichen Mitteln darstellt.

Die nachfolgende Auflistung der derzeit aktiven „falschen" Johannes-Orden erhebt aus den vorgenannten Gründen keinen Anspruch auf Vollständigkeit. Es darf jedoch gesagt werden, daß viele dieser Organisationen in ihrem Wesen und Auftreten entweder dem Vernehmen nach Vereinigungen sind, welche in bedenkliche oder gar kriminelle Machenschaften verwickelt sind, oder, zwar strafrechtlich irrelevant, aber dem Wesen der „Johannes-Orden" ebenso abträglich, bloße romantische oder profitorientierte Ziele verfolgen. Die weltweite Vielfalt dieser Vereinigungen macht die oft unterschätzte Gefahr deutlich, die von diesen ausgeht.

1. „Sovereign Order of St. John of Jerusalem, Knights of Malta"
Hierbei handelt es sich um einen der aktivsten der „falschen" Johannes-Orden. Er beruft sich auf das königliche Protektorat durch König Michael von Rumänien, verfügt über einen Ordenssitz in Malta[52] und unterhält nach eigenen Aussagen weltweit vierzehn Priorate mit über 2.000 Mitgliedern. Er ist nicht nur ökumenisch, sondern nimmt auch Mitglieder nicht-christlicher Bekenntnisse auf.

2. „Sovereign Order Knights of Malta OSJ-USA of Krak"
Der Sitz dieses „Ordens" befindet sich in Italien, er betreibt eine Buchhandlung und eine Seite im Internet.

3. „Sovereign Order of Saint John of Jerusalem, Family Commanders and Hereditary Knights of St. John"
Bei diesem „Orden" handelt es sich um eine Abspaltung von Orden Nr. 1, das Hauptquartier befindet sich in Tennessee, USA, das Kanzleramt auf Malta.

4. „Sovereign Order of Saint John of Jerusalem, Knights of Malta, Knights of Rhodes, Hospitallers of Jerusalem"
Der „Orden" verfügt über eine Postfach-Adresse in den USA, beruft sich auf „Prinz" Alexei N. Romanoff[53] als „kaiserlichen Protektor" und ist ebenfalls im Internet aktiv.

5. „Sovereign Order of Saint John of Jerusalem, Knights of Malta. The International Order/The Hereditary OSJ"
Großmeister dieses überaus aktiven „Ordens" ist ein gewißer „Baron" Kenneth B. Benfield of Palmanova, internationaler Großprior ein „Marquis" K. Vella Haber. Das in Österreich seit 1986 als Verein eingetragene Hilfswerk dieses „Ordens" wurde vom Großpriorat von Österreich auf Namensverletzung und Unterlassung erfolgreich geklagt. Der „Orden" selbst erklärte schriftlich, keine weiteren Aktivitäten in Österreich zu setzen, und stellte die Gründung einer österreichischen „Kommende" sofort ein. Nichtsdestotrotz ist diese Vereinigung äußerst rührig, unterhält nach eigenen Angaben achtzehn Großpriorate und elf Priorate weltweit, das Kanzleramt befindet sich auf Malta.

6. „Orde der Hospitaliers van Sint-Jan van Jerusalem, OSJ Balije Wolvenberg"
„Ordenssitz" ist Belgien, daneben werden auch je eine Komturei in Finnland und Österreich unterhalten. Als humanitäres Werk wird die Hilfe für rumänische Kinder angegeben. Weiters wurde in Wien eine „Ordensgeschichte" publiziert.

7. „Ordre Souverain de Saint-Jean de Jerusalem, Chevaliers de Malte OSJ"
Der Ordenssitz befindet sich in Frankreich, wo der Orden auch hauptsächlich aktiv ist. In letzter Zeit tendiert er auch nach Rußland und in den Libanon. Der Souveräne Malteser-Ritter-Orden hat 1996 vor einem französischen Gerichtshof ein Urteil erwirkt, welches dieser Organisation untersagt, den Namen „Ordre de Saint Jean de Jerusalem" sowie den Zusatz „Souverain" zu führen und das achtspitzige Malteser-Kreuz zu tragen.

8. „Den Danske Malteserorden"
Es handelt sich hierbei um eine dezidiert bürgerliche und ausschließlich gesellige Vereinigung in Dänemark, welche eine Abspaltung von „Orden" Nr. 12 ist.

9. „Autonoma Prioratet Sancti Johannis Baptistae, Ridderbröder af St. Johannes af Jerusalems Hospital"
Bei diesem 1993 erstmals auftretenden „Orden" handelt es sich ebenfalls um eine Abspaltung von „Orden" Nr. 12. Als relativ kleine Gruppe (1998: fünfzehn Mitglieder) ist er hauptsächlich in Schweden und Norwegen tätig, betreibt aber zur Zeit eine verstärkte Rekrutierung in Rußland. Sein karitatives Engagement erstreckt sich auf die Unterstützung eines Kinderspitals in Polen.

10. „Order of Saint John of Jerusalem, Knights Hospitaller. Under the Protection of the Royal House of Yugoslavia/Sovereign Order of Saint John of Jerusalem (Knights Hospitaller)"
Dieser „Orden" ist einer der größten und aktivsten der „falschen" Johannes-Orden. Er beruft sich auf die Mitgliedschaft und das Protektorat der königlichen

jugoslawischen Familie und zählt bedauerlicherweise auch verschiedene Angehörige des Hochadels zu seinen Mitgliedern. Durch geschicktes Taktieren und Täuschungsmanöver gelang es dieser Vereinigung im Jahr 1991 ein königlich belgisches Dekret[54] von König Baudoin I. zu erlangen, der den „Orden" als humanitäre Institution akkreditierte. Durch diesen formellen Akt kann natürlich auf keinerlei Anerkennung als Ordensgemeinschaft geschlossen werden, wie es diese Vereinigung fälschlich behauptet. Für das Jahr 2000 sind weltweit umfangreiche ökumenische Veranstaltungen durch den „Orden" angekündigt und in Planung, die das Licht der Öffentlichkeit auf diese Vereinigung lenken sollen. Das Hauptquartier befindet sich in London, der „Orden" unterhält weltweit „Großpriorate", unter anderem in den USA, Australien, Irland, den Niederlanden und Dänemark.

11. „Russian Grand Priory of Malta"
Hierbei handelt es sich um eine Abspaltung des vorher beschriebenen „Ordens". Das Hauptquartier dieser Vereinigung befindet sich auf Malta, es existieren „Priorate" in Brüssel, Belgien, Finnland, Italien, Hong Kong und Macao, Großbritannien.

12. „Det Autonome Priorat Dacia af Malteserorden"
Dieser „Orden" wurde 1934 gegründet und bezeichnet sich als Nachfolgeorganisation des alten Johanniter-Großpriorates von Dacien.[55] Die Vereinigung unterhält insgesamt fünf Priorate in Norwegen, Dänemark und Schweden, ihr Sitz ist Kopenhagen. Fallweise werden auch karitative Einrichtungen unterstützt, neuere Nachrichten fehlen.

13. „Hospitaller Order of St. John of Jerusalem, Knights Hospitallers under Royal Charter of Peter II., King of Jugoslavia"
Auch diese Vereinigung beruft sich auf ihre angebliche Abstammung der 1908 in den USA weitergeführten „russischen" Priorate des Souveränen Malteser-Ritter-Ordens. Unglücklicherweise konnten Persönlichkeiten wie König Peter II. von Jugoslawien und Prinz Carol von Rumänien für die Großmeisterwürde dieses „Ordens" gefunden werden. Er ist hauptsächlich aktiv in den U.S.A und in Australien, aber auch in Frankreich. Nach dem Tod von König Peter II. von Jugoslawien fehlen neuere Nachrichten.

14. „Order of Saint John of Jerusalem, Knights Hospitaller (The Sacred Orthodox Order of St. John of Jerusalem)"
Hauptquartier dieser Vereinigung ist ein Postfach in der Schweiz, das Großpriorat hat seinen Sitz in Texas, USA.

15. „The Imperial Russian Order of Saint John of Jerusalem, Ecumenical Foundation, Knights of Malta" (früher: „Sovereign Military and Hospitaler Order of Saint John of Jerusalem, Knights of Malta")

Diese Vereinigung ist hauptsächlich in den USA aktiv. Anfang der 90er Jahre waren Funktionäre des „Ordens" in Anlagebetrügereien mit durch den „Orden" vertriebenen Finanzfonds verwickelt, welche mit hohen Verurteilungen vor amerikanischen Gerichten endeten. Es besteht Anlaß zu der Vermutung, daß ähnliche Geschäfte über Briefkastenfirmen auf den Bahamas nach wie vor betrieben werden.

16. „Grand Sovereign Dynastic Hospitaller Order of Saint John, Knights of Malta"

Ursprüngliche Aktivitäten in den USA unter der erblichen Schirmherrschaft von angeblichen Abkömmlingen des byzantinischen Fürstengeschlechts der Paleologen gehen den Bestrebungen des „Ordens", wieder in Malta Fuß zu fassen, voraus. Es konnten einige Mitglieder der maltekischen Nobilität für den „Orden" gewonnen werden. Es existieren „Priorate" in Asien, England und Frankreich. In letzter Zeit tendiert er vor allem nach Rußland, und es gibt Anlaß zur Vermutung, daß Kontakte zu Rußlands Präsident Jelzin gesucht werden.

17. „The Royal Sovereign Military and Hospitaler Order of Saint John of Jerusalem, Knights of Malta, Ecumenical. A Reigning Territorial Sovereignity"

Der „Großmeister" dieser Vereinigung hat seinen Sitz in England. Sie ist im Internet aktiv und ebenfalls in bedenkliche Finanztransaktionen verwickelt.

18. „The Australian Order of Saint John of Jerusalem, Knights Hospitaller Limited. Incorporated in Victoria"

Der Sitz des „Ordens" befindet sich in Australien. Es handelt sich hierbei um eine Abspaltung von „Orden" Nr. 10. Er scheint etwas orientierungslos zu sein und hat im vergangenen Jahr dem Herzog von Edinburgh (vergeblich) die Würde eines „Großmeisters" angetragen.

19. „Sovereign Military and Hospitaler Order of Saint John of Jerusalem. Ecumenical. Knights of Malta"

Dieser „Orden" ist in Spanien, den U.S.A, den Niederlanden, Frankreich und Belgien aktiv. Ehrgeizigstes Projekt ist die Errichtung eines souveränen Staatsgebietes, des „Fürstentums von Zealand", eines aufgelassenen Forts vor der englischen Küste, welches durch die Vergabe von „Banklizenzen" dort finanziert werden soll. Ebenso werden „Pässe" dieses „Fürstentums" ausgestellt und vergeben. Angeblich bestehen Bestrebungen, sich durch Absprache mit dem Russischen Außenministerium unter das Protektorat Rußlands zu begeben und in weiterer Folge alle „russischen" Zweige des „Ordens" zusammenzufassen.

20. „The Swiss Command of the Sovereign Military and Hospitaller Order of Saint John of Jerusalem. Ecumenical Knights of Rhodes and Malta"
Es handelt sich hierbei um eine Abspaltung von „Orden" Nr. 19, welche in der Schweiz, England, den USA, Nordirland, Luxemburg, Kanada und Belgien aktiv ist. Der „Orden", dessen erklärtes Ziel die Finanzierung karitativer Werke durch eine aktive Rolle im Wirtschaftsleben und in den internationalen Märkten ist, versucht sich durch Beteiligungen im Versicherungs- und Bankwesen im großen Stil mit nicht immer leicht durchschaubaren Transaktionen zu finanzieren.

21. „Knights of Malta. Sovereign Order of the Hospitallers of Saint John of Jerusalem"
(auch aktiv unter dem Namen: „Knights of Malta. Sovereign Order of Reformed Hospitallers of Saint John of Jerusalem")
Auch dieser „Orden", mit Sitz in den USA, engagiert sich an den internationalen Finanzmärkten. Es spricht für sich, daß mehrere Funktionäre dieser Vereinigung aufgrund glückloser Finanztransaktionen mehrjährige Haftstrafen in verschiedenen Gefängnissen Europas verbüßt haben oder noch verbüßen.

22. „Knights of Malta OSJ Foundation"
Der Sitz dieser Vereinigung befindet sich in Rom, das Generalsekretariat in Wien, und sein Tätigkeitsgebiet erstreckt sich hauptsächlich auf Österreich,[56] Kroatien und Slowenien.

23. „The Sovereign Order of the Hospital of Saint John of Jerusalem of Denmark"
Der „Orden" ist in Dänemark, Schweden und Norwegen aktiv. Eine 1996 versuchte amtliche Eintragung und Bestätigung beim dänischen Handelsministerium scheiterte daran, daß der Souveräne Malteser-Ritter-Orden von Dänemark schon seit 1803 anerkannt wird und Verwechslungsgefahr mit der von obiger Vereinigung plagiierten Ordenssymbolik besteht.

24. „Sovereign Order of Saint John of Jerusalem in the Americas"
Diese Vereinigung wurde 1982 von „Orden" Nr. 23 in Costa Rica etabliert und soll die Mitglieder in Mittelamerika fokussieren. Neuere Nachrichten fehlen.

25. „Sovereign Military Order of Saint John of Jerusalem. Knights of Malta, Independent and Ecumenical Priorate of the Holy Trinity of Villedieu"
Der Sitz dieser Vereinigung befindet sich in Malta, obwohl sie vor allem in Australien aktiv ist. Neuere Nachrichten fehlen.

26. „The Knights of Malta"
Es handelt sich hierbei um eine vor allem kroatische Organisation, die ihre finanzielle Unterstützung von kroatischen Auswanderern in Kanada erhält.

27. „The Most Sacred Order of the Orthodox Hospitallers"
Diese Vereinigung befindet sich unter der Aufsicht von orthodoxen kirchlichen Autoritäten und führt weder das Malteser-Kreuz, noch beruft sie sich auf den Heiligen Johannes als Schutzpatron. Sie unterhält karitative Werke in Rußland und vor allem auf Zypern. Gleichwohl liegt der Ursprung dieser Institution in der „Union der Erbkommandeure des Großpriorates von Rußland des Heiligen Johannes von Jerusalem", mithin der „Mutter" der „falschen" Johannesorden.

28. „Sovereign Order of the Orthodox Knights Hospitaller of Saint John of Jerusalem"
Dieser „Orden" steht unter dem spirituellen Protektorat des Patriarchen von Moskau, sein Sitz ist in den USA In der Vergangenheit erfreute er sich der Mitgliedschaft russischer Prätendenten und von Mitgliedern der königlich jugoslawischen Familie. Die Vereinigung beansprucht völkerrechtliche Souveränität für sich und suchte in letzter Zeit immer wieder den Kontakt zum Souveränen Malteser-Ritter-Orden, dem Johanniter-Orden und dem Venerable Order of St. John, um mit diesen in „diplomatische" Beziehung zu treten. Dabei beruft sie sich nach wie vor auf die „Legitimierung" des „Ordens" durch Zar Peter I. und das Institut der „erblichen" Komture unter diesem.

29. „The Order of Saint John of Jerusalem. Knights Hospitaller. A Priory of the Sovereign Order of Orthodox Knights Hospitaller of Saint John of Jerusalem."
Die Vereinigung unterhält ein „Priorat" in Malta, Schwerpunkt der Aktivitäten ist England. Sie ist eine Abspaltung von „Orden" Nr. 28.

30. „Order of Saint John of Jerusalem (Knights of Malta), Priory of Famagusta"
Der „Orden" hat seinen Sitz in den Niederlanden. Näheres ist nicht bekannt.

31. „The Priory of Saint John. The Sovereign Order of the Hospital of Saint John of Jerusalem. The Knights of Malta"
Der „Orden" hat seinen Sitz in den USA und gibt vor, von einem schottischen, protestantischen Großpriorat abzustammen.

32. „The Federation of Autonomous Priories of the Order of Saint John of Jerusalem. Knights of Malta"
Diese Vereinigung wurde vor allem in den letzten Jahren aktiv. Das Hauptquartier befindet sich in den USA, weitere Priorate befinden sich in Malta, Rhodos, England, Südafrika und Neuseeland. Der „Orden" betreibt verschiedene „diplomatische Vertretungen" und finanziert sich über diverse Unterorganisationen durch den Handel mit akademischen und adeligen Titeln.

33. „Ancient and Illustrious Order, Knights of Malta (Order of Orange descent)"
Dieser Verein, der in den USA auf eine sehr dezente Art karitativ tätig ist, betreibt ein Altersheim in Pennsylvania. Neuere Nachrichten fehlen.

34. „International Chivalric Order of the Ecumenical Royal Medical-Humanitarian Order of Saint John of Jerusalem"
Diese Vereinigung scheint sich die Förderung der alternativen und der ganzheitlichen Medizin zum Ziel gemacht zu haben. Neuere Nachrichten fehlen.

35. „Knights of Malta. Cable Car Chapter"
Erklärtes Ziel dieser Vereinigung ist es, die Homosexuellen-Szene zu fördern und zu unterstützen. Ausgehend von einem Motorrad-Club in Seattle wurden in den 70er und 80er Jahren neun „Kapitel" in Amerika errichtet. Nach Rückschlägen wegen der Aids-Gefahr hat sich der „Orden" mittlerweile wieder konsolidiert und seine Tätigkeiten ausgeweitet.

36. „Sovereign Order JHJ, of Knights of Malta, Knights of Malta OSJ"
Der Sitz dieses „Ordens" befindet sich in Rom. Bekannt ist, daß „Pässe" vergeben werden, neuere Nachrichten fehlen jedoch.

37. „Sovereign Order of Saint John of Jerusalem. Priory of Thomas Becket"
Dieser „Orden" ist im Internet aktiv; jedoch fehlen neuere Nachrichten.

38. „Der Katholische Johanniter Orden"
Dieser „Orden" wurde angeblich durch ein ehemaliges Mitglied des Souveränen Malteser-Ritter-Ordens gegründet, doch ist nicht sicher, ob die Vereinigung noch aktiv ist.

Die vorhergehende Auflistung, die keinerlei Anspruch auf Vollständigkeit erhebt, soll lediglich einen Überblick auf die erstaunliche Vielfalt allein der „falschen" Johannes-Orden verschaffen. Die meisten dieser Neu- oder Nachgründungen lassen sich auf die 70er Jahre zurückführen, einen Zeitraum, in dem das „Ordensunwesen" besonders blühte. Eine erschöpfende Darstellung und Auflistung ist auch insoferne schwierig, als sich diese Organisationen ständig umbenennen, ihre Führungspositonen sehr oft wechseln und eine ständige Abfolge von Abspaltungen, Neu- oder Wiedergründungen stattfindet. Oft genug sind diese Vereinigungen lediglich über eine ständig wechselnde Postfach-Adresse erreichbar.

Erwähnenswert ist auch die Tatsache, daß die meisten dieser Vereinigungen heftig miteinander verfeindet sind und sich untereinander bekämpfen, sich skurilerweise sogar gegenseitig bezichtigen, „falsche Orden" zu sein.

Als gemeinsame Charakteristika all dieser verschiedenen „falschen" Johannes-Orden kristallisieren sich immer wieder folgende Merkmale heraus:

1. Die Verwendung ähnlicher oder identischer Namen und Ordenszeichen wie der anerkannten Johannes-Orden.
2. Die Finanzinteressen der Organisation bzw. der Funktionäre stehen im Vordergrund. Der gewünschte Beitritt hängt ausschließlich von der Bezahlung einer Aufnahmetaxe ab.
3. Die Historie des „Ordens" ist nicht schlüssig, es bestehen geschichtliche Lücken, die durch gezielte Geschichtsfälschungen zu überbrücken versucht werden.
4. Die Funktionäre treten häufig unter unschwer als falsch zu erkennenden Adelsnamen und -titeln auf und verleihen diese wie auch diplomatische Ämter und Würden unmotiviert gegen Taxerlag.

Das Spektrum reicht von der sich durch Titelhandel und Anlagebetrug bereichernden kriminellen Vereinigung über „One-Man-Shows" vorgeblicher Prätendenten längst erloschener oder niemals existiert habender Dynastien bis hin zu fast liebenswert skurilen geselligen Vereinigungen.

Eines verbindet sie jedoch: Sie benutzen ohne irgendeinen berechtigten Anspruch das achtspitzige Malteser-Kreuz für ihre wie auch immer gearteten Zwecke.

Es ist deutlich geworden, daß die Existenz und die Tätigkeiten der „falschen Orden", und speziell jener, welche den Heiligen Johannes zum Schutzpatron ihrer zweifelhaften Machenschaften gewählt haben, nicht nur eine Quelle ständigen Ärgernisses, sondern auch eine gewisse Gefahr für die anerkannten Ritter-Orden bedeuten.

Zusammenfassend und abschließend darf gesagt werden, daß die fünf anerkannten Johannes-Orden neben ihren traditionellen humanitären Aufgaben auch gewisse Schutzfunktionen wahrnehmen möchten und es das Recht und die Pflicht dieser Orden ist, das Auftreten und die Tätigkeit vor allem der „falschen" Johannes-Orden zu unterbinden. Wenn auch das rechtliche Instrumentarium, das ihnen zur Verfügung steht, nicht groß ist, so müssen auch die Wege der gezielten Öffentlichkeitsarbeit und der internen und externen Information und Kommunikation vermehrt benützt werden. Verschiedene Gründe machen ein rigoroses und konsequentes Vorgehen gegen diese Vereinigungen notwendig: Zum einen ist der Souveräne Malteser-Ritter-Orden als nunmehr 900-jährige Institution auch ein Beschützer der historischen Wahrheit und verpflichtet, die anmaßende Geschichtsklitterung jener „falschen Orden" im Interesse der eigenen historischen Integrität und Kontinuität aufzudecken und zu bekämpfen. Zum anderen hat er die Verpflichtung einer Schutzfunktion gegenüber der Öffentlichkeit wahrzunehmen, welche die humanitäre und karitative Arbeit der Ordenswerke maßgeblich ermöglicht und unterstützt. Durch seine unnachgiebige Haltung auf dem Gebiet der „falschen Orden" muß der Souveräne Malteser-Ritter-Orden sicherstellen, daß die materiellen Zuwendungen ausschließlich und zur Gänze[57] den karitativen Projekten des Ordens – und somit den Bedürftigen – zufließen können und eine Täuschung der auf die Loyalität des Ordens vertrauenden Spender durch eigennützige oder betrügerische Machenschaften von „falschen Orden" verhindert wird. Und letztendlich muß es auch Ziel des Ordens sein, als exponiertester der alten Kreuzritter-Orden, den römisch-katholischen[58] Glauben, der die weltanschauliche Grundlage jener anfänglichen ritterlichen Mönchsgemeinschaft bildete, hochzuhalten und zu ehren.

So bleibt auch heute, nach 900-jährigem Wirken, der Souveräne Malteser-Ritter-Orden selbst in einem so kleinen Teilbereich, wie es die Bekämpfung der „falschen Orden" darstellt, seinem Leitsatz „tuitio fidei et obsequium pauperum" verbunden.

Anmerkungen:

1 Durch die Bulle „Pia Postulatio" vom 15.2.1113 anerkannte Papst Paschalis II. die bisherige Spitalsbruderschaft und verlieh ihr weitreichende Privilegien, welche – zusammen mit der Bulle „Christianae fidei religio" vom 21.10.1154 von Papst Anastasius IV., die die Bruderschaft kirchenrechtlich als geistlichen Ritter-Orden etablierte – die Grundlage für die Entwicklung der besonderen rechtlichen Stellung des Ordens bis heute bilden.

2 Vgl. die zahlreichen diesen Fall betreffenden Gerichtsurteile verschiedener Staaten in: Prantner, Robert: Malteser-Orden und Völkerrechtsgemeinschaft. Berlin 1974, S. 116f.; Breycha-

Vauthier, Arthur: Der Malteser-Orden im Völkerrecht. In: Österreichische Zeitschrift für öffentliches Recht (1950), 2.
3 Vgl. Klimek, Stanislaus: Im Zeichen des Kreuzes. Stuttgart 1986, S. 29f.
4 Es sind dies die Genossenschaften in Österreich, in Finnland, in Frankreich, in der Schweiz sowie die Exil-Genossenschaft in Ungarn.
5 Vgl. Klimek, S. 41f.
6 Vgl. ebda, S. 47f.
7 Vgl. ebda, S. 53f.
8 Dieser am 13.6.1961 zu Nieder-Weisel geschlossene Vertrag bildet die Grundlage der gemeinsamen Arbeit in den Bemühungen den christlichen Glauben zu stärken und die menschliche Not zu lindern.
9 So erfolgte die Gründung der Johanniter um 1099, des Tempelherren-Ordens 1118 oder des Deutscher Ordens 1190, um nur die bedeutendsten der Kreuzritter-Orden zu erwähnen.
10 Hieronymussen, Paul Ohm: Handbuch der Orden Europas. Berlin 1975, S. 10f.
11 Mericka, Vaclav: Orden und Auszeichnungen. Prag 1976, S. 13f.
12 Ebda., S. 14.
13 Mit diesen Ehrenzeichen wird ein ähnlicher Mißbrauch getrieben wie mit den eigentlichen Orden, doch ist dies ein Gebiet – speziell durch die Verwicklung öffentlicher und privatrechtlicher Körperschaften –, das eine eigene Untersuchung wert wäre.
14 Beispiele dafür sind der Orden vom Goldenen Vlies des Hauses Habsburg-Lothringen, der königlich bayerische Hausritterorden vom Heiligen Georg des Hauses Wittelsbach oder der Konstantinische Hausritterorden von St. Georg des Hauses Bourbon-Sizilien.
15 Problematischer wäre die heutige Stiftung eines Ordens durch ein ehemals souveränes, aber nicht mehr regierendes Haus.
16 Dieser Terminus bezeichnet das hoheitliche Vorrecht, Ehrenrechte (z.B. Adelsstandserhebungen, Titel, Auszeichnungen oder Orden) zu vergeben, aber auch neue Ehrenrechte zu kreieren.
17 Neben diesen ausdrücklichen Aufhebungen wie z.B. beim Tempelherren-Orden (1308) oder der Aufhebung der Orden der österreichisch-ungarischen Monarchie 1918 durch die neuerstandene Republik Österreich gibt es noch die Gepflogenheit, einen Orden durch nicht mehr Verleihen einfach erlöschen zu lassen (so u. U. geplant beim höchsten Orden des Heiligen Stuhls, dem Christus-Orden, welcher seit dem Tod seines letzten – und lange Zeit einzigen – Trägers, König Baudoin von Belgien, nicht mehr verliehen wurde).
18 In Gestalt z. B. eines Kardinal-Großmeisters.
19 Vgl. Prantner; Breycha-Vauthier sowie Köck, Heribert: Handbuch des Völkerrechts. Wien 1994, S. 276f.
20 Die englische Fachliteratur umschreibt den Begriff sehr viel treffender als „self-styled orders" oder „bogus-orders".
21 Stair Sainty, Guy: The Orders of Saint John. New York 1991, S. 144.
22 Der Vollständigkeit halber sei erwähnt, daß es neben den beiden Antipoden der „Orden" und der „falschen Orden" noch die Gruppe der „illegitimen" Orden gibt: Diese entstehen üblicherweise durch dynastische Abspaltungen oder bei Streitigkeiten bezüglich der ordensverfassungskonformen Weitergabe der Großmeisterwürde. Prominenteste Beispiele hierfür sind die – durch gegenseitige Anerkennung mittlerweile schon lange überwundene – Teilung des Ordens vom Goldenen Vlies in einen spanischen und einen österreichischen sowie die noch andauernde Spaltung des Konstantinischen Ordens von St. Georg durch die Zwistigkeiten um den rechtmäßigen Großmeister. Aber auch diese Streitfrage darf inzwischen als geklärt betrachtet werden.

23 Beispielsweise wäre hier zu nennen der „Orden des Heiligen Joachim", der sich auf die Unterstützung des legendären Admirals Lord Nelson berief (und in England noch heute aktiv ist), oder der Jagd-Orden des Grafen Franz Anton Sporck (1662–1738).

24 Die Gründung dieses Ordens 1802 durch Kaiser Napoleon I. leitet den Beginn des „modernen" Ordenswesens durch seine beispielgebende Organisation ein.

25 Vgl. Bundesgesetz über Titel, Orden und Ehrenzeichen der Bundesrepublik Deutschland vom 6.8.1957 oder das italienische Gesetz Nr. 152 vom 3.3.1951, welches dezidiert den „Gebrauch von Dekorationen von erloschenen, verbotenen oder abgeschafften Orden" untersagt.
Problematisch hierbei ist, daß die jeweiligen gesetzlichen Maßnahmen meist auf die staatlichen Orden beschränkt sind, so daß viele wirkliche Orden, aber auch alt-adelige Genossenschaften auf keinen Schutz ihrer Insignien durch staatliche Organisationen zurückgreifen können.

26 Prominentes Beispiel hierzu ist der Orden vom Hl. Lazarus. Dieser wurde im 19. Jahrhundert aufgelöst, jedoch Anfang des 20. Jahrhunderts „wiederbelebt" und arbeitet seither sehr dezidiert an seiner Anerkennung. In Österreich wurde er als kirchliche Rechtspersönlichkeit durch Erzbischof Kardinal König am 15.12.1977 anerkannt und scheint auch in der Fachliteratur oft als echter Orden auf (vgl. Prochazka, Roman: Österreichisches Ordenshandbuch. Bd. 4. München 1979, S. 276f.). Tatsache jedoch bleibt, daß von einer Anerkennung als Orden beim „Lazarus-Orden" nicht gesprochen werden kann (vgl. Cardenale, Hyginus: Orders of Knighthood and the Holy See. Rom 1982, S. 231f.). Die oft zu lesende Gegenmeinung resultiert aus der engen personellen Verflechtung vieler Autoren mit diesem „Orden", der Tatsache, daß höchstrangige Persönlichkeiten für die Mitgliedschaft in diesem „Orden" gewonnen werden konnten, und dem – außer Streit gestellten – tatsächlichen Engagement des „Ordens" auf karitativem und humanitärem Gebiet.

27 Besonders rührig auf diesem Gebiet ist die „Internationale Ordens-Union" des Tierarztes Dr. Friedrich Perko v. Greiffenbühl, der sich den Titel eines „Herzogs von Friaul" und das Prädikat „Hoheit" anmaßt. Diese in Wien agierende Union umfaßt derzeit über dreißig „falsche" Orden. Plagiiert werden nicht nur zahlreiche längst erloschene mittelalterliche Orden, sondern u.a. auch der Orden vom Heiligen Grab.

28 Diese Veröffentlichungen erfolgten beispielsweise in den Jahren 1935, am 21.3.1953, am 14.12.1970 und am 1.12.1976 im offiziellen Presseorgan des Vatikans, dem „Osservatore Romano". Sie enthalten ausführliche Listen dieser fragwürdigen Organisationen und warnen vor diesen. Der Heilige Stuhl beschreibt im „Osservatore Romano" diese Organisationen als „private Initiativen, die in keiner Weise vom Heiligen Stuhl genehmigt oder anerkannt sind" und nennt beispielsweise die folgenden „vorgeblichen Orden „[...] der Heiligen Maria von Bethlehem, des Heiligen Johannes von Akkon, des Heiligen Thomas, des Heiligen Georg von Burgund, von Mailand, von Millstadt in Kärnten, den Konstantinischen Orden der Goldenen Miliz, den Orden der Dornenkrone, den Orden des Löwen vom Schwarzen Kreuz, den Orden des Heiligen Hubert von Lothringen, den Orden der Heiligen Rita von Cascia, der Birgitta v. Schweden [...] den Orden des Heiligen Markus, des Heiligen Sebastian, des Heiligen Wilhelm [...] sowie die historischen, aber erloschenen Orden der Templer und des Heiligen Lazarus [...]." Weitere Aufzählungen „falscher Orden" sind den Werken von Cardenale und Bander van Duren zu entnehmen.

29 Diese Haltung ist nachgerade unverständlich, da der Schutz vor Herabwürdigung der im internationalen Verkehr nach wie vor eine wichtige Rolle spielenden Ehrenzeichen und Orden auch im staatlichen Interesse liegen müßte.

30 Dies steht in ganz klarem Widerspruch zu der vom Heiligen Stuhl eingenommenen Haltung und den von ihm erlassenen Weisungen.

31 Mit diesen Phänomenen beschäftigen sich die Werke von Chaffanjon, Arnaud/Galimard Flavigny, Bertrand: Ordres et Contre-Ordres de Chevalerie. Paris 1982; Stair Sainty, Guy: The Orders of Saint John. New York 1991 sowie – allerdings stellenweise unzuverlässig, da der Autor dem Lazarus-Orden sehr nahe steht – Gayre of Gayre and Nigg, R.: The Knightly Twilight. Valetta 1974.
32 Allzuoft reduziert sich dieses Vorgehen bedauerlicherweise auf eine vornehme Zurückhaltung und eine gewisse resignative Toleranz gegenüber den „falschen Orden".
33 Aufgrund dieses Tätigkeitsgebietes verfügen viele dieser Vereinigungen über bedeutende Finanzmittel und stellen einen ernstzunehmenden wirtschaftlichen Faktor dar.
34 Vgl. Bradford, Ernle: Johanniter und Malteser. München 1983.
35 Vgl. Thourot Pichel, Charles-Louis: History of the Sovereign Order of Saint John of Jerusalem. Knights of Malta. Shickshinny 1957; Formhals, Robert W.Y.: White Cross: Story of the Knights of Jerusalem. New York 1978.
36 Durch die Behauptung dieser angeblichen Abstammung stilisieren sich diese „Orden" zu angeblich legitimen Zweigen des „Souveränen Malteser-Ritter-Ordens".
37 Wienand, Adam (Hrsg.): Der Johanniter-Orden. Der Malteser-Orden. Der ritterliche Orden des hl. Johannes vom Spital zu Jerusalem. Seine Aufgaben, seine Geschichte. 3. Auflage. Köln 1988, S. 233.
38 Diese Spekulation scheiterte daran, daß England (mit Zustimmung Frankreichs) Malta okkupierte und die Ansprüche des Ordens, als dessen Vertreter sich Zar Paul I. fühlte, überging.
39 Bradford, S. 235.
40 Klimek, S. 14.
41 Mit Breve vom 9.2.1803.
42 Klimek, S. 15; Durov, S. 11.
43 Diese Komtureien waren nicht erblich im eigentlichen Sinn, wie das von den sich aus diesen herleitenden „falschen" Johannes-Orden behauptet wird, sondern durch Patronatsrecht an die Familien der Stifter gebunden, welche sich das Recht vorbehalten hatten, die jeweiligen Komture aus den Reihen der Familie zu stellen. Jedoch war eine „erbliche" Weitergabe nur bei Vorliegen verschiedener Bedingungen, so dem Nachweis, daß dem Kandidaten die Nachfolge in die Komturei gemäß den Stiftungsstatuten gestattet war, seine mindestens fünfjährige Mitgliedschaft im Orden (die Aufnahme in den Orden war aber insofern erleichtert, als sie ohne den sonst erforderlichen Adelsnachweis erfolgen konnte, da ein solcher schon bei Stiftung der Komturei vorzulegen war) sowie eine mindestens zweijährige Dienstzeit als Offizier der kaiserlich russischen Armee, rechtlich möglich.
44 Toumanoff, Cyril: L´Ordre de Malte et l´Empire de Russie. Rom 1979.
45 Vgl. das „Décret no. 81–1103 du 4. decembre 1981 modifiant le code de la Légion d'honneur et de la medaille militaire en ce qui concerne la création, la collation et le port de certaines décorations et grades honorifiques" sowie das Kommunique „Protéction des décorations officielles françaises et étrangères" vom 1.3.1976 der Groß-Kanzlei der Ehrenlegion.
46 Die Ehrenzeichen des Souveränen Malteser-Ritter-Ordens und des Johanniter-Ordens sind durch das Gesetz über Titel, Orden und Ehrenzeichen vom 26. Juli 1957 (OrdenG) geschützt. Da der Souveräne Malteser-Ritter-Orden Völkerrechtssubjekt ist, gelten die von ihm verliehenen Ehrenzeichen als ausländische Orden im Sinne des § 5 Abs. 1 OrdenG. Der Schutz der Ehrenzeichen des evangelischen Ordensastes ergibt sich aus dem Erlaß des Bundespräsidenten vom 15. Juni 1959 und damit aus § 3 Abs. 1 OrdenG. Zuwiderhandlungen können nach § 15 dieses Gesetzes als Ordnungswidrigkeit mit bis zu DM 10.000.– geahndet werden.
47 Als besonders pikant darf hierbei die Tatsache betrachtet werden, daß der Kläger jüdischen Glaubens war.

48 „Alhadeff v. George"; 82. CIF.5965 U.S. District Court, Southern District Court of New York, 30.11.1983.
49 „W.D.X. et ux. v. Markovics"; CA-3-87-0388-R, U.S. District Court for the Northern District of Texas, Dallas Division, 27.2.1989.
50 In ihrem Buch „Ordres et Contre-Ordres de Chevalerie" (Paris 1982) stellen Arnaud Chaffanjon und Bertrand Galimard Flavigny zahlreiche dieser „falschen Orden" bloß. Das Urteil zu ihren Gunsten erging durch das „Tribunal de Grand Instance de Paris – 1. Séction" am 14.3.1984.
51 Vgl. das Urteil des Landesgerichts für Zivilrechtsachen Wien vom 24.8.1998 (Aktenzahl 4 Cg 213/97s-12).
52 Es fällt auf, daß zahlreiche dieser Organisationen ihren Sitz – oft nur in Form einer Postfachadresse oder eines Büros – in Malta etabliert haben, und dort ihre Ordensfeste und Investituren abhalten. Auch diese Tatsache wird zur Untermauerung des Anspruchs, der „echte" Malteser-Orden zu sein, ins Treffen geführt. Dies um so mehr, als der Souveräne Malteser-Ritter-Orden erst seit 1998 durch Abschluß eines Pachtvertrages über Fort Angelo wieder in Malta über einen territorialen Besitz verfügt.
53 Dieser selbsternannte Prätendent auf den russischen Thron wurde als Alexander Brimeyer in Zaire geboren. Er nannte sich erst „de la Kascheyer", dann „Prinz Khevenhüller-Abensberg", schließlich „Prinz Romanoff Dolgorouki" und nebenbei noch „Prinz von Anjou-Bourbon-Condé". Eine höchst bemerkenswerte Karriere, die symbolisch nur für zahlreiche andere selbsterfundene „Lebensläufe" von Funktionären „falscher Orden" steht. Als Leiter der sogenannten „Großkommende des Ostens" in Österreich fungiert ein gewisser Herr Otto F. Joklik, der die Unverfrorenheit besaß, in einem Schreiben an die rechtsfreundlichen Vertreter des Souveränen Malteser-Ritter-Ordens zu behaupten, der von ihm vertretene „Orden" sei der originäre Johanniter-Orden.
54 Veröffentlicht am 15.5.1991 im „Belgium State Monitor", S. 16.
55 Dieses umfaßte die damaligen skandinavischen Länder und bezog seinen Namen von der alten römischen Provinz „Dacia", welche das Gebiet zwischen Theiß, Marosch und dem Karpatenhauptkamm umfaßte.
56 Die Tatsache, daß eine durch einen angeblichen „Diplomatenausweis" legitimierte Vertreterin dieser Organisation in Wien aufgrund eines Eigentumdeliktes verhaftet wurde, wirft ein bezeichnendes Licht auf die Seriösität dieses „Ordens".
57 Im Gegensatz zu anderen Organisationen kommen beim Souveränen Malteser-Ritter-Orden die Spendengelder und Zuwendungen zu 100% den Ordenswerken für ihre Arbeit zugute.
58 Bezeichnend für jene „falschen Orden" ist, daß diese im besten Fall ökumenisch, in der Mehrzahl jedoch religiös überhaupt nicht gebunden sind. Allein die Tatsache, daß bei diesen Vereinigungen das praktizierte religiöse Engagement und Bekenntnis keine (oder nur eine sehr untergeordnete) Rolle spielt, ist ein zwingender Hinweis darauf, daß diese Vereinigungen nicht über die moralische Qualität der mittelalterlichen Ordensgemeinschaften verfügen, auf die sie sich berufen oder von denen sie angeblich abstammen.

Hansjörg Weidenhoffer

Zeugnisse der Baukunst des Ordens in Österreich

1. Vorbemerkung

Die Geschichte des Souveränen Ritterordens vom Hospital des Heiligen Johannes von Jerusalem, zunächst als Johanniter-Orden und seit 1530 als Malteser-Orden bezeichnet, war bereits mehrfach Gegenstand wissenschaftlicher Untersuchungen, wobei die künstlerischen Zeugnisse des Ordens meist nur am Rande beleuchtet wurden. Einen Überblick über die Kunst des Johanniter-Ordens im Mittelalter bietet Berthold Waldstein-Wartenberg in seinem Werk „Die Vasallen Christi" von 1988.[1] Einem Spezialproblem, nämlich den doppelgeschossigen Johanniterkirchen, wandte sich Eberhard Grunsky in seiner Dissertation 1970 zu.[2] Ausführungen zur Architektur der Johanniter unter stärkerer Berücksichtigung von Bauten in Österreich enthält das von Adam Wienand herausgegebene, in der ersten Auflage 1970 erschienene Buch „Der Johanniter-Orden. Der Malteser-Orden".[3] Abgesehen von Publikationen über einzelne Bauten und Kunstwerke sowie diversen Veröffentlichungen in der Schriftenreihe des Maltesermuseums Mailberg (Niederösterreich) erfuhr der österreichische Denkmalbestand in Zusammenhang mit den Johannitern eine umfassendere Bearbeitung erst von Robert L. Dauber im Rahmen der historischen Studie „Der Johanniter-Malteser Orden in Österreich und Mitteleuropa", deren erster Band von 1996 die Zeit vom 12. Jahrhundert bis 1291 behandelt[4], und deren zweiter Band von 1998 die Folgezeit bis 1618 darstellt.[5]

Ziel der folgenden Betrachtungen ist es, aus kunsthistorischer Sicht die wichtigsten Bauten in Österreich, die von den Johannitern bzw. Maltesern errichtet wurden oder mit diesen in historischem Zusammenhang stehen, überblicksmäßig vorzustellen, wobei jedoch kein Anspruch auf Vollständigkeit erhoben werden kann. Der Schwerpunkt der Ausführungen liegt auf der Architektur. Die eng mit dieser verknüpften Ausstattungselemente der Bauplastik und Wandmalerei werden dabei mitberücksichtigt. Weitere Ausstattungs- und Einrichtungselemente können schon aufgrund des vorgegebenen Umfanges des Artikels nur in seltenen Fällen bzw. am Rande behandelt werden. Geographisch beschränkt sich die Abhandlung im wesentlichen auf das Gebiet der Republik Österreich, deren Grenzen sich mit jenen des heutigen Großpriorats von Österreich des Souveränen Malteser Ritter-Ordens decken. Historisch gesehen gehörte der Großteil der behandelten Bauten zum Großpriorat von Böhmen und Österreich (Trennung 1938), lediglich die Kommende Feldkirch (Vorarlberg) lag im Bereich des Großpriorates Deutschland.[6]

Schwerpunkte und Besonderheiten der Baukunst der Johanniter liegen in den Aufgaben und Zielen des geistlichen Ritterordens begründet. Die bedeutenden Leistungen auf dem Gebiet der Sakralarchitektur resultieren aus den religiösen Aufgaben des Ordens. Dazu kommen als weitere wesentliche Aspekte der Pilgerschutz und die Hospitalität.[7]

Gemäß dem Auftrag der Ordensregel, dem Hilfsbedürftigen gleichsam wie ein Diener seinem Herrn zu dienen, und der mittelalterlichen Auffassung, sich neben dem körperlichen Wohl des Spitalsinsassen vor allem um dessen seelisches Wohl zu kümmern, läßt sich seit den Ursprüngen des Ordens im 11. Jahrhundert eine Verbindung von Kirche und Hospital feststellen. In diesem Zusammenhang sei daran erinnert, daß das mittelalterliche Hospital weit umfassendere Aufgaben als jene einer medizinischen Heilanstalt zu erfüllen hatte und zur Aufnahme aller Schutz- und Hilfsbedürftigen bestimmt war. Neben Kranken wurden auch Arme, Waisen, Gebrechliche, Alte, Pilger und Reisende betreut.

Die Verbindung von Hospital und Kirche konnte in unterschiedlichen architektonischen Ausprägungen erfolgen. Über die Situation bei der Johanneskirche in Jerusalem, einem zweigeschossigen Dreikonchenbau, sind keine näheren Angaben möglich, da die nach dem Ersten Kreuzzug ab 1099 erweiterten Spitalsbauten nicht erhalten blieben und hohe Erdaufschüttungen die Umgebung der Kirche veränderten. Typische mehrgeschossige Hospitalkirchen, bei denen die Spitalsinsassen im Obergeschoß durch Öffnungen in der Zwischendecke den liturgischen Handlungen im darunterliegenden Kirchenraum zumindest akustisch folgen konnten, sind in Torphichen in Schottland und in Nieder-Weisel in Hessen (Deutschland) erhalten, wobei die schottische Kirche über zwei Obergeschosse verfügt. Andere Möglichkeiten der Gestaltung bestanden darin, daß der im Obergeschoß gelegene Krankensaal ein Fenster zum Altarraum der Kirche aufwies oder an eine eigene Kapelle grenzte. Diese beiden Varianten sind für das erste bzw. zweite Obergeschoß der Hospitalkirche in Neckarelz (sogenanntes „Tempelhaus", Baden-Württemberg/Deutschland) rekonstruierbar. Anstatt einer abgeschlossenen Kapelle konnte das Obergeschoß der Kirche auch eine offene Apsis aufweisen, wie es in San Giovanni di Prè in Genua oder in Nieder-Weisel zusätzlich zu den erwähnten Bodenöffnungen der Fall ist. Im Gegensatz zu den genannten Bauten, die im Kern dem 12. bis 13. Jahrhundert angehören, entstand das Johanniter-Hospital von Rhodos erst in den Jahren 1440–1487. Der über mächtigen Substruktionen im Obergeschoß gelegene, zweischiffige Krankensaal weist über dem Eingang zum Spital einen polygonalen Erker auf, unter dessen Rippengewölbe der Altar aufgestellt war.[8] Im Ordenshospital von Valetta auf Malta befanden sich direkt im großen Krankensaal zwei Altäre.[9]

Die militärischen Aufgaben des Ritterordens spiegeln sich in den Werken auf dem Gebiet der Festungsarchitektur, die ab der zweiten Hälfte des 12. Jahrhunderts einem Wandel unterworfen war, an dem die Johanniter entscheidenden Anteil hatten. Die Entwicklung führte von den vom Donjon dominierten Festungen zu jenen weitläufigen und von einem zweifachen Mauerring umgebenen Anlagen, wie sie die heute in Syrien gelegenen Burgen Qalaat Marqab und Krak des Chevaliers darstellen.[10] Bemerkenswert an der Architektur der Johanniter ist auch die frühzeitige Rezeption neuer Stiltendenzen, wie sie anhand der Ausbreitung der Gotik deutlich nachvollziehbar ist. Die große zweischiffige Halle der Johanniterbauten in Akkon (Israel) markiert durch das auf den massigen Rundpfeilern aufruhende Rippengewölbe bereits um die Mitte des 12. Jahrhunderts den Übergang von der Romanik zur Gotik.[11] Die nach 1186 errichtete Burgkapelle von Qalaat Marqab zeigt deutlich frühgotische Formen, und der um die Mitte des 13. Jahrhunderts entstandene große Saal von Krak des Chevaliers läßt besonders in der reich geschmückten Vorhalle mit Maßwerk und Blattkapitellen die Übernahme des hochgotischen Stils französischer Prägung erkennen.

2. Romanik und Gotik

2.1. Niederösterreich

Die Johanniter-Niederlassung in Mailberg im niederösterreichischen Weinviertel entstand wahrscheinlich in der Zeit des Zweiten Kreuzzuges (1147–1149), ist jedoch erst 1156 urkundlich belegt. Im Zuge der Entwicklung von verschiedenen Verwaltungsebenen des Ordens wurde Mailberg im 13. Jahrhundert Sitz einer Kommende, deren besondere Bedeutung im österreichischen Raum bis in die Gegenwart erhalten blieb. Das Ordensschloß (Mailberg Nr. 1) und die in den Gebäudekomplex des Schlosses integrierte Pfarrkirche zum hl. Johannes dem Täufer reichen in Teilen der Bausubstanz bis in die Mitte des 12. Jahrhunderts zurück, erhielten ihr heutiges Erscheinungsbild aber durch mehrere Um- und Ausbauten, die von der Gotik über die Renaissance und den Barock bis zu kleineren Veränderungen des 19. und 20. Jahrhunderts reichen.[12] Die zweigeschossigen Schloßgebäude erheben sich über einem unregelmäßigen, einem Fünfeck angenäherten Grundriß und sind um einen großen und zwei kleine Innenhöfe gruppiert, wobei die nördlich gelegenen kleinen Höfe durch einen inneren Wehrgangtrakt mit einer Bauinschrift von 1594 vom Haupthof getrennt sind. Die Kirche, die einen außen gerade schließenden Chor aufweist, tritt an der Ostseite über rechteckigem Grundriß weit vor. Die gesamte Anlage ist durch einen Graben und Vorwerke befestigt.

Mailberg (Niederösterreich), Schloß, Ansicht von Nordosten mit Pfarrkirche hl. Johannes d.T.

Die Vorwerke aus regelmäßigem Bruchsteinmauerwerk dürften großteils aus der zweiten Hälfte des 15. Jahrhunderts stammen. Die nördliche Geländestufe zum Ort ist durch eine Bastion und ein barock verändertes Turmpaar mit Kegeldächern befestigt. Im Nordwesten liegen die Wirtschaftsgebäude, die in ihrer heutigen Form dem 18. und 19. Jahrhundert angehören. An der Südseite wurde im Barock über dem spätmittelalterlichen Unterbau eines ehemaligen Turmvorwerks ein längsoktogonaler Gartenpavillon errichtet. Ein weiterer barocker Gartenpavillon mit Zeltdach nimmt eine exponierte Position im Nordosten ein. Der nordöstliche Trakt des Schlosses mit einem Rundturm und stützenden Strebepfeilern an der Außenseite gehört zur ältesten Bausubstanz. Der Tortrakt ist trotz späterer Veränderungen in seinem Kern noch mittelalterlich. In der tonnengewölbten Torhalle finden sich spätgotische Sitznischen und ein sekundär angebrachtes Wappenrelief mit einem Doppelwappen (Malteserkreuz und Wappen des Komturs von Mailberg Karl Tettauer v. Tettau) und dem für die Zeit um 1500 typischen Astwerkdekor. Mittelalterliche Gewölbe blieben weiters im Erdgeschoß des Westtraktes und im Keller des Südtraktes erhalten. Der Südflügel enthielt im Ostteil den Hospitalsaal, der durch einen Gang aus dem 18. Jahrhundert mit der Empore der Kirche verbunden war und 1910 in Preßhaus und Schüttboden unterteilt wurde.

Den Ostabschluß des großen Innenhofes bildet die Kirchenfassade von 1608 mit Veränderungen von 1751. An der Fassade ist ein gotisches Wappenrelief (Malteserkreuz und Tettauer v. Tettau) angebracht. Die seitlich an die Kirche an-

Mailberg (Niederösterreich), Friedhofskirche hl. Kunigunde, Ansicht von Südosten

schließenden Mauern lassen noch gotische Bausubstanz mit abgefasten Gewänden erkennen. Der mittelalterliche Baukern der Kirche zeigt romanisches Quadermauerwerk mit Ergänzungen aus gotischem Bruchsteinmauerwerk. An der südlichen Außenwand sind Reste gotischer Arkaden und Ansätze von Rippen aus der Zeit um 1400 erkennbar, die möglicherweise von einem ehemaligen Kreuzgang stammen. Die in der Gotik nördlich an die Kirche angebauten Kapellen wurden im Zuge der Barockisierung der Kirche in der Art eines Seitenschiffes zusammengefaßt.

Auf einem Hügel im Norden des Schlosses von Mailberg erhebt sich die Friedhofskirche hl. Kunigunde, die aufgrund ihres für den Johanniterorden ungewöhnlichen Patroziniums in ihren Ursprüngen noch älter als die Johanniter-Niederlassung in Mailberg sein könnte.[13] Der Bau besteht aus einem romanischen, wahrscheinlich im 12. Jahrhundert errichteten Schiff und einem nördlich angebauten hochgotischen Schiff des 14. Jahrhunderts.[14] Die beiden Schiffe sind unter einem gemeinsamen Satteldach zusammengefaßt, wodurch eine eigentümliche Form der Zweischiffigkeit entsteht. Die schlichte Giebelfassade wird durch ein gotisches oktogonales Türmchen mit einem Kranz aus Dreieckzinnen und einem Kegeldach bekrönt. Dem romanischen Rundbogentor, das als Eingang dient, ist ein gotisches Spitzbogengewände vorgeblendet. Beim romanischen Schiff mit einer barocken Ölbergnische an der Südseite fehlt heute die Apsis, deren Umrisse jedoch im Mauerwerk noch erkennbar sind. Das durch Strebepfeiler gegliederte gotische Schiff umfaßt zwei Joche und einen $^5/_8$-Schluß. An der Ostseite befindet sich eine vergitterte Öffnung zu der als Karner verwendeten Gruft. Im Inneren sind das auf Trichterkonsolen ruhende Kreuzrippengewölbe und eine gotische Steinkanzel zu erwähnen. Zwei rundbogige Pfeilerarkaden stellen die Verbindung zum romanischen Schiff her, das durch eine barocke Flachdecke abgeschlossen ist. Der ehemals in der Friedhofskirche aufgestellte Flügelaltar des 15. Jahrhunderts befindet sich heute im Malteser-Museum im Schloß Mailberg, wo auch einige gotische Skulpturen aus der dortigen Schloßkirche ausgestellt sind.[15] Hervorzuheben ist ein Relief der Beweinung Christi aus dem frühen 16. Jahrhundert.

Bemerkenswert ist die Tatsache, daß die 1156 urkundlich genannte Johanniter-Niederlassung von Mailberg knapp älter ist als jene von Prag, wo es 1158 zu einer Grundschenkung an die Johanniter kam und in diesem Zusammenhang ein Hospital und die später als „St. Maria unter der Kette" bezeichnete Kirche auf der Prager Kleinseite errichtet wurden. Der Prager Kirchenbau des 12. Jahrhunderts, von dem einzelne Teile erhalten blieben, wurde in der Forschung als dreischiffige Basilika mit Stützenwechsel, einem querschiffartigen Raum und drei Apsiden rekonstruiert.[16] Der gegenwärtige Bestand zeigt nach den Zerstörungen der Hussitenkriege zwei mächtige gotische Turmstümpfe und einen barockisierten, im Kern aber mittelalterlichen Chor, der von den Türmen durch einen Hof an der Stelle des Langhauses getrennt ist.

Die Pfarrkirche zum hl. Johannes dem Täufer in Spital bei Weitra im Nordwesten des niederösterreichischen Waldviertels stand ursprünglich in Zusammenhang mit einem Pilgerhospital des Johanniterordens, das 1227 urkundlich genannt wurde, und war bis 1995 dem Malteser-Ritter-Orden inkorporiert. Der romanische Kirchenbau aus der Zeit um 1200 ist trotz späterer Um- und Ausbauten noch deutlich erkennbar. Es handelte sich um eine Chorturmkirche mit dreijochigem Langhaus und einem eingezogenen quadratischen Ostturm, dessen kreuzgratgewölbtes Erdgeschoß als Chor diente. Der Bau entsprach damit einem weit verbreiteten Typus romanischer Landkirchen. Im 15. Jahrhundert wurde das Langhaus gotisch verändert und mit einem Kreuzrippengewölbe auf Wandpfeilern versehen sowie ostseitig an den Turm ein einjochiger Chor mit $5/8$-Schluß angebaut. Im Barock wurde dem Langhaus im Westen ein platzlgewölbtes Joch mit Orgelempore angefügt, wobei gleichzeitig wahrscheinlich aus Gründen der Symmetrie auch in dem an den Turm grenzenden Ostjoch des Langhauses ein Platzlgewölbe eingezogen wurde. Ebenfalls in der Barockzeit entstanden der nordseitige Anbau der Sakristei, deren Türe im Turmjoch mit Malteserkreuzen geschmückt ist, und der neben der Kirche befindliche Pfarrhof (Haus Nr. 17). Die Inneneinrichtung der Kirche stammt aus unterschiedlichen Perioden. Das Altarbild mit der Darstellung der Taufe Christi malte laut Bezeichnung an der Rückseite der Malteser Frá Eduard Kolenatý im Jahre 1885.

Zeugnisse der Baukunst des Ordens in Österreich 499

Spital bei Weitra (Niederösterreich), Pfarrkirche hl. Johannes d.T., Ansicht von Süden

Von besonderem künstlerischen Wert ist die 1983 freigelegte Wandmalerei im Turmjoch. Die Entstehungszeit der malerischen Ausstattung wird aus stilistischen Gründen um 1360/70 angesetzt.[17] Im Gewölbe findet sich die vom Typus her in der Romanik wurzelnde Darstellung der „Maiestas Domini" mit dem von den Evangelistensymbolen umgebenen Pantokrator. Die vergleichbaren romanischen Darstellungen innewohnende Strenge wird durch dekorative Elemente, zu denen gotische Architekturmotive zählen, gemildert. Die zentrale Darstellung der Nordwand zeigt die thronende Maria, in der Mitte der Ostwand ist die Kreuzigung wiedergegeben. Die Heiligendarstellungen an der Südseite sind großteils fragmentiert. Lediglich die hl. Maria Magdalena mit dem Salbgefäß ist klar identifizierbar. Auch die tiefen Bogenlaibungen des Turmjochs sind bemalt. Während die Darstellungen des Ungläubigen Thomas und der Anna Selbdritt zur Ausstattung des 15. Jahrhunderts gehören, dürften jene des hl. Wolfgang und eines nur als Fragment erhaltenen Schmerzensmannes stilistisch mit der Bezeichnung 1546 zusammenhängen.[18]

Für die Pfarrkirche zur hl. Margaretha in Walkenstein bei Sigmundsherberg wurde die Übergabe an den Johanniterorden 1227 urkundlich bestätigt. Es handelte sich ehemals um eine Wehrkirche, da der Stich von Georg Matthäus Vischer (um 1670–72) neben dem Schloß von Walkenstein eine von einer hohen,

Großharras (Niederösterreich), Pfarrkirche Hl. Dreifaltigkeit, Ansicht von Osten mit Friedhofsmauer

mit Schießscharten versehene Mauer umgebene Kirche zeigt.[19] Von der mittelalterlichen Kirche sind nur die Fundamente des Langhauses und des Chorquadrats erhalten, auf denen 1804 eine klassizistische Saalkirche erbaut wurde, die bis 1995 dem Malteser Ritter-Orden inkorporiert war.

Die östlich von Mailberg gelegene Pfarrkirche zur Hl. Dreifaltigkeit in Großharras wurde 1255 den Johannitern übergeben und ist bis in die Gegenwart dem Malteser-Ritter-Orden inkorporiert. Der auf einer kleinen Anhöhe situierte Bau liegt inmitten eines ummauerten Friedhofs. Die Kirche gliedert sich im wesentlichen in den gotischen Chor aus der Mitte des 14. Jahrhunderts und das 1766 barockisierte Langhaus.[20] Der zweijochige Chor mit 5/8-Schluß zeigt zweibahnige Maßwerkfenster und einen reliefierten Blattwerkfries unter der Traufe. Die abgetreppten Strebepfeiler sind alternierend durch kleine Pultdächer und trapezförmige Giebel abgeschlossen. An zwei Strebepfeilern treten in den Giebeln reliefierte Tierdarstellungen auf. An der südöstlichen Chorschräge findet sich eine fragmentierte gotische Konsole. Das Kreuzrippengewölbe des Chores ist durch einen reliefierten Schlußstein mit Rosette geschmückt. Im Chorschluß ruhen die Rippen auf Konsolen mit Blattwerk. An der Nordseite hat sich eine Sakramentsnische mit Maßwerkdekoration erhalten.

Zeugnisse der Baukunst des Ordens in Österreich 501

Hohenau an der March (Niederösterreich), Pfarrkirche Auffindung des Hl. Kreuzes, Detail von der südlichen Außenwand des Chores

Unter König Ottokar II. Přemysl von Böhmen wurden die Johanniter in die Grenzsicherung im Osten eingebunden. In diesem Zusammenhang dürfte auch die 1266 belegte Niederlassung der Johanniter in Hohenau an der March errichtet worden sein. Die bis in das 18. Jahrhundert dem Malteser Ritter-Orden inkorporierte Pfarrkirche zur Auffindung des Hl. Kreuzes reicht in ihrer Bausubstanz aber sogar in das 12. Jahrhundert zurück. In den Mauern des Chorquadrats wurden Dreiergruppen romanischer und gotischer Fenster freigelegt, die im Süden und Osten an der Außenseite sichtbar sind. Zwischen schmalen Rundbogenfenstern mit tiefen Laibungen ist jeweils ein größeres spitzbogiges Fenster angeordnet, wobei jenes an der Südseite noch zwei Maßwerknasen und einen Dreipaß zeigt. Das Langhaus ist in den drei östlichen Jochen im Kern noch romanisch. Ihr heutiges Gepräge erhielt die Kirche aber durch die Um- und Ausbauten von 1693 und 1902. Bei der Erweiterung 1902 in der Südwand gefundene schießschartenartige Öffnungen und Mauerreste südlich der Kirche führten zu der Annahme, daß es sich ursprünglich um eine Wehrkirche handelte.[21] Im Zuge der Anlage von Wasserleitungsgräben 1959 entdeckte Steinfundamente lassen die Lage des 1266 genannten Johanniterhauses im Bereich des südlich an den ehemaligen Kirchfriedhof anschließenden Grundstückes vermuten.[22]

Ebenfurth (Niederösterreich), Pfarrkirche hl. Ulrich, Sakristei (ehemalige Kapelle) an der Südseite des Chores

Im Jahre 1268 wurde den Johannitern das Patronatsrecht über die Pfarrkirche zum hl. Ulrich in Ebenfurth im Bezirk Wiener Neustadt geschenkt. Ebenfurth entwickelte sich im 14. Jahrhundert zu einer eigenen Kommende, die 1748 vom Orden veräußert wurde.[23] Durch die Lage der Kommende an der im Spätmittelalter errichteten Stadtmauer hatte der Orden auch Aufgaben bei der Errichtung und Erhaltung der Wehrmauer zu übernehmen. Von der ursprünglich romanischen Kirche blieb noch Bausubstanz im später barockisierten Langhaus erhalten. Zu einer frühgotischen Bauphase ab etwa 1300 gehören der zweijochige Chor mit 5/8-Schluß, Kreuzrippengewölben und skulptierten Schlußsteinen sowie die südlich an den Chor anschließende Sakristei, die ehemals als Kapelle diente. Dieser einjochige Bau mit dreiseitigem Schluß und einer Empore an der Westseite zeigt Kreuzrippengewölbe im Birnstabprofil. Neben den mit Malteserkreuzen verzierten Schlußsteinen unterstreichen die erhaltenen Wandmalereien die einstige Bedeutung des Raumes. An der Nordseite ist eine Kreuzigung dargestellt. Die bemalte Rückwand der dreiteiligen Sitznische an der Südseite zeigt in der Mitte die Madonna mit Kind zwischen zwei Heiligen und seitlich jeweils ein Wappen, wobei das rechte schlecht erhalten und nur mehr das linke einigermaßen erkennbar ist. Dieses Wappen läßt einen nach oben offenen Halbmond in einem grünen Kreis erkennen.[24] Über dem Emporenbogen an der Westseite ist ein gemalter Maßwerkfries angeordnet. Elga Lanc datiert die Malereien aus stilistischen Gründen unter Bezugnahme auf die Faltengebung bei den Gewändern der Madonna und des linken Heiligen in die Zeit um 1410/15.[25] Die ursprünglich zur Kapelle und später zum Chor der Kirche geöffnete Empore dürfte als Hospitalraum der Johanniter gedient haben.[26] Erwähnenswert ist, daß auch der Pfarrhof von Ebenfurth (Heldenplatz 5) noch mittelalterliche Bausubstanz aufweist. Die Kapelle in Haschendorf (Gemeinde Ebenfurth) und die Filialkirche in Siegersdorf (Gemeinde Pottendorf) gehörten zur Ordenspfarre von Ebenfurth, wurden aber im 19. Jahrhundert bzw. um 1900 neu erbaut.

Die Stadt Marchegg im nordöstlichen Marchfeld wurde ab 1268 unter König Ottokar II. Přemysl planmäßig angelegt. In diesem Zusammenhang wurde die Pfarrkirche zur hl. Margaretha als große dreischiffige Stadtpfarrkirche konzipiert, blieb aber unvollendet. Der bemerkenswerte Chor aus der Zeit König Ottokars, der an ein wesentlich niedrigeres Langhaus des 18. Jahrhunderts anschließt, ist von besonderer kunsthistorischer Bedeutung und gilt als eines der frühesten Werke der gotischen Baukunst in Österreich.[27] Im Süden sind an den Chor eine im Kern frühgotische Sakristei und ein 1789 umgebautes, zweigeschossiges Oratorium angebaut. Das Patronatsrecht über die Pfarrkirche von Marchegg wurde den Johannitern von König Ottokar 1268 geschenkt, aber nach der Machtübernahme durch Rudolf von Habsburg nicht mehr bestätigt, so daß ein möglicher Einfluß der Johanniter auf den Kirchenbau nicht klar bestimmbar ist.[28]

Ein vergleichbarer historischer Ablauf vollzog sich bei der 1128 gegründeten Pfarre von Michelstetten (Gemeinde Asparn a. d. Zaya, Bezirk Mistelbach). König Ottokar schenkte den Johannitern 1269 das Patronatsrecht über die Pfarrkirche zum hl. Veit. Bereits 1288 wurde dem Orden jedoch das Patronatsrecht wieder entzogen und die Kirche an die Herren von Michelstetten zurückgegeben. Ein bereits früher bestandener Zusammenhang mit dem Stift Klosterneuburg wurde wiederhergestellt. Die eindrucksvolle Wehrkirche von Michelstetten ist als Chorturmkirche mit Apsis konzipiert. Das romanische Langhaus wurde wahrscheinlich im 12. Jahrhundert errichtet und in der Barockzeit mit einem Kreuzgratgewölbe und zwei seitlichen Kapellenanbauten versehen. Der mächtige Chorturm mit der durch Runddienste mit Knospenkapitellen gegliederten Apsis wurde eindeutig später als das Langhaus erbaut, was durch eine deutlich erkennbare Baunaht belegt ist. Im Inneren weist das Chorquadrat seitliche Sessionsnischen mit Blendarkaturen und ein Kreuzrippengewölbe auf. Der Übergangsstil zwischen Romanik und Frühgotik legt eine Datierung in die zweite Hälfte des 13. Jahrhunderts nahe. Der Turm läßt noch in drei Geschossen die Wehreinrichtungen in Form von Schießscharten erkennen. Der Einstieg in den

Michelstetten (Niederösterreich), Pfarrkirche hl. Veit, Ansicht von Südosten

Turm erfolgt durch eine steile hölzerne Außentreppe an der Südseite. Vom Turm hat man auch Zugang zum Obergeschoß des Langhauses, das wahrscheinlich als Pilgerherberge diente. Ursprünglich dürfte das Langhaus über ein zweites Obergeschoß und einen eigenen Zugang zu den Obergeschossen an der Westseite verfügt haben.[29] Der Bautypus des Langhauses entspricht den Hospitalkirchen der Johanniter.[30] Trotzdem ist aufgrund der Baugeschichte davon auszugehen, daß das Langhaus mit der Pilgerherberge im Obergeschoß schon vor der Übergabe an die Johanniter existierte. Für eine Errichtung durch die Johanniter kommt nur der später erbaute Ostteil mit dem Turm in Frage.[31]

In der Apsis der Pfarrkirche von Michelstetten wurden 1956 künstlerisch wertvolle Wandmalereien freigelegt. Die Darstellung in der Apsiskalotte zeigt die Maiestas Domini. Die ikonographisch zugehörigen Apostel sind paarweise in der Chorbogenlaibung wiedergegeben. Ergänzt wird das Programm durch Darstellungen von weiblichen Heiligen in den Laibungen der Apsisfenster. Stilistisch entsprechen die Malereien dem späten Zackenstil und können daher in das ausgehende 13. Jahrhundert datiert werden. Josef Zykan vergleicht die Gestaltung besonders im Hinblick auf die weiblichen Heiligen mit den Glasgemälden der Filialkirche von St. Walpurgis bei St. Michael in der Obersteiermark aus der Zeit um 1295 und nimmt an, daß die Malereien erst nach der 1288 erfolgten Rückgabe der Kirche an die Herren von Michelstetten geschaffen wurden.[32] Elga Lanc bezeichnet die Malereien als „typisches Werk der letzten Jahrzehnte des 13. Jahrhunderts".[33] Die in Zusammenhang mit den Johannitern wesentliche Frage, ob die Fresken vor oder nach 1288 entstanden sind, läßt sich auf stilkritischer Basis nicht eindeutig beantworten.

Die nördlich von Hohenau gelegene Pfarrkirche zur hl. Helena in Rabensburg ist ein spätbarocker Bau von 1756–1765. Die Pfarre war bis in die zweite Hälfte des 20. Jahrhunderts dem Malteser-Orden inkorporiert. Der nicht erhaltene mittelalterliche Vorgängerbau war der hl. Margaretha geweiht und gelangte bereits in der zweiten Hälfte des 13. Jahrhunderts an die Johanniter.[34]

2.2. Wien

Besitzungen der Johanniter in Wien sind erstmals 1217 urkundlich belegt. An der Stelle der heutigen Malteserkirche zum hl. Johannes dem Täufer in der Kärntner Straße befand sich ursprünglich wahrscheinlich eine beim Stadtbrand 1258 zerstörte Holzkapelle, die um 1269 durch eine gemauerte Kapelle ersetzt wurde. Der bestehende gotische Kirchenbau, der hinter der klassizistischen Fassade erhalten blieb, dürfte um die Mitte des 14. Jahrhunderts entstanden sein und gehört pfarrlich zur Wiener Augustinerkirche. Es handelt sich um einen einschiffigen dreijochigen Bau mit 5/8-Schluß. Der gotische Chor mit zweibahnigen Maßwerkfenstern und abgetreppten Strebepfeilern ist im Hof des Hauses Johannesgasse 2 (Ordenshaus) sichtbar. Durch die Enge des Hofes kommt die gewaltige Höhe und schlanke Proportionierung der Kirche besonders eindrucksvoll zur Wirkung. Im Inneren ruhen die Kreuzrippengewölbe mit Birnstabprofil auf von Konsolen abgefangenen Diensten, wobei am Übergang zum Chor zwei Figurenbaldachine auftreten. Die Gestaltung der Baldachine läßt einen stilistischen Einfluß der Bauhütte von St. Stephan in Wien erkennen.[35] In diesem Zusammenhang kann auf die Baldachine im 1304–1340 errichteten Chor des Stephansdomes verwiesen werden. Das Gewölbe unter der Orgelempore der Malteserkirche weist einen gotischen skulptierten Schlußstein auf, der eine auf die Auferstehung Christi bezogene Darstellung aus dem Physiologus zeigt. Wiedergegeben ist ein Löwe, der die tot geborenen Jungen durch seinen Hauch zum Leben erweckt.

Die zweite Malteserkirche Wiens befindet sich in weitgehend unverbautem Gebiet, in der Klederinger Straße in Unterlaa (10. Bezirk, Favoriten). Die dortige Johanneskirche (Filialkirche zum hl. Johannes dem Täufer) reicht in frühmittelalterliche Zeit zurück und wurde teilweise über den Resten eines römerzeitlichen Gebäudes errichtet, mit dem sie aber in keinem direkten baulichen

Wien-Unterlaa, Johanneskirche in der Klederinger Straße, Ansicht von Südwesten

Zusammenhang steht.[36] Nach dem Übergang in den Besitz des Johanniterordens 1272 erfolgte ein Umbau der Kirche und die Errichtung eines Hospizes. Das Hospiz wurde wahrscheinlich gleichzeitig mit der Burg Unterlaa 1465 zerstört. Die Johanneskirche blieb erhalten, erfuhr jedoch weitere Veränderungen in der Barockzeit. Der frühmittelalterliche Bau hatte die Form einer rechteckigen Saalkirche und entsprach vom Ausmaß her dem heutigen Langhaus, an dessen Südseite neben barocken Fenstern ein kleines romanisches Trichterfenster sichtbar ist. Beim Umbau nach 1272 wurden, wie bei Ausgrabungen festgestellt werden konnte, eine mittlere Pfeilerreihe und seitliche Wandvorlagen errichtet, so daß eine zweischiffige Kirche entstand. Der Eingang wurde in diesem Zusammenhang an die Südseite verlegt, die Gebäude des Hospizes schlossen nordseitig an. Ortolf Harl formulierte als erster die in der nachfolgenden Literatur aufgegriffene Annahme, daß die von den Johannitern errichteten Pfeiler ein Obergeschoß trugen und die Johanneskirche von Unterlaa daher ehemals als zweigeschossige Hospitalkirche gestaltet war.[37] Der eingezogene Chor bzw. Chorturm wurde wahrscheinlich ebenfalls nach 1272 errichtet, aber erst später mit dem oktogonalen Glockengeschoß versehen. Seit den Erneuerungen, die nach den Zerstörungen des Türkenkriegs 1683 notwendig wurden, stellt das Langhaus wieder

Stroheim (Oberösterreich), Haus Nr. 1, ehem. Bruderhaus der Johanniter, sog. „Malteserstöckl"

einen einschiffigen Saalraum dar, der mit einer Flachdecke abgeschlossen ist. Im Chor tritt ein Tonnengewölbe mit Stichkappen auf. Die südlich an den Chorturm anschließende Sakristei wurde erst 1779 errichtet. Da die hochmittelalterlichen Bauteile mindestens in das erste Drittel des 11. Jahrhunderts zurückreichen, ist die Johanneskirche in Unterlaa wahrscheinlich als älteste, in Teilen erhaltene Kirche im heutigen Wiener Stadtgebiet anzusehen.[38]

2.3. Oberösterreich

In Stroheim (Bezirk Eferding) ließ der Graf von Schaunberg in der ersten Hälfte des 13. Jahrhunderts (um 1230/35) eine dem hl. Johannes dem Täufer geweihte Kirche errichten, die er den Johannitern von Mailberg schenkte.[39] In der Folge entwickelte sich Stroheim zum Sitz einer Priesterkommende, die seit dem 15. Jahrhundert unter wirtschaftlichen Schwierigkeiten zu leiden hatte. Das Kirchenpatronat blieb den Maltesern bis 1784. Die bestehende Pfarrkirche von Stroheim ist ein gotischer, jedoch mehrfach veränderter Bau. Im Langhaus mit einer rezenten hölzernen Flachdecke fällt die große spätgotische Westempore auf, die auf zwei Reihen von Granitpfeilern ruht und eine spezielle Nutzung in

Zusammenhang mit einem Hospital der Johanniter vermuten läßt. Im eingezogenen einjochigen Chor mit 5/8-Schluß und Kreuzrippengewölben ist an der Scheitelwand eine bei Renovierungsarbeiten gefundene große Steintafel eingemauert, die in einer Ritzzeichnung den hl. Johannes den Täufer zeigt. Die von einem Wimperg bekrönte Darstellung des Ordenspatrons dürfte bereits im 13. Jahrhundert entstanden sein. Der hohe Spitzhelm auf dem Kirchturm wurde erst im 20. Jahrhundert aufgesetzt.

Nördlich der Pfarrkirche von Stroheim befindet sich das ehemalige Bruderhaus der Johanniter (Stroheim Nr. 1), das in den Quellen wiederholt als „Klösterlein" bezeichnet wird. Der zweigeschossige Bau (sogenanntes „Malteserstöckl") weist einen gotischen Baukern mit einem Spitzbogentor auf, wurde aber bis in das 19. Jahrhundert immer wieder verändert, wie eine 1883 datierte Türe zeigt. Das Innere birgt mehrere Gewölbe und Holztramdecken. Besonders wertvoll ist eine Riemlingdecke des 16. Jahrhunderts im Obergeschoß mit zwei Rüstbäumen und sorgfältig ausgearbeiteten Profilen.[40] Das Gebäude war von der Barockzeit bis 1936 im Eigentum der Fürsten von Starhemberg, seit 1936 gehört es der Familie Meyrhuber.

Der Frauenturm in der Mauthausner Straße in Enns ist in die in wesentlichen Teilen erhaltene Stadtbefestigung eingebunden und bildet den Rest des ehemaligen Frauentores.[41] Im 14. Jahrhundert bestand im Bereich des Frauenturmes ein Hospiz, das wahrscheinlich von den Johannitern betrieben wurde.[42] Unklarheiten herrschen auch hinsichtlich einer genauen Lokalisierung des Hospizes. In der älteren Literatur wurde der etwa 25 m lange Raum in dem an den Frauenturm anschließenden, entlang der Stadtmauer errichteten Gebäude als Krankensaal bezeichnet. Dagegen steht die Meinung, daß der Frauenturm im 14. Jahrhundert frei stand, das anschließende Gebäude erst später errichtet wurde und wenige Kranke in dem mit Fresken ausgestatteten Obergeschoß des Frauenturmes untergebracht waren.[43]

Einigkeit besteht in der Forschung hingegen darüber, daß die Wandmalereien des Frauenturmes von Enns zur seelischen Erbauung der Kranken dienen sollten. An der Ostwand ist in drei Registern in unterschiedlich breiten Feldern die Passion Christi bis zur Auferstehung dargestellt, wobei die Szenenabfolge im mittleren Bildstreifen beginnt und die Auferstehung als programmatischer Höhepunkt zuoberst angeordnet ist. Die symbolische Darstellung an der Nordwand greift ein unter dem Einfluß Bonaventuras und der späten Mystik entstandenes Bildthema auf und zeigt das Kreuz Christi als „arbor vitae", als lebensspendenden Baum. Der Süd- und Westwand sind Heiligendarstellungen gewidmet. Die Wandmalereien werden um 1330 datiert und können dem Kunstkreis der Malerschule von Stift St. Florian bei Linz zugeordnet werden.[44] Etwa gleichzeitig, nämlich um 1330/40, entstanden die Fresken in der böhmischen Johanniterkommende von Strakonitz (Strakonice).[45]

2.4. Steiermark

Die ersten Niederlassungen der Johanniter in der Steiermark entstanden bereits im 12. Jahrhundert. Das ehemalige Pilgerhospiz von Spital am Hartberg in der heutigen Gemeinde Schäffern (auch Spital am Wechsel oder Spital in der Tauchen genannt) wurde an der alten Hartbergstraße errichtet und war nach den Ausführungen von Fritz Posch auf jeden Fall älter als das 1160 gegründete Hospiz von Spital am Semmering.[46] Die zum Hospiz am Hartberg gehörige Kirche, die dem hl. Ägydius geweiht war, wurde unter Kaiser Joseph II. aufgehoben. Die Statue des Kirchenpatrons gelangte in die Pfarrkirche von Mönichkirchen (Niederösterreich).[47] Der ehemalige Chor der Kirche, ein polygonal geschlossener Bau mit Gewölbe und Strohdach, in den 1828 eine Zwischendecke eingezogen worden war, blieb beim Anwesen Heißenberger in Spital Nr. 5 bis 1955 erhalten und wurde dann wegen Baufälligkeit abgetragen. Dem in wenigen Fotos und Zeichnungen überlieferten äußeren Erscheinungsbild nach gehörte der Chorbau dem 16. Jahrhundert an. Die Frage, ob ein älterer Baukern existierte, kann nicht eindeutig beantwortet werden. Das wahrscheinlich ältere Langhaus wurde ja bereits früher abgetragen und ist nicht dokumentiert. An die Malteser, die bis 1848 die Grundherrschaft in Spital am Hartberg innehatten, erinnert in Spital Nr. 9 noch ein Holzhaus mit einer Decke mit Malteserkreuz.[48] Der Franziszeische Kataster läßt erkennen, daß in Spital um 1822 mit Ausnahme der gemauerten Kirche nur Holzbauten bestanden.

Die erste urkundliche Nennung der Johanniter in der Steiermark stammt von 1197. In diesem Jahr übergab Erzbischof Adalbert von Salzburg den Johannitern die von ihm geweihte Kirche in Übersbach im Bezirk Fürstenfeld. Gleichzeitig

Übersbach (Steiermark), Filialkirche hl. Johannes d.T., Detail des linken Seitenaltars mit spätgotischem Martinsrelief zwischen Barockfiguren hll. Margaretha und Barbara

wurde dem Orden das von Herrand von Wildon, dem Erbauer der Kirche, übergebene Patronatsrecht bestätigt. Übersbach war zunächst eine eigene Pfarre und wurde später zu einer Filiale der Ordenspfarre von Altenmarkt bei Fürstenfeld. Seit 1790 gehört die Übersbacher Filialkirche, die dem hl. Johannes dem Täufer geweiht ist, zur Pfarre Söchau.[49] Der bestehende Barockbau des 17. Jahrhunderts wurde unter teilweiser Einbeziehung mittelalterlicher Bausubstanz errichtet, wodurch sich die im Langhaus gegenüber dem Chor verschobene Mittelachse erklären läßt. Vom gotischen Bau stammen der Unterbau des Turmes und wahrscheinlich auch die Fundamente des polygonal schließenden Chores. Ein bemerkenswertes spätgotisches Kunstwerk birgt der linke der beiden am Ende des 17. Jahrhunderts geschaffenen Seitenaltäre. Das um 1500 entstandene, farbig gefaßte Holzrelief mit der Darstellung der Mantelspende des hl. Martin ist im Zentrum des Altaraufbaues zwischen den barocken Figuren der hl. Margaretha und der hl. Barbara angeordnet.

In Fürstenfeld, das um 1170 gegründet und unter Herzog Leopold VI. um 1215 bis 1220 zur Stadt ausgebaut wurde, dürften sich die Johanniter bereits um 1200 niedergelassen haben.[50] Die erste urkundliche Nennung fällt in das Jahr 1232, als ein Streit zwischen dem Johanniterorden und der Pfarre Riegersburg um die dem hl. Johannes dem Täufer geweihte Kirche in Fürstenfeld beigelegt wurde.[51] Die Fürstenfelder Stadtpfarrkirche ist bis in die Gegenwart dem Souveränen Malteser-Ritter-Orden inkorporiert. Der heutige Kirchenbau ist zwar vom Barock geprägt, doch sind der Turm, der zweijochige Chor mit 5/8-Schluß und Teile der Westfassade im Baukern noch gotisch. Auch das nördlich der Kirche gelegene Gebäude der Kommende ist trotz späterer Veränderungen im Kern noch mittelalterlich. Der 1529 bezeichnete Wappenstein auf dem Torbogen neben der Kirche stammt von einem ehemaligen Verbindungsgang zwischen Kirche und Kommende.[52] Die Lage der Johanniter-Niederlassung an der Stadtmauer nahe der ehemaligen landesfürstlichen Burg (heute Tabakfabrik) brachte eine Einbindung der Johanniter in das Verteidigungskonzept der Stadt mit sich. 1664 diente die Malteserkommende als Hauptquartier des Generals Raimund Montecuccoli.

Das Dorf Altenmarkt bei Fürstenfeld wurde den Johannitern 1234 geschenkt. Die dem hl. Donatus geweihte Pfarrkirche (früher Maria in der Au), welche die Pfarr-Rechte durch Übertragung von der Kirche in Übersbach erhielt, ist bis heute dem Malteser-Orden inkorporiert. Der romanische Bau des 13. Jahrhunderts war ein Saalraum mit Westturm. Das aufgehende Mauerwerk des später barockisierten Langhauses und die Fundamente des im 15. Jahrhundert neu aufgemauerten Westturmes gehören noch der romanischen Bauperiode an, wobei an der Westseite ein romanisches Trichterfenster sichtbar erhalten ist.[53] Um 1300 errichteten die Johanniter einen frühgotischen Chor. Der einjochige Bau mit 5/8-Schluß weist Kreuzrippengewölbe und skulptierte Schlußsteine auf, die von

Osten nach Westen die göttliche Segenshand, das Lamm Gottes und das Haupt Christi zeigen.

Erst 1985–1986 wurden die Wandmalereien im Chor der Kirche von Altenmarkt freigelegt. Die malerische Gesamtausstattung, die mit roten Sternen auf blauem Grund auch die Gewölbezone miteinbezieht, kann aus stilistischen Gründen in das beginnende 14. Jahrhundert datiert werden.[54] Spätere Veränderungen im Chor bewirkten mehrere Fehlstellen der Malerei. An der Nordwand sind zwischen Ornamentstreifen die Verkündigung an Maria, die Hirtenverkündigung, die Geburt Christi und die Anbetung der Könige wiedergegeben. Von den Heiligendarstellungen an der Südwand sind nur mehr die hl. Katharina von Alexandrien mit dem Rad und die hl. Barbara mit dem Kelch identifizierbar. Die übrigen Figuren

Altenmarkt bei Fürstenfeld (Steiermark), Pfarrkirche hl. Donatus, Südwand des Chores mit frühgotischer Darstellung der hl. Katharina v. Alexandrien

der Südwand, die um eine mittlere thronende Figur gruppiert waren, sind aufgrund des Einbaues eines barocken Oratoriums nur stark fragmentiert erhalten. Stilistisch stehen die Malereien teilweise noch in der romanischen Tradition, wie beispielsweise der Bildaufbau bei der Geburt Christi und Nachwirkungen des späten Zackenstils in der Faltengebung der Gewänder zeigen. Andererseits macht sich besonders bei den Figuren der Südwand bereits das frühgotische Figurenideal bemerkbar, das die hl. Katharina am deutlichsten vertritt.

Zumindest zeitweise in Verbindung mit Fürstenfeld standen drei ehemalige Kommenden im heutigen Slowenien. Es sind dies Melling (slowenisch Melje, urkundlich 1217) in der Nähe von Marburg und Heilenstein (Polzela, urkundlich 1323) nordwestlich von Cilli in der ehemaligen Untersteiermark sowie St. Peter im Krain (Komenda, urkundlich 1256) in der Nähe von Stein (Kamnik) bzw.

nördlich von Laibach.⁵⁵ Während in Heilenstein und St. Peter beachtenswerte Baudenkmale erhalten blieben, sind die Gebäude in Melling weitgehend abgebrochen worden.⁵⁶

2.5. Kärnten

Die Pfarrkirche Mariae Himmelfahrt in Pulst (Gemeinde Liebenfels, Bezirk St. Veit a. d. Glan) war ursprünglich eine Eigenkirche von Herzog Ulrich III. von Kärnten, der das Patronatsrecht über die Kirche 1263 den Johannitern schenkte. Die Bestätigung der Schenkung durch König Rudolf I. im Einvernehmen mit dem Bischof von Gurk machte Pulst zur inkorporierten Ordenspfarre, die es bis heute blieb. Im nördlich der Kirche gelegenen Pfarrhof (Kirchplatz 1), einem großen zweigeschossigen Bau mit mittelalterlichem Kern, residierte bis 1822 der Komtur der Ordenskommende Pulst.⁵⁷ Die Pfarrkirche ist im wesentlichen ein spätgotischer Bau aus dem späten 15. und frühen 16. Jahrhundert unter Einschluß älterer Bausubstanz. Die umgebende Kirchhofmauer ist zwar nicht mehr in ihrer vollen Höhe erhalten, läßt aber noch Schießscharten erkennen und gehörte daher ehemals zu einer Wehranlage.⁵⁸ Der in die Kirchhofmauer eingebundene Westturm trägt Tartschen mit den Datierungen 1534 und 1535 und weist im Erdgeschoß eine Vorhalle auf. Das Westportal ist mit einer eisenbeschlagenen Türe verschlossen. An das dreijochige Langhaus mit einem nordseitigen Kielbogenportal und einer südseitig vortretenden spätgotischen Kapelle ist ein leicht eingezogener zweijochiger Chor mit ⁵/₈-Schluß angefügt. Das Netzrippengewölbe des Langhauses wurde laut Inschrift 1506 von Meister Hanns Kherer geschaffen und ruht auf eingezogenen Strebepfeilern. Die Westempore zeigt gedrehte spätgotische Säulen, im Chor tritt ein Sternrippengewölbe mit Wappenschilden auf. In der Kirche blieben auch Wandmalereien erhalten, darunter eine Anbetung der Könige (15. Jahrhundert) und Szenen aus den Türkenkriegen (datiert 1579). Der südlich der Kirche gelegene Karner ist ein annähernd quadratischer Bau mit erkerartiger Apsis. Er wurde mehrfach verändert, dürfte ursprünglich aber aus der Romanik stammen.⁵⁹

Beim Neubauerhof in Pulst (Neubauerweg 1) blieb ein spätgotisches Steinfragment aus dem späten 15. Jahrhundert erhalten, das ursprünglich wahrscheinlich als Deckplatte des Tabernakels zu einem Sakramentshäuschen gehörte.⁶⁰ Das Fragment zeigt unter anderem ein reliefiertes Wappen mit einem Malteserkreuz, das mit einem Wappen im Chorgewölbe der Kirche übereinstimmt. Es könnte sich also um das ehemalige Sakramentshäuschen der Pfarrkirche handeln. Zur Pfarre Pulst gehörten ehemals auch die Kapellen der Burgruine Liebenfels (Hochliebenfels) und des südlich von Pulst gelegenen Schlosses Hohenstein sowie eine profanierte, ursprünglich romanische Kapelle im Weiler Pupitsch, deren Reste im Haus Pupitsch Nr. 3 (Gemeinde Liebenfels) verbaut sind.⁶¹ Die

Pulst (Kärnten), Pfarrkirche Mariae Himmelfahrt, Ansicht von Südosten mit Karner

mittelalterliche Kirche von Lebmach ist seit 1596 als Filiale von Pulst belegt und noch heute dem Malteser-Ritter-Orden inkorporiert.

2.6. Exkurs: Südtirol

In Taufers im Münstertal (italienisch Tubre) waren die Johanniter seit der ersten Hälfte des 13. Jahrhunderts präsent. Die im wesentlichen aus dieser Zeit stammende, 1264 urkundlich genannte Kirche zum hl. Johannes dem Täufer (seit dem späten 18. Jahrhundert profaniert) ist als zweigeschossige Hospitalkirche gestaltet.[62] Die Fresken des 13. Jahrhunderts zeigen byzantinische Einflüsse, was sich aus der Zugehörigkeit zur Ordensprovinz Venedig erklären läßt.
Die Kirche St. Peter und Paul in Latsch (Láces) wurde 1218 den Johannitern übergeben und war ebenfalls mit einem Hospital verbunden. Nach einem verheerenden Brand in der ersten Hälfte des 14. Jahrhunderts wurde sie aber an die Herren von Annenberg verkauft, die eine gotische, dem Hl. Geist geweihte Spitalskirche errichten ließen. Die 1228 den Johannitern übergebene Kirche St. Medardus in Tarsch (Tárres) ist profaniert, zeigt aber im wesentlichen noch den romanischen Baubestand mit einem durch Zwillingsöffnungen und Blendbögen gegliederten Glokkenturm.[63]

Feldkirch (Vorarlberg), Kirche hl. Johannes d. T., Ansicht des Chores von Süden

2.7. Vorarlberg

Nachdem sich die Johanniter in der Schweiz bereits im 12. Jahrhundert niedergelassen hatten (Münchenbuchsee 1180, Bubikon 1192), kam es im frühen 13. Jahrhundert zur ersten Niederlassung im heutigen Vorarlberg. Die Kirche zum hl. Johannes dem Täufer in der Marktgasse in Feldkirch wurde um 1218 von Graf Hugo von Montfort in Zusammenhang mit der von ihm gestifteten Kommende des Johanniterordens gegründet und war bis 1610 Ordenskirche. Danach gehörte sie zum Stift Weingarten, das ab 1660 einen Umbau durchführen ließ. Weitere bauliche Veränderungen folgten aufgrund unterschiedlicher Nutzungen bis in das 20. Jahrhundert. Der bestehende Bau gehört dem Erscheinungsbild nach im wesentlichen dem 17. Jahrhundert an. Zumindest der mit drei Achteckseiten geschlossene Chor, der im Inneren jetzt eine Flachdecke aufweist, dürfte noch einen gotischen Baukern besitzen.[64]
Weitere Bauten Feldkirchs sind historisch mit dem Johanniter-Orden verbunden. Ehemals im Besitz des Ordens waren die Häuser Marktgasse 1 und 4, die beide einen spätmittelalterlichen Baukern aufweisen, wobei das Haus Nr. 4 über einen Erker mit der Johanneskirche verbunden ist. Das ebenfalls im Kern spätmittelalterliche Gebäude Johannitergasse 6 (ehemalige Kommende) weist südseitig einen Treppengiebel und zum Teil Fenster mit Sandsteinrahmungen auf. Das 1218 vom Grafen von Montfort gestiftete Spital wurde bei Umbauten 1931–1937 in den Komplex des Rathauses einbezogen, wobei der ehemalige Spitalstrakt an seinem Dachreiter erkennbar ist (Schmiedgasse 3).

Feldkirch-Tisis (Vorarlberg),
Alte Pfarrkirche hl. Michael,
Ansicht von Südosten

Die Alte Pfarrkirche zum hl. Michael in Tisis (seit 1925 der Stadt Feldkirch eingemeindet) war von 1315 bis 1610 im Besitz der Johanniter, ist jedoch älteren Ursprungs (urkundlich 1218 genannt). Für den Bau ist eine Weihe von 1442 überliefert, ein tiefgreifender Umbau erfolgte im 18. Jahrhundert. Trotzdem bewahrte die Kirche einen mittelalterlichen Kern, wie die an verschiedenen Stellen des Außenbaues erhaltenen Wandmalereien aus der Zeit des 14. bis 16. Jahrhunderts zeigen. Der Bau weist ein leicht geknicktes Satteldach und einen Chor mit $^5/_8$-Schluß auf. Der am Übergang vom Langhaus zum Chor situierte Turm ist durch ein Schopfwalmdach abgeschlossen. Im Untergeschoß des Chores befindet sich ein Beinhaus. Die Kirche ist von einem ummauerten Friedhof umgeben.

Von den übrigen Vorarlberger Kirchen, die sich ehemals im Besitz der Johanniter befanden, hat noch die zur Pfarre Bludesch gehörige Filialkirche St. Nikolaus in Zitz mittelalterliche Bausubstanz bewahrt. Der im Kern romanische Bau, der von 1375 bis 1610 dem Johanniter-Orden gehörte, zeigt einen Freskenzyklus aus der Zeit um 1330.[65]

3. Renaissance und Barock

Das Ordensschloß in Mailberg wurde unter den Komturen Karl Tettauer v. Tettau (1594–1608) und Anton Karl Graf Colloredo (1745–1760) umgestaltet.[66] Der innere Wehrgangtrakt zwischen dem Haupthof und den Nebenhöfen wurde 1594–1604 errichtet und 1752 erhöht. Der Torbau wurde laut Bauinschrift 1603 verändert und gemäß der Inschrift im Dreiecksgiebel 1752 in die bestehende Form gebracht. Um die Mitte des 18. Jahrhunderts wurden auch die spätbarocke Fassadengliederung im Hof und die Repräsentationsräume im Südtrakt geschaffen. Die Giebelfassade der Schloß- bzw. Pfarrkirche stammt laut Bauinschrift von 1608. 1751 wurde der Portalvorbau der Kirche errichtet und die Fassade erneuert. In die Zeit um 1751 fällt auch die Ausgestaltung des Kircheninneren als zentralisierender Saalraum mit Wandpfeilervorlagen mit Doppelpilastern. An das platzlgewölbte Hauptjoch schließt jeweils ein kürzeres Joch mit Stichkappentonne an, wobei das Ostjoch als Chor eine Apsisausrundung zeigt. Im westlichen Vorjoch ist die Orgelempore angeordnet. Die neobarocken Deckenmalereien entstanden erst im späten 19. Jahrhundert, die Einrichtung gehört großteils dem 18. Jahrhundert an. Das Hochaltarbild, das dem hl. Johannes dem Täufer gewidmet ist, schuf Josef Biedermann 1752. Hingewiesen sei auch auf einen spätbarocken Baldachinaltar, in dessen Schrein sich eine Figur des „Prager Jesulein" befindet. Das als wundertätig verehrte Urbild ist eine Wachsfigur, die sich seit 1628 in der Kirche St. Maria de Victoria in Prag befindet. Die Prager Kirche wurde nach der Aufhebung des Karmeliterklosters unter Kaiser Joseph II. den Maltesern übergeben.

Im äußeren Bereich der Schloßanlage von Mailberg wurden in der Barockzeit zwei Gartenpavillons auf Fundamenten von Vorwerken geschaffen. Eine Figur des hl. Johannes von Nepomuk aus der Mitte des 18. Jahrhunderts weist ein Sockelwappen mit einem Malteserkreuz auf. Der ehemalige Pfarrhof (Mailberg Nr. 8, Pfarrgasse) stammt im Kern aus der Zeit um 1600. Der sogenannte „Schafflerhof" im Nordosten des Ortes (Mailberg Nr. 199) gehört zum Weingut der Kommende und stellt ein langgestrecktes Gebäude des 18.–19. Jahrhunderts dar. Der Mailberger Hof in Wien (Annagasse 7) wurde im 18. Jahrhundert neu fassadiert.

Südöstlich von Mailberg wurde an der Straße nach Diepolz, bereits im Gemeindegebiet von Großharras gelegen, in der zweiten Hälfte des 17. Jahrhunderts von den Maltesern eine Heilig-Grab-Kapelle errichtet. Derartige Nachbildungen des hochverehrten Grabes Christi in Jerusalem waren seit dem Mittelalter verbreitet, wobei man jedoch nie von einer exakten Kopie ausgehen kann und meist nur einige charakteristische Elemente übernommen wurden.[67] Der kleine Bau zwischen Diepolz und Mailberg schließt mit der Blendbogengliederung am polygonalen Abschluß der Kapelle an das Vorbild an. Das Innere ist gewölbt und mit einer eigenen Grabkammer ausgestattet. Die Entfernung der Heilig-Grab-Kapelle von der Kunigundenkapelle im Friedhof von Mailberg soll jener Wegstrecke entsprechen, die Christus vom Gerichtshaus des Pontius Pilatus in Jerusalem nach Golgatha zurücklegen mußte.[68]

Eine in ihrer Gestaltung verwandte Heilig-Grab-Kapelle befindet sich neben der Johanneskirche in Wien-Unterlaa. Der ebenfalls mit einer Blendarkatur ver-

Zeugnisse der Baukunst des Ordens in Österreich

Mailberg (Niederösterreich), Heilig-Grab-Kapelle an der Straße nach Diepolz, Gemeinde Großharras

Wien-Unterlaa, Heilig-Grab-Kapelle bei der Johanneskirche

Rabensburg (Niederösterreich), Pfarrkirche hl. Helena, Ansicht von Westen mit Figur hl. Johannes von Nepomuk

sehene Bau wurde in der zweiten Hälfte des 17. Jahrhunderts errichtet und dürfte wie die Heilig-Grab-Kapelle in Mailberg auf den Komtur Leopold Karl Graf Kollonitsch zurückgehen.[69] In Wien-Unterlaa befinden sich noch weitere Bauten, die historisch mit dem Malteser-Ritter-Orden in Verbindung stehen. Das sogenannte „Kloster" in der Klederinger Straße 151 war ein um die Mitte des 16. Jahrhunderts gegründetes Hospiz, das allerdings 1683 zerstört wurde. Die Reste sind als Bauernhof adaptiert. Bemerkenswert ist ein im rückwärtigen Bereich befindliches Renaissancegebäude mit steinernen Fenstergewänden. Der „Prentlhof" in der Klederinger Straße 169 war als Meierhof bis 1840 im Besitz des Ordens und enthält im Obergeschoß einen Saal mit barocken Wandmalereien des frühen 18. Jahrhunderts. Das anschließende Gebäude Nr. 167 trägt am Schlußstein des Tores ein reliefiertes Malteserkreuz und wurde 1839 errichtet. Gegenüber dem Prentlhof befindet sich die ehemalige Hofmühle der Malteser (Unterlaa 32), deren Einfahrtstor 1779 bezeichnet ist.[70]
Die meisten niederösterreichischen Kirchen der Malteser wurden in der Barockzeit teilweise umgebaut und neu ausgestattet. Einen einheitlichen spätbarocken Bau stellt die Pfarrkirche zur hl. Helena in Rabensburg dar, die in der bestehenden Form 1756–1765 errichtet wurde. Hinter der dreiachsigen Westfassade mit

Zeugnisse der Baukunst des Ordens in Österreich 519

Fürstenfeld (Steiermark), Stadtpfarrkirche hl. Johannes d.T., Ansicht von Südwesten mit Gebäude der Kommende

leicht vortretendem Fassadenturm erstreckt sich ein Saalraum mit Wandpfeilern und Platzlgewölben. Der leicht eingezogene Chor zeigt einen dreiseitigen Abschluß. Die vor der Kirche aufgestellte Figur des hl. Johannes von Nepomuk (1722) weist am Sockel eine Kartusche mit Inschrift und Malteserkreuz auf. Etwa gleichzeitig mit der Kirche dürfte der spätbarocke Pfarrhof in Rabensburg Nr. 32 errichtet worden sein.
In Fürstenfeld wirkten die Malteser in der zweiten Hälfte des 16. Jahrhunderts am Renaissance-Ausbau der Befestigungsanlage mit, da ihre Niederlassung wie in Ebenfurth und Feldkirch an der Stadtmauer lag. Das im Kern mittelalterliche Gebäude der Kommende (Kirchenplatz 1a) wurde im 17. Jahrhundert umgebaut (Bezeichnung am Schornstein 1667). Aus dieser Zeit dürfte auch ein interessanter Türbeschlag im Erdgeschoß stammen, der die Form einer geharnischten Figur aufweist und mit den Türbeschlägen am Tor der Filialkirche in Übersbach verwandt ist, die im 17. Jahrhundert großteils neu errichtet wurde. Die hofseitigen Arkaden am Gebäude der Fürstenfelder Kommende wurden erst im 18. Jahrhundert errichtet (Bezeichnung 1721 über dem Aufgang). Der anschließende Pfarrhof (Kirchenplatz 3) wurde 1723 erbaut. Die Stadtpfarrkirche von Fürstenfeld, die dem hl. Johannes dem Täufer geweiht ist, wurde zwischen 1772 und

1779 unter Einbeziehung mittelalterlicher Bausubstanz von Baumeister Leopold Ainspinner in die bestehende Form gebracht. Der Bau zeigt eine durch Säulen und Pilaster gegliederte Westfassade mit Volutengiebel. Das Innere des spätbarocken Baues ist als Saalraum mit Wandpfeilern und Platzlgewölben gestaltet. Die schweren Schäden des Zweiten Weltkrieges wurden in langjähriger Arbeit behoben. Bis 1832 gehörte die später profanierte Josefikirche in Fürstenfeld als Filialkirche zur Stadtpfarre. Der Barockbau wurde 1694 als Friedhofskirche errichtet und im 18. Jahrhundert umgebaut. Seither weist der Bau die geschwungene Grundrißform und Einturmfront auf.

In Altenmarkt bei Fürstenfeld wurde die Pfarrkirche im 17. Jahrhundert teilweise umgebaut. Gleichzeitig kam es zur Errichtung der teilweise erhaltenen Kirchhofmauer, die noch Schießscharten erkennen läßt und daher ehemals als Wehrmauer diente.[71] Der Altenmarkter Pfarrhof (Haus Nr. 1) stammt im wesentlichen aus dem 18. Jahrhundert. Ergänzt wird die geschlossen wirkende Anlage durch das ehemalige Mesnerhaus (jetzt Bibliothek, Haus Nr. 86).

Von 1708 bis 1788 besaßen die Malteser das Haus Stempfergasse 8 in Graz.[72] Ein anderes Grazer Bauwerk, nämlich die Kirche Mariagrün (11. Bezirk), steht nur am Rande mit den Maltesern in Verbindung. Die erste Kirche wurde im 17. Jahrhundert von Hans Friz gestiftet, der sein Vermögen im Dienste des Malteser-Ritter-Ordens erworben hatte. Die Betreuung des Gotteshauses oblag allerdings den Kapuzinern.[73]

Stellvertretend für die zahlreichen Barockaltäre sei jener in der Kirche von Lebmach (Gemeinde Liebenfels, Kärnten), einer Filiale von Pulst, erwähnt. Der Hochaltar (urkundlich 1735) mit der Figur des hl. Bartholomäus im Zentrum und teils gedrehten Säulen, wie sie im Barock seit Berninis Baldachin in St. Peter in Rom beliebt waren, wird Johann Pacher, einem Bildschnitzer aus St. Veit a. d. Glan zugeschrieben.[74]

4. Das 19. und 20. Jahrhundert

In Walkenstein bei Sigmundsherberg wurde auf den Fundamenten der mittelalterlichen Pfarrkirche 1804 ein klassizistischer Bau errichtet.[75] Der architektonisch schlichte Bau steht in der Tradition josephinischer Saalkirchen. Der Außenbau ist durch Putzrahmen gegliedert, das Innere weist Platzlgewölbe auf flachen Wandvorlagen auf. Die Kanzel zeigt den zeittypischen Dekor der Bauzeit. Der Aufbau des Hochaltars ist hingegen älter und gehört dem 18. Jahrhundert an.

Der gotischen Malteserkirche in der Kärntner Straße in Wien wurde 1806–1808 eine klassizistische Fassade vorgelegt. Die reich gegliederte Fassade mit kolossalen korinthischen Pilastern und einem durch ein Relief der Taufe Christi geschmückten Dreiecksgiebel ist 1808 bezeichnet und steht stilistisch Louis de

Zeugnisse der Baukunst des Ordens in Österreich

Lebmach (Kärnten), Filialkirche hl. Bartholomäus, Innenansicht mit Hochaltar

Walkenstein (Niederösterreich), Pfarrkirche hl. Margaretha, Innenansicht

Wien, Malteserkirche in der Kärntner Straße, Fassade

Ligist (Steiermark), Neues Schloß, Ligist-Markt Nr. 1, Hofseite

Montoyer nahe.[76] Auch der Großteil der Inneneinrichtung gehört dem Klassizismus an. Dem Denkmal für den Großmeister Jean de La Valette-Parisot, das 1806 errichtet wurde, kommt auch historische Bedeutung als Ausdruck der ungebrochenen Ordenstradition zu.[77] Die klassizistische Neugestaltung der Kirche fällt in die Amtszeit des bedeutenden Großpriors Joseph Maria Graf von Colloredo-Wallsee (1791–1818). Das anschließende Kommende-Haus (Johannesgasse 2) wurde 1837–1839 erbaut und weist eine repräsentative Gestaltung von Durchfahrt und Stiegenhaus auf.

Zu den im 19. Jahrhundert in Pfarren des Malteserordens errichteten Ortskapellen gehören die in Niederösterreich gelegenen Bauten in Diepolz (1844, Pfarre Großharras) und Kainreith (1848, Pfarre Walkenstein bei Sigmundsherberg). In beiden Fällen handelt es sich um platzlgewölbte Saalbauten. Bei der 1880 errichteten Ortskapelle in Bierbaum an der Safen (Gemeinde Blumau, Steiermark) erinnert noch ein am Dach über der Apsis angebrachtes Malteserkreuz an die ehemaligen Besitzungen des Ordens in der oststeirischen Ortschaft.

1928 erwarb der Souveräne Malteser-Ritter-Orden das Gut Ligist in der Weststeiermark und erlangte damit das Patronatsrecht über die dortige Pfarrkirche zur hl. Katharina.[78] Das sogenannte „Neue Schloß" (Ligist-Markt Nr. 1) ist ein ehemaliger Meierhof, der bis 1817 von den Grafen Saurau zum Schloß ausgebaut wurde. Der langgestreckte Bau mit hofseitigen Arkaden ist Sitz des Forstbetrie-

45 Schmidt, Gerhard: Die Fresken von Strakonice und der Krumauer Bildercodex. In: Uměni/The Art Nr. 3/4, 41 (1993), S. 145–152.
46 Posch, Fritz: Geschichte des Verwaltungsbezirkes Hartberg. Zweiter, historisch-topographischer Teil. Graz, Hartberg 1990, S. 525f.
47 Huber, Andreas: Ein vergessenes Alpenhospiz in Steiermark. In: Blätter für Heimatkunde Heft 4, 27 (1953), S. 122.
48 Dauber, Johanniter-Malteser Orden, Bd. 1, S. 100.
49 Payerl, Franz: Die Geschichte der Gemeinde Übersbach. Übersbach 1988, S. 269f.
50 Pferschy, Gerhard: Aus Fürstenfelds Vergangenheit. In: 800 Jahre Fürstenfeld. Rückblick – Gegenwart – Ausblick. 1178–1978. Fürstenfeld 1978, S. 19f.
51 Pickl, Othmar: Geschichte der Burg, der Pfarre und des Marktes Riegersburg. Riegersburg 1987, S. 36.
52 Dehio-Handbuch: Die Kunstdenkmäler Österreichs. Steiermark. Wien 1982, S. 122–124.
53 Deuer, Wilhelm: Der romanische Kirchenbau in der Steiermark unter Ausklammerung der Stiftskirchen. Wien [Phil. Diss.] 1982, S. 187.
54 Lanc, Elga: Altenmarkt, Pfarrkirche Hl. Donatus. Malerische Gesamtausstattung im Chor Anfang des 14. Jahrhunderts. In: Ausstellungskatalog „Die Madonna von Philermos". Maltesermuseum Mailberg 1993, S. 17 f. (= Schriftenreihe des Maltesermuseums Mailberg. Bd. 12).
55 Ernst, Elisabeth: Styriaca in Prag. Die Bestände der Malteser-Ritterordenskommende Fürstenfeld im Staatlichen Zentralarchiv Prag. In: Mitteilungen des Steiermärkischen Landesarchivs 46 (1996), S. 119f.
56 Dauber, Johanniter-Malteser Orden, Bd. 1, S. 199–202 (betreffend vermutliche Gebäudereste in Melling), S. 234–236 (St. Peter im Krain), Bd. 2, S. 377–380 (Heilenstein).
57 Hartwagner, Siegfried: Kärnten. Der Bezirk St. Veit an der Glan. Seine Kunstwerke, historischen Lebens- und Siedlungsformen. Salzburg 1977, S. 169–171 (= Österreichische Kunstmonographie. Bd. 8); Vgl. auch Dehio-Handbuch: Die Kunstdenkmäler Österreichs. Kärnten. 2. Aufl. Wien 1981, S. 476f.
58 Kafka, Karl: Wehrkirchen Kärntens. Teil 2. Wien 1972, S. 24–26 (= Kärntens Burgen und Schlösser. Bd. 4/2).
59 Sörries, Reiner: Die Karner in Kärnten. Ein Beitrag zur Architektur und Bedeutung des mittelalterlichen Kirchhofes. Kassel 1996, S. 120 (= Kasseler Studien zur Sepulkralkultur. Bd. 8).
60 Weidenhoffer, Hansjörg: Sakramentshäuschen in Österreich. Eine Untersuchung zur Typologie und stilistischen Entwicklung in der Spätgotik und Renaissance. Graz 1992, S. 106f. und 241 (= Dissertationen der Karl-Franzens-Universität Graz. 87).
61 Hartwagner, Bezirk St. Veit a. d. Glan, S. 171.
62 Grunsky, Doppelgeschossige Johanniterkirchen, S. 118f.
63 Zu den Südtiroler Kirchen siehe Dauber, Johanniter-Malteser Orden, Bd. 1, S. 210f. u. Bd. 2, S. 358f.
64 Frey, Dagobert: Die Kunstdenkmäler des politischen Bezirkes Feldkirch. Wien 1958, S. 177f. (= Österreichische Kunsttopographie. Bd. 32); Vgl. auch Dehio-Handbuch: Die Kunstdenkmäler Österreichs. Vorarlberg. Wien 1983, S. 180f.
65 Dauber, Johanniter-Malteser Orden, Bd. 2, S. 362f. und Dehio Vorarlberg, S. 51f.
66 Dehio, Niederösterreich nördlich der Donau, S. 692f.
67 Biddle, Martin: Das Grab Christi. Neutestamentliche Quellen – historische und archäologische Forschungen – überraschende Erkenntnisse. Gießen 1998, S. 42f.
68 Nach einer Beschreibung der Heilig-Grab-Kapelle im Gemeindeamt von Mailberg ohne Angabe des Autors bzw. Jahres.

69 Kreuzer, Eduard: Bauherr und Bauzeit der Grab-Christikapellen in Mailberg und Unterlaa. In: Favoritner Museumsblätter 5 (1983), S. 1–9.
70 Dehio, Wien 10.–19. und 21.–23. Bezirk, S. 26f.
71 Kafka, Karl: Wehrkirchen Steiermarks. Wien 1974, S. 15f. (= Steiermarks Burgen und Schlösser. Bd. 4).
72 Resch, Wiltraud: Die Kunstdenkmäler der Stadt Graz. Die Profanbauten des 1. Bezirkes. Altstadt. Wien 1997, S. 648 (= Österreichische Kunsttopographie. Bd. 53).
73 Kalchberg, Wilhelm, Freiherr von: Der Grazer Schloßberg und seine Umgebung. Graz 1856, S. 145f.
74 Dehio, Kärnten, S. 335f. Zur Geschichte des Altars vgl. auch Jaksch, August von: Die Einführung des Johanniterordens in Kärnten und dessen Commende und Pfarre Pulst daselbst. In: Archiv für österreichische Geschichte 76 (1890), S. 394.
75 Tietze, Hans: Die Denkmale der Gerichtsbezirke Eggenburg und Geras. Wien 1911, S. 138f. (= Österreichische Kunsttopographie. Bd. 5/Tl. 1).
76 Dehio-Handbuch: Die Kunstdenkmäler Österreichs. Wien. 3. Aufl. Wien 1954, S. 29f.
77 Strimitzer, Birgit: Der Souveräne Malteser-Ritterorden. Anmerkungen zu seiner neunhundertjährigen Geschichte und Organisation unter besonderer Berücksichtigung der Situation im Großpriorat Österreich-Böhmen im 19. Jahrhundert. In: Österreichs Orden vom Mittelalter bis zur Gegenwart. Hrsg. v. Johann Stolzer und Christian Steeb. Graz 1996, S. 19, Anm. 28.
78 Leisching, Pfarren, S. 104f.

Elisabeth Schöggl-Ernst

Die Archivbestände der österreichischen Kommenden im Staatlichen Zentralarchiv Prag

Die Kommenden im Osten und Süden Österreichs, zu denen Mailberg, Stroheim, St. Johann in Wien und Unterlaa, Ebenfurth, Fürstenfeld und Pulst, Melling, Heilenstein und St. Peter in Krain (Slowenien) zählten, wurden unter dem Großpriorat von Böhmen, Österreich, Steiermark, Kärnten und Krain zusammengefaßt, das sich am Ende des 13. Jahrhunderts gebildet hatte und Teil der Deutschen Zunge des Johanniterordens war. Die Vorarlberger Kommende Feldkirch, die von 1218 bis 1610 bestand, war aufgrund der geographischen Lage der Ordensprovinz Deutschland eingegliedert, während die Kommenden Taufers und Tarsch in Südtirol dem Priorat Venedig angehörten. Beide Tiroler Kommenden wurden im 18. bzw. 19. Jahrhundert aufgelöst. Die Quellenlage dieser letztgenannten Kommenden wird in der Folge nicht erörtert.

Der Sitz des böhmischen Priorats war ursprünglich Prag. Während der Hussitenkriege wurde das Priorat nach Strakonitz verlegt. Ab 1516 fungierte Prag wieder als Prioratssitz. Hier entstand ein Prioratsarchiv, dessen Bestände für den österreichischen Raum auch nach dessen Ausgliederung in Böhmen verblieben, in den 40er Jahren des 20. Jahrhunderts zur Sicherstellung ausgelagert, 1957 vom Staatlichen Zentralarchiv in Prag übernommen und in den folgenden Jahren vereint wurden.

1938 wurden die österreichischen Kommenden vom böhmischen Großpriorat getrennt und ein eigenes Großpriorat Österreich mit der Zentrale in Wien gegründet. Die Bestände des Ordensarchivs in Wien umfassen vorwiegend das 19. und 20. Jahrhundert. Vereinzelte ältere Quellen stammen aus den Altregistraturen der Kommenden, die nach dem Zweiten Weltkrieg in die Johannesgasse nach Wien verlegt wurden. Das Großpriorat und die österreichischen Kommenden hatten 1940 ihre Archive an das Haus-, Hof- und Staatsarchiv nach Wien abzuführen. Von dort wurden diese Bestände 1945 in das Schloß Guntersdorf ausgelagert und anschließend wieder ins Haus-, Hof- und Staatsarchiv zurückgestellt. In den Nachkriegsjahren wurden Verhandlungen wegen der Übernahme dieser Quellen mit dem Großpriorat von Österreich geführt. Das Archiv des Großpriorats konnte bereits 1948 übernommen werden. Für die

Bestände der Kommenden Mailberg und Fürstenfeld fehlten vorerst noch die Räumlichkeiten für ihre Unterbringung in der Johannesgasse 2. 1950 wurde schließlich der Transfer durchgeführt.[1]

Von der Kommende Mailberg kamen auf diesem Weg Inventurprotokolle des 18. Jahrhunderts, Gerichts-, Gewähr- und Waisenprotokolle des 18. und 19. Jahrhunderts, ein Urbar aus 1551, ein Weingarten- und Zinsbuch, das die Jahre 1588 bis 1622 umfaßt, weitere Urbar- und Grundbücher einzelner Ämter vom 17. und 18. Jahrhundert sowie Gabenbücher des 18. Jahrhunderts in die Johannesgasse. Die Rentamtsbücher erstrecken sich über den Zeitraum vom 17. bis ins 20. Jahrhundert, Wirtschaftsberichte stammen aus dem 18. und 19. Jahrhundert, Justizakten umfassen den Zeitraum 1750 bis 1850, Kirchenrechnungen das 17. bis 19. Jahrhundert. Personalakten sind aus dem 19. Jahrhundert erhalten geblieben.

Die Liste der Fürstenfelder Quellen umfaßt 65 Stücke, darunter neun Veränderungs- und Urkundenprotokolle aus dem 18. Jahrhundert, ein Grundbuch aus 1840, eine Reihe von Rechnungsbüchern des 18. und 19. Jahrhunderts, Kirchenpropst-Amtsprotokolle, Kaufbriefprotokolle und Bergrechtsregister der Stadtpfarrkirche aus dem 18. Jahrhundert sowie zwei Grundbücher der Stadtpfarrgült aus 1770 und des 18. und 19. Jahrhunderts. Weiters befinden sich in diesem Bestand Kirchenrechnungsbücher der Pfarrkirchen Altenmarkt und Übersbach, Rechnungsprotokolle der Josephi- und der Wieskapelle sowie der Rosenkranzbruderschaft zu Altenmarkt aus dem 18. und frühen 19. Jahrhundert. Außerdem sind Privatrechnungen des Grafen Adolf Podstatzky-Lichtenstein aus der Mitte des 19. Jahrhunderts ausgewiesen.

Neben diesen Archivalien in Wien finden sich heute in Österreich an den Verwaltungsorten der bestehenden Besitzungen des Souveränen Malteser-Ritter-Ordens in Mailberg – für die Ländereien in der Steiermark wurde der Sitz von Fürstenfeld nach Ligist verlegt – und ein kleiner Bestand jüngeren Verwaltungsmaterials wohl auch in Pulst. Das Haus-, Hof- und Staatsarchiv und die Landesarchive Kärntens, der Steiermark, Tirols und Vorarlbergs, Nieder- und Oberösterreichs verwahren ebenfalls Bestände über die Malteserkommenden. Dabei handelt es sich um Urkunden und Urkundenabschriften des Mittelalters und der Neuzeit, um Rechtsquellen, die Auseinandersetzungen der Malteser mit den Stadtverwaltungen oder Regierungen dokumentieren, um Materialien der grundherrschaftlichen Verwaltung und Angelegenheiten der Untertanen. Aber auch in Privatarchiven von Personen oder Familien, die Mitglieder des Ordens und in dessen Verwaltungstätigkeit eingebunden waren, lagern Materialien zu den Kommenden. Ebenso wird man in den Stadt- und Marktarchiven sowie in den Pfarrarchiven der Ordenspfarren, den Diözesanarchiven und in privaten Sammlungen Unterlagen zur Tätigkeit des Ordens in Österreich finden.

Quellen zur Geschichte der österreichischen Ordenskommenden außerhalb Österreichs werden in der National Library of Malta in Valetta verwahrt, mit dem zeitlichen Schwerpunkt vom 14. bis zum 18. Jahrhundert. Unter anderem harren hier die Generalkapitelbeschlüsse ab 1330, die Sitzungsprotokolle des Ordensrates ab 1459 und die Register der Großmeisterbullen ab 1346 einer Auswertung. Ein Inventar gibt Aufschluß über den Quellenbestand.[2] Auch die Archivalien im Vatikanischen Archiv in Rom und am Sitz des Souveränen Malteser-Ritter-Ordens in Rom bedürfen einer Untersuchung. Als umfassendster Bestand aller Priorate gilt jener des Großpriorats von Böhmen, der sich heute im Státní Ústřední Archiv v Praze, dem Staatlichen Zentralarchiv Prag (im 6. Bezirk) befindet.

Archivalien zur Kommende Feldkirch in Vorarlberg

Bevor die Prager Quellen eine nähere Erläuterung finden, soll an dieser Stelle die Vorarlberger Kommende Feldkirch behandelt werden. Als Teil der deutschen Ordensprovinz werden die Archivalien natürlich nicht in Prag aufbewahrt. Im Zuge der Gründung der Stadt Feldkirch stiftete Graf Hugo I. von Montfort eine Johanneskirche, die er im September 1218 mit Zustimmung Kaiser Friedrichs II. dem Hospital St. Johann in Jerusalem widmete. Zur Johanniterkommende zählten unter anderem das Klostertal, die Pfarrkirchen St. Agatha und St. Mauritius in Nenzing, St. Stephan in Thüringen, St. Jakob in Bludesch, St. Michael in Tisis und St. Jakob in Mauren sowie einige Kapellen. Die Kommende konnte jedoch ihre Eigenständigkeit im ausgehenden Mittelalter nicht wahren und wurde zu einer Filiale der thurgauischen Kommende Tobel. Dem Niedergang der Kommende im 16. Jahrhundert folgte ihr Verkauf 1610 an das Benediktinerkloster Weingarten. 1695 veräußerte das Reichsstift Weingarten ihr in Feldkirch eingerichtetes Priorat an das Reichsstift Ottobeuren, das hier ebenfalls ein Priorat errichtete, welches 1802 aufgehoben wurde. Die wechselvolle Geschichte der ehemaligen Johanniterkommende St. Johann in Feldkirch brachte eine Verstreuung der Quellen zu dieser Kommende mit sich. Die Gründungsurkunde selbst ist nur mehr in einer Abschrift einer kopialen Überlieferung des 14. Jahrhunderts erhalten. Den größten Teil an Archivalien über die Zeit der Johanniterkommende ist an das Vorarlberger Landesarchiv gekommen. Hier befinden sich 90 Urkunden des Klosterarchivs St. Johann (Nr. 5331–5481) von 1245 bis 1773 (inklusive jener aus der Zeit der Stifte Weingarten und Ottobeuren), sieben Schachteln Akten samt einem Repertorium Nr. 14/81, zwölf Handschriften, darunter Urkundenabschriften des 13. und 14. Jahrhunderts, verfaßt im 17. Jahrhundert, und eine Spezifikation des Verkaufs an Weingarten.
Weiteres Material besitzen die Archive der Benediktinerabteien Weingarten und Ottobeuren, die im Hauptstaatsarchiv Stuttgart und im Staatsarchiv Augsburg

liegen. Auch das Bayerische Hauptstaatsarchiv München und die Österreichische Nationalbibliothek verwahren Handschriften und Urkunden von St. Johann in Feldkirch. Im Diözesanarchiv Chur, im Liechtensteinischen Landesarchiv in Vaduz und im Tiroler Landesarchiv findet man ebenso Archivalien zur Geschichte von St. Johann. Das Hauptmaterial bezieht sich hier zwar auf die nach-johannitische Zeit, die Augsburger Bestände enthalten jedoch auch älteres Archivgut, darunter Zins- und Gültbücher aus den Jahren 1555, 1607 und 1608.[3]

Das Archiv des Großpriorats in Prag

Die Kommenden Mailberg und Stroheim

Der Name Mailberg, vormals in verschiedensten Schreibvariationen bis ins 14./15. Jahrhundert Mauerberg genannt, wurde 1055 in einem Diplom Kaiser Heinrichs III. erstmals genannt. Den frühesten urkundlichen Nachweis über die Anwesenheit der Johanniter in Mailberg erhalten wir aus dem Jahr 1156, als es in einem Streit zwischen Kadolt von Harras und den Johannitern zu einem Ausgleich um die vom Onkel des Kadolts etwa 1146/47 den Johannitern übergebenen Besitzungen von Mailberg mit allem Zubehör kam, vermittelt durch Markgraf Heinrich II., festgehalten im sogenannten Heinricianum.[4] Mailberg gehörte zu dieser Zeit bereits den Johannitern, außerdem Weingärten in Grinzing, die sie dem jüngeren Kadolt zum Tausch anboten. Mailberg, die älteste Johanniterkommende Österreichs, konnte in den folgenden Jahrhunderten seinen Besitz wesentlich erweitern. Größere Schenkungen erfolgten im Waldviertel, darunter 1227 die Kirche von Walkenstein, weiters Hohenau, Spital bei Weitra, Rabensburg und Großharras, das Patronatsrecht über die Pfarre Erdberg in Südmähren und kurzfristig die Pfarre Michelstetten, wozu der im Besitz der Johanniter gebliebene Hof Blaustauden zählte. Im 13. Jahrhundert kam die Pfarre Ebenfurth an Mailberg, die zeitweise eine eigene Kommende bildete. Zu Mailberg zählten ebenfalls Besitzungen um Wien. Auch die Kirche von Pulst wurde vorerst als nicht eigenständige Kommende den Johannitern zu Mailberg geschenkt. Im 16. Jahrhundert befand sich der Hauptbesitz der Kommende im Pulkautal, dann im Raum zwischen der unteren Thaya und Zaya, weiters zwischen Ober- und Niederhollabrunn und im oberen Waldviertel.[5] Vom 13. bis zum Beginn des 16. Jahrhunderts bildete Mailberg mit einem Meister an der Spitze das Zentrum der österreichischen Johanniter.

Um die Mitte des 13. Jahrhunderts schenkten die Schaunberger den Johannitern zu Mailberg Besitzungen und eine neu gegründete Kirche in Stroheim, die dem hl. Johannes geweiht war. Stroheim in Österreich ob der Enns war als Priesterkommende gegründet worden, von 1347 bis in die 20er Jahre des 15. Jahrhunderts wurde sie jedoch von einem Ritterkomtur geleitet. Danach wurde sie wieder als Priesterkommende geführt. Ob Stroheim also den Status einer Ritter- oder Priesterkommende hatte, hing vom jeweils eingesetzten Komtur ab.[6] Stroheim bildete zeitweise eine eigene Kommende. Der Komtur erhielt jedoch nicht die Landstandschaft. Diese übte der Mailberger Komtur auch für Stroheim aus. Die Kirche von Stroheim verblieb bis zu ihrer Aufhebung unter Kaiser Joseph II. 1784 unter dem Patronat der Malteser.[7] Die Kommende wurde 1790 veräußert.

Urkunden zur Kommende Mailberg und Stroheim:

Zur Kommende Mailberg befinden sich im Staatlichen Zentralarchiv Prag 300 Urkunden, davon 252 von 1128 bis 1500. Bis 1282 handelt es sich hauptsächlich um Urkunden in lateinischer Sprache. Ab diesem Zeitpunkt überwiegt Deutsch als Urkundensprache. Dem Inhalt nach handelt es sich vorwiegend um vermögensrechtliche Angelegenheiten der Mailberger Kommende und auch der Kommende Unterlaa (Käufe, Verkäufe, Schenkungen, Tauschverträge, Zinsschenkungen), um Abgabenverzeichnisse aus Dörfern, Erbschaftsvereinbarungen, Liegenschaftspachten, Quittungen, Gerichtsgrenzen, Meßstiftungen, Ernennung eines Komturs zu Unterlaa, Ernennung eines Präzeptors in Mailberg, Befreiung Mailbergs von Robot und Ungelt und Streitigkeiten um das Präzeptoramt.[8]

Zahlreiche der mittelalterlichen Urkunden finden sich bereits in Urkundenbüchern ediert, wovon an dieser Stelle nur das Babenberger Urkundenbuch, das Oberösterreichische Urkundenbuch, der ungedruckte Archivbehelf im Niederösterreichischen Landesarchiv von Fritz Eheim über die Urkunden der Johanniterkommende Mailberg aus den Jahren 1958/59 und das Cartulaire général de l'ordre des Hospitaliers de St. Jean de Jérusalem von J. Delaville le Roulx (4 Bde, Paris 1894–1906) genannt seien.[9]

Akten zu den Kommenden Mailberg und Stroheim:

In insgesamt 85 Kartons befinden sich Akten zur Kommende Mailberg. Vier Inventarnummern weisen Pläne zu Mailberg aus. Dies ist der umfangreichste Bestand einer einzelnen Kommende, gefolgt von den Akten der Kommende Fürstenfeld. Die Mailberger Bestände beinhalten auch Dokumente der Kommende Stroheim, die in der Folge separat ausgewiesen werden. Den größten Komplex bilden:

Akten zur Wirtschaftsverwaltung:[10]

Wegen der Fülle des Materials kann dieses nur kursorisch aufgezählt werden. Urbar der Kommende Mailberg aus dem Jahr 1551 (833), Urbar 1553–1656 (867), 1644–1790 (868), Meliorationsprozeß aus 1787, Inventare der Kommende Mailberg 1554–1610 und des Mailbergerhofes in Wien, Cabreum, verschiedene Notizen und Besitzstreitigkeiten 1554–1787; ein Cabreum von Stroheim aus dem Jahr 1761 (834); allgemeine wirtschaftliche Aufzeichnungen der Kommende Mailberg, Visitationsberichte, Urbare vom 16. bis zum 18. Jahrhundert; Meliorationsprozesse aus den Jahren 1738, 1766, 1781; Cabraeum 1761, ein weiteres Cabreum von Stroheim aus dem Jahr 1761; Inventare von Mailberg 1820, 1826, 1837, 1838, 1843, Inventar und Teilungsinstruktion aus 1845; Herrschaftsbeschreibungen, Abschriften verschiedener Dokumente zu Mailberg aus dem 16. Jahrhundert; Einnehmerregister 1584–1586, Akten zu Wirtschaftseinkünften und Wirtschaftsrechnungen der Kommende Mailberg 1701, 1820–1828; Finanzbücher, Pachten, Produktionslisten 1820–1884 (835); Meliorationen, Inventare, Bauangelegenheiten, Korrespondenzen, Instruktionen für das Wirtschaftspersonal, Pacht, Steuersachen, Plan der Äcker zum Hof Blaustauden 1745–1811 (241, 242, 247); Finanzjournale, finanzielle Liquidationen 1818–1887; Inventare 1741–1887 (836–852); Aufzeichnungen über die Naturalproduktion (Ackerbau und Viehzucht); Wirtschaftsmängel, Instruktionen für verschiedene Verwaltungsbeamte und deren Bezahlung (183, 852–854); Pacht- und Bestandsverträge, Forstwirtschaft, Gebäudeangelegenheiten 1818–1880 (samt 2 Aufrissen); Steuerfassionen, Besitzbeschreibungen, statistische Notizen 1742–1887 (854–856); Akten zur Robot, Robotabolition, Nachbarschaftsprozesse, Steuern 1750–1882 (857–863, 888); wirtschaftliche Aufzeichnungen, Tabellen über den Ackerbau und Naturalerträge, Waldbeschreibungen, Vorrats- und Preistabellen aus den Jahren 1819–1824 (165, 168–173, 877); Wirtschaftsinspektionen aus den Jahren 1820–1823 (162,163), 1825–1840 (183) und 1860–1890 (218, 221); Bergrechtsregister 1700–1847 (864–866); Steuerregister, -extrakte, -statistiken 1760–1841, Zehentregister 1752–1847 (869), Kontributionssachen 1813 (240); Grundverkäufe 1827–1849 (888).

Justizakten und grundherrschaftliche Verwaltung:

Inventurprotokoll, angefertigt nach dem Tod des Großpriors Graf Colloredo-Wallsee 1818, Mortuaria und Spolien, Testament, Hinterlassenschaft 1818–1821 (239–240, 252), verschiedene Angelegenheiten der vakanten Kommende Mailberg nach dem Tod des Großpriors Graf Vinzenz Kolowrat-Krakowsky 1821–1828 (249, 252), Spolium des Grafen Trautson, Bailli der Kommende Mailberg, Schuldenangelegenheiten 1742–1752 (255), Vakanz der Kommende Mailberg nach dem Tod des Bailli Ludwig Graf Montecuccoli 1836–1840, Inventarsprotokoll 1837 (257); Aufzeichnungen über Besitzstreitigkeiten im 18. Jahrhundert (229, 230); Prozeßprotokolle der herrschaftlichen Verwaltung 1746–1863 (870, 871); Kriminalsachen (Polizeidelikte, Steckbriefe) 1780–1862 (889–890), Außerstreitsachen 1676–1866 (871); Evidenz des Güterwechsels 1676–1796, Waisenangelegenheiten 1794–1856 (872), Pupillarbuch 1783–1841, Armenversorgung 1826–1844, Krankenversicherung (888); Justiztabellen und -protokolle (873); Namensverzeichnis in Justizangelegenheiten 1812–1814 (892); Erbschaftsangelegenheiten, Untertaneninventare, Übergabeverträge, Hei-

ratsverträge und Todesanzeigen 1642–1886 (874–876); Impfungen 1825–1849, Angelegenheiten verschiedener Dörfer 1800–1849, Getreidepreise 1822–1863, Punzierungen 1828–1842, Stiftungen 1829–1849 (877); Vormundschaftsangelegenheiten, Pfarren und Kirchen, Plan des Hofes von Rabensburg, Kirchenpläne von Mailberg 1735–1891 (878).
Militaria:
Rekrutierungen, Soldaten, Varia 1803–1864 (879, 880, 887); Stationierungen 1760–1884 (885).
Publica et Politica – Allgemeines, Schule, Kirche, Gewerbe und Industrie:
Patente, Zirkulare, Verordnungen 1750–1850 (880–884); Schule, Schulbauten 1792–1869 (885); Kirchenrechnungen 1746–1883 (885, 886); Gewerbe- und Industrieangelegenheiten 1820–1848 (887); Flußregulierung, Gebäudeangelegenheiten, Katastralangelegenheiten 1782–1872 (888); Baugenehmigungen 1785–1849 (890); Reisepässe, Reiseerlaubnis 1823–1849, Versicherungen und Unterstützungen bei Katastrophen 1825–1888, Grenzstreitigkeiten 1824–1847, Steuerangelegenheiten 1748–1852 (891, 892); Akten zu Ordenskirche und Ordensspital in Mailberg 1557–1926, zur Kirche von Rabensburg 1705–1927, zur Kirche von Großharras 1762–1913 und zu Spital bei Weitra 1585–1925 (1009) samt Kircheninventaren.
Unter den Begriff Varia sind statistische Materialien, Kommentare 1798–1801 (892) und Kopien offizieller Dokumente auch von Mailberg, verfaßt von einem Prager Archivar (126), eingereiht.
Pläne und Karten von Mailberg:
Neben den bereits oben erwähnten Plänen beziehen sich Inv. Nr. 286 (undatierter Plan), 2613 (Karte 1712), 2614 (Plan 1830) und 2615 (geologische Karte) auf Mailberg. Interessante Aktenbestände lagern häufig in Kartons, deren Inhalt mit Varia bezeichnet ist. So finden wir im Karton 832 den Kaufvertrag der ehemaligen Kommende Stroheim in Oberösterreich, die bis zu diesem Zeitpunkt als Teil der Kommende Mailberg galt, an Georg Adam Reichsfürsten von Starhemberg vom 16. April 1790 sowie die päpstliche Lizenzbulle für diesen Verkauf. Im selben Karton finden sich Urkundenabschriften, die 1555 im Auftrag des Komturs zu Mailberg, Fürstenfeld und Melling von der Ordenskanzlei aus Prag nach Mailberg gebracht worden waren, darunter jene von 1156, betreffend Mailberg, Großharras, Ebenfurth, Wien und Unterlaa, weiters Abschriften von Schenkungen an Mailberg und Stroheim aus den Jahren 1273, 1387, 1494 und 1498.
Karton 834 enthält neben den bereits erwähnten Inventaren Interventionen habsburgischer Herrscher zur Einsetzung ihrer Günstlinge als Komture von Mailberg und Fürstenfeld im 16. Jahrhundert. Die Vergabe einer Expektanz durch den Kaiser auf die nächste freiwerdende Kommende an hofnahe Personen wurde üblich und vom Großprior in Prag anerkannt. Zu Beginn des 17. Jahrhunderts steckte Mailberg in Steuerschulden, die auf über 19.000 Gulden geschätzt wur-

den. Verschiedenste Schuldzuweisungen, Vorverurteilungen und Visitationen waren die Folge. Auch der Komtur Carl von Mosch häufte einen Schuldenberg in Mailberg an, weshalb ihm der Prozeß gemacht, er aber rehabilitiert wurde (1. Hälfte des 17. Jahrhunderts). Man erfährt auch von Vergaben von Pensionen an Adelige aus den Einkünften der Kommenden, so etwa für Caspar von Hoberg aus dem Ertrag der Kommende Klein-Öls 1583.

Karton 835 enthält verschiedene Abschriften von kaiserlichen und erzherzöglichen Dekreten aus dem 16. Jahrhundert wie auch Wirtschaftsbriefe von Mailberger Pflegern. Hier befindet sich auch ein Protokoll über Mailberger Urkunden aus dem 16. Jahrhundert. Weiters erfahren wir von einer Beschwerde des Pfarrers von Mailberg wegen Bedrückung der Untertanen 1735. Neben weiteren Mailberger Urkundenabschriften werden auch ein Visitationsbericht der Kommende Mailberg durch Herrn von Logau 1609 und ein Cabreum der Kommende unter Karl Leopold Graf von Herberstein aus dem Jahr 1715 verwahrt.

Die Kommende Ebenfurth

Die Kirche von Ebenfurth in Niederösterreich wird erstmals 1168 in einem Urbarialbuch des Stiftes Freising erwähnt. Genau 100 Jahre später schenkte Heinrich von Seefeld den Johannitern das Patronatsrecht über die Kirche in Ebenfurth. Weitere Schenkungen zu Ebenfurth folgen, darunter die Kirchen von Siegersdorf und Haschendorf. Die Schenkungen an die Johanniter verfolgten nicht nur die Ziele einer religiösen und hospitalitären Versorgung, sondern trugen vor allem auch militärische Absichten in dieser grenznahen Lage. Die Johanniterkommende in Ebenfurth war – wie jene von Fürstenfeld – in die Befestigungsanlagen von Ebenfurth eingegliedert. Wegen der exponierten Lage findet man in Ebenfurth häufig Ritterbrüder zur Verteidigung des Ortes, die im Laufe des Mittelalters mit Priesterkomturen abwechseln. 1342 wird erstmals ein eigener Komtur für Ebenfurth urkundlich erwähnt. Kommende und Kirche wurden durch Einfälle aus dem Osten immer wieder beschädigt oder zerstört.[11] Die Komture von Ebenfurth übten niemals die Landstandschaft aus. Sie unterstanden besitzrechtlich der Kommende Mailberg.

Urkunden der Kommende Ebenfurt:

11 Urkunden aus dem Mittelalter und der Neuzeit werden in Prag zur Kommende Ebenfurth aufbewahrt. Diese betreffen vorwiegend Besitzangelegenheiten der Kommende (Kaufbriefe, Schenkungen, Stiftungen).

Akten der Kommende Ebenfurth:

Die Akten dieser kleinen Kommende lagern in 4 Kartons.

Über die besitzrechtlichen und wirtschaftlichen Angelegenheiten geben ein Verzeichnis der zur Pfarre Ebenfurth gehörigen Äcker und Äckerzinse aus 1519, ein Register der Einkünfte der Pfarre und Kommende Ebenfurth aus 1567, ein Inventar, angefertigt nach dem Tod des Komturs Georg Perger 1582, weitere Inventare aus 1591, 1602 und 1735–1740 sowie ein Cabreum aus 1715 (807) und Rechnungen aus 1783–1834 (248) Auskunft. Weiters ersehen wir aus den Akten, daß die Kommende Ebenfurth ab dem 17. Jahrhundert verpachtet worden ist (Pachtverträge aus 1682, 1698–1700, 1743) (808, 809). 1682 drohte der Kommende die Exekution wegen Steuerschulden (807). Ein Heft mit dem Titel „Varia" enthält Urkundenkopien des 17. bis 19. Jahrhunderts.

Aus den Akten lassen sich die Namen einer Reihe von Ebenfurther Komturen eruieren, die bisher nur zum Teil bekannt waren. Dabei handelt es sich um den Komtur und Pfarrer zu Ebenfurth, Hans Zondl, dem 1525 vom Großprior Jodocus von Rosenberg in Prag wegen seines Lebenswandels und seiner schlechten Wirtschaftsführung der Kommende ein schwerer Verweis erteilt wurde. 1552 wurde Leopold Gessler als Komtur zu Ebenfurth und Prior zu Mailberg genannt. Dieser bestellte in diesem Jahr Sigmund Mörl zu seinem Vikar in Ebenfurth. 1555 starb Leopold Gessler, nun auch als Komtur zu Wien bezeichnet. Als dessen Nachfolger wurde Georg Perger bestellt. Dieser verstarb 1582, wonach man ein Inventar der Kommende erstellte. Als sein Nachfolger wurde Michael Eglseer eingesetzt, der auch Komtur von Stroheim war. Dieser trat am 29.1.1591 wegen schwerwiegender Auseinandersetzungen als Komtur von Ebenfurth zurück. Der bisherige Pfarrer von Pottenstein, Mathes Kirwagen, wurde als Pfarrer und Komtur von Ebenfurth bestimmt (Revers 1594). Auch dieser war wie seine Vorgänger in Streitigkeiten mit dem Vogtherrn der Kommende, Wolfgang von Unverzagt, verstrickt und resignierte wie der 1602 genannte Ebenfurther Pfarrer namens Ritter, dem Johann Stigler folgte. Stigler ersuchte 1609 um die Verleihung des Ordenshabits, wurde nach der Erteilung durch Heinrich von Logau als Komtur der Kommende eingesetzt, verstarb jedoch bereits 1614. Sein Nachfolger wurde Dr. Paul Grill ab Alto. Noch in der ersten Hälfte des 17. Jahrhunderts nennen die Quellen Wilhelm von Tattenbach als Komtur von Ebenfurth. 1682 lesen wir von einem Komtur Frá Francesco Ralli. 1698 und 1701 hatte Graf von Pötting dieses Amt inne. 1743 erfahren wir den Namen eines weiteren Komturs, Franz von Tauffer (807–809).

Zentrales Thema der Akten sind die jahrhundertelangen Auseinandersetzungen mit den Grundherrn von Ebenfurth und Vogten der Kommende, den Herren von Unverzagt, die zahlreiche Komture zur Resignation zwangen. So wurde der Komtur Michael Eglseer sogar verhaftet, nach Abbüßung seiner Strafe allerdings rehabilitiert. Gewalttätige Übergriffe der Vogtherren wurden beim Großprior in Prag angezeigt. Kaiser und Kommissäre der Niederösterreichischen Regierung und Malta waren involviert. Ein Vergleich vom 23.6.1592 mit dem Inhalt, daß das jus patronatus, präsentationis, collationis, installationis, correctionis et destitutionis auf dieser Kommende dem Orden und im besonderen dem Komtur von Mailberg zustehe, das jus advocatiae dem jeweilign legitimen Herrschaftsbesitzer von Ebenfurth, konnte jedoch keinen andauernden Frieden zwischen den Parteien stiften.

Die Kommenden Wien und Unterlaa

Um 1200 faßten die Johanniter in Wien Fuß. Die erste urkundliche Erwähnung über ihre Anwesenheit finden wir 1217, als die Johanniter ihren Besitzkomplex vergrößern. Schenkungen in und um Wien folgten, darunter eine Mühle in Schwechat. Nach einem Brand wurden Ordenshaus und Kirche in der Kärntnerstraße mit Unterstützung von Ottokar Přzemysl 1269 vergrößert wiederaufgebaut. Weitere Besitzzuwächse bildeten ein Meierhof in Vösendorf, Hakenberg samt Waldungen und Hofstatt und eine Hofstatt in Auhof, Besitzungen in Neustift, Hainburg, Zwölfaxing und Unterlaa, später in der Annagasse ein Pilgerhaus und Weingärten in Grinzing. Neben dem Komtur wirkten im Mittelalter mehrere Ordenskapläne in dem erweiterten Pilgerhaus und der Ordenskirche. Der Standort Wien brachte schon durch seine Bedeutung als Residenz- und Hauptstadt Vorteile für das Ansehen der Kommende. Schließlich wurde in Wien die österreichische Ordenszentrale eingerichtet.

1272 verkaufte ein Mitglied der berühmten begüterten Familie der Paltrame seinen vor den Toren Wiens in Unterlaa errichteten befestigten Ansitz dem Meister Wulfing der Johanniter zu Mailberg um 300 Mark Silber. Die Kommende Unterlaa unterstand dem Komtur von Mailberg. Der Kommende wurde auch die auf älteren Bauten fußende, später umgebaute Johanneskirche gewidmet. Ausgedehnter Ordensbesitz um Wien und Unterlaa sowie das Mautrecht festigten die Kommende in wirtschaftlicher Hinsicht. 1529 wurde das Kommendengebäude durch die Osmanen zerstört und nicht wieder aufgebaut. Ab diesem Zeitpunkt sank die Kommende in ihrer Bedeutung und Selbständigkeit. In der Folge wurde sie meist gemeinsam mit Wien oder Mailberg vergeben.[12]

Urkunden der Kommenden Wien und Unterlaa:

Im Staatlichen Zentralarchiv Prag befinden sich 154 Urkunden über die beiden Kommenden, davon 136 mittelalterliche, die seit 1297 vorwiegend in Deutsch abgefaßt sind. Inhaltlich dominieren Schenkungen, Verkäufe und Zinsübertragungen, Rechtssprüche und Vermögensvereinbarungen, Pfandbriefe, Quittungen und Besitzübertragungen an die Johanniter und Kaufbriefe. Weiters enthalten sie eine Bestätigung der Aufnahme in den Malteser-Orden.[13]

Akten der Kommenden Wien und Unterlaa:

Der Aktenbestand erstreckt sich über 8 Kartons, 4 Pläne und eine Karte. Neben Korrespondenzen des Kanzlers in Wien mit Ritter von Neuhaus 1845–1851 (103, 104), verschiedenen Adressaten 1808–1820 (105) und mit Prag (305), finden sich Akten über finanzielle Angelegenheiten des Rezeptoriats in Wien (312) und der Malteserbotschaft 1748–1757 (98).

Eine Reihe von Akten beziehen sich auf die Einsetzung verschiedener Komture im 16. bis 18. Jahrhundert. Dabei handelt es sich teilweise um Bestellungen durch den Großprior in Prag oder um Interventionen des Kaisers (1004).

Wirtschaftsführung der Kommende:

Dazu zählen Aufzeichnungen über Grundbesitz in Unter- und Oberlaa 1567, 1570, 1576, 1631–1634, eine Spezifikation über den vom Orden entfremdeten Grundbesitz 1606, Inventare 1584, 1602, 1607, Rechnungen 1603 und 1609, Verpachtungen der Kommende 1607 und 1632–1634; Visitation der Kommende 1678 (1004). Urbare, Visitationsprotokolle, Meliorationsprozesse aus 1714–1854 (1005).

Eine Instruktion für den Ordensritter Abraham von Horneck beim Antritt der Kommende Wien ist von 1603 erhalten geblieben (1004).

Von Bedeutung ist ein Dekret Kaiser Leopolds I. aus 1664 an Großprior Adam Wilhelm Grafen Wratislaw von Mitrowitz mit dem Inhalt, daß gemäß einer Stipulation zwischen Kaiser Rudolph II. und dem Orden die Kommenden Wien, Heilenstein und St. Peter an keine Ausländer verliehen werden sollen. Auch die Entscheidung des Großmeisters von 1710, die aufgrund einer Kontroverse zwischen den Ordensrittern und den Konventualkaplänen betreffend die Kommende Wien gefällt und von Papst Benedikt XIII. bestätigt wurde, daß St. Johann und St. Peter keine Priester-, sondern Ritterkommenden, Pulst, Ebenfurth und Heilenstein dagegen geistliche Kommenden seien, bildet ein wichtiges historisches Dokument.

Neben verschiedenen Schreiben betreffend Unterlaa 1608, enthält dieses Konvolut einen Brief des Wiener Bischofs Johann Caspar Neuböck, der 1588 die Gläubigen auffordert, Ferdinand Weidner von Büllerburg, der eine Besitzung dort gekauft hat, beim Wiederaufbau der bei Unterlaa gelegenen, von den Türken zerstörten Kirche des hl. Johannes Baptist, zu unterstützen.

Pläne und Karten:

Inv. Nr. 2650 zeigt einen Plan der Erzdiözese von Wien aus 1848, Nr. 2651 beinhaltet Pläne von Wien, Preßburg und den Neusiedlersee (ohne Datum), Nr. 2764 bezeichnet einen undatierten Plan von Wien, Nr. 2765 ebenfalls einen undatierten Plan von Wien und der Donauregulierung, und unter Nr. 2687 liegen Bahnkarten der österreich-ungarischen Monarchie sowie Pläne der Prager, Budapester und Wiener Bahnhöfe.

Die Kommenden Fürstenfeld und Melling

Die erste urkundliche Erwähnung über die Anwesenheit von Johannitern in der Umgebung von Fürstenfeld stammt aus dem Jahr 1197, als Herrand von Wildon dem Orden das Patronatsrecht über seine Kirche in Übersbach mit der Zehentberechtigung in neun oststeirischen Dörfern und Weilern übergab. 1215 erweiterte er seine Schenkung durch einen Hof in Haslau. Aus dem Besitz der Stubenberger stammen die bald danach dem Orden übergebenen Dörfer Kroisbach und Hartmannsdorf. In den Jahren 1233/34 wurde ihnen das Dorf Altenmarkt vermacht. Weiterer Besitzzuwachs folgte, sodaß die Kommende zu Beginn der Neuzeit über Untertanen in 16 Dörfern verfügte, von Fürstenfeld bis zum Wechsel und ins Mürztal, zusätzlich Bergrechte, Zehente und Holzrechte, samt einem Haus in der Grazer Stempfergasse und einem Freihaus in Gleisdorf. Zu den Besitzungen zählte auch das Hospiz am Wechsel aus der ersten Hälfte des 12. Jahrhunderts.

Es ist anzunehmen, daß die Johanniter bald nach der Gründung der Stadt Fürstenfeld in dieser Grenzstadt aus wehrtechnischen Gründen angesiedelt wurden. Sie errichteten ihr Kommendengebäude, das erstmals in einer Urkunde von 1232 genannt wurde, an der Befestigungsanlage.[14]

Seit dem 16. Jahrhundert wurden die Kommenden Fürstenfeld und Melling (Melje bei Marburg) gemeinsam vergeben. Die Kommende Melling findet hier Erwähnung, obwohl sie heute in Slowenien liegt, weil sie großteils von Fürstenfeld aus verwaltet wurde. Sie geht aus den Besitzungen der Herren von Melling hervor und wird erstmals 1217 urkundlich genannt. Melling ist als bescheidene Kommende zu betrachten. Ihr Besitz fußt hauptsächlich auf Weinbau um Marburg. Im Lauf des 18. Jahrhunderts verfiel die Kommende zusehends, weshalb dieser Besitz im Jahre 1800 an den damaligen Pächter Alois Kriehuber verkauft wurde.[15]

Urkunden der Kommende Fürstenfeld:

Das Staatlichen Zentralarchiv Prag verwahrt 163 Urkunden zu Fürstenfeld von 1197 bis ins 19. Jahrhundert, davon 51 Stück aus dem Mittelalter. Der Großteil der Urkunden hat besitzrechtlichen Inhalt, wobei es sich vornehmlich um Schenkungen, Übergaben, Verkäufe und Stiftungen handelt. Von Interesse sind eine Vereinbarung der Kommende mit dem Magistrat über die Verwaltung der Spitalskapelle, weiters jene über das Recht der Kommende, Wein ausschenken zu dürfen, die Verpflichtung der Kommende zur Instandhaltung der Stadtmauer und Übereinkünfte mit den Augustinern.[16]

Akten zu den Kommenden Fürstenfeld und Melling:[17]

Dokumente zur Verwaltung der beiden Kommenden sind miteinander vermischt in 24 Kartons untergebracht.

Zu den Akten zur Wirtschaftsverwaltung zählen Urbare der Kommende Fürstenfeld aus den Jahren 1507, 1608, 1651–1654, 1667, 1695, 1684, 1708, 1745 und 1770, Urbare der Stadtpfarrkirche Fürstenfeld aus den Jahren 1613, 1702 und 1755 sowie ein Bergrechtsbuch der Stadtpfarrkirche 1728–1750 (821), Urbare der Kommende Melling aus 1634/1635, 1684, 1708, und 1770 (813–820). Urkundenbücher zu den Fürstenfelder Kommendeuntertanen stammen aus den Jahren 1705–1712, 1712–1715, 1726–1729, 1729–1733, 1733–1735, 1740–1741, 1746–1749 und 1749–1758, Veränderungsprotokolle aus den Jahren 1715–1726, 1735–1738, 1738–1740 und 1741–1746, ein Gefällbuch aus dem Jahr 1745 (824–829), Inventare von Fürstenfeld sind aus den Jahren 1703, 1719, 1722 (812) und 1820 (830), Wirtschaftsrechnungen beider Kommenden sind aus dem 17. und 18. Jahrhundert vorhanden (816). Ein Verzeichnis über die Erträge der Kommende Fürstenfeld mit einer detaillierten Liste aus dem Jahr 1602 enthält der Karton 811, Bergrechtsangelegenheiten von Melling aus der zweiten Hälfte des 17. Jahrhunderts der Karton 812, Melioramente von Fürstenfeld aus dem 18. und 19. Jahrhundert (813, 822 und 823), Robotangelegenheiten des 19. Jahrhunderts (830).

Amtsberichte der Kommende Fürstenfeld sind aus dem 18. und 19. Jahrhundert (830), Bestandsverträge des 16. und 18. Jahrhunderts erhalten (811, 812).

Personalangelegenheiten bezüglich der Besoldung der Kommendebediensteten werden aus 1702 (812), hinsichtlich Neubesetzungen der Kommende vom 16.–19. Jahrhundert (253, 811) sowie eine Instruktion für den Kommendeverwalter von Fürstenfeld und Melling 1619 (811) verwahrt.

Erhalten haben sich auch Akten über die Stiftung des Fürstenfelder Komturs Heinrich von Logau von 1614, die er aus Anlaß der Zerstörungen durch den Haiduckeneinfall 1605 errichtet hat (Spezifikation der Schäden an der Kommende Fürstenfeld, beides 811). Heinrich von Logau wurde vorgeworfen, einen häretischen Pfleger in Fürstenfeld angestellt zu haben (811). Von Interesse ist die Anfechtung der Stiftung des Komturs und Pfarrers von Fürstenfeld Martin Kefer aus 1438 durch den Fürstenfelder Komtur Niklas Graf von Gaschin 1633 (811). Dokumente zum Abverkauf der Kommende Melling sind im Karton 822 enthalten.

Kirchenangelegenheiten:

Kirchenrechnungen der Pfarrkirche von Altenmarkt haben sich aus 1685–1761 und dem 19. und 20. Jahrhundert, Kirchenprotokolle der Pfarrkirche von Fürstenfeld 1673–1753 (821), Vermögensverzeichnisse, Verzeichnisse des Vermö-

Die Archivbestände der österreichischen Kommenden in Prag

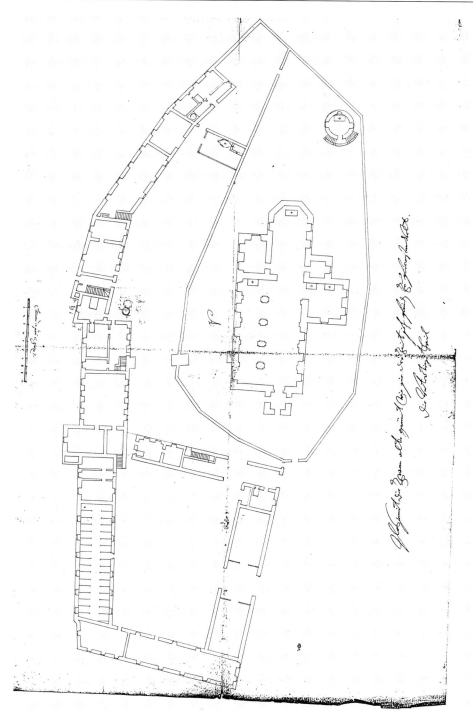

Die Kommende Fürstenfeld 1770

gens des Altenmarkter Pfarrarmeninstituts, diverser Schriftverkehr der Pfarre Altenmarkt, Besetzung der Pfarren Altenmarkt und Fürstenfeld vom 17. bis zum 19. Jahrhundert (1006) und Kirchenrechnungen der Stadtpfarrkirche und der dazugehörigen Kapellen aus 1819 (830) erhalten. Ein Rechnungsprotokoll der Zwölf-Apostelbruderschaft in Fürstenfeld umfaßt die Jahre 1759–1784 (822).

Bauangelegenheiten:
Bauzustandsbeschreibung der Fürstenfelder Stadtpfarrkirche 1730 (samt Plan) (813) und ein Plan derselben Kommende aus 1770 (815) sowie ein Baukostenüberschlag der Kommende Melling aus 1724 (812) werden verwahrt. Urkundenabschriften der Kommende Fürstenfeld lagern in Karton 124.

Die Kommende Heilenstein (Polzela) und St. Peter bei Kamnik (Krain)

Heilenstein bei Cilli, das als Johanniterkommende erstmals 1323 in einer Urkunde genannt wird, soll hier kurz Erwähnung finden, da auch sie gemeinsam mit Fürstenfeld verwaltet wurde. Heilenstein, eine weitaus reichere Kommende als Melling, verfügte über drei Filialkirchen (St. Andreas, St. Nikolaus in Vinska Gora und Heiligenkreuz auf dem Ölberg). Diese Kommende wurde 1779 an Raimund Novak verkauft.[18]
Die Kommende St. Peter bei Kamnik stammt aus der ersten Hälfte des 13. Jahrhunderts, ist urkundlich frühestens 1256 faßbar und wurde 1892 verkauft.

Urkunden zu Heilenstein und St. Peter:

Zur Kommende Heilenstein werden in Prag drei Urkunden und zur Kommende St. Peter fünf Urkunden verwahrt, von letzterer drei aus dem Mittelalter.[19]

Akten der Kommenden Heilenstein und St. Peter:

Finanzielle Angelegenheiten von Heilenstein 1783–1834 liegen in Karton 248. Karton 831 hat Akten zur Besetzung der Kommende, Streitigkeiten, Visitationsberichte, ein Urbar aus dem Jahr 1704 und den Verkauf der Kommende Heilenstein zum Inhalt und umfaßt den Zeitraum 1564–1785.
Zu St. Peter geben die Kartons 1001–1003 Auskunft. Sie beinhalten Personalangelegenheiten, Stiftungen, Meliorationen, Inventare, Verträge und verschiedene Korrespondenzen aus dem 16.–19. Jahrhundert und Urbare aus 1709, 1753, 1780 und 1808.

Die Kommende Pulst in Kärnten

1263 schenkte Herzog Ulrich III. von Kärnten dem Johanniterorden zu Mailberg das Patronatsrecht über seine Kirche in Pulst samt Liegenschaften in der Umgebung und bei St. Veit. Die Komturei wurde in den folgenden Jahrzehnten ausgebaut und durch Schenkungen erweitert. Der Komtur erhielt die Kärntner Landstandschaft. Während die Kommende im Mittelalter je nach Erfordernissen teils von geistlichen, teils von ritterlichen Komturen geleitet wurde, entwickelte sie sich in der Neuzeit zu einer reinen Priesterkommende. Die Kommende konnte durch Schenkungen im 13. und 14. Jahrhundert ihren Besitz abrunden. Im 15. und 16. Jahrhundert war sie in Kämpfe gegen die Türken und Ungarn verwickelt. Auseinandersetzungen mit der Diözese Gurk um die geistlichen Jurisdiktionsrechte und Auswirkungen der Reformation kennzeichneten das Wirken der Komture des späten 16. und frühen 17. Jahrhunderts.[20]

Urkunden der Kommende Pulst:

Über die Kommende und Kirche von Pulst haben sich sechs Urkunden im Zeitraum von 1214 bis 1598 in Prag erhalten, die vorwiegend besitzrechtlichen Inhalts sind.[21]

Akten der Kommende Pulst:

Der Aktenbestand der Kommende Pulst umfaßt zehn Kartons und fünf Inventarnummern mit Plänen.

Wirtschaftliche Angelegenheiten:

Urbare haben sich aus den Jahren 1565–1749, 1597, 1610, 1666, 1688, 1695 (993, 994), Cabreum und Melioramente aus den Jahren 1719, 1752, 1767, 1772, 1777, 1780 und 1808 (993, 994, 995, 997, 1007) erhalten. Verzeichnisse über die finanziellen Umstände und Güterveränderungen der Kommende sind aus 1616, 1725, 1608–1745, 1791–1819 und 1577–1915 (993, 994, 996, 1000) vorhanden. Weiters hat sich die Abschrift einer Tafernengerechtigkeit aus dem Jahr 1427 erhalten (994). Pachtverträge über die Kommende stammen aus den Jahren 1660 und 1683 (993).

Angelegenheiten der Untertanenverwaltung, wie der Austausch von Bauerngütern 1567–1568, Vergleiche, Übergabsverträge, Ortsgerichtsprotokolle, Heirats- und Kaufbriefe, Zehentbeschwerden, Untertanenklagen, Angelegenheiten der niederen Gerichtsbarkeit, Zinsangelegenheiten, Ausweise über Abgabenrückstände, Steuerlisten, Lokalpreistabellen, Todfallsanzeigen samt wundärztlichen Gutachten aus dem 18. und 19. Jahrhundert sind in den Kartons 993, 994, 998 und 999 zu finden.

Visitationsberichte sind aus den Jahren 1718 und 1877 (993, 1007) erhalten geblieben.

Akten aus den Jahren 1616, 1625, 1819 und 1823 erhellen personelle Angelegenheiten, wie die Einsetzung von Komturen und kaiserliche Interventionen bei der Einsetzung (993, 994).

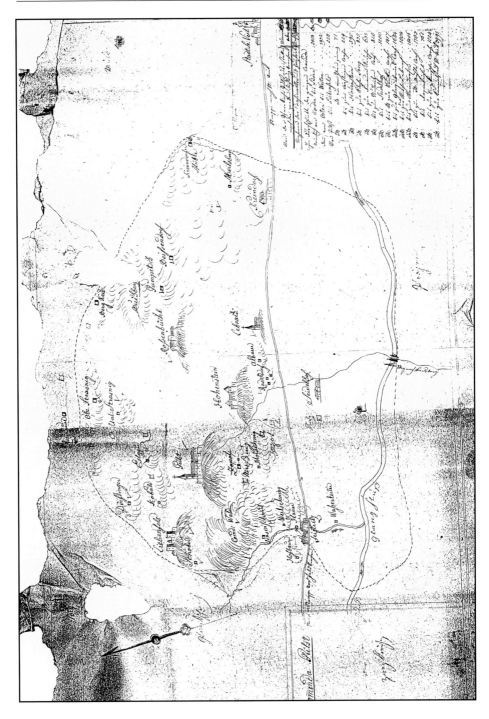

Plan der Kommende Pulst in Kärnten aus dem Jahre 1609

Die Archivbestände der österreichischen Kommenden in Prag 545

Über die Kirche erfährt man aus dem Jahr 1609, daß sie eine Glocke erhalten hat (993), aus 1777 die Verwendung der Kirchenkapitalien, 1808 über die Verhältnisse der zur Kommende Pulst gehörigen Pfarre (994), aus dem 17.–19. Jahrhundert über Angelegenheiten der Kirchenuntertanen (997); von 1807 haben sich Nachrichten über die Mesnerkeusche erhalten, Kirchenrechnungen und Kirchenbaurechnungen aus dem 19. und 20. Jahrhundert (1000, 1007), ein Pfarrinventar von Maria Pulst aus 1796 und Kircheninventare von 1827, 1836, 1860 und 1893 (999).

Aufgrund der Akten und Urkunden läßt sich eine Reihe der Pulster Komture erstellen, unter denen der Pulster Pfarrer und Komtur Georg Schober und sein Nachfolger Veit Scheiber als besondere Gestalten in einer Zeit der bewegten Geschichte der Kommende hervorragen. Georg Schober wird bereits 1567 als Komtur genannt. 1578 kämpfte er an der kroatischen Grenze gegen die Türken. Darüber hat sich ein Bild in der Südwestecke der Pulster Kirche erhalten, das den bewaffneten Schober zeigt. Allerdings erhob der Bischof von Gurk Anklage gegen den Lebenswandel Schobers und seiner Konventualen, woraus ein langandauernder Streit um das Recht der Ein- und Absetzung der Pulster Priester durch den Bischof von Gurk entstand. Großprior Popel von Lobkowitz ersann aufgrund dieser schwerwiegenden Vorwürfe und Auseinandersetzungen einen Tausch der Komture von Ebenfurth und Pulst, Eglseer und Schober, was am Widerstand beider Komture scheiterte. 1597 hatte Schober jedoch die Kommende Pulst verlassen und amtierte als Komtur von St. Peter in Krain. Als sein Nachfolger in Pulst wurde Veit Scheiber von Maderbach eingesetzt. Dieser beschwerte sich 1606 beim Provinzialkapitel über die lutherischen Inhaber und Untertanen von Hohenstein, die der Kommende Schäden zugefügt hatten. 1616 verlieh der Großprior Lobkowitz dem Ordenspriester Mathias Pürger auf Empfehlung Erzherzog Ferdinands die Kommende Pulst (993).

Ein Verzeichnis von Urkunden, Privilegien und Stiftsbriefen, die sich 1609 in Pulst befunden haben, liegt in Karton 993, Abschriften verschiedener Urkunden in Karton 994. Inv. Nr. 2587 und 2589 enthalten Pläne der adaptierten Pfarre Maria Pulst aus 1890 im Maßstab 1:100. Inv. Nr. 2588 und 2590 weisen undatierte Pläne von Maria Pulst aus. Inv. Nr. 2626 zeigt einen Plan der Kommende Maria Pulst aus 1778. Weitere Pläne befinden sich im Aktenmaterial, darunter mehrere vom Umbau des Pfarrhofes von Maria Pulst aus 1878 (1007). Aus 1821 ist uns eine Karte über die Meierschaft Pulst erhalten geblieben (1007). Den Einband eines Verhörprotokolls über einen Tafernenstreit und weitere Zwistigkeiten zwischen der Kommende und Balthasar Kulmer zu Rosenpüchel und Hohenstein aus 1609 bildet eine handgezeichnete, bereits beschädigte Karte, die die Kommende Pulst mit ihrem Einflußgebiet und ihrer Umgebung zeigt (994).

Neben den bereits für die einzelnen Kommenden aufgelisteten Urkunden wird im Staatlichen Zentralarchiv Prag eine Reihe „Austriaca" geführt, die 116

Urkunden enthält, von denen 113 aus dem Mittelalter stammen. Inhaltlich beziehen sich diese Stücke auf die österreichischen Länder, jedoch im einzelnen nicht auf spezielle Ordenskommenden. Sie betreffen meist Lehenssachen, Zinsverkäufe, Vermögensangelegenheiten und -streitigkeiten und Vergleiche darüber, Nachlässe, Urkundenbeglaubigungen, Erbrechtsangelegenheiten und Testamente.[22]

Dieser Beitrag versucht einen Überblick über das Quellenmaterial zu bieten, das im Staatlichen Zentralarchiv in Prag zu den österreichischen Kommenden (mit einem Ausblick auf die südlich benachbarten ehemaligen Kommenden) verwahrt wird. Bewußt wurde der Schwerpunkt auf das Aktenmaterial der Neuzeit gelegt, das aufgrund seiner Fülle bisher kaum Beachtung gefunden hat, während vor allem die mittelalterlichen Urkunden in der langen Tradition der Diplomatik bereits sehr früh ediert und kommentiert worden sind und sowohl in die Landes- und Regionalgeschichtsschreibung, als auch in die Kirchengeschichtsschreibung integriert wurden, zumal sie oftmals als älteste Quellen erhalten sind. Die Akten geben nicht nur Aufschluß über die Verwaltung der jeweiligen Kommenden, sondern enthalten interessante Informationen über die regionale Umgebung, über adelige Familien und liefern sozial- und wirtschaftsgeschichtliche Daten für das Gebiet.

Anmerkungen:

1 Haus-, Hof-, und Staatsarchiv, Wien: Direktionsakten, Sonderreihe XVI: Kurrentakten 383/1940 und Kurrentakten 2309/1950.
2 Vgl. Waldstein-Wartenberg, Berthold: Aufgaben und Ziele der Ordensgeschichtsschreibung der Gegenwart. In: Annales de l´Ordre Souverain Militaire de Malte 34 (1976), S. 33–37.
3 Niederstätter, Alois: Beiträge zur Geschichte des klösterlichen Archivwesens in Vorarlberg. Die Benediktinerabtei Mehrerau und die Johanniterkommende (später Benediktinerpriorat) St. Johann-Feldkirch. In: Burmeister, Karl-Heinz/Niederstätter, Alois (Hrsg.): Archiv und Geschichte. 100 Jahre Vorarlberger Landesarchiv. Konstanz 1998, S. 139–155, vor allem 149–155 (= Forschungen zur Geschichte Vorarlbergs. Hrsg. v. Vorarlberger Landesarchiv. Neue Folge Bd. 3); Das Vorarlberger Landesarchiv. Einführung und Bestandsübersicht. 2. erweiterte und überarbeitete Aufl. Bregenz 1998, S. 36f.; Vgl. Burmeister, Karl-Heinz: Das Johanniterhaus zu Feldkirch am Ende des Mittelalters. In: Jahrbuch des Vorarlberger Landesmuseumsvereins (1970), S. 119–131; Burmeister, Karl-Heinz: Kulturgeschichte der Stadt Feldkirch bis zum Beginn des 19. Jahrhunderts. Sigmaringen 1985 (= Geschichte der Stadt Feldkirch. Hrsg. v. Karlheinz Albrecht. Bd. 2); Dauber, Robert L.: Der Johanniter-Malteser Orden in Österreich und Mitteleuropa. Bd. 1: Hochmittelalter (12. Jhdt. bis 1291). Wien 1996, S. 218–222; Dauber, Robert L.: Der Johanniter-Malteser Orden in Österreich und Mitteleuropa. Bd. 2: Spätmittelalter und frühe Neuzeit (1291 bis 1618). Wien 1998, S. 362–367, 445–451, 523–529.
4 Weltin, Maximilian: Die Anfänge der Johanniterkommenden Mailberg und Stroheim. In: Mitteilungen des Oberösterreichischen Landesarchivs 18 (1996), S. 187–201, besonders 187–193.

5 Lechner, Karl: Die Kommende Mailberg. In: Wienand, Adam (Hrsg.): Der Johanniter-Orden – Der Malteser-Orden. Der ritterliche Orden des hl. Johannes vom Spital zu Jerusalem. Seine Aufgaben, seine Geschichte. Köln 1970, S. 413–425; Dauber, Bd. 1, S. 113–116.
6 Weltin, Mailberg und Stroheim, S. 193–198.
7 Dauber, Bd. 1, S. 166–169.
8 Beranek, Karel/Uhlirova, Vera: Arhiv Ceskéhe Preverstvi Malteského Radu. (Ungedrucktes Inventar des Großpriorates Böhmen-Österreich 1128–1880) Prag 1965–1966. 8 Bände beinhalten Register und Urkundenregesten, 2 Bände beschreiben den Aktenbestand. Das Inventar ist in tschechischer Sprache verfaßt. [i. d. F. zit Beranek/Uhlirova, Inventar]
Vgl. Hlavácek, Ivan/Hledíková, Zdenka: Nichtbohemikale mittelalterliche Originalurkunden in den böhmischen Ländern. Köln, Wien 1977, S. 87f. (= Archiv und Wissenschaft. Schriftenreihe der Archivalischen Zeitschrift. Hrsg. v. der Generaldirektion der Staatlichen Archive Bayerns. Neue Folge Bd. 1).
9 Es ist hier nicht der Ort, um alle Urkundeneditionen aufzuzählen, in denen Malteserurkunden vorkommen. Vielmehr sollen die im Staatlichen Zentralarchiv in Prag liegenden Bestände dargestellt werden. Erwähnt sei nur eine im Entstehen begriffene kommentierte Edition der mittelalterlichen Mailberger Urkunden vom Maximilian Weltin. Ebenso ist es nicht Ziel dieses Beitrags, eine vollständige Bibliographie der einzelnen Kommenden und ihrer Geschichte anzugeben. Bibliographien zu den österreichischen Ordenskommenden befinden sich am Ende der beiden Bände von Robert L. Dauber.
10 Die in Klammern gesetzten Ziffern bezeichnen die Kartonnummern im Bestand des Malteser-Ritter-Ordens des Staatlichen Zentralarchives Prag, in denen die besprochenen Archivalien zu finden sind.
11 Dauber, Bd. 1, S. 173–177 u. Bd. 2, S. 340–345, 424–427 und 506–508.
12 Ebda, Bd. 1, S. 182–190 u. Bd. 2, S. 345–349, 427–431, 508–511.
13 Beranek/Uhlirova, Inventar; Hlavácek/Hledíková, Originalurkunden, S. 88f. Vgl. Eheim, Fritz: Die Urkunden der Johanniterkommende Wien. Archivinventar des Niederösterreichischen Landesarchivs. Wien 1971/72.
14 Pirchegger, Hans: Geschichte der Stadt und des Bezirkes Fürstenfeld. Ergänzt von Sepp Reichl. Fürstenfeld 1952, S. 16–20 und 148–153; Lange, Hans: Chronik der Stadt Fürstenfeld und seiner nächsten Umgebung. Fürstenfeld 1883, S. 16–27 und 49–51.
15 Mlinaric, Joze: Melje in njegova malteska kommenda od XII. stoletja do leta 1803. In: Casopis za zgodovino in narodopisje 51 (1980), S. 217–238.
16 Beranek/Uhlirova, Inventar; Hlavácek/Hledíková, Originalurkunden, S. 89f. Von den Urkundeneditionen sind vor allem die vier Bände des Steiermärkischen Urkundenbuchs und das Babenberger Urkundenbuch zu nennen.
17 Vgl. dazu: Ernst, Elisabeth: Styriaca in Prag. Die Bestände der Malteser-Ritterordenskommende Fürstenfeld im Staatlichen Zentralarchiv Prag 6. In: Mitteilungen des Steiermärkischen Landesarchivs 46 (1996), S. 117–125.
18 Mlinaric, Joze: Malteska komenda na Polzeli. In: Kronika casopis za slovensko krajevno zgodovino 28/3 (1980), S. 161–171.
19 Hlavácek/Hladíková, Originalurkunden, S. 91; Beranek/Uhlirova, Inventar.
20 Dauber, Bd. 1, S. 209f. u. Bd. 2, S. 355–358, 437–441 u. 519–522.
21 Beranek/Uhlirova, Inventar.
22 Ebda u. vgl. Hlavácek/Hladíková, Originalurkunden.

Die Großmeister (und Luogotenenti) des Ordens

Sitz Jerusalem
1. Sel. Gerard — 1100–1120
2. Frá Raimund du Puy — 1125–1158
3. Frá Auger de Balben — 1160–1162
4. Frá Arnold de Comps — 1162–1163
5. Frá Gilbert d'Assaily — 1163–1170
6. Frá Gaston de Murols — 1170–1172
7. Frá Gerhard Jobert — 1173–1177
8. Frá Roger des Moulins — 1177–1187
9. Frá Ermengard d'Asp — 1188–1190

Sitz Margat
10. Frá Garnier de Napluse — 1190–1192
11. Frá Gottfried de Donjon — 1193–1202
12. Frá Alfons von Portugal — 1203–1206

Sitz Akkon
13. Frá Gottfried Le Rat — 1206–1207
14. Frá Garin de Montaigu — 1207–1227
15. Frá Bertrand de Thessy — 1228–1230
16. Frá Guérin (Girinus) — 1231–1236
17. Frá Bertrand de Comps — 1236–1239
18. Frá Peter de Villebride (Vielle Brioude) — 1240–1242
19. Frá Wilhelm de Chateauneuf — 1243–1258
20. Frá Hugo Revel — 1258–1277
21. Frá Nikolaus de Lorgue — 1277–1283

Sitz Akkon und Zypern
22. Frá Jean de Villiers — 1285–1293

Sitz Zypern
23. Frá Otto de Pins — 1294–1296
24. Frá Wilhelm de Villaret — 1296–1304

Sitz Zypern und Rhodos
25. Frá Fulko de Villaret — 1305–1319

Sitz Rhodos
26. Frá Helion de Villeneuve — 1319–1346
27. Frá Dieudonné de Gozon — 1346–1353
28. Frá Peter de Corneillan — 1353–1355
29. Frá Roger des Pins — 1355–1365
30. Frá Raimund Berenger — 1365–1374
31. Frá Robert de Juilliac — 1374–1377
32. Frá Juan de Heredia — 1377–1396

Sitz Italien
33. Frá Richard Caracciolo[1] — 1383–1395

Sitz Rhodos
34. Frá Philipp de Naillac — 1396–1421
35. Frá Anton Fluvian — 1421–1437
36. Frá Jean de Lastic — 1437–1454
37. Frá Jakob de Milly — 1454–1461
38. Frá Peter Raimund Zacosta — 1461–1467
39. Frá Johannes Battista Orsini — 1467–1476
40. Frá Pierre d'Aubusson — 1476–1503
41. Frá Emerich d'Amboise — 1503–1512
42. Frá Guy de Blanchefort — 1512–1513
43. Frá Fabrizio del Caretto — 1513–1521

Sitz Rhodos und Malta
44. Frá Philippe Villiers de l'Isle Adam — 1521–1534

Sitz Malta
45. Frá Pierino del Ponte — 1534–1535
46. Frá Didier de Saint-Jaille — 1535–1536
47. Frá Juan de Homedes — 1536–1553
48. Frá Claude de la Sengle — 1553–1557
49. Frá Jean de la Valette-Parisot — 1557–1568
50. Frá Peter del Monte — 1568–1572
51. Frá Jean de la Cassière — 1572–1581
52. Frá Hugo Laubenx Verdala — 1582–1595

---

1 Gegen-Großmeister, der nie nach Rhodos gelangte.

Die Großmeister (und Luogotenenti) des Ordens

53. Frá Martin Garzes	1595–1601
54. Frá Aloffio de Wignacourt	1601–1622
55. Frá Luis Mendez de Vasconcellos	1622–1623
56. Frá Antoine de Paule	1623–1636
57. Frá Jean de Lascaris Castellar	1636–1657
58. Frá Martin de Redin	1657–1660
59. Frá Annet de Clermont Gessans	1660–1660
60. Frá Raffael Cotoner	1660–1663
61. Frá Nicola Cotoner	1663–1680
62. Frá Gregor Caraffa	1680–1690
63. Frá Adrian de Wignacourt	1690–1697
64. Frá Raimondo di Perellos	1697–1720
65. Frá Marc Antonio Zondadari	1720–1722
66. Frá Antonio Manuel de Vilhena	1722–1736
67. Frá Raimund Despuig	1736–1741
68. Frá Emanuel Pinto	1741–1773
69. Frá Francesco Ximenes de Texada	1773–1775
70. Frá Emanuel de Rohan-Polduc	1775–1797
71. Frá Ferdinand von Hompesch	1797–1798

Sitz St. Petersburg

72. Zar Paul I. von Rußland[2] 1798–1800

Sitz Messina u. Catania

73. Frá Giovanni Tommasi 1803–1805

Sitz Rom-Statthalter (Luogotenenti)

Frá Innico Maria Guevara Suardo	1805–1814
Frá Andrea di Giovanni y Centelles	1814–1821
Frá Antonio Busca	1821–1834
Frá Carlo Candida	1834–1845
Frá Philipp Colloredo-Mels	1845–1864
Frá Alessandro Ponziano Borgia	1865–1872
Frá Giovanni Battista Ceschi a Santa Croce	1872–1879

Großmeister

74. Frá Giovanni Battista Ceschi a Santa Croce 1879–1905
75. Frá Galeazzo Thun-Hohenstein 1905–1930
76. Frá Ludovico Chigi della Rovere Albani 1931–1951

Statthalter (Lugotenenti)

Frá Antonio Hercolani Fava Simonetti	1951–1955
Frá Ernesto Paternò Castello	1955–1962

Großmeister

77. Frá Angelo de Mojana di Cologna 1962–1987
78. Frá Andrew Willoughby Ninian Bertie seit 1988

---

2 Nur de facto, aber nicht de iure.

Die Großpriore bzw. Fürstgroßpriore
von Böhmen und Österreich

Bernard (auch Großprior von Polen) 1183
Martin (auch Großprior von Ungarn) 1186
Meinhard 1194
Hugo (auch Großprior von Polen) 1234
Mladota 1238
Peter von Straznitz 1245
Klemens (auch Großprior von Deutschland und Polen) 1252
Heinrich von Fürstenberg (auch Großprior von Deutschland und Polen) 1255
Heinrich von Bocksberg (auch Großprior von Deutschland und Polen) 1273
Hermann von Brunshorn (auch Großprior von Deutschland, Ungarn und Polen) 1287
Hermann von Hohenlohe (auch Großprior von Polen) 1284
Perenger von Louf (auch Großprior von Deutschland) 1287
Gottfried von Klingenfeld (auch Großprior von Deutschland und Polen) 1290
Hermann von Hohenlohe 1293
Heinrich von Kindhuze (auch Großprior von Polen) 1298
Helphrik von Rudigkheim (auch Großprior von Deutschland und Polen) 1301
Berthold von Henneberg (auch Großprior von Deutschland und Polen) 1313
Michael vin Tynz (auch Großprior von Polen) 1325
Gallus von Lemberg (auch Großprior von Polen) 1338
Johannes von Zwierzetitz-Wartenberg (auch Großprior von Polen) 1367
Simon Herzog von Teschen (auch Großprior von Polen) 1373
Marcold von Wrutitz (auch Großprior von Polen) 1391
Hermann von Zwierzetitz-Wartenberg (auch Großprior von Polen) 1398
Heinrich von Neuhaus-Rosenberg (auch Großprior von Polen) 1401
Ruprecht Herzog von Schlesien (auch Großprior von Polen) 1423
Wenzel von Michelsberg (Michalowic) (auch Großprior von Polen) 1434
Jodocus von Rosenberg 1451
Johann von Schwamberg 1467
Johann von Rosenberg 1511
Johann von Wartenberg 1534
Zbinko Berka von Dauba und Lippa 1543
Wenzel Has (Zajic) von Hasenburg 1555
Christoph von Wartenberg 1578
Matthäus Leopold Freiherr Popel von Lobkowitz 1591
Heinrich von Logau (auch Großprior von Ungarn) 1620
Rudolf Freiherr von Paar 1626

Die Großpriore bzw. Fürstgroßpriore von Böhmen und Österreich 551

Wilhelm Graf Wratislaw von Mitrowitz 1626
Rudolf Graf von Colloredo-Wallsee 1637
Wilhelm Leopold Graf von Tattenbach-Rheinstein 1658
Adam Wilhelm Graf Wratislaw von Mitrowitz 1661
Franz Graf Wratislaw von Mitrowitz 1667
Ferdinand Ludwig Graf von Kolowrat-Liebsteinsky 1676
Franz Sigmund Graf von Thun-Hohenstein 1702
Wolfgang Sebastian Graf von Pötting und Persing 1703
Johann Wenzel Graf Wratislaw von Mitrowitz 1711
Ferdinand Leopold Freiherr Dubský von Trebomyslic (auch Großprior von Ungarn) 1714
Karl Leopold Graf von Herberstein (auch Großprior von Ungarn) 1721
Gundaker Poppo Graf von Dietrichstein 1726
Franz Anton Graf von Königsegg-Rottenfels (auch Großprior von Ungarn) 1738
Wenzel Joachim Graf von Czejka-Olbramowicz (auch Großprior von Ungarn) 1745
Emanuel Graf von Kolowrat-Krakowsky (auch Großprior von Ungarn) 1754
Michael Ferdinand Graf von Althann 1769
Josef Maria Graf von Colloredo-Wallsee 1791
Vinzenz Graf von Kolowrat-Liebsteinsky 1819
Karl Graf von Neipperg 1828
Karl Graf von Morzin 1835
Franz Graf von Khevenhüller-Metsch 1847
Franz Graf von Kolowrat-Krakowsky 1867

Fürstgroßpriore von Böhmen und Österreich
Othenio Graf von Lichnowsky-Werdenberg 1874
Guido Graf von Thun und Hohenstein 1887
Heinrich Prinz von und zu Liechtenstein 1904
Rudolf Graf zu Hardegg auf Glatz und im Machlande 1914
Carl Edler Herr von Ludwigstorff, Freiherr von Goldlamb 1927–1938

Fürstgroßpriore von Österreich
Carl Edler Herr von Ludwigstorff, Freiherr von Goldlamb 1938–1955
Dr. Johannes Trapp Graf von Matsch, Freiherr zu Pisein und Churburg, Vikar 1955, Fürstgroßprior 1961
Gottfried Erwein Freiherr von Gudenus 1964
Friedrich Adolf Graf Kinsky von Wchinitz und Tettau 1970
Dipl. Ing. Wilhelm Prinz von und zu Liechtenstein 1990

Großpriore von Böhmen
Carl Graf von Paar 1981–1988
Cyrille Prince de Toumanoff 1988–1996
Heinrich Graf Schlik zu Bassano und Weißkirchen 1996

ABBILDUNGSNACHWEIS

S. 1, ASMRO.
S. 10, ASMRO, Foto Kobé, Wien.
S. 12, ASMRO, Foto Kössle, Wien.
S. 17, ASMRO, Cronologia dei Gran-Maestri del S.M.O.G.
S. 20, ASMRO, Osterhausen, Christian, von: Vortrefflichkeit des Weltberühmten Malteser- oder Johanniter-Ordens von Jerusalem [...]. Augsburg 1702, S. 366.
S. 77, Privatbesitz, Foto Croce & Wir, Graz.
S. 83, Privatbesitz, Foto Croce & Wir, Graz.
S. 85, Stmk. Landesarchiv Graz, Familienarchiv Stadl, Schuber 1, Heft 1.
S. 87, Privatbesitz, Foto Foto Croce & Wir, Graz.
S. 101, ASMRO, Malteser Museum Mailberg.
S. 102, ASMRO, Malteser Museum Mailberg.
S. 111, Privatbesitz, Foto Croce & Wir, Graz.
S. 113, ASMRO, Cronologia dei Gran-Maestri del S.M.O.G.
S. 127, ÖNB, Bild- und Portraitarchiv.
S. 141, ÖNB, Bild- und Portraitarchiv.
S. 143, ASMRO, Cronologia dei Gran-Maestri del S.M.O.G.
S. 147, ÖNB, Bild- und Portraitarchiv.
S. 165, ÖNB, Bild- und Portraitarchiv.
S. 168, ASMRO, Cronologia dei Gran-Maestri del S.M.O.G.
S. 171, ASMRO, Foto Croce & Wir, Graz.
S. 173, ASMRO, Foto Grosskopf, Wien.
S. 177, Breycha-Vauthier, Arthur: Tantur. Des Ordens Rückkehr ins Heilige Land. In: Annales de l'Ordre souverain militaire de Malte. 29 Jg. Nr. II. (1961), S. 61.
S. 181, ASMRO
S. 193, ÖNB, Bild- und Portraitarchiv.
S. 195, ASMRO; Mundy, Jaromir, v.: Studien über den Umbau und die Einrichtung von Güterwaggons zu Sanitätswaggons. Wien 1875, Bd. I.
S. 197, ASMRO, Ebda.
S. 201, ÖNB, Bild- und Portraitarchiv.
S. 212, ASMRO.
S. 217, a) Privatbesitz.
b) Privatbesitz
S. 218, Stmk. Landesmuseum Joanneum, Bild- u. Tonarchiv, Graz.
S. 220, Stmk. Landesmuseum Joanneum, Bild- u. Tonarchiv, Graz.
S. 221, Stmk. Landesmuseum Joanneum, Bild- u. Tonarchiv, Graz.
S. 223, ASMRO.
S. 231, ASMRO.
S. 235, ÖNB, Bild- und Portraitarchiv.
Tafel 1 ASMRO, Ahnenproben Neuer Index Zl.3 (alter Index Zl. 24), Foto Grosskopf, Wien.
Tafel 2, ASMRO, Foto Grosskopf Wien.
Tafel 3, ASMRO, Ahnenproben Neuer Index Zl.63 (alter Index Zl. 237), Foto Grosskopf, Wien.
Tafel 4, Privatbesitz, Foto Croce & Wir, Graz.
Tafel 5, ASMRO, Foto Celar & Januska, Wien
Tafel 6, ASMRO, Foto Celar & Januska, Wien
Tafel 7, AGMSMRO, Foto Carla Morselli, Roma.
Tafel 8, ASMRO, Foto Grosskopf, Wien.
Tafel 9, ASMRO, Foto Celar & Januska, Wien.
Tafel 10, ASMRO, Foto Celar & Januska, Wien.
Tafel 11, ASMRO, Foto Celar & Januska, Wien.

Tafel 12, ASMRO u. Privatbesitz, Foto Celar & Januska, Wien.
Tafel 13, ASMRO, Foto Celar & Januska, Wien.
Tafel 14, Privatbesitz, Foto Celar & Januska, Wien.
Tafel 15, ASMRO, Foto Celar & Januska, Wien.
Tafel 16, ASMRO, Foto Celar & Januska, Wien.
S. 253, Privatbesitz.
S. 254, ÖNB, Bild- und Portraitarchiv.
S. 265, ASMRO, Foto G. Felici, Roma.
S. 267, ASMRO,
S. 268, ASMRO, Foto G. Felici, Roma.
S. 273, ASMRO.
S. 274, ASMRO.
S. 325, Sire, H. J. A.: The Knights of Malta. London 1996, S. 210.
S. 329, Sire, H. J. A.: The Knights of Malta. London 1996, S. 214.
S. 335, Wienand, Adam (Hrsg.): Der Johanniter-Orden. Der Malteser-Orden. Der ritterliche Orden des hl. Johannes vom Spital zu Jerusalem. Seine Aufgaben, seine Geschichte. 2. Aufl. Köln 1977, Anhang.
S. 343, ASMRO.
S. 362, Die Staffel. Mitteilungen des österreichischen Malteser Hilfsdienstes. 4. Jg. 4/5. Folge. November 1966, S. 12.
S. 363, ASMRO, Präsidialakten, P.Z 51/prs.
S. 365, Die Staffel. Mitteilungen des österreichischen Malteser Hilfsdienstes. 8. Jg. 4. Folge. Oktober 1970, S. 4.
S. 368, ASMRO.
S. 373, ASMRO.
S. 375, ASMRO.
S. 392, Wienand, Adam (Hrsg.): Der Johanniter-Orden. Der Malteser-Orden. Der ritterliche Orden des hl. Johannes vom Spital zu Jerusalem. Seine Aufgaben, seine Geschichte. 2. Aufl. Köln 1977, S. 36.
S. 393, a) Hauptmann, Felix: Die Wappen in der Historia minor des Matthäus Parisiensis. In: Jahrbuch der k.k. heraldischen Gesellschaft „Adler" Neue Folge 19 (1909), Tafel 8, Fig. 37.
b) Schlumberger, Gustav: Numismatique de l'Orient Latin. Part illustrée Paris 1878 [Nachdruck Graz 1954], Tafel IX, Nr. 16.
S. 394, a) Schlumberger, Gustav: Numismatique de l'Orient Latin. Part illustrée. Paris 1878 [Nachdruck Graz 1954], Tafel IX, Nr. 13.
b) ASMRO, Hortstein, Otto, von: Das Fürstgroßpriorat Österreich des Souveränen Malteser Ritterordens. Wien [unpubl. Manuskript masch.] 1951.
c) Ebda.
S. 395, ASMRO, Hortstein, Otto, von: Das Fürstgroßpriorat Österreich des Souveränen Malteser Ritterordens. Wien [unpubl. Manuskript masch.] 1951.
S. 397, ASMRO, Foto Berger/Weber, Laa/Thaya.
S. 398, ASMRO, Foto Berger/Weber, Laa/Thaya.
S. 399, Foto Christian Steeb.
S. 400, Foto Christian Steeb.
S. 403, Privatbesitz, Gatterer, Johann Christoph: Fortgesetzter Wappen-Calender auf das Jahr 1764 oder jährliches Handbuch der neuesten Genealogie und Heraldik worinnen aller jetzigen europäischen Potentaten Stammtafeln und Wappen mit einer richtigen Beschreibung der Wappen und einem Abrisse der Heraldik oder Wappenkunde enthalten sind. Nürn-

berg 1764, Wappen zwischen den S. 132 u. 133.

S. 405, Privatbesitz, Foto Grosskopf, Wien.

S. 407, Drummond-Murray of Mastrick, Peter: The Prince & Grand Master of the Order of Malta. London. 1987, S. 2.

S. 428, Privatbesitz, Heliot, Hippolyte: Ausführliche Geschichte aller geistlichen und weltlichen Kloster- und Ritterorden […]. Bd. III. Leipzig 1754.

S. 429, Privatbesitz, Heliot, Hippolyte: Ausführliche Geschichte aller geistlichen und weltlichen Kloster- und Ritterorden […]. Bd. III. Leipzig 1754.

S. 430, a) Privatbesitz, Foto Grosskopf, Wien.
b) ASMRO, Foto Celar & Januska, Wien.

S. 431, ÖNB, Bild- und Portraitarchiv.

S. 434, ASMRO, o. V.: Tracht der Ritter und Donate des souverainen Ordens des heiligen Johann von Jerusalem im Großpriorate von Böhmen des Malteser-Ritter-Ordens. Wien 1870.

S. 435, Ebda.

S. 437, Ebda.

S. 438, Privatbesitz.

S. 439, ASMRO, o. V.: Tracht der Ritter und Donate des souverainen Ordens des heiligen Johann von Jerusalem im Großpriorate von Böhmen des Malteser-Ritter-Ordens. Wien 1870.

S. 411, Privatbesitz.

S. 447, ASMRO, Osterhausen, Christian, von: Vortrefflichkeit des Weltberühmten Maltheser- oder Johanniter-Ordens von Jerusalem [...]. Augsburg 1702, Num. 2.

S. 496, 497, 499, 500, 501, 502, 504, 506, 507, 508, 509, 511, 513. Fotos Hansjörg Weidenhoffer.

S. 514, Bundesdenkmalamt, Landeskonservatorat für Vorarlberg, Foto Georg Mack.

S. 515, Bundesdenkmalamt, Landeskonservatorat für Vorarlberg, Foto Georg Mack.

S. 517, 518, 519, 521. Fotos Hansjörg Weidenhoffer.

S. 522, ASMRO, Foto Wolfgang Voglhuber, Wien.

S. 523, Foto Hansjörg Weidenhoffer.

S. 541, Státní Ústřední Archiv v Praze, Karton 815.

S. 544, Státní Ústřední Archiv v Praze, Karton 994, Nr. 36.

Schutzumschlag, ASMRO, Foto Grosskopf, Wien.

Schutzumschlag Rückseite, ASMRO.

AUTORENVERZEICHNIS

Dieter A. Binder, geb. 1953, Dr. phil., tit. ao. Univ. Prof., Studium der Geschichte und Germanistik in Graz, Wien und Bonn; 1983 Habilitation für neuere österreichische Geschichte und österreichische Zeitgeschichte; Leiter der Abteilung für Kirchliche Rechtsgeschichte an der Karl-Franzens Universität Graz, Familiar des Deutschen Ordens.

Peter Broucek, geb. 1938, Dr. phil.; Hofrat, Studium der Geschichte und Germanistik; Mitglied des Instituts für Österreichische Geschichtsforschung; seit 1962 Staatsarchivar am Österreichischen Staatsarchiv/Kriegsarchiv; Referent für die Akten der Armeen im Felde der k. (u.) k. Monarchie 16.–20. Jahrhundert; seit 1994 Referent der Generaldirektion des Staatsarchives für die Nachlässe von Politikern, Diplomaten, Offizieren und Historikern; Milizoffizier des österr. Bundesheeres; Magistralritter des Souveränen Malteser-Ritter-Ordens.

Robert L. Dauber, geb. 1939, Mag. iur., Prof., Studium der Rechte, Geschäftsführer in einem internationalen Handelshaus in Wien; seit 1980 im Malteser Hospitaldienst Austria tätig; langjähriger Sonderbeauftragter für Archiv und Dokumentation; zahlreiche Vorträge, Ausstellungen, Publikationen und Bücher über Ordens- und Marinegeschichte; Gratial- und Devotions-Großkreuzritter des Souveränen Malteser-Ritter-Ordens.

Maximilian Deym, geb. 1967, Mag. iur.; Studium der Rechtswissenschaften und Geschichte an den Universitäten Innsbruck und Wien; Projektverantwortlicher für die Kommende Mailberg; Ehren- und Devotionsritter des Souveränen Malteser-Ritter-Ordens.

Herwig Ebner, geb. 1928 in Nikalsdorf bei Leoben, Mag. rer. nat., Dr. phil., tit. o. Univ. Prof., Studium der Geschichte u. Geographie in Graz, Mitglied des Instituts für Österreichische Geschichtsforschung, Mitglied der Historischen Landeskommission für Steiermark, habilitiert für Allgemeine Geschichte des Mittelalters u. Historische Hilfswissenschaften, Allgemeine Wirtschafts- und Sozialgeschichte des Mittelalters und der Neuzeit, 1982-1990 Vorstand des Instituts für Geschichte der Karl-Franzens Universität Graz, Träger des Ehrenkreuzes für Wissenschaft und Kunst 1. Klasse.

Gerhart Feucht, geb. 1922, Dr. med., Med. Rat, praktischer Arzt, ehem. Angehöriger des Ludwig-Boltzmann-Institutes zur Erforschung von Grenzgebieten in der Medizin; Veröffentlichungen über Grenzgebiete in der Medizin und Hospitaliter-Orden. Seit 1977 Arzt im MHDA mit verschiedenen Aufgabenbereichen; Archivar des Großpriorates von Österreich; Magistral-Großkreuzritter des Souveränen Malteser-Ritter-Ordens.

Anton F. Gatnar, geb. 1946 in Graz, Radio und Fernsehjournalist; zunächst beim ORF, seit 1978 in leitender Position bei Medienunternehmen. Unter anderem Aufbau von n-tv

Nachrichtenfernsehen in Berlin, derzeit Geschäftsführer der kirchlichen Stiftung „Radio Stephansdom"; Erster Vizekommandant des MHDA; Magistralritter des Souveränen Malteser-Ritter-Ordens.

Erik Hilzensauer, geb. 1968 in Graz, Mag. phil., Studium der Geschichte und Germanistik; Publikationen zur Genealogie und zur Militärgeschichte.

Ludwig Hoffmann-Rumerstein, geb. 1937 in Innsbruck, Frá, Dr. iur.; Rechtsanwalt, Studium der Rechtswissenschaften in Innsbruck und der Philosophie an der Gregoriana in Rom, Gründungsmitglied des MHDA Bereich Tirol, 1970 Aufnahme in den SMRO, 1984 zeitliche und 1989 ewige Gelübde, seit 1994 Vorsitzender der Reformkommission für das Ordensrecht (Carta und Codex), seit 1994 Großkomtur des SMRO und Mitglied des Souveränen Rates; Bailli Justiz-Großkreuzritter des Souveränen Malteser-Ritter-Ordens mit ewiger Profeß.

Daniel Kapp, geb. 1968, Mag. phil.; Studium der Geschichte, Stipendiat des David Herzog Fonds, Mitglied des MHDA, Leiter des Europabüros der Österreichischen Volkspartei, Magistralritter des Souveränen Malteser-Ritter-Ordens.

Heribert Franz Köck, Dr. iur., M.C.L. (Ann Arbor); o.Univ. Prof. an der Johannes Kepler-Universität Linz; stellv. Vorstand der Institute für Völkerrecht und Internationale Beziehungen bzw. Europarecht; Dekan der Rechtswissenschaftlichen Fakultät; Mitglied der Ständigen Vertretung des Hl. Stuhles bei den Internationalen Organisationen in Wien; Magistralritter des Souveränen Malteser-Ritter-Ordens.

Brigitte E. Leidwein, geb. 1961, selbständige PR-Beraterin. Seit 1981 Mitglied des MHDA, diverse Funktionen, u.a. zweimal Chefredaktion des „maltester kreuz – Zeitung des Souveränen Malteser-Ritter-Ordens".

Andreas Löbbecke, geb. 1964, Mag. phil., Historiker; Studium der Geschichte an der Universität Wien; mehrere Publikationen zur Ordenskunde, Experte für Autographen im Dorotheum Wien.

Georg Ludwigstorff, geb. 1963 in Salzburg, Mag. Dr. phil., Studium der Geschichte und Kunstgeschichte an der Universität Wien; zahlreiche ordenskundliche Publikationen, Experte für Orden und Auszeichnungswesen im Dorotheum Wien.

Thomas Pohl, geb. 1971 in Wien, Mag. iur., Studium der Rechtswissenschaften in Wien, z. Zt. Dissertation zur Ordensgeschichte, seit 1993 Mitglied des MHDA, in der Versicherungsanstalt der österreichischen Bundesländer tätig.

Robert Prantner, geb. 1931 in Wien, Dr. theol., Dr. rer. pol.; Dr. rer. soc. h.c., emeritierter Hochschulprofessor der Phil. theol. Hochschule des Zisterzienserstiftes Heiligenkreuz; Studienleiter i. R. für christl. Anthropologie und Soziallehre an der Polit. Akademie, ao. Gesandter u. bevollmächtiger Minister i. R. an der Botschaft des SMRO in Österreich; Magistral-Großkreuzritter mit Schulterband des Souveränen Malteser-Ritter-Ordens.

Georg Reichlin-Meldegg, geb. 1948 in Bad Ischl; Geschäftsführer einer PR-Agentur in der Hinterbrühl bei Wien; Publizist und Buchautor; mehrfacher Preisträger für Unternehmenspublizistik der VÖI; Mitglied des MHDA; Ehren- und Devotionsritter des Souveränen Malteser-Ritter-Ordens.

Herbert Schambeck, geb. 1934; Dr. iur. Dr. h.c. mult. o.Univ. Prof. f. öffentliches Recht, politische Wissenschaften und Rechtsphilosophie an der Universität Linz; Präsident des Bundesrates i. R.; Mitglied der Akademie der Wissenschaften in Padua, Madrid, Düsseldorf, der Päpstlichen Akademie für Sozialwissenschaften im Vatikan; der Vereinigung Deutscher Staatsrechtslehrer und Ehrenmitglied der Tschechischen Gelehrten Gesellschaft zu Prag, Gentiluomo di sua Santitá; Magistral-Großkreuzritter mit Schulterband des Souveränen Malteser Ritter-Ordens.

Elisabeth Schöggl-Ernst, Mag. Dr. phil.; Archivrat; Studium der Geschichte und Germanistik; Doktorat in Geschichte; seit 1992 im Steiermärkischen Landesarchiv beschäftigt; Mitglied des Instituts für Österreichische Geschichtsforschung und des Internationalen Instituts für Archivwissenschaft Maribor, Publikationen zu Themen der Sozial- und Wirtschaftsgeschichte, Archivwissenschaft und Regionalgeschichte.

Leon Sireisky, geb. 1952 in Linz, Frá, Mag. theol., Studium der Theologie in Linz und Wien. 1970 Priesterweihe; Kaplan in verschiedenen Großpfarren; daneben Akademikerseelsorger und Mitarbeit im diplomatischen Dienst des Heiligen Stuhles; vier Jahre Leiter einer Behinderteneinrichtung der Diözese Linz; Moderator der Kommende Mailberg und Provisor der Pfarre Obritz; Profeß-Konventualkaplan des Souveränen Malteser-Ritter-Ordens.

Christian Steeb, geb. 1960 in Graz, Mag. Dr. phil., Studium der Geschichte und Kunstgeschichte; Oberleutnant d. Res. des österr. Bundesheeres, Kunsthändler; Publikationen zur Sozial-, Wirtschaftsgeschichte und Ordenskunde; Mitglied des MHDA, Ehren- u. Devotionsritter des Souveränen Malteser-Ritter-Ordens.

Richard Steeb, geb. 1961 in Graz, Dipl.-Ing., Studium Maschinenbau-Wirtschaft an der TU-Graz; Hauptmann d. Res. des österr. Bundesheeres; Kanzler des Großpriorates von Österreich; Vizepräsident von ECOM; Vizepräsident des ADM; Mitglied des MHDA; Ehren- und Devotionsritter in Oboedienz des Souveränen Malteser Ritter-Ordens.

Katharina Stourzh, geb. 1971, Mag. phil., Studium der Geschichte und Romanistik, Wissenschaftliche Mitarbeit am Forschungsprojekt des Dokumentationsarchives des Österreichischen Widerstandes „Nachkriegsjustiz im europäischen Vergleich". Seit 1991 Mitglied des MHDA, Jänner 1996–Jänner 1999 Stv. Bereichsleiterin des MHDA Bereich Wien. Seit September 1997 als Parlamentarische Mitarbeiterin tätig.

Birgit Strimitzer, geb. 1969 in Graz, Mag. Dr. phil., Studium der Geschichte und Germanistik; Tätigkeit im Bereich Public Relations und Marketing; 1997/98 FWF-Forschungsprojekt zur „Diplomatiegeschichte der Ära Metternich" am Institut für Geschichte der Karl-Franzens Universität Graz; Publikationen zur Genealogie und österreichischen Sozial- und Wirtschaftsgeschichte; Mitglied des MHDA.

Helmut Watzlawick, geb. 1938, Dkfm., Studium der Wirtschaftswissenschaften; bis 1993 im Dienst einer Organisation der Vereinten Nationen (Internationales Arbeitsamt); zuletzt verantwortlich für Investitionsprogramme und technische Hilfe zur Armutsbekämpfung und Arbeitsbeschaffung in Afrika und Asien. Seit 1994 Vorsitzender des „International Forum for Rural Transport and Development" in London; Forschungen über Reisende, Abenteurer und marginale Literaten des 18. Jahrhunderts; Mitglied des internationalen Forschungsprojektes „Zinzendorf"; Mitglied der Genfer Studiengruppe 18. Jahrhundert; Herausgeber der Zeitschrift „Intermediaire des casanovistes"; Autor zahlreicher bibliographischer und biographischer Studien zur Abenteuerliteratur.

Hansjörg Weidenhoffer, geb. 1965 in Graz, Mag. Dr. phil., Studium der Kunstgeschichte in Graz; 1994–1997 Lehrbeauftragter am Institut für Kunstgeschichte der Karl-Franzens-Universität Graz; seit 1995 Tätigkeit im Bundesdenkmalamt/Landeskonservatorat für Steiermark; Forschungsschwerpunkt: Kunstgeschichte Österreichs.

Eleganz aus Hanf heißt

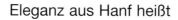

HÖCHSTE QUALITÄT

NOBLE FÄRBUNG

EXTREM ALTERUNGSBESTÄNDIG

für

FAKSIMILE-REPRODUKTIONEN

REPRÄSENTATIVE BRIEFPAPIERE

DIGITALEN FARBDRUCK

Familienchronik – gedruckt auf Hemptec

NEUSIEDLER
Aktiengesellschaft

Neusiedler Aktiengesellschaft, 1032 Wien, Kelsenstraße 7,
Tel. +43/(0)1/795 06-0, Fax +43/(0)1/795 06-2092
e-mail: service@neusiedler.at, http://www.neusiedler.at

VERSICHERUNGS-MAKLERBÜRO
HANS WINDISCH-GRAETZ AG

A-1031 Wien, Rochusgasse 11, Postfach 244
Telefon (0043 1) 715 77 37, Telefax (0043 1) 713 39 36

Windisch Graetz Biztositasi Kft, Chazar A. ucta 18, H-1146 Budapest

Schönburg spol. S.r.o., Srbska 32, CZ-612 00 Brno

Versicherungs-Maklerbüro Hans Windisch-Graetz
Inh. Dr. Alfred Prinz von Schönburg-Hartenstein
Kirchstr. 5, D-93096 Köfering

Schönburg spol. S.r.o., Znievska 40, CZ-84101 Bratislava

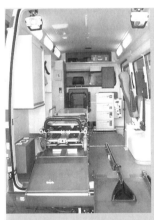

Rettungs- und Spezialfahrzeuge

Tragsessel und Krankentrage

Reparatur- und Serviceleistungen

DIE HIGHTECH GENERATION

3430 TULLN
Königstetter Straße 163A
Tel. ++43 (0)2272 / 63100
Fax ++43 (0)2272 / 63100-28
E-mail office.tulln@dlouhy.at

1160 WIEN, Kuffnergasse 3-5
Tel. ++43 (0)1 / 489 58 61
Fax ++43 (0)1 / 489 58 61-28
E-mail office.wien@dlouhy.at

Internet : www.dlouhy.at

Bank Austria

Private Banking:
Zeit für Nuancen,
Kompetenz
für Erfolge.

Ihre Veranlagungswünsche erfordern Know-how, maximales Engagement, Servicestärke und ein **Höchstmaß an individueller Betreuung.** Mit anderen Worten: einen leistungsstarken Partner. Die Bank Austria hat die **Kompetenz** und die **Kreativität,** die es ermöglichen, all diesen Wünschen und Anforderungen gerecht zu werden. Für nähere Informationen wenden Sie sich bitte an Bank Austria Private Banking, Am Hof 2, A-1010 Wien, Tel. 0043/1/71191-56501, Fax 0043/1/71191-56544.

Mehr Bank mehr Chancen.

WIENER KUNST AUKTIONEN
THE VIENNA ART AUCTIONS

Schmuckschatulle der Kaiserin Elisabeth aus dem Ankleidezimmer in Schloß Achilleion auf Korfu verkauft am 23. 4. 1999 um ATS 240.000

WIENER KUNST AUKTIONEN GMBH, A-1010 Wien, Palais Kinsky, Freyung 4
Telefon (1) 532 42 00   Telefax (1) 532 42 009   e-mail: office@vienna-art-auctions.com

GRAZER WECHSELSEITIGE

GENERALDIREKTION 8010 GRAZ
HERRENGASSE 18-20, TEL. 0316/8037-0

Die Versicherung auf *Ihrer* Seite.

Schlossweingut Malteser Ritterorden

Seit 1140 ist der Malteser Ritterorden im Winzerort Mailberg seßhaft. Die Weinkellerei Lenz Moser bewirtschaftet seit 1969 die Mailberger Weingärten des Ordens. Auf 48 Hektar Ordensrebfläche werden Grüner Veltliner, Chardonnay, Sauvignon Blanc, Blauer Zweigelt, Blauer Burgunder, Cabernet Sauvignon, Cabernet Franc und Merlot kultiviert.

Viele Innovationen im österreichischen Weinbau haben ihren Ursprung im Mailberger „Schloßweingut des Souveränen Malteser Ritterordens", welches heute zu den renommiertesten Weingütern Österreichs zählt.

Malteser Brut –
ein trockener Jahrgangssekt aus Veltliner- und Chardonnaytrauben.

Riede Hundschupfen –
der klassische Grüne Veltliner mit typischem „Pfefferl".

Kommende Mailberg –
Cuvée Cabernet Sauvignon und Merlot, im Barrique ausgebaut.

Weinkellerei Lenz Moser, A-3495 Rohrendorf bei Krems
Telefon +43 (0)27 32/85 5 41, Fax +43 (0)27 32/85 9 00, www.lenzmoser.at

MAILBERGER HOF
A-1010 Wien, Annagasse 7
Telefon 1-512 06 41-0
Fax 1-512 06 41-10
Restaurant, Gastgarten,
Tagungsraum für 40 Personen

Der MAILBERGER HOF, ein Familienbetrieb im Herzen von Wien, 5 Gehminuten von der Wiener Staatsoper und dem Stephansdom entfernt, wurde durch die privat-familiäre Atmosphäre und besonders aufmerksame Bedienung zum „Zuhause" für Geschäftsleute, Künstler und Urlaubsreisende.

Weingut Kodolitsch

Riesling Sylvaner
Welschriesling
Weißburgunder

Chardonnay
Sauvignon
Schilcher

Ihr Besuch würde uns sehr freuen, wir bitten jedoch um telefonische Voranmeldung.

Seggauberg 63
8430 Leibnitz

Seebachergasse 1
8010 Graz
Tel. und Fax 0316/382463

Antiquitäten
Zum Doppeladler

C. ROCHOWANSKI
Spezialist für Orden und Medaillen
Blankwaffen, Uniformen, Militaria

1010 WIEN
Opernring 9
Tel.:   01 58 16 232
Fax: 01 58 16 235

Fortschritt und Sicherheit durch intelligente Technologien

**Baxter
Hyland Immuno**

Ihre führende Adresse für
Plasmapräparate, Impfstoffe
und Biotechnologie

1221 Wien
Industriestraße 67
Tel: 20 100-0

Hyland Immuno

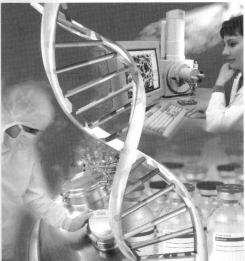

Kirchdorfer Zementwerk setzt bahnbrechende Neuerung

**Das neue Spezialbindemittel SC 60
Self Compacting Concrete
verleiht dem Beton hohe Fließfreudigkeit
und zuverlässige Selbstverdichtung.**

Damit entfällt lärmintensives und kostenaufwendiges Rütteln.
Durch hohe Fließfreundlichkeit
gelangt der Beton in jeden Winkel auch komplizierter Schalungen.

Für Architekten und Bauherren
ergeben sich damit völlig neue Möglichkeiten.

Das Spezialbindemittel

SC 60

ein Produkt der

KIRCHDORFER ZEMENTWERK
HOFMANN GES.M.B.H.

„Schutz und Hilfe" kennt keine Grenzen

Sicherheitspolitik weist immer stärker auch globalen Charakter auf. Durch die zahlreichen weltweit stattfindenden bewaffneten Auseinandersetzungen, gewinnen internationale Friedensaktivitäten, z. B. im Rahmen der Vereinten Nationen, immer mehr Bedeutung. Dazu kommen zusätzlich internationale Hilfseinsätze bei Naturkatastrophen oder sonstigen Elementarereignissen. Österreich als Mitglied der internationalen Staatengemeinschaft zeigt seine Solidarität durch seine engagierte Teilnahme an internationalen Friedensoperationen und Hilfseinsätzen im Rahmen humanitärer Aktionen.

Die Hilfsbereitschaft unseres Bundesheeres kennt keine Landesgrenzen. Von 1960 bis heute waren mehr als 40.000 Personen im Auslandseinsatz tätig, ob im Dienste des Friedens im Rahmen der Vereinten Nationen oder bei humanitären Aktionen über Ersuchen der UNO oder der OSZE.

Bundesheer und Malteser Hospitaldienst helfen Kosovoflüchtlingen   Bild: HBF

Eine Information des Büros für Wehrpolitik   *www.bmlv.gv.at*

KOMFORT-FERIENWOHNUNGEN

Was finden Sie wo?
- Bärnbach
- Deutschlandsberg
- Ligist
- Pack
- Piber
- Preitenegg
- Stainz

HEBALM – DIE NATUR ERFAHREN

Die 10 Komfort-Ferienwohnungen auf der Hebalm sind in fünf Waldhäusern, ganz aus Holz erbaut, untergebracht. Es gibt ein Lärchenhaus, ein Tannenhaus, ein Fichtenhaus und zwei Kiefernhäuser. Jede Ferienwohnung ist eingerichtet für 5 - 6 Personen, hat Wohnraum mit Schwedenofen und Küchenzeile (Kaffeemaschine), eine eigene Sauna, Dusche (Hand- u. Badetücher), zwei WC, drei Schlafräume, und eine große Terrasse. Erdgeschoß behindertengerecht. Fernseher, Video, Radio mit Kasetten- und CD-Player vorhanden. Faxgerät auf Wunsch gegen Aufpreis möglich.

Information und Buchung:
8563 Ligist 1, Tel. 03143/6030,
Fax 03143/6030-10, e-mail: info@hebalm.at,
Internet: www.hebalm.at,
Tonbanddienst: 03143/2921

Antiquitäten Steeb

Allg. gerichtlich beeideter Sachverständiger

Ankauf – Verkauf
Schätzung und Beratung

Leonhardstraße 3
A-8010 Graz
Tel. und Fax: 0316/32-45-93
Täglich 9–12.30 und 16–18 Uhr